TIERE

DER WILDNIS

TIERE

DER WILDNIS

Titel der englischen Originalausgabe:
Wildlife of the World

© Dorling Kindersley Limited, London, 2015
Ein Unternehmen der Penguin Random House Group
Alle Rechte vorbehalten

© der deutschsprachigen Ausgabe by Dorling Kindersley Verlag GmbH, München, 2016
Alle deutschsprachigen Rechte vorbehalten

Jegliche – auch auszugsweise – Verwertung, Wiedergabe, Vervielfältigung oder Speicherung, ob elektronisch, mechanisch, durch Fotokopie oder Aufzeichnung, bedarf der vorherigen schriftlichen Genehmigung durch den Verlag.

Übersetzung Michael Kokoscha
Lektorat Regina Franke

ISBN 978-3-8310-3144-3

Druck und Bindung Leo Paper Products, China

Hinweis
Die Informationen und Ratschläge in diesem Buch sind von den Autoren und vom Verlag sorgfältig erwogen und geprüft, dennoch kann eine Garantie nicht übernommen werden. Eine Haftung der Autoren bzw. des Verlags und seiner Beauftragten für Personen-, Sach- und Vermögensschäden ist ausgeschlossen.
Besuchen Sie uns im Internet:
www.dorlingkindersley.de

Berater

■ SÄUGETIERE
Professor David Macdonald CBE ist eine führende Autorität auf dem Gebiet der Säugetiere und Gründer und Direktor der Wildlife Conservation Research Unit der Oxford University. Neben seinen vielen wissenschaftlichen Veröffentlichungen ist er für seine preisgekrönten Bücher und Filme wie *Meerkats United* bekannt.

■ VÖGEL
David Burnie hat an der Bristol University Zoologie studiert und Beiträge zu nahezu 150 Büchern über Tiere und Umwelt verfasst. Er ist Fellow der Zoological Society of London.

■ REPTILIEN
Dr. Colin McCarthy ist Scientific Associate des Life Sciences Departments und früherer Kurator für Reptilien, Amphibien und Fische am Natural History Museum, London.

■ AMPHIBIEN
Professor Tim Halliday ist seit 2009 emeritierter Professor der Biologie an der Open University, setzt aber seine Untersuchungen der Reproduktionsbiologie der Amphibien fort.

■ WIRBELLOSE
Dr. George C. McGavin ist Zoologe, Autor, Forscher und Fernsehmoderator. Er ist Honorary Research Associate des Oxford University Museums of Natural History und Research Associate am Departments für Zoologie der Oxford University. Zu seinen Fernsehsendungen gehören *Expedition Borneo*, *Lost Land of the Jaguar*, *Lost Land of the Tiger* und *Monkey Planet*.

■ ALLGEMEINER BERATER
Dr. Kim Dennis-Bryan arbeitete am Natural History Museum, London, als Paläontologin, bevor sie Associate Lecturer der Life and Environmental Sciences an der Open University wurde. Neben ihren wissenschaftlichen Veröffentlichungen hat sie Beiträge zu vielen Zoologie- und Geologie-Büchern verfasst.

Autoren

Jamie Ambrose ist ein in Großbritannien lebender amerikanischer Autor, Redakteur und Journalist mit besonderem Interesse an der Natur.

Richard Beatty (Verfasser des Glossars) ist ein in Edinburgh lebender Autor und Redakteur.

Dr. Amy-Jane Beer ist Biologin, Autorin von naturwissenschaftlichen Artikeln und Redakteurin des Magazins UK charity PTES (People's Trust for Endangered Species) *Wildlife World*.

Ben Hoare ist Redakteur des britischen Magazins *BBC Wildlife*.

Rob Hume ist naturwissenschaftlicher Autor und Redakteur mit besonderem Interesse an der Ornithologie. Er hat über 20 Bücher verfasst, darunter Dorling Kindersleys *Die europäische Vogelwelt* und *Vögel in Europa*.

Steve Parker hat einen Abschluss in Zoologie und über 200 Bücher und Websites über Natur, Ökologie, Naturschutz und Evolution verfasst.

Dr. Katie Parsons hat in Ethologie und Ökologie promoviert. Sie ist zurzeit freie naturwissenschaftliche Autorin und Naturschutz-Beraterin.

Tom Jackson lebt in Bristol und ist Zoologe und wissenschaftlicher Autor.

DK LONDON
Projektbetreuung Gill Pitts
Cheflektorat Angeles Gavira
Lektorat Janet Mohun, Peter Frances
Redaktionsassistenz Frankie Piscitelli
Redaktionsleitung Liz Wheeler
Programmleitung Jonathan Metcalf
Art Director Karen Self
Creative Director Phil Ormerod
Bildredaktion Ina Stradins, Francis Wong, Michael Duffy
Gestaltung und Satz Simon Murrell
Herstellung Francesca Wardell
Umschlaggestaltung Mark Cavanagh, Claire Gell, Sophia MTT
Bildrecherche Liz Moore
Kartografie Simon Mumford, Ed Merrit
Fotos Gary Ombler
Producer Rita Sinha

DK DELHI
Projektbetreuung Dharini Ganesh
Cheflektorat Rohan Sinha
Lektorat Vineetha Mokkil
Redaktion Susmita Dey
Bildredaktion Mahua Mandal, Divya P R, Anjali Sachar, Sudakshina Basu
DTP-Design Harish Aggarwal, Vishal Bhatia, Vijay Kandwal
Herstellung Pankaj Sharma, Balwant Singh
Umschlaggestaltung Suhita Dharamjit, Saloni Singh
Bildrecherche Deepak Negi, Surya Sankash Sarangi

Für die deutsche Ausgabe:
Programmleitung Monika Schlitzer
Redaktionsleitung Caren Hummel
Projektbetreuung Manuela Stern
Herstellungsleitung Dorothee Whittaker
Herstellungskoordination Katharina Schäfer
Herstellung Sophie Schiela, Verena Marquart

INFOKÄSTEN

Das Wichtigste steht am Anfang eines jeden Steckbriefs. Die Maße beziehen sich auf erwachsene Tiere und können abhängig von den verfügbaren Daten ein Bereich, ein Einzelwert oder das Maximum sein.

↔ **LÄNGE** (alle Gruppen)
SÄUGETIERE Kopf und Körper ohne Schwanz. Bei Delfinen, Walen, Robben und Seekühen mit Schwanz. **VÖGEL** Schnabel- bis Schwanzspitze (außer Pinguine, Strauß, Nandu und Emu, bei denen die Höhe angegeben wird). **REPTILIEN** Schnauzen- bis Schwanzspitze (außer bei den Schildkröten, bei denen die Rückenpanzerlänge angegeben wird). **FISCHE UND AMPHIBIEN** Kopf und Körper mit Schwanz. **INSEKTEN** Körperlänge; Flügelspannweite bei Schmetterlingen.

⚖ **GEWICHT** (nur bei Säugetieren, Vögeln, Reptilien, Amphibien und Fischen) Körpergewicht.

🍴 **NAHRUNG** Die Sorten werden durch Kommas getrennt (bei Raupen und Schmetterlingen wird die Nahrung durch ein Semikolon getrennt).

☁ **LAICHZEIT** (nur bei Amphibien) Die Jahreszeit, in der sich die Tiere vermehren.

⊗ **GEFÄHRDUNG** (alle Gruppen) *Wildlife of the World* benutzt die Rote Liste der IUCN (siehe S. 381) und andere Kategorien:
Vom Aussterben bedroht (IUCN) Es besteht ein extrem hohes Risiko des Aussterbens in der Natur in unmittelbarer Zukunft.
Stark gefährdet (IUCN) Es besteht ein sehr hohes Risiko des Aussterbens in der Natur in unmittelbarer Zukunft.
Gefährdet (IUCN) Es besteht ein hohes Risiko des Aussterbens in der Natur in mittelbarer Zukunft.
Potenziell gefährdet (IUCN) Es besteht ein hohes Risiko der Gefährdung in unmittelbarer Zukunft.
Verbreitet/Regional verbreitet (IUCN: nicht gefährdet) Kategorie mit geringem Risiko, zu der verbreitete und häufige Arten gehören.
Unbekannt (IUCN: ungenügende Datengrundlage, nicht beurteilt) Kein Bedrohungsstatus. Die Populations- und Verbreitungsdaten erlauben keine Beurteilung und sind nicht beurteilt worden.

🏠 **LEBENSRÄUME**

🌳 Gemäßigte Laubwälder, offene Waldgebiete

🌲 Immergrüne Nadel- und boreale Wälder

🌴 Tropische Wälder und Regenwälder, madagassische Trockenwälder

⛰ Gebirge, Hochländer, Geröllhänge und jeder Lebensraum mit alpinen oder subalpinen Bedingungen

🌵 Wüsten und Halbwüsten

🌾 Offene Lebensräume wie Gras- und Buschsteppen, Heideländer und Felder

〰 Feuchtgebiete und nicht fließende Gewässer wie Seen, Teiche, Moore und Sümpfe

〰 Flüsse, Bäche und alle Fließgewässer

🌊 Mangrovensümpfe über und unter dem Wasserspiegel

🏖 Küstenbereiche wie Strände und Klippen, Bereiche über der Hochwassermarke, in der Gezeitenzone und im flachen Wasser

🌊 Meere und Ozeane

🪸 Korallenriffe und die Gewässer in unmittelbarer Nähe

❄ Polare Regionen einschließlich Tundra und Eisberge

🏘 Urbane Bereiche einschließlich der Gebäude, Parks und Gärten

VERBREITUNGSKARTE

Verbreitungsgebiet der Art in der Natur

INHALT

LEBENS-RÄUME 10	NORD-AMERIKA 20	MITTEL- UND SÜDAMERIKA 74	EUROPA 130
12 WÄLDER	22 GEBIRGE UND PRÄRIE	76 LAND DES JAGUARS	132 EBENEN UND HALBINSELN
14 GRASLAND UND STEPPEN	24 KANADISCHE ARKTIS	78 REGENWALD IN COSTA RICA	134 NORWEGISCHE FJORDE
16 EXTREME LEBENSRÄUME	34 YELLOWSTONE	84 DIE YUNGAS DER ANDEN	140 SCHOTTISCHE HIGHLANDS
18 LEBENSRÄUME IM WASSER	44 CENTRAL GREAT PLAINS	90 AMAZONAS-REGENWALD	146 CAMARGUE
	52 SIERRA NEVADA	100 DAS PANTANAL	152 TAL DES TAJO
	60 MOJAVE-WÜSTE	108 ALTIPLANO-HOCHEBENE	158 ALPEN
	66 EVERGLADES	114 ARGENTINISCHE PAMPA	164 BAYERISCHER WALD
		122 GALÁPAGOS-INSELN	

AFRIKA
174

- **176** IN GLÜHENDER SONNE
- **178** ÄTHIOPISCHES HOCHLAND
- **184** AFRIKANISCHE GROSSE SEEN
- **192** STEPPEN DER SERENGETI
- **208** KONGO-BECKEN
- **218** OKAVANGO-DELTA
- **228** KALAHARI-WÜSTE
- **236** TROCKENWALD MADAGASKARS

ASIEN
244

- **246** LAND DER EXTREME
- **248** ARABISCHER SCHILD
- **254** TERAI-DUAR-SAVANNE
- **266** ÖSTLICHER HIMALAYA
- **272** OBERER JANGTSEKIANG
- **278** GOBI-WÜSTE
- **284** NIHONKAI-BERGWALD
- **292** REGENWALD AUF BORNEO
- **302** SULU- UND CELEBES-SEE

AUSTRAL-ASIEN
310

- **312** DER ROTE KONTINENT
- **314** BERGWÄLDER NEUGUINEAS
- **320** NORDAUSTRALISCHE SAVANNE
- **328** NORDAUSTRALISCHE WÜSTEN
- **334** WÄLDER OSTAUSTRALIENS
- **344** GREAT BARRIER REEF
- **354** MISCHWÄLDER NEUSEELANDS

ANTARKTIKA
360

- **362** LAND AUS EIS UND SCHNEE
- **364** INSELN DES SÜDPOLARMEERS
- **370** ANTARKTISCHE HALBINSEL
- **378** GLOSSAR
- **382** REGISTER
- **398** DANKSAGUNGEN

VORWORT

Als ich klein war, kam meine Mutter jeden Abend in mein Zimmer, um gute Nacht zu sagen und das Licht auszuschalten. Ich stellte mich schlafend, wartete, bis sie gegangen war, und kramte dann ein abgegriffenes Tierlexikon hervor, das ich viele Jahre lang wie einen Schatz unter meinem Bett hütete. Staunend blätterte ich dann von Seite zu Seite, betrachtete fasziniert die Bilder von exotischen Lebewesen, träumte mich in die Savannen Afrikas und die Dschungel Südamerikas. Wenn ich morgens erwachte, lag mein Kopf oft noch auf der Seite, die ich abends als letzte betrachtet hatte. Sowas bleibt auf Dauer nicht ohne Folgen …

Hätte es »Tiere der Wildnis« damals schon gegeben – ich hätte wohl nie ein Auge zugetan, sondern wäre Nacht für Nacht mit diesem Buch auf Weltreise gegangen. Denn obwohl die Texte von enzyklopädischer Qualität sind, versprüht ihr Ton eine belebende Frische. Und sie sind einprägsam kurz. Danke!

Dies ist kein Buch, das man von Anfang bis Ende lesen sollte, sondern ohne Ende, immer wieder, beginnend einfach dort, wo einem ein Foto ins Auge springt. Und das kann eigentlich auf jeder Seite passieren, da die vorliegenden Bilder, ich sage das ohne jede Übertreibung, einfach sensationell sind. Ich habe im Laufe meines Naturfilmerlebens ja nun wirklich schon eine Menge gesehen, aber über die Narwale, die sich im Eiskanal drängeln (S. 30), den Papageientaucher, der den Schnabel gestrichen voll hat (S. 138), den Schimpansen, der uns so klug anschaut (S. 211) oder den Lemuren, der in Ballettpose brilliert (S. 240), konnte ich einfach nicht hinwegblättern. Und ich kann mir einfach nicht vorstellen, dass irgendjemand von diesen Bildern unbeeindruckt bleibt. Ich jedenfalls musste einfach innehalten und begann zu lesen, weil solche Fotos neugierig machen, weil sie die Natur in ihrer vielfältigen Schönheit zeigen, weil sie inspirieren.

»Tiere der Wildnis« ist nicht nach Tiergruppen rubriziert, sondern nach Lebensräumen – und das halte ich für ziemlich clever, denn so kann ein tieferes Verständnis für das Leben und seine Zusammenhänge entstehen. Die Anpassung an die jeweilige Umwelt ist schließlich einer der Motoren der Evolution, und Artenvielfalt wird erst plausibel, wenn sie vor dem Hintergrund der jeweiligen Habitate betrachtet wird. Wie die Umwelt beschaffen sein muss, damit Biodiversität in ihr existieren kann, darüber wissen wir noch sehr wenig. Aber wir wissen sehr genau, dass viele Tausend Tier- und Pflanzenarten inzwischen vom Aussterben bedroht sind. Das Verständnis für die Ökologie ganzer Lebensräume ist eine Grundvoraussetzung dafür, diese Arten zu retten.

Vor allem anderen aber hat dieses Buch das Zeug dazu, Menschen, egal welchen Alters, für wilde Tiere zu begeistern. Es lässt uns gedanklich von den Eiswüsten der Arktis bis in die Trockenwüsten Australiens reisen und dabei können wir immer wieder erstaunt feststellen, was für ein wunderbarer Planet die Erde doch ist. Ich jedenfalls werde dieses Buch unter mein Bett legen und vor dem Einschlafen noch ein wenig darin blättern. So wie früher.

DIRK STEFFENS
WISSENSCHAFTSJOURNALIST UND NATURFILMER

LEBENSRÄUME

Zwei Drittel der Erdoberfläche sind von Meeren bedeckt. Es ist dieser Überfluss an Wasser, der es dem Planeten ermöglicht, sowohl in den Meeren als auch auf dem Land Billionen lebender Organismen zu ernähren. Die Umgebung, in der sich eine Art befindet, ist ihr Lebensraum. Die Vielfalt der Lebensräume an Land ermöglicht eine große Zahl von Pflanzen- und eine spektakuläre Vielfalt von Tierarten.

Geografen unterteilen die Welt in Ökoregionen, die von Lebensraumtypen wie Wald, Steppe, Feuchtgebiet, Wüste oder Polargebiet charakterisiert werden. Sie können nahezu unbegrenzt weiter unterteilt werden, sodass jeder Typ eine einzigartige Pflanzen- und Tiergemeinschaft umfasst.

Das Klima übt einen starken Einfluss auf die großen Ökoregionen aus. Die Einstrahlung der Sonne ist in den Tropen am stärksten und die Weiterleitung dieser Energie über die Atmosphäre und die Meere erzeugt die Luft- und Wasserströmungen, die die Wettersysteme der Welt antreiben. An Land entstehen durch die Gesteinsverwitterung Böden, auf denen Pflanzen wachsen und die Basis von Ökosystemen bilden.

Vielfalt des Lebens

Die Biodiversität bezieht sich auf die Vielfalt des Lebens in einem bestimmten Lebensraum oder einer Ökoregion. In der Regel nimmt die Biodiversität in Richtung Äquator zu, wobei die tropischen Wälder und die warmen Küstengewässer die meisten Arten beherbergen. Beide Polargebiete werden von relativ wenigen Tierarten bewohnt. In der Arktis leben viele Arten auf dem Land, während sich die der Antarktis auf das Wasser konzentrieren.

Pflanzen und Tiere werden durch die natürliche Auswahl besser an ihren Lebensraum angepasst. Die am besten angepassten überleben in größerer Zahl und haben mehr Nachkommen. Dies ist ein kontinuierlicher Prozess, da sich die Lebensräume im Lauf der Zeit ändern. Plötzliche Ereignisse wie Vulkanausbrüche, Überflutungen oder menschliche Einflüsse können katastrophale Auswirkungen haben, insbesondere auf spezialisierte Arten. Die sogenannten Generalisten können Veränderungen wie die der Temperatur besser vertragen, werden aber vielleicht durch Spezialisten verdrängt, wenn sich die Verhältnisse wieder stabilisieren.

Wissenschaftler schätzen, dass bislang nur **14 %** aller Arten beschrieben worden sind. Von diesen Arten leben **91 %** an Land.

ÖKOREGION

Die Alpen stellen eine der am besten erforschten montanen Ökoregionen dar. Sie erstrecken sich über acht europäische Länder und enthalten eine Reihe schneebedeckter Gipfel, die von Frankreich und Italien im Südwesten bis nach Österreich im Osten reicht.

KONTINENT

In Südeuropa grenzt die Küste an das warme Wasser des Mittelmeers und ein großer Teil des Lands ist von mediterranem Wald- und Buschland bedeckt. Das Gebirge der Alpen bildet die physische Barriere, hinter der der kältere, feuchtere Norden liegt.

DIE ÖKOREGION DER ALPEN
An einem bestimmten Ort der Erde findet man besondere Bedingungen, die von Geografie, Breitengrad und Klima abhängen. Eine solche Region ist die Heimat einer einzigartigen Pflanzen- und Tiergemeinschaft.

LEBENSRÄUME

Die Lebensräume der Alpen findet man auch an anderen Orten der Welt, doch sind für die Alpen die großen Höhenunterschiede charakteristisch. Die Gräser und Kräuter der hoch gelegenen Wiesen unterscheiden sich sehr von den im Tiefland wachsenden.

BERGE UND SCHUTTHÄNGE

Berge sind mit Inseln auf dem Festland zu vergleichen, auf denen sich Arten isoliert entwickeln können. Hänge werden von Breitengrad, Höhe, Neigung, Ausrichtung und ihrem Gestein beeinflusst. Die Bedingungen oberhalb der Baumgrenze (über der keine Bäume mehr wachsen) sind rau.

BERGWALD

Wälder sind in den Bergen höhenabhängig in Zonen aufgeteilt. Laubbäume überwiegen an den tiefer gelegenen wärmeren Hängen, wohingegen Nadelbäume im höheren Bereich bis zur Baumgrenze wachsen. Wegen der Neigung ist die Bewirtschaftung schwierig und Berghänge sind oft stärker bewaldet als der flachere Bereich.

BERGWIESEN

Wo die Feuchtigkeit oder der instabile Untergrund den Baumwuchs verhindern, gedeihen Gräser und Kräuter in spektakulärer Vielfalt. In großer Höhe gibt es im Frühling und Sommer einen plötzlichen Wachstumsschub und die Wiesen sind mit Blüten übersät – eine wichtige Nahrungsquelle für viele Tiere.

NAHRUNGSKETTEN

Eine Nahrungskette verbindet alle Pflanzen und Tiere in einem Lebensraum. Pflanzen nutzen die Sonnenenergie für Wachstum und Vermehrung. Sie werden selbst von Tieren gefressen. Diese dienen wiederum den Raubtieren und Aasfressern als Nahrung.

UHU

Der Uhu ist der Top-Prädator unter den Vögeln der Alpen. Er jagt kleine Säugetiere, aber auch Greifvögel und andere Eulen.

MURMELTIER

Alpenmurmeltiere fressen im Sommer das üppige Gras und die Kräuter. Das gebildete Fett hilft ihnen, die langen Winter zu überleben.

LÖWENZAHN

Der Alpen-Löwenzahn stellt nicht nur Nahrung für die Murmeltiere dar, sondern auch eine Nektarquelle für Schmetterlinge und Bienen.

WÄLDER
Die Lungen unseres Planeten

Etwa ein Drittel des Festlands ist von Bäumen bewachsen. Manche von ihnen sind die größten und langlebigsten Organismen der Welt. Ihre Wurzeln, Stämme, Zweige und Blätter bilden eine Vielzahl von Mikrohabitaten, deren Eigenschaften vom Standort abhängen. Totes Holz und verrottende Blätter sind ebenfalls eine wichtige Komponente des Ökosystems Wald, da sie Unterschlupf und Nahrung bieten sowie Nährstoffe an den Boden abgeben. Durch gefallene Bäume geschaffene Lichtungen werden von Licht liebenden Bodenpflanzen und Insekten bevölkert, bis neue Bäume die Lücke schließen.

Boreale und gemäßigte Wälder

Der weite Klimabereich in gemäßigten Gebieten lässt sowohl Laub- als auch Nadel- und Mischwälder wachsen. In den borealen Wäldern des hohen Nordens sind die Winter länger, die Temperaturen niedriger und der Schnee fällt häufiger – Bedingungen, an die Nadelbäume gut angepasst sind. Ihr Wuchs und ihre schmalen Blätter verhindern, dass sich zu viel Schnee auf den Ästen ansammelt und sie bricht. Da sie die Nadeln ganzjährig behalten, können sie ununterbrochen Fotosynthese betreiben. Die harzigen Blätter schmecken nur wenigen Insekten und werden auch bei Nahrungsmangel kaum gefressen.

Weiter im Süden sind die Winter immer noch kalt, doch die Sommer sind länger und wärmer. Meist wachsen hier Laubbäume, deren größere Blätter

GEMÄSSIGTE LAUBWÄLDER

Die von der Saison abhängige Verfügbarkeit mancher Nahrung stellt eine Herausforderung für die Waldtiere dar. Eichhörnchen lagern daher Nüsse und Samen in Astlöchern oder vergraben sie, damit sie im Winter darauf zurückgreifen können.

GEMÄSSIGTE NADELWÄLDER

Nacktsamer wie die Nadelbäume tragen ihre Samen in Zapfen, aus denen sie bei trockenen Bedingungen entlassen werden. Die winzigen Samen der Westlichen Hemlocktanne werden von Meisen, Fichtenzeisigen und Weißfußmäusen gefressen.

BOREALE WÄLDER

Die robusten Nadelbäume der nördlichen borealen Wälder liefern wegen des harten Klimas und der kurzen Wachstumsperiode weniger Nahrung als andere Bäume. Im Winter, wenn die Nahrung knapp ist, ziehen viele Tiere in die wärmeren Gebiete oder halten Winterruhe.

SEYCHELLEN ▷
Tropischer Regenwald auf Silhouette Island, Seychellen, im Indischen Ozean

WÄLDER | 13

ein Maximum an Licht auffangen. Doch diese Blätter stellen bei starkem Wind und Schneefall ein Risiko dar, sodass die Laubbäume der gemäßigten Wälder ihre Blätter im Herbst abwerfen. Die Bäume verbringen den Winter in einem Ruhezustand und treiben im Frühjahr neue Blätter aus.

In den meisten südlichen Gebieten sind die Sommer lang, heiß und trocken, die Winter dagegen warm und feucht. Der immergrüne Laubwald dieser Regionen reicht vom Eukalyptus Australiens bis zum niedrigeren und offeneren Waldland in Teilen Kaliforniens und im Mittelmeerraum.

Tropische Wälder

Am Äquator ist das Klima das ganze Jahr über warm und feucht, sodass für den Pflanzenwuchs ideale Bedingungen bestehen. Hier findet man die höchste Diversität an Landlebensräumen. Bäume und andere Pflanzen lassen Regen-, Nebel- und Bergwälder entstehen, die das ganze Jahr über grün sind. In den nördlichen Tropen werden die südostasiatischen Wälder vom starken Monsunregen beeinflusst, sodass es hier Regen- und Trockenzeiten gibt. In der Regenzeit sind die Wälder üppig und grün, wohingegen viele Bäume in der Trockenzeit ihre Blätter abwerfen, sodass die Sonne auf den Waldboden scheint.

In Gegenden mit langer Trockenzeit, wie auf Madagaskar und in der Karibik, findet man tropische und subtropische Trockenwälder. Sie bestehen aus vielen Bäumen, die ihr Laub während der Trockenzeit abwerfen, und weisen eine geringere Diversität als andere Tropenwälder auf. Trotzdem beherbergen sie eine vielseitige Tiergesellschaft, die sich an das Leben in heißem, trockenem Klima angepasst hat.

VERBREITUNG DER WÄLDER

Nadelwälder finden sich häufig in höheren Breitengraden und Höhen als gemäßigte Wälder. Die borealen Wälder reichen bis an den Rand der Tundra. Tropische Wälder brauchen das ganze Jahr über Wärme und wachsen in Äquatornähe.

- Boreale Wälder
- Gemäßigte Wälder
- Tropische Wälder

MEDITERRANER WALD

Der mediterrane Wald ist ein immergrüner Laubwald. Typisch sind die Korkeiche, Kiefern und eingeführter Eukalyptus. Korkeichen sind ein besonders wichtiger Lebensraum und liefern Nahrung, Schutz und Nistgelegenheiten für viele Tiere.

TROPISCHER TROCKENWALD

Die Bäume des tropischen Trockenwalds überleben die lange Trockenzeit, indem sie die Blätter abwerfen. Sie besitzen eine dicke Borke und erreichen mit langen Wurzeln das Grundwasser. Viele Arten haben Dornen, um Pflanzenfresser abzuschrecken.

TROPISCHER REGENWALD

Die dichten Baumkronen der in den tropischen Wäldern wachsenden Bäume halten die meiste Nahrung bereit. Viele Tiere sind daher an das Leben in den Bäumen angepasst und nur selten auf dem Boden zu sehen, etwa der Hellrote Ara und die Klammeraffen.

GRASLAND UND STEPPEN
Wenig Deckung, aber viel Nahrung

Wo das Klima für Bäume zu trocken, für andere Pflanzen aber ausreichend ist, beherrschen Gräser und niedrige Sträucher die Landschaft. Diese Pflanzen zeigen eine hohe Diversität. Die Lebensräume reichen von hoch gelegenen Alpenwiesen bis zu afrikanischen Baumsteppen, den Prärien Nordamerikas, den windgepeitschten asiatischen Steppen, den mannshohen Grasmeeren Indiens, Chinas und Südamerikas und den wüstenartigen australischen Steppen. Heute nehmen diese Lebensräume etwa 40 % des Festlands ein.

Gemäßigtes Grasland

Die relativ flache Landschaft und der Mangel an Bäumen im gemäßigten Grasland ermöglichen eine ziemlich einheitliche Landschaft, über die starke Winde wehen können. Es gibt weniger Lebensräume als in den Wäldern und daher auch weniger Tierarten. Gras kann allerdings eine große Zahl von Pflanzenfressern ernähren, weil sich sein Vegetationspunkt im Gegensatz zu dem vieler anderer Pflanzen im Boden befindet. Da er von den grasenden Tieren nicht beschädigt wird, kann abgeweidetes Gras schnell wieder nachwachsen. Diese Anpassung ermöglicht es dem Gras auch, Trockenperioden zu überstehen, die für andere Pflanzen tödlich wären.

In der Vergangenheit bedeckten Grasländer große Teile der gemäßigten Klimazonen, doch mit der Zunahme des Ackerbaus werden diese Flächen landwirtschaftlich genutzt – oft mit unvorhergesehenen Konsequenzen. Gras ist insofern ungewöhnlich, als dass es die meiste Energie in das Wachstum der Wurzeln und nicht in das der Blätter steckt.

MONTANES GRASLAND

Dieses hoch gelegene Grasland tritt in allen Breiten auf. Die Pflanzen und Tiere dieser Regionen müssen niedrige Temperaturen, intensives Sonnenlicht und potenziell schädliche UV-Strahlung vertragen können. Zu ihnen gehört das südamerikanische Guanako.

GEMÄSSIGTES GRASLAND

Obwohl das Gras überwiegt, wachsen auch viele krautige Pflanzen im gemäßigten Grasland. Blüten locken Insekten an, die wiederum insektenfressende Vögel anziehen. Das Grasland bietet auch Säugetieren aller Größen Nahrung, vom Bison bis zum Hasen.

CUSTER STATE PARK ▷
Dieser Prärie-Lebensraum in South Dakota, USA, bietet den Bisons ein Rückzugsgebiet.

So kann es genug Wasser und Nährstoffe beziehen und gleichzeitig den Boden stabilisieren. Wenn das Gras entfernt und das Land gepflügt wird, wird der Boden schnell als Staub abgetragen, sodass der nackte Untergrund übrigbleibt.

Tropische Grasländer

Verstreute Büsche und Bäume sind ein Kennzeichen der tropischen Steppen, sodass ihre Diversität höher ist als die ihrer gemäßigten Gegenstücke. Sie können sich aber nicht ausbreiten, da sie im Gegensatz zu Gras die in der Trockenzeit regelmäßig auftretenden Brände nicht überleben. Obwohl die Feuer scheinbar zerstören, versorgt ihre Asche den Boden mit Nährstoffen, die das Graswachstum in der folgenden Regenzeit anregen.

Während manche tropische Gräser, etwa Bambus und Napiergras, sehr hoch werden, bietet der größte Teil der Steppe wenig Schutz, sodass sowohl Räuber als auch Beute sich nur schwer verstecken können. Die Räuber verlassen sich daher auf Anschleichen, Geschwindigkeit und manchmal Kooperation, um ihre Nahrung zu erbeuten. Die Beute versucht dagegen, die Räuber möglichst früh zu entdecken und rechtzeitig davonzulaufen. Beutetiere leben in Herden, was zusätzliche Sicherheit verschafft, und verlassen sich auf ihre Sinnesorgane. Ihre Augen befinden sich zur guten Rundumsicht seitlich am Kopf, sie haben lange, drehbare Ohren und können sehr gut riechen – Hasen sind ein gutes Beispiel.

VERBREITUNG DES GRASLANDS

Die größten gemäßigten Grasländer sind die Prärien Nordamerikas und die asiatischen Steppen, die vom Osten Europas bis zum Norden Chinas reichen. Tropische Grasländer gibt es südlich der afrikanischen Sahara und in Brasilien.

■ Gemäßigtes Grasland   ■ Tropisches Grasland

BUSCHLAND

In Gebieten mit langen, trockenen Sommern wie Kalifornien und dem Mittelmeerraum gibt es eine Übergangszone zwischen Wald und Grasland, die von niedrigen, verholzten Sträuchern dominiert wird. Sie wird auch Chaparral oder Macchie genannt.

TROPISCHE STEPPEN

Steppen sind meist das ganze Jahr über warm, wobei eine kurze Regenzeit nach einer langen Trockenzeit den Pflanzenwuchs explodieren lässt. Afrikanische Elefanten tragen zur Erhaltung bei, indem sie Sträucher und Blätter fressen und dabei Bäume umstoßen.

FEUCHTGEBIETE

Wird Land regelmäßig von Süß- oder Salzwasser überspült, wachsen hier oft Gräser, Schilf und Ried. Wasserhyazinthen bilden schwimmende Vegetationsinseln. Feuchtgebiete sind der Lebensraum vieler Tierarten, insbesondere von Vögeln.

EXTREME LEBENSRÄUME
Überleben trotz aller Widrigkeiten

Polargebiete und Wüsten sind einige der unwirtlichsten Regionen der Erde. Der Mangel an Regen und die extremen Temperaturen schaffen schwierige Bedingungen für das Leben, und die wenigen Menschen führen ein halbnomadisches Leben. Heute sind viele dieser empfindlichen Ökoregionen wegen ihrer Öl-, Gas- und Mineralvorkommen gefährdet.

Polargebiete
Ein großer Teil der Arktis und Antarktis ist im Prinzip eine Eiswüste. Die Winter sind lang und dauerhaft dunkel. Die Sommer sind kurz, doch da die Sonne niemals untergeht, gibt es eine permanente Energiequelle für den Pflanzenwuchs. Wo das Gestein offenliegt, bildet sich kein Boden und die Temperatur liegt am Gefrierpunkt oder darunter. Bäume können hier nicht gedeihen und die Vegetation beschränkt sich auf Moose, Flechten, Pilze und eine Handvoll Blütenpflanzen. Diese offene, Tundra genannte Landschaft erstreckt sich zwischen 60 und 80 Grad nördlich und südlich des Äquators. In der nördlichen Hemisphäre dehnt sie sich viel weiter aus und bedeckt große Flächen im Norden Kanadas und Russlands. Ähnliche Bereiche über der Baumgrenze im Gebirge werden als Bergtundra bezeichnet.

Polarregionen mögen einige große Landtiere beherbergen, doch sind sie in Bezug auf die Nahrung vom Meer abhängig. Denn trotz der Kälte gibt es in den

ARKTISCHE TUNDRA
Der Arktische Mohn ist eine der wenigen Blütenpflanzen der arktischen Tundra. Wegen der kurzen Wachstumsperiode muss er schnell wachsen, blühen und Samen produzieren. Er wird meist von Fliegen bestäubt, kann sich aber auch selbst bestäuben.

BERGTUNDRA
Die sich in Höhen von etwa 3000 m zwischen borealem Wald und dem Schnee befindliche Bergtundra ist kalt und windig. Es gibt kaum Vegetation. Steinadler jagen hier im Sommer, da das offene Gelände der Beute keinen Unterschlupf bietet.

POLARGEBIETE
Die Polargebiete mögen feindlich wirken, sind jedoch der Lebensraum spezialisierter Säugetiere, etwa des Walrosses und anderer Robben. So sind Eisschollen und gebrochenes Packeis der ideale Lebensraum der Bartrobbe, die einen leichten Zugang zum Wasser benötigt.

▷ **ANTARKTIS**
Schnee bedeckt die Tundra auf der Spitze der Antarktischen Halbinsel im Winter.

Meeren ein vielfältiges Leben. Die kalten Gewässer der Polargebiete sind sehr sauerstoffreich und der Meeresboden steuert vielfältige Nährstoffe bei. Im Sommer ist der Tisch für die vielen marinen Säugetiere und Vögel, die zum Fressen und zur Vermehrung hierhin kommen, reichlich gedeckt. Die Tundra beherbergt ebenfalls Sommergäste, zum Beispiel das Rentier, das im Winter in den besser geschützten Wald der Taiga zieht.

Wüstenregionen

Die meisten der großen, heißen Wüsten der Welt, etwa die Sahara, findet man in den Subtropen, wo monatelang trockene Bedingungen herrschen. Andere, beispielsweise die Mojave-Wüste im Südwesten der USA, liegen an der trockenen windabgewandten Seite eines Gebirges. Ein paar, etwa die Atacama-Wüste in Südamerika, liegen an der Küste, wo kalte Küstengewässer die Wolkenbildung verhindern. Kältewüsten im Inneren der Kontinente sind im Sommer sehr heiß und im Winter sehr kalt. All diese Wüsten sind sehr trocken und erhalten im Jahr weniger als 15 cm Niederschläge. Es bilden sich meist keine Wolken, mit Ausnahme der Küstenwüsten, die morgens vom Nebel profitieren. Subtropische Wüsten sind zwar das ganze Jahr über heiß, kühlen aber in der Nacht stark ab, da es keine isolierende Wolkenschicht gibt. Auch in Kältewüsten gibt es starke tägliche Temperaturschwankungen, doch im Winter liegt die Temperatur unter dem Gefrierpunkt und Schnee ist nicht selten.

Die in Wüsten wachsenden Pflanzen müssen sich nicht nur mit dem Wassermangel und den extremen Temperaturen auseinandersetzen, sondern auch mit an organischen Anteilen und Mikroorganismen armen Böden. Alle Pflanzen und Tiere der Wüsten versuchen sich in Regenperioden zu vermehren und haben einige Anpassungen an die Hitze entwickelt. Zum Beispiel können sie Wasser sammeln oder speichern und oft gehen sie in der Nacht auf Nahrungssuche.

WÜSTEN- UND POLAREISVERBREITUNG

Wüsten auf der südlichen Hemisphäre sind meist nicht so ausgedehnt wie die auf der nördlichen, zu denen mit der Sahara die größte Wüste überhaupt gehört. Fast ganz Antarktika und der größte Teil Grönlands sind mit Eis bedeckt.

■ Wüste   ■ Eis

KÄLTEWÜSTE

Trotz der baumlosen Umgebung, der geringen Niederschläge und der saisonalen Temperaturunterschiede leben in Kältewüsten viele Tierarten. Zu den kleineren gehören die Zwerghamster, zu den größeren der vom Aussterben bedrohte Gobi-Bär.

KÜSTENWÜSTE

Am frühen Morgen profitieren Küstenwüsten von der Feuchtigkeit, die als Nebel ins Land getragen wird. Sie ist eine wichtige Wasserquelle für viele Arthropoden und Reptilien, die zum Teil an die Wassersammlung und -speicherung angepasst sind.

SUBTROPISCHE WÜSTE

Die Tagestemperaturen in diesen heißen Wüsten sind so hoch, dass selbst die auf äußere Wärmeeinstrahlung angewiesenen Arthropoden den Schatten aufsuchen. Viele Tiere, wie dieser Gelbe Mittelmeer-Skorpion, sind sogar vollständig nachtaktiv.

LEBENSRÄUME IM WASSER
Der Planet Erde ist in Wirklichkeit der Planet Meer

Über 70 % der Erdoberfläche sind mit Wasser bedeckt, das in flüssiger Form eine Grundlage des Lebens ist. Wasser zirkuliert ständig um den Planeten, verdunstet von seiner Oberfläche und wird als Wasserdampf in der Atmosphäre transportiert, bevor es sich als Regen niederschlägt. Etwa 95 % des irdischen Wassers sind Salzwasser, das man in Meeren, an der Küste gelegenen Lagunen und einigen isolierten Salzseen findet. Die übrigen 5 % sind Süßwasser, das nicht nur in Flüssen und Seen enthalten ist, sondern auch im Eis der Polarregionen, in Gletschern und im nicht sichtbaren Grundwasser. Die Ansprüche an das Leben sind in Süß- und Salzwasser sehr unterschiedlich. Daher vermögen nur wenige Arten vom einen in das andere zu wechseln.

Flüsse und Seen

Süßwasser ist eine Voraussetzung für das Leben an Land – ohne Wasser können die Pflanzen nicht wachsen und Tiere haben nichts zu trinken. Flüsse und Seen schaffen verschiedene Lebensräume, von schnell fließenden Bächen und sumpfigen Feuchtgebieten bis zum ruhigen und tiefen Wasser vieler Seen. Die Lebewesen müssen sich mit starken Strömungen, Eisdecken im Winter und austrocknenden Gewässern

SEEN

Seen sind oft isoliert, sodass neue Arten sie nur schwer besiedeln können (es sei denn, sie werden von Menschen eingeschleppt). Daher findet man hier oft endemische Arten oder Unterarten, die sich an die vorhandenen Lebensräume angepasst haben.

MANGROVEN

Diese Feuchtgebiete stellen Kindergärten für verschiedene Meerestiere sowie Brut- und Ruheplätze für viele Vögel dar, darunter auch den Roten Sichler. Diese Watvögel benutzen ihren langen, gebogenen Schnabel, um Nahrung im weichen Schlick zu finden.

FLÜSSE

Je steiler das Gefälle ist, desto schneller fließt ein Fluss und desto stärker ist die Strömung. Mehr Tierarten wird man im Unterlauf finden, wo die geringere Fließgeschwindigkeit den Wuchs von Wasserpflanzen erlaubt. Hier nimmt die Zahl der Lebensräume zu.

KALIFORNIENS KÜSTE ▷
Hier sieht man die Kraft der sich in der Monterey Bay, USA, brechenden Wellen.

LEBENSRÄUME IM WASSER | 19

im Sommer auseinandersetzen. Bäume wachsen meist da, wo das Wasser langsam fließt, an den Ufern oder auf Inseln im Wasser. Pflanzen wie die Wasserhyazinthe können große Süßwasserflächen bedecken. Tiere können vollständig an das Wasser gebunden sein, wie es zum Beispiel Fische sind, während Frösche, Flusspferde und Libellen nur einen Teil ihres Lebens im Wasser verbringen. Jede Art bewohnt einen bestimmten Lebensraum und zusammen bilden sie eine bestimmte Gesellschaft, die einzigartig für einen bestimmten Fluss oder See ist.

Mangroven

Die nur in tropischen oder subtropischen Regionen vorkommenden Mangroven wachsen meist im Gezeitenbereich schlammiger Küsten, obwohl manche Arten auch ein Stück weiter im Inland anzutreffen sind. Nur die Mangroven können in dem mit Salzwasser gesättigten Schlamm wachsen und das regelmäßige Überspülen mit Meerwasser ertragen. Die verschiedenen Arten haben dazu unterschiedliche Eigenschaften entwickelt, darunter Stelzwurzeln zur Verankerung im weichen Untergrund. Mangroven können das Salz bei der Aufnahme des Wassers durch die Wurzeln herausfiltern oder sie speichern es in den Blättern, die später abgeworfen werden. Die Mangrovensümpfe gehören zu den meistbedrohten Lebensräumen, da sie in den letzten Jahren in großem Stil abgeholzt worden sind, um Platz für Aquafarmen für Fische, Krebs- und Weichtiere zu schaffen.

Meere

Obwohl die Meere der Welt miteinander verbunden sind, weisen Teile von ihnen charakteristische Eigenschaften auf. Im sonnenbeschienenen Oberflächenwasser leben die meisten Organismen und Korallenriffe weisen eine sehr hohe Biodiversität auf. Doch es gibt auch Lebensräume der Tiefsee, deren Nahrungsketten auf von der Oberfläche absinkendem organischem Material oder auf Bakterien basieren. Der Stoffwechsel dieser Bakterien beruht auf chemischen Reaktionen und kommt ohne Sonnenlicht aus. Küsten sind extrem harte Lebensräume, da Felsen und Sand regelmäßig der Luft ausgesetzt werden. Die Wellen können Organismen beschädigen, die nicht fest verankert sind. Die Meere beherbergen eine große Diversität an Leben, von mikroskopisch kleinen Algen an der Basis der Nahrungskette bis zum größten Tier der Welt, dem Blauwal.

KÜSTEN

Dass sie der Luft und den Wellen ausgesetzt sind, macht die Küsten zu einem der schwierigsten Lebensräume. An Felsenküsten besitzen viele Tiere Schalen oder ein Exoskelett, um sich zu schützen und nicht auszutrocknen.

KORALLENRIFFE

Korallenriffe liefern Nahrung und Versteckplätze. Die hier lebenden Fische weisen eine Vielfalt von Farben und Formen auf. Anders als die Fische des offenen Meers müssen sie nicht stromlinienförmig und schnell sein, um zu jagen oder zu fliehen.

OFFENES MEER

Das meiste Leben im offenen Meer findet sich an der oder knapp unter der Wasseroberfläche, da hier die meiste Nahrung produziert wird. Trotz der großen Fläche dieses Lebensraums leben im offenen Meer nur etwa 5 % der Tierarten der Welt.

British Columbia
Ein junger Grizzlybär wartet auf Lachse, die zum Laichen einen kanadischen Fluss hinaufwandern. Die Mutter ist in der Nähe, denn junge Bären werden erst im Alter von zwei Jahren selbstständig.

Nordamerika

GEBIRGE UND PRÄRIE

Nordamerika

Der drittgrößte Kontinent der Welt wird vom Nordpolarmeer sowie vom Pazifischen und Atlantischen Ozean begrenzt. Geografisch betrachtet gehören Grönland und die Karibischen Inseln zu Nordamerika. Der größte Teil des Kontinents liegt auf der Nordamerikanischen Platte, wobei kleine Teile Mexikos und Kaliforniens auf der benachbarten Pazifischen Platte liegen. Beide grenzen an der berühmten San-Andreas-Verwerfung aneinander. Die Gebirge der Amerikanischen Kordilleren üben einen starken Einfluss auf den Westen Nordamerikas aus. So haben sich an den Osthängen der Berge Regenschattenwüsten gebildet. Kleinere, ältere Gebirge erstrecken sich entlang der Ostküste, wohingegen der größte Teil des Landesinneren Flachland ist. Durch die große Nord-Süd-Ausdehnung des Kontinents enthält er die verschiedensten Klimazonen, von arktischer Kälte bis zu tropischer Hitze. Zu den wichtigsten Systemen gehören die Tundra, die borealen und gemäßigten Wälder, Prärie, Wüste und ausgedehnte Feuchtgebiete. Diese Lebensräume beherbergen eine Vielfalt von Tieren, von den größten Tieren – dem Bison und den Bären – bis zu den Alligatoren der Sümpfe im Südosten.

SCHLÜSSELDATEN

ÖKOSYSTEME
- Tropischer Laubwald
- Tropischer Trockenwald
- Tropischer Nadelwald
- Gemäßigter Laubwald
- Gemäßigter Nadelwald
- Buschland, Chaparral
- Tropisches/subtropisches Grasland
- Gemäßigte Grassteppen
- Feuchtgebiete
- Wüste, Buschsteppe
- Borealer Wald, Taiga
- Tundra
- Eis

MITTLERE TEMPERATUR °C: 30, 20, 10, 0, -10, -20, -30, -40

MITTLERE NIEDERSCHLÄGE mm: 10000, 7500, 5000, 2500, 0

KANADISCHER SCHILD

Von den Großen Seen bis zum Kanadischen Schild erstreckt sich einer der größten Kontinentalschilde der Welt. Er besteht aus kristallinem präkambrischem Gestein, das sich seit etwa vier Milliarden Jahren über dem Meeresspiegel befindet. Die Böden bilden eine dünne Schicht oder fehlen, da das Gestein wiederholt dem Einfluss von Gletschern ausgesetzt war.

ALEUTEN
Eine Gruppe von 69 vulkanischen Inseln, weitgehend baumlos und neblig, auf denen Seevögel brüten.

NORD-POLARMEER · PAZIFISCHER OZEAN · Bering-Meer · Beringstraße · Aleuten · Kodiak-Insel · Golf von Alaska · Yukon · Mount McKinley 6194 m · Brooks-Kette · Mackenziegebirge · Mackenzie · Beaufort-See · Großer Bärensee · Großer Sklavensee · Athabascasee · Banks-Insel · Victoria-Insel · Queen-Elizabeth-Inseln · Ellesmere-Insel · Barry-Inseln · Baffin-Insel · Baffin-bai · Davis-Straße · Grönland · Hudson-Straße · Ungava-Halbinsel · Labrador · Labrador-See · Hudsonbai · Rocky

GEBIRGE UND PRÄRIE | 23

APPALACHEN

Zum ältesten Gebirge Nordamerikas gehören die Great Smoky und die Blue Ridge Mountains. Das Gebiet ist zum großen Teil bewaldet und seine Flüsse sind fischreich.

DEANS BLUE HOLE

Die Bahamas besitzen das tiefste (202 m) im Meer gelegene Blue Hole der Welt. Ein Blue Hole ist ein von Regenwasser im Kalkgestein geformtes und mit Wasser gefülltes Loch. Die Öffnung liegt unterhalb des Wasserspiegels.

BLAUES SCHWALBENSCHWÄNZCHEN

GOLF VON KALIFORNIEN

Der auch als Cortés-See bezeichnete Golf von Kalifornien liegt zwischen der Westküste Mexikos und der Halbinsel Niederkalifornien. Etwa 800 Fischarten leben hier, doch sind sie durch Überfischung gefährdet.

AMERIKAN. KORDILLEREN

Diese Gebirgskette umfasst die Küstengebirge, die Rocky Mountains und die Sierra Nevada. Sie verläuft südwestlich von Alaska bis ins westliche Mexiko. Der größte Teil entstand, als eine alte, heute weitgehend verschwundene ozeanische Platte sich vor Jahrmillionen unter die Nordamerikanische Platte schob.

Ozeanische Platte
Nordamerikanische Platte
Gebirgskette

GRAND CANYON

Der vom Colorado im Verlauf von 17 Millionen Jahren in den Untergrund geschnittene Grand Canyon ist 446 km lang und bis zu 1,8 km tief.

TORNADO ALLEY

Im späten Frühjahr liegen im Bereich der Prärien des Mittleren Westens, wo keine Gebirgsketten den Wind blockieren, die idealen Bedingungen für das Entstehen von Tornados vor. Diese Säulen rotierender Luft entstehen in Gewitterwolken und haben Kontakt zum Boden. Die stärksten Tornados treten fast ausschließlich in Nordamerika auf.

ÖKOREGIONEN

- Kanadische Arktis » S. 24–33
  Tundra, Eis
- Yellowstone » S. 34–43
  Gemäßigter Nadelwald
- Central Great Plains » S. 44–51
  Gemäßigtes Grasland
- Sierra Nevada » S. 52–59
  Gemäßigter Nadelwald
- Mojave-Wüste » S. 60–65
  Wüste, Buschland
- Everglades » S. 66–73
  Feuchtgebiete: überflutetes Grasland, Mangroven

KANADISCHE ARKTIS
Eis und Schnee weit im Norden

Die Kanadische Arktis umfasst einen der größten Archipele der Welt – 36 563 Inseln, von denen die meisten unbewohnt sind. Die ganz im Osten gelegenen Inseln sind bergig, nach Westen werden sie flacher. Einen großen Teil des langen, dunklen Winters sind Land und Meer von Eis bedeckt, das nur von felsigen Gipfeln und gelegentlichen Polynjas unterbrochen wird – Bereiche des Meers, die spät gefrieren und früh auftauen. Polynjas sind für Meeressäugetiere wie Beluga- und Grönlandwale wichtig, da sie hier atmen können. Robben und Eisbären gelangen hier vom Eis ins Wasser. Im Sommer herrscht zwischen den Inseln eine starke Strömung.

Permafrost
An Land taut der obere Meter des Bodens im Sommer kurz auf, doch darunter ist er ständig gefroren (Permafrost). Es wachsen Moose, Flechten und etwa 200 Arten Gräser, robuste Blütenpflanzen und kleinere Büsche. Zu den Landsäugetieren, die der Kälte widerstehen können, gehören Rentiere, Moschusochsen, Polarfüchse und Lemminge. Die Zahl der Wirbellosenarten ist gering, doch Milben und Springschwänze treten im Sommer in hoher Zahl auf und liefern Nahrung für brütende Zugvögel wie die Küsten-Seeschwalbe, die Elfenbeinmöwe, die Eiderente und das Thorshühnchen.

Schmelzender Permafrostboden setzt Treibhausgase frei und verstärkt die **globale Erwärmung.**

KÜSTEN-SEESCHWALBE
FERNREISENDE
Die Küsten-Seeschwalbe reist länger als jedes andere Tier, da sie zwischen den arktischen Brutgebieten und der Antarktis wechselt. Viele arktische Tiere wandern nach Süden, um den Winter zu meiden. Rentiere unternehmen eine kürzere, aber ebenfalls harte Wanderung in die kanadische Tundra.

KLAPPMÜTZE MIT JUNGTIER
RAUER START INS LEBEN
Neugeborene Klappmützen bekommen extrem fettreiche Milch, sodass sie in vier Tagen von 25 auf 45 kg zunehmen. Danach kehren ihre Mütter zum Fressen und zur Paarung ins Meer zurück. Die Jungen müssen Tauchen und Jagen lernen, bevor sie verhungern.

WALDFROSCH
GEFROREN IM WINTER
Waldfrösche verfallen in Winterstarre, wobei ihr Blut und ihre Haut gefrieren. Um zu überleben, lagern sie in die Zellen von der Leber produzierte Glukose ein. Polardorsche verhindern dagegen mit besonderen Eiweißen das Gefrieren des Bluts.

Von 36 Säugetierarten leben hier 17 im Meer

Dies ist im Sommer das Land der Mitternachtssonne

KANADISCHE ARKTIS

LAGE

Der nördlichste Teil des kanadischen Festlands und die Inseln, die zum Teil zum Nordwest-Territorium gehören.

KLIMA

Die Temperaturen sind das ganze Jahr über sehr niedrig und steigen nur für sechs bis zehn Wochen im Sommer über 0 °C. Der Jahresdurchschnitt liegt darunter und nahezu alle Niederschläge fallen als Schnee.

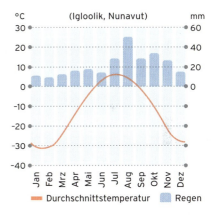

(Igloolik, Nunavut)

— Durchschnittstemperatur   ▮ Regen

ES WIRD WÄRMER

Die Arktis ist heute wärmer als zu jedem anderen Zeitpunkt in den letzten 40 000 Jahren – in jedem Jahr tritt weniger Meereis für einen kürzeren Zeitraum auf. Im Jahr 2007 blieb die Nordwestpassage zwischen Atlantik und Pazifik zum ersten Mal in historischen Zeiten eisfrei. Diese Veränderungen haben einen enormen Einfluss auf das Planktonwachstum, von dem alles Leben im Meer abhängt. Auch die Eisbären benötigen das Meereis zur Jagd und Vermehrung.

Hier ist eins der weltgrößten Archipele. Vögel brüten in der kanadischen Arktis, verlassen sie aber vor dem Winter.

BÄRENSPINNER-RAUPE

LANGSAM UND STETIG
Der Isabella-Bärenspinner kann sich wegen seines langen Lebenszyklus in der Arktis vermehren. Seine Raupen schlüpfen im Sommer und fressen einen Monat lang. Im Winter gefrieren sie zu Eis. Das wiederholen sie bis zu 14 Jahre lang und verpuppen sich dann zum Schmetterling, der nur wenige Tage lebt.

POLARHASE

WINTERWEISS
Wie andere Landsäugetiere der Arktis hat der Polarhase ein sehr dichtes Fell, das warme Luft am Körper hält. In Neufundland im Süden des Verbreitungsgebiets bekommen die Hasen ein graubraunes Sommerfell. Weiter im Norden, wo es kaum taut, behalten sie das weiße Winterfell.

POLARDORSCH

FISCH DES TAGES
Polardorsche werden nicht kommerziell gefischt, sind aber die Beute anderer Räuber. Von unten stellen ihnen Robben, Belugawale und Narwale nach, von oben Vögel wie die Lummen und Teisten, die über 100 m tief tauchen und dabei ihre Flügel als Flossen benutzen.

Moschusochse
Ovibos moschatus

Sich fast in der Schädelmitte treffende gebogene Hörner

Der Moschusochse ist eins der wenigen ganzjährig in der Arktis lebenden Tiere und sehr gut an die Kälte angepasst. Über seiner dicken Unterwolle befinden sich über 60 cm lange Deckhaare, die ihm sein zottiges Aussehen geben. Die stämmigen Beine und die großen Hufe verschaffen ihm im Schnee guten Halt. Die Hörner werden zur Verteidigung und bei Kommentkämpfen eingesetzt.

Duft nach Moschus
Meist sind die 10 bis 100 Tiere großen Herden gemischtgeschlechtlich, auch wenn manche Bullen Junggesellenherden bilden oder allein bleiben. Von Juli bis September herrschen die dominanten Bullen über eine kleinere Herde von Kühen. Während der Paarungszeit geben sie einen moschusartigen Geruch ab, der den Tieren ihren Namen gegeben hat.

Im Sommer grasen die Moschusochsen im Tiefland, wo sie zusätzlich zur normalen Nahrung Blüten fressen. Im Winter suchen sie höheres Gelände auf.

- ↔ 1,9–2,3 m
- ⚖ 200–410 kg
- ⊗ Regional verbreitet
- 🍽 Seggen, Gräser, Blätter

Nördl. Nordamerika, Grönland

▷ **DEM FEIND ENTGEGENTRETEN**
Werden Moschusochsen von Wölfen oder Eisbären bedroht, bilden sie einen Kreis mit dem Kopf nach außen.

Den **Zusammenprall kämpfender Bullen** hört man bis zu **1,6 km weit.**

Rentier
Rangifer tarandus

- ↔ 1,2–2,2 m
- ⚖ 120–300 kg
- ⊗ Stark gefährdet
- 🍽 Blätter, Wurzeln, Flechten

Nördl. Nordamerika, Nordeuropa, Nordasien

▽ **FARBVARIATIONEN**
Das Peary-Karibu (*R. t. pearyi*), eine Unterart des hohen Nordens, ist kleiner und heller als die weiter südlich lebenden Rentiere. Männchen und Weibchen der Rentiere haben ein Geweih, das sie in jedem Jahr abwerfen.

Gegabeltes Geweih

Die Wollhaare schützen sehr gut vor der Kälte.

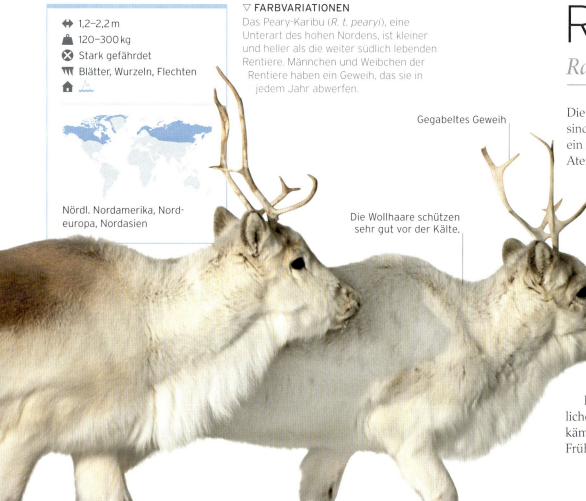

Die in Nordamerika als Karibus bezeichneten Rentiere sind gut an die arktische Tundra angepasst. Sie haben ein dichtes Fell und eine breite Schnauze, die die kalte Atemluft anwärmt. Rentiere können gut schwimmen und haben breite Hufe, die im Sommer Halt auf weichem Untergrund bieten. Im Winter werden sie härter und scharfkantiger, ideal bei Schnee und Eis. Trotz der breiten Hufe erreichen sie eine Geschwindigkeit von 80 km/h. Sie können UV-Licht sehen und so Flechten und schneebedeckte Pflanzen im dunklen Winter erkennen.

Unterwegs
Rentiere sind fast ständig unterwegs. Manche legen im Jahr 5000 km zurück – die längste Entfernung, die ein Landsäugetier bewältigt. Die Herden können bis zu einer halben Million Tiere umfassen. Im Frühjahr und Herbst schließen sich eingeschlechtliche Gruppen zur Migration zusammen. Die Männchen kämpfen im Herbst um die Weibchen. Im folgenden Frühjahr bringen die Weibchen jeweils ein Kalb zur Welt.

Vom Fell gewärmte Schnauze

Kräftiger Körper unter dem dichten Fell

Polarfuchs
Vulpes lagopus

Der hervorragend an die harsche arktische Umwelt angepasste Polarfuchs kann Temperaturen von –50 °C überstehen. Das im Winter mehrere Zentimeter dicke Fell isoliert die kurzen Ohren, die Schnauze und sogar die Fußsohlen, sodass das Tier auf dem Eis nicht ausrutscht. Im Winter bekommen die meisten Polarfüchse ein weißes Fell (einige auch ein stahlblaues), das sie im Schnee tarnt.

Abwechslungsreiche Nahrung

Obwohl er sich im Sommer von kleineren Säugetieren wie Lemmingen, Wühlmäusen und Polarhasen ernährt, kann der Polarfuchs im Winter junge Robben aus ihren Geburtshöhlen im Eis graben. Er ernährt sich auch von der Resten, die Wölfe und Eisbären zurückgelassen haben. Der Polarfuchs ist der häufigste Prädator der Schneegänse, aber er frisst auch Fische, Eier, Tang und Beeren.

Mehrere Exemplare des Einzelgängers können sich an Aas oder frisch getöteten Tieren versammeln. Oft plündern sie auch Müllkippen im Norden Alaskas. Ist er nicht auf der Jagd, rollt sich der Polarfuchs im Sommer in seinem Bau zusammen. Im Winter gräbt er sich zum Schutz vor Stürmen in Schneewehen ein. Die Fähen bekommen im Frühjahr bis zu 14 Junge. Die Eltern ziehen die Jungen gemeinsam auf, bis sich die Familie im August auflöst.

△ JAGD IM SCHNEE
Der Polarfuchs hört die Geräusche unter sich, springt hoch und bohrt sich mit der Schnauze in den Schnee. So bricht er durch die Schneedecke und erreicht die Beute darunter.

Der Polarfuchs hat das **wärmste Fell** unter allen **Tieren der Arktis.**

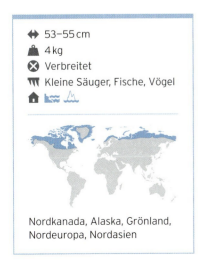

↔ 53–55 cm
⚖ 4 kg
✖ Verbreitet
🍴 Kleine Säuger, Fische, Vögel

Nordkanada, Alaska, Grönland, Nordeuropa, Nordasien

◁ SOMMERFELL
Das Fell wird im Sommer dünner und nimmt eine graubraune Farbe an. So ist der Polarfuchs an die Steine und die niedrige Vegetation der Tundra angepasst.

28 | NORDAMERIKA

▷ **ZU HAUSE**
Schneehöhlen schützen die Jungen vor der Kälte. Sie haben einen Eingang und oft mehrere Kammern. Die Temperatur in ihnen kann mehr als 40 Grad über der Außentemperatur liegen.

▷▷ **GUTER SCHWIMMER**
Die breiten, zum Teil mit Schwimmhäuten versehenen Vorderpfoten ermöglichen dem Eisbären, bis zu 100 km am Stück mit bis zu 10 km/h im Wasser zurückzulegen.

Eisbär

Ursus maritimus

Kleine Ohren mit geringem Wärmeverlust

Längerer Hals als bei anderen Bären

Der Eisbär konkurriert mit dem Braunbären um den Platz des größten Landraubtiers. Er wird als marines Säugetier angesehen, denn sein liebstes Jagdrevier ist das arktische Packeis. Der hervorragend an seinen Lebensraum angepasste Eisbär hat nicht einziehbare Krallen und teils mit Fell bedeckte Fußsohlen, die ihm einen guten Halt verleihen und das Laufen auf dem Eis ermöglichen.

Der Körper ist von einem zweischichtigen Fell bedeckt, dem dicksten aller Bärenarten. Die innere Schicht besteht aus Wollhaaren, die äußere aus durchsichtigen, hohlen Röhren, die Luft zur Isolation enthalten. Da sie das Licht reflektieren, wirkt der Eisbär weiß und ist gut getarnt. Die Haut ist schwarz und unter ihr befindet sich eine bis zu 10 cm dicke Speckschicht.

Fressen und fasten

Eisbären werden in der Natur 25 bis 30 Jahre alt. Dabei wechseln Nahrungsüberfluss und -mangel einander ab. Die Därme sind auf die Fettverdauung eingerichtet, denn Fett ist leichter als Fleisch zu verdauen und enthält mehr Kalorien. Bei Mangel können Eisbären ihren Stoffwechsel verlangsamen. Sie fressen vor allem Robben, jagen aber auch gelegentlich Weiß- oder Narwale. Wenn sie zu verhungern drohen, wagen sie sich auch an Walrosse, doch das Verletzungsrisiko ist groß. Beute können sie 1 m unter dem Eis oder in 1 km Entfernung riechen.

Mit Ausnahme von Weibchen mit ihren Jungen sind Eisbären Einzelgänger. An großen Nahrungsquellen wie Walkadavern können sich aber mehrere Tiere versammeln. Im Herbst warten Eisbären auch in der südwestlichen Hudsonbai oder in Churchill, Kanada, auf die Bildung von Meereis, das ihnen Zugang zu den unter dem Eis schwimmenden Ringelrobben verschafft.

Die Reviere der Eisbären sind riesig. Den Bären, die in der Nähe der kanadischen Arktisinseln leben, stehen durchschnittlich 50 000 bis 60 000 km² zur Verfügung, doch bei denen, die näher am Bering-Meer leben, sind es bis zu 350 000 km².

Geburt im Winter

Eisbären bekommen nur alle zwei bis drei Jahre Junge – eine der niedrigsten Vermehrungsraten unter den Säugetieren. Die Paarungszeit dauert vom späten März bis zum Mai, doch die Entwicklung der Embryonen beginnt oft erst im Herbst. Trächtige Weibchen müssen etwa 200 kg an Gewicht zulegen, um über den Winter zu kommen, da sie acht Monate lang nichts zu fressen bekommen. Sie graben ihre Geburtshöhlen meist in nach Süden gerichtete Schneewehen, wo zum Winteranfang zwischen einem und vier Jungen geboren werden. Meistens sind es jedoch Zwillinge.

Das Weibchen hält eine Winterruhe, bei der im Gegensatz zum Winterschlaf die Körpertemperatur kaum abgesenkt wird. Sie frisst, uriniert und kotet nicht, während sie sich in der Höhle befindet. Vor März oder Anfang April verlassen Mutter und Junge die Höhle nicht. Dann führt sie die Jungen zum Meereis, um ihnen das Jagen beizubringen.

Eisbären können so schnell laufen wie ein olympischer Sprinter.

- ↔ 1,8–2,8 m
- ⚖ 400–680 kg
- ⊗ Gefährdet
- 🍴 Robben, Fische, Vögel, Pflanzen

Nordpolarmeer, Nordkanada und Nordrussland

◁ **SPIELERISCHER KAMPF**
Junge Männchen kämpfen oft spielerisch miteinander. Auf den Hinterbeinen stehend versuchen sie sich umzuwerfen. Manche von ihnen bleiben wochen- oder sogar jahrelang zusammen.

Der Stoßzahn durchdringt die Oberlippe.

Narwal
Monodon monoceros

Narwale haben als einzige Wale einen langen Stoßzahn, den vor allem die Bullen tragen. Dabei handelt es sich eigentlich um den verlängerten, meist linken Eckzahn des Oberkiefers. Er wächst spiralförmig gegen den Uhrzeigersinn und soll der Ursprung der Einhorn-Sagen im Europa des Mittelalters sein.

Hatte man den Stoßzahn ursprünglich mit den Auseinandersetzungen der Bullen zur Paarungszeit in Verbindung gebracht, so hat man vor kurzer Zeit Millionen von Nervenenden an seiner Oberfläche entdeckt. Sie erlauben dem Besitzer Veränderungen von Wasserdruck und -temperatur sowie der Salinität (Salzgehalt) des Wassers wahrzunehmen. Das lässt vermuten, dass das typische Stoßzahnreiben der Männchen etwas mit dem Informationsaustausch zu tun hat und kein »Turnier« ist. Die Stoßzähne können über 2,5 m lang werden. Sie sind sehr flexibel und können ohne zu brechen bis zu 30 cm in jede Richtung gebogen werden. Bricht ein Zahn, wird der Schaden mit Dentin verschlossen.

Riesige Schulen

Narwale leben in kleinen Gruppen zusammen, die sich mit anderen zu riesigen Schulen mit Hunderten von Tieren zusammenschließen können. Sie kommunizieren mit Klick- und Quietschlauten sowie anderen Tönen. Die Schulen verbringen die Winter im Bereich des arktischen Packeises und die Sommer näher am Land in Buchten oder tiefen Fjorden. Ihre Nahrung besteht vor allem aus Fisch, etwa Heilbutt und Kabeljau, sowie Kalmaren.

△ **GEDRÄNGEL**
Durch den begrenzten Platz vermischen sich Narwal-Schulen, wenn sie durch die Kanäle schwimmen, die sich im Meereis gebildet haben.

Narwale können in **beachtliche Tiefen** tauchen und bis zu **1800 m** erreichen.

▷ **MEER-EINHORN**
Wenn Narwal-Bullen auftauchen, zeigen ihre Stoßzähne in den Himmel. Die dunklen Flecke darauf werden durch Algen hervorgerufen.

KANADISCHE ARKTIS | 31

Weißwal
Delphinapterus leucas

Kleine, abgerundete Flossen

Der Weißwal oder Beluga ist der einzige Wal, der als erwachsenes Tier weiß ist. So kann er sich vor seinen Fressfeinden im Meereis verbergen. Wird er verfolgt, kann er wegen der fehlenden Rückenflosse knapp unter dem Eis schwimmend entkommen. Der Weißwal kann auch den Kopf vertikal und horizontal bewegen, weil seine Nackenwirbel nicht verbunden sind. Dicker Blubber macht über 40 % der Körpermasse aus. Jeden Sommer stößt der Weißwal seine äußere Hautschicht ab, indem er sich über Kiesel schiebt. Die sehr geselligen Tiere sind auch stimmbegabt. Ihr Repertoire an Klick-, Pfeif- und Quieklauten hat ihnen den Spitznamen »Kanarien des Meeres« eingebracht.

▷ **LUFTBLASEN**
Belugas blasen gern Luftringe und schnappen dann nach ihnen. Auch wenn sie beunruhigt oder überrascht sind, erzeugen sie Ringe.

↔ 3–4,5 m
⚖ 0,5–1,6 t
⊗ Potenziell gefährdet
🍽 Fische, Kalmare, Garnelen

Nordpolarmeer

Sattelrobbe
Pagophilus groenlandicus

Die Sattelrobbe trägt ihren Namen wegen ihrer Zeichnung. Sie ist mit geschätzten acht Millionen Tieren die erfolgreichste Robbe der nördlichen Hemisphäre. Sie lebt meist in eisigen Gewässern, doch auch bis in den US-Staat Virginia und Frankreich. Sattelrobben paaren sich im Winter auf dem Packeis und die einzelnen Jungen werden vom späten Februar bis Mitte März geboren. Die Robben sind auf dem Eis sehr schnell und hervorragende Schwimmer. Durch gute Augen und Ohren sind sie geschickte Jäger und bemerken Feinde frühzeitig.

↔ 1,7 m
⚖ 130 kg
⊗ Verbreitet
🍽 Fisch, Krill

Schwarze Kopfzeichnung eines erwachsenen Tiers

▽ **SATTELZEICHNUNG**
Die dunkle Zeichnung auf den Seiten dieses Tiers trifft sich auf dem Rücken und bildet einen Sattel.

Nach hinten gerichtete Hinterflossen

Nordpolarmeer, Nordatlantik

↔ 3,7–5 m
⚖ 0,7–1,8 t
⊗ Potenziell gefährdet
🍽 Fische, Kalmare

Nordpolarmeer

Übergroße Eckzähne

Robuste, faltige Haut

Walross
Odobenus rosmarus

Die breite Schnauze dieses großen Meeressäugers ist mit Hunderten von als Vibrissen bezeichneten Borsten besetzt, die ihm bei der Nahrungssuche helfen. Er frisst gern Weichtiere wie Muscheln, aber wenn die Nahrung knapp ist, auch den Kadaver einer jungen Robbe.

Das Lied des Walrosses

Walrosse leben in Gruppen und ruhen an Land oder auf Eis. Weibchen folgen meist dem Packeis im Herbst nach Süden und im Frühling nach Norden, doch die Bullen bleiben in der südlichen Arktis. Nur zur Paarung begegnen sie den Weibchen und streiten durch Imponieren, »Gesänge« und Stoßzahneinsatz um die Paarungsplätze. Sind sie erfolgreich, paaren sie sich zwischen Dezember und März mit mehreren Kühen, die jeweils ein einzelnes Kalb im Frühjahr des folgenden Jahrs zur Welt bringen.

Die durchschnittliche Lebensdauer beträgt in der Natur 40 Jahre. Wegen der dicken Haut und der großen Blubbermenge um Schultern und Nacken können die Tiere den eisigen Bedingungen widerstehen.

Ein **Walross** kann den Herzschlag verlangsamen, um in der **Kälte** zu überleben.

△ **STOSSZÄHNE**
Walrosse benutzen ihre Stoßzähne zur Verteidigung und um sich auf Eisschollen oder an Land zu ziehen. Mit ihnen brechen sie auch Atemlöcher ins Eis. Die Stoßzähne wachsen das ganze Leben lang etwa 1 cm pro Jahr.

▷ **BLASS ODER ROSA**
Walrosse können nach langem Schwimmen blass aussehen, da sich die Blutgefäße zum Erhalten der Körperwärme zusammengezogen haben. In der Wärme sind die Tiere rosa, da sich die Gefäße zur Wärmeabgabe erweitern.

↔ 2,3–3,6 m
⬍ 1,2–2 t
⊗ Unbekannt
🍴 Muscheln, Kraken, Fische

Nordpolarmeer und Küsten

KANADISCHE ARKTIS | 33

Schnee-Eule
Bubo scandiacus

Männchen fast vollständig weiß

Die in der arktischen Tundra lebende Schnee-Eule gilt als Tier der Extreme. Als Schutz gegen Kälte ist ihr Gefieder außergewöhnlich dick und ältere Männchen sind schneeweiß. Für Eulen ist es ungewöhnlich, dass die Weibchen mit ihren dunklen Flecken anders aussehen.

Wintermigration
Schnee-Eulen fressen vor allem Lemminge und leben in den langen, dunklen, extrem kalten arktischen Wintern so lang, wie es Nahrung gibt. Wenn sie knapp wird, ziehen die Eulen nach Kanada und Sibirien. Hunderte von ihnen fliegen alle paar Jahre weiter nach Süden, wenn die Populationen der verschiedenen Lemminge explodieren. Sie gelangen gelegentlich sogar bis nach Florida. Schnee-Eulen brüten alle vier bis fünf Jahre und produzieren Gelege von 3 bis 13 Eiern. Wegen der dazwischen liegenden Jahre schwankt ihr Bestand sehr.

Lange Flügel

- ↔ 52–71 cm
- ⚖ 1–2,5 kg
- ⊗ Verbreitet
- 🍴 Kleine Säugetiere, Vögel

Nördl. Nordamerika, Nordosteuropa und Nordasien

▷ **GUTER FLIEGER**
Die großen Eulen fliegen mit ihren langen und kräftigen Flügeln tief und lautlos zwischen ihren Ansitzen hin und her.

Stark befiederte Beine und Zehen

Schneegans
Chen caerulescens

Schneegänse brüten im äußersten Norden des arktischen Nordamerikas und ziehen im Winter weit in den Süden. Hunderttausende von ihnen machen an jährlich aufgesuchten Orten Rast, wo ihre großen, lärmenden Schwärme einen spektakulären Anblick bieten. Trotz der Gefahr, geschossen zu werden, lassen sich die sehr geselligen Tiere gern auf Ackerland nieder.

- ↔ 69–83 cm
- ⚖ 2,4–3,4 kg
- ⊗ Verbreitet
- 🍴 Gras, Wurzeln, Samen
- 🏠 Nordamerika, Wrangel-Insel, Russland

Schwarze Flügelspitzen

▷ **STRAHLENDES WEISS**
Es gibt zwei Farbformen: die abgebildete strahlend weiße und eine blaugraue mit weißem Kopf.

Seesaibling
Salvelinus alpinus

Der an tiefes Wasser und extreme Kälte angepasste Seesaibling ist der am weitesten im Norden vorkommende Süßwasserfisch. Eine in Flüssen laichende Form lebt im Meer und es gibt auch eine nur im Süßwasser vorkommende Seenform. Die Fische laichen bei 4 °C. Die Weibchen graben flache Nester in sauberen Kies.

- ↔ Bis zu 96 cm
- ⚖ Bis zu 12 kg
- ⊗ Verbreitet
- 🍴 Insekten, Krebstiere
- 🏠 Nördl. Nordamerika, Nordeuropa, Nordasien und Nordpolarmeer

▷ **REVIERKAMPF**
Während der Laichzeit verteidigen die Männchen ein Revier. Sie bekommen hakenförmige Kiefer und leuchtend rote Bäuche.

YELLOWSTONE
Nadelwälder, Bisons und heiße Quellen

Yellowstone liegt in der Ökoregion der South Central Rockies und besteht überwiegend aus Nadelwäldern. 11 000 Jahre lang lebten hier Indianer. 80 % der Wälder Yellowstones bestehen aus der Küstenkiefer, deren Stämme sich gut als Zeltstangen der Tipis eigneten.

Yellowstone ist 1872 als weltweit erster Nationalpark eingerichtet worden und mit über 9000 km² überwiegend unberührter Natur auch einer der größten. Yellowstone ist eins der Rückzugsgebiete des Bisons und die Wiederauswilderung des Wolfs im Jahr 1995 erlaubt es den Park-Managern, das Gebiet als größte intakte Ökoregion in den nördlichen gemäßigten Zonen zu vermarkten. Die potenziell schädlichen Einflüsse des Holzeinschlags, der Jagd und des Tourismus sind zwar reguliert, aber nicht immer erfolgreich.

Heiße Quellen und Geysire

In den Wäldern und Wiesen des Parks, zu dem auch Berge, Seen, Flüsse und Canyons gehören, leben etwa 1700 Pflanzenarten. Yellowstone ist auch als größtes geothermisch aktives Gebiet berühmt geworden. Hier gibt es etwa die Hälfte aller bekannten geothermischen Sehenswürdigkeiten, darunter den Geysir »Old Faithful«. Besucher hoffen auch Tiere wie den Grizzly- und den Schwarzbären sowie den Biber beobachten zu können, dessen Aktivitäten Lebensräumen wie Teichen, Sümpfen und Wiesen neues Leben geben.

Old Faithful erzeugt durchschnittlich **alle 67 Minuten** Dampf- und Wassersäulen.

HEISSE QUELLEN

THERMISCHE AKTIVITÄT
Die geothermische Wärme verursacht Phasen gesteigerten Pflanzenwachstums, dünnere Schneedecken, die den Bisons das Grasen im Winter ermöglichen, und eisfreie Seen, die den Wasservögeln ganzjährig Nahrung bieten. In den heißen Quellen leben Mikroben, deren unterschiedliche Hitzetoleranz sie in separaten Schichten wachsen lässt.

3 Millionen Besucher pro Jahr

EUXOA AUXILIARIS

MOTTENFEST
Im Sommer kommen Millionen des Falters Euxoa auxiliaris in den Yellowstone-Park, um auf den alpinen Wiesen zu fressen. Von ihnen werden die Grizzly-Bären angelockt, die pro Tag bis zu 40 000 dieser nahrhaften Insekten verzehren. Sie fressen oft bis zu drei Monate lang nichts anderes.

über 350 größere Wasserfälle und 500 Geysire

67 Säugetierarten

WEISSSTÄMMIGE KIEFER

VERBREITUNGSHILFE
Das Überleben der Wälder der Weißstämmigen Kiefer hängt von einem Rabenvogel ab. Der Kiefernhäher öffnet die Zapfen, holt die Samen heraus und sammelt sie. Er vergisst später manche Verstecke, sodass die Samen keimen können.

YELLOWSTONE | 35

LANDSCHAFTSGESTALTER – Nachdem die Wölfe in den 1920er-Jahren ausgerottet worden waren, wurden die Wälder durch den zunehmenden Wapiti-Bestand geschädigt. Vor allem die Amerikanischen Zitterpappeln erholten sich nicht. Heute kontrollieren die Wölfe den Bestand.

WAPITI

Der erste Nationalpark der Welt, seit 1872

AUS DER ASCHE GEBOREN – Küstenkiefern überstehen gelegentliche Waldbrände. Die Bäume brennen schnell, doch ihre fest geschlossenen Zapfen brauchen die Hitze, um das sie versiegelnde Harz zu schmelzen, sodass die Samen in den neu entstandenen Freiflächen keimen können.

KÜSTENKIEFER

Der Supervulkan unter dem Yellowstone ist der einzige auf dem Festland

ZU VIEL KONKURRENZ – Die nach dem scharlachroten Streifen am Unterkiefer benannte Forelle wird durch Lebensraumverlust, Krankheiten und durch den Wettbewerb mit anderen, zum Angeln eingeführten Fischarten bedroht. Im Yellowstone lebt eine eigene Unterart, die zur Beute der Weißkopf-Seeadler und Fischadler gehört. Daher bedroht der Rückgang der Forelle auch diese Vogelarten.

YELLOWSTONE-CUTTHROAT-FORELLE

LAGE

Der Nationalpark liegt hauptsächlich im US-Staat Wyoming. Er ist Teil der South-Central-Rockies-Ökoregion.

KLIMA

Im Yellowstone herrscht ein kühles, gemäßigtes Klima mit kühlen Sommern und langen, kalten Wintern. Die Niederschläge fallen gleichmäßig über das Jahr verteilt. Zwischen November und März gehen sie als dichte Schneefälle nieder.

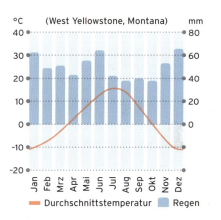

SUPERVULKAN

Vor etwa 640 000 Jahren brach ein riesiger Vulkan aus, stürzte in sich zusammen und bildete eine Caldera. Dieser Supervulkan unter dieser Caldera ist immer noch aktiv und wird auf Zeichen zunehmender Aktivität beobachtet. Zwischen 1000 und 2000 Erdbeben und Erschütterungen werden in dieser Gegend pro Jahr registriert.

NORDAMERIKA

Rundes Gesicht

Lange Vorderkrallen

Grizzly-Bär

Ursus arctos horribilis

Alle Grizzlys sind Braunbären, aber nicht alle Braunbären sind Grizzlys. Diese Unterart hat ihren Namen wegen der hellen Haarspitzen bekommen, doch sind nicht alle Tiere so gefärbt. Die Fellfarbe reicht von weißblond bis fast schwarz. Der Schulterhöcker besteht aus Muskeln, die es ermöglichen, mit den Vorderpfoten zu graben oder heftige Schläge auszuteilen.

Trotz ihres teils schlechten Rufs ernähren sich Grizzly-Bären zum großen Teil von Nüssen, Gräsern, Wurzeln, Samen und Faltern. Ein großer Teil des verzehrten Fleischs ist Aas, aber die Bären jagen auch Tiere vom Erdhörnchen bis zum Elch. Sie bevorzugen von Feldern und Weiden unterbrochene Nadelwälder mit Zugang zu Flüssen. Als gute Schwimmer fangen sie Forellen, Lachse und Barsche.

Bedrohung durch Männchen

Grizzlys paaren sich im späten Frühjahr oder frühen Sommer. Die Weibchen bekommen meist während der Winterruhe bis zu vier Junge und säugen sie in ihrer Höhle bis April oder Mai. Die Jungen bleiben zwei bis vier Jahre bei ihren Müttern und die größte Gefahr droht ihnen von erwachsenen männlichen Grizzlys. Die einst im Westen der USA verbreiteten Bären kommen heute nur in geringer Zahl in Idaho, Montana, dem Staat Washington und Wyoming vor. Größere Populationen leben in Alaska und Kanada.

- ↔ 1,5–2,5 m
- ⚖ 60–330 kg
- ⊗ Regional verbreitet
- 🍴 Beeren, Wurzeln, Aas, Fisch

Nordwestliches Nordamerika

△ **FISCHEREIRECHTE**
Der Streit um die besten Plätze zum Fischen kann in einen Kampf ausarten. Meistens hören die Bären aber auf, bevor es zu ernsten Verletzungen kommt.

◁ **WER IST DER VATER?**
Die Weibchen paaren sich mit mehreren Männchen, sodass die Jungen in einem Wurf verschiedene Väter haben können.

Wolf
Canis lupus

Große Ohren zum Entdecken von Beute

Kräftige, lange Beine

Große Füße und lange Krallen

Wölfe können schwarz, braun, grau oder fast weiß gefärbt sein und jagen im Rudel. Ihre Beute sind große Huftiere wie Hirsche und Rentiere sowie kleinere Tiere wie Kaninchen oder Biber. Vor allem im Winter fressen Wölfe auch Aas.

Zu einem Rudel gehören meist sieben bis acht Wölfe, die von einem Alphapärchen angeführt werden. Das Pärchen führt die Jagd an, grenzt das Revier ab, wählt Ruheplätze und verstärkt die Bindung der Tiere. Das Alphapärchen paart sich in der Zeit von Januar bis März. Nach rund drei Monaten werden vier bis sieben Welpen geworfen. Das Rudel kümmert sich um sie, bis sie etwa zehn Monate alt sind. Nun wandern einige der Jungen auf der Suche nach anderen Wölfen bis zu 800 km weit.

Erfolgreiche Auswilderung
Die hellgraue Unterart der Rocky Mountains (*C. l. irremotus*) ist in Yellowstone 1995 wieder angesiedelt worden. Seit der Rückkehr der Wölfe sind die Hirsche mobiler, sodass sich Gräser und Bäume erholen können.

▷ **GROSSE AUSDAUER**
Ein erwachsener Wolf kann am Tag bis zu 70 km weit laufen und Spitzengeschwindigkeiten von bis zu 70 km/h erreichen.

- 1–1,5 m
- 16–60 kg
- Verbreitet
- Rotwild, Kaninchen, Aas

Nördliches Nordamerika, Europa, Asien

> Jeder Wolf ist **am Heulen zu erkennen.**

Rotluchs
Lynx rufus

In Nordamerika leben mehr Rotluchse als Angehörige jeder anderen heimischen Katzenart – vermutlich über eine Million. Der Rotluchs ist auch die am weitesten verbreitete Katze und kommt im Norden bis nach British Columbia vor.

Anpassungsfähige Katze
Das Erfolgsgeheimnis dieser kleinen Katze ist ihre Anpassungsfähigkeit. Sie bevorzugt dichten Wald, kann aber auch leicht in Sümpfen, im Gebirge und in Wüsten überleben. In der letzten Zeit kommt sie auch in Vorstädten und Städten vor. Das führt wegen der Haustiere oft zu einem Konflikt mit dem Menschen. In der Natur bilden Kaninchen einen großen Teil der Beute, doch der Luchs jagt auch kleine Nager, Vögel, Biber und kleine Hirsche, meistens in der Dämmerung. Ansonsten ruht er im Gebüsch, in hohlen Bäumen oder Felsspalten.

Wie die meisten Katzen ist der Rotluchs ein Einzelgänger, mit Ausnahme der Paarungszeit von Dezember bis April. Nach einer zweimonatigen Trächtigkeit werfen die Weibchen meist drei Junge, die acht Monate lang bei ihrer Mutter bleiben.

- 65–110 cm
- 4–15,5 kg
- Verbreitet
- Kaninchen, Nager, Vögel

Südkanada, USA, Mexiko

▷ **IN DER KÄLTE DES WINTERS**
Rotluchse kann man öfter im Winter bei Tageslicht beobachten, wenn die Nahrung knapp ist. Sie sind Lauerjäger, deren Zeichnung sie gut in ihrer Umgebung tarnt.

Vielfraß
Gulo gulo

Der Vielfraß jagt Beute bis zur Größe von Hirschen. Seine Kiefer reißen die dickste Haut auf und zermalmen auf der Suche nach Knochenmark die kräftigsten Knochen. Obwohl er ein großer Marder ist, erinnern das dichte Fell, die kräftigen Beine und die großen Füße eher an einen Bären. Der Vielfraß kann mit seinen breiten Füßen über Schnee laufen und unter extremen Bedingungen in Wäldern, Tundra und den die Arktis umgebenden Bergen überleben.

Der Vielfraß lagert Fleisch von großen Tieren. Rentiere werden ohne Beine in Schnee oder Erde vergraben oder in Felsspalten gezwängt. Die Paarungszeit ist im Sommer und zwei bis vier Junge werden im Frühjahr geboren.

- ↔ 65–105 cm
- ⚖ 6–18 kg
- ⊗ Verbreitet
- 🦷 Hirsche, Hasen, Vögel, Früchte

Nordwestl. bis nördl. Nordamerika, Europa, Nord- und Ostasien

▽ **UNTERWEGS**
Seine kurzen, kräftigen Beine und seine Beweglichkeit ermöglichen es dem Vielfraß, weite Entfernungen auf der Nahrungssuche zurückzulegen und dabei wenig Energie aufzuwenden.

◁ **GROSSE SCHAUFELN**
Die Männchen bekommen in jedem Sommer ein neues Geweih. Es ist mit einer Haut, dem Bast, bedeckt, der zur Paarungszeit im Herbst gefegt wird.

▽ **VERLOREN**
Diese Elchkuh vermochte ihr einwöchiges Kalb zehn Minuten lang vor einem Wolfsrudel zu verteidigen. Trotz ihrer überlegenen Größe und Kraft konnten die Wölfe das Kalb jedoch wegschleppen.

Elch
Alces alces

Zugespitzte Hufe zum Graben im Schnee

Der Elch ist die größte Hirschart der Welt. Er lebt südlich des Nordpolarkreises in Nadel- und Laubwäldern, in Sümpfen und an Seen. Übrigens wird in Nordamerika der Wapiti-Hirsch als »elk« bezeichnet, der Elch dagegen als »moose«.

Ungesellige Nomaden

Anders als die meisten Hirscharten sind Elche meist Einzelgänger, wobei Kühe von ihren Kälbern begleitet werden. Elche verteidigen kein Revier, sondern sind das ganze Jahr über auf der Wanderschaft. Die Männchen suchen sich den Lebensraum mit der meisten Nahrung aus, die Weibchen achten dagegen eher auf Versteckmöglichkeiten für sich und ihre Jungen. Die tagaktiven Tiere kühlen sich an den heißesten Sommertagen oft im Wasser ab, wo sie Seerosenwurzeln und andere Wasserpflanzen fressen. Mit den beweglichen Lippen erreichen Elche die frischesten Blätter und Schösslinge. Im Winter, wenn die Nahrung knapp ist, scharren sie im Schnee, um an Moose und Flechten zu gelangen, kauen auf Pappel- und Weidenzweigen herum und streifen Borke von den Bäumen. Die breiten Hufe verschaffen ihnen im weichen Schnee sowie in Sümpfen und Seen guten Halt.

In der Brunftzeit im Herbst versuchen beide Geschlechter mit Röhren einen Partner auf sich aufmerksam zu machen. Die Kühe achten bei ihrer Wahl auf die Größe des Geweihs, das bis zu 2 m breit sein und bis zu 20 Enden pro Schaufel haben kann. Die Männchen kämpfen oft um das Recht zur Paarung. Die Kühe werfen im folgenden Sommer ein oder zwei Kälber, die nach sechs Monaten entwöhnt werden. Ein gesunder erwachsener Elch hat außer Menschen keinen Feind zu fürchten, da er sich mit Geweih und Hufen gut verteidigen kann. Bären und Wölfe erbeuten jedoch die Kälber.

- 2,4–3 m
- 280–600 kg
- Verbreitet
- Blätter, Flechten, Wasserpflanzen, Moose, Borke

Nördl. Nordamerika, Nordeuropa, Nord- und Ostasien

Weißwedelhirsch
Odocoileus virginianus

Obwohl weit verbreitet und zahlreich, lebt der Weißwedelhirsch versteckt. Den größten Teil des Jahres bewohnt er als Einzelgänger kleine Gebiete von meist weniger als einem Quadratkilometer. Die Hirsche leben in Sümpfen, Wäldern und Buschland, wenn es genügend Versteckmöglichkeiten gibt. Sie bewegen sich langsam und achten dabei immer auf Fressfeinde wie zum Beispiel Pumas. Bei Gefahr pfeifen die Hirsche und springen davon, wobei die weißen Schwänze Angreifer verwirren.

Ihr Revier versorgt die Hirsche das ganze Jahr über mit Nahrung, sogar im äußersten Norden des Verbreitungsgebiets, wo die Winter hart sind. Die Hirsche bleiben im Winter in ihrem Revier und folgen gut ausgetretenen Pfaden, um an etwas Grünes zu kommen. Im Winter ist das Fell grau, im Sommer wird es rot und dünner.

Fleckentarnung

Die Kühe sind im Herbst paarungsbereit und die Männchen kämpfen mit ihrem Geweih um ihre Rechte. Die Kitze werden im Frühjahr geboren und liegen versteckt unter Büschen, während die Kühe Nahrung suchen. Im Alter von einem Monat beginnen sie ihrer Mutter zu folgen und mit drei Monaten werden sie entwöhnt. Die gefleckte Tarnzeichnung verlieren sie im ersten Winter.

- 1,2–1,9 m
- 52–140 kg
- Verbreitet
- Knospen, Blätter, Kakteen

Südkanada bis nördliches Südamerika

▷ **ERWACHSENER HIRSCH**
Nur die Männchen tragen ein Geweih. Sie schieben jedes Jahr ein neues, wobei dann ein neues Ende (eine Spitze) hinzukommt.

Amerikan. Pfeifhase
Ochotona princeps

Der Amerikanische Pfeifhase wirkt wie eine Kreuzung zwischen Meerschweinchen und Kaninchen. Der lange Schwanz ist im Fell versteckt. Das tagaktive Tier läuft über Geröllhänge und verharrt manchmal, um mit Pfiffen vor Prädatoren zu warnen, etwa Kojoten oder Mardern. Weit tragende Rufe dienen dagegen der Revierabgrenzung. Dieses besteht aus dem Gebiet der Nahrungssuche und einem Unterschlupf in einem Bau oder einer Felsspalte. Pfeifhasen leben in der Nähe eines Tiers des anderen Geschlechts, sodass ein Männchen-Weibchen-Flickenteppich entsteht.

Im Sommer sammeln Pfeifhasen Blütenstängel, etwa des Schmalblättrigen Weidenröschens, und lange Gräser. Diese werden neben dem Bau zum Trocknen gestapelt. Wenn der Winter naht, zieht der Pfeifhase das Heu in eine Höhle, damit es vor dem Schnee sicher ist.

Pfeifhasen wählen langsam verrottende Pflanzen aus, damit der Vorrat den ganzen Winter über hält. Die Tiere sind an hoch gelegene, kalte Gebiete angepasst, doch der Klimawandel verringert ihr Verbreitungsgebiet.

Kurzes, dichtes Fell zum Schutz vor Kälte

- 16–22 cm
- 125–175 g
- Regional verbreitet
- Gräser, Kräuter

Südwestl. Kanada, nördliches Südamerika

▷ **HEU MACHEN**
Pfeifhasen suchen Gräser und Kräuter, fressen einen Teil und lagern den Rest für den Winter ein.

Pfeifhasen **markieren** ihr Revier mit ihren **Wangendrüsen.**

Lange Tasthaare, um sich im Dunklen zurechtzufinden

Kanadischer Biber
Castor canadensis

△ VERSCHLOSSENE LIPPEN
Unter Wasser verschließen Biber die Lippen hinter den Schneidezähnen, sodass sie immer noch an Ästen nagen können.

Nordamerikas größtes Nagetier, der Kanadische Biber, ist ein nachtaktiver »Ingenieur«, der außer in Wüsten oder im nördlichsten Kanada überall Landschaften gestaltet. Das gedrungene Säugetier fällt Bäume, indem es sich durch die Stämme nagt, und staut mit ihnen Flüsse und Bäche oder baut mit ihnen seine Burg. Sein schuppiger, flacher Schwanz und die Schwimmhäute der Hinterbeine machen ihn zu einem guten Schwimmer und das wasserdichte Fell schützt ihn vor der Kälte.

Hölzige Mahlzeiten

Die langen, orangefarbigen, ständig nachwachsenden Nagezähne sind für die Ernährung von Borke, Zweigen und Stängeln ideal. Biber fressen auch das Kambium, das weiche Gewebe unter der Borke. Bevorzugte Bäume sind Birke, Erle und Zitterpappel, deren Teile oft für den Winter eingelagert werden. Biber leben in kleinen Kolonien, die von einem lebenslang zusammenbleibenden Paar geleitet werden. Drei oder vier Junge werden mit komplettem Fell zwischen April und Juni geboren. Nach zwei Jahren gründen sie ihre eigene Kolonie.

Biber bauen ihre Burgen an Ufern oder – besonders eindrucksvoll – in der Mitte von Seen. Da ihr Eingang unter Wasser liegt, sind die Tiere in ihnen vor Prädatoren wie Wölfen und Kojoten sicher. Sie bauen ihre Dämme abhängig von der Fließgeschwindigkeit – gerade in langsam und gekrümmte in schnell fließendem Wasser.

▽ BAUMEISTER
Biber bauen ihre Dämme und Burgen aus Stämmen, Ästen, Gras und Moos. Mit Schlamm dichten sie die Bauwerke ab.

- ↔ 74–88 cm
- 11–26 kg
- Verbreitet
- Borke, Zweige und Stängel

Nordamerika

42 | NORDAMERIKA

▷ **FISCHFANG**
Der Weißkopf-Seeadler taucht zum Fischfang nicht ins Wasser ein. Stattdessen ergreift er lebendige oder tote Fische von der Oberfläche eines Sees.

Schneeweiße Federn

▷▷ **ADLERKÜKEN**
Die Küken bleiben 10 bis 13 Wochen im Nest und sind von den Eltern in Bezug auf Nahrung und Schutz abhängig.

△ **REISSHAKEN**
Der Hakenschnabel dient nicht dem Töten, sondern dem Zerreißen der Beute in mundgerechte Stücke und dem Abziehen der Haut.

Weißkopf-Seeadler

Haliaeetus leucocephalus

Schwarzbrauner Körper

Lange Krallen

Der Weißkopf-Seeadler kommt nur in Nordamerika vor, doch sein Bild steht weltweit für Kraft, Eleganz und Ausdauer. Wie bei vielen Greifvögeln suggeriert das Aussehen einen draufgängerischeren Lebensstil, als es tatsächlich der Fall ist. Meistens tut er nämlich nichts und die Hauptnahrung ist Aas. Wie alle großen Greifvögel spart er zwischen den Jagden Energie.

Leben am Rand des Wassers

Auf der Welt gibt es acht Seeadler-Arten, darunter der eurasische Seeadler, der afrikanische Schreiseeadler und der spektakuläre ostasiatische Riesenseeadler. Alle Seeadler sind kräftig gebaut und haben breite, an den Spitzen gefingerte Flügel, einen relativ kurzen Schwanz und einen langen Kopf und Hals, sodass sie im Flug ein kreuzförmiges Profil zeigen. Anders als Steinadler segeln Weißkopf-Seeadler mit flach gehaltenen Flügeln. Bei allen Seeadlern sind der untere Teil der Beine und die Füße nackt. Starke Zehen und spitze Krallen ergreifen und durchbohren die Beute und der kräftige Schnabel zerreißt sie.

Fische stellen einen großen Teil der Nahrung dar, doch der Weißkopf-Seeadler frisst auch andere Nahrung. Er kann Tiere in der Größe von Seeottern oder Gänsen erbeuten. Im Sommer ernähren sich viele Adler von in den Kolonien an der Küste lebenden Seevögeln. Sie sind vor allem Bewohner des Grenzbereichs von Wasser und Land, wo diese Beute sowie vom Meer angespülte Kadaver und Reste leicht gesammelt werden können.

Die an der nordamerikanischen Westküste lebenden Weißkopf-Seeadler dringen entlang der Flüsse und Seen auch weit ins Inland vor. Sie brüten weit im Norden von Kanada und ziehen im Winter weit in den Süden bis nach Florida und den Golf von Mexiko, wo immer sie Wasser finden.

Im Winter leben Weißkopf-Seeadler in Grüppchen, wenn es genug Nahrung gibt. Sie nisten in kleinen geschützten Gebieten, die etwa 0,2 km² groß sind. Diese Gebiete können sich nah beieinander befinden. Die Nester werden fast überall gebaut, in Bodennähe oder an kleinen Hängen, an Felswänden oder in Bäumen.

Brutpaare und Trios

Jedes Brutpaar hat meist mehrere Nester, von denen eins bevorzugt wird. Der große Haufen aus Stöcken, Gras und Seetang kann 4 m hoch sein und einen Durchmesser von 2,5 m haben. Obwohl meist zwei Eier gelegt werden, wird für gewöhnlich nur eins der Küken flügge. Bis zu drei Viertel der Jungen sterben, bevor sie ein Jahr alt sind, und nur ein Zehntel wird fünf Jahre alt. Weißkopf-Seeadler können im Alter von vier Jahren mit dem Brüten beginnen. Ungewöhnlich ist, dass die Hälfte der erwachsenen Vögel nicht brütet und manche ein Trio in einem Nest bilden. Sind sie einmal erwachsen, können die Adler in der Natur lang leben und fast 50 Jahre alt werden.

Langer Hakenschnabel

- ↔ 71–96 cm
- ⚖ 3–6,5 kg
- ✗ Verbreitet
- 🍴 Fische, Vögel, Säugetiere

Nordamerika

Dieser **Seeadler** ist im **Jahr 1782** zum **Wappentier** der **USA** gewählt worden.

CENTRAL GREAT PLAINS
Eine weite Landschaft, einst ein Meer von Gras

Die Central Great Plains verlaufen als breites Band durch Nordamerika und fast bis Mexiko. Zwischen den Rocky Mountains und dem Missouri gelegen, waren die Central Great Plains einst eine beeindruckende Prärielandschaft, die Millionen von Jahren lang von verschiedenen Gräsern beherrscht wurde. Das Aufkommen von Büschen und Bäumen wurde durch Brände sowie die einheimischen Herbivoren wie Bisons, Gabelböcke und Präriehunde verhindert. In den Prärien lebten auch die verschiedensten Reptilien, Vögel und Wirbellose. Ein großer Teil dieser Tiere wurde von nomadischen Indianern nachhaltig genutzt.

Umwandlung in Ackerland

Noch im frühen 19. Jahrhundert waren die Central Great Plains von Gras bedeckt. Heute wird das meiste fruchtbare Land landwirtschaftlich genutzt. Der Raubbau im frühen 20. Jahrhundert führte zu einer ökologischen und ökonomischen Katastrophe in den 1930er-Jahren, die unter dem Namen »dust bowl« (Staubschüssel) bekannt wurde. In großen Bereichen ging der fruchtbare Boden infolge von Dürren und Winderosion verloren. Das Land hat sich wieder so weit erholt, dass es als Weideland nutzbar ist, aber die gigantischen Bisonherden sind fast vollständig verschwunden und größtenteils durch Hausrinderherden ersetzt worden.

Einige Reste relativ ursprünglicher Prärie gibt es noch in den USA und in Kanada, und in Reservaten wie dem Wichita Mountains Wildlife Refuge in Oklahoma werden Bisonherden geschützt. Auch hier gibt es nur wenige Bäume und die größeren Pflanzen sind oft auf Mesquitesträucher und Feigenkakteen beschränkt.

ZUM SCHÄDLING WERDEN Dieser Käfer fraß eine Präriepflanze, Solanum rostratum, den Stachel-Nachtschatten. Doch als Siedler eine andere Solanum-Art, die Kartoffel, anpflanzten, fraß der Käfer auch sie und wurde ein gefürchteter Schädling.

KARTOFFELKÄFER

BALZTÄNZE Dank des Naturschutzes sind die Balztänze des Großen Präriehuhns im Frühjahr heute eine Touristenattraktion. Die Hähne besetzen Balzarenen, wo sie mit von Luftsäcken im Hals verstärkten dumpfen Tönen um die Hennen werben.

PRÄRIEHUHN

LEBEN IN DER DOSE Die Schmuck-Dosenschildkröte ist eine der beiden in den Great Plains lebenden Landschildkröten. Sie trägt ihren Namen wegen eines Gelenks im Bauchpanzer, der den vollständigen Verschluss und damit den Schutz von Kopf und Beinen ermöglicht.

SCHMUCK-DOSENSCHILDKRÖTE

> Nur ein Prozent der Prärie ist noch übrig

> 30 Millionen Bisons lebten in den Great Plains

CENTRAL GREAT PLAINS | 45

Gabelbock
Antilocapra americana

Empfindliche Nase zum Aufspüren von anderen Gabelböcken

LAGE

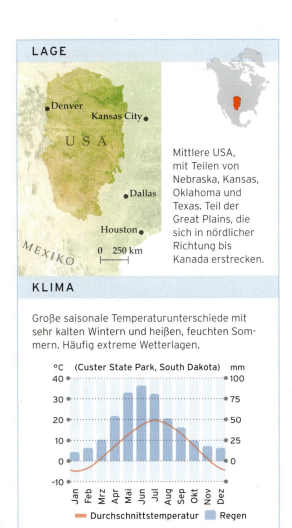

Mittlere USA, mit Teilen von Nebraska, Kansas, Oklahoma und Texas. Teil der Great Plains, die sich in nördlicher Richtung bis Kanada erstrecken.

KLIMA

Große saisonale Temperaturunterschiede mit sehr kalten Wintern und heißen, feuchten Sommern. Häufig extreme Wetterlagen.

(Custer State Park, South Dakota)

— Durchschnittstemperatur   Regen

Mit einer gemessenen Geschwindigkeit von 86 km/h ist der Gabelbock das schnellste amerikanische Landtier. Das Auffälligste an ihm sind aber seine geweihartigen, gegabelten Hörner, die an einen Hirsch erinnern. Ein Hirsch wirft sein Geweih jedes Jahr ab. Der Gabelbock behält jedoch den Knochenkern seiner Hörner ein Leben lang und ersetzt nur in jedem Winter die Keratinscheide darüber.

»Home on the Range«

Der Gabelbock ist die einzige heute noch lebende Art der Familie der Gabelhornträger (Antilocapridae), die vor Millionen von Jahren Dutzenden von Arten umfasste. Trotzdem teilen sich die Gabelböcke viele Eigenschaften mit anderen Paarhufern, zum Beispiel das Leben in Herden, die Blätter- und Grasnahrung sowie die langen Beine. Der Bestand der Gabelböcke ist durch die Jagd im 19. Jahrhundert drastisch zurückgegangen. Bis heute haben noch Herden in abgelegenen Bereichen des amerikanischen Westens überlebt. Das passt insofern, als dass der Gabelbock die im Lied »Home on the Range« erwähnte »Antilope« ist.

- 1,3–1,4 m
- 30–80 kg
- Regional verbreitet
- Kräuter, Blätter, Gräser

Westl. und mittl. Nordamerika

Ein Gabelbock kann mit **einem Sprung 6 m** überwinden.

▽ VOR GEFAHR FLIEHEN
Gabelböcke leben in Herden, wobei große Männchen die Paarungsgebiete im Sommer kontrollieren. Sie warnen sich mit Schnauben und Aufstellen der weißen Steißhaare vor Gefahren.

umfasst die Tornado Alley

SPEZIALIST
Der Swiftfuchs ist auf kurzes Gras spezialisiert. Sein Verschwinden aus 60% seines Verbreitungsgebiets spiegelt den ökologischen Niedergang wider. Von der Wiederherstellung seines Lebensraums werden auch andere Arten profitieren.

SWIFTFUCHS

▷ **STAMPEDE**
Bei Gefahr kommt es zu einer Massenflucht, bei der die Bisons 60 km/h erreichen können.

CENTRAL GREAT PLAINS | 47

Kurze, nach oben gerichtete Hörner

Bison
Bison bison

Der Bison ist ein charakteristisches Tier der amerikanischen Prärien, die sich einst von den Rocky Mountains über das mittlere Nordamerika und von Südkanada bis nach Texas erstreckten. Die auch als Büffel bezeichneten massiven Tiere haben einen großen Kopf, einen starken Hals und einen auffälligen Buckel. Die frontlastige Erscheinung wird durch einen langen Bart und das zottige Fell des Halses und der Vorderbeine verstärkt. Erwachsene Bullen wiegen 950 bis 1000 kg und sind damit doppelt so schwer wie die Weibchen. Trotz des hohen Gewichts können Bisons bis zu 60 km/h schnell laufen. Beide Geschlechter tragen kurze, nach oben gerichtete Hörner.

Fast ausgerottet
Bisons lebten in riesigen Herden, die zum Grasen große Entfernungen zurücklegten. Ihr Bestand zählte viele Millionen, wobei allein 30 Millionen in den Great Plains lebten. Sie sind stets von den verschiedenen Indianerstämmen gejagt worden, doch im 19. Jahrhundert besiedelten europäische Siedler die Prärie und die Jagd nach Leder und Fleisch nahm zu. Der Lebensraum der Bisons wurde in Ackerland verwandelt und in den 1880er-Jahren waren nur noch 500 bis 1000 Tiere übrig.

Das Ende der Jagd und die Gründung von Nationalparks haben den Bestand auf etwa 30 000 frei lebende Tiere ansteigen lassen, obwohl den Bisons weniger als ein Prozent ihres ursprünglichen Verbreitungsgebiets zur Verfügung steht. Ungefähr 500 000 domestizierte Bisons leben in Privatbesitz. Allerdings sind die domestizierten Tiere mit Hausrindern gekreuzt worden und haben viele ihrer Wildtiereigenschaften verloren. Wilde Bisons können sehr gut riechen und hören, sodass sie die Wölfe, ihre hauptsächlichen Fressfeinde, entdecken können.

Dem Gras folgen
Erwachsene Kühe und Kälber leben in Gruppen von 10 bis 60 Tieren, die von einer älteren Kuh angeführt werden. Die Paarungszeit, in der sich die Bullen zu den Herden gesellen, reicht von Juli bis September. Die Bullen kämpfen um die Paarungsrechte, indem sie ihre Köpfe zusammenstoßen. Die Kühe gebären nach zehnmonatiger Trächtigkeit ein einzelnes Kalb, meist im April oder Mai, wenn frisches Frühlingsgras wächst.

Die Mägen der Bisons sind in vier Kammern unterteilt, sodass sie große Grasmengen fressen können. Sie verbringen viel Zeit mit Wiederkäuen. Bisons können Schnee wegscharren, um Gras freizulegen, doch in harten Wintern suchen sie schneefreie Gebiete auf.

Waldbison und Wisent
Einige der kanadischen Bisons gehören der Unterart des Waldbisons an (*B. bison athabascae*). Die größte Herde dieser Tiere lebt im Wood-Buffalo-Nationalpark. Eine Population des Wisents (*B. bonasus*), der zweiten Art der Gattung *Bison*, lebt im Białowieża-Nationalpark an der polnisch-weißrussischen Grenze. Im Jahr 2013 wurden auch im deutschen Rothaargebirge Wisente ausgewildert.

△ **WINTERREISE**
Das dicke Fell und die dichte Mähne schützen den Bison vor der Kälte. Die Isolierung ist so gut, dass Schnee auf seinem Rücken nicht schmilzt.

◁ **BISONKALB**
Schon wenige Stunden nach der Geburt kann ein Kalb stehen und mit der Mutter laufen. Kälber werden mit sechs Monaten entwöhnt.

- ↔ 2,1–3,5 m
- ⚖ 350–1000 kg
- ⊗ Regional verbreitet
- Gräser, Seggen

Nördl., nordwestl. und mittl. Nordamerika

Ein erwachsener Bison kann über einen erwachsenen Menschen springen.

Präriehund
Cynomys ludovicianus

Der Schwarzschwanz-Präriehund, eine große Erdhörnchen-Art, ist ein sehr geselliges Nagetier. Die Tiere wohnen in »Städten« aus unterirdischen Gängen und Kammern. Darin leben Hunderte von Präriehunden in kleineren Familienverbänden. Diese bestehen aus bis zu einem Dutzend erwachsener Tiere mit ihrem Nachwuchs, die zusammen ihre Gänge instandhalten und verteidigen. Sie können sich an ihrem Geruch von anderen Gruppen unterscheiden.

Die Gänge sind tief genug, um im Winter frostfrei zu sein. Aus den Gängen geschobene Erde bildet Hügel um die Eingänge, von denen aus die Tiere Ausschau nach Fressfeinden halten.

▷ **FAMILIENVERBAND**
Die Jungen tauchen im Alter von sechs Wochen an der Oberfläche auf. Jedes Familienmitglied kümmert sich um sie. Die meisten Männchen verlassen die Gruppe nach dem ersten Winter.

↔ 34–43 cm
⚖ 0,7–1,5 kg
✖ Verbreitet
🍴 Gräser, Seggen

Südwestl. Kanada bis Nordmexiko

Schwarzfuß-Iltis
Mustela nigripes

Dieser grabende Einzelgänger ist eins der seltensten Säugetiere Nordamerikas. In der Mitte der 1980er-Jahre gab es nur noch 18 Tiere, doch nun steigt die Zahl wieder an. Etwa 90 % der Beute dieses Marders besteht aus Präriehunden. Der Schwarzfuß-Iltis gräbt seinen Bau zwischen denen der Präriehunde oder nutzt sogar Gänge, die sie aufgegeben haben. Er kann den Präriehunden in ihren Bau folgen und sie dort töten und verzehren.

▽ **TYPISCHE MASKE**
Männchen und Weibchen tragen schon als junges Tier eine typische Maske um die Augen.

↔ 40–50 cm
⚖ 0,8–1,1 kg
✖ Stark gefährdet
🍴 Präriehunde, Mäuse, Nager

In den mittl. USA wieder ausgewildert

CENTRAL GREAT PLAINS | 49

Rötliches und graues Fell

Kleine Füße

Kojote
Canis latrans

Die meisten Wildhunde leiden darunter, dass die Menschen ihre Lebensräume beeinflussen. Der Kojote dagegen gedeiht und dringt in den Lebensraum der Menschen ein, wo er sich an Geflügel und Abfällen vergreift.

Der in seiner Größe zwischen Fuchs und Wolf liegende Kojote ist sehr anpassungsfähig. Obwohl er zur Jagd auf große Beute wie etwa Hirsche Rudel bilden kann, jagt er meist als Einzelgänger kleinere Tiere, zum Beispiel Präriehunde. Kojoten verbringen den Tag in einem unterirdischen Bau, den sie entweder selbst gegraben oder – meistens – von Dachsen oder Erdhörnchen übernommen und vergrößert haben.

Engagierte Eltern
Bei der Aufzucht ihrer Jungen stecken Kojoten Reviere ab, die sie mit Urin und Kot markieren. Zusätzlich melden sie ihren Anspruch mit Jaulen und Heulen an. Kojoten gehen mehrere Jahre haltende Paarbindungen ein. Sie paaren sich im späten Winter und rund sechs Junge werden zwei Monate später geboren. Beide Eltern ernähren die Welpen im Bau mit ausgewürgter Nahrung.

Kojoten kooperieren bei der Jagd auf **grabende Nagetiere** mit **Silberdachsen**.

◁ **HEULENDER KOJOTE**
Kojoten heulen regelmäßig, um ihr Revier abzustecken oder Familienmitglieder zu begrüßen.

↔ 74–94 cm
⚖ 7,7–15,8 kg
✕ Verbreitet
🍖 Säugetiere, Insekten, Früchte

Nordamerika und nördl. Mittelamerika

Beifußhuhn

Centrocercus urophasianus

Der größte amerikanische Hühnervogel kann keine harten Samen und Schösslinge verdauen. Daher frisst er Beifußblätter und nutzt die Pflanzen als Versteck. Während der Brutzeit beobachten die Hennen die Hähne an einem Lek (Balzplatz). Sie suchen sich zur Paarung die stärksten Hähne aus. Die Hennen legen sechs bis neun Eier. Nach sechs bis acht Wochen sind die Küken selbstständig und die Tiere suchen nun zur Überwinterung tiefer gelegene Gebiete auf.

- ↔ 48–76 cm
- ⚖ 1,5–3 kg
- ⊗ Potenziell gefährdet
- ⑂ Beifußblätter, Insekten

Westl. bis mittl. Nordamerika

▽ **BALZGEHABE**
Bei der Balz an einem Lek blasen die Hähne die Luftsäcke an ihrem Hals auf und lassen die Luft entweichen, wobei kullernde und ploppende Laute entstehen. Sie spreizen auch die spitzen Schwanzfedern.

Gewöhnliche Strumpfbandnatter

Thamnophis sirtalis

Als eins der am weitesten verbreiteten Reptilien Nordamerikas meidet die Gewöhnliche Strumpfbandnatter nur sehr trockene oder sehr kalte Lebensräume. In den kühleren nördlichen Lebensräumen überwintern die Schlangen gemeinsam in Bauen und Höhlen, wobei sie ihren Stoffwechsel verlangsamen. Im Spätsommer werden 10 bis 70 Junge lebend geboren.

- ↔ 50–125 cm
- ⚖ 140–180 g
- ⊗ Verbreitet
- ⑂ Würmer, Fische, Amphibien
- ⌖ Nordamerika

▽ **STREIFEN ODER FLECKEN**
Diese Art hat meistens drei Längsstreifen, doch manche Tiere tragen auch Reihen von Flecken.

Stark gekielte Schuppen

Texas-Skorpion

Centruroides vittatus

Der auch als Arizona-Rindenskorpion bekannte Kleine Texas-Skorpion versteckt sich unter Steinen und Holzstücken oder in den Pflanzen. Er jagt nach Sonnenuntergang und erkennt Geruch und Bewegungen mithilfe der Kammorgane zwischen dem letzten Beinpaar. Der Skorpion tötet die Beute mit den Scheren und dem Giftstachel.

Weibchen bekommen nach einer geschätzten Trächtigkeit von acht Monaten 30 bis 50 lebende Junge, die sie bis zur ersten Häutung auf dem Rücken tragen.

- ↔ 5,5–7,5 cm
- ⊗ Unbekannt
- ⑂ Insekten, andere Gliederfüßer
- ⌖ Mittleres Nordamerika bis nördliches Mittelamerika

▷ **PERFEKTE TARNUNG**
Die Färbung versteckt den Skorpion vor seinen Fressfeinden und seiner Beute.

Zwei breite Rückenstreifen

CENTRAL GREAT PLAINS | 51

Schwarz-weiße Flügelzeichnung

Monarchfalter
Danaus plexippus

↔ 9,4–10,5 cm
⊗ Verbreitet
🌿 Seidenpflanzen; Nektar

Nordamerika bis nördl. Südamerika

Der Monarchfalter ist in Nordamerika kein seltener Anblick. Im Herbst wandern die westlich der Rocky Mountains beheimateten Falter an die kalifornische Küste, während die östlich der Rockys lebenden ins Hochland von Michoacán in Mexiko fliegen. Die Überlebenden des Winters ziehen im März in den Norden nach Texas und Oklahoma, von wo aus sich eine neue Generation weiter nach Norden ausbreitet. Die dritten und vierten Generationen setzen die Ausbreitung nach Norden fort und kehren im Herbst wieder nach Süden zurück.

Der Baltimore-Trupial erbricht sich nach dem Fressen und der Schwarzkopf-Kernknacker besitzt eine gewisse Immunität und kann die Falter ohne Schäden verdauen.
  Monarchfalter sind in den USA durch den Einsatz von Pestiziden gefährdet, mit denen die von ihnen gefressenen Seidenpflanzen belastet sind. Der Holzeinschlag in Mexiko verkleinert ihren Lebensraum und nimmt ihnen den Schutz vor Kälte und Regen. Das Monarch Butterfly Biosphere Reserve in Michoacán ist 2008 zum Weltnaturerbe erklärt worden.

Fressfeinde, seid vorsichtig!
Die leuchtenden Farben des Monarchfalters warnen vor seiner Ungenießbarkeit. Die Raupe nimmt aus den Seidenpflanzen giftige Herzglykoside auf. Von Wespen und verschiedenen Vögeln wird sie trotzdem gefressen.

▽ **MASSENMIGRATION**
Millionen von Faltern ziehen im Herbst nach Süden. Gespeichertes Fett dient als Brennstoff und sie nutzen Luftströmungen aus.

▷ **SEIDENPFLANZEN**
Die Seidenpflanzen ernähren den Monarchfalter mit ihren Blättern, ihrem Milchsaft und ihrem Nektar.

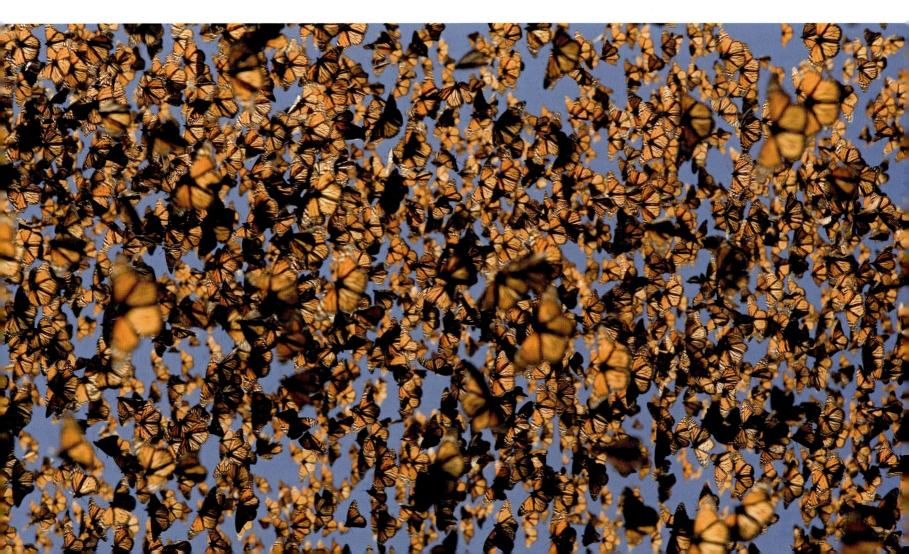

SIERRA NEVADA
Kaliforniens schneebedeckter Rücken

Mit einem Alter von vier Millionen Jahren ist die Sierra Nevada ein relativ junges Gebirge, das einen 650 km langen und 100 km breiten Rücken bildet, der sich an der kalifornischen Ostgrenze entlangzieht. Am südlichen Ende liegt Mount Whitney, mit 4421 m Höhe der höchste Gipfel der USA außerhalb Alaskas. In der Region liegen auch der größte Bergsee Nordamerikas, der kristallklare Lake Tahoe, sowie drei Nationalparks: der Yosemite-, der Sequoia- und der Kings-Canyon-Nationalpark.

Wälder und Klima

Die westlichen Vorläufer der Sierra Nevada sind von Steppen und Laubwäldern bedeckt, doch der sich zum Osten erhebende Rest wird von Nadelwäldern beherrscht. In geringeren Höhen findet man Wacholder, Gelb- und Jeffreys-Kiefer. Riesenmammutbäume wachsen ab etwa 1000 m Höhe und in noch größeren Höhen werden die Wälder von Küstenkiefern, Pracht- und Koloradotannen sowie schließlich der Weißstämmigen Kiefer beherrscht. In etwa 3200 m Höhe machen die Bäume alpinen Pflanzen Platz. Die Wälder werden von Flüssen und Seen unterbrochen, feuchten und trockenen Wiesen sowie ausgedehntem Buschland.

Die verschiedenen Höhen und Klimazonen der Sierra Nevada spiegeln sich auch in der Tierwelt wider. Die in größeren Höhen lebenden Tiere wie Gebirgs-Chipmunks und Pfeifhasen müssen den größten Teil des Jahrs niedrige Temperaturen und Schnee ertragen. In den Bergen leben auch Schwarz- und Braunbären, Weißkopf-Seeadler und eine zunehmende Zahl Kanadischer Biber.

AUF DEM RÜCKZUG
Der Bestand des einst weit verbreiteten Fischermarders ist durch das Fallenstellen zurückgegangen. Trotz Schutzmaßnahmen bleiben die Zahlen gering. Ein Aussterben würde das Gleichgewicht zwischen Prädatoren und Beute sehr stören.

FISCHERMARDER

FESTESSEN
Die Flüsse der Sierra Nevada sind wichtige Laichgebiete für den Königslachs. Seine Frühjahrswanderung verspricht ein Festessen für Bären und andere Prädatoren. Die Überfischung der Gewässer bedroht allerdings den Lachs.

KÖNIGSLACHS

Heimat des Riesenmammutbaums General Sherman, des zweitgrößten Lebewesens

VERBRANNTER WALD
Der Schwarzrückenspecht profitiert von Bränden und besiedelt schnell Gebiete, in denen das tote Holz von Käferlarven wimmelt. Wenn sich der Wald erholt und die Larven verschwinden, zieht der Vogel weiter.

SCHWARZRÜCKENSPECHT

LAGE

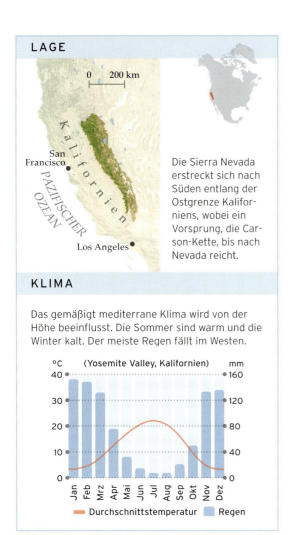

Die Sierra Nevada erstreckt sich nach Süden entlang der Ostgrenze Kaliforniens, wobei ein Vorsprung, die Carson-Kette, bis nach Nevada reicht.

KLIMA

Das gemäßigt mediterrane Klima wird von der Höhe beeinflusst. Die Sommer sind warm und die Winter kalt. Der meiste Regen fällt im Westen.

Dickhorn-Schaf
Ovis canadensis

Lange Haare über der Unterwolle

Dieses nordamerikanische Wildschaf ist nach den riesigen, gedrehten Hörnern der erwachsenen Böcke benannt worden, die über 1 m lang werden können. Die Rangordnung der Böcke richtet sich nach der Horngröße, wobei die älteren Tiere dominieren. Im Zweifelsfall kämpfen die Böcke, indem sie mit den Köpfen zusammenstoßen. Weibchen tragen kleinere, nach hinten gerichtete Hörner. Sie dienen hauptsächlich der Verteidigung gegen Prädatoren wie Adler und Pumas.

Große Höhen

Im Sommer grasen Dickhorn-Schafe auf hoch gelegenen Bergwiesen. Sie springen von Vorsprung zu Vorsprung und rutschen niemals aus. Ihre geteilten Hufe spreizen sich beim Auftreten und ergreifen den Fels in ihrer Spalte. Wenn der Winter naht, führt der dominierende Bock seine etwa zehn Schafe zählende Gruppe in tiefer gelegene Gebiete, wo sie mit anderen zusammen Herden von bis zu 100 Tieren bilden. Der harte Außenrand der Hufe schneidet sich in Schnee und Eis, sodass die Tiere trittsicher sind. Die Vermehrung findet in den Tälern statt und die Lämmer werden im Frühjahr geboren, ein paar Wochen, bevor die Schafe wieder in die Berge steigen.

- ↔ 1–1,7 m
- ⚖ 60–145 kg
- ⊗ Gefährdet
- 🍴 Kräuter, Gräser, Buschwerk
- 🏠 ⛰

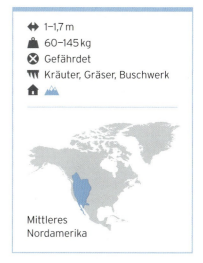

Mittleres Nordamerika

▽ **GEDREHTE HÖRNER**
Die Hörner wachsen ständig weiter, sodass sie das Gesichtsfeld einschränken können. Ältere Böcke kürzen die Spitzen, indem sie sie an Felsen reiben.

LAND DER RIESEN
Die Vermehrung der größten Bäume der Welt hängt von zwei kleinen Tieren ab: Die Larven eines im Holz bohrenden Käfers und das Douglas-Hörnchen fressen beide die Zapfen des Riesenmammutbaums und setzen die Samen frei.

RIESENMAMMUTBAUM

Nordamerikas größtem Bergsee

Die Hörner eines großen Bocks können so viel wie sein Skelett wiegen.

NORDAMERIKA

Dichtes, glattes Fell

Kräftige Krallen zum Graben

Streifenskunk

Mephites mephites

△ NESTRÄUBER
Ein Streifenskunk plündert das Nest eines Wildtruthuhns. Er ist bei der Suche nach Vogeleiern sehr geschickt und frisst oft ein ganzes Gelege auf einmal.

Der etwa katzengroße Streifenskunk ist mit den Dachsen, Ottern und Wieseln verwandt. Mit diesen teilt er den Körperbau, können aber potenzielle Angreifer mit einem schädlichen Wehrsekret besprühen. Es wird von den Analdrüsen unter dem Schwanz produziert. Der Skunk stellt als Warnung seinen Schwanz auf und stampft mit den Füßen auf den Boden. Entfernt sich der Angreifer nicht, macht der Skunk einen Handstand, verdreht den Körper und spritzt das Sekret über seinen Kopf in das Gesicht des Fressfeinds.

Opportunistische Nahrungssuche

Der Streifenskunk lebt in den verschiedensten Lebensräumen, oft in Wassernähe. Er frisst fast alles, sogar Haushaltsabfälle. Die meist nachtaktiven Einzelgänger können manchmal in der Dämmerung beobachtet werden. Die Weibchen bekommen ihre Jungen in einem Bau unter einem Gebäude oder umgestürzten Baum. Der Nachwuchs wird im Alter von sieben oder acht Wochen selbstständig.

▷ WARNFARBE
Die auffällige schwarz-weiße Zeichnung mit dem weißen »V« auf Rücken und Schwanz sowie der aufgestellte Schwanz sollen potenzielle Fressfeinde warnen.

Langer, buschiger Schwanz

↔ 55–75 cm
⚖ 2,5–6,5 kg
⊗ Verbreitet
🍽 Nagetiere, Vogeleier, Honig
🏠

Mittleres Kanada bis Nordmexiko

↔ 1,3–1,9 m
⚖ 55–300 kg
⊗ Verbreitet
🍽 Früchte, Nüsse, Pflanzen
🏠

Nordamerika, nördliches Mittelamerika

Kräftige Beine zum Klettern

Amerikan. Schwarzbär

Ursus americanus

Der Amerikanische Schwarzbär oder Baribal ist kleiner als ein Grizzly, kann aber viel besser klettern. Die Bären bevorzugen gemäßigtes Waldland, passen sich aber auch an Floridas feuchte Sümpfe oder das kanadische kalte Wetter an. Als echte Omnivoren fressen sie vor allem Früchte, Nüsse und Pflanzen, dazu Insekten, Larven, Fisch und Aas. Gelegentlich jagen sie auch Säugetiere. Die neugierigen und opportunistischen Schwarzbären untersuchen zudem Mülldhalden und die Abfälle auf Campingplätzen.

Außerhalb der Paarungszeit von Mitte Mai bis Juli sind die Bären Einzelgänger. Die Jungen werden zwischen Januar und März in einem Unterschlupf geboren, in den sich ihre Mutter zur Winterruhe zurückgezogen hat. Meist umfasst ein Wurf Zwillinge oder Drillinge, aber es können auch vier oder fünf Junge geboren werden. Die Jungen bleiben bis zum Alter von etwa zwei Jahren bei ihrer Mutter.

Relativ zahlreich

Die Anzahl der Amerikanischen Schwarzbären ist etwa doppelt so hoch wie die aller anderen Bären der Welt zusammen, obwohl die Art nur in drei Ländern vorkommt – Kanada, USA und Mexiko. Von den zurzeit anerkannten 16 Unterarten ist nur die kleinste, der Louisiana-Schwarzbär (*U. a. luteolus*), nach dem US Endangered Species Act gefährdet, vor allem durch Lebensraumverlust und Jagd. Das Fell kann zimtfarben, hell goldfarben, graublau, dunkelbraun oder schwarz sein. Der Kermode- oder Geisterbär (*U. a. kermodei*) in Britisch Columbia kann sogar weiß gefärbt sein.

△ **KAMPFESMÜDE**
Schwarzbären sind scheu und meiden Menschen, kämpfen aber untereinander und töten sich gelegentlich.

△ **KRATZ MIR DEN RÜCKEN**
Schwarzbären benutzen oft Bäume, um sich den Rücken zu kratzen, doch Bisse und Krallenspuren lassen vermuten, dass bestimmte Bäume auch der Reviermarkierung dienen.

◁ **KLETTERER**
Die Jungen lernen von ihrer Mutter, bei Gefahr auf einen Baum zu klettern – auch bei Angriffen erwachsener Männchen.

Der **Geruchssinn** des Schwarzbären ist **siebenmal** schärfer als der eines **Bluthunds.**

Gebirgs-Chipmunk
Tamias alpinus

Chipmunks sind kleine Streifenhörnchen, die in offenem Gelände leben. Gebirgs-Chipmunks kommen nur in der kalifornischen Sierra Nevada vor, wo sie in Höhen von über 2500 m auf Bergwiesen und an Fels- und Geröllhängen leben können und sich von den Samen der Gräser und Kiefern ernähren. Sie überwintern von Mitte Oktober bis Juni. Die Tiere speichern wenig Fett, legen sich aber Vorräte an, von denen sie fressen, wenn sie zwischendurch aus dem Winterschlaf erwachen. Gebirgs-Chipmunks müssen nicht trinken, da sie genug Flüssigkeit aus ihrer Nahrung beziehen.

- 17–18 cm
- 27,5–45,5 g
- Regional verbreitet
- Samen, Früchte
- Südwesten der USA

◁ **FELSSPALTEN**
Tiefe, enge Spalten speichern die Wärme und ermöglichen das Überleben des kleinen Hörnchens.

Gambelmeise
Poecile gambeli

Meisen gibt es auf der ganzen Welt. Die geselligen, aktiven Gambelmeisen sind wie alle Meisen sehr geschickt. Sie schließen sich gern gemischten Vogelschwärmen an, die in den hoch gelegenen Nadelwäldern im Herbst und Winter nach Nahrung suchen. Ein Schwarm hat eine größere Chance bei der Futtersuche als ein Einzeltier und viele Augenpaare erkennen eine Gefahr schneller als eins.

- 14 cm
- 8–10 g
- Verbreitet
- Samen, Insekten, Spinnen
- Nördliches, westliches und südliches Nordamerika

Weiße »Augenbraue«

▷ **EINZIGES ZIEL**
Für einen Greifvogel wäre eine einzelne Gambelmeise ein klares Ziel. Sicherer ist es, ein Vogel in einem Schwarm zu sein.

Schwerer Körper

Truthahngeier
Cathartes aura

Der Truthahngeier ist eine Art von sieben aus der Familie der Neuweltgeier. Alle suchen nach toten Tieren und segeln auf warmen Aufwinden. Ihre Flügel halten sie dabei in V-Form, um eine hohe Stabilität und einen niedrigen Schwerpunkt zu erzielen. Die fingerartig gespreizten Flügelspitzen verringern Turbulenzen.

Geruchssinn
Obwohl die Geier der Alten Welt sehr gut sehen können, ist ihr Geruchssinn schwach ausgeprägt. Neuweltgeier wie der Truthahngeier sind jedoch in der Lage, ihre Nahrung mithilfe des Geruchssinns zu entdecken. Bei großen Kadavern warten die Truthahngeier ab, bis größere Arten die Haut aufgerissen haben. Alle Geier bevorzugen frisch tote Tiere und meiden verwestes Fleisch.

Die im Norden brütenden Truthahngeier ziehen im Winter in die Tropen, doch viele bleiben ständig in den südlichen USA. Sie brüten im Süden bereits Anfang des Frühjahrs und im Norden im Juli oder August. Die Eier legen sie auf Felsvorsprünge, in hohle Bäume oder Pflanzendickichte. Zwei Eier werden 40 Tage lang bebrütet und die Jungen etwa zehn Wochen lang gefüttert.

Truthahngeier können **frisch tote** Tiere **riechen.**

↔ 64–81 cm
⚖ 0,9–2 kg
✕ Verbreitet
🍖 Aas

Mittleres Nordamerika bis südliches Südamerika

Breite, zweifarbige Flügel

Nackter Kopf und Hakenschnabel

Starke Beine und Füße

◁ FLÜGEL SPREIZEN
Truthahngeier spreizen die Flügel, damit die Morgensonne ihren Körper erwärmt und feuchte Federn trocknet. So bleibt das Gefieder in einem guten Zustand.

△ LANDUNG
Mit zum Steuern gespreiztem Schwanz, als Bremse schlagenden Flügeln und nach unten gesenkten Augen richtet der Geier die Füße nach vorn, um sein Gewicht bei der Landung abzufangen.

Bartkauz
Strix nebulosa

▷ **EIZAHN**
Diese einen Tag alten Küken tragen noch den harten weißen Eizahn am Ende des Schnabels, mit dem sie die Eischale geöffnet haben.

▽ **WUNDERFLÜGEL**
Der leichte Körper und die breiten Flügel ermöglichen einen langsamen, leisen Flug und erleichtern das Manövrieren zwischen den Bäumen. Spezielle Säume der Flügelfedern erlauben einen fast lautlosen Flug.

Dichtes Gefieder zur Isolation

- ↔ 59–69 cm
- ⚖ 0,8–1,7 kg
- ⊗ Verbreitet
- ☰ Wühlmäuse, Mäuse, Vögel

Nördliches und mittleres Nordamerika, Osteuropa, Asien

Das dichte Gefieder lässt den Bartkauz groß erscheinen, doch tatsächlich ist er viel kleiner und leichter als die Uhu-Arten. Der Bartkauz konzentriert sich auch auf kleinere Beute, die er oft unter schwierigen Bedingungen jagt. Das über 50 cm breite scheibenförmige Gesicht lässt auf ein gutes Gehör schließen, doch die kleinen Augen scheinen vor allem für das Tageslicht geeignet zu sein. Der Bartkauz jagt sowohl am Tag als auch in der Nacht – ungewöhnlich für eine Eule. Die Federn des Gesichts sind für Geräusche durchlässig und verbergen die festeren Federn, die den Schall zu den asymmetrisch angeordneten Ohren leiten. So kann der Kauz eine Schallquelle exakt lokalisieren.

Der Bartkauz sucht von seinem Ansitz aus – oft einem Baumstumpf – Wühlmäuse und gleitet zu ihnen herab, sodass er die Beute überrascht. Er kann Nagetiere hören, die im Schnee Gänge graben, und eine 40–50 cm dicke Schneeschicht durchstoßen – mit dem Kopf voran und dem folgenden Zugriff der Krallen. Bartkäuze leben überwiegend im Norden, doch eine kleine Population ist in der kalifornischen Sierra Nevada beheimatet.

Große Gesichtsscheibe

Fingerartige Flügelspitzen

Kurzer, breiter Schwanz

Korallen-Königsnatter

Lampropeltis zonata

Die Korallen-Königsnatter ist von Niederkalifornien und Mexiko nach Norden bis in den Bundesstaat Washington verbreitet. In der Sierra Nevada gibt es eine eigene Unterart (*L. z. multicincta*). Die im Hochland und in den Bergen auf bis zu 3000 m Höhe lebenden Tiere sonnen sich am Tag auf Felsen oder Baumstümpfen. Nachts verkriechen sie sich unter Totholz und den Winter verbringen sie in Bauen.

Falsche Farben

Wie die meisten anderen Königsnattern weist diese ungiftige Schlange, die ihre Beute erdrosselt, eine Zeichnung auf, die der der hochgiftigen Korallenottern ähnelt. So werden ihre Fressfeinde abgeschreckt. Die Königsnatter jagt vor allem Echsen und kleine Schlangen. Zur Beute gehören auch Vögel, vor allem die Nestlinge der Drosseln und Ammern, Eier und seltener kleine Nagetiere, Frösche und andere Amphibien. Die Schlange würgt die Beute in den Schlingen ihres Körpers und verschluckt sie dann am Stück.

- 50–120 cm
- Bis zu 1,5 kg
- Regional verbreitet
- Schlangen, Echsen, Vögel
- Südwestl. Nordamerika

△ **DREIFARBIGE SCHLANGE**
Die Korallen-Königsnatter weist eine Warnzeichnung aus leuchtenden Farben auf. Nicht alle Unterarten sind gleich gefärbt. Manche haben schmalere oder überhaupt keine Ringe.

Die Königsnatter **frisst andere Schlangen** – sogar giftige kleine Klapperschlangen.

Eschholtz-Salamander

Ensatina eschscholtzii

Der in den Bergwäldern der westlichen USA lebende, nachtaktive Eschholtz-Salamander hat keine Lungen. Er nimmt den Sauerstoff unmittelbar über seine feuchte Haut auf. Die Nasenlöcher auf der Schnauze dienen nur dem Geruchssinn. Vor allem im Schwanz sind Giftdrüsen enthalten, doch Fressfeinde wie Waschbären haben es gelernt, nur Kopf und Körper zu fressen.

Die Salamander paaren sich in den kühleren Jahreszeiten und im Sommer legen die Weibchen ein Dutzend Eier in einer feuchten Nische. Die Jungen schlüpfen nach etwa vier Monaten und haben bereits die gleiche Körperform wie die Erwachsenen, durchlaufen also kein Larvenstadium. Sie verlassen das Nest nach den ersten Herbstregen.

- 6–8 cm
- Frühjahr und Sommer
- Regional verbreitet
- Würmer, Insekten, Spinnen
- Westliche USA

△ **AN LAND LEBEN**
Es ist ungewöhnlich für ein Amphib, dass sich das Leben dieses Salamanders vollständig an Land abspielt.

Gelbbein-Frosch

Rana sierrae

Gelbe Beinunterseite

Dieser in und um Bergseen und -bäche lebende Frosch ist in Höhen von bis zu 3600 m zu finden. Den Winter verbringt er auf dem Grund zugefrorener Seen. Im Sommer ist er tagaktiv und entfernt sich nur wenige Meter vom Wasser.

Mittlerweile sind drei ähnliche Arten beschrieben worden, die alle eine helle Unterseite aufweisen. Der Unterschied liegt hauptsächlich in ihren Rufen. Die Paarungszeit beginnt nach dem Tauwetter im Frühjahr. Die Weibchen legen ihren Laich an den Wasserpflanzen ab. Die Kaulquappen wachsen in drei bis vier Jahren zu erwachsenen Fröschen heran.

△ **VERTEIDIGUNG**
Gelbbein-Frösche geben einen penetranten Knoblauchgeruch ab, wenn man sie anfasst.

- 6–8 cm
- Frühjahr
- Stark gefährdet
- Insekten, Spinnen, Würmer
- Südwestliches Nordamerika

MOJAVE-WÜSTE
Die kleinste und trockenste Wüste der USA

Die Mojave-Wüste bedeckt 65 000 km² abwechselnder Gebirge und flacher, tief liegender Becken, die überwiegend zu Südkalifornien gehören. Sie geht im Süden nahezu unmerklich in die Sonora-Wüste und im Norden in die Wüste des Großen Beckens über. Ihre Ausdehnung wird meistens anhand der Ausbreitung der hier endemischen Yucca-Pflanze, der Josua-Palmlilie (siehe Bild unten), festgelegt. Diese Pflanze ist eine von über 200 Arten, die nur in der Mojave-Wüste gefunden werden und die ein Viertel ihrer Pflanzenarten ausmachen.

Land der Extreme

Die Mojave-Wüste ist so trocken, weil sie im Regenschatten der Rocky Mountains liegt. Ihr größter Teil ist mit über 600 m Höhe über dem Meeresspiegel hoch gelegen. Die Tagestemperaturen sind hoch, vor allem im Death Valley im Norden, wo am 10.07.1913 die Lufttemperatur bei Furnace Creek 56,7 °C erreichte – die höchste jemals auf der Erde gemessene. Death Valley ist auch der am tiefsten gelegene Ort der USA – Badwater Basin reicht auf 86 m unter dem Meeresspiegel hinab. Der Name (»schlechtes Wasser«) bezieht sich auf eine kleine Quelle, deren Wasser so viel Salz enthält, dass Menschen es nicht trinken können. Die Quelle ermöglicht aber anderes Leben, darunter Queller, verschiedene Wasserinsekten und die Badwater-Schnecke, ein weiterer Endemit der Mojave-Wüste. Andere Wüstentiere sind die Kängururatten, die Gopherschildkröten und die tödlich giftige Mojave-Klapperschlange.

SOMMERRUHE
Mojave-Ziesel überleben die Trockenheit, indem sie sich nicht vermehren und in eine Sommerruhe (Aestivation) verfallen. Trotzdem brechen ihre Populationen regelmäßig zusammen, erholen sich aber nach Regenfällen schnell wieder.

MOJAVE-ZIESEL

BLÜHENDE WÜSTE
Viele Pflanzen überleben als Samen die Trockenheit jahrelang, bis sie nach ausreichenden Niederschlägen wachsen, blühen und sich vermehren. Antelope Valley im Westen ist für den Mohn und andere Pflanzen berühmt, die nach den Winterregen blühen.

KALIFORNISCHER ... Maximale

Der heißeste Ort Nordamerikas

YUCCA-MOTTE

Über 200 endemische Pflanzenarten

GEGENSEITIGER NUTZEN
Die Yucca-Motte ist nach der von ihr abhängigen Pflanze benannt worden. Die Weibchen legen ihre Eier in die Blüten und bestäuben sie dabei. Die schlüpfenden Raupen fressen einige der Samen, doch der Rest kann sich weiterentwickeln.

MOJAVE-WÜSTE | 61

LAGE

Die Mojave-Wüste liegt zwischen der Sonora-Wüste und der Wüste des Großen Becken, größtenteils im Südosten Kaliforniens.

KLIMA

Die Wüste erhält weniger als 150 mm an Niederschlägen pro Jahr und in manchen Bereichen gar keine. Die Temperaturen schwanken sehr.

(Barstow, Kalifornien)

— Durchschnittstemperatur   ▬ Regen

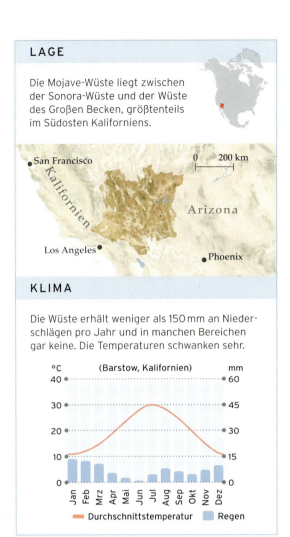

DIE HITZE MEIDEN
Rotpunkt-Kröten verschlafen die Trockenheit unter der Erde, doch nach Regenfällen erscheinen sie in der kühlen Nacht zu Tausenden. Die Weibchen legen ihre Eier in temporäre Tümpel. Die Kaulquappen schlüpfen nach drei Tagen und entwickeln sich rasch.

ROTPUNKT-KRÖTE

Jahresniederschläge 150 mm

Kitfuchs
Vulpes macrotis

Schwarze Flecken auf den Schnauzenseiten

Dank seiner großen Ohren kann der Kitfuchs hervorragend hören, sodass er seine von Insekten bis zu Eselhasen und Eidechsen reichende Beute entdecken kann. Die riesigen Ohren dienen auch der Thermoregulation. Über ihre große Oberfläche kann er Wärme abgeben und so seine Körpertemperatur in den heißesten Monaten in erträglichen Bereichen halten.

↔ 45–54 cm
⚖ 1,6–2,7 kg
✖ Verbreitet
🍴 Nagetiere, Hasen, Insekten
🏠

Kunst des Überlebens

Das kleinste nordamerikanische Mitglied der Hundefamilie ist für die Wüste gut ausgerüstet. Das Fell in den Zwischenräumen der Fußballen verschafft ihm Halt und schützt die Füße vor der Hitze. Der überwiegend nachtaktive Kitfuchs meidet die Hitze, indem er den Tag in einem von vielen Bauen verbringt, die er entweder selbst gegraben oder von anderen Tieren, etwa Präriehunden, übernommen hat. Er schützt sich auch in von Menschen errichteten Bauten.

Kitfüchse sind überwiegend monogam, doch die Paare leben nicht unbedingt im gleichen Bau und jagen auch nicht zusammen. Das Weibchen bekommt meist vier Junge pro Wurf, die fünf bis sechs Monate bei ihm bleiben.

Südwestliches Nordamerika

Kitfüchse trinken selten und **beziehen Flüssigkeit aus der Nahrung.**

▽ **FELLWECHSEL**
Das Fell des Kitfuchses ist im Sommer rostbraun bis gelbgrau, nimmt im Winter aber einen silbergrauen Schimmer an.

▷ **LAUTÄUSSERUNGEN**
Die kleineren Katzen brüllen nicht wie die Großkatzen, sondern knurren, fauchen oder schnurren.

Runder Kopf mit aufrechten Ohren

Im Verhältnis zum Körper große Füße

Gelbbraunes, dichtes Fell

Puma
Puma concolor

Die größte Katze Nordamerikas kennt man im Deutschen auch als Silber- oder Berglöwe. Trotz seiner Größe gehört der Puma nicht zu den Großkatzen, sondern ist am nächsten mit Jaguarundi und Gepard verwandt. Der einst in den gesamten USA verbreitete Puma ist nun aus dem Osten und Mittleren Westen fast vollständig verschwunden. Die am weitesten nördlich beheimateten Pumas sind größer und silbergrau gefärbt, die in Äquatornähe lebenden sind kleiner und eher rötlich braun.

Pumas sind Einzelgänger und vermeiden den Kontakt zum Menschen, wenn es möglich ist. Bedrängte Pumas haben jedoch auch schon Menschen getötet. Die Angriffe durch Pumas haben seit den 1990er-Jahren stark zugenommen, da immer mehr Wanderer, Mountain Biker und Skifahrer in ihren Lebensraum eindringen.

Anpassungsfähig

Die sehr anpassungsfähigen Pumas können sowohl in der Wüste als auch im tropischen Regenwald leben. Auch ihre Nahrung ist variabel. Vor allem Weibchen mit Jungen bevorzugen Huftiere, aber Pumas jagen zudem Kaninchen, Schweine, Insekten, Vögel, Mäuse, Kojoten und sogar Artgenossen. Obwohl sie auch am Tag aktiv sind, jagen Pumas vor allem in der Dämmerung.

Die Weibchen können das ganze Jahr über Junge bekommen. Männchen und Weibchen bleiben für ein paar Tage zusammen, bevor sich das Männchen nach anderen Partnerinnen umsieht. Nach etwa drei Monaten wirft das Weibchen zwei oder drei gefleckte Junge, die bis zu 18 Monate lang bei ihm bleiben. Im Alter von 12–14 Wochen verblassen die Flecken der Jungen.

△ **AKTIV UND ATHLETISCH**
Die kräftigen Hinterbeine erlauben dem Puma aus dem Lauf 12 m weite Sätze und Sprünge von 5,4 m Höhe.

↔ 86–155 cm
⚖ 34–72 kg
✕ Verbreitet
🍴 Säugetiere

Westliches und südliches Nordamerika, Mittelamerika und Südamerika

Kalifornischer Eselhase

Lepus californicus

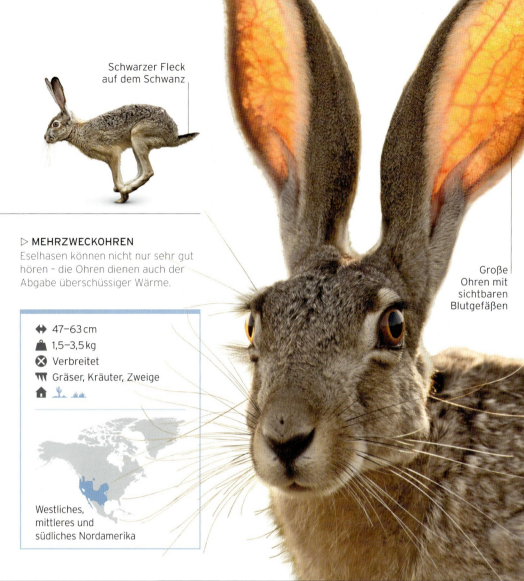

Schwarzer Fleck auf dem Schwanz

Große Ohren mit sichtbaren Blutgefäßen

Eselhasen leben wie andere Hasen und im Gegensatz zu Kaninchen überwiegend oberirdisch und flüchten durch Weglaufen und nicht in einen Bau. Der muskulöse Körper und die kräftigen Hinterbeine wirken wie eine Sprungfeder und verhelfen dem Hasen zu einer großen Beschleunigung aus dem Stand.

Eselhasen sind in semiariden Gebieten mit Wüstensalbei- und Kreosotbusch-Beständen sowie anderen Buschsteppen häufig. Sie entgehen der Hitze, indem sie überwiegend nachtaktiv sind. Ungewöhnlich für Hasen ist, dass sie zum Schutz vor Hitze Baue anlegen können.

Frühreife Junge

Die Weibchen gebären drei bis fünf behaarte Junge, die bereits offene Augen haben und sofort aktiv sind. Weniger als ein Jahr alte Weibchen können trächtig werden, doch die Zahl der Fressfeinde ist groß. Zu ihnen gehören Pumas, Kojoten, Greifvögel und Klapperschlangen. Der Bestand kann bei guten Bedingungen explodieren, bei Nahrungsmangel aber schnell zusammenbrechen.

▷ **MEHRZWECKOHREN**
Eselhasen können nicht nur sehr gut hören – die Ohren dienen auch der Abgabe überschüssiger Wärme.

- ↔ 47–63 cm
- ⚖ 1,5–3,5 kg
- ✖ Verbreitet
- 🍃 Gräser, Kräuter, Zweige

Westliches, mittleres und südliches Nordamerika

Großer Rennkuckuck

Geococcyx californianus

Brust und Kehle hell mit dunklen Streifen

Rennkuckucke sind überwiegend am Boden lebende Vögel, die zur Familie der Kuckucke gehören. Zwei ihrer Zehen zeigen nach vorn und zwei nach hinten – nur scheinbar keine ideale Voraussetzung zum schnellen Laufen. Rennkuckucke bevorzugen Halbwüsten mit offenem Gelände und trockenem Buschwerk, haben sich aber auch in feuchtere Gebiete mit vereinzeltem Baumbestand ausgebreitet. Sie können schlecht fliegen, erreichen aber Baumkronen, Leitungen oder Masten. Sie fressen Echsen und Mäuse, aber auch kleine Schlangen und Vögel. Die an Flüssigkeit reiche Nahrung ist bei Wassermangel von Vorteil. Sie sparen auch Flüssigkeit, indem sie überschüssige Salze mithilfe einer Drüse vor dem Auge ausscheiden.

- ↔ 56 cm
- ⚖ 325 g
- ✖ Verbreitet
- 🍃 Reptilien, Mäuse, Vögel

Südl. Nordamerika

◁ **WÜSTENRENNER**
Der Rennkuckuck ist an das schnelle Leben angepasst. Wenn er durch die Wüste läuft, scheucht er dabei gleichzeitig potenzielle Beute auf.

Gila-Krustenechse

Heloderma suspectum

Der **schmerzhafte Biss** ist für Menschen **nur selten tödlich.**

Fett als Nahrungsreserve

Perlenartige Schuppen

Diese kräftige, langsame und versteckt lebende Krustenechse ist die größte einheimische Echse Nordamerikas – und dazu eine der wenigen giftigen Echsen. Das Gift aus den modifizierten Speicheldrüsen des Unterkiefers gelangt durch eine Furche in den Zähnen beim mahlenden Biss in das Blut des Opfers. Daher hat die Krustenechse nur wenige natürliche Feinde.

Reichliche Mahlzeiten

Gila-Krustenechsen verbringen 90 % ihrer Zeit in einem alten Bau, zwischen Wurzeln oder unter Steinen. Sie fressen Vogel- und Reptilieneier, kleine Säugetiere, Vögel (vor allem Nestlinge), Echsen, Frösche und andere Amphibien sowie Käfer und Würmer. Wegen ihrer Lebensweise und des Fettdepots am Schwanz kann eine Mahlzeit für Wochen reichen. Eine junge Krustenechse vermag dabei auf einmal die Hälfte ihres Körpergewichts zu sich zu nehmen, eine erwachsene ein Drittel. Daher fressen manche Tiere nur dreimal pro Jahr.

Mojave-Klapperschlange

Crotalus scutulatus

Rassel

Diese Grubenotter besitzt wärmeempfindliche Gruben unter den Augen, mit denen sie gleichwarme Tiere entdecken kann. Das starke Gift dient der Überwältigung der Beute, meist Ratten und Mäuse, sowie der Verteidigung. Die warnende Rassel am Schwanzende, von der der Name abgeleitet wurde, wird mit jeder Häutung länger.

Die Mojave-Klapperschlange unterscheidet sich von der verwandten Texas-Klapperschlange dadurch, dass ihre Rückenzeichnung zum Schwanz hin schneller verblasst und dass die weißen Ringe der Schwanzzeichnung breiter als die schwarzen sind.

△ »MOJAVE GREEN«
Manche Klapperschlangen zeigen einen grünlichen Schimmer – Einheimische bezeichnen die Schlangen als »Mojave greens«.

- ↔ 1–1,3 m
- ⚖ 2–4 kg
- ⊗ Regional verbreitet
- 🍴 Kleine Säugetiere, Echsen
- 🏠
- 📍 Südwestliches Nordamerika, Mittelamerika

Südlicher Schaufelfuß

Scaphiopus couchii

Mit dunklen Flecken übersäte Haut

Der Schaufelfuß trägt seinen Namen wegen der »Schaufeln« an seinen Hinterbeinen, mit denen er Baue gräbt. Er verbringt die trockenen Monate in ihnen. In dieser Zeit behält er die Stoffwechselprodukte im Körper, die sonst mit dem Urin abgegeben werden. Durch die hohe Salzkonzentration kann er Wasser aus der Umgebung durch seine semipermeable Haut aufnehmen.

Die Vermehrung findet in der Regenzeit statt. Die Tiere kommen an die Oberfläche und die Weibchen laichen in temporären Tümpeln. Die Kaulquappen schlüpfen nach 36 Stunden und die Metamorphose findet nach 40 Tagen statt.

△ FRESSEN UND SICH VERMEHREN
Nachts leben die Tiere oberirdisch, vermehren sich und fressen so viel, wie sie können.

- ↔ 5,5–9 cm
- ☁ Regenzeit
- ⊗ Verbreitet
- 🍴 Insekten, Spinnen
- 🏠
- 📍 Südliche USA, Mexiko

MOJAVE-WÜSTE | 65

▷ **VERGRABEN DER EIER**
Die Weibchen vergraben fünf bis zehn Eier in der trockenen Erde. Die etwa 15 cm langen Jungen schlüpfen neun Monate später.

▽ **PERLENSCHUPPEN**
Die Schuppen sind abgerundet und leicht kuppelförmig. Die Zeichnung aus rosa, rot oder orange gefärbten Flecken, die individuell unterschiedlich ist, warnt den Angreifer vor dem Gift.

- 40–60 cm
- 1–2 kg
- Potenziell gefährdet
- Eier, kleine Vögel, Säugetiere

Südwestliche USA, Mexiko

Gelbe Wüstenvogelspinne

Aphonopelma chalcodes

Dieser schlecht sehende Jäger könnte am Tage leicht selbst zur Beute werden. Daher bleibt er in seinem Bau und wartet auf die Nacht. Im Dunkeln ist der Tastsinn der wichtigste Sinn für die Orientierung. Mit Füßen und Mundwerkzeugen nimmt die Spinne Erschütterungen wahr, die von Tieren erzeugt werden, die die um ihren Bau gesponnenen Fäden berühren. Die Vogelspinne lauert auf die Beute, schießt aus dem Bau und tötet sie mit ihrem Giftbiss.

Schwierige Paarung

Vogelspinnen werden oft erst im Alter von zehn Jahren geschlechtsreif. Die Männchen bauen ein Spermanetz und übertragen das Sperma mit den Enden ihrer Taster. Die Eier entwickeln sich auf einem Teppich aus Spinnenseide im warmen Eingang des Baus.

▽ **HAARIGER JÄGER**
Die Haare dienen dem Tastsinn, aber auch der Verteidigung. Bei Bedrohung nutzt die Spinne ihre Beine, um diese reizenden Brennhaare in Richtung des Angreifers abzustreifen.

Dunkler Hinterleib

Helle Haare auf den Beinen

- 5–7 cm
- Unbekannt
- Grillen, Heuschrecken, kleine Echsen

Südwestl. Nordamerika

EVERGLADES
Die größten naturbelassenen Feuchtgebiete der USA

Die Everglades sind ein Komplex von tief liegenden, dicht bewachsenen Feuchtgebieten, die sich aus den verschiedensten Lebensräumen zusammensetzen. Sie lassen vielleicht den großartigen Eindruck der anderen Nationalparks vermissen, doch ein Gebiet im Süden hat seinen Schutzstatus bereits 1934 wegen seiner einzigartigen Ökologie und Biodiversität erhalten. Die unterschiedliche Ausprägung der Lebensräume hängt mit der Tiefe, Qualität und Salinität des Wassers sowie mit der Häufigkeit und Dauer der Überflutung zusammen.

Ein Meer von Gräsern

Zu den Ökosystemen der Everglades gehören Flussmündungen, gezeitenabhängige Mangrovensümpfe und von salz- und trockenheitsresistenten Sukkulenten bewachsene Ebenen. Sie gehen im Inland in Prärien und Wälder schnell wachsender Kiefern über, die regelmäßig durch Waldbrände ausgelichtet werden. Dazwischen liegen fast ständig überflutete Flächen, deren Wasser vom Okeechobee-See zur Floridabai fließt. Die hier wachsenden Binsenschneiden bilden ein Meer aus Gras, zu dem offene Wasserflächen und Zypressensümpfe gehören. Kleine, höher gelegene Flächen tragen Hartholzwälder mit Mahagoni und Eichen, in denen Farne und Epiphyten wachsen.

Über 300 Fischarten leben zusammen mit der größten brütenden Population tropischer Watvögel Nordamerikas in den Everglades. Außerdem kommen hier 50 Reptilienarten vor, darunter der Mississippi-Alligator und das bedrohte Spitzkrokodil.

HAI-KINDERGARTEN — Junge Bullenhaie werden schnell selbst zur Beute, sodass die Weibchen zur Geburt in Flussläufe vordringen. Der geringe Salzgehalt würde die meisten anderen marinen Fische töten. Die jungen Haie wandern schließlich in die Küstengewässer.

BULLENHAI

ZYPRESSENSÜMPFE — Echte und Aufrechte Sumpfzypressen bilden kuppelförmige Gruppen, wobei die weniger stabilen Bäume am Rand stehen. Die größten Bäume in der Mitte werden durch Brettwurzeln gehalten. Luftwurzeln können eine wichtige Rolle bei der Atmung spielen.

SUMPFZYPRESSE

GEFÄHRDETER PUMA — Der Florida-Panther ist eine Form des Pumas und das am meisten gefährdete Säugetier der Everglades – es gibt weniger als 100 Tiere. Die Population versucht man durch das Aussetzen von texanischen Pumas zu stützen.

FLORIDA-PANTHER

Nordamerikas einzige subtropische Feuchtgebiete › Der einzige Ort, an dem Alligatoren

LAGE

An der Südspitze der Floridahalbinsel, vor allem südlich des Okeechobee-Sees. Das größere Ökosystem erstreckt sich bis zum Kissimmee-See.

KLIMA

Die tropischen Everglades kennen zwei Jahreszeiten: warm und trocken von Dezember bis April, heiß und nass von Mai bis November.

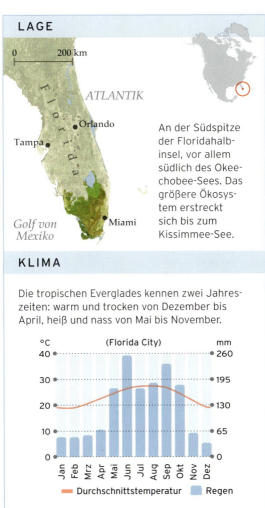

UNERWÜNSCHTE ARTEN

Ein Viertel der Wirbeltierarten der Everglades ist eingeführt worden und stellt eine Bedrohung der einheimischen Arten dar. Der Dunkle Tigerpython hat keine natürlichen Feinde und ernährt sich von Waschbären und Kaninchen, und Krokodile vorkommen

TIGERPYTHON

Karibik-Manati
Trichechus manatus

Mit ihren plumpen Körpern, breiten Köpfen und bärtigen Schnauzen erinnern Seekühe wie der Karibik-Manati an Walrosse, doch die nächsten Verwandten sind die Elefanten und die kleinen, an Nagetiere erinnernden Klippspringer. Die sich langsam bewegenden Karibik-Manatis kommen niemals an Land und können nicht in kaltem Wasser überleben. Sie fressen Wasserpflanzen, was auch zu dem Namen »Seekuh« geführt hat.

- ↔ 2,5–3,9 m
- ⚖ 200–600 kg
- ⊗ Gefährdet
- 🍴 Seegras, Wasserpflanzen

Südöstliche USA bis nordöstliches Südamerika, Karibik

◁ **LANGSAMES TEMPO**
Manatis kommen alle drei bis fünf Minuten zum Atmen an die Wasseroberfläche. Ruhend können sie 20 Minuten lang unter Wasser bleiben.

Festland-Graufuchs
Urocyon cinereoargenteus

Der Graufuchs ist ein guter Kletterer, der oft in bis zu 18 m Höhe außerhalb der Reichweite von Kojoten und Hunden in Bäumen rastet. Der überwiegend nachtaktive Einzelgänger jagt im Winter Kaninchen und Nagetiere. Die Nahrung hängt von der Jahreszeit ab und wie alle Füchse frisst er, was er bekommen kann. Die Eltern ziehen die Jungen gemeinsam auf, bis diese im Herbst selbstständig werden.

- ↔ 54–66 cm
- ⚖ 2–5,5 kg
- ⊗ Verbreitet
- 🍴 Nagetiere, Vögel, Insekten

Nordamerika bis nördliches Südamerika

◁ **BELLENDE LAUTE**
Der Graufuchs beherrscht ein großes Spektrum an Lauten, darunter Bellen, Kreischen und Knurren.

68 | NORDAMERIKA

- ↔ 60–95 cm
- ⚖ 2,7–10,4 kg
- ✖ Verbreitet
- 🍴 Kleine Tiere, Beeren, Eier

Südkanada bis Mittelamerika

▷ **MASKIERUNG**
Die schwarze »Banditenmaske« passt zu den opportunistischen Tieren, die mit ihren Pfoten klettern, graben und sogar Türen öffnen können.

Waschbär

Procyon lotor

Hellgraues bis fast schwarzes Fell

Die intelligenten und anpassungsfähigen Waschbären findet man in fast jedem nordamerikanischen Lebensraum – vom Sumpf bis zum Gebirge und von den städtischen Straßen bis zum Ackerland. Die ursprünglich an tropischen Flussufern lebende Art hat den ganzen Kontinent besiedelt. Waschbären kommen heute auch in Wüsten und Gebirgen vor, wo sie früher selten waren, doch sie bevorzugen die Nähe von Gewässern.

Sich anpassen und vermehren

Der erfolgreiche Allesfresser ist extrem anpassungsfähig. Waschbären überleben überall und finden ihre Nahrung in der Natur in Seen und Flüssen, auf Bäumen und auf dem Boden, aber auch in städtischen Kanälen, in Abfalleimern und auf Dächern. Insekten, Frösche, Nagetiere, Eier, Nüsse und Beeren sind ihre natürliche Nahrung. In den Städten verzehren sie dagegen alles Fressbare, das ihnen unterkommt. Sie plündern sogar Vogelhäuschen und die Futtertröge der Nutztiere. Waschbären verbringen den Tag in hohlen Bäumen oder Bauen und werden in der Abenddämmerung aktiv. Genauso gern verstecken sie sich in Scheunen, Schuppen und Teilen von Häusern. Waschbären profitieren vom hohen Nahrungsangebot der Städte, wo die natürlichen Feinde – Kojoten, Luchse und Pumas – fehlen.

Unglaublich geschickt

Waschbären sind unglaublich geschickt. Die fünf Zehen ihrer Vorderpfoten funktionieren wie menschliche Finger, sodass sie Nahrung handhaben, Türklinken drücken und Riegel zurückziehen können. Sie vermögen sehr gut zu schwimmen und setzen ihren Tastsinn ein, der im Wasser vielleicht noch besser als an Land ist, um Beute wie Frösche und Muscheln zu finden. Obwohl die Hinterbeine länger als die Vorderbeine sind, was dem Waschbären ein geducktes Aussehen verleiht, kann er Geschwindigkeiten von bis zu 24 km/h erreichen.

Die Weibchen bekommen im Frühjahr drei oder vier Junge, die von unterschiedlichen Vätern stammen können. Die Jungen begleiten die Mutter bei ihren nächtlichen Streifzügen, wenn sie 8–10 Wochen alt sind, und bleiben bei ihr bis zum Alter von 13–14 Monaten.

Ein großer Waschbär kann den **Kopf eines Hunds unter Wasser drücken.**

△ **NACH NAHRUNG TASTEN**
Mit ihren geschickten Fingern können Waschbären im Wasser Nahrung finden. Sehr gern fressen sie Krebse.

◁ **FEST IM GRIFF**
Ein erwachsener Waschbär kann Beute von Forellengröße bewältigen. Mit seinen spitzen Krallen hält er die schlüpfrige Nahrung fest.

Amerikanischer Schlangenhalsvogel
Anhinga anhinga

Der an Sümpfen und Gewässern lebende Amerikanische Schlangenhalsvogel ist das Gegenstück zum ähnlichen Afrikanischen Schlangenhalsvogel. Er übernachtet auf Bäumen, fliegt aber nach Sonnenaufgang zum Fressen auf offene Gewässer hinaus. Beim Schwimmen liegt er tief im Wasser, doch der typische Hals ragt heraus.

Speerfischer

Durch seine dichten Knochen und das wasseraufnehmende Gefieder kann der Schlangenhals unter Wasser bis zu eine Minute lang schwimmen. Ihm fehlen für die schnelle Verfolgung von Fischen die kräftigen Füße des Kormorans, sodass er auf die Gelegenheit wartet, einen vorbeischwimmenden Fisch zu speeren. Seine speziellen Wirbel und seine Muskulatur geben dem Hals die S-Form, die das schnelle Zustoßen ermöglicht. Danach taucht der Vogel auf, schüttelt den Fisch frei und verschlingt ihn.

Schlangenhalsvögel nisten in gemischten Kolonien mit anderen Baumbrütern. Das Weibchen baut aus den vom Männchen gesammelten Zweigen ein Nest. Bis zu sechs Eier werden drei bis vier Wochen lang bebrütet. Die Jungen werden anfangs mit vorverdauten und später mit ganzen Fischen gefüttert. Sie verlassen das Nest nach sechs Wochen, sind aber noch einige Wochen lang von den Eltern abhängig.

▽ **GESPREIZTE FLÜGEL**
Schlangenhalsvögel sieht man oft mit gespreizten Flügeln, wenn sie ihr durchnässtes Gefieder trocknen. Außerdem regulieren sie auf diese Weise ihre Körpertemperatur.

Kanadareiher
Ardea herodias

◁ AUFGESPIESST
Die meisten fischfressenden Vögel ergreifen die Beute mit dem Schnabel, doch Schlangenhalsvögel speeren kleine Fische mit dem Oberschnabel und große mit beiden Schnabelhälften.

Der Kanadareiher ist der größte nordamerikanische Schreitvogel. Alle Reiher besitzen einen langen Hals, den sie im Flug oder im Stehen zwischen die Schultern zurückziehen. Um einen Fisch mit dem langen Schnabel zu erbeuten, können sie ihn jedoch blitzschnell ausstrecken. Kanadareiher sind Lauerjäger und stehen stundenlang unbeweglich wie eine Statue im Flachwasser. Innerhalb ihrer Kolonien in den Baumkronen zeigen sie dagegen erstaunliche Flugkünste. Bis zu sechs Eier werden 27 Tage lang bebrütet. Die Jungen werden von beiden Eltern bis zu 80 Tage lang gefüttert, bis sie fliegen können. Eine Unterart, *A. h. occidentalis*, tritt als reinweiße Form in Florida auf.

- ↔ 85–89 cm
- ⚖ 1,2 kg
- ✕ Verbreitet
- 🍴 Fisch

Südliches Nordamerika bis nördliches Südamerika

- ↔ 0,9–1,4 m
- ⚖ 2,1–2,5 kg
- ✕ Verbreitet
- 🍴 Fische, Frösche, Vögel

Nordamerika bis nördliches Südamerika

◁ HOCH IM BAUM
Kanadareiher bauen ihre Nester hoch oben in den Bäumen, wo sie vor Fressfeinden sicher sind. Sie müssen stabil genug sein, dass mehrere Jungvögel darin bis zur vollen Größe heranwachsen können.

Zwerg-Sultanshuhn
Porphyrio martinicus

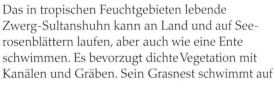
Gelbe Beine und Zehen

Das in tropischen Feuchtgebieten lebende Zwerg-Sultanshuhn kann an Land und auf Seerosenblättern laufen, aber auch wie eine Ente schwimmen. Es bevorzugt dichte Vegetation mit Kanälen und Gräben. Sein Grasnest schwimmt auf einer Pflanzeninsel oder ist an Schilfrohren befestigt. Aus bis zu zehn Eiern schlüpfen die Jungen nach 20 Tagen. Eine Woche später suchen sie Nahrung, drei Wochen später sind sie selbstständig. Sie können im Alter von fünf bis sieben Wochen fliegen.

▷ SCHNELL VORAN
Das Zwerg-Sultanshuhn verteilt sein Gewicht auf die langen Zehen und schreitet schnell und gleichmäßig über die Seerosenblätter. Weniger elegant überwindet es dichtes Gebüsch.

- ↔ 27–36 cm
- ⚖ 200–275 g
- ✕ Verbreitet
- 🍴 Samen, Früchte, Wirbellose

Südliches Nordamerika bis Südamerika

NORDAMERIKA

Gekielte Schuppen

Alligatoren besitzen stärker abgerundete Schnauzen als Krokodile.

Mississippi-Alligator
Alligator mississippiensis

Diese furchterregende Panzerechse lebt in den Feuchtgebieten der südöstlichen USA und schwimmt mithilfe ihres seitlich abgeplatteten Schwanzes. An Land kriecht der Alligator auf dem Bauch oder hebt den Körper beim langsamen Laufen vom Boden ab. Er kann sogar einen kurzen Sprint einlegen und ist dann schneller als die meisten Menschen. Der überwiegend nachtaktive Jäger schwimmt unbemerkt an die Beute heran und schlägt dann plötzlich zu.

Die Paarungszeit beginnt im April und Mai. Die Männchen versuchen die Weibchen mit tiefem Brüllen zu beeindrucken. Im August schlüpfen 30–50 Junge in einem aus verrottender Vegetation bestehenden Nesthügel, den das Weibchen angelegt hat. Es achtet auf die Rufe seiner Jungen, hilft ihnen aus dem Nest und trägt sie im Maul zum Wasser. Ein erwachsener Alligator hat wegen seiner Größe, Kraft und gepanzerten Haut kaum etwas zu befürchten, doch die verletzlichen Jungen werden von ihrer Mutter bis zu drei Jahre lang beschützt.

- ↔ 3–4 m
- ⚖ Bis zu 300 kg
- ⊗ Regional verbreitet
- 🍴 Fische, Vögel, Säugetiere

Südöstliche USA

▷ **STARKE KIEFER**
Der Alligator packt seine Beute mit rund 80 konischen Zähnen. Ein besonders großer Zahn des Unterkiefers passt in eine Tasche des Oberkiefers.

Schnappschildkröte
Chelydra serpentina

Die von Alberta, Kanada, bis an die Küste des Golfs von Mexiko vorkommende Schnappschildkröte ist sogar schon einmal in den Rocky Mountains beobachtet worden – beachtlich für ein Tier, das die meiste Zeit in trüben Süßwasserseen und Flüssen verbringt.

Wie der Name schon sagt, kann die Schnappschildkröte zubeißen. An Land hochaggressiv, schnappt sie nach allem, was ihr in die Quere kommt. Die Panzer älterer Tiere sind meistens mit Algen bedeckt, sodass sie gut getarnt sind, wenn sie auf der Lauer liegen. Erwachsene Schnappschildkröten legen oft große Strecken an Land zurück und können dem Straßenverkehr zum Opfer fallen. Jungtiere werden von Waschbären, Reihern und Stinktieren sowie anderen Schildkröten gefressen.

Brauner oder olivfarbener Panzer

- ↔ 25–48 cm
- ⚖ Bis zu 16 kg
- ⊗ Verbreitet
- 🍴 Fische, Säugetiere, Pflanzen

Kanada und östliche USA

△ **ANGRIFFSLUSTIG**
Wegen ihrer Angriffslust und des stabilen Panzers haben ausgewachsene Schnappschildkröten kaum Feinde zu befürchten.

Goldene Seidenspinne

Nephila clavipes

Die Goldene Seidenspinne ist eine der größten amerikanischen Echten Webspinnen. Sie errichtet ihr Netz zwischen den in Sümpfen und Wäldern stehenden Bäumen. Das Netz eines ausgewachsenen Weibchens kann ohne die der Verankerung dienenden Fäden einen Durchmesser von 1 m aufweisen. Die Spinne trägt ihren Namen wegen der gelben Tönung der Spinnenseide, die das grüne Licht der umgebenden Pflanzen weiterleitet, sodass das Netz im Schatten kaum zu sehen ist. Im Sonnenlicht kann die goldene Farbe des Netzes dagegen Blütenbesucher wie Schmetterlinge und Bienen anlocken.

- ↔ 1,25–7,5 cm
- ⊗ Unbekannt
- 🍴 Insekten

Südliches Nordamerika bis Südamerika

◁ **KLEIN UND GROSS**
Das Männchen der Spinne, hier neben seiner potenziellen Partnerin, erreicht nur einen Bruchteil ihrer Größe.

Costa Rica
Der hoch über dem tropischen Regenwald fliegende Hellrote Ara hat einige leuchtend bunte Blüten im Kronendach entdeckt. Diese großen Papageien brüten ausschließlich in Baumhöhlen.

Mittel- und Südamerika

LAND DES JAGUARS
Mittel- und Südamerika

Zusammen verfügen Mittel- und Südamerika über mehr als 18 Millionen Quadratkilometer unglaublich unterschiedlicher Landschaften und Klimazonen. Die Anden bilden als längste Gebirgskette der Welt das Rückgrat Südamerikas. Sie erreichen am höchsten Punkt eine Höhe von fast 7000 m über dem Meeresspiegel. Das riesige Becken des Amazonas und seiner Nebenflüsse enthält üppigen Regenwald und in der Mitte des Kontinents befindet sich das größte tropische Feuchtgebiet der Welt, das Pantanal. Der trockenere Süden und Osten Südamerikas beherbergt mit Baum- und Grassteppen bewachsene Hochplateaus. Diese Vielfalt der Lebensräume hat zu einer großen Biodiversität der Tiere und Pflanzen geführt, von denen viele Arten nirgendwo sonst gefunden werden.

Die mittelamerikanische Landbrücke war die Voraussetzung für den Austausch von Landtierarten zwischen Nord- und Südamerika. Auch für die auf der pazifischen Route zwischen dem nordamerikanischen Alaska und dem südamerikanischen Patagonien migrierenden Zugvögel ist die Landbrücke wichtig.

SCHLÜSSELDATEN

ÖKOSYSTEME
- Tropischer Regenwald
- Tropischer Trockenwald
- Tropischer Nadelwald
- Gemäßigter Laubwald
- Mediterraner Wald, Buschland
- Tropisches/subtropisches Grasland
- Gemäßigtes Grasland
- Feuchtgebiete
- Bergwiesen
- Wüste, Buschsteppe

MITTLERE TEMPERATUR (°C: 30, 20, 10, 0, -10, -20, -30, -40)

MITTLERE NIEDERSCHLÄGE (mm: 10 000, 7500, 5000, 2500, 0)

AMAZONAS-REGENWALD
Der größte Regenwald der Erde nimmt einen großen Teil der nördlichen Hälfte Südamerikas ein. Vermutlich über 55 Millionen Jahre alt, beherbergt er eine verwirrende Vielfalt an Tieren und Pflanzen. Hier leben 10% der beschriebenen Arten der Welt, darunter der Jaguar, die Harpyie, der Amazonas-Delfin sowie Tausende von Vogel- und Schmetterlingsarten.

LANDBRÜCKE NACH NORDAMERIKA
Die vor drei Millionen Jahren entstandene Landbrücke ist für den Austausch von Landtierarten zwischen den Kontinenten wichtig.

REGENWALD COSTA RICAS
Ökotouristen bewundern hier den wunderschönen Dschungel und die Tierwelt.

KARIBISCHE INSELN
In der Karibik findet man über 7000 Inseln und etwa 9% der Korallenriffe der Welt.

GALÁPAGOS-INSELN
Diese vulkanischen Inseln sind durch Mantelplumes entstanden, die geschmolzenem Mate-

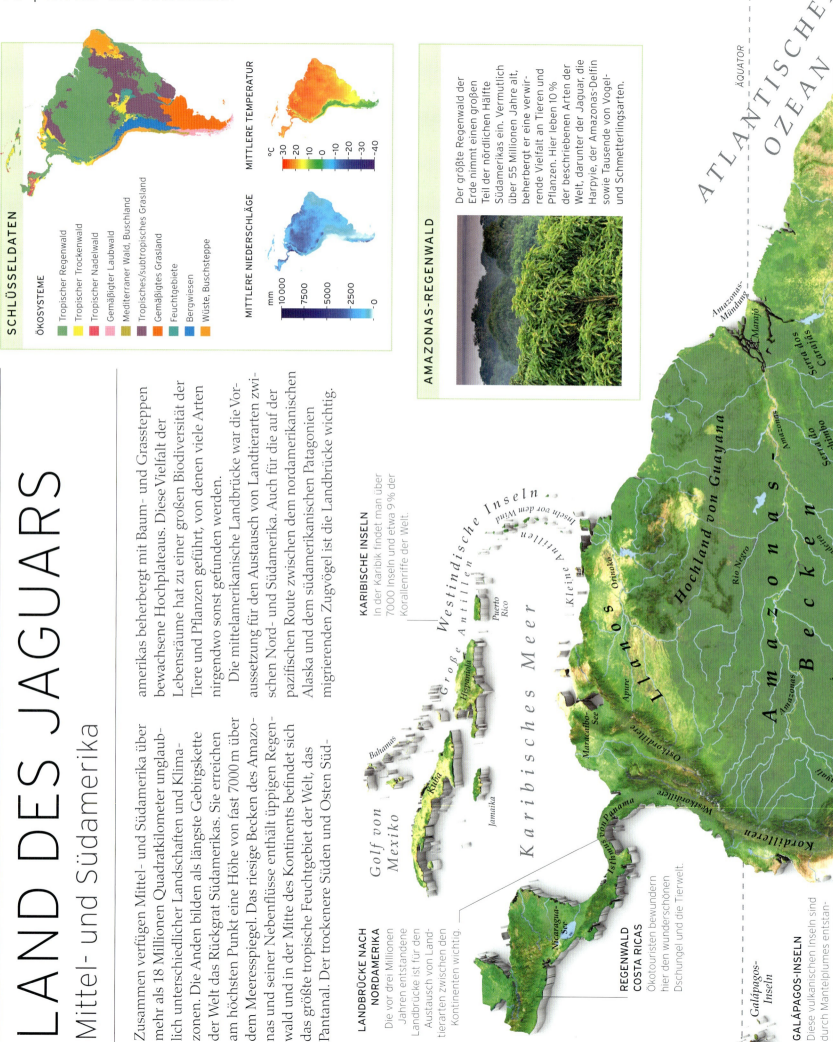

LAND DES JAGUARS | 77

BARRIEREN

Geografische Barrieren wie Flüsse trennen Tierpopulationen, begrenzen ihre Verbreitung und regen die Entstehung neuer Arten an. Der Rio Paraná und der Rio Araguaia trennen zwei Kapuzinerarten voneinander. Die genetischen Unterschiede lassen vermuten, dass diese Trennung vor zwei Millionen Jahren erfolgt ist.

AZARA-KAPUZINER

REGENSCHATTEN DER ANDEN

Ein großer Teil des Südostens des Kontinents liegt im Regenschatten der Anden und ist daher trocken. Der vom Pazifik kommende Wind kühlt sich über den Bergen ab, sodass der enthaltene Wasserdampf als Regen auf der Westseite der Berge fällt.

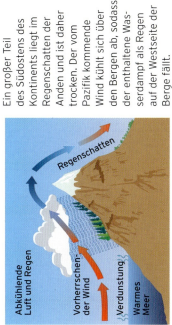

FRUCHTBARES GRASLAND

Die argentinischen Pampas sind die Heimat vieler einzigartiger Tierarten.

MAGELLAN-STRASSE

Fische nutzen diese Passage zwischen dem Pazifischen und Atlantischen Ozean.

ATACAMA-WÜSTE

Die Atacama ist die trockenste Wüste der Welt – in manchen Teilen sind noch nie Niederschläge verzeichnet worden. Trotzdem haben sich etwa 500 Arten von Pflanzen und einige Gliederfüßer, Amphibien, Reptilien, Vögel und Säugetiere an diesen Lebensraum angepasst. Zu ihnen gehören Skorpione, Echsen, Humboldtpinguine und Andenflamingos.

VALLE DE LA LUNA

ÖKOREGIONEN

- Regenwald in Costa Rica » S. 78–83
  (Sub-)Tropischer feuchter Laubwald
- Yungas der Anden » S. 84–89
  (Sub-)Tropischer feuchter Laubwald
- Amazonas-Regenwald » S. 90–99
  (Sub-)Tropischer feuchter Laubwald
- Pantanal » S. 100–107
  Überflutetes Grasland
- Altiplano-Hochebene » S. 108–113
  Bergwiesen, Buschland
- Argentinische Pampa » S. 114–121
  Gemäßigtes Grasland
- Galápagos-Inseln » S. 122–129
  Wüste, Buschland

REGENWALD IN COSTA RICA
Ein tropisches Paradies

Costa Rica ist nicht groß, doch riesig in Bezug auf die Biodiversität – hier leben 5 % der Arten der Welt auf nur 0,3 % ihrer Landoberfläche. Costa Ricas Regenwald ist ein üppiger Dschungel mit sattem Grün, Flüssen, Wasserfällen und unzähligen Tierarten. Viele von ihnen sind wunderschön – Schmetterlinge und Kolibris schwirren im Regenwald zwischen mit bunten Blüten übersäten Bäumen umher. Die verschiedensten Orchideenarten gedeihen hier, viel mehr, als die geringe Größe des Lands vermuten lässt.

Die beeindruckende Biodiversität kommt dadurch zustande, dass Costa Rica auf der Landbrücke zwischen Nord- und Südamerika liegt, sodass hier Arten beider Erdteile leben. Außerdem umfasst das Land eine Vielzahl von Lebensräumen, darunter tropischer Regenwald, in größeren Höhen Nebelwald, Trockenwälder und Mangrovensümpfe.

Führend im Naturschutz

Costa Rica ist in Bezug auf den Schutz seines Naturerbes beispielhaft auf der Welt. Etwa ein Viertel des Lands ist als Nationalpark oder Schutzgebiet ausgewiesen. Costa Rica steht für den nachhaltigen Ökotourismus, der es den Besuchern ermöglicht, die zahlreichen Affenarten der Region oder einzigartige Säugetiere wie die Faultiere zu sehen. Die Entwaldungsrate ist seit den 1960er-Jahren stark gesunken und einige Gebiete sind erfolgreich wieder aufgeforstet worden. Costa Rica war auch der Pionier darin, Landbesitzern Zahlungen für die Unterstützung von Maßnahmen zu leisten, die den Naturschutz unterstützen und den Regenwald intakt halten.

HOCH HINAUS
Bäume, die wie der Kapokbaum über das Kronendach hinausragen, profitieren vom Sonnenlicht, das die unteren Bereiche des Regenwalds nicht erreicht. Fledermäuse bestäuben die Blüten und die leichten Samen werden vom Wind verteilt.

KAPOKBAUM

PASSENDER SCHNABEL
Die Helikonien werden fast nur von Kolibris bestäubt, die sich vom Nektar ihrer Blüten ernähren. Helikonien und Kolibris haben sich parallel entwickelt, sodass Arten mit längeren Blütenkelchen nur von Kolibri-Arten mit längeren Schnäbeln bestäubt werden.

HELIKONIE

> Über 50 Kolibri-Arten leben in Costa Rica

> Heimat von über 5 % der Arten der Welt

HARPYIE

GEWALTIGER JÄGER
Die Harpyie jagt im Kronendach des Walds Affen und Faultiere. Die kurzen, breiten Flügel erleichtern dabei das Manövrieren und die Füße mit den langen Krallen dienen dazu, die Beute zu erlegen und zu transportieren.

LAGE

Costa Rica liegt auf der mittelamerikanischen Landbrücke zwischen Nord- und Südamerika.

KLIMA

Das Klima Costa Ricas ist trocken und tropisch. An der Karibikküste ist der Regen gleichmäßiger als an der Pazifikküste verteilt.

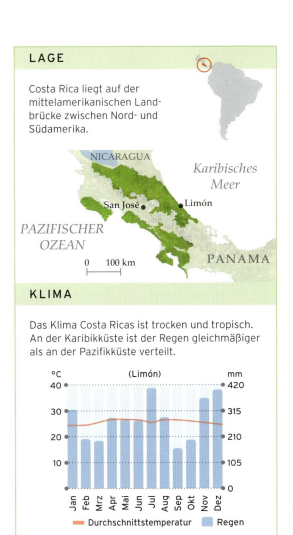

WICHTIGE ART
Der Schwarzkopf-Buschmeister jagt kleine Säugetiere wie Opossums und Stachelratten und legt seine Eier in Baue, die von anderen Tieren gegraben worden sind. Der Schutz dieser Tierart ist für viele andere von Vorteil.

wie 750 000 Insektenarten

BUSCHMEISTER

Weiße Fledermaus
Ectophylla alba

Diese kleinen Fledermäuse leben im Regenwald in Gebieten mit großem Helikonienbestand. Sie fressen nachts Früchte und verbringen den Tag in Zelten, die sie aus den Blättern bauen. Sie durchtrennen die Seitenadern entlang der Mittelrippe, sodass die Blätter in Form eines umgekehrten »V« zusammenfallen und die Tiere vor Regen und Sonne schützen. Das durch das Blatt fallende grünliche Licht tarnt die Fledermäuse und schützt sie vor Fressfeinden.

- ↔ 3,5–4,8 cm
- ⚖ 7,5 g
- ⊗ Potenziell gefährdet
- 🍴 Früchte, Feigensamen

Mittelamerika

◁ **BLATTZELT**
Weiße Fledermäuse ruhen meist in Gruppen von vier bis zehn Tieren, ein Männchen mit mehreren Weibchen, unter dem Blatt 2 m über dem Boden.

Zweifingerfaultier
Choloepus hoffmanni

Faultiere (hier das Hoffmann-Zweifingerfaultier) bewegen sich langsam, um Energie zu sparen. Ihr Stoffwechsel ist gegenüber gleich großen Säugetieren um die Hälfte verlangsamt. Der Darm ist kürzer als bei einem Fleischfresser, doch braucht die Pflanzennahrung trotzdem 6–21 Tage, bis sie verdaut ist. So kann das Faultier ein Maximum an Energie aus einer energiearmen Kost gewinnen und auch Schadstoffe neutralisieren. Die auf dem Boden unbeholfenen Tiere steigen einmal pro Woche zum Koten herab. Die Algen in ihrem Fell tarnen sie und schützen so vor Räubern wie der Harpyie und dem Jaguar.

- ↔ 55–75 cm
- ⚖ 4–8,5 kg
- ⊗ Verbreitet
- 🍴 Blätter, Knospen, Früchte

Mittelamerika, nördliches und westliches Südamerika

▷ **ABHÄNGEN**
Faultiere verbringen das Leben in den Bäumen, wo sie fressen, schlafen, sich paaren und gebären – alles, während sie an ihren gebogenen Krallen hängen.

MITTEL- UND SÜDAMERIKA

Typische verkettete Rosettenzeichnung

> Ozelots sind **gute Schwimmer** und können **Fische, Frösche** und **Wasserschildkröten** fangen.

Ozelot
Leopardus pardalis

Der Ozelot ist eine von zehn kleinen, gefleckten Katzenarten, die in Mittel- und Südamerika leben. Die Fleckenzeichnung und die scheue, vorwiegend nächtliche Lebensweise sorgen dafür, dass der Ozelot selten beobachtet wird. Unser Wissen über die Art beruht auf der Analyse der Fäkalien und der Markierung mit Sendern. Ozelots legen in der Nacht lange Strecken zurück, Weibchen bis zu 4 km und Männchen bis zu 7,5 km.

Einzelgänger

Der Ozelot wird am späten Nachmittag aktiv und jagt im dichten Pflanzenwuchs. Er frisst am liebsten kleine, am Boden lebende Nager wie Ratten, jagt aber auch junge Hirsche, Schweine und Faultiere. Zu den ungewöhnlicheren Beutetieren gehören Echsen, Landkrabben, Vögel, Fische und Frösche. Die gut kletternden Ozelots ruhen tagüber oft in Bäumen. Wie die meisten Katzen sind sie Einzelgänger und halten sich nur während der Paarungszeit in der Gesellschaft von Artgenossen auf. Das Revier eines Männchens überschneidet sich mit dem mehrerer Weibchen. Das Weibchen wird alle zwei Jahre trächtig und bekommt meist ein einziges Junges.

Kurzes, dichtes Fell

Die Vorderpfoten sind länger als die Hinterpfoten.

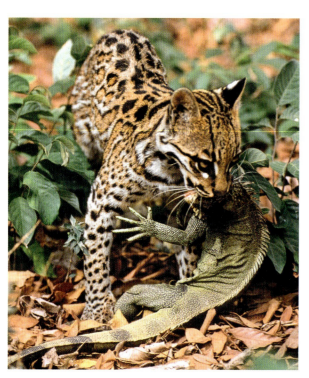

◁ **GUTER JÄGER**
Ozelots erbeuten Tiere, die halb so schwer wie sie selbst sind, etwa diesen Grünen Leguan. Um den Krallen und Schwanzschlägen der Beute zu entgehen, richtet der Ozelot den Angriff auf die Kehle.

▷ **GEFLECKTES FELL**
Das gefleckte Fell des Ozelots ist im Gebüsch eine sehr gute Tarnung. In der Vergangenheit sind die Tiere wegen ihres Fells sehr stark gejagt worden.

REGENWALD IN COSTA RICA | 81

- ↔ 50–100 cm
- ⚖ 11,5–16 kg
- ✕ Verbreitet
- 🍴 Säugetiere

Südliches Nordamerika bis südliches Südamerika

Quetzal oder Göttervogel
Pharomachrus mocinno

Der Quetzal gehört zu einer Gattung prachtvoller Arten, die in den tropischen Wäldern leben. Trotz des bunten Gefieders fällt er durch den langen grünen Rücken und die aufrechte Haltung nicht auf, wenn er auf einem Ast sitzt. Er frisst vor allem Früchte, besonders wilde Avocados, aber gelegentlich auch Insekten, Frösche, Echsen und Schnecken.

Die Paare besetzen ein Revier, in dem sie eine Nesthöhle in einem Baumstamm anlegen. Ein oder zwei Eier werden von beiden Eltern 18 Tage lang bebrütet. Die Eltern wechseln sich auch bei der Fütterung der Jungen ab. Oft füttert allerdings nur noch das Männchen in den letzten Tagen vor dem Flüggewerden.

- ↔ 35–65 cm
- ⚖ 200–225 g
- ✕ Potenziell gefährdet
- 🍴 Früchte, Insekten

Mittelamerika

▷ **PRÄCHTIGES GEFIEDER**
Die brütenden Männchen des Quetzals fallen durch ihre prachtvollen langen Schwanzfedern auf.

Blauer Morphofalter
Morpho peleides

Wenn man den Morphofalter mit angelegten Flügeln sieht, nimmt man nur braune Flügel mit mehreren Augenflecken wahr. Im Flug leuchten die Flügeloberseiten jedoch in Blau und Türkis.

Die auch im dichten Buschwerk sichtbaren Flügel ermöglichen den Schmetterlingen, den anderen wahrzunehmen – Männchen wahren die Distanz und Weibchen suchen sich einen Partner aus.

- ↔ 9,5–12 cm
- ✕ Unbekannt
- 🍴 Säfte reifer Früchte

Mittelamerika bis nördliches Südamerika

Weiße Punkte auf dunklem Flügelrand

◁ **SEHR VARIABEL**
Morphofalter sind in Farbe und Form sehr variabel und zeigen unterschiedliche Zeichnungen auf den Flügelrändern. Es gibt verschiedene Unterarten.

Schwarz-gelbe Augenflecke

Rotaugen-Laubfrosch

Agalychnis callidryas

Grüner Rücken zur Tarnung

In der Ruhe verborgene orangefarbene Füße

Der Rotaugen-Laubfrosch ist ein Wahrzeichen des tropischen Regenwalds. Wie der Name schon sagt, fällt er durch die roten Augen auf. Um sich auf Blättern zu tarnen, zieht er die Beine unter den Körper, sodass nur der grüne Rücken zu sehen ist. Die geschlossenen Augen verbergen die rote Iris. Wenn ein Fressfeind in die Nähe kommt, reißt der Frosch die Augen auf und verwirrt ihn. Springt er dann in Sicherheit, erscheinen zur weiteren Irritation die Farben der Flanken und Füße.

Guter Kletterer

Der Rotaugen-Laubfrosch ist ein nächtlicher Insektenjäger. Die senkrecht rautenförmige Pupille weist darauf hin, dass er sich auf Insekten konzentriert, die Baumstämme hinauf- und hinunterlaufen. Der Frosch kann nicht nur gut springen, sondern auch auf Bäume klettern, wobei ihm die Haftscheiben an den Zehen behilflich sind. Er vermag auch die Zehen einander gegenüberzustellen. Der Rotaugen-Laubfrosch kann schwimmen, hält sich aber meist in den Bäumen auf. Er sucht das Wasser – oft nur Pfützen auf Blättern – häufig auf, um Feuchtigkeit durch seine Bauchhaut aufzunehmen.

Zeichen der Stärke

Die Tiere vermehren sich in der Regenzeit. Die Männchen klettern auf exponierte Plätze und lassen ihren Ruf hören. Sie zittern dabei so sehr, dass sich auch die umgebenden Blätter bewegen. Diese Demonstration der Stärke beeindruckt die Weibchen. Wenn eins von ihnen in die Nähe kommt, löst das einen heftigen Streit unter den Männchen aus. Der Gewinner besamt den Laich, der auf mehrere Blätter verteilt abgelegt wird.

Blau-gelbe Zeichnung auf den Flanken

▷ **FARBBLITZ**
Die blau-gelben Flanken sind nur zu sehen, wenn der Frosch sich bewegt. Das Aufblitzen der Farben verwirrt einen Fressfeind, wenn der Frosch plötzlich davonspringt.

REGENWALD IN COSTA RICA | 83

◁ ABLAICHEN
Das Männchen klammert sich mehrere Stunden lang an den Rücken seiner Partnerin, während sie einen geeigneten Platz zum Ablaichen sucht.

△ FROSCHLAICH
Der Rotaugen-Laubfrosch legt seine Eier auf einem über ein Gewässer hängenden Blatt ab. Die schlüpfenden Kaulquappen fallen in das Wasser darunter.

Vertikale Pupille

Haftscheiben an den Zehen

- 4–7 cm
- Sommer
- Regional verbreitet
- Insekten

Mittelamerika

Rotaugen-Laubfrösche können **die Helligkeit ihrer Haut verändern**, um sich zu **tarnen** oder einen Stimmungswechsel anzuzeigen.

DIE YUNGAS DER ANDEN
Ein in die Wolken reichender Wald voller Arten

Die Ökoregion der Yungas bedeckt den Osthang der Anden im Bereich zwischen 1000 m und 3500 m Höhe. Sie liegt zwischen dem Tiefland des Amazonas-Beckens und den Grasebenen des Gran Chacos im Osten und dem Hochplateau des Altiplanos im Westen. Die vielfältige Topografie der Yungas umfasst hohe Gebirgszüge und von Flüssen tief eingeschnittene Täler. Die Höhenunterschiede führen zu verschiedenen klimatischen Zonen und damit zu unterschiedlichen Lebensräumen, zu denen der feuchte Wald des Tieflands, laubtragende und immergrüne Bergwälder sowie subtropische Nebelwälder gehören.

Ein Hotspot der Biodiversität

Unter den über 3000 hier lebenden Pflanzenarten befinden sich Baumfarne, Bambus, der Peruanische Pfefferbaum und der Coca-Strauch. Coca-Blätter sind von den Bewohnern der Anden schon seit Jahrhunderten gekaut oder als Tee getrunken worden, um die Symptome der Höhenkrankheit zu mildern.

Neben den verschiedenen Pflanzen leben hier auch etwa 200 Wirbeltierarten. Die Yungas werden als Hotspot der Biodiversität bezeichnet, da hier viele endemische Arten sowie Spezies aus den benachbarten Ökoregionen wie dem Amazonas-Regenwald vorkommen.

Die Tierarten kommen oft nur in einer bestimmten Höhe vor, entweder weil sie geografische Barrieren wie Flüsse oder Berge nicht überwinden können oder weil sie sich nur von Pflanzen ernähren, die in einer bestimmten Region wachsen.

Zahlreiche Endemiten › 3000 Pflanzenarten › Immer noch viele neu entdeckte Arten

KÜRZLICH ENTDECKT
In den Yungas werden immer wieder neue Arten entdeckt. Rhinella yunga ist erst 2014 beschrieben worden und hat noch gar keinen deutschen Namen. Die Kröte ist aufgrund ihrer Färbung sehr schwer zu erkennen, dem Waldboden hervorragend getarnt, da sie das dort liegende Falllaub imitiert.

RHINELLA YUNGA

ORCHIDEENVIELFALT
In den Yungas gibt es 200 Orchideenarten, von denen viele endemisch sind. Vor allem im Nebelwald kommen sie zahlreich vor, da die hohe Luftfeuchtigkeit Epiphyten auf den Bäumen begünstigt. Es gibt auch Lithophyten, die auf den Felsen wachsen.

AFFEN-ORCHIL

KLEINER FREMDER
Die Population des 1976 in Peru entdeckten Peruanerkauzes umfasst nur 350–1000 Exemplare. Die Tiere werden nur 14 cm groß und ihr schnurrbärtiges Gesicht hat den lateinischen Gattungsnamen *Xenoglaux* (fremde Eule) inspiriert.

PERUANERKAUZ

DIE YUNGAS DER ANDEN | 85

LAGE

Die Yungas bedecken die östlichen Flanken der Anden von Peru im Norden bis Argentinien im Süden.

KLIMA

Abhängig von der Höhe ist das Klima gemäßigt bis tropisch. Der feuchte, höher gelegene Wald wird als Nebelwald bezeichnet.

(Klimadiagramm: Palos Blancos, Bolivien)

Bergtapir
Tapirus pinchaque

Kurzer Rüssel

Der Bergtapir ist die kleinste und am stärksten bedrohte der vier Tapirarten (wenn man die fünfte, den 2013 beschriebenen Kabomani-Tapir, nicht anerkennt). Kaum 2500 Bergtapire gibt es heute in den Anden. Wegen des 3–4 cm dicken Fells werden sie auch als Wolltapire bezeichnet.

Versteckt schnorcheln

Die kurzen, kräftigen Beine und die gespreizten Zehen verschaffen dem Tapir einen sicheren Gang, sodass er sowohl steile Hänge als auch dichtes Unterholz bewältigen kann. Wie andere Tapire versteckt er sich tagsüber im Dickicht und kommt zum Fressen in der Morgen- und Abenddämmerung heraus. Er kann sehr gut sehen und hören. Er flüchtet oft ins Wasser, wo er sich tauchend verstecken kann und seinen Rüssel als Schnorchel benutzt. Tapire kommunizieren mit Pfiffen, die oft für Vogelgesang gehalten werden.

- 1,8–2 m
- 150–200 kg
- Stark gefährdet
- Blätter, Gräser, Kräuter

Nordwestliches Südamerika

◁ **STREIFENKLEID**
Das Streifenkleid der jungen Tapire erinnert an das der Frischlinge unserer Wildschweine und tarnt die Tiere zwischen den Sonnenflecken auf dem Boden und in der Vegetation.

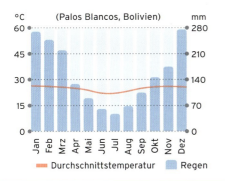

Viele geschützte Gebiete

KLEINSTER HIRSCH
Die Pudus sind mit 38 cm Schulterhöhe die kleinsten Hirsche der Welt. Sie nutzen ein Netzwerk von Tunneln und ausgetretenen Pfaden durch die Vegetation der Yungas, um sich vor Fressfeinden zu schützen.

NORD-PUDU

▷ **GREIFNASE**
Der Bergtapir kann mit seinem Rüssel Pflanzen ergreifen. Die Samen der bis zu 86 verzehrten Pflanzenarten scheidet er wieder aus und sorgt so für ihre Verbreitung.

Typische weiße Lippen

Weiche und empfindliche Fußsohlen

Zwerg-Ameisenbär
Cyclopes didactylus

Feines, dichtes Fell

Der kleinste Ameisenbär der Welt ist nicht größer als eine menschliche Hand. Die selten beobachteten Tiere leben auf Bäumen, fressen etwa 5000 Ameisen pro Nacht und verschlafen den Tag. Die nachtaktive Lebensweise schützt sie vor Menschen, aber nicht vor Harpyien, anderen Greifvögeln und Eulen.

Seidiges Versteck
Zwerg-Ameisenbären leben in Florettseidenbäumen, in denen sie mit ihrem feinen rauchgrauen Fell gut getarnt sind. An jeder Vorderpfote besitzen sie zwei vergrößerte Krallen, die ideal zum Klettern und Aufbrechen von Ameisennestern sind, zum Laufen aber nach innen geklappt werden müssen. Obwohl sie nur selten auf dem Boden laufen, können sie es durchaus – sie sind schon bei der Überquerung von Straßen beobachtet worden. Der Zwerg-Ameisenbär besitzt auch einen Greifschwanz und Hinterfüße, mit denen er Äste umfassen kann.

Nach der Paarung wird ein einziges Junges in einem mit Blättern ausgekleideten Nest in einer Baumhöhle geboren. Beide Elternteile füttern es mit vorverdauten Ameisen. Das Männchen trägt das Junge dann auf seinem Rücken.

- 16–21 cm
- 175–360 g
- Verbreitet
- Ameisen, Termiten, Käfer

Mittelamerika bis nördliches Südamerika

◁ **GUTER SCHLAF**
Der Zwerg-Ameisenbär verbringt den Tag in der Sicherheit eines Baums schlafend, wobei er oft an den Krallen der Vorderfüße, den Hinterfüßen und dem Greifschwanz hängt.

Südamerikanischer Nasenbär
Nasua nasua

Obwohl Nasenbären Bodenbewohner sind, paaren sie sich, gebären und schlafen in Bäumen. Die guten Kletterer können die Gelenke ihrer Vorderpfoten drehen, wenn sie mit dem Kopf voran von den Bäumen steigen. Beim Springen von Ast zu Ast dient der lange Schwanz der Balance. Nasenbären können auch gut schwimmen.

Die Weibchen leben in Gruppen von bis zu 65 Tieren zusammen. Während der Paarungszeit gesellt sich ein Männchen hinzu, das sich mit allen Weibchen paart und dann vertrieben wird. Im Frühling und Frühsommer werden bis zu sieben Junge pro Wurf geboren. Die Weibchen schließen sich wieder ihrer Gruppe an, wenn die Jungen laufen und klettern können.

▽ **GESUNDER APPETIT**
Die aktiven und neugierigen Nasenbären fressen alles von kleinen Säugetieren, Vögeln und Insekten bis zu Früchten und Blättern.

Gebänderter Schwanz

- 43–58 cm
- 2–7,2 kg
- Verbreitet
- Pilze, Beeren, Insekten, Mäuse

Westliches Südamerika

DIE YUNGAS DER ANDEN | 87

Brillen- bär
Tremarctos ornatus

↔ 1,3–1,9 m
⚖ 60–175 kg
⊗ Gefährdet
🍴 Früchte, Sukkulenten, Vögel

Westliches Südamerika

Cremeweiße Zeichnung

Die einzige Bärenart Südamerikas ist mit 60–90 cm Schulterhöhe auch das größte einheimische Landsäugetier. Brillenbären bewohnen verschiedene Lebensräume, von Nebelwäldern bis zu an den Regenwald grenzenden Grassteppen. Sie verbringen viel Zeit in den Bäumen, wo sie sich eine Schlafplattform aus Stöcken bauen. Sie fressen Früchte, Blüten und Sukkulenten. Manchmal jagen sie auch Insekten, Vögel und kleine Nagetiere.

Die Einzelgänger sind nur in der Paarungszeit von April bis Juni geselliger, in der ein Pärchen zwei Wochen lang zusammenbleiben kann. Die Jungen werden in der Zeit von Dezember bis Februar geboren. Die Männchen spielen bei der Aufzucht der Jungen keine Rolle und würden sie sogar töten. Auch Jaguare und Pumas jagen die Jungen, doch die größten Bedrohungen sind der Lebensraumverlust und die Jagd.

▷ **TYPISCHE ZEICHNUNG**
Der Brillenbär trägt seinen Namen wegen der hellen Zeichnung im Bereich der Augen. Sie erstreckt sich oft auch auf die Brust.

Grünscheitel-Flaggensylphe
Ocreatus underwoodii

Der nadelartige Schnabel reicht tief in die Blüte hinein.

Schlanke Flügel

Die langen, am Ende flaggenartig verbreiterten Schwanzfedern der Männchen haben der Flaggensylphe ihren Namen gegeben. Dieser Kolibri ist in feuchten Wäldern weit verbreitet. Kolibris können in der Luft schweben, indem sie ihre Flügel in Form einer Acht schlagen, und vermögen auch seit- und sogar rückwärts zu fliegen. Sie ernähren sich vom Blütennektar, den sie mit ihren langen, schlanken Zungen auflecken. Sie erbeuten auch kleine Insekten, von denen Weibchen Tausende benötigen, um ihre Jungen mit Proteinen zu versorgen.

Polygame Eltern
Die Männchen demonstrieren den Weibchen ihre Fitness durch schnelle Balzflüge. Das beeindruckendste Männchen paart sich mit mehreren Weibchen und jedes Weibchen paart sich mit mehreren Männchen. Das Weibchen baut das Nest und zieht die beiden Jungen allein auf. Das aus Fasern und Moos bestehende Nest ist ein winziger, auf einem horizontal verlaufenden Ast gebauter Napf. Es wird von Spinnweben zusammengehalten und dehnt sich, wenn die Jungen wachsen.

Grünes, schillerndes Gefieder

△ **FEINDSCHAFT**
Die Männchen verteidigen ihr Revier mit seinen frischen Blüten und verjagen andere Männchen und sogar Hummeln.

- ↔ 17–23 cm
- ⚖ 3 g
- ⊗ Verbreitet
- 🍴 Nektar, Insekten, Spinnen

Nordwestliches bis westliches Südamerika

Lange Schwanzfedern des Männchens

Flaggensylphen **schlagen** beim Schweben **60-mal pro Sekunde** mit den **Flügeln.**

Roter Felsenhahn
Rupicola peruvianus

In geschützten, feuchten Flusstälern hoch oben in den Nebelwäldern der Anden versammeln sich die männlichen Felsenhähne, um vor den Weibchen zu balzen. Laute Rufe begleiten die sonderbare Vorstellung, sodass man auch auf Vögel tief im Kronendach aufmerksam wird. Die Männchen laufen Gefahr, während der Balz von Raubkatzen, Greifvögeln oder Schlangen erbeutet zu werden. Zu anderen Zeiten verhalten sie sich ruhig und unauffällig.

Schlammnester
Die Weibchen sind nicht so bunt wie die Männchen und haben auch nicht derartig auffällige Hauben. Sie bauen ein napfförmiges Nest aus Schlamm und Speichel an einem Felsen oder in einer kleinen Höhle. Sie bebrüten zwei Eier für bis zu einen Monat und füttern die Jungen allein. Der Rote Felsenhahn ernährt sich hauptsächlich von verschiedenen Früchten und ergänzt diese Nahrung mit Insekten.

- 30–32 cm
- 200–275 g
- Regional verbreitet
- Früchte, Insekten

Nördliches bis westliches Südamerika

◁ **BALZENDES MÄNNCHEN**
Die Männchen balzen gemeinsam in einem Baum, verbeugen sich, schlagen mit den Flügeln und rufen disharmonisch. Die Balz steigert sich, wenn ein Weibchen auftaucht.

Truebs Glasfrosch
Nymphargus truebae

Glasfrösche tragen ihren Namen, da die Haut auf der Bauchseite durchsichtig ist, sodass man die Knochen und inneren Organe sehen kann. Dieser kleine Frosch des Anden-Nebelwalds verschläft den Tag auf den Blättern der Baumkronen. Ihr Grün scheint durch die Haut hindurch, sodass er gut getarnt ist.

Die Weibchen legen ihre Eier auf Blättern über Tümpeln ab und das Männchen bewacht sie bis zum Schlupf. Die Kaulquappen fallen dann in das Wasser, wo sie zwischen dem Detritus auf dem Grund nach Nahrung suchen.

Gelb gefleckte grüne Haut

△ **LANGE BEINE**
Dieser Glasfrosch hat einen großen Kopf und lange Beine. Die Augen sitzen weit oben auf dem Kopf.

- 22,5–25 mm
- Unbekannt
- Unbekannt
- Insekten
- Südliches Peru

Kleiner Postbote
Heliconius erato

Der Kleine Postbote hat breite schwarze Flügel mit einer roten Zeichnung auf der Oberfläche, ist dabei aber so variabel, dass fast 30 Unterarten beschrieben worden sind. Jede hat ein eigenes Flügelmuster, einige sogar ohne jedes Rot. Die Art ist insgesamt in ganz Mittel- und Südamerika zu Hause.

Um die Dinge noch schwieriger zu machen, ahmt jede Unterart die Zeichnung einer anderen ähnlich variablen Art nach: Der Postbote, *Heliconius melpomene*, kommt in den gleichen Lebensräumen vor.

- 5,5–8 cm
- Verbreitet
- Pollen und Nektar
- Mittel- und Südamerika

Rote Flügelzeichnung

▷ **HEIMISCH IN PERU**
Die abgebildete Unterart des Kleinen Postboten lebt in den Tieflandwäldern Perus.

AMAZONAS-REGENWALD
Eine der produktivsten Ökoregionen der Erde

Der Amazonas-Regenwald bedeckt 5,5 Millionen Quadratkilometer des Einzugsgebiets des Amazonas und ist damit der größte Regenwald der Erde. Regenwälder zählen zu den produktivsten und die höchste Biodiversität aufweisenden Ökoregionen der Erde. In ihnen leben 10 % aller bekannten Arten und es sind längst noch nicht alle von ihnen entdeckt worden. Die enorme Vielfalt der Pflanzen bietet den verschiedensten Tierarten Unterschlupf und Nahrung. Der Regenwald ist außerdem wichtig, weil er etwa 100–140 Milliarden Tonnen an Kohlendioxid gespeichert hat, die ansonsten die Atmosphäre belasten würden.

Leben in Stockwerken

Der auf den ersten Blick einheitlich grüne, nur von den Farben der Früchte, Blüten und Vögel durchbrochene Regenwald besteht aus verschiedenen Stockwerken. Die Urwaldriesen ragen über das Kronendach hinaus, das selbst die mittlere Ebene bildet. Diese Ebene beherbergt besonders vielfältiges Leben. Darunter liegen das vom Buschwerk gebildete Unterholz und der Boden, der nur wenig Licht und Feuchtigkeit erhält. Die üppigen Pflanzen bremsen den zu Boden fallenden Regen und das sich zersetzende Pflanzenmaterial wirkt wie ein Schwamm, der das Wasser aufnimmt und langsam wieder an Bäche und Flüsse abgibt.

Die **Vegetation** kann **so dicht sein**, dass der **Regen** erst **nach zehn Minuten den Boden erreicht.**

FEUERAMEISEN

LEBENDES FLOSS
Viele Teile des Amazonas-Regenwalds werden regelmäßig überschwemmt, was für Tiere wie die Feuerameisen ein Problem ist. Während der Überflutungen bilden die Ameisen mit ihren eigenen Körpern ein Floß, auf dem Eier, Larven und die Königin trocken gehalten werden.

Existiert seit 55 Millionen Jahren

AGUTI

NUSSVERBREITUNG
Das Aguti ist eins der wenigen Tiere, die die harte Schale der Paranüsse öffnen können. Sind genug Nüsse da, legt es Vorräte an, die sich oft weit vom Baum entfernt befinden. Manche dieser Vorräte werden vergessen, sodass an diesen Stellen neue Bäume wachsen.

Der größte tropische Regenwald der Welt

KAUTSCHUKBAUM

GUMMIBAUM
Die Borke des Kautschukbaums wird eingeritzt, sodass der Latex-Saft austritt. Aus ihm können Gummistiefel und -handschuhe hergestellt werden oder man kann ihn chemisch zur Reifenproduktion aufbereiten.

Bedeckt 40 % Südamerikas

AMAZONAS-REGENWALD

LEBENSRAUM
In ihrem Lebensraum, dem Amazonas-Regenwald, wird der Bestand der Aga-Kröte durch ihre Fressfeinde reguliert. In Australien und auf Hawaii ist die dort eingeschleppte Kröte jedoch außer Kontrolle geraten.

AGA-KRÖTE

Rund 390 Milliarden Bäume aus 16 000 verschiedenen Arten

KLETTERNDE VÖGEL
Die bunten Hoatzins sind erwachsen fasanengroß und tragen eine beeindruckende Federhaube. Als Jungvögel besitzen sie an jedem Flügel zwei Krallen, mit denen sie durch die Vegetation in Nähe von Gewässern klettern. Wenn sie fliegen können, verlieren sie die Krallen.

HOATZIN-JUNGES

Geschätzte 2,5 Millionen Insektenarten leben hier

QUALITÄTSMONITOR
Die beiden hier lebenden Delfinarten, der Amazonas-Delfin und der Amazonas-Sotalia, sind gute Indikatoren für den Zustand der von ihnen bewohnten Gewässer. Wo die Wasserqualität durch Abwässer schlecht ist und die Flüsse überfischt sind, geht auch der Bestand der Delfine zurück.

AMAZONAS-DELFIN

LAGE

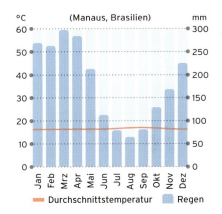

Der Amazonas-Regenwald liegt in neun verschiedenen Ländern: Brasilien, Französisch-Guayana, Suriname, Guyana, Venezuela, Kolumbien, Ecuador, Peru und Bolivien.

KLIMA

Das Klima des Amazonas-Regenwalds ist tropisch feucht. Obwohl alle Monate regenreich sind, fallen die meisten Niederschläge zwischen Dezember und April, mit über 200 mm Regen im Monatsdurchschnitt in Manaus.

(Manaus, Brasilien)

— Durchschnittstemperatur   Regen

ENTWALDUNG

Der Amazonas-Regenwald wird in einer derartigen Geschwindigkeit vernichtet, dass pro Tag geschätzte 135 Pflanzen- und Tierarten aussterben. Die nachhaltige Nutzung von Gummi und anderen Naturprodukten hilft den Wald vor der totalen Rodung für Projekte wie den Soja-Anbau zu bewahren.

Kaiserschnurrbart-Tamarin *Saguinus imperator*

Tamarine sind kleine Krallenaffen mit seidigem Fell, die oft Merkmale wie zum Beispiel Schnurrbärte tragen. Der Kaiserschnurrbart-Tamarin lebt in kleinen Familien in den unteren und mittleren Stockwerken des Regenwalds, oft zusammen mit Braunrücken-Tamarinen. Die Tiere fressen vor allem Beeren und andere Früchte, Nektar, Baumsäfte und Blätter, aber auch kleine Tiere. Die beiden Jungen werden vom Männchen getragen, wenn sie nicht gerade gesäugt werden.

Langer Schwanz

- ↔ 23–26 cm
- ⚖ 450 g
- ✕ Verbreitet
- 🍽 Früchte, Nektar, Insekten

Westliches Südamerika

◁ SCHNURRBART
Sowohl das Männchen als auch das Weibchen des Kaiserschnurrbart-Tamarins tragen den auffälligen Schnurrbart, dessen weiße Haare bis zu den Unterarmen reichen.

Zwerg-Seidenäffchen *Cebuella pygmaea*

Dieser winzige, überaus aktive Primat ist der kleinste Affe der Welt – zusammengerollt passt er in eine menschliche Handfläche. Zwergseidenäffchen leben in der dichten Vegetation der unteren Waldbereiche, wo sie sich vor Fressfeinden wie anderen Affen, Katzen, Greifvögeln und Schlangen verstecken. Trotz ihrer geringen Größe können sie bis zu 5 m weit springen.

Zwerg-Seidenäffchen leben in kleinen Familienverbänden, die in der Regel aus einem Pärchen und bis zu sieben oder acht Jungen unterschiedlichen Alters bestehen, die meist als Zwillinge geboren worden sind. Anders als andere Krallenaffen fressen sie am Tag nicht in Gruppen, verbringen aber die Nacht zusammen. Sie fressen vor allem die zuckerhaltigen Baumsäfte, indem sie die Borke mit ihren scharfen unteren Schneidezähnen anritzen und die austretende Flüssigkeit auflecken.

△ MÄHNENAFFE
Die langen Haare der Tiere bilden eine Mähne, sodass ihre Ohren nicht zu sehen sind.

- ↔ 12–15 cm
- ⚖ 85–140 g
- ✕ Verbreitet
- 🍽 Baumsäfte, Wirbellose

Westliches Südamerika

- ↔ 50–63 cm
- ⚖ 5–9 kg
- ✕ Verbreitet
- 🍽 Früchte, Blätter

Nordwestliches Südamerika

AMAZONAS-REGENWALD | 93

Muskulöser Schwanz

Roter Brüllaffe

Alouatta seniculus

Die Rufe der Roten Brüllaffen gehören zu den charakteristischsten Klängen des Amazonas-Regenwalds. Kurz vor der Morgendämmerung beginnt jeder Trupp von den Baumwipfeln herab die Revierbesitzverhältnisse zu verkünden. Andere Gruppen können antworten. Zungenbein, Schildknorpel und Kehlkopftasche sorgen für eine Verstärkung der Rufe, die bis zu 5 km weit gehört werden können. Die Männchen reagieren auf die Rufe der Männchen einer anderen Gruppe, während die Weibchen auf die höheren Rufe anderer Weibchen reagieren.

Große Affen

Rote Brüllaffen sind große Tiere, die sich etwas langsamer als andere Affen bewegen. Sie verbringen viel Zeit damit, in den Baumkronen zu rasten und zu verdauen. An der Unterseite ihrer Greifschwänze ist eine nackte Stelle, die einen besseren Halt ermöglicht. Rote Brüllaffen fressen Blätter und Früchte – besonders Feigen – und verteidigen Früchte tragende Bäume gegen andere Gruppen. Sie steigen regelmäßig auf den Boden hinab und nehmen Lehm zu sich, der mineralhaltig ist und auch Giftstoffe in den gefressenen Blättern neutralisiert.

Eine Gruppe Roter Brüllaffen besteht meistens aus drei bis zu einem Dutzend Tieren, die von einem Männchen angeführt werden, das einige Jahre lang dominant bleibt. Die Weibchen paaren sich im Alter von fünf Jahren zum ersten Mal und gebären nach sieben Monaten ein einzelnes Junges. Die Jungen klammern sich im ersten Monat an den Bauch der Mutter, reiten dann auf ihrem Rücken und werden im Alter von sechs Monaten selbstständig. Trotz ihrer Größe werden die Brüllaffen von Harpyien gejagt. Sie warnen sich mit Grunzlauten.

△ **LANGER BART**
Erwachsene Männchen sind viel schwerer als die Weibchen und tragen einen langen Bart.

▷ **BÄRENBRÜLLAFFE**
Viele Brüllaffen hat man nach ihrer vorherrschenden Fellfarbe benannt. Es gibt braune, schwarze und rote Arten, etwa der hier abgebildete Bärenbrüllaffe (*Alouatta arctoidea*).

Brüllaffen sind die lautesten Landtiere – ihre Rufe können 90 Dezibel erreichen.

- ↔ 1,1–1,7 m
- ⬛ 32–122 kg
- ⊗ Potenziell gefährdet
- 🍴 Säugetiere, Reptilien, Vögel

Mittelamerika bis nördliches und mittleres Südamerika

▷ **AUF DER PIRSCH**
Die breiten Pfoten des Jaguars verursachen kein Geräusch und das gefleckte Fell verschmilzt mit der Umgebung, sodass diese Katze ein idealer Jäger des Dschungels ist.

AMAZONAS-REGENWALD | 95

Jaguar
Panthera onca

Einzigartiges individuelles Zeichnungsmuster

Breite Brust

Kurze, kräftige Beine

Die größte Katze der Neuen Welt ist die am wenigsten erforschte – man weiß nicht, wie viele Jaguare es noch in freier Wildbahn gibt. Diese zurückgezogen lebenden Tiere kamen einst von den südwestlichen USA bis nach Argentinien vor, doch heute bewohnen sie durch den Einfluss des Menschen nur noch rund 45 % ihres ursprünglichen Verbreitungsgebiets in 19 lateinamerikanischen Ländern.

Hervorragender Jäger

Als typischer Opportunist erbeutet der Jaguar die verschiedensten Säugetiere, von Hirschen und Pekaris bis zu Nasenbären und Affen. Er frisst auch Insekten, Fische, Vögel, Kaimane, Anakondas und Eier. Es gibt nur einen neueren Bericht, nach dem ein Jaguar einen Menschen getötet hat. Allerdings werden Jaguare, deren Lebensraum durch menschliche Ansiedlungen bedrängt ist, Vieh und Haustiere erbeuten.

Die ungeheure Kraft seiner Kiefer erlaubt dem Jaguar, den Schädel seiner Beute zu durchdringen. Er jagt meist in der Morgen- oder Abenddämmerung, ist aber in der Nähe der Menschen eher nachts unterwegs. Ein erwachsenes Männchen benötigt ein etwa 250 km² großes Jagdrevier, das Regenwald, trockene Kiefernwälder,

> Erwachsene Männchen können **Knochen und Schildkrötenpanzer** mit einem Biss knacken.

Sümpfe, Gras- und Buschsteppen und Wüsten umfassen kann. Wie Löwen und Tiger können Jaguare brüllen, doch knurren und grunzen sie eher zur Kommunikation.

Jaguare sind Einzelgänger, die sich nur zur Paarung zusammenfinden. Ein Wurf umfasst meist vier Junge, die mit himmelblauen Augen geboren werden. Grün-golden werden sie erst einige Wochen später. Kopf und Pfoten wachsen schneller als der Rest des Körpers. Die Jungen sind im Alter von 15 Monaten selbstständig, bleiben aber im Revier der Mutter, bis sie etwa zwei Jahre alt sind.

Etwa 6 % der Jaguare tragen eine Mutation, die wie bei den als Schwarze Panther bezeichneten Leoparden zu einem dunklen Fell führt. Die charakteristische Zeichnung ist aber immer noch zu erkennen.

△ **GUTER SCHWIMMER**
Die kräftigen Beine machen Jaguare zu guten Schwimmern. Man hat ein Tier beobachtet, das einen Fluss durchquerte, um einen Kaiman auf einer Sandbank anzugreifen.

▷ **AM UFER**
Auch wenn er eigentlich ein Tier des Regenwalds ist, kann ein Jaguar überall leben, wo er Wasser und Beute findet. In der Natur wird er etwa zehn bis zwölf Jahre alt.

Riesiger, aber leichter Schnabel

Weiße Kehle

Riesentukan
Ramphastos toco

Wenige Vögel kann man so leicht erkennen wie den Riesentukan mit seinem großen, bunten Schnabel. Mit ihm kann er Früchte am Ende von Zweigen erreichen, die sein Gewicht nicht tragen würden. Wenn es keine Früchte gibt, frisst er auch kleine Reptilien, Eier und Nestlinge sowie große Insekten. Die leuchtenden Farben des Schnabels haben offenbar eine soziale Funktion, obwohl sie bei beiden Geschlechtern gleich sind. Sie sollen auch Fressfeinde abschrecken.

Coole Entdeckung

Es gibt noch eine weitere Funktion des Schnabels: Er dient der Thermoregulation. Bei hohen Temperaturen kann der Tukan bis zu 60 % seiner Körperwärme über den Schnabel abgeben. Der Schnabel enthält ein Netz von Blutgefäßen, das die Durchblutung seiner Oberfläche

Dieser Tukan hat den in Relation zum Körper **größten Schnabel** aller Vögel.

steuert. Bei kühlem Wetter ist die Durchblutung gering, sodass der Tukan nicht viel Wärme verliert. In der Nacht steckt er den Schnabel zusätzlich unter einen Flügel.

Tukane fliegen relativ schlecht. Sie flattern meist paarweise durch das Kronendach, um fruchttragende Bäume zu finden. Baumhöhlen vergrößern sie, um darin zu nisten. Zwei bis vier Eier werden von beiden Eltern ausgebrütet. Sie verteidigen die Jungen gegen Fressfeinde, etwa Schlangen, da der Schnabel der Jungvögel erst nach einigen Monaten ausgebildet ist.

▽ **AUFFÄLLIGER SCHNABEL**
Trotz seiner Größe ist der Schnabel verhältnismäßig leicht. Er ist weitgehend hohl und wird durch Knochenbälkchen gestützt.

AMAZONAS-REGENWALD | 97

Hellroter Ara
Ara macao

- ↔ 55–61 cm
- ⚖ 500–850 g
- ✕ Verbreitet
- 🍴 Früchte, Eier, Insekten

Nordöstliches bis mittleres Südamerika

Aras sind große Papageien mit langen Schwänzen und kräftigen Schnäbeln. Der Hellrote Ara ist einer der größten von ihnen und bewohnt tropische Regenwälder. Er lebt im dichten Kronendach und kommuniziert mit weit reichenden, ohrenbetäubenden Schreien.

Hellrote Aras leben meist in Paaren, die ein Leben lang zusammenbleiben. Sie versammeln sich zudem in großen Gruppen. Diese Aras fressen Nüsse und Samen, deren Schalen sie mit dem kräftigen Schnabel öffnen, aber auch Früchte, Blüten und Blätter. Sie versammeln sich auch an Hängen, um mit der Zunge Lehm aufzunehmen. Die Mineralien neutralisieren Giftstoffe aus der Nahrung, die für andere Vögel tödlich wären. In der Natur kann der Hellrote Ara 50 Jahre alt werden.

Nackter Hautfleck

△ **KRÄFTIGER FLIEGER**
Lange, breite Flügel und eine kräftige Brustmuskulatur machen aus dem Ara einen guten Flieger.

- ↔ 84–89 cm
- ⚖ 0,9–1,5 kg
- ✕ Verbreitet
- 🍴 Nüsse, Samen, Früchte

Mittelamerika bis nördliches Südamerika

Grüne Hundskopfboa
Corallus caninus

Die gut getarnte, nicht giftige Schlange erbeutet Fledertiere, Nagetiere, Echsen und Vögel, während sie sich mit ihrem Greifschwanz an einem Ast verankert hat. Kleine Tiere werden sofort verschlungen, größere zuerst durch Umschlingung erwürgt.

Die Männchen dieser Boas werden im Alter von drei oder vier Jahren geschlechtsreif. Sie sind etwas kleiner und leichter als die Weibchen, die erst ein Jahr später so weit sind. Die Paarung findet zwischen Mai und Juli statt und das Weibchen bekommt sechs Monate danach 5–20 lebende Junge. Die Jungen sind anfangs rot oder orange gefärbt und werden erst ein Jahr später grün.

- ↔ 1,5–1,8 m
- ⚖ Bis zu 3 kg
- ✕ Unbekannt
- 🍴 Fledertiere, Ratten, Vögel

Nördliches Südamerika

△ **AUF DER LAUER**
Die Hundskopfboa ergreift ihre fliegende Beute in der Luft oder lässt sich herabhängen, um ein Tier vom Boden zu erbeuten.

Färberfrosch
Dendrobates tinctorius

Die tagaktiven Färberfrösche leben auf oder unmittelbar über dem Waldboden. Die Männchen besetzen Reviere und rufen nach den Weibchen, die manchmal untereinander um das Recht zur Paarung kämpfen. Die sechs auf einem Blatt abgelegten Eier werden vom Männchen feucht gehalten. Die Kaulquappen schlüpfen nach 14 Tagen und werden von beiden Eltern zu einem Bromelientrichter getragen.

- 3–5 cm
- Februar, März
- Verbreitet
- Ameisen, Termiten, Spinnen
- Nordöstliches Südamerika

▷ **FARBVARIANTEN**
Das Farbmuster aus blauen Beinen und Bäuchen sowie gelben und schwarzen Streifen auf dem Rücken ist typisch für die Art. Es gibt aber noch viele verschiedene Varietäten.

Zitteraal
Electrophorus electricus

Langer, zylindrischer Körper

Der Zitteraal ist einer der größten südamerikanischen Süßwasserfische. Er benutzt schwache elektrische Impulse, um sich in trübem Wasser zu orientieren und Nahrung zu finden. Mit stärkeren Stromschlägen und Spannungen von bis zu 600 V kann er Fische töten und Menschen betäuben. Er benutzt dazu elektrische Organe (Elektroplax), die aus 5000–6000 modifizierten Muskelzellen bestehen und sich fast durch den gesamten Körper des Fischs ziehen.

- 2–2,5 m
- 20 kg
- Verbreitet
- Fische, Krebstiere
- Nördliches Südamerika

▷ **TÄUSCHENDES AUSSEHEN**
Obwohl er wie ein Aal aussieht, ist der Zitteraal ein Neuwelt-Messerfisch und damit ein Verwandter der Welse.

Blattschneider-Ameise
Atta cephalotes

Blattschneider-Ameisen leben in ausgedehnten unterirdischen Staaten, die aus Millionen von Tieren bestehen. Um Nahrung zu beschaffen, kultivieren die kleinsten Arbeiterinnen einen Pilz, der auf einer Masse zerkleinerter Blätter wächst. Dieser Pilz kann nur mit Unterstützung der Ameisen in ihrem Nest wachsen. Die Blattstücke sind zuvor von mittelgroßen Arbeiterinnen zerschnitten und ins Nest getragen worden. Die größten Arbeiterinnen verteidigen die Kolonie gegen Eindringlinge. Die einzige Königin dieses Staats legt jeden Tag Tausende von Eiern.

▽ **HARTE ARBEIT**
Diese Arbeiterinnen können das 50-Fache ihres eigenen Körpergewichts transportieren. Die Blätter sind das Substrat für die Pilzfarmen.

- 2–22 mm
- Verbreitet
- Pilze

Mittelamerika bis nördliches Südamerika

AMAZONAS-REGENWALD | 99

Goliath-Vogelspinne
Theraphosa blondi

↔ Bis zu 28 cm
⊗ Unbekannt
🍴 Insekten, Frösche, Mäuse

Nordöstliches Südamerika

Diese Vogelspinne gilt als die größte Spinne der Welt. Ihre Spannweite entspricht dem Durchmesser eines Tellers und sie wiegt bis zu 170 g. Die asiatischen Riesenkrabbenspinnen erreichen zwar eine größere Spannweite, sind aber nicht so schwer. Die Weibchen werden noch größer als die Männchen. Der Name »Vogelspinne« geht wohl auf eine 1705 erschienene Illustration der deutschen Naturforscherin Maria Sibylla Merian zurück, die eine große Spinne beim Verzehr eines Kolibris zeigt. Die Goliath-Vogelspinne hat 2 cm lange Kieferklauen, sodass sie kleine Vögel bewältigen könnte, doch ihre bevorzugte Nahrung sind große Insekten, Frösche und Mäuse.

Die Goliath-Vogelspinne lebt in tiefen Bauen und klettert selten. Die Männchen werden nur drei oder vier Jahre alt und sterben bald nach ihrer ersten und letzten Paarung, während die Weibchen ein Alter von 15 Jahren oder mehr erreichen. Sie legen 100–200 Eier und bewachen die Brut bis zum Schlupf der Jungen etwa zwei Monate später. Bei Bedrohung können die Spinnen Brennhaare von ihrem Hinterleib streifen.

In Drohposition aufgerichtete Vorderbeine und Pedipalpen

◁ **VERTEIDIGUNG**
Bei Gefahr hebt die Spinne die Vorderbeine und droht mit den Kieferklauen. Verteidigungsbisse erfolgen »trocken«, um Gift zu sparen.

Kieferklauen zur Giftinjektion

Die Goliath-Vogelspinne nimmt Beute über **Bodenerschütterungen** wahr.

DAS PANTANAL
Das größte Feuchtgebiet der Erde

Das Pantanal ist ein riesiges tropisches Feuchtgebiet, das 3 % aller Feuchtgebiete der Erde ausmacht und sich über 180 000 km² erstreckt. Es erhält Wasser aus den Hochländern Brasiliens und entwässert in den Paraguay. Reiche Böden ermöglichen das Wachstum der verschiedenen Pflanzen aus den das Pantanal umgebenden Ökosystemen, darunter der Amazonas-Regenwald im Norden und die Cerrado-Savanne im Osten.

Nass und trocken

Im Pantanal gedeihen besonders viele Pflanzenarten, da die höher gelegenen Bereiche ganzjährig trocken bleiben, sodass gegen Austrocknung resistente Bäume gedeihen, während in den niedriger gelegenen Bereichen Pflanzen wachsen, die saisonale Überschwemmungen vertragen. Wasserpflanzen fühlen sich in den ständig überfluteten Bereichen wohl. Dieses reiche Pflanzenleben bietet auch den verschiedensten Tierarten gute Voraussetzungen. Allerdings gibt es im Pantanal wenige endemische Arten – die meisten kommen ebenfalls in benachbarten Ökoregionen vor. Zu ihnen gehört auch der Brillenkaiman, obwohl das Pantanal ein Verbreitungsschwerpunkt ist.

Feuchtgebiete dienen als natürliche Wasserreinigungssysteme, in denen Schadstoffe entfernt werden, doch sind sie durch ein Übermaß an Belastungen aus den Abwässern der Landwirtschaft oder des Bergbaus gefährdet. Entwaldung, Zersiedlung und Rinderzucht verändern ebenfalls das Wasser und damit das empfindliche Gleichgewicht des Pantanal.

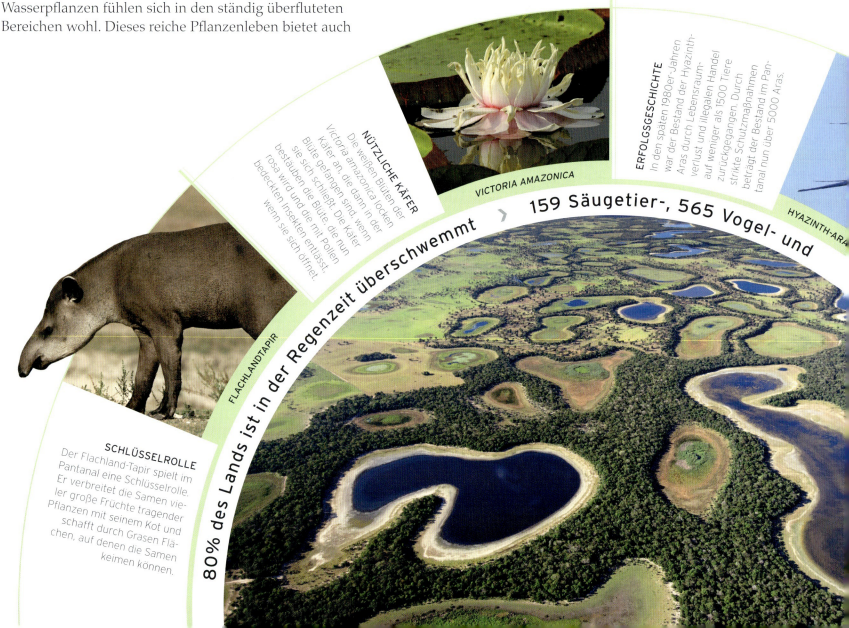

NÜTZLICHE KÄFER
Die weißen Blüten der Victoria amazonica locken Käfer an, die dann in der Blüte gefangen sind, wenn sie sich schließt. Die Käfer bestäuben die Blüte, die nun rosa wird und die mit Pollen bedeckten Insekten entlässt, wenn sie sich öffnet.

VICTORIA AMAZONICA

ERFOLGSGESCHICHTE
In den späten 1980er-Jahren war der Bestand der Hyazinth-Aras durch Lebensraumverlust und illegalen Handel auf weniger als 1500 Tiere zurückgegangen. Durch strikte Schutzmaßnahmen beträgt der Bestand im Pantanal nun über 5000 Aras.

HYAZINTH-ARA

FLACHLANDTAPIR

SCHLÜSSELROLLE
Der Flachland-Tapir spielt im Pantanal eine Schlüsselrolle. Er verbreitet die Samen vieler große Früchte tragender Pflanzen mit seinem Kot und schafft durch Grasen Flächen, auf denen die Samen keimen können.

> 80 % des Lands ist in der Regenzeit überschwemmt
> 159 Säugetier-, 565 Vogel- und

DAS PANTANAL | 101

LAGE

Das Pantanal liegt südlich des Amazonas im Zentrum Südamerikas. Etwa 80 % liegen auf brasilianischem Gebiet.

KLIMA

Das Pantanal hat ein tropisches, halbfeuchtes Klima. Die Menge und Tiefe des Wassers hängen von den Niederschlägen ab.

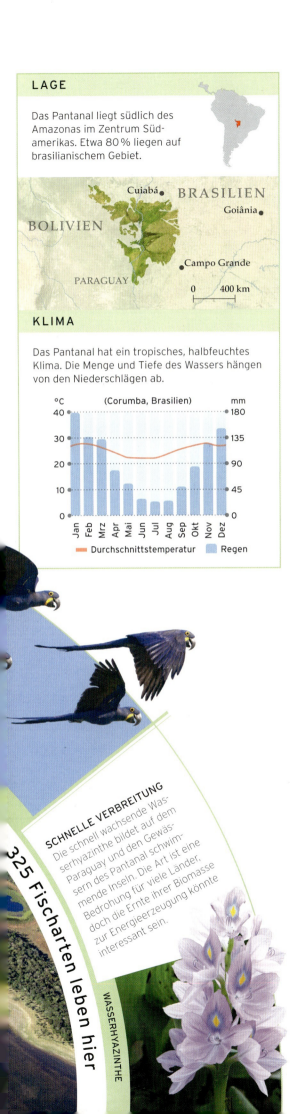

325 Fischarten leben hier

SCHNELLE VERBREITUNG
Die schnell wachsende Wasserhyazinthe bildet auf dem Paraguay und den Gewässern des Pantanal schwimmende Inseln. Die Art ist eine Bedrohung für viele Länder, doch die Ernte ihrer Biomasse zur Energieerzeugung könnte interessant sein.

WASSERHYAZINTHE

Weißbart-Pekari
Tayassu pecari

Scharfe, miteinander verschränkte Eckzähne

Weißbart-Pekaris zählen zu den geselligsten Säugetieren und leben in Herden, die fünf, aber auch Hunderte von Tieren zählen können. Mit ihren Kiefern, die auch Paranüsse knacken können, können sie sogar Fressfeinde wie Jaguare vertreiben. Menschliche Jäger töten allerdings viele Tiere auf einmal, was einen verheerenden Einfluss auf den Bestand der Art hat.

- ↔ 75–100 cm
- ⚖ 25–40 kg
- ⊗ Gefährdet
- 🍴 Früchte, Nüsse, kleine Tiere

Mittel- bis Südamerika

◁ **GRUPPENIDENTITÄT**
Pekaris verteilen das Sekret ihrer im hinteren Drittel des Rückens gelegenen Drüse an die Mitglieder ihrer Herde.

Capybara
Hydrochoerus hydrochaeris

- ↔ 1,1–1,3 m
- ⚖ 35–66 kg
- ⊗ Verbreitet
- 🍴 Wasserpflanzen, Borke, Gräser

Das mit den Meerschweinchen verwandte Capybara oder Wasserschwein ist das größte Nagetier der Welt, etwa so groß wie ein großer Hund. Es hat kurze, aber kräftige Beine, fast keinen Schwanz und verbringt viel Zeit im Wasser, auch um Fressfeinden wie Wildhunden, Pumas und Jaguaren zu entgehen. Durch seine teils mit Schwimmhäuten versehenen Füße schwimmt es sehr gut. Die oben auf dem Kopf befindlichen Augen, Nase und Ohren erlauben es ihm, mit dem Körper unter Wasser zu bleiben.

Nördliches und östliches Südamerika

Grobes Fell

◁ **FRÜHREIFE JUNGTIERE**
Die Jungen können ihren Müttern schon bald nach der Geburt ins Wasser folgen und bereits innerhalb einer Woche grasen.

Riesenotter
Pteronura brasiliensis

Der größte Otter der Welt ist auch einer der seltensten – wenige Tausend leben wohl nur noch in der Natur. Dieser Schwimmhäute tragende, kräftige Marder ist eins der größten Raubtiere Südamerikas. Er besetzt ein Revier, das er vehement gegen Eindringlinge verteidigt.

Reviermarkierung
Riesenotter leben in Gruppen von bis zu 20 Tieren: ein Männchen und ein Weibchen, die ein Leben lang zusammenbleiben, und ihre Nachkommen. Die Eltern graben einen Bau in ein Flussufer oder unter Totholz und planieren ein Stück des Ufers um ihn herum. Alle Gruppenmitglieder markieren ihr Revier mit dem Sekret ihrer Analdrüsen, um Eindringlinge abzuschrecken. Sie fischen in dem Flussabschnitt, der ihren Bau umgibt, und patrouillieren in diesem Bereich.

Riesenotter sind gesellig – sie pflegen sich gegenseitig das Fell und jagen, spielen und schlafen gemeinsam. Sie verfügen über neun verschiedene Laute, von Quietschen zur Revierverteidigung bis zu Zwitschern und Pfeifen. Die Jungen werden in Würfen von ein bis sechs Tieren meist in der Trockenzeit geboren. Beide Eltern und die Geschwister kümmern sich um sie. Die Jungen bleiben bis zum Alter von zweieinhalb Jahren bei ihrer Familie.

↔ 1–1,4 m
⚖ 22–32 kg
⊗ Stark gefährdet
🍴 Fische, Frösche, Kaimane

Nördliches bis mittleres Südamerika

Schnurrhaare zur Wahrnehmung der Bewegung der Beute im Wasser

Schwimmhäute

▷ **GESCHMEIDIGER KÖRPER**
Der lange, geschmeidige Körper, die Schwimmhäute und der flache, an der Basis breite Schwanz machen den Otter zu einem eleganten Schwimmer, doch an Land ist er wegen seiner kurzen Beine unbeholfen.

Azara-Kapuzineraffe
Sapajus cay

Schwarze Haube

Azara-Kapuzineraffen gehören zur Gattung der Gehaubten Kapuziner und zeichnen sich durch die Haube aus dunklem Fell aus. Die Kopfzeichnung hat den Kapuzineraffen ihren Namen gegeben, da sie an den Habit der Kapuzinermönche erinnern soll.

Akrobaten des Walds
Diese wendigen Affen bewegen sich in Gruppen von 10–20 Tieren schnell durch die unteren und mittleren Stockwerke des Regenwalds und bleiben dabei mithilfe von hohen, vogelartigen Lauten in Kontakt.

Kapuzineraffen sind sehr intelligent und benutzen verschiedene Werkzeuge, um an Nahrung zu gelangen. Im Pantanal gibt es keinen Mangel an Nüssen und Früchten. Im Norden ihres Verbreitungsgebiets hat man Tiere beobachtet, die Nüsse mithilfe von Steinen knacken. Für die südlichen Populationen ist dieses Verhalten noch nicht bestätigt worden.

↔ 40–45 cm
⚖ 3–3,5 kg
⊗ Verbreitet
🍴 Früchte, Blätter, kleine Tiere

Zentrales Südamerika

◁ **FRUCHTMAHLZEIT**
Dieser Kapuziner hält eine Frucht fest und wird sie in der Gesellschaft seiner Gruppe fressen.

KOPF ZUERST
Die Nahrung der Riesenotter besteht überwiegend aus Fischen, zum Beispiel Salmlern und Welsen. Sie fressen auch Fröschen, Schlangen und Schildkröten.

Jabiru
Jabiru mycteria

Der Jabiru ist einer der größten Vögel Südamerikas. Der kräftige Schnabel der Männchen wird 30–35 cm lang. Die geselligen Tiere benutzen den Schnabel zur Nahrungssuche im Wasser und schwenken ihn dazu halb geöffnet hin und her. Das Männchen bläst den schwarzen Hals bei der Balz und bei Auseinandersetzungen auf – »Jabiru« bedeutet »geschwollener Hals« in einer der Tupí-Guaraní-Sprachen. Ihre großen, aus Stöcken gebauten Nester benutzen die Vögel mehrere Jahre lang. Zwei bis fünf Eier werden gelegt und die Jungen sind im Alter von 15 Wochen flügge. Die Eltern kümmern sich drei weitere Monate lang um sie. Jabirus können 35 Jahre alt werden.

- Nach oben gebogener Schnabel
- 1,2–1,4 m
- 5–7 kg
- Verbreitet
- Fische, Amphibien, Reptilien
- Mittel- und Südamerika

- Breite Flügelspitzen
- Roter Kragen aus nackter Haut
- Kurzer Schwanz
- Im Flug werden die Beine nachgezogen.

▷ SEGELFLUG
Jabirus wirken etwas ungeschickt, denn das große Gewicht in die Luft zu bekommen ist harte Arbeit. Sie segeln allerdings sehr elegant in Aufwinden.

Grauer Löffelschnabel

Rosalöffler
Platalea ajaja

Der Rosalöffler ist nicht nur die einzige amerikanische von insgesamt sechs Löfflerarten, sondern auch die einzige rosa gefärbte. Der typische Schnabel ist an der Spitze löffelförmig verbreitert. Der Vogel schwenkt ihn halb geöffnet durch das Wasser und schließt ihn schnell, wenn er mit den empfindlichen Nervenenden im Inneren einen kleinen Fisch, einen Wasserkäfer, einen Krebs oder eine Schnecke wahrnimmt. Die an der Schnabelbasis liegenden Nasenlöcher erlauben das Atmen mit untergetauchtem Schnabel. Rosalöffler suchen oft gemeinsam mit anderen Wat- und Schreitvögeln in Flussmündungen, Mangrovensümpfen und Marschen nach Nahrung.

Brutkolonien

Brutpaare nisten in aus verschiedenen Vogelarten bestehenden Kolonien in Mangroven, Bäumen oder im Schilf. Ein bis fünf Eier werden von beiden Eltern bebrütet. Die Jungen schlüpfen nach 22–24 Tagen mit kurzen, geraden Schnäbeln, die die typische Löffelform erst nach 9 Tagen annehmen. Beide Eltern füttern die Jungen und lassen sie nie allein. Die Jungen betteln lautstark und entnehmen dem elterlichen Schnabel hochgewürgte Nahrung. Sie werden im Alter von sechs Wochen flügge und können mit sieben oder acht Wochen gut fliegen.

- ↔ 70–85 cm
- ⚖ 1,4 kg
- ⊗ Verbreitet
- ⋔ Fische, Krebs- und Weichtiere

Südliches Nordamerika, Karibik und Südamerika

△ **BALZRITUAL**
Mit Flügelschlagen und Berühren der Schnabelspitzen vollzieht sich das Balzritual auf dem Boden, im Wasser und sogar in den Bäumen.

Von der Nahrung abhängige Farbe

Im Flug ausgestreckter Hals

Zum Waten ideale lange Beine

▷ **KRÄFTIGE FARBEN**
Bestimmte Krebstiere in der Nahrung fressen Algen, die Karotinoide enthalten. So erhält der Vogel seine auffällige rosa Färbung.

Goldteju
Tupinambis teguixin

Das aus Insekten, Spinnen und Würmern, kleinen Wirbeltieren, Eiern, Früchten und Schösslingen bestehende Nahrungsspektrum erlaubt dieser großen Echse die Besiedlung vieler Lebensräume. Das Weibchen legt in einem mit Laub ausgekleideten Bau 20–30 Eier und kann in der kalten Jahreszeit bis zum Schlupf fünf Monate später bei ihnen bleiben.

- ↔ 100 cm
- ⚖ 4 kg
- ✖ Unbekannt
- 🍴 Insekten, Vögel, Säugetiere
- 📍 Nördl. bis mittl. Südamerika

Der Schwanz ist so lang wie der Körper.

Lange Zehen

▷ **KILLERBISS**
Der kräftige Goldteju kann mit seinem Biss sogar Knochen zerbrechen.

Große Anakonda
Eunectes murinus

Die ungiftige Große Anakonda ist eine der kräftigsten Schlangen der Welt und gehört zur Familie der Boas. Sie lauert oft im Wasser auf Tiere, die zum Trinken kommen. Sie packt sie mit ihren nach hinten gebogenen Zähnen und umschlingt sie mit ihrem Körper. Atmet die Beute aus, zieht sie die Schlingen weiter zu, sodass das Tier erstickt oder an Herzversagen stirbt. Nahezu jedes Wirbeltier gehört zum Beutespektrum. Die Tiere pflanzen sich in der Trockenzeit fort, wobei sich das größere Weibchen oft mit mehreren Männchen paart.

- ↔ 6–10 m
- ⚖ Bis zu 250 kg
- ✖ Gefährdet
- 🍴 Reptilien, Fische, Säugetiere
- 📍 Nördl. bis mittl. Südamerika

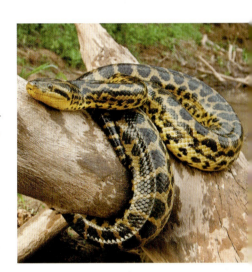

▷ **GUT GETARNT**
Die in Sümpfen und im Unterholz gut getarnte Anakonda verfolgt ihre Beute lautlos oder lauert ihr am Ufer eines Gewässers auf.

Dünnschlange
Leptophis ahaetulla

Dünner Schwanz

Die tagaktive Dünnschlange ist nur schwach giftig. Sie ist im Unterholz gut getarnt, wo sie auf ihre Beute lauert oder sie mit hoher Geschwindigkeit verfolgt. Sie sucht auch in Spalten und Höhlen nach Nahrung. Bei Bedrohung richtet sich die Schlange auf, reißt das Maul auf, zischt und führt Scheinangriffe aus. Das Weibchen legt drei bis fünf Eier an einem sicheren Platz ab, meist in einer Baumhöhle oder auf einer moosbedeckten Astgabel. Es betreibt keine Brutpflege.

- ↔ 1,5–2 m
- ⚖ 1–1,5 kg
- ✖ Verbreitet
- 🍴 Geckos, Laubfrösche, Vögel

Mittel- bis Südamerika

Gelbe Unterseite

◁ **LEUCHTENDE FARBEN**
Die Dünnschlange ist auf dem Rücken lebhaft grün und auf der Unterseite gelb gefärbt.

MITTEL- UND SÜDAMERIKA

▷ **GEMEINSAM FISCHEN**
Brillenkaimane dulden oft die Gegenwart von Artgenossen, sodass sie sich an reichen Nahrungsquellen oder bevorzugten Ruheplätzen versammeln.

Mit Knochenplatten verstärkte Schuppen

Die hoch oben gelegenen Augen und Nasenlöcher erlauben im Wasser das Sehen und Atmen.

Brillenkaiman

Caiman yacare

Breite Schnauze | Lange, kräftiger Schwanz

△ ZAHNWECHSEL
Der Brillenkaiman besitzt durchschnittlich 74 Zähne. Da die älteren ausfallen und Lücken hinterlassen, bevor sie ersetzt werden, kann die Zahl zwischen 70 und 82 schwanken.

▽ GUT GEPANZERT
Kaimane besitzen Hautknochenplatten, sogenannte Osteoderme. Auf dem Kopf und auf der Bauchseite sind sie am kleinsten.

Der nah mit dem Krokodilkaiman (*C. crocodilus*) verwandte Brillenkaiman ist im größten Teil seines Verbreitungsgebiets einer der wichtigsten Prädatoren. Sein Verbreitungsschwerpunkt ist das Pantanal, wo er stellenweise häufig ist und in großen Gruppen auf schwimmenden Pflanzeninseln oder Sandbänken beobachtet werden kann. Sein Bestand zählt Millionen Tiere – vermutlich die größte Panzerechsenpopulation der Welt.

Piranha-Nahrung
Alle Kaimanarten haben breite Schnauzen und sind mittel- und südamerikanische Verwandte des Mississippi-Alligators. Der mittelgroße Brillenkaiman jagt vor allem im Wasser Schlangen, Amphibien, Fische und Mollusken, besonders die großen Apfelschnecken, die er mit ihrem Gehäuse frisst. Auch Piranhas stellen gemeinsam mit anderen Fischen einen großen Teil seiner Nahrung dar. Die spitzen, konisch geformten Zähne sind auch dann noch sichtbar, wenn der Kaiman sein Maul geschlossen hat.

Neue Lebensräume
Vor dem Erlass des weltweiten Handelsverbots der Häute wilder Panzerechsen im Jahr 1992 wurden in den 1970er- und 1980er-Jahren Millionen von Brillenkaimanen getötet. Unter diesem Druck haben einige der Tiere die Feuchtgebiete verlassen und neue Lebensräume besiedelt. Dazu gehören trockenere Grassteppen, Busch- und sogar Ackerland, vor allem, wenn Gewässer wie Tümpel oder Bäche in der Nähe sind. An Land lauern die Kaimane Echsen, Vögeln und Säugetieren bis zur Größe eines Wasserschweins auf. Umgekehrt können jüngere Brillenkaimane auch Jaguaren und Anakondas zum Opfer fallen.

Nesthügel auf dem Trockenen
Brillenkaimane paaren sich vor allem während der Regenzeit, wenn der Wasserstand hoch ist. Danach wählt das Weibchen einen trockeneren Platz, an dem es einen Hügel aus Wärme erzeugendem verrottendem Pflanzenmaterial anlegt und in ihn seine Eier legt. Ein Gelege enthält meistens 20–35 Eier und bis zum Schlupf der Jungen vergehen mehrere Wochen. In dieser Zeit schützt das Weibchen das Nest vor Räubern wie Schlangen, Echsen und Greifvögeln, geht dabei aber nicht so sorgfältig wie zum Beispiel der Mississippi-Alligator vor. In manchen Fällen hat das Weibchen das Nest bereits verlassen, wenn die Jungen – meist im März – schlüpfen. Die jungen Brillenkaimane müssen dann ohne mütterlichen Schutz zurechtkommen.

Der vierte Zahn des Unterkiefers liegt bei geschlossenem Maul in einer Tasche des Oberkiefers.

- ↔ 1,5–3 m
- ⚖ 25–55 kg
- ✖ Verbreitet
- 🍴 Fische, Vögel, Säugetiere

Mittleres bis südliches Südamerika

Ein Kaiman verbraucht in seinem Leben bis zu 40 Sätze an Zähnen.

ALTIPLANO-HOCHEBENE
Salzpfannen in den Bergen

Das Altiplano – wörtlich übersetzt »Hochebene« – ist nach dem Hochland von Tibet das zweitgrößte Hochplateau der Welt. Es ist eine Landschaft der Extreme, die von den Bergen und Vulkanen der zentralen Anden umgeben ist. Hier befinden sich mit dem Titicacasee der am höchsten gelegene schiffbare See und mit der Salar de Uyuni die größte Salzpfanne der Welt. In der durchschnittlichen Höhe von 3750 m ist die Luft dünn und die Sonne kräftig, der Wind kann stark sein und die Temperaturen schwanken.

Hart, aber fair

Trotz der harten Bedingungen ist das Altiplano auch ein Land seltsamer Schönheit. Die weiße Salzfläche wird stellenweise von metergroßen, vom Salz gebildeten Vielecken durchbrochen und der vom Wind transportierte Sand hat unglaubliche Felsskulpturen erschaffen. Die mineralreichen Seen ziehen Tausende von Flamingos an.

Die Ebenen und Hänge sind die Heimat der Vikunjas, die zur Wollproduktion gezüchtet werden, und der Lamas, die außerdem Leder und Fleisch liefern.

Die als Puna bezeichnete Ökoregion des Altiplano wird von Gräsern und Buschwerk charakterisiert, die oft Horste und Kissen bilden. Niedrige, Polster bildende Yareta-Pflanzen sowie große, verzweigte Kakteen wachsen im steinigen Boden. Die Puna kann man abhängig von den Niederschlägen in feuchte, trockene und wüstenartige Bereiche unterteilen. Ein Gebiet in der Mitte der Anden erhält nur 400 mm Niederschläge pro Jahr und die Trockenzeit dauert acht Monate.

HAUTATMUNG Dieser Frosch kann in den sauerstoffärmsten Seen der Welt leben. Große Hautfalten verschaffen ihm eine größere Körperoberfläche, mit der er ein Maximum an Sauerstoff aus dem Wasser und aus der Atmosphäre aufnehmen kann.

TITICACA-RIESENFROSCH

QUINOA Diese Gänsefußgewächse sind gut an sandige Boden angepasst und von den Bewohnern der Anden schon vor Tausenden von Jahren angebaut worden. Das Altiplano ist einer der wenigen Orte, an denen Ackerbau in 3500 m Höhe betrieben wird.

QUINOA

Der Titicacasee ist der am höchsten

Salar de Uyuni ist die größte Salzpfanne der Welt

ANDENFLAMINGO

DREI FLAMINGO-ARTEN Drei der sechs Flamingo-Arten der Welt leben in den Anden. Der James- und der Andenflamingo leben ganzjährig hier. Im Winter bleiben sie in der Nähe heißer Quellen. Im Sommer kommen auch Schwärme des Chileflamingos in die Anden.

ALTIPLANO-HOCHEBENE | 109

LAGE

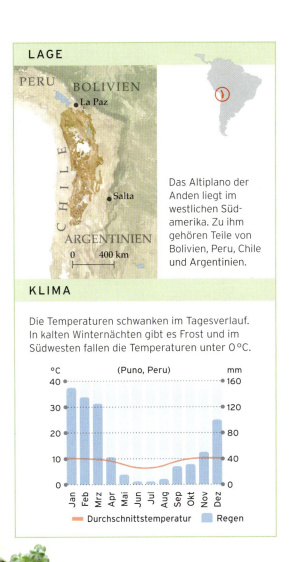

Das Altiplano der Anden liegt im westlichen Südamerika. Zu ihm gehören Teile von Bolivien, Peru, Chile und Argentinien.

KLIMA

Die Temperaturen schwanken im Tagesverlauf. In kalten Winternächten gibt es Frost und im Südwesten fallen die Temperaturen unter 0 °C.

Anden-Schakal
Lycalopex culpaeus

Rotbraune Beine

Dieser zweitgrößte südamerikanische Wildhund wird auch als Andenfuchs bezeichnet, was zu vielen seiner Eigenschaften passt. Wie die meisten Füchse ist er ein Opportunist, der ebenso Beeren wie Nagetiere und die eingeschleppten europäischen Hasen und Kaninchen frisst. Gelegentlich tötet er auch Vieh, zum Beispiel Lämmer, was immer wieder zu Konflikten mit Viehzüchtern führt.

- ↔ 0,6–1,2 m
- ⚖ 5–13,5 kg
- ✖ Regional verbreitet
- 🍽 Nagetiere, Früchte, Insekten

Westliches bis südliches Südamerika

◁ **HEIM IN DER HÖHLE**
Anden-Schakale sind Einzelgänger, doch Paare können bis zu fünf Monate lang zusammenbleiben und sich in Höhlen niederlassen.

Peru-Hasenmaus
Lagidium peruanum

Die auch als Berg-Viscachas bezeichneten Hasenmäuse erinnern an langschwänzige Kaninchen, sind aber näher mit dem Chinchilla verwandt. Das weiche, sehr dichte Fell schützt sie vor niedrigen Temperaturen und der Blutkreislauf hat sich an die großen Höhen angepasst.

- ↔ 30–45 cm
- ⚖ 0,9–1,6 kg
- ✖ Regional verbreitet
- 🍽 Gras, Flechten, Moose

Westliches Südamerika

Etwa 15 cm lange Vibrissen

▷ **STEILE HÄNGE**
Die Kolonien der Hasenmäuse befinden sich an steilen Abhängen und sind so besser vor Fressfeinden geschützt.

GESCHÄTZTER PELZ
Das dichte Fell der Chinchillas hält die Tiere auch bei eisigen Temperaturen warm. Allerdings wurden sie auch deshalb als Haustiere und für die Rauchwarenindustrie gefangen. In der Natur sind Chinchillas heute vom Aussterben bedroht.

CHINCHILLA

gelegene schiffbare See

Vikunja
Vicugna vicugna

Langer Hals
Weiße Brust

Dieser kleinere und schlankere Verwandte des Lamas und des Alpakas ist gut an das Leben in großer Höhe angepasst. Das Vikunja lebt in Familienverbänden auf Trockenwiesen in 3500 m oder sogar bis zu 5750 m Höhe, immer jedoch unterhalb der Schneegrenze. In dieser Umgebung sind die Tage regelmäßig sonnig und warm, sodass dichtes Gras wachsen kann. Nachts sinkt die Temperatur unter den Gefrierpunkt. Das Vikunja hat ein Fell aus sehr feinen Haaren, sodass es vor der Kälte geschützt ist.

Einzigartige Zähne
Für ein Huftier hat das Vikunja ungewöhnliche Zähne. Die Schneidezähne im Unterkiefer wachsen wie die eines Nagetiers ständig und besitzen nur auf der Vorderseite Zahnschmelz. Sie bleiben durch den ständigen Kontakt mit einer Hornplatte im Oberkiefer scharf, wenn das Vikunja mit den Backenzähnen Gras kaut. Im offenen Grasland müssen Vikunjas ständig auf Raubtiere achten. Sie können sehr gut sehen und hören. Wenn ein Tier einen Räuber sieht, warnt es die anderen durch Pfiffe.

Zu einer Familie gehören ein Männchen und etwa fünf Weibchen mit ihren Jungen. Die Gruppen werden maximal zehn Tiere groß, da das Männchen die Jungen im Alter von zehn Monaten vertreibt. Junge Vikunjas leben allein oder bilden mit Tieren gleichen Geschlechts Herden, bis sie im Alter von zwei Jahren eigene Familien gründen. Vikunjas besitzen getrennte Reviere zum Schlafen und zur Nahrungssuche, die sie mit ihrem Kot markieren. Sie müssen jeden Tag trinken, sodass ihr Nahrungsrevier einen Wasserzugang besitzen muss.

- ↔ 1,5–1,6 m
- ⚖ 40–55 kg
- ⊗ Regional verbreitet
- 🌾 Gräser

Westliches Südamerika

ALTIPLANO-HOCHEBENE | 111

△ SPIELERISCHER KAMPF
Junge Männchen kämpfen spielerisch miteinander. Werden sie geschlechtsreif, nimmt der Ernst der Kämpfe zu und der Sieger übernimmt eine Weibchenherde, um eine eigene Familie zu gründen.

▽ TÄGLICHE WANDERUNG
Die Familien verbringen die Nacht in der relativen Sicherheit steiler Hänge. Tagsüber grasen sie dagegen in den Ebenen.

Titicaca-Taucher
Rollandia microptera

Dieser Lappentaucher ist so an das Wasser angepasst, dass er nicht fliegen und kaum stehen kann. Man findet den Titicaca-Taucher nur in den Gewässern des Titicaca-Beckens. Die Populationen der einzelnen Seen sind schon lange voneinander isoliert und reagieren auf Veränderung der Umwelt sehr empfindlich. Ein paar Tausend Tiere leben an von Schilf umgebenen Seen mit offenen Wasserflächen in 3000 m Höhe. Titicaca-Taucher ernähren sich vor allem von Kärpflingen. Sie können zu jeder Jahreszeit brüten und legen dazu eine Plattform aus feuchten Pflanzen als Nest an. Das Weibchen legt zwei Eier und die Taucher können in jedem Jahr mehrere Bruten aufziehen.

↔ 28–45 cm
⚖ 600 g
✗ Stark gefährdet
🍴 Fische

Westliches Südamerika

◁ SPITZER SCHNABEL
Taucher haben spitze Schnäbel. Beim Titicaca-Taucher ist der Oberschnabel rot und der Unterschnabel gelb.

Andenspecht
Colaptes rupicola

Wie alle Spechte sucht auch der Andenspecht seine Nahrung an Land. Er ist in Busch- und Grassteppen in Höhen von 2000 bis 5000 m weit verbreitet.

Stachlige Zunge
Andenspechte fressen in großen Gruppen auf dem Boden, wobei sie an Grasbüscheln graben oder scharren, um an Ameisen-, Käfer- oder Schmetterlingslarven zu gelangen. Die Beute ergreifen sie mit der Spitze ihrer lang vorstreckbaren Zunge, die mit Widerhaken versehen ist. Die auch in der Brutzeit geselligen Vögel legen ein Dutzend oder mehr Baue im Sand oder in der Erde von Hängen an. Die 1–1,5 m langen Baue besitzen am Ende eine 30 cm große Nestkammer mit bis zu vier Jungvögeln.

↔ 32 cm
⚖ 140–200 g
✗ Regional verbreitet
🍴 Insektenlarven

Nordwestliches bis südwestliches Südamerika

◁ WEIBCHEN
Der schwarze »Schnurrbart« mit dem roten Nackenfleck verrät, dass dieser Andenspecht ein Weibchen ist.

Langer Schwanz

Andenkondor
Vultur gryphus

Weiße Halskrause

Der Andenkondor weist die größte Flügelfläche aller Vögel auf, die Spannweite beträgt über 3 m. Der Kondor nutzt zum Flug stetige Winde und Aufwinde. Er kann große Entfernungen gleitend zurücklegen – hektisches Flügelschlagen ist nichts für einen derartig großen Vogel. Zum Glück erlauben es konstante Winde, Strände, Ebenen und Täler aufzusuchen, da die Vögel immer wieder an Höhe gewinnen können.

Der Andenkondor ernährt sich von Aas und kann mit seinem starken Schnabel Häute und Fleisch zerreißen. Anders als bei Adlern und Falken dienen die Füße beim Kondor nur zum Sitzen und nicht zum Töten der Beute. In der Vergangenheit hat sich der Andenkondor vor allem von Vikunjas, Guanakos und Robben ernährt, doch heute frisst er oft totes Vieh. Obwohl die Art nicht mehr häufig ist, können sich im Zentrum des Verbreitungsgebiets immer noch 30 oder 40 Andenkondore am Aas eines größeren Tiers versammeln.

Im Rückgang begriffen

Andenkondore brüten nur alle zwei Jahre und setzen in knappen Jahren auch aus. Weibchen legen nur ein Ei, aus dem nach 56–58 Tagen ein Junges schlüpft, das nach etwa sechs Monaten fliegen kann. Die Jungen bleiben auch danach noch einige Monate lang von ihren Eltern abhängig und brüten selbst frühestens nach sechs Jahren. Der Andenkondor gleicht das durch eine geringe Sterblichkeitsrate und ein hohes Alter von bis zu 70 Jahren aus. Die Verfolgung durch den Menschen kann er aber nicht berücksichtigen.

△ **NACHBARSCHAFT**
Kondorgruppen ziehen sich nachts in abgelegene Höhlen oder auf geschützte Felsvorsprünge zurück. Morgens erheben sie sich von Aufwinden getragen in die Luft.

↔ 1–1,3 m
⚖ 11–15 kg
⊗ Potenziell gefährdet
🍴 Tote Säugetiere

Nordwestliches bis südwestliches Südamerika

ALTIPLANO-HOCHEBENE | 113

Gespreizte Handschwingen

△ PERFEKTER FLUG
Der mit hohen Geschwindigkeiten fliegende Andenkondor kann gewaltige Entfernungen zurücklegen.

Fabians Leguan
Liolaemus fabiani

Dieser im Jahr 1983 beschriebene Leguan kommt nur in der größten chilenischen Salzpfanne vor, der Salar de Atacama. Er ist am Tag auch bei Temperaturen von mehr als 45 °C zwischen Salzklumpen und mit Salz übersättigten Pfützen unterwegs. Er kann Salzwasser trinken und das überschüssige Salz über die Drüsen im Bereich der Nase wieder ausscheiden, wie es auch die Meerechsen tun. Fabians Leguan vermag Fliegen aus der Luft zu fangen, frisst aber auch Käfer und andere kleine Tiere.

Streifenzeichnung
Fabians Leguan hat einen großen, kräftigen Kopf, ein großes Maul und starke Beine. Seine perlenartigen Schuppen bilden 11–13 unregelmäßige Flankenstreifen aus Schwarz und Schwefelgelb oder Orangerot auf einem gefleckten Untergrund. Die Färbung verblasst auf der Bauchseite.

Die in Bezug auf ihr Revier und potenzielle Partnerinnen besonders aggressiven Männchen präsentieren ihre Flankenzeichnung ihren Rivalen. Sie schlagen auch mit Beinen und Schwänzen und lassen die Kiefer aufeinanderklappen, um sich zu beeindrucken.

↔ 15 cm
⚖ 30–50 g
⊗ Unbekannt
🍴 Fliegen, Käfer, Insekten

Chile (Salar de Atacama)

▽ AUF DEM SALZ ZU HAUSE
Fabians Leguan fühlt sich tagsüber auf der Salzfläche zu Hause und schnappt blitzschnell nach vorüberfliegenden Fliegen.

△ STREITIGKEITEN
Bei Streitigkeiten um ein Revier oder ein Weibchen beißen die Männchen kräftig zu. Die Kiefer sind stark genug, um trotz der harten Schuppen blutende Wunden zu verursachen.

ARGENTINISCHE PAMPA
Eine der interessantesten Grassteppen der Welt

Als Pampa bezeichnet man die weiten, ebenen Grassteppen Südamerikas, die über 750 000 km² bedecken. Der Name ist vom Quechua-Wort für eine Ebene abgeleitet worden. In Nordamerika bezeichnet man diese Landschaft als Prärie. Die vorherrschenden Pflanzen sind Gräser und Kräuter.

Gräser vermögen nach den regelmäßig auftretenden Bränden wieder auszutreiben, doch die meisten Bäume können sie nicht überleben und sind daher in der Pampa selten. Wegen der wenigen Schatten spendenden Bäume führen viele Tiere eine unterirdische Lebensweise.

Gefährdetes Ökosystem

Durch menschliche Aktivität ist nur wenig von der ursprünglichen Pampa unverändert geblieben und der reichhaltige Bestand an Gräsern ist stark verringert worden. Gauchos haben hier 200 Jahre lang Kühe, Pferde und Schafe gehalten. Das gemäßigte Klima und der fruchtbare Boden eignen sich auch gut für den Anbau von Soja, Weizen, Mais und Weintrauben.

Die Überweidung, der Verlust an Lebensräumen und der Einsatz von Düngern hat die ursprüngliche Landschaft verändert, sodass sie heute für die hier heimischen Arten weniger gut geeignet ist. Das Ökosystem der argentinischen Pampa ist vom World Wide Fund For Nature (WWF) als gefährdete Ökoregion eingestuft worden, da trotz der Pläne der argentinischen Regierung zur Errichtung eines Nationalparks bisher kein Gebiet der ursprünglichen Pampa unter Schutz gestellt worden ist.

BEDROHTER HIRSCH
Dieser kleine, scheue Hirsch war nicht selten, ist aber im 19. Jahrhundert fast bis zur Ausrottung gejagt worden. In neuerer Zeit hat er einen großen Teil seines Lebensraums an den Ackerbau verloren. Es gibt heute keine 3000 Exemplare mehr.

VOM WINDE VERWEHT
Das Pampasgras ist die bekannteste Pflanze der Pampa, wächst in großen Horsten und erreicht 3 m Höhe. Die Blätter sind rasiermesserscharf und die Samenstände können 100 000 Samen enthalten, die vom Wind verteilt werden.

KLEINE RECYCLER
Termiten sind staatenbildende Insekten, die ihrer Umwelt dienen, da sie Pflanzenmaterial recyceln und den Boden belüften. Sie sind eine wichtige Nahrung für Tiere der Pampa wie Ameisenbären und Gürteltiere.

TERMITENHÜGEL · 15 Säugetier- und 20 Vogelarten vom Aussterben bedroht · Ein Wedel Pampasgras

PAMPASHIRSCH · PAMPASGRAS

ARGENTINISCHE PAMPA | 115

LAGE

Die Pampa bedeckt einen großen Teil Ostargentiniens und Uruguays sowie die südlichste Spitze Brasiliens.

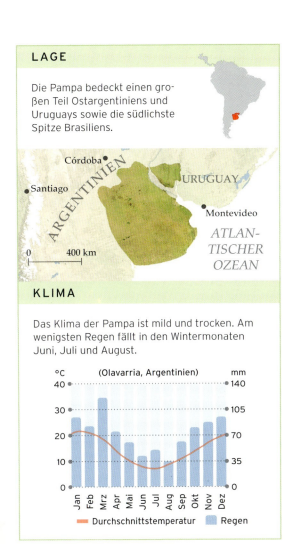

KLIMA

Das Klima der Pampa ist mild und trocken. Am wenigsten Regen fällt in den Wintermonaten Juni, Juli und August.

(Olavarria, Argentinien)

— Durchschnittstemperatur   ▪ Regen

WILLKOMMENER SCHATTEN

Die schirmartige Baumkrone des Ombu-Baums bietet in der Pampa willkommenen Schatten. Der dicke, schwammige Stamm ist ein natürliches Wasserreservoir und erhöht die Widerstandsfähigkeit gegen Feuer.

enthält 100 000 Samen

OMBU-BAUM

Gem. Vampir
Desmodus rotundus

Die Fingerknochen spannen den Flügel auf.

Wie der Name bereits andeutet, lebt der Gemeine Vampir von Blut. Zu den Opfern zählen Säugetiere wie Tapire, Pekaris, Agutis und Seelöwen, aber auch Haustiere wie Rinder und Pferde. Zwei andere mittel- und südamerikanische Vampir-Arten leben dagegen überwiegend vom Blut von Vögeln. Der Gemeine Vampir kann erstaunlich schnell auf den Unterarmen und Hinterbeinen über den Boden laufen. Er landet meist neben einem ruhenden Tier und benutzt sein wärmeempfindliches Nasenblatt, um nahe der Haut gelegene Blutgefäße zu finden. Nach dem Biss sorgt der gerinnungshemmende Speichel dafür, dass das Blut weiter fließt.

Nahrung teilen

Gemeine Vampire ziehen sich in einen hohlen Baum, eine Höhle, eine Mine oder ein altes Gebäude zurück und teilen diesen Platz oft mit Hunderten von Artgenossen. Die erwachsenen Weibchen würgen nicht nur für ihren Nachwuchs Blut hervor, sondern teilen die Nahrung auch mit anderen Vampiren. Die Motivation zur gegenseitigen Hilfe ist bei verwandten Tieren und Vampiren, die schon lange einen Schlafplatz teilen, besonders groß. Der Hunger anderer Tiere wird bei der vorhergehenden gegenseitigen Fellpflege anhand der gefühlten Füllung des Magens festgestellt.

- ↔ 7–9,5 cm
- ⚖ 19–45 g
- ⊗ Verbreitet
- 🍴 Blut

Mittel- bis Südamerika

▽ **BLUTLECKER**
Die rasiermesserscharfen Zähne, die lange Zunge, das gekerbte Kinn und die kurze Nase sind Anpassungen an das Auflecken von Blut.

Ein Vampir kann **50 %** seines Körpergewichts in 30 Minuten **trinken.**

Großer Ameisenbär
Myrmecophaga tridactyla

Schwarzer Streifen mit hellem Rand

Große Ameisenbären haben einen langen Schädel, aber nur ein kleines Gehirn. Sie sehen schlecht, doch ihr Geruchssinn ist etwa 40-mal besser als der eines Menschen. Das kleine Maul ist zahnlos, enthält aber eine mit klebrigem Speichel bedeckte, 60 cm lange Zunge, mit der der Ameisenbär bis zu 35 000 Insekten pro Tag erbeuten kann. Beim Laufen sieht er etwas ungeschickt aus, ist aber schnell und kann auch gut schwimmen.

Starke Krallen

Ameisen, Termiten und ihre Eier machen den größten Teil der Nahrung des Ameisenbären aus. Mit den starken Krallen der Vorderpfoten reißt er die Nester der Ameisen und Termiten auf, nutzt sie aber auch zur Verteidigung gegen Jaguare, Pumas oder Menschen. Große Ameisenbären sind nicht aggressiv, können sich jedoch auf den Hinterbeinen aufrichten und mit den Krallen zuschlagen.

Die Lebensweise der Einzelgänger hängt von der Nähe zum Menschen ab. Im Bereich dichter Besiedlungen sind die Ameisenbären nachtaktiv, in abgelegenen Gebieten sind sie am Tag unterwegs. Sie schlafen im Schutz eines Gebüschs oder einer Höhle und schützen Kopf und Körper mit ihrem buschigen Schwanz.

Nach einer Tragzeit von etwa sechs Monaten bekommt das Weibchen ein einzelnes Junges, das im ersten Jahr auf seinem Rücken reitet und bis zum Alter von zwei Jahren bei seiner Mutter bleibt.

> Große Ameisenbären **bewegen die Zunge** etwa **150-mal pro Minute** hinein und hinaus.

- ↔ 1–2 m
- 18–40 kg
- Gefährdet
- Ameisen, Termiten

Südliches Mittelamerika bis südliches Südamerika

Röhrenförmige Schnauze

ARGENTINISCHE PAMPA | 117

△ AMEISENMAHL
Ein Großer Ameisenbär frisst nur kurz, bis die Ameisen die Verteidigung organisieren. Dann zieht er zum nächsten Ameisenhügel weiter, sodass kein Insektenstaat zu sehr geschädigt wird.

◁ AUF KNÖCHELN GEHEN
Große Ameisenbären laufen auf den Knöcheln der Vorderbeine, um nicht mit den langen Krallen aufzutreten.

Langer, buschiger Schwanz

Großer Mara
Dolichotis patagonum

Der Große Mara oder Pampashase erinnert an einen kleinen Hirsch, wenn er sich bewegt, im Sitzen aber eher an ein Riesenkaninchen. Er ist allerdings ein Verwandter des Meerschweinchens. Maras leben in trockenen Grassteppen, wo sie Gräser und Kräuter fressen. Wenn die Temperatur gegen Abend fällt, ziehen sie sich in ihre Baue zurück, die sie mit den Vorderpfoten gegraben haben. Bei der Nahrungssuche sind Maras durch Füchse, Pampaskatzen und Greifvögel gefährdet. Mara-Paare bleiben ein Leben lang zusammen, und um die Gefahr abzuwenden, frisst ein Tier, während das andere aufpasst. Bei Bedrohung laufen Maras mit bis zu 45 km/h davon.

- 69–75 cm
- 9–16 kg
- Potenziell gefährdet
- Gräser, Kräuter, Samen

Südliches Südamerika

◁ GEMEINSAM LEBEN
Maras gebären ihre Jungen im Sommer, also in der Regenzeit. Die Geburt findet in Bauen statt, die gemeinsam von mehreren Paaren genutzt werden.

Sechsbinden-Gürteltier
Euphractus sexcinctus

Dieser Steppenbewohner buddelt seine Nahrung, zum Beispiel Wurzeln, mit den Krallen der Vorderpfoten aus. Das Gürteltier frisst auch Fallobst und leckt mit seiner langen Zunge Ameisen auf. Es lebt in Bauen, die es bis zu 1 m tief in den Boden gräbt.

Sein Territorium markiert es mit dem Sekret einer Drüse unter seinem Schwanz und verteidigt es gegen andere Gürteltiere. Das Sechsbinden-Gürteltier kann gut schwimmen. Es schluckt Luft, bevor es ins Wasser geht, um den Auftrieb zu erhöhen.

▽ KNOCHENPANZER
Das Gürteltier gräbt sich ein, wenn es bedroht wird. Der noch aus dem Boden ragende Rücken wird von seinem Knochenpanzer geschützt.

- 40–50 cm
- 3,2–6,5 kg
- Verbreitet
- Wurzeln, Früchte, Insekten, Aas

Mittleres bis östliches Südamerika

Sechsbinden-Gürteltiere können bis zu acht Bänder haben.

Der **Mähnenwolf** wirkt wie ein **hochbeiniger Fuchs.**

Weiße Kehle

Dichtes rötliches Fell

Außergewöhnlich lange Beine

- ↔ 1,2–1,3 m
- ⚖ 20–23 kg
- ✖ Potenziell gefährdet
- 🍽 Früchte, kleine Säugetiere
- 🏠

Mittleres und östliches Südamerika

Mähnenwolf

Chrysocyon brachyurus

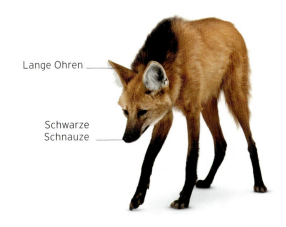

Lange Ohren

Schwarze Schnauze

Der schlanke Wildhund erinnert sowohl an einen Wolf als auch an einen Fuchs. Vermutlich hat er sich im Verlauf der Evolution schon früh von den anderen Linien südamerikanischer Wildhunde getrennt.

Auf den ersten Blick ein Fuchs

Obwohl er nicht nah mit den Füchsen verwandt ist, gemahnt das Erscheinungsbild eines ruhenden Mähnenwolfs an sie. Die großen dreieckigen Ohren und der weiße Kehlfleck unter der langen schwarzen Schnauze wirken sehr fuchsartig. Sieht man den hochbeinigen Mähnenwolf in Bewegung, ändert sich der Eindruck allerdings.

Der Mähnenwolf trägt eine für seinen Namen verantwortliche dunkle Mähne zwischen den Schultern und besitzt eine weiße Schwanzspitze. Die langen Beine erlauben es ihm, sich im hohen Gras seines Lebensraums zu bewegen und hier weit zu sehen. Auf offener Landschaft hat er einen leicht schwankenden Gang, doch im hohen Gras wechseln sich ein zielstrebiger Schritt und kurze Sprünge ab.

Einsamer Jäger

Der Mähnenwolf jagt allein und erinnert auch damit eher an einen Fuchs als an einen Wolf, obwohl sich mehrere Tiere an einer reichen Nahrungsquelle versammeln können. Er findet seine Beute mit seinem hervorragenden Gehör und tötet sie mit einem Biss in den Nacken oder die Wirbelsäule. Er frisst gern Säugetiere, besonders Pakas – große Nagetiere –, aber auch Gürteltiere und Vögel, sogar Fische. Mähnenwölfe fressen aber auch viel pflanzliche Nahrung, darunter den mit der Tomate verwandten Wolfsapfel sowie verschiedene andere Früchte und Wurzeln. Diese Pflanzen sind für die Gesundheit des Tiers wichtig, da es bei ausschließlicher Fleischnahrung zu Nieren- und Blasensteinen neigt.

Nächtliche Patrouillen

Mähnenwölfe legen auf ihren nächtlichen Patrouillen durch das hohe Gras Pfade an. Sie markieren ihr auf diesen Pfaden basierendes Revier mit ihrem streng riechenden Urin. Die Weibchen werfen zwei bis sechs Junge, die bis zu ein Jahr lang von ihren Eltern abhängig sind. Die Rüden helfen bei der Fütterung der Welpen.

Mähnenwölfe sind durch Lebensraumverlust und Straßenverkehr bedroht. Manchmal werden sie von Haushunden getötet oder mit Krankheiten infiziert. Ein Aberglaube an die medizinische Wirksamkeit ihrer Körperteile hat zur Verfolgung durch den Menschen geführt. Mähnenwölfe brauchen große Reviere und sind im Zoo nur schwer zu halten und noch schwerer zu züchten. Sie können nur erhalten werden, wenn große geeignete Lebensräume zur Verfügung stehen.

◁ **LANGBEINIG**
Mit seinen langen Beinen kann der Mähnenwolf große Entfernungen zurücklegen und sein 30–55 km² großes Revier kontrollieren.

▷ **WELPE**
Dieses fünf Wochen alte Jungtier ist bereits neugierig. Es wird noch etwa ein Jahr lang bei seinen Eltern bleiben.

△ **SOZIALE INTERAKTION**
Die großen Ohren dienen auch der Kommunikation. Als Zeichen der Angst oder Unterwürfigkeit werden sie angelegt. Das dominante Tier stellt sie auf.

MITTEL- UND SÜDAMERIKA

Lockeres Gefieder an Hals, Brust und Bauch

Lange rote Beine

Rotfuß-Seriema

Cariama cristata

Die großen, langbeinigen Seriemas teilen sich einen großen Teil ihres Lebensraums mit den Nandus. Sie nutzen verlassene Termitenhügel als Ausguck und um zu singen. Der sein Revier verteidigende Hahn lässt ein lautes Jaulen mit plötzlichen Frequenzsprüngen erklingen, das man kilometerweit hört. Dabei wirft er den Kopf so weit zurück, dass er fast den Rücken berührt.

Schneller Sprinter

Die kurzzehigen Füße des Rotfuß-Seriemas sind zur schnellen Flucht vor Feinden – im Sprint erreicht er 40 km/h – und zur Verfolgung von sowie zum Treten auf Beute geeignet. Um zu ruhen, klettert der Seriema in die unteren oder fliegt in die oberen Äste eines Baums. Sein Nest legt er so an, dass er es mit einigen Flattersprüngen erreichen kann. Ansonsten fliegt er unregelmäßig und nur kurze Strecken, wobei einigen schnellen Flügelschlägen immer ein längerer Gleitflug folgt.

Der Seriema tötet Beute wie Schlangen, indem er sie mit dem Schnabel packt und auf den Boden schlägt. Die Vögel werden manchmal zusammen mit Hühnern als »Wachhund« gehalten. Seriemas bevorzugen offenes Gelände und Buschland, sodass sie nicht vom Verlust des Lebensraums bedroht sind und manchmal von der Entwaldung profitieren.

- ↔ 75–90 cm
- ⚖ 1,5 kg
- ⊗ Verbreitet
- 🍴 Echsen, Vögel, Nagetiere

Östliches Südamerika

Ständig aufgestellte Federn am Schnabelansatz

△ **DROHGEBÄRDE**
Hähne singen zur Revierabgrenzung mit Rivalen laute Duette. Wenn sie sich trotzdem treffen, kommt es nur zu ritualisierten Auseinandersetzungen.

◁ **MEHRZWECKSCHNABEL**
Der breite Hakenschnabel ist das wichtigste Werkzeug des Seriema, mit dem er seine Beute ergreifen, festhalten und zerlegen kann.

Fein gestreiftes Gefieder

ARGENTINISCHE PAMPA | 121

Kaninchen- kauz
Athene cunicularia

Weiße Flecken auf braunem Körper

Mit kurzem Gras und Beifuß bewachsene Steppen sowie Halbwüsten sind der bevorzugte Lebensraum des Kaninchenkauzes. Er lebt aber auch in Kulturlandschaften, sogar auf Golfplätzen und Flughäfen. Die in Erdlöchern brütenden Eulenvögel übernehmen gern verlassene Baue von Säugetieren. Sie jagen bei Tag und bei Nacht, wobei sie ihre Beute, etwa kleine Nagetiere, von einem erhöhten Punkt aus beobachten. Viscachas und Präriehunde halten das Gras kurz, sodass die Käuze besser sehen können.

- 19–25 cm
- 125–250 g
- Verbreitet
- Säugetiere, Reptilien, Vögel
- Nord-, Mittel- und Südamerika

Die Baue sind mit Dung ausgekleidet, wohl um den Eigengeruch zu überdecken.

△ IM BAU
Mehrere Paare nisten nah beieinander, jedes in einem 1 m langen Bau in lockerer Erde, der zwischen zwei und zwölf Eier enthält.

Großer Nandu
Rhea americana

Die Grassteppe ist der ideale Lebensraum für den Großen Nandu. Hier findet der größte südamerikanische Vogel Insekten, Reptilien und Samen. Die Hähne bauen Nester und paaren sich mit sechs oder sieben Hennen, die ihre Eier in das Nest legen und sich dann mit weiteren Männchen paaren. Auf diese Weise muss sich der Hahn um 20–30 Eier kümmern, wobei er manchmal Hilfe von einem rangniedrigeren Männchen erhält. Die Hähne verjagen bei der Brutpflege selbst die Weibchen.

- 0,9–1,5 m
- 15–30 kg
- Potenziell gefährdet
- Samen, Früchte, Insekten
- Östl. u. südöstl. Südamerika

◁ FLUGUNFÄHIG
Unter den großen flugunfähigen Vögeln ähnelt der Nandu eher dem australischen Emu als dem Strauß.

Schmuck- Hornfrosch
Ceratophrys ornata

Hornartige Vorsprünge

Der Schmuck- wird auch als Argentinischer Hornfrosch bezeichnet. Er verschlingt alles, was in sein riesiges Maul passt. Der Hornfrosch ist ein Lauerjäger und wartet versteckt im Falllaub, wobei nur die Augen und das Maul herausschauen. Die »Hörner«, die ihm seinen Namen gegeben haben, sind kleine Fortsätze über den Augen, die die Umrisse des Hornfroschs auflösen und auf diese Weise zu seiner Tarnung beitragen. Wenn eine Beute geeigneter Größe in erreichbare Nähe kommt, springt der Frosch nach vorn und schnappt sie mit seinem riesigen Maul.

△ FURCHTLOSER FROSCH
Der Hornfrosch verteidigt sein Revier und lässt sich auch von größeren Eindringlingen nicht einschüchtern.

- 10–12 cm
- Frühjahr
- Potenziell gefährdet
- Frösche, Vögel, Schlangen
- Südöstliches Südamerika

GALÁPAGOS-INSELN
Die Inseln, die Darwin inspiriert haben

Die Galápagos-Inseln bilden ein vulkanisches Archipel in der Weite des Pazifischen Ozeans. Die Inseln entstanden, als sich die Erdkruste über einen Hot Spot (eine Stelle heißen, halbflüssigen Gesteins des Erdmantels) bewegte. Viele der ausbrechenden Vulkane erreichten den Meeresspiegel und die abkühlende Lava erschuf die Inseln. Wegen ihrer Entfernung zum Festland haben sich hier Arten entwickelt, die man nirgends sonst auf der Erde findet.

Die Geschichte der Evolution

Charles Darwin, der berühmte britische Naturforscher, erreichte die Galápagos-Inseln im Jahr 1835. Was er hier sah, half ihm bei der Entwicklung seiner Theorie der natürlichen Auslese, nach der Arten sich im Verlauf der Generationen verändern. Darwin beobachtete, wie sich bei Populationen auf verschiedenen Inseln Unterschiede entwickelt hatten, die es erlaubten, sie als getrennte Arten zu betrachten. Auf den Galápagos-Inseln gibt es nämlich viele einzigartige Arten wie die Galápagos-Finken und die Riesenschildkröten.

Drei große Meeresströmungen treffen hier aufeinander und liefern Nährstoffe und Plankton, von dem Fische, Meeressäuger und Seevögel leben. Die Inseln werden regelmäßig von El Niño beeinflusst, dessen wärmere und feuchtere Bedingungen dem Leben an Land nützen, dem marinen Leben jedoch schaden.

FLUGUNFÄHIG
Früher gab es auf den Galápagos-Inseln keine Raubtiere, sodass dieser Kormoran seine Flugfähigkeit verloren hat. Sein Bestand ist zurückgegangen, seitdem Menschen Katzen, Hunde und Schweine auf die Inseln gebracht haben.

GALÁPAGOS-SCHARBE

PIONIERPFLANZE
Der Lavakaktus erobert sehr schnell die nackten Lavafelder. Sein fleischiges Gewebe speichert Wasser und ist für Echsen und Schildkröten ein wichtiger Feuchtigkeitslieferant. Kaktusfinken sorgen für die Verbreitung der Samen des Lavakaktus.

LAVAKAKTUS

Insgesamt 127 Inseln, davon 13 größere

Seit 1978 sind die Inseln Weltnaturerbe

ROTE KLIPPENKRABBE

PUTZERKRABBEN
Die auffälligen Roten Klippenkrabben und die Meerechsen haben eine Beziehung, die für beide Seiten von Nutzen ist. Die Krabben entfernen Zecken und Algen von der Haut der Echsen und können dafür fressen, was sie finden.

LAGE

Die Galápagos-Inseln liegen im Pazifischen Ozean, etwa 900 km westlich der südamerikanischen Küste.

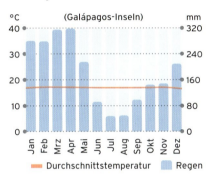

KLIMA

Die Durchschnittstemperatur schwankt im Jahresverlauf nur um 0,7 °C, wohingegen die Niederschläge sich stark verändern.

Galápagos-Seelöwe

Zalophus wollebaeki

Stromlinienförmiger Körper

Kräftige Flossen

Anders als die Hundsrobben und das Walross gehören die Seelöwen zu den Ohrenrobben. Die bei den Ohrenrobben sichtbaren Ohrmuscheln sind nur ein Unterschied. Seelöwen können die Hinterflossen unabhängig voneinander bewegen, was es ihnen zusammen mit den stärkeren Vorderflossen ermöglicht, sich leichter an Land zu bewegen. Auch das drehbare Becken trägt dazu bei.

Gefährliche Neugier

Die sehr geselligen Seelöwen sind Küstenbewohner, die im flachen Meer nach Nahrung suchen, bevor sie zum Schlafen und zur Aufzucht der Jungen in die von einem erwachsenen Männchen dominierten Kolonien am Strand zurückkehren. Die Neugier vor allem der jüngeren Tiere bringt sie mit Menschen in Kontakt, sodass sie sich in Fischnetzen verfangen. Außerdem übt El Niño einen verhängnisvollen Einfluss auf die Seelöwen aus. Die Veränderungen beeinflussen alle paar Jahre Winde, Strömungen und Temperaturen, sodass der Fischbestand plötzlich zusammenbrechen kann. In den Jahren 1997–1998 ist daher der Bestand der Galápagos-Seelöwen auf die Hälfte geschrumpft.

- ↔ 1,2–1,5 m
- 50–250 kg
- Stark gefährdet
- Fische, Kalmare, Krebstiere

Galápagos-Inseln, westl. Südamerika

▽ **GUTE SCHWIMMER**
Anders als Seehunde, die vor allem mithilfe ihrer Hinterflossen schwimmen, benutzen Seelöwen ihre starken Vorderflossen zur Fortbewegung.

109 endemische Arten – LAVAECHSE

GEMEINSAME VORFAHREN
Auf den Galápagos-Inseln gibt es sieben Arten bunter Lavaechsen. Eine davon ist auf mehreren Inseln zu finden, die anderen jeweils nur auf einer. Alle Arten stammen wie die verschiedenen Galápagos-Finken von einem gemeinsamen Vorfahren ab.

Junge Seelöwen beginnen im Alter von **ein oder zwei Wochen** zu **schwimmen**.

124 | MITTEL- UND SÜDAMERIKA

▽ BEACHTUNG SUCHEN
Das Männchen bläst den Kehlsack zu einem Ballon auf, wenn es auf dem Nest sitzt und die Weibchen auf sich aufmerksam machen will.

Aufgeblasener Kehlsack

Binden-Fregattvogel
Fregata minor

Zur Steuerung benutzter Schwanz

Der Binden-Fregattvogel wirkt mit seinem langen Schnabel, dem gegabelten Schwanz und seinen spitz zulaufenden Flügeln urzeitlich. Von allen Vögeln hat er das günstigste Verhältnis von Flügelfläche und Körpergewicht. Da er auch seinen Schwanz breit fächern oder eng zusammenlegen kann, ist er in der Lage, stundenlang mühelos zu segeln oder in plötzlichem Sturzflug fliegende Fische zu ergreifen oder andere Vögel zu verjagen. Der Fregattvogel stiehlt auch die Nahrung anderer Vögel, vor allem der Tölpel, indem er sie so lange bedrängt, bis sie sie wieder auswürgen. Fregattvögel überqueren das Wasser, landen aber nicht darauf, da ihr Gefieder nicht vollständig wasserdicht ist. Sie nisten auf Inseln des Indischen, Pazifischen und südlichen Atlantischen Ozeans. Die Paare bebrüten das einzige Ei 55 Tage lang.

- ⟷ 85–105 cm
- 1–1,5 kg
- Verbreitet
- Fische, Kalmare, Jungvögel

Tropischer Pazifik, Südatlantik, Indischer Ozean

Fregattvögel landen tagsüber selten, außer wenn sie brüten.

Galápagos-Pinguin
Spheniscus mendiculus

Dieser einzige nördlich des Äquators lebende Pinguin brütet hauptsächlich auf den Inseln Fernandina und Isabela. Tagsüber erbeutet er im Cromwell-Strom kleine Schwarmfische wie Meeräschen und Sardinen, denn der kalte Tiefenstrom enthält mehr Nährstoffe als die warmen tropischen Strömungen. Die Pinguine kommen nur in der Nacht an Land, weil es für sie sicherer und kühler ist. Sie können mit den Flügeln schlagen, um überschüssige Wärme abzugeben.

- ⟷ 53 cm
- 1,7–2,1 kg
- Stark gefährdet
- Meeräschen, Sardinen

Galápagos-Inseln

Seltener Vogel
Mit weniger als 1000 Brutpaaren ist der Galápagos-Pinguin einer der seltensten Pinguine der Welt. Die Brutzeit hängt von der Nahrungsverfügbarkeit ab. Ereignisse wie El Niño erwärmen das Wasser, sodass die Fische in kühlere Gewässer ausweichen. Der daraus resultierende Nahrungsmangel kann dazu führen, dass die Pinguine eine gesamte Brutzeit ausfallen lassen.

Die Galápagos-Pinguine sind auch durch Umweltverschmutzung, Überfischung und Tiere wie Katzen und Hunde bedroht, die von menschlichen Siedlern auf die Inseln gebracht worden sind.

▷ LEBENSLANGE PARTNER
Galápagos-Pinguine bleiben ein Leben lang zusammen. Ein oder zwei Eier werden in Felsspalten gelegt und von beiden Eltern abwechselnd 38–40 Tage lang bebrütet.

GALÁPAGOS-INSELN | 125

Blaufuß-Tölpel
Sula nebouxii

Große Füße mit vollständigen Schwimmhäuten

Die Männchen der Blaufuß-Tölpel versuchen potenzielle Partnerinnen mit ihren bunten Füßen zu beeindrucken. Die blaue Farbe stammt von Pigmenten, die mit frischem Fisch aufgenommen werden. Je bunter die Füße sind, desto besser ist also das Männchen ernährt und desto besser wird es für die Jungen sorgen. Die Weibchen bevorzugen jüngere Männchen, da die Färbung der Füße mit dem Alter abnimmt. Die mit Kormoranen und Fregattvögeln verwandten Tölpel besitzen Schwimmhäute, mit denen alle vier Zehen verbunden sind.

Überleben bei Nahrungsmangel
Etwa die Hälfte der Blaufuß-Tölpel der Welt lebt auf den Galápagos-Inseln, obwohl dort in letzter Zeit nur wenige Jungvögel aufgezogen worden sind. Das liegt vor allem am Rückgang der Sardinen, von denen sich der Tölpel fast ausschließlich ernährt. Die Brutzeit ist kurz und die Jungen schlüpfen aus den zwei bis drei Eiern im Abstand von einigen Tagen.

Ist genug Nahrung vorhanden, können die verschieden großen Jungen ohne gegenseitige Konkurrenz gefüttert werden. Bei Nahrungsmangel tötet das älteste Jungtier seine Geschwister. Überlebt ein kleineres Jungtier, hat es eine gute Chance, erwachsen zu werden.

- 75–90 cm
- 1,3–1,8 kg
- Verbreitet
- Sardinen und andere Fische

Westl. Mexiko bis nordwestl. Südamerika, Galápagos-Inseln

▷ **BALZTANZ**
Balzende Blaufuß-Tölpel präsentieren ihre leuchtend blauen Füße, indem sie sie in einem ritualisierten Tanz abwechselnd anheben.

Galápagos-Albatros
Phoebastria irrorata

Gelber Schnabel

Kastanienbraunes Gefieder

Dieser einzige tropische Albatros brütet auf den Galápagos-Inseln und sucht seine Nahrung vor den Küsten von Ecuador und Peru. Er entfernt sich dazu bis zu 100 km weit von seinem Nest, um oberflächennah schwimmende Fische zu erbeuten. Mit seinen langen, schlanken Flügeln kann der Albatros die Aufwinde nutzen und weit fliegen.

- 85–93 cm
- 3–4 kg
- Vom Aussterben bedroht
- Fische, Kalmare, Krebstiere
- Galápagos-Inseln

△ **RUF NACH DEM PARTNER**
Albatrosse bleiben ein Leben lang zusammen, nachdem sie sich in einem komplizierten Balzritual umkreist und verbeugt haben.

Spechtfink
Camarhynchus pallidus

Die Galápagos-Finken (eigentlich keine Finken, sondern Tangaren) haben sich in über ein Dutzend Arten aufgespalten, von denen jede eine andere Nahrung bevorzugt. In den feuchten Jahreszeiten ernährt sich der Spechtfink – eine der Arten – von den reichlich vorhandenen Insekten. In der heißen, trockenen Jahreszeit findet er die Nahrung mit einem Werkzeug, wozu nur wenige Vögel in der Lage sind. Der Spechtfink benutzt einen Zweig oder einen Kaktusstachel, um nach Insektenlarven unter der Borke oder in Löchern im Holz zu stochern. Er testet verschiedene Werkzeuge und kürzt sie, wenn notwendig. Ein gutes Werkzeug benutzt er nacheinander an mehreren Orten.

△ **SCHNABELVERLÄNGERUNG**
Der Spechtfink benutzt einen Kaktusstachel, um nach Larven zu stochern, die er sonst nicht erreichen könnte.

- 15 cm
- 20–31 g
- Regional verbreitet
- Insekten und ihre Larven
- Galápagos-Inseln

Galápagos-Riesenschildkröte

Chelonoidis nigra

Fünfzehiger Vorderfuß

Die Riesenschildkröten der Galápagos-Inseln sind dafür bekannt, dass sie sehr groß werden und zu den langlebigsten Tieren der Welt gehören. Heute gibt es noch zehn Unterarten auf sechs verschiedenen Inseln. Manche Wissenschaftler neigen auch dazu, die Unterarten als eigene Arten zu betrachten. Unabhängig davon kann man die Schildkröten nach ihrer Panzerform in zwei Gruppen einteilen. Es gibt große Tiere, die einen abgerundeten, kuppelförmigen Panzer besitzen, und es gibt die etwas kleineren, deren Panzer eine Sattelform aufweist und über dem Hals nach oben gebogen ist. Diese Form könnte eine Anpassung an eine trockenere Umgebung sein, wo sich Nahrung wie die beliebten Opuntien in größerer Höhe befindet und daher nur durch Recken des Halses erreicht werden kann.

Wanderungen

Auf manchen Inseln verlassen die älteren Männchen und einige erwachsene Weibchen in der Trockenzeit das Tiefland und suchen das feuchtere Hochland auf. Sie brauchen zwei bis drei Wochen, um rund 6 km zurückzulegen. In der Regenzeit wandern sie wieder ins Tiefland, wo der Rest der Schildkröten das ganze Jahr über geblieben ist. Die geruhsame Lebensweise, der langsame Stoffwechsel und die Fähigkeit, Energie und Wasser zu speichern, führen dazu, dass eine Riesenschildkröte ein Jahr lang hungern und dursten kann.

Traditionelle Brutplätze

Paarungen finden in der Regenzeit von Februar bis Mai statt. Die Männchen besetzen nun Reviere und verfolgen die Weibchen. Diese wählen meist eine traditionelle Eiablagestelle in Küstennähe und graben dort ein Loch in den Sand, in das sie 5–18 (meistens 10) Eier legen und es wieder zuschütten. Abhängig von der Temperatur vergehen vier bis acht Monate bis zum Schlupf der Jungen, die mehrere Tage oder sogar Wochen brauchen können, um sich an die Oberfläche zu graben. Die Eier und die frisch geschlüpften Jungen sind durch eingeschleppte Tiere wie Katzen und Ratten bedroht.

Die Riesenschildkröten sind **extrem langlebig**. **Ein Weibchen** ist **über 170 Jahre alt** geworden.

◁ **SATTELPANZER**
Die Schildkröten haben sehr lange Hälse. Der aufgewölbte Panzerrand dieser Tiere von der trockeneren Insel Española erlaubt es größere Pflanzen zu erreichen.

▷ **KUPPELPANZER**
Die Schildkröten mit Kuppelpanzer sind meist weniger territorial und geselliger. Sie ziehen sich oft gemeinsam zum Ruhen in Erdmulden zurück.

- ↔ Bis zu 1,2 m
- ⚖ Bis zu 300 kg
- ⊗ Gefährdet
- 🍽 Kakteen, Gras, Blätter, Beeren

Galápagos-Inseln

△ **SYMBIOTISCHE BEZIEHUNG**
Wie die anderen Reptilien der Galápagos-Inseln, etwa die Riesenschildkröten, leben die Meerechsen in einer symbiotischen Beziehung zum Klein-Grundfink, der ihre Haut von Parasiten reinigt.

Großer Rückenkamm bei älteren Männchen

Stumpfe Schnauze

Meerechse
Amblyrhynchus cristatus

Die abgelegenen Galápagos-Inseln im Pazifischen Ozean sind für ihre einzigartigen Tierarten berühmt. Besonders interessant sind ihre Meerechsen, da sie die einzigen Echsen sind, die sich nur von Algen ernähren.

Geschickte Schwimmer
Meerechsen leben nicht im Meer, sondern versammeln sich an felsigen Küsten. Sie verbringen die frühen Tagesstunden in der Sonne, sodass ihre Körper zum Schwimmen und Fressen genügend Wärme gespeichert haben. Dann springen die Meerechsen ins tiefe Wasser, tauchen auf Tiefen von bis zu 10 m hinab und weiden die kurzen Algen ab, die auf den sonnenbeschienenen Felsen wachsen. Die Meerechse kann notfalls eine Stunde lang unter Wasser bleiben, doch meistens taucht sie schon nach wenigen Minuten auf. Mit dem plumpen Körper und den kurzen Beinen wirken die Meerechsen an Land unbeholfen, aber im Wasser sind sie sehr wendig. Die Füße tragen zum Teil Schwimmhäute, doch die Echsen schwimmen vor allem mithilfe des seitlich abgeplatteten Schwanzes. Der Rückenkamm stabilisiert die Lage im Wasser.

An Land aufwärmen
Meerechsen bleiben meist nicht lange im Meer. Das kühle Wasser macht sie lethargisch, sodass sie sich immer wieder in der Sonne aufwärmen müssen. Nach dem Fressen klettern die Echsen wieder die Felsen hinauf und halten sich dabei mit den langen Krallen fest.

Die dunkle Haut hilft ihnen, die Sonnenwärme schnell aufzunehmen. Wenn sie trocknet, wird sie heller und farbige Flecken erscheinen. Diese sind vor allem bei erwachsenen Männchen ausgeprägt, die damit die Weibchen beeindrucken wollen. Die Farben hängen von den Pigmenten in den gefressenen Algen ab und unterscheiden sich daher von Insel zu Insel. Die Gesichter beider Geschlechter zeigen auch weiße Spuren. Das ist überschüssiges Salz, das mit dem Meerwasser aufgenommen und durch Drüsen in der Nase ausgeschieden wurde.

Die Zeit an Land dient nicht nur dem Aufwärmen, sondern auch der Verdauung des Algenmaterials. Das geschieht mit Unterstützung von Bakterien im entsprechend vergrößerten Darm, der zur rundlichen Körperform der Meerechsen beiträgt.

Groß ist nicht immer am besten
Die Männchen können doppelt so groß wie die Weibchen werden. Während der Paarungszeit verteidigen sie ihren Harem gegen Rivalen. Die Konflikte werden meist unblutig ausgetragen, da das dominante Tier das unterlegene so lange mit heftigem Nicken beeindruckt, bis es sich zurückzieht. Wenn die andere Echse zurückknickt, versuchen sich die Gegner mit den Köpfen wegzuschieben. Eine entsprechende Größe ist hier von Vorteil, kann aber auch hinderlich sein. Größere Meerechsen brauchen länger, um sich aufzuwärmen, und wenn die Algennahrung zum Beispiel durch El Niño knapp wird, können sie nicht so oft zum Fressen tauchen.

△ SONNENBAD
Meerechsen sonnen sich gemeinsam, wobei die dunklen Körper die Sonnenwärme gut aufnehmen und zwischen dem vulkanischen Gestein kaum auffallen.

◁ ALGENMAHLZEIT
Meerechsen finden ihre Nahrung unter Wasser. Sie nutzen die hornigen Mäuler und ihre Zähne, um die Algen von den Felsen zu schaben.

- 50–100 cm
- 1–11 kg
- Gefährdet
- Seetang

Galápagos-Inseln

Wenn die Nahrung knapp ist, können Meerechsen ihre Größe verringern und sogar ihr Skelett um 10 % verkleinern.

GALÁPAGOS-INSELN

Mittlere Apenninen
Ein Wolf pirscht sich vorsichtig an ein kleines Rotwildrudel an, doch die Hirsche haben seine Gegenwart bemerkt. Weniger als 1000 Wölfe leben in Italien, ausschließlich in den Apenninen.

Europa

132 | EUROPA

LAND AUS EIS UND FEUER

Island liegt auf dem vulkanisch aktiven Mittelatlantischen Rücken, an dem zwei tektonische Platten auseinanderdriften. Das Land ist daher mit aktiven Vulkanen, Geysiren und Gletschern übersät.

LANDWIRTSCHAFT

In Europa wird der ökologische Schaden durch menschliche Einflüsse deutlich, vor allem durch Verstädterung, Entwaldung und die Umwandlung von Flächen in Ackerland.

ÖKOREGIONEN

- Norwegische Fjorde ›› S. 134–139
  Meeresküsten, Bergtundra
- Schottische Highlands ›› S. 140–145
  Gemäßigter Nadelwald, Moore
- Camargue ›› S. 146–151
  Feuchtgebiete, Flussdelta
- Tal des Tajo ›› S. 152–157
  Mediterraner Wald, Buschland
- Alpen ›› S. 158–163
  Gemäßigter Nadelwald, Bergwiesen
- Bayerischer Wald ›› S. 164–173
  Gemäßigter Nadelwald, Laub- und Mischwald

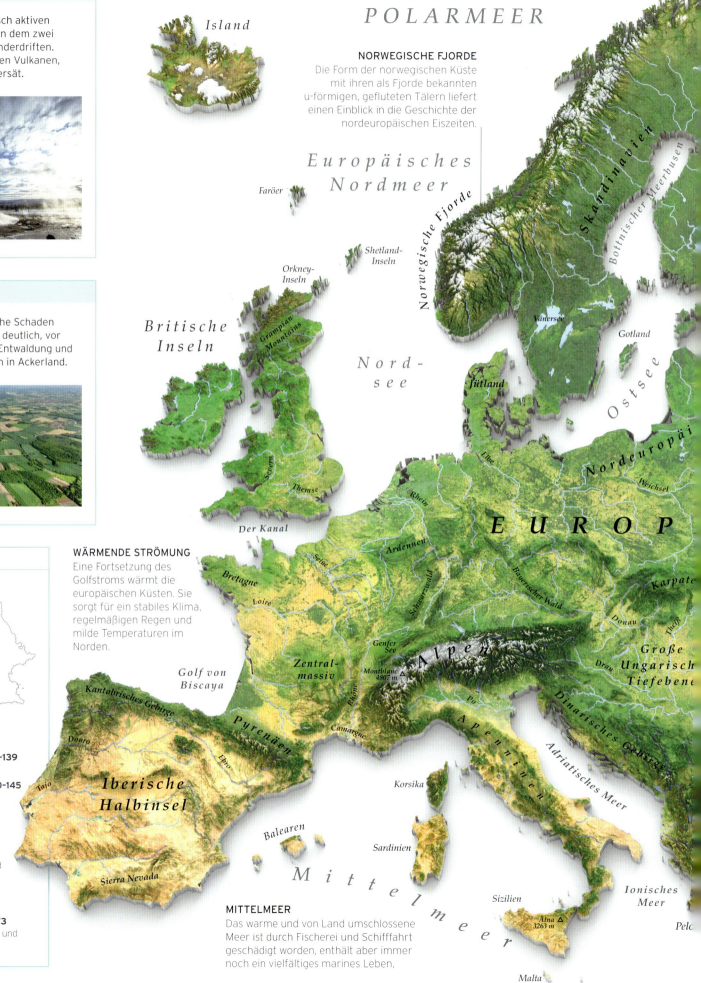

NORDPOLARMEER

NORWEGISCHE FJORDE
Die Form der norwegischen Küste mit ihren als Fjorde bekannten u-förmigen, gefluteten Tälern liefert einen Einblick in die Geschichte der nordeuropäischen Eiszeiten.

WÄRMENDE STRÖMUNG
Eine Fortsetzung des Golfstroms wärmt die europäischen Küsten. Sie sorgt für ein stabiles Klima, regelmäßigen Regen und milde Temperaturen im Norden.

MITTELMEER
Das warme und von Land umschlossene Meer ist durch Fischerei und Schifffahrt geschädigt worden, enthält aber immer noch ein vielfältiges marines Leben.

EBENEN UND HALBINSELN | 133

URALGEBIRGE
Das Gebirge bildet eine natürliche Grenze zwischen Europa und Asien. Es reicht vom Polarkreis bis zu den trockenen Steppen Kasachstans.

EBENEN UND HALBINSELN
Europa

Europa ist der westliche Teil des Großkontinents Eurasien. Von Asien ist es durch das Schwarze und das Kaspische Meer sowie den Ural und den Kaukasus getrennt. In geologischer und ökologischer Hinsicht ist Europa komplex: Der Norden und Westen waren einmal von Gletschern bedeckt, eine große Tiefebene reicht von Südengland bis nach Russland und in der Mitte liegt mit den Alpen die längste Gebirgskette Europas. Etwa die Hälfte der Landmasse besteht aus großen Halbinseln wie Skandinavien, Jütland, der Bretagne, der Iberischen und der Apenninen-Halbinsel sowie dem Balkan oder großen Inseln wie den Britischen Inseln und Island. Der Einfluss der umgebenden Meere auf das Klima ist gewaltig.

Die Lebensräume lassen sich in von den Breitengraden abhängige Zonen einteilen. Tundra und Nadelwälder beherrschen den Norden. Sie werden im Süden durch Laubwälder, landwirtschaftlich genutzte Flächen, Berge und mediterrane Vegetation ersetzt. Viele Vogel- und Insektenarten migrieren jährlich zwischen asiatischen Brutplätzen und europäischen Winterquartieren.

KALKSTEINHÖHLEN

Karst-Landschaften, wie sie in Slowenien und Italien vorkommen, bestehen aus dünnen, trockenen, alkalischen Böden über einem Grundgestein aus Kalk mit Höhlen und unterirdischen Flüssen. In manchen kommt der Grottenolm vor.

MANITA-PEC-HÖHLE

GROTTENOLM

SCHLÜSSELDATEN

ÖKOSYSTEME
- Gemäßigter Laubwald
- Gemäßigter Nadelwald
- Wüste, Buschsteppe
- Gemäßigte Grassteppen
- Mediterrane Vegetation
- Bergwiesen
- Borealer Wald, Taiga
- Tundra
- Eis

MITTLERE NIEDERSCHLÄGE
mm
10 000
7500
5000
2500
0

MITTLERE TEMPERATUR
°C
30
20
10
0
-10
-20
-30
-40

NORWEGISCHE FJORDE
Geschützte Häfen einer unruhigen Küste

Die norwegische Küste wird von vielen tiefen, von Gletschern in mehreren Eiszeiten ausgehobenen Tälern zerschnitten. Sie sind vom Meer mit Wasser gefüllt worden und bilden nun lange, schmale Buchten, die man als Fjorde bezeichnet. Das Wasser ist reines Meerwasser, doch der Fjord ist geschützt, meist nicht von Land zugänglich und oft sehr tief. Trotz ihrer nördlichen Lage bleiben die Fjorde dank des Golfstroms meist das ganze Jahr über eisfrei. Hier lebt eine Vielzahl standorttreuer und wandernder Fische, Robben, Schweinswale und Seevögel. Die meisten Kaltwasserkorallenriffe der Welt sind in diesem Lebensraum zu finden.

Kaltwasserkorallen

Tiefseekorallen sind zuerst im Jahr 1869 entdeckt worden, aber es dauerte über ein Jahrhundert, bis man ihre große Verbreitung erkannt hat. Im Atlantik ist die wichtigste riffbildende Art *Lophelia pertusa*. Riffe dieser Koralle von über 13 km Länge und 30 m Höhe sind vor der Küste Norwegens gefunden worden. Manche von ihnen sind Tausende von Jahren alt. Die Riffe im flacheren, aber trotzdem kalten Wasser der Fjorde sind erst im Jahr 2000 entdeckt worden. Sie verdeutlichen den ökologischen Wert der Fjorde, die vielen marinen Wirbellosen Schutz bieten und Fischen Laichplätze und Nahrung zur Verfügung stellen.

Das an die Fjorde angrenzende Bergland ist von Nadel- und Laubwäldern bedeckt und mit Gletscherseen und sommerlichen Wiesen in höher gelegenen Tälern übersät. In Höhen über 1700 m ersetzen alpine Pflanzen und schneebedeckte Gipfel die Bäume und Wiesen.

LAICHGEBIETE Im Alter von fünf Jahren wandert der Atlantische Hering zum Laichen in norwegische Fjorde ein. Für verschiedene andere Fische, Robben, Wale und Seevögel ist er die wichtigste Nahrungsquelle, sodass diese unter der Überfischung leiden.

ATLANTISCHER HERING

POPULATIONSDYNAMIK Berglemminge können sich schnell vermehren. Unter guten Bedingungen explodieren die Populationen, sodass die Märchen vom Massenselbstmord entstanden sind. Bei Nahrungsmangel brechen die Populationen zusammen.

BERGLEMMING

> Die größten Lophelia-Riffe sind

Sognefjord ist der längste eisfreie Fjord der Welt

WEISSRÜCKENSPECHT

HÖHLEN IM BAUM Die recht ungestörten norwegischen Küstenwälder beherbergen dichte Populationen des Weißrückenspechts. Er wird als Indikator intakter Ökosysteme angesehen und seine Baumhöhlen bieten auch vielen anderen Arten Nistplätze.

NORWEGISCHE FJORDE

LAGE

Europäisches Nordmeer

Fjorde gibt es am größten Teil der norwegischen Westküste, die größten und tiefsten zwischen Stavanger und Trondheim.

KLIMA

Das Klima ist gemäßigt mit ausgeprägten Jahreszeiten, durch den Golfstrom relativ mild. Niederschläge fallen im ganzen Jahr.

(Molde, Romsdale)

— Durchschnittstemperatur   ▪ Regen

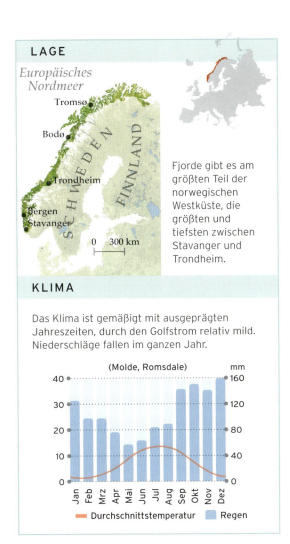

DUNKLE RIFFE
Lophelia pertusa ist eine ungewöhnliche Koralle, die in großen Tiefen in kaltem Wasser lebt. Sie wächst extrem langsam und ernährt sich von abgestorbenem, herabsinkendem Plankton. An der norwegischen Küste kommen die größten Bestände vor.

über 8000 Jahre alt

LOPHELIA-KORALLE

Kegelrobbe
Halichoerus grypus

Lange, spitze Krallen

Die Kegelrobbe ist an ihre Umgebung bestens angepasst. Eine bis zu 6 cm dicke Blubberschicht dient der Isolation, lenkt aber auch das Blut von der Haut zu den lebenswichtigen Organen. Die Kegelrobbe jagt in Tiefen von 60 bis 300 m, sogar wenn sie nichts sehen kann. Sie atmet aus, um die Lungen zu entlasten, und nutzt ihre empfindlichen Vibrissen (Schnurrhaare), um Sandaale und andere Beute zu finden.

- ↔ 1,7–2,3 m
- ⚖ 100–310 kg
- ✖ Verbreitet
- 🍴 Sandaale, Kalmare, Kraken
- 🏠 〰〰

Nordatlantik

◁ **AN LAND RUTSCHEN**
Die in großen Kolonien lebenden Kegelrobben besuchen Strände, Eisschollen und Felsen, um zu ruhen, sich zu paaren und zu gebären.

Gewöhnl. Schweinswal
Phocoena phocoena

Schweinswale besuchen oft Küsten, vor allem flache Kaltwasserbuchten, um auf dem Grund nach Nahrung zu suchen. Sie werden von Weitem oft mit Delfinen verwechselt. Schweinswale haben jedoch kleinere Rückenflossen und keinen ausgeprägten Schnabel. Sie meiden auch Boote und sind nur selten in den Bugwellen zu sehen.

- ↔ 1,3–2 m
- ⚖ 45–75 kg
- ✖ Verbreitet
- 🍴 Fisch, Kalmare, Kraken
- 🏠 〰〰

Nordpazifik, Nordatlantik, Schwarzes Meer

△ **LAUTES ATMEN**
Möglicherweise ist der Schweinswal wegen der Geräusche, die beim Ausatmen der Luft aus dem Blasloch entstehen, zu seinem Namen gekommen.

Die Fluke ist sehr kräftig.

Rückenflosse der Männchen bis zu 1,8 m hoch

Große, paddelförmige Flossen

Schwertwal
Orcinus orca

Der Schwertwal oder Orca ist die größte Art der Familie der Delfine. Er wird bis zu 90 Jahre alt und ist der einzige Wal, der regelmäßig Meeressäuger frisst, darunter auch andere Delfine.

Intelligente Jäger

Man unterscheidet Resident-, Transient- und Offshore-Populationen, die sich unterschiedlich ernähren und in unterschiedlichen Gebieten leben. Die Tiere der Resident-Population bilden die größten Schulen und jagen vor allem Fische, Kalmare und Kraken. Die Orcas der Transient-Populationen sind die größten Prädatoren von Meeressäugern und fressen sogar große Wale, aber auch Vögel wie etwa Pinguine. Die Offshore-Populationen ernähren sich von Fischen, insbesondere Haien.

Schwertwale sind sehr intelligent. Orcas bringen ihren Jungen die Jagd bei, etwa die Beute zusammenzutreiben, sie mit Schwanzschlägen zu betäuben und Robben vom Eis zu spülen. Schulen können aus wenigen, aber auch bis zu 50 Orcas bestehen. Sie setzen sich aus Gruppen zusammen, die aus einem Weibchen mit seinen Töchtern bestehen. Die Tiere benutzen ein Vokabular aus Klick-, Pfeif- und wie Schreie klingenden Lauten. Verschiedene Populationen kennen unterschiedliche Laute.

Orcas können sich zu jeder Jahreszeit paaren, meistens jedoch in Frühjahr und Sommer. Nach einer 15- bis 18-monatigen Trächtigkeit, der längsten aller Wale, wird ein einzelnes Kalb meist mit dem Schwanz voran geboren.

◁ **GROSSE SPRÜNGE**
Sprünge, Flossenschläge und das Herausstrecken des Kopfs aus dem Wasser dienen auch der Kommunikation.

- ↔ 7,5–10 m
- ⚖ 2,6–6,6 t
- ⊗ Unbekannt
- 🍽 Fische, Säugetiere, Seevögel

Weltweit

Pracht-Eiderente
Somateria spectabilis

Diese Ente überwintert meist am Meer nördlich des Polarkreises und brütet an kleinen Seen und Flüssen in der küstennahen Tundra und in Sümpfen. Sie kann bis zu 35 m tief tauchen, sucht aber auch im flacheren Wasser nach Nahrung. Bei der Balz hebt der Erpel den Steiß, drückt den Schwanz hinunter und schiebt den Kopf nach vorn.

- ↔ 47–63 cm
- ⚖ 1,5–2 kg
- ⊗ Verbreitet
- 🍽 Weich- und Krebstiere
- 📍 Nordpolarmeer, Nordpazifik, nördl. Nordamerika, Nordeuropa und Nordasien

▽ **SCHNELLER FLUG**
Prachteiderenten fliegen geradlinig mit schnellem Flügelschlag. In Schwärmen fliegen sie oft neben- und nicht hintereinander.

Roter Schnabel mit orangefarbenem Stirnschild beim brütenden Erpel

Atlantischer Lachs
Salmo salar

Junge Atlantische Lachse leben mindestens ein Jahr in den Oberläufen klarer Flüsse, bevor sie zum Meer schwimmen. Hier folgen sie auf der Nahrungssuche küstennahen Strömungen und wachsen schnell. Nach drei oder vier Jahren suchen sie ihren Herkunftsfluss, den sie anhand seines Geruchs erkannt haben, zum Laichen auf.

- ↔ 0,7–1,5 m
- ⚖ 2,3–9,1 kg
- ⊗ Verbreitet
- 🍽 Insektenlarven, Fische
- 📍 Nordöstl. Nordamerika, West- und Nordeuropa, Nordatlantik

◁ **DEN FLUSS HINAUF**
Viele Lachse sterben auf der Reise, doch die Überlebenden können sie drei- oder viermal unternehmen.

138 | EUROPA

- ↔ 28–30 cm
- ⚖ 400 g
- ⊗ Verbreitet
- 🍴 Sandaal, Lodde, Hering

Nordatlantik, Nordpolarmeer

Das helle Gesicht wird im Winter dunkler.

▷ **FRISCH GEFANGEN**
Kleine Sandaale werden von der kräftigen Zunge und nach innen weisenden Zähnchen der Schnabelkante in einer Reihe gehalten.

NORWEGISCHE FJORDE | 139

Im Sommer mit bunten Hornscheiden

Schwimmhäute

Papageitaucher
Fratercula arctica

Der Papageitaucher ist mit seinem großen, bunten, dreieckigen Schnabel vermutlich einer der am leichtesten zu erkennenden Vögel. Die kleinen Tiere kommen nur zum Brüten an Land. Sie sind weniger pinguinähnlich als die mit ihnen verwandten Lummen, die aufrecht auf ihren Fersen und Schwänzen sitzen können. Papageitaucher haben weiter vorn liegende Füße und können daher besser laufen.

Sommerschmuck
Im Frühjahr vergrößert sich die Hornscheide des Schnabels und zeigt leuchtende Sommerfarben. Die Zahl der gelben Furchen in der roten Spitze verrät das Alter des Vogels. Im Herbst wird die Hornscheide abgestreift und der Schnabel ist im Winter kleiner und unauffälliger. Ohne als Kommunikationsmittel in der Brutkolonie dienen zu müssen, ist die Funktion des Schnabels auf den Fischfang reduziert. Papageitaucher erreichen große Tiefen und »fliegen« elegant durch das Wasser. Sie fangen meist mehrere Fische bei einem Tauchgang, insbesondere wenn ein Küken zu versorgen ist.

Brutkolonien auf den Klippen
Papageitaucher-Kolonien können aus Hunderttausenden von Brutpaaren bestehen und befinden sich an den Hängen der Klippen und an Geröllhängen. Die Papageitaucher einer Kolonie fliegen oft in riesigen Schwärmen auf das Meer hinaus, um Fressfeinde zu verwirren. An Land sind die Vögel sehr laut und beeindrucken Rivalen mit ihren bunten Schnäbeln und Beinen.

Papageitaucher leben 10 bis 20 Jahre lang und kehren oft jedes Jahr zur gleichen Bruthöhle zurück. Wenn ein neues Brutpaar keinen leeren alten Bau finden kann, gräbt es einen neuen mit seinen Füßen, bis es etwa 1 m Tiefe erreicht hat. Das Weibchen legt ein einzelnes Ei, das von beiden Eltern abwechselnd an den nackten Brutflecken unter den Flügeln ausgebrütet wird. Das Küken schlüpft nach 36 bis 45 Tagen und wird von beiden Eltern bis zu 60 Tage lang gefüttert. Der Jungvogel wird dann sich selbst überlassen. Er steht oft mehrere Tage lang am Ausgang des Baus, bis er aufs Meer hinausfliegt. Die synchronisierte Brutzeit führt dazu, dass fast alle Altvögel die Kolonie gleichzeitig verlassen.

Der **Rekord an Sandaalen** im Schnabel eines **Papageitauchers** liegt bei **83 Stück.**

◁ **HOCH IN DER LUFT**
Papageitaucher können bis zu 400-mal pro Minute mit den Flügeln schlagen und damit 90 km/h erreichen.

△ **BRUTKOLONIE**
Altvögel fliegen auf der Nahrungssuche für das Küken bis zu 100 km aufs Meer hinaus und kehren in Gruppen zurück.

SCHOTTISCHE HIGHLANDS
Großbritanniens letzte Wildnis

Die Schottischen Highlands fallen sowohl in kultureller als auch ökologischer Hinsicht auf. Zu ihnen gehören alte Gebirge mit komplexer Geologie, Grasebenen, Torfmoore, viele kleine Flüsse und Seen, Reste des ursprünglichen Walds wie auch angepflanzten Wäldern und Heide. Manchmal werden auch die Hebriden zu den Highlands gezählt, obwohl sie nicht hoch aufragen. Die relative Naturnähe der Region ist in ihrer geringen landwirtschaftlichen Eignung und der dünnen Besiedlung begründet.

Wiederaufforstung
Die höchsten Gipfel liegen oberhalb der Baumgrenze. Zu ihnen gehören Ben Nevis, mit 1344 m Höhe Großbritanniens höchster Gipfel, und das Plateau der Cairngorms, das in Flora und Fauna an die Tundra erinnert. Das Tiefland trägt die Kennzeichen der Vergletscherung, wie breite Täler, große mäandernde Flüsse und ausgedehnte Moore.

Der größte Teil der Wälder in dieser Region besteht aus Nadelbaum-Anpflanzungen der Gemeinen und der Sitka-Fichte sowie der Gewöhnlichen Douglasie. Mittlerweile versucht man aber natürlichere Wälder zu schaffen, die mit Waldkiefer, Wacholder, Birke, Weide, Vogelbeere und Zitterpappel dem ursprünglichen Bewuchs der tiefer gelegenen Hänge entsprechen.

Um die Ökologie der Region wieder ins Gleichgewicht zu bringen, ist auch der Europäische Biber eingeführt worden, der vor 400 Jahren ausgestorben war. Ein weiterer Versuch ist vom privaten Alladale Wilderness Reserve unternommen worden. Das Ziel ist es, Wölfe und Braunbären in einem großen umzäunten Gebiet auszuwildern.

KLEINES WUNDER Waldameisen übernehmen ökologische Rollen wie die Belüftung des Bodens, die Verbreitung von Samen, die Schädlingskontrolle und sind selbst die Nahrung vieler anderer Arten. In ihren Staaten leben auch Gastameisen, Kellerasseln und Käferlarven.

SCHNEEHUHNHEIDE Große Heidebereiche werden kontrolliert, damit Schottische Moorschneehühner für die Jagd zur Verfügung stehen. Der Abschuss von Prädatoren und das Abbrennen der Heide, um frische Triebe wachsen zu lassen, sind fragwürdige Praktiken.

HOCHMOORE In Schottland gibt es einen großen Anteil der Hochmoore der Welt, in denen Torf vor allem aus Torfmoosen entsteht. Die Bindung atmosphärischen Kohlendioxids in Torf spielt bei der Verlangsamung des Klimawandels eine wichtige Rolle.

Nur 1,2 % des früheren Walds sind übrig, verteilt auf 84 Gebiete › Ben Nevis ist der höchste

SCHOTTISCHE HIGHLANDS | 141

LAGE

Die Highlands bedecken den Norden und den Westen Schottlands.

KLIMA

Kühl gemäßigt, stark vom Atlantik mit regelmäßigen Niederschlägen und heftigen Winden sowie von der Höhenlage beeinflusst

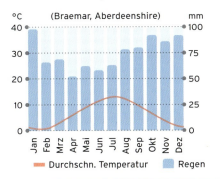

Rot-hirsch
Cervus elaphus

Lange, schlanke Beine

Der Rothirsch ist das größte Tier Schottlands. Seinen Namen trägt er wegen der Farbe seines kurzen Sommerfells. Im Sommer kann man kleine Herden in offener Landschaft beim Äsen beobachten. Im Winter färbt sich das dickere Fell grau und die Hirsche ziehen sich in die Wälder zurück, wo sie bei schlechtem Wetter besser geschützt sind.

Rothirsche leben in Rudeln jeweils eines Geschlechts, die sich im Winter vermischen können. Im Frühjahr beginnt das Geweih der Männchen zu wachsen und die Kühe gebären gefleckte Kälber. Die Brunftzeit beginnt im Spätsommer. Dominante Hirsche kontrollieren einen Harem von Kühen und halten sie mit ihrem Röhren zusammen. Die schwächeren Hirsche belästigen die Kühe am Rand des Rudels und treiben sie damit den stärkeren zu. Die Brunft dauert bis zum Beginn des Winters, wenn die Männchen ihr Geweih abwerfen und sich die Rothirsche wieder auf die Kälte des Winters vorbereiten.

- ↔ 1,7–2,1 m
- ⚖ 75–220 kg
- ⊗ Verbreitet
- 🌿 Blätter, Gräser, Seggen

Europa bis Westasien, Nordafrika

Erwachsenes Männchen mit einer Vielzahl von Enden

Der Geweihknochen wächst 2,5 cm pro Tag.

▷ **GROSS UND STOLZ**
Die Kühe bewerten die Hirsche nach der Geweihgröße. Jüngere Hirsche haben weniger Enden, alternde verlieren die Symmetrie des Geweihs.

△ **KÖPFE NACH UNTEN**
Die brünftigen Hirsche versuchen einen Kampf zu vermeiden. Sie laufen nebeneinander her und kämpfen nur, wenn keiner zurückweicht.

RÜCKZUG INS HOCHLAND
Im 20. Jahrhundert ist der Bestand der Ostschermaus in Großbritannien wegen des eingeführten Amerikanischen Nerzes eingebrochen. Da die Highland-Flüsse für den Nerz zu exponiert sind, haben sich die Schermäuse hierhin zurückgezogen.

Berg in Großbritannien

OSTSCHERMAUS

- 20–25 cm
- 200–475 g
- Verbreitet
- Nadelbaumsamen, Nüsse

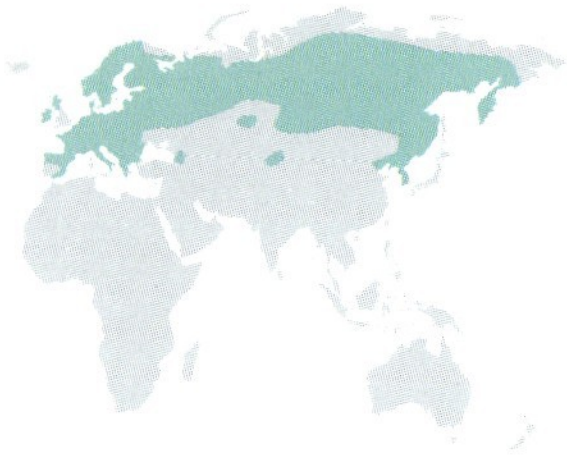

Westeuropa bis Westasien

▷ **HAARBÜSCHEL**
Anders als Grauhörnchen tragen Eichhörnchen Haarbüschel an den Ohren, die im Winter besonders lang sind.

Buschiger Schwanz

Europäisches Eichhörnchen
Sciurus vulgaris

Europäische Eichhörnchen weisen sehr viele Fellfarben auf, von sehr hellem Rot bis Schwarz. Die geschickten Kletterer können bis zu 4 m weit springen und sehr gut sehen, hören und riechen.

Schwerpunkt Nahrung

Eichhörnchen verbringen den größten Teil des Tages damit, Nahrung wie Samen und Nüsse zu suchen oder zu verstecken. Die wärmsten Sommerstunden verbringen sie in ihrem Nest. Sie halten keinen Winterschlaf, sondern verlassen sich auf ihre Vorräte. Auch bei sehr schlechtem Wetter suchen sie ihr Nest auf. Die Männchen konkurrieren um die Weibchen, kümmern sich aber nicht um die Jungen. Abgesehen von der Paarung leben Eichhörnchen unabhängig voneinander. Obwohl sie fast in ganz Europa zu finden sind, ist ihre Verbreitung in den Gebieten Englands auf wenige Mischwälder beschränkt, in denen sie der Konkurrenz der aus Nordamerika eingeführten Grauhörnchen ausgesetzt sind.

△ **OFFENE AUGEN**
Die jungen Eichhörnchen verbringen die ersten Wochen im mit Moos und Gras gepolsterten Nest und öffnen die Augen im Alter von etwa fünf Wochen.

Wildkatze
Felis silvestris

Dickes Fell mit typischen Streifen

Auf den ersten Blick kann eine der Unterarten der Wildkatze mit einer Hauskatze verwechselt werden – kein Wunder, stammt sie doch von der Falbkatze, *Felis silvestris lybica*, ab. Sieht man näher hin, fallen jedoch Unterschiede auf. Europäische Wildkatzen sind meist größer als Hauskatzen, haben ein längeres, dickeres Fell, breitere Köpfe und flachere Gesichter. Die geringelten Schwänze sind kürzer und haben stumpfe schwarze Enden. In Europa bewohnen Wildkatzen vor allem Misch- oder Laubwälder, doch in anderen Teilen der Welt reichen die Verbreitungsgebiete von Wüsten bis zu Bergwiesen.

Jagdunterricht
Wildkatzen können bei Nacht hervorragend sehen und jagen vor allem kleine Säugetiere. Manche Unterarten wagen sich auch an Hirschkälber heran. Außer bei der Paarung und der Aufzucht der Jungen sind Wildkatzen sehr territoriale Einzelgänger. Ein Wurf besteht aus zwei bis fünf Jungen. Wenn sie entwöhnt werden, bringt ihre Mutter oft lebende Beute in den Unterschlupf, meist ein alter Kaninchen- oder Fuchsbau. Im Alter von fünf bis sechs Monaten werden die Jungen selbstständig. Wildkatzen als Art sind durch die Kreuzung mit Hauskatzen gefährdet, die immer wieder stattfindet.

▷ **BLEIB WEG**
Wildkatzen markieren ihr Revier mit Kot und Urin, kommunizieren aber auch mit Lauten. Sie fauchen, um Eindringlinge zu vertreiben.

- 40–75 cm
- 2–7,25 kg
- Verbreitet
- Nager, Vögel, Reptilien

Europa, West- und Zentralasien, Afrika

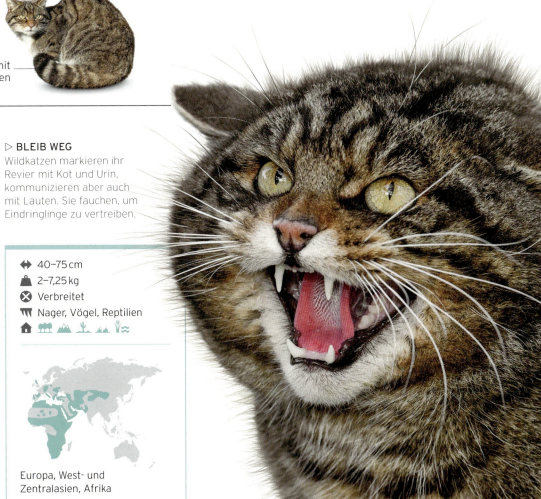

Schottischer Kreuzschnabel
Loxia scotica

Gekreuzter Schnabel — Grünes Gefieder der Weibchen

Dieser Kreuzschnabel ist der einzige in Schottland endemische Vogel. Die Art aus der Familie der Finken lebt in den Waldkiefern der Highlands und ernährt sich fast nur von ihren Zapfen. Die Vögel drücken mit ihrem speziellen Schnabel die Schuppen auseinander, um die Samen mit der Zunge zu erreichen. Ende des Winters oder zu Beginn des Frühjahrs konkurrieren Schwärme von Männchen darum, wer am lautesten singen kann. Hat ein Weibchen ein Männchen gewählt, wird es von ihm gefüttert. In das hoch oben in einer Kiefer befindliche Nest werden meist im März oder April zwei bis sechs Eier gelegt. Die Brutzeit beträgt etwa zwei Wochen. Das Männchen füttert das Weibchen währenddessen und danach versorgen beide die Jungen mit Nahrung. Diese verlassen das Nest nach drei Wochen, aber die Eltern müssen sie weitere zehn Tage lang füttern, bis die Schnabelform ausgebildet ist.

Fichten-Kreuzschnabel
Auf dem mitteleuropäischen Festland ist der Fichten-Kreuzschnabel am weitesten verbreitet. Er ist etwas kleiner als die anderen Kreuzschnabelarten. Am besten lassen sich die Arten an ihrem Gesang unterscheiden.

- 16–17 cm
- 36,5–49 g
- Regional verbreitet
- Nadelbaumsamen, Knospen

Nordwesteuropa

◁ **RÖTLICHES MÄNNCHEN**
Das Männchen ist im Gegensatz zum Weibchen rötlich gefärbt. Dieser Kreuzschnabel ist größer als der bei uns bekanntere Fichten-Kreuzschnabel.

Kräftiger, muskulöser Körper

Wanderfalke
Falco peregrinus

Der für seine Flugkünste bekannte Wanderfalke jagt, indem er von oben herabstößt oder sich von unten auf den Rücken dreht und den Vogel mit den Krallen ergreift. Beim Sturzflug legt er die Flügel an und erreicht Geschwindigkeiten von 200 bis 240 km/h. Im normalen Flug kann ihm schon einmal eine verzweifelte Taube entkommen, doch bei seiner Beschleunigung können die wenigsten Vögel mithalten.

Fantastischer Jäger

Der Jagderfolg liegt bei etwa 50–60 %, doch der Wanderfalke jagt auch Vögel, ohne sie anzugreifen. Er erbeutet Tiere von Taubengröße, gelegentlich auch Tauben und größere Arten. Der Rückgang der Wanderfalkenpopulation in den 1960er-Jahren lenkte die Aufmerksamkeit auf die katastrophalen Folgen von Giften wie DDT, die sich bei den Arten stärker konzentrieren, die weiter oben in der Nahrungskette stehen. Greifvögel starben oder legten Eier mit hauchdünner Schale. Seither haben sich die Wanderfalken erholt. Sie nisten oft in Städten und profitieren vom Taubenbestand.

Spitz zulaufende Flügel

↔ 34–50 cm
⚖ 0,6–1,5 kg
✗ Verbreitet
🍴 Vögel

Weltweit

△ **BREMSMANÖVER**
Landende Wanderfalken steigen auf, um ihre Geschwindigkeit zu verringern. Sie nutzen Flügel und Schwanz als Bremse und strecken die Füße vor, um den Aufprall abzufangen.

◁ **KLEINE PORTIONEN**
Wie die meisten Greifvögel bringen Wanderfalken frisch getötete Beute zum Nest. Sie reißen ein kleines Stück ab und bieten es dem Jungvogel an.

SCHOTTISCHE HIGHLANDS | 145

Auerhuhn
Tetrao urogallus

Kurze, abgerundete Flügel

Das Auerhuhn ist der größte europäische Hühnervogel. Es lebt in älteren Nadelwäldern, in denen viele Schösslinge und Beeren unter Bäumen und in Lichtungen zu finden sind. Im Sommer findet das Auerhuhn seine Nahrung am Boden, doch im Winter sucht es in den Bäumen nach Trieben. Die Auerhähne versammeln sich an einem Lek (Balzplatz), um die Hennen zu beeindrucken.

Mehr Hirsche, weniger Auerhühner

Die Bestände der Auerhühner sind fast überall zurückgegangen, teilweise sind sie ganz verschwunden. Der Klimawandel mag eine Rolle spielen, doch manchmal verläuft der Rückgang parallel zu einer Zunahme der Hirschbestände. Auerhühner benötigen einen reichlichen Bestand an niedrigem Buschwerk, der sie schützt und mit Nahrung versorgt. Fressen zu viele Hirsche von den Pflanzen, leiden die Auerhühner unter Nahrungsmangel. Hohe Zäune sind ebenfalls ein Problem. Da die Auerhühner nur niedrig fliegen können, kollidieren sie oft mit den zum Schutz vor Hirschen errichteten Zäunen und sterben.

- ↔ 60–85 cm
- ⚖ 1,8–4,1 kg
- ⊗ Verbreitet
- 🍴 Samen, Beeren, Triebe

Nordwestliches und südliches Europa, West- bis Zentralasien

▷ **AUF SICH AUFMERKSAM MACHEN**
Der Auerhahn versucht die Hennen mit krächzenden, kollerndern und ploppenden Lauten zu begeistern.

Kreuzotter
Vipera berus

Flacher Kopf

Charakteristische Zickzacklinie auf dem Rücken

Die Kreuzotter ist die am weitesten verbreitete Art in der Familie der Vipern und die einzige Giftschlange in Nordwesteuropa. Mit den Giftzähnen, die normalerweise zurückgeklappt im Oberkiefer liegen, injiziert sie ihrer Beute ein lähmendes Gift. Zu ihrer Nahrung gehören Frösche, Eidechsen, Vögel, Wühlmäuse und andere kleine Säugetiere. Die Kreuzotter ist nicht aggressiv, beißt aber zu, wenn sie sich bedroht fühlt. Der Biss ist sehr schmerzhaft und führt zu einer Schwellung, ist für Menschen aber nur selten tödlich.

Überwinterung

Im südlichen Teil ihres Verbreitungsgebiets bleibt die Kreuzotter das ganze Jahr über aktiv. Weiter im Norden überwintert sie in großen Gruppen in Höhlen, Bauen oder ähnlichen Verstecken. Im späten Frühling oder im Frühsommer ist die Paarungszeit. Die Weibchen paaren sich nur alle zwei bis drei Jahre, dann jedoch mit mehreren Männchen. Sie gebären 10–15 lebende Junge, die schon innerhalb weniger Stunden nach der Geburt für sich selbst sorgen können.

▷ **FEINDLICHER TANZ**
Männchen ringen miteinander um die Vorherrschaft. Sie heben das Vorderende ihres Körpers an und versuchen den Gegner damit zu Boden zu drücken.

- ↔ 60–90 cm
- ⚖ Bis zu 180 g
- ⊗ Verbreitet
- 🍴 Kleine Säugetiere, Reptilien

Europa, Zentral- bis Ostasien

CAMARGUE
Europas berühmtestes Küsten-Feuchtgebiet

Das größte Flussdelta Westeuropas wird von der Rhone gebildet, die sich hier teilt und über 930 km² an Marschland, flachen Inseln, Sandbänken, Lagunen und Schilfgürteln umfasst. Im Jahr 1986 ist die Camargue als Feuchtgebiet internationaler Bedeutung anerkannt worden. Sie ist außerdem ein UNESCO-Weltnaturerbe.

Sich verändernde Landschaft

Die Landschaft der Camargue verändert sich ununterbrochen und die Ablagerung von Sedimenten und Sand lässt das Delta ständig wachsen. Die Küste wird von salztoleranten Pflanzen wie dem Strandflieder und dem Queller stabilisiert. Weiter im Landesinneren wächst Wacholder und im Norden des Deltas ist Landwirtschaft möglich, zu der Weiden, Reisfelder und Weinanbau gehören. Neben den Rosaflamingos und den halbwilden Pferden, für die die Camargue berühmt ist, sind im Sommer die auffälligsten Wildtiere die Mücken – sie sollen die blutdürstigsten in ganz Frankreich sein. Die unbeliebten Insekten sind jedoch eine wichtige Nahrungsquelle für Vögel wie die Schwalben und Alpensegler. Unter den Insekten sind auch über 30 Libellenarten vertreten, doch am bekanntesten sind die Feuchtgebiete für ihre Vogelwelt. Über 400 Vogelarten leben ständig in der Camargue oder kommen regelmäßig hierhin. Reiher und Weihen, die an anderen Orten etwas Besonderes wären, sind hier fast alltäglich.

CAMARGUE-STIERE

FREI LEBENDE RINDER
Die schönen halbwild lebenden Rinder werden zur Fleischgewinnung und für unblutige Stierkämpfe gezüchtet. Sie sind als Weidetiere von ökologischer Bedeutung, kontrollieren den Pflanzenwuchs und erhalten Bereiche offenen Wassers.

KREBS-PROBLEM
Seit er in den 1980er-Jahren importiert worden ist, hat der Louisiana-Flusskrebs die Vielfalt der aquatischen Wirbellosen und Amphibien der Camargue durch Verdrängung, durch Fressen und die Übertragung der Chytridiomykose reduziert.

LOUISIANA-FLUSSKREBS

WICHTIGE PFLANZENFRESSER
Mehrere Ausbrüche der Myxomatose haben den Kaninchenbestand der Camargue sehr verringert. Obwohl Rinder und Pferde weiterhin grasen, sind sie nicht so effektiv wie die Kaninchen, die das Wachstum wuchernder Pflanzen im Zaum halten.

WILDKANINCHE

Teile der Camargue sind als Naturpark seit 1970 geschützt › Über 30 Libellenarten ›

LAGE

Die Camargue liegt im Delta der Rhone an der Mittelmeerküste im Südosten Frankreichs.

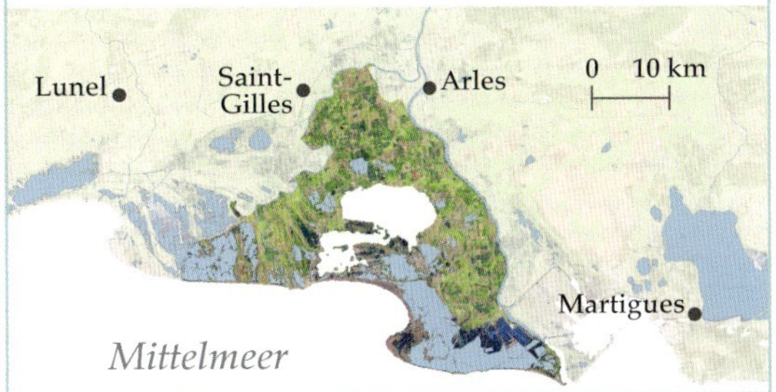

KLIMA

In dieser Gegend ist es im Sommer sehr heiß mit bis zu 100-prozentiger Luftfeuchtigkeit. Im Winter und Frühjahr treten kalte Mistral-Winde auf.

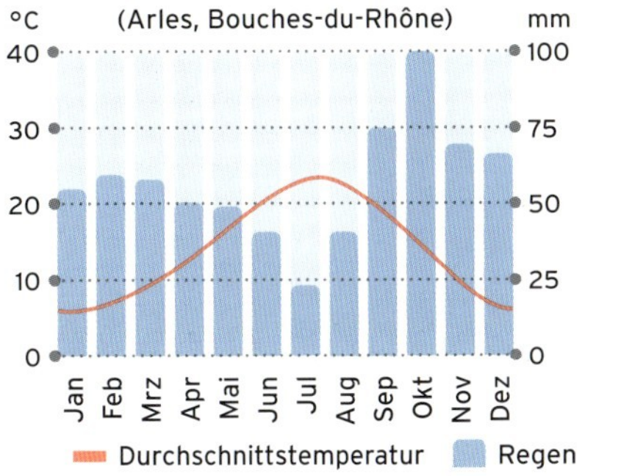

Camargue-Pferd
Equus ferus

Obwohl ihre genaue Herkunft unbekannt ist, haben Pferde in den salzigen Marschgebieten Südfrankreichs und besonders in der Gegend des Rhonedeltas schon seit Tausenden von Jahren gelebt. Heute leben sie halbwild und stehen unter Schutz. Wenn man sie nach den Maßstäben der Pferdezüchter betrachtet, sind die Tiere Schimmel. Bei der Geburt sind die Fohlen schwarz oder braun – weiß werden sie erst im Alter von etwa vier Jahren.

Wasserpferde

Die robusten Camargue-Pferde werden weder in Ställen gehalten noch sind ihre harten Hufe je beschlagen worden. Sie überleben auch deshalb, weil sie Pflanzen fressen können, die anderen Herbivoren zu hart sind. Doch durch ihr gutmütiges Temperament können sie gezähmt und geritten werden. Sie helfen beim Zusammentreiben der schwarzen Camargue-Stiere, die ebenfalls in den Feuchtgebieten leben.

Kompakter Körperbau

- 2,1 m
- 300–400 kg
- Stark gefährdet
- Gras, Blätter, Kräuter

Südeuropa (Camargue)

Camargue-Pferde kennt man in Frankreich als »Pferde des Meeres«.

▽ **FREIES LEBEN**
Camargue-Pferde leben in kleinen Herden, in denen die Stuten und Fohlen meistens von einem einzigen dominanten Hengst angeführt werden.

BEDROHTER FISCH
Aale waren einmal die häufigsten Raubfische in der Camargue, doch wie überall ist ihr Bestand zurückgegangen. Dazu tragen die Gewässerverschmutzung, der Bau von Wehren und ein parasitischer Nematode bei.

Über 400 Vogelarten

EUROPÄISCHER AAL

148 | EUROPA

Erwachsene Tiere mit schwarzem Höcker am Schnabelansatz

Große Füße mit Schwimmhäuten

Höckerschwan

Cygnus olor

Höckerschwäne zischen zwar, wenn sie bedroht werden, sind ansonsten aber weniger laut als andere Schwäne, die im Flug durch Rufe in Verbindung bleiben. Ihnen reicht das weithin hörbare rhythmische Fluggeräusch.

Erwachsene Tiere haben kaum Fressfeinde. Obwohl gelegentlich ein Fuchs oder Otter einen unvorsichtigen Vogel angreift, benötigen Höckerschwäne kein tarnendes Gefieder. Auch besteht kein Bedarf an besonderen Farben bei der Revierverteidigung, da das Weiß auffallend genug ist. Streitigkeiten finden regelmäßig statt. Höckerschwäne dulden jüngere Artgenossen in ihrem Revier, verscheuchen aber Rivalen. Sie spreizen die Flügel, biegen den Hals zurück und drücken die Brust heraus. Ein Angriff auf einen anderen Schwan auf dem Wasser, angetrieben von den großen, mit Schwimmhäuten versehenen Füßen, ist sehr eindrucksvoll.

Schwärme im Sommer

Zur Mauser oder zum Fressen versammeln sich oft große Höckerschwan-Schwärme im flachen Wasser oder auf Feldern. Manche dieser Schwärme bleiben den Sommer über zusammen, wobei viele Schwäne – auch offensichtlich erwachsene – nicht brüten. Brutpaare sondern sich im Frühjahr ab und verteidigen ein Revier, in dem sie ein großes Nest aus Pflanzenteilen bauen. Die jungen »hässlichen Entlein« sind graubraun gefärbt. Erst nach zwei bis drei Jahren werden sie weiß und bekommen die orange und schwarz gefärbten Schnäbel der erwachsenen Tiere. Erwachsene Männchen haben die dicksten Hälse und mit einem großen Höcker versehene Schnäbel.

Der Höckerschwan ist einer der schwersten flugfähigen Vögel.

- ↔ 1,2–1,6 m
- 9,5–12 kg
- ✗ Verbreitet
- Pflanzen, Schnecken

Europa, West- und Ostasien

Rosaflamingo
Phoenicopterus roseus

Flamingos fressen anders als andere Vögel. Der Schnabel wird mit der nach unten gerichteten Oberseite hin und her geschwenkt. Dabei siebt er winzige Wirbellose und Algen aus dem Salzwasser. Bei Störungen fliegen die Flamingos davon. Der Körper, der Hals und die Beine bilden mit den Flügeln ein Kreuz.

▷ **AUF STELZEN LAUFEN**
Mit den langen Beinen kann der Flamingo durch das Wasser waten und mit dem gebogenen Hals trotzdem den Boden zum Fressen erreichen.

- ↔ 1,2–1,45 m
- Bis zu 4 kg
- ⊗ Verbreitet
- Krebstiere und Algen
- SW-Europa, Asien, Afrika

Rosafarbener Flügel

Das »Knie« ist eigentlich der Knöchel.

Schwimmhäute

△ **START UND LANDUNG**
Vom Land oder vom Wasser aus zu starten setzt eine hohe Geschwindigkeit voraus, bevor die Flügel genug Auftrieb erzeugen können. Bei der Landung dienen die großen Füße und Flügel als Bremse.

◁ **RITT AUF DEM RÜCKEN**
Die Jungen begleiten ihre Eltern einige Wochen lang und dürfen auch auf ihrem Rücken reiten, wenn sie noch klein sind.

Säbelschnäbler
Recurvirostra avosetta

Der Säbelschnäbler fällt durch seinen nach oben gebogenen Schnabel auf. Die empfindliche Spitze schwenkt er durch den weichen Schlamm und findet so winzige Krebstiere und andere Nahrung.

Es gibt in Europa für den Säbelschnäbler nur noch wenige geeignete Nistplätze, doch befinden sich viele Brutkolonien an künstlichen Gewässern und Salinen, von denen die meisten unter Schutz stehen. Im Winter versammeln sich die Vögel zu großen Schwärmen an geeigneten Flussmündungen.

- ↔ 42–46 cm
- 225–400 g
- ⊗ Verbreitet
- Krebstiere, Insekten
- Europa, Asien, Afrika

▷ **OFFENES NEST**
Säbelschnäbler legen ihre Eier fast direkt auf den trockenen Schlamm. Die Brutkolonien sind trotz Verteidigung durch Fressfeinde bedroht.

Türkisfarbener Brustfleck

Dreieckiger Flügel

Bienenfresser

Merops apiaster

Der Bienenfresser macht seinem Namen alle Ehre – seine Nahrung besteht überwiegend aus Bienen und Wespen, mit kleinen, von Ort und Jahreszeit abhängigen Abweichungen. Die Vögel sind gegenüber dem Bienengift nicht sehr empfindlich, entfernen aber den Stachel, bevor sie die Insekten fressen. Sie bevorzugen die Drohnen, die keinen Giftstachel besitzen, vor allem, wenn sie Nahrung für ihre Jungen sammeln.

Chorgesang

Bienenfresser kann man in Reihen auf Telefonleitungen oder in kleinen Gruppen in abgestorbenen Bäumen sitzen sehen. Wenn sie Beute suchen, gleiten sie mit ausgebreiteten Flügeln dahin und beschleunigen zwischendurch mit schnellen Flügelschlägen. Ihre Stimmen bilden einen Chor, der in Südeuropa ein vertrauter Klang ist. Die Zugvögel bilden Schwärme von über 100 Vögeln, die durch ständige Rufe zusammengehalten werden.

Bienenfresser nisten in Kolonien, die eine Handvoll, aber auch Hunderte von Nestern umfassen können. Anfangs neigen die Vögel bei der Verteidigung ihrer Höhleneingänge und nahe gelegenen Ansitze zu Auseinandersetzungen. Die Brutpaare können ein Leben lang zusammenbleiben, wobei die Tiere nur dann gut auseinanderzuhalten sind, wenn das Männchen das Weibchen füttert. Dieses Verhalten stärkt die Paarbindung und führt dem Weibchen Nährstoffe für die Eiproduktion zu. Vier bis sieben Junge schlüpfen nach 20 Tagen. Sie werden in der Bruthöhle noch eine Zeit lang gefüttert, auch wenn sie schon flügge sind. Die Familien fliegen oft gemeinsam im Herbst nach Süden, um den Winter in Afrika zu verbringen.

▷ **PUNKTLANDUNG**
Bienenfresser haben schlanke, stromlinienförmige Körper. Die langen dreieckigen Flügel und die langen Schwänze erlauben eine schnelle Beschleunigung und plötzliches Wenden in der Luft, um Insekten im Flug zu fangen.

Dolchartig gebogener Schnabel

Schwanz mit »Schwanzspießen«

Ein Bienenfresser frisst etwa 225 bienengroße Insekten pro Tag.

CAMARGUE | 151

△ UMGANG MIT DER BEUTE
Ein Bienenfresser dreht Bienen und Wespen in seinem Schnabel und drückt sie auf einen Ast, um den Stachel und das Gift zu entfernen.

△ NISTHÖHLE
Bienenfresser graben mit ihrem Schnabel 1m tiefe Nisthöhlen in Hänge und schieben dabei Erde oder Sand mit ihren Füßen hinaus.

- 28 cm
- 45–80 g
- Verbreitet
- Bienen, Wespen

Europa, Afrika, West-, Zentral- und Südasien

Abgerundeter Kopf

TAL DES TAJO
Die natürliche Lebensader der Iberischen Halbinsel

Der wichtigste Fluss Spaniens und Portugals (hier Tejo genannt) fließt durch einige der europäischen Landschaften mit der höchsten Biodiversität. Hier finden sich sowohl europäische als auch nordafrikanische Tiere und Pflanzen. Der Tajo entspringt im bewaldeten Naturpark Alto Tajo, wo er durch einige spektakuläre Kalkstein-Schluchten fließt. Er windet sich durch Getreidefelder, Olivenhaine, weltbekannte Weinanbaugebiete und Korkeichenwälder und treibt dabei 60 Wasserkraftwerke an. Dann fließt er durch die atemberaubenden Cañons des Monfragüe-Nationalparks, wo der Spanische Kaiseradler, Mönchs- und Gänsegeier und Uhus leben.

Geschützter Fluss

Der Fluss und die angrenzenden Gebiete bleiben im Parque Natural do Tejo Internacional, der im Jahr 2000 gegründet wurde, beim Übergang nach Portugal geschützt. Etwa 100 km vom Meer entfernt öffnet sich das Flusstal in eine weite Ebene, die das größte und wichtigste Feuchtgebiet in Europa umfasst. Hier bieten ausgedehnte Rohmarschen und Gewässer Lebensräume für Vögel wie den Rosaflamingo, den Seiden- und den Purpurreiher, den Zwergadler und die Wiesenweihe. Das Gebiet ist auch ein wichtiger Rastplatz für Zugvögel zwischen Europa und Afrika.

Die Forstwirtschaft ist aus den meisten vom Tajo durchflossenen Parks verbannt worden. Im Monfragüe-Nationalpark bemüht man sich, die eingeführten Bäume (vor allem den Eukalyptus) wieder auszumerzen.

AMPHIBIENRÜCKGANG
Der Europäische Laubfrosch bevorzugt offene Wälder und Wiesen, die an Abschnitten des Tajo gelegen sind. Er laicht in Tümpeln und Sümpfen, sodass er durch die Trockenlegung und die Verschmutzung der Laichgewässer bedroht ist.

EUROPÄISCHER LAUBFROSCH

SPANISCHER KAISERADLER
Der Bestand des Adlers war infolge des Lebensraumverlusts und des Aufpralls auf Hochspannungsleitungen in den 1970er-Jahren auf 30 Brutpaare gefallen. Tausende von Masten sind modifiziert worden und heute gibt es etwa 600 erwachsene Tiere.

KAISERADLER

MAURISCHE BACHSCHILDKRÖTE

Mit über 1000 km Länge der längste Fluss der Iberischen Halbinsel

45% der Fischarten

BEDROHTE REPTILIEN
Die Maurische Bachschildkröte ist durch die Trockenlegung von Feuchtgebieten und die Umweltverschmutzung bedroht. Sie ist eine geschützte Art und das Tal des Tajo für sie ein wichtiges Rückzugsgebiet.

TAL DES TAJO | 153

LAGE

Der Tajo verläuft südwestlich durch das semiaride innere Spanien und Zentralportugal zum Atlantischen Ozean.

KLIMA

Warm, wobei die meisten Niederschläge in den milden Wintern fallen, wohingegen die Sommer heiß und trocken sind.

(Abrantes, Portugal)

— Durchschnittstemperatur   ▮ Regen

Europäisches Reh
Capreolus capreolus

Schmale Hufe

Diese kleinste europäische Art der Hirschfamilie war das ursprüngliche »Bambi« – Walt Disney ersetzte es in seinem Zeichentrickfilm allerdings durch einen Weißwedelhirsch. Rehe leben überwiegend im Wald, suchen aber gelegentlich offenes Gelände auf, vor allem zu ihrer Hauptaktivitätszeit in der Dämmerung.

Einzelgänger

Die meist als Einzelgänger lebenden Rehe kommen nur in der Brunftzeit im Spätsommer zusammen. Die territorialen Böcke verfolgen die Ricken durch den Wald und hinterlassen dabei mit ihren Hufen charakteristische Spuren. Die Kitze werden etwa zehn Monate später geboren. Sie liegen versteckt auf dem mit Laub bedeckten Boden und sind durch ihr weiß geflecktes Fell zwischen den Sonnenflecken gut getarnt.

- ↔ 0,9–1 m
- ⚖ 11–15,5 kg
- ⊗ Verbreitet
- 🍽 Gräser, Kräuter, Knospen

Europa, Westasien

▷ **GEWEIHWACHSTUM**
Die Böcke werfen ihr Geweih im Oktober ab. Das Wachstum des neuen beginnt im November. Zur Zeit der nächsten Brunft ist vom schützenden Bast nichts mehr zu sehen.

Iberien-Steinbock
Capra pyrenaica

Kräftige Beine

Diese Wildziege lebt in den lockeren Eichenwäldern, die an den Berghängen wachsen. Mit kurzen Beinen, die den Körperschwerpunkt niedrig halten, und breiten, flexiblen Hufen kann sich der Steinbock Fressfeinden durch Klettern entziehen. Im Frühjahr bilden die Weibchen und ihre Jungen eine von den älteren Böcken getrennte Herde.

- ↔ 97–155 cm
- ⚖ 31–90 kg
- ⊗ Regional verbreitet
- 🍽 Gräser, Kräuter

Südwesteuropa

△ **IN SICHERHEIT**
Iberische Steinböcke können Fressfeinden entkommen, indem sie steile Felswände hinaufklettern. Die Herde wird von einem erfahrenen Tier angeführt, das die besten Wege kennt.

KORKBEDARF — gibt es sonst nirgends

Die Korkeichenwälder werden seit Jahrhunderten bewirtschaftet und beherbergen eine hohe Biodiversität. Diese einzigartigen Ökosysteme sind allerdings durch einen Rückgang der Korknachfrage bedroht.

KORKEICHE

Pardelluchs
Lynx pardinus

Schwarze Haarbüschel an den Ohrspitzen
Charakteristischer Backenbart

Der Iberische Luchs oder Pardelluchs ist die am stärksten bedrohte Katze der Welt. Er kam einst in Spanien, Portugal und Südfrankreich vor, doch heute gibt es kaum noch 250 geschlechtsreife Tiere in zwei kleinen Gebieten in Südspanien. Das liegt am menschlichen Einfluss, doch die Ansprüche an Lebensraum und Nahrung haben auch zum Rückgang der Art beigetragen.

Von Kaninchen abhängig
Die gefleckte Wildkatze ernährt sich vor allem von Wildkaninchen. Im Sommer beträgt der Anteil der Kaninchen an der Nahrung 93 %, sodass die Luchspopulation zurückgeht, wenn es durch Bejagung oder Krankheiten weniger Kaninchen gibt. Wenn er keine andere Wahl hat, jagt der Pardelluchs auch Nagetiere, Hasen, Enten oder auch kleine Hirsche, doch seine Spezialisierung geht so weit, dass sein Bestand ohne Kaninchen zurückgeht.

Außerdem wird der Lebensraum des Pardelluchses durch die Zunahme der menschlichen Bevölkerung verringert. Der Luchs bevorzugt große Bereiche dichten Buschlands und mit Wiesen unterbrochene Heidelandschaft. Da die Luchse als adulte Tiere sehr territorial und einzelgängerisch leben, werden ein Revier suchende Jungluchse oft ein Opfer des Straßenverkehrs, der in den letzten Jahrzehnten in Südspanien dramatisch zugenommen hat. Auch wenn sie erwachsen geworden sind, vermehren sich Weibchen nur, wenn sie ein eigenes Revier besitzen.

Pardelluchse paaren sich vor allem im Januar und Februar und vor der Geburt sucht sich das Weibchen einen hohlen Baum, eine Höhle oder einen anderen Unterschlupf, etwa im dichten Buschwerk. Bis zu vier Junge werden etwa zwei Monate nach der Paarung geboren, von denen allerdings meist nur zwei die Entwöhnung überleben. Sich um die Jungen zu kümmern belastet das Weibchen zusätzlich, da es mindestens drei Kaninchen pro Tag fangen muss, während es sonst mit einem auskommt. Zusätzlich wechselt das Weibchen oft den Unterschlupf, damit die Jungen sicher sind. Wie viele andere Katzen sind Pardelluchse überwiegend nachtaktiv und meiden die Tageshitze.

Ungewisse Zukunft
Zuchtprogramme und strengere Jagd- und Bebauungsbeschränkungen haben zu einer leichten Zunahme des Bestands geführt, doch sind die Wissenschaftler unsicher, ob der Pardelluchs in der Natur überleben wird.

↔ 85–110 cm
⚖ 10–13 kg
⊗ Vom Aussterben bedroht
🐰 Kaninchen

Südwesteuropa

▷ **BÄRTIGE KATZE**
Büschel überwiegend schwarzer Haare umrahmen das Gesicht, wirken wie ein Bart und lassen den schmalen Kieferbereich breiter erscheinen.

▷ **TÖDLICHER BISS**
Anders als größere Katzen töten Pardelluchse mit einem einzigen Biss, der das Rückenmark im Nacken der Beute durchtrennt.

▷ **WEIBCHEN MIT JUNGEM**
Die Jungen werden mit etwa zehn Wochen entwöhnt und mit sieben oder acht Monaten unabhängig, können aber länger bei ihrer Mutter bleiben.

Steife, spitze Stacheln

Braunbrust-Igel
Erinaceus europaeus

Mit seinen über 8000 Stacheln ist der Braunbrust- oder Westeuropäische Igel eines der am leichtesten zu erkennenden europäischen Tiere. Er frisst Regenwürmer und Schnecken, doch am liebsten Insekten, vor allem Ameisen und Käfer. Da sie ihm wenig anhaben können, verzehrt er sogar Wespen und Bienen. Igel vertragen relativ viel Schlangengift, fressen aber meist nur tote Schlangen. Den Tag verbringen sie in einem Nest aus Blättern und Zweigen. Nachts sind sie sehr aktiv und gehen in einem Umkreis von bis zu 2 km auf die Nahrungssuche.

Mit Vorsicht zu berühren

Die Paarung ist nicht einfach. Das Männchen umkreist ein Weibchen, das anfangs faucht und schnauft. Es kann jedoch seine Stacheln anlegen, sodass sich das Männchen mehrfach mit ihm zu paaren vermag, bevor es weitere Weibchen aufsucht. Jedes Jahr bekommt das Weibchen ein oder zwei Würfe von zwei bis sieben Jungen, deren weiße Stacheln in ihre aufgequollene Haut eingebettet sind. Die Haut verliert nun ihre Flüssigkeit und die Stacheln treten hervor, werden aber schon zwei bis drei Tage später von dunkleren ersetzt. Im Alter von zwei bis drei Wochen erscheint das Stachelkleid der Erwachsenen. Bei Bedrohung rollen sich Igel zu einer Kugel zusammen. Sie bespucken sich auch mit schaumigem Speichel, doch der Grund dafür ist unbekannt.

- 22–27 cm
- 0,9–1 kg
- Verbreitet
- Insekten, Schnecken, Eier

Europa

△ **IM NEST**
Haufen von Blättern, Totholz oder Zweigen sowie Komposthaufen werden von Igeln gern zur Überwinterung angenommen.

◁ **BEI DER GEBURT BLIND**
Die Jungen werden blind geboren und bleiben es auch bis zum Alter von etwa 11–14 Tagen. Dann öffnen sie langsam die Augen.

Haubentaucher
Podiceps cristatus

Haubentaucher sind für ihre Balzrituale bekannt. Ein Vogel schwimmt mit ausgestrecktem Kopf und Schnabel, taucht dann plötzlich ab, um fast unter dem Partner wieder aufzutauchen. Beide Partner führen »Hochzeitstänze« auf. Das Nest besteht aus feuchtem Pflanzenmaterial, mit dem die Eier bei Abwesenheit der Eltern bedeckt werden. Die Jungen pfeifen, wenn sie gefüttert werden wollen.

- ↔ 46–51 cm
- ⚖ 0,6–1,5 kg
- ✗ Verbreitet
- 🍴 Fisch
- 🏠
- 📍 Europa, Asien, Afrika, Australien, Neuseeland

▽ **REVIERVERTEIDIGUNG**
Die Männchen der Haubentaucher verteidigen während der Brutzeit die Reviergrenzen.

Wiedehopf
Upupa epops

Fächerförmige Federhaube

Wiedehopfe verbringen die meiste Zeit mit der Nahrungssuche auf dem Boden, wobei sie mit dem Schnabel nach Insekten stochern. Wenn sie von einem Baum oder Dach aus rufen, stellen sie ihre Federhaube auf. Sie nisten in Baumhöhlen, die allerdings schnell verschmutzen, da der Kot der Jungen und die Reste der Nahrung in ihnen verbleiben.

- ↔ 28 cm
- ⚖ 75 g
- ✗ Verbreitet
- 🍴 Insekten, Würmer, Schnecken
- 🏠
- 📍 Europa, Asien, Afrika

△ **FARBENSPIEL**
Ein zum Nest zurückkehrender Wiedehopf fällt durch einen Wirbel schwarzer und weißer Federn auf.

Perleidechse
Timon lepidus

Die größte europäische Eidechse fällt durch die blauen Flecken auf ihren Flanken auf. Kopf und Körper sind gedrungen, während der Schwanz drei Fünftel der Gesamtlänge ausmacht. Die Perleidechse jagt tagsüber in überwiegend offenen, trockenen Lebensräumen. Sie überwintert zwei oder drei Wintermonate lang in alten Bauen oder unter Baumwurzeln. Die Weibchen legen im Frühsommer 8–25 Eier in lockeren Boden oder zwischen dicht wachsenden Pflanzen ab. Bei Bedrohung reißt die Perleidechse das Maul auf und faucht. Sie kann auch kräftig zubeißen und ist dann schwer wieder zu lösen.

▽ **FARBENPRÄCHTIGES MÄNNCHEN**
Das Männchen der Perleidechse ist schwerer, größer und farbenprächtiger als das Weibchen.

- ↔ 50–80 cm
- ⚖ Bis zu 0,5 kg
- ✗ Potenziell gefährdet
- 🍴 Insekten, Frösche, Säugetiere
- 🏠

Südwesteuropa

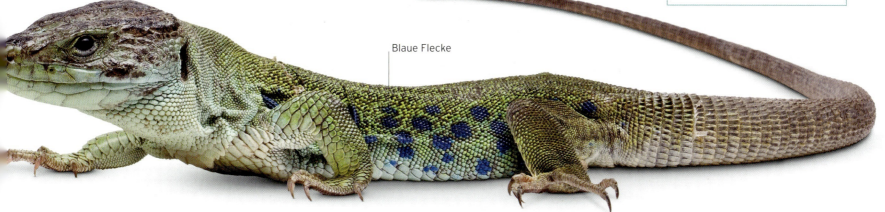

Blaue Flecke

ALPEN
Das Gebirge im Herzen Europas

Mit einer Fläche von etwas weniger als 200 000 km² und 82 über 4000 m hohen Gipfeln bilden die Alpen eine natürliche klimatische Barriere, die Europa in einen kühlen, feuchten Norden und einen warmen, trockeneren Süden unterteilt. Sie erstrecken sich von Frankreich und Italien im Südwesten bis nach Österreich im Osten und berühren dabei acht verschiedene Länder. Die Alpen reichen in ihrer Höhe vom Meeresspiegel bis zum 4807 m hohen Montblanc an der französisch-italienischen Grenze.

Weite Täler

Zu den verschiedenen Lebensräumen der Alpen gehören Gletscherseen, Täler, Bergweiden und Geröllhänge oberhalb der Baumgrenze. Die Wiesen befinden sich auf felsigem Untergrund, der von den sich zurückziehenden Gletschern hinterlassen wurde, und sind durch spezialisierte Pflanzen geprägt. Die Alpen sind schon in prähistorischen Zeiten bewohnt worden und die seitdem herrschende Subsistenzwirtschaft hat den Charakter der Täler und Hänge stark beeinflusst. Allerdings bedingt der Bedarf an Bäumen zum Schutz vor Lawinen, dass große Gebiete in ihrem ursprünglichen Zustand verbleiben müssen. In den Alpen gibt es daher eine reichhaltige Flora, die gut untersucht ist. Über 13 000 Pflanzenarten, darunter 388 endemische, sowie etwa 30 000 Tierarten leben in den Alpen.

Die veränderte Einstellung zu frei lebenden Raubtieren und die zunehmende Bewaldung führen zu einer Erholung kleiner Restbestände von Wölfen, Braunbären und Luchsen. Allerdings gibt es auch Probleme – ungeschützte Nutztiere sind für Raubtiere eine leichte Beute.

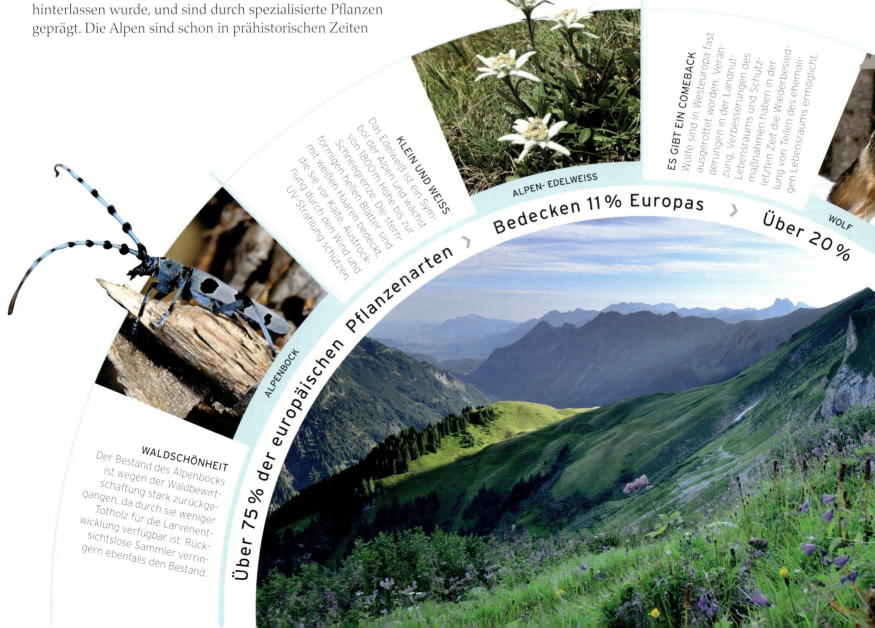

KLEIN UND WEISS
Das Edelweiß ist ein Symbol der Alpen und wächst von 1800 m Höhe bis zur Schneegrenze. Die sternförmigen hellen Blätter sind mit weißen Haaren bedeckt, die sie vor Kälte, Austrocknung durch den Wind und UV-Strahlung schützen.

ALPEN-EDELWEISS

ES GIBT EIN COMEBACK
Wölfe sind in Westeuropa fast ausgerottet worden. Veränderungen in der Landnutzung, Verbesserungen des Lebensraums und Schutzmaßnahmen haben in der letzten Zeit die Wiederbesiedlung von Teilen des ehemaligen Lebensraums ermöglicht.

WOLF

WALDSCHÖNHEIT
Der Bestand des Alpenbocks ist wegen der Waldbewirtschaftung stark zurückgegangen, da durch sie weniger Totholz für die Larvenentwicklung verfügbar ist. Rücksichtslose Sammler verringern ebenfalls den Bestand.

ALPENBOCK

Über 75 % der europäischen Pflanzenarten › Bedecken 11 % Europas › Über 20 %

LAGE

Die Alpen bedecken 11 % der Fläche Europas und gehören überwiegend zur Schweiz und zu Österreich.

KLIMA

Gipfel von über 3000 m Höhe sind ganzjährig mit Eis bedeckt, während die Temperaturen in den Tälern im Sommer regelmäßig 30 °C übersteigen.

Alpen-Gämse

Rupicapra rupicapra

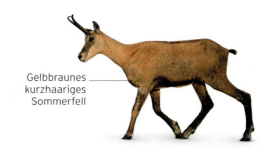

Gelbbraunes kurzhaariges Sommerfell

Ihre Wendigkeit ist ihr Markenzeichen – diese Anpassung der Alpen-Gämse an die raue Umwelt des Gebirges ist entscheidend, wenn sie von Fressfeinden wie Luchsen oder Wölfen verfolgt wird. Die Hufe der Gämse bieten auch auf schlüpfrigem Gestein den besten Halt und selbst im Schnee kann sie mit Geschwindigkeiten von bis zu 50 km/h laufen, bis zu 2 m hoch springen und 6 m in einem einzigen Sprung überwinden.

Tödliche Hörner

Beide Geschlechter haben senkrechte, in einem spitzen Haken endende Hörner. Bei Böcken sind sie ein wenig dicker und stärker gekrümmt. Sie setzen sie nicht nur gegen Fressfeinde ein, sondern auch gegen Rivalen. Anders als andere, oft mit Kopfstößen kämpfende Huftiere richten Gamsböcke ihre Hörner auf Bäuche und Flanken, oft mit tödlichen Konsequenzen.

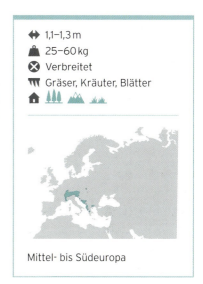

- 1,1–1,3 m
- 25–60 kg
- Verbreitet
- Gräser, Kräuter, Blätter

Mittel- bis Südeuropa

Ein **Kitz** kann **kurz nach der Geburt stehen** und seiner Mutter folgen.

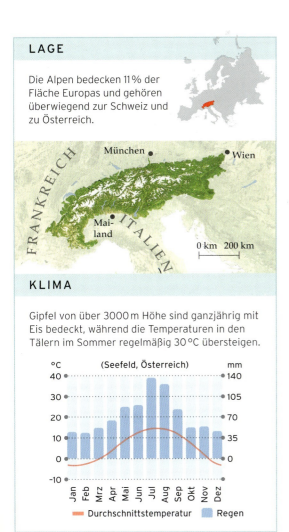

VERLUST DER VIELFALT

Die Seen der Alpen sind die Heimat einiger Renkenarten, die in unterschiedlichen Tiefen laichen. Dünger aus der Landwirtschaft führt zu Algenblüten, sodass sich verschiedene Formen miteinander vermischt haben und die Artenvielfalt zurückgegangen ist.

RENKE

der Alpen sind geschützt

◁ **EXPERTE IM BERGSTEIGEN**
Das dicke Winterfell der Gämse isoliert den Körper optimal. Die Hufe haben dünne, harte Ränder und weichere Sohlen, sodass sie immer Halt finden und den steilsten, eisigsten Untergrund bewältigen können.

Gut zum Graben geeignete Krallen

Alpen-Murmeltier
Marmota marmota

▷ **STREIT UMS REVIER**
Alpen-Murmeltiere verteidigen ihr Revier gegen Eindringlinge und behaupten ihren Rang in der Gruppe.

Alpen-Murmeltiere sind große, in Bauen lebende Mitglieder der Familie der Hörnchen, aber kräftiger als ihre baumbewohnenden Verwandten gebaut. Mit ihren starken Beinen können sie in steinigem Boden graben. Die Daumen der Vorderfüße sind zurückgebildet.

Tiefe Baue

Alpen-Murmeltiere leben in Höhen von 600 bis 3200 m, meist jedoch über 1200 m. Sie legen in Bergwiesen und Almen oberhalb der Baumgrenze tiefe, ausgedehnte Baue an. In den Sommermonaten fressen sie tagüber Gräser und Kräuter, sodass sie genug Fett für den langen Winterschlaf ansetzen können. Alpen-Murmeltiere können bis zu neun Monate in ihrem mit Heu gepolsterten Bau im Winterschlaf verbringen. Zur Isolation und zum Schutz verstopfen sie den Eingang. Ältere Tiere wärmen die jüngeren, damit sie ihre bis auf 5 °C absinkende Körpertemperatur halten können. Während des Winterschlafs atmen die Alpen-Murmeltiere nur ein bis zwei Mal pro Minute und die Herzschlagfrequenz sinkt auf 28 bis 38 Schläge pro Minute. Sie beenden den Winterschlaf im April, wenn die Berge noch mit Schnee bedeckt sind. Die dominanten Tiere paaren sich bald darauf und die Jungen werden einen Monat später geboren.

Früher hat man Alpen-Murmeltiere getötet, weil man geglaubt hat, dass ihr Fett ein Heilmittel gegen Rheuma sei. Auch heute werden sie mancherorts noch traditionell bejagt.

▽ **MUTTER UND JUNGTIER**
Murmeltiere bekommen einmal im Jahr einen Wurf von ein bis sieben Jungen. Die Weibchen kümmern sich um den Nachwuchs.

- ↔ 45–68 cm
- ⚖ 2,2–6,5 kg
- ⊗ Verbreitet
- 🌿 Gras, Buschwerk, Kräuter

Mitteleuropa

ALPEN | 161

Alpendohle
Pyrrhocorax graculus

Rote Beine

- ↔ 36–39 cm
- ⚖ 160–250 g
- ⊗ Verbreitet
- 🍴 Insekten, Früchte

Europa, nordwestl. Afrika, West- bis Zentralasien

Skifahrer und Bergsteiger in den Alpen kennen diesen eleganten Rabenvogel gut, doch vor allem auf dem Balkan kann man Alpendohlen auch in geringeren Höhen beobachten. Oft suchen sie an bei Touristen beliebten Orten nach Speiseresten. Bei der Nahrungssuche auf grünen Wiesen oder beim mühelosen Fliegen über hohe Gipfel und tiefe Täler bilden die Alpendohlen Schwärme von mehreren Hundert Tieren. Die zirpenden Rufe der Vögel sind ebenso charakteristisch wie das abgerundete Profil von Schwanz und Flügeln. Paare bleiben ein Leben lang zusammen und auch ihrem Nest treu, das sich in einer Höhle oder Felsspalte befinden kann.

◁ **AUF DER SPITZE DER WELT**
Schwärme von Alpendohlen lassen sich auf Bergrücken oder -wiesen nieder. Im Himalaya leben die Vögel in Höhen von bis zu 8000 m.

Schneehuhn
Lagopus muta

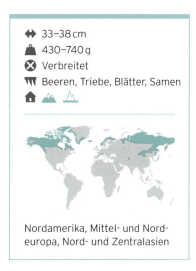
Befiederte Füße

Das Alpen-Schneehuhn ist monogam – ungewöhnlich für einen Hühnervogel. Die Paare bleiben zusammen, um ihren Nachwuchs zu beschützen, trennen sich aber oft, um im Winter Schwärme zu bilden. In Europa lebt das Alpen-Schneehuhn meist in großen Höhen, im Norden und Nordwesten in geringeren und auf Island sogar auf Höhe des Meeresspiegels. Möglicherweise wird der Klimawandel südliche Populationen in geringen Höhen auslöschen, da ihre Ansprüche nicht mehr erfüllt werden.

Die Mauser führt zu einer Farbfolge von Weiß, Pfeffer-und-Salz, Grauweiß und gesprenkelt, immer der Veränderung der Umgebung von Schneeweiß im Winter bis zu den Farben von Fels, Kies, Moos und Flechten im Sommer angepasst. Die Flügel sind beim fliegenden Tier jedoch immer weiß und fallen vor dem blauen Himmel auf – ein wertvoller Hinweis für Fressfeinde wie Adler.

- ↔ 33–38 cm
- ⚖ 430–740 g
- ⊗ Verbreitet
- 🍴 Beeren, Triebe, Blätter, Samen

Nordamerika, Mittel- und Nordeuropa, Nord- und Zentralasien

▷ **SOMMERKLEID**
Das gefleckte Sommergefieder tarnt das Alpen-Schneehuhn und schützt es vor Steinadlern und Polarfüchsen.

Steinadler
Aquila chrysaetos

Steinadler überfliegen Berge und Hänge mit unvergleichlicher Eleganz und sind oft nur noch als Punkte am Himmel zu sehen. Ihre leicht gebogenen Flügel halten sie in flacher V-Form, wenn sie in großer Höhe segeln. Sie können um ein Vielfaches besser als ein Mensch sehen und Beute wie etwa einen Hasen schon aus 2–3 km Entfernung erspähen. Sie fressen bis etwa Gänsegröße alles, was sie bekommen können. Im Winter ernähren sie sich oft von toten Schafen oder Hirschen, deren Kadaver sie mit dem kräftigen Hakenschnabel zerlegen. Heideland mit reichlicher Beute gefällt Steinadlern viel besser als kalte und nasse Gipfel und Wälder.

Lieblingshorst
Die lebenslang zusammenbleibenden Paare haben mehrere Horste, von denen sie allerdings einen bevorzugen. Ein Horst kann bis zu 4 m groß werden, da in jeder Brutzeit Stöcke hinzugefügt werden. Zur Balz gehören das Kreisen in großer Höhe, das Fliegen in Schlangenlinien und atemberaubende Sturzflüge, bei denen der Adler mit angelegten Flügeln sehr hohe Geschwindigkeiten erreicht. Das Weibchen legt meistens zwei Eier, doch das zuerst geschlüpfte Junge greift oft das jüngere an, sodass nur das stärkere Tier überlebt.

Steinadler können in der Natur bis zu 38 Jahre alt werden. In manchen Teilen ihres Verbreitungsgebiets werden sie allerdings von Menschen verfolgt und geschossen, mit Fallen gefangen oder mit Giftködern getötet.

- ↔ 75–90 cm
- 3–6,5 kg
- Verbreitet
- Hasen, Raufußhühner, Aas

Nordamerika, Europa, Asien, Nordafrika

Befiederte Beine

Breite Flügel zum Segeln und Bremsen

△ **BEUTEFLUG**
Mit ausgebreiteten Flügeln und vorgestreckten Krallen stürzt sich der Steinadler auf seine Beute, die er meistens von hinten angreift.

Gemeine Geburtshelferkröte
Alytes obstetricans

Die auf den ersten Blick einer Erdkröte ähnelnde Geburtshelferkröte hat eine spitzere Schnauze und vertikale Pupillen. Ihr Name beruht darauf, dass sie die befruchteten Eier mit sich herumträgt, damit sie während der Entwicklung keinen Schaden nehmen. Allerdings sind es in diesem Fall nicht die Weibchen, sondern die Männchen, die sich um den Nachwuchs kümmern. Während des Ablaichens klebt das Männchen die Eischnüre an seinen Körper und entlässt sie einige Wochen später in einen Tümpel, in dem die Kaulquappen schlüpfen.

▷ **GUTER VATER**
Das Männchen der Geburtshelferkröte kann auch den Laich mehrerer Weibchen tragen. Sein antibakterieller Schleim schützt die Brut.

- ↔ 3–5 cm
- Frühjahr und Sommer
- Regional verbreitet
- Insekten

West- bis Mitteleuropa

ALPEN | 163

Gebogene Flügelspitzen

Krallen zum Töten der Beute

▽ **DEN FUCHS VERJAGEN**
Dieser halbwüchsige Steinadler ist groß genug, um einen Fuchs zu verjagen, der ihm die Beute streitig machen wollte.

Apollofalter
Parnassius apollo

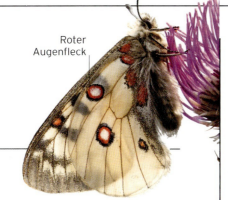

Roter Augenfleck

△ **NEKTARTRINKER**
Erwachsene Falter kann man im Sommer auf Bergwiesen beobachten, wie sie den Nektar der Blüten trinken.

Obwohl in den Gebirgen Europas weit verbreitet, ist der zu den Ritterfaltern zählende Apollo eine gefährdete Art. Das aus roten und schwarzen Flecken bestehende Flügelmuster ist so variabel, dass man zahlreiche Unterarten beschrieben hat, von denen einige nur in einem einzigen Tal vorkommen. Die Weibchen legen ihre Eier an Pflanzen wie die Fetthennen, deren Blätter von den geschlüpften Raupen verzehrt werden.

- ↔ 5–10 cm
- ⊗ Gefährdet
- ▥ Blätter; Nektar
- 🏠 ⛰
- ➤ Europa, Westasien

Gebirgs-Grashüpfer
Stauroderus scalaris

Dies ist der größte europäische Grashüpfer. Im Spätsommer ist auf den Bergwiesen die Stridulation (Gesang) der Tiere nicht zu überhören. Die leuchtend grünen Männchen versuchen mit dem Gesang, die größeren braunen Weibchen zu beeindrucken.

- ↔ 1,8–2,7 cm
- ⊗ Verbreitet
- ▥ Gräser, Wolfsmilchgewächse
- 🏠 ⛰
- ➤ Europa, Ost- bis Zentralasien

▷ **AUF DEM SPRUNG**
Gebirgs-Grashüpfer haben große Flügel, springen aber lieber mithilfe ihrer großen, kräftigen Hinterbeine.

BAYERISCHER WALD
Europas ursprünglicher und dichter Wald

Der deutsche Nationalpark Bayerischer Wald und der tschechische Nationalpark Šumava im Böhmerwald bilden zusammen das größte in Mitteleuropa erhalten gebliebene Waldgebiet. Der Wald bedeckt ein Gebirge, das zwar nicht sehr hoch ist, aber als Wasserscheide die Donau von Moldau und Elbe trennt. Die sanften Hügel und Täler sowie die Senken aus hartem Granit sind Zeugen der Gletscher der letzten Eiszeit.

Alte Wälder

Ein großer Teil des Bayerischen Walds ist alt und von Menschen ungestört geblieben, worauf die Verwaltung dieses ersten deutschen Nationalparks auch weiterhin achtet. Unter den Pflanzen und Tieren befinden sich viele eiszeitliche Reliktarten, darunter der Raufußkauz, der Dreizehenspecht, die Norwegische Wolfsspinne und das halbaquatische Brachsenkraut, ein Bärlappgewächs.

Die Böden und das Wasser im Bayerischen Wald sind sauer. Das liegt zum Teil am kühlen, feuchten Klima, vor allem aber an den vorherrschenden Bäumen wie Fichten, Tannen und Buchen, die mit ihrem dichten Wuchs Sonnenlicht und Wärme fernhalten. Diese Bedingungen schränken die Möglichkeiten für am Boden wachsende Pflanzen und manche Insekten ein, lassen aber Pilze, Moose und von Totholz lebende Wirbellose gut gedeihen. Im Bayerischen Wald gibt es über 1300 Pilzarten, darunter Baum- und Ständerpilze sowie Boviste. An Großtieren leben hier Braunbären, Wölfe, Luchse, Wildkatzen, Rehe, Wildschweine, Auerhühner und Uhus.

CLEVER IM WETTBEWERB
Der Buchen-Schleimrübling ist auf Buchen spezialisiert. Sein blasser Fruchtkörper erscheint im Herbst auf dem Totholz, in das er eine Substanz namens Strobilurin abgibt. Damit verhindert er den Wuchs anderer Pilze und verringert seine Konkurrenz.

BUCHEN-SCHLEIMRÜBLING

Der erste deutsche, 1970 gegründete Nationalpark

BILCH-DUO
Zwei Arten aus der Familie der Bilche kommen in unterschiedlichen Bereichen des Walds vor und konkurrieren daher nicht. Die kleine Haselmaus bevorzugt niedriges Buschwerk und der größere Siebenschläfer lebt in den Baumkronen.

HASELMAUS

95 % Wald

VONEINANDER ABHÄNGIG
Die zyklische Zu- und Abnahme des Rehbestands beeinflusst den Bestand des wieder eingeführten Eurasischen Luchses. Harte Winter verringern den Rehbestand, sodass der Luchs gegenüber den im Rudel jagenden Wölfen das Nachsehen hat.

EURASISCHER LUCHS

3693 hier lebende

BAYERISCHER WALD | 165

LAGE

Der Bayerische Wald liegt an der deutsch-tschechischen Grenze und geht in den Böhmerwald über.

KLIMA

Der Regen fällt in den langen Wintern als Schnee und die Lage zwischen Atlantik und Mittelmeer führt zu regelmäßigen Niederschlägen.

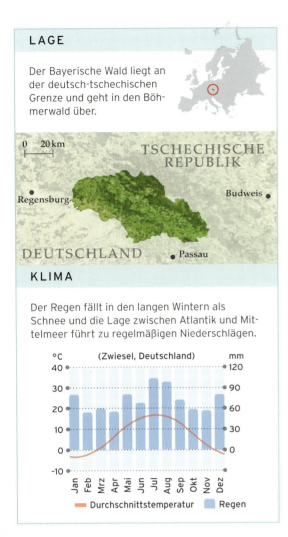

MOOSPARADIES
Im Vergleich zu Samenpflanzen und Farnen ist die Vielfalt der Moose im Nationalpark außergewöhnlich. Mit etwa 490 Arten sind hier 42% der deutschen Moose vertreten. Sie profitieren vom geringen menschlichen Einfluss.

Arten von Wirbellosen

WIDERTONMOOS

Baummarder
Martes martes

Der Baummarder kann in jeder baumbestandenen Umgebung leben. Mit kräftigen Vorderbeinen und Krallen springt er auf der Jagd kleiner Tiere wie Eichhörnchen von Baum zu Baum. Meistens jagt er allerdings auf dem Boden, wenn er zwischen Abend- und Morgendämmerung unterwegs ist.

- ↔ 45–68 cm
- ⚖ 0,8–1,8 kg
- ✗ Verbreitet
- 🍴 Kleine Säugetiere, Beeren

Europa bis Nord- und Westasien

Langer, schlanker Körper

◁ **UNTERWEGS IM SCHNEE**
Im Winter sind die Ballen der Pfoten behaart, sodass sie gut isoliert sind und einen besseren Halt verleihen.

Europäischer Dachs
Meles meles

Dachse leben in Gruppen von sechs oder mehr Mitgliedern in einem Bau, der aus einem Netzwerk von Gängen, Wohn- und Kotkammern besteht. Der Bau kann im Lauf der Zeit riesige Ausmaße annehmen. Dachse können sich das ganze Jahr über paaren, doch der Wurf von ein bis fünf Jungen wird nicht vor Februar geboren.

- ↔ 56–90 cm
- ⚖ 10–16 kg
- ✗ Verbreitet
- 🍴 Würmer, Früchte, Vögel

Europa bis Westasien

◁ **SCHWARZ-WEISS GESTREIFT**
Das schwarz-weiße Gesicht des Dachses ist sofort zu erkennen, aber es gibt auch rötlich gelbe Tiere und Albinos.

Kurze, kräftige Beine

Fischotter

Lutra lutra

Helles Fell an Kehle und Bauch

Kräftiger Schwanz

Die Schwimmhäute an den Füßen und die im Wasser verschließbaren Ohren und Nasen weisen auf das semi-aquatische Leben dieser Marder hin. Allerdings sind die jungen Fischotter nicht immer vom Wasser begeistert. Tatsächlich müssen ihre Mütter oft den protestierenden Nachwuchs im Alter von 16 Wochen ins Wasser zerren. Danach lernen die Jungen aber schnell das Wasser zu lieben und verbringen viele Stunden damit, im Flachwasser in der Nähe des Baus zu spielen, in dem sie geboren wurden.

Trocken bleiben

Das Fell der erwachsenen Tiere schließt zur Isolation Luftblasen ein und das wasserdichte Haargeflecht hält die Haut trocken. Die schlanken Körper und die kräftigen Schwänze machen die Otter zu eleganten Schwimmern, die sehr geschickt Fische fangen. Sie fressen auch Muscheln, Krebstiere, Amphibien und sogar Wasservögel, wie etwa Enten. Das Jahr, in dem die Jungen bei ihrer Mutter leben, ist die längste Zeit, die sie in einer Gruppe verbringen. Außerhalb der Paarungszeit, in der die Partner etwa eine Woche lang zusammenbleiben, beanspruchen die Einzelgänger Reviere von 1,6 bis 6,4 km Länge an Flüssen, Flussmündungen, Seen, Bächen und Küsten. Sie markieren die Reviere mit Kot, den sie auf Steinen, Treibholz oder anderen Gegenständen in Ufernähe deponieren.

Wachsame Tiere

Die Losung und die Fährten sind oft die einzigen Zeichen für die Anwesenheit dieser Raubtiere. Ihr gutes Gehör, ihr Geruchssinn und ihre scharfen Augen warnen die Otter schon lange vor einem Menschen, bevor dieser sie wahrnimmt. Die Lage der Augen, Ohren und Nasenlöcher weit oben am Kopf ermöglicht es diesen Mardern, mit dem Körper versteckt unter Wasser zu bleiben, während sie in Ruhe abwarten, wann die Luft wieder rein ist.

- 57–70 cm
- 7–10 kg
- Potenziell gefährdet
- Fische, Enten, Schermäuse

Europa, Asien

In Küstengewässern jagende Fischotter benötigen **Süßwasser**, um das **Salz aus dem Fell** zu entfernen.

◁ **GUTE AUSSICHT**
Das dichte Fell hält den Fischotter auch unter eisigen Bedingungen warm. Mit den langen Vibrissen (Schnurrhaaren) kann er seine Beute auch in trübem Wasser finden.

△ **FRISCHER FISCH**
Fisch macht etwa 80 % der Nahrung des Fischotters aus. Erwachsene Tiere nehmen pro Tag etwa 15 % ihres Körpergewichts an Nahrung zu sich.

◁ **UNTER WASSER**
Obwohl der Fischotter sehr gut schwimmt, kann er die Luft nicht lang anhalten. Der durchschnittliche Tauchgang dauert nur 30 Sekunden.

Rotfuchs
Vulpes vulpes

Oft schwarze Rückseite des Ohrs

Langer buschiger Schwanz

Der in der gesamten Nordhalbkugel vom Meeresspiegel bis auf 4500 m Höhe in Wüsten, Bergen, Wäldern, Kulturland und Städten lebende Rotfuchs ist der am weitesten verbreitete Wildhund der Welt. Er passt sich an verschiedenste Lebensräume an. Kleinsäuger sind seine Hauptbeute, aber wenn Kaninchen, Wühlmäuse und Mäuse knapp sind, frisst der Fuchs auch Vögel, Eier, Regenwürmer, Käfer und Früchte wie etwa Brombeeren.

Opportunistischer Jäger
Die intelligenten, revierbildenden Einzelgänger sind von der Abend- bis zur Morgendämmerung auf Nahrungssuche. Sie besuchen gern Mülldeponien, Komposthaufen, Abfalleimer, Vogelhäuschen und andere Nahrungsquellen. Die guten Gesichts- und Geruchssinne sowie die gemeinsame Aufzucht der Jungen bieten den über 40 Unterarten des Fuchses gute Überlebenschancen.

Hat ein Pärchen ein Revier besetzt, paaren sich die Tiere im frühen Winter. Die Fähe gräbt einen Bau, in dem sie zwei Monate später vier bis sechs Welpen wirft. In den ersten drei Wochen bleibt sie bei ihnen und lässt sich vom Rüden Nahrung bringen.

▽ **FUCHSPAAR**
Eine Fähe (links) und ein Rüde (rechts) rasen im frühen Winter durch den tiefen Schnee, weil sie eine potenzielle Beute entdeckt haben.

- 45–90 cm
- 3–14 kg
- Verbreitet
- Kaninchen, Mäuse, Früchte

Arktis, Nordamerika, Europa, Asien und Nordafrika

BAYERISCHER WALD | 169

Wildschwein
Sus scrofa

- ↔ 0,9–1,8 m
- ⚖ 44–200 kg
- ⊗ Verbreitet
- 🍴 Pflanzenteile, Eier, Nagetiere

Europa, Asien, Nordafrika

Der Vorfahre der meisten Hausschweine ist ein Beispiel für eine sehr erfolgreiche Art. Das extrem anpassungsfähige Wildschwein lebt auf jedem Kontinent mit Ausnahme von Antarktika und wird mittlerweile wegen der Verwüstung von Ackerland als Schädling betrachtet.

Familiengruppen und Einzelgänger
Ob Wildschweine Einzelgänger oder gesellig sind, hängt vom Geschlecht ab. Bachen leben in aus Weibchen und ihren Jungen bestehenden Familien. Sie verlassen die Gruppe nur zur Geburt und kehren zurück, sobald die drei bis zwölf Frischlinge groß genug sind, um mit den anderen mithalten zu können. Bachen können pro Jahr zwei Würfe haben und verteidigen alle Frischlinge der Gruppe. Keiler kommen nur zur Paarung zur Gruppe, schließen sich ihr aber manchmal zur Nahrungssuche an.

Dickes Fell aus grobem Haar

▷ BORSTENSCHWEIN
Viele Wildschweine tragen lange Borsten auf dem Rücken, die sie bei Gefahr aufstellen.

▷ GESTREIFTE FRISCHLINGE
Die gestreiften Frischlinge leben in der Familiengruppe und werden von den Bachen verteidigt. Junge Keiler verlassen die Gruppe im Alter von ein oder zwei Jahren.

Schwarzspecht
Dryocopus martius

Steifer Schwanz zum Balancehalten

Großspechte haben dolchartige Schnäbel, ein verlängertes Scheitelgefieder und steife Schwänze. Ein langer Zeh weist zum Klettern nach außen oder nach hinten, im Gegensatz zur für viele Vögel typischen Anordnung von drei nach vorn weisenden Zehen und einem hinteren Zeh. Der Schwarzspecht liebt große Bäume wie Kiefer, Eiche und Buche. Im Winter bevorzugt er den Baumbestand in Parks und Gärten. Zu Beginn einer jeden Brutsaison meißelt der Specht eine neue Nisthöhle in einen Baum. Die Jungen schlüpfen nach 12 bis 14 Tagen und sind nach 24 bis 28 Tagen flügge.

Laute Nachbarn
Schwarzspechte sind laut und regelmäßig mit dissonantem Lachen und hohen, langen Rufen zu hören. Ihren Revierbesitz zeigen sie an, indem sie schnell mit der Schnabelspitze auf einem Ast trommeln.

△ HARTE ARBEIT
Das Weibchen ist an der kleineren roten Kappe zu erkennen. Hier entfernt es Borke und Holz, um an Käferlarven und Holzameisen zu gelangen.

- ↔ 45–55 cm
- ⚖ 325 g
- ⊗ Verbreitet
- 🍴 Insektenlarven, Ameisen

Europa bis Asien

Nördl. Kammmolch
Triturus cristatus

Dies ist der größte nordeuropäische Molch. Im Sommer geht er in der Nacht an Land auf die Jagd. Er überwintert an geschützten Stellen auf dem Grund des Laichteichs. Männchen balzen, indem sie ihren Körper krümmen und mit dem paddelförmigen Schwanz wedeln. Weibchen legen ihre Eier im Wasser an Pflanzen ab, wobei jedes einzeln in ein Blatt eingewickelt wird. Die Larven schlüpfen nach drei Wochen und verwandeln sich nach etwa vier Monaten in adulte Molche.

- ↔ 10–14 cm
- Frühjahr
- Verbreitet
- Larven, Würmer
- Europa, Zentralasien

▽ **BRUTKAMM**
Weibchen sind größer als Männchen, doch nur Männchen bekommen zur Laichzeit im Frühjahr einen Kamm.

Typische schwarze Flecken

Buchen-Streckfuß
Calliteara pudibunda

Stark gefiederte Antenne des Männchens

Halbmondförmige Zeichnung

Dieser Nachtfalter ist in Europa weit verbreitet. Er lebt in Wäldern, wo die nicht fressenden adulten Tiere nachts im späten Frühling oder Frühsommer fliegen. Mit den Antennen nehmen Männchen den Geruch der Weibchen war. Die Eier werden in Bäumen gelegt und die Raupen schlüpfen im folgenden Frühjahr.

- ↔ 5–7 cm
- Verbreitet
- Laub
- Europa

▷ **RAUPE MIT BORSTEN**
Einige Borsten sind zu vier Büscheln zusammengefasst.

- ↔ Durchschnittlich 12 mm
- Verbreitet
- Pollen, Nektar, Honig

Europa, West-, Zentral- u. Südwestasien, West-, Ost- u. Südafrika

△ **HARTE ARBEIT**
Während des Baus einer Wabe bilden die Arbeiterinnen mit ihren Körpern eine Brücke, um die Lücke zu schließen.

▷ **POLLEN SAMMELN**
Eine Arbeiterin sammelt den Pollen in ihren Pollenkörbchen – hohlen, behaarten Vertiefungen in den Hinterbeinen.

BAYERISCHER WALD | 171

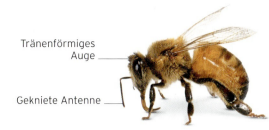

Tränenförmiges Auge

Gekniete Antenne

Westliche Honigbiene
Apis mellifera

Honigbienen bestäuben viele Samenpflanzen, darunter auch für den Menschen wichtige. Sie leben wild in Staaten oder in Bienenkästen zur Honigproduktion. Ursprünglich kommen sie in Afrika, Europa und dem Nahen Osten vor, doch sind sie in den meisten Teilen der Welt eingeführt worden. Jeder Staat wird von einer Königin gegründet, die ihre unfruchtbaren Töchter als Arbeiterinnen aufzieht. Diese pflegen und vergrößern das Bienennest, ziehen weitere Geschwister auf und sammeln Nektar und Pollen von Blüten.

Arbeitsteilung

Das Bienennest befindet sich meist in einem hohlen Baum. Es besteht aus Waben – Wachsscheiben, die sich aus sechseckigen Zellen zusammensetzen. Die Zellen enthalten die Larven und später die Puppen. Auch werden in ihnen Nektar und Pollen gelagert. Der Honig wird von Arbeiterinnen produziert, indem sie Nektar auswürgen und befächeln, sodass er austrocknet. Der Pollen wird als Nahrung für die Larven separat gelagert. Der Honig ist die Hauptnahrung für den Rest der Kolonie.

Die unfruchtbaren Arbeiterinnen leben etwa vier bis fünf Wochen lang. Anfangs sind sie im Bienenstock beschäftigt und später fliegen sie zum Sammeln von Nektar und Pollen zu den Blüten. Sie teilen den im Stock verbliebenen Arbeiterinnen die Lage von Blüten durch Tänze mit. Im Winter geht die Zahl der Arbeiterinnen auf 5000 von den Honigvorräten lebende Tiere zurück.

Wenn die Kolonie eine gewisse Größe erreicht hat, schwärmt die Königin mit der Hälfte ihres Volks aus. Sie hinterlässt eine neue Königin, die sich auf ihrem Hochzeitsflug mit mehreren Drohnen paart und dabei so viel Sperma speichert, dass es für ihr bis zu fünfjähriges Leben reicht. Dann fliegt die neue Königin zurück und übernimmt den Staat.

△ **PUPPE EINER ARBEITERIN**
In elf Tagen wird aus einem Arbeiterinnen-Ei eine Puppe. Im Alter von 21 Tagen erscheint die Biene.

80 000 Tiere leben im Sommer in einem Staat.

Hirschkäfer
Lucanus cervus

Männchen mit großen Mandibeln

Dieser große Waldbewohner ist wegen der enormen Mandibeln seiner Männchen bekannt, die diese bei Auseinandersetzungen untereinander benutzen. Sie erinnern an das Geweih männlicher Hirsche, was zum Namen des Käfers geführt hat. Die Weibchen sind kleiner als die Männchen und besitzen auch unscheinbarere Mandibeln, können damit aber kräftiger zupacken. Wie alle Käfer besitzen auch die Hirschkäfer ein sehr stabiles Exoskelett (die harte äußere Hülle).

Fettreserven
Erwachsene Hirschkäfer fressen nicht viel. Stattdessen zehren sie von den Fettreserven, die sie als im Totholz lebende Larve angelegt haben. Gelegentlich nehmen die erwachsenen Käfer Pflanzensäfte zu sich. Ansonsten widmen sie sich der Vermehrung.

Die Männchen kommen im Mai oder im Juni zum Vorschein, besetzen ein Revier und versuchen jeden Konkurrenten mit den Mandibeln zu verscheuchen. Ihr Leben als erwachsene Käfer dauert selten länger als drei Monate. Das Letzte, was ein Weibchen vor dem Tod macht, ist ein geeignetes Stück verrottenden Holzes zu suchen – meist der Stumpf oder die Wurzeln eines Baums – und dort etwa 20 Eier zu legen. Manchmal kehren die Weibchen zu dem Ort zurück, an dem sie selbst als Larve lebten.

Kinderstube im Holz
Insgesamt lebt ein Hirschkäfer etwa sechs Jahre lang. Die meiste Zeit davon verbringt er als Larve und ernährt sich von verrottendem Holz. Die kleinen orangeköpfigen Larven schlüpfen im August aus den Eiern und starten ein fünfjähriges Fressen. So lang brauchen sie, um genug Fett für das Erwachsenenleben einzulagern. Danach legt die Larve eine Kammer im Holz an, in der sie sich verpuppt. Nun verharrt sie mindestens zwei Monate lang bewegungslos, während ihr Larvenkörper zerlegt und zu einem Käfer umgebaut wird. Das Geschlecht der von ihrer Hülle geschützten Puppe lässt sich bereits an der Größe der Mandibeln bestimmen. Die Käfer verpuppen sich im Herbst, doch nach der Verpuppung verbleiben sie noch den Winter über im Totholz, bis sie im folgenden Sommer herauskommen.

Aus verschiedenen Gründen gehen die Hirschkäferbestände auf der ganzen Welt immer weiter zurück. Dazu zählen Veränderungen in der Waldbewirtschaftung, die zur Entfernung von Totholz geführt haben. Auch die zunehmende Verstädterung ist eine Bedrohung.

Hirschkäfer verbringen fast ihr ganzes Leben als Larve im Totholz.

- 7,5 cm
- Potenziell gefährdet
- Totholz; Pflanzensäfte

Europa, Asien

▷ **KÄMPFENDE MÄNNCHEN**
Hirschkäfer versuchen ihren Rivalen auf den Rücken zu drehen. Dazu sind die Mandibeln mit Fortsätzen ausgestattet, die einen guten Griff ermöglichen. Ernsthafte Verletzungen sind jedoch selten.

◁ **KEIN SCHLECHTER FLIEGER**
Trotz ihrer Größe und ihres plumpen Aussehens fliegen Hirschkäfer regelmäßig. Die Männchen fliegen häufiger als die Weibchen, da sie ihr Revier kontrollieren müssen.

Ostafrikanischer Grabenbruch
Millionen von Zwergflamingos brüten an den Rändern der Salzseen des Ostafrikanischen Grabens. Schwärme erwachsener Tiere fliegen jeden Tag auf der Suche nach Süßwasser zum Trinken umher.

Afrika

IN GLÜHENDER SONNE
Afrika

Als zweitgrößter Kontinent bedeckt Afrika 30 Millionen Quadratkilometer – das sind über 20 % des Festlands der Erde. Bei Afrika denkt man an glühende Hitze und tropischen Regenwald, vor allem aber an seine Wildtiere. Schon die Seen des Ostafrikanischen Grabens enthalten eine Vielfalt an Buntbarschen, die für den Zoologen genauso eindrucksvoll ist wie die der großen Säuger der Serengeti-Steppen gehören zu den Touristen. Die afrikanischen Lebensräume gehören zu den produktivsten und vielseitigsten. Zu ihnen gehören Feuchtgebiete, Hochebenen, große Wüsten und weite Grassteppen.

Die Gebirge im Osten sind Teil des Großen Afrikanischen Grabenbruchs, an dem sich die Afrikanische in die Somalische und die Nubische Platte teilt. Der Ostafrikanische Graben ist ein Teil davon. Südafrikas Drakensberge begrenzen eine Hochebene, die einen großen Teil des Südens und Ostens einnimmt. Afrika wird von mehreren großen Flüssen entwässert, darunter Nil, Niger, Kongo, Sambesi, Limpopo und Oranje. Manche erreichen jedoch nicht das Meer. Der Okavango fließt in ein großes Feuchtgebiet im Inland, während der Chari in den Tschad-See mündet, wo das Wasser verdunstet und versickert.

SCHLÜSSELDATEN

ÖKOSYSTEME
- Tropischer Regenwald
- Tropischer Trockenwald
- Mediterraner Wald, Buschland
- Tropisches/subtropisches Grasland
- Feuchtgebiete
- Wüste, Buschsteppe
- Bergwiesen

MITTLERE TEMPERATUR (°C): 30, 20, 10, 0, -10, -20, -30, -40

MITTLERE NIEDERSCHLÄGE (mm): 10000, 7500, 5000, 2500, 0

SAHARA
Die größte Wüste der Welt entstand vor sieben Millionen Jahren und sie wächst immer noch. Sie bedeckt etwa 30 % der Fläche Afrikas und verhindert die Nord-Süd-Ausbreitung vieler Arten. Zu den an sie angepassten Tieren gehören die Springmäuse und der Wüstenfuchs.

ATLAS-GEBIRGE
Das Atlas-Gebirge hat sich durch die Kollision der Afrikanischen mit der Eurasischen Platte im Norden aufgefaltet. Der höchste Punkt ist der Toubkal in Marokko.

NIL-DELTA
Das Delta erstreckt sich über 240 km der ägyptischen Mittelmeerküste. Sein Schwemmland ist seit Jahrtausenden landwirtschaftlich genutzt worden.

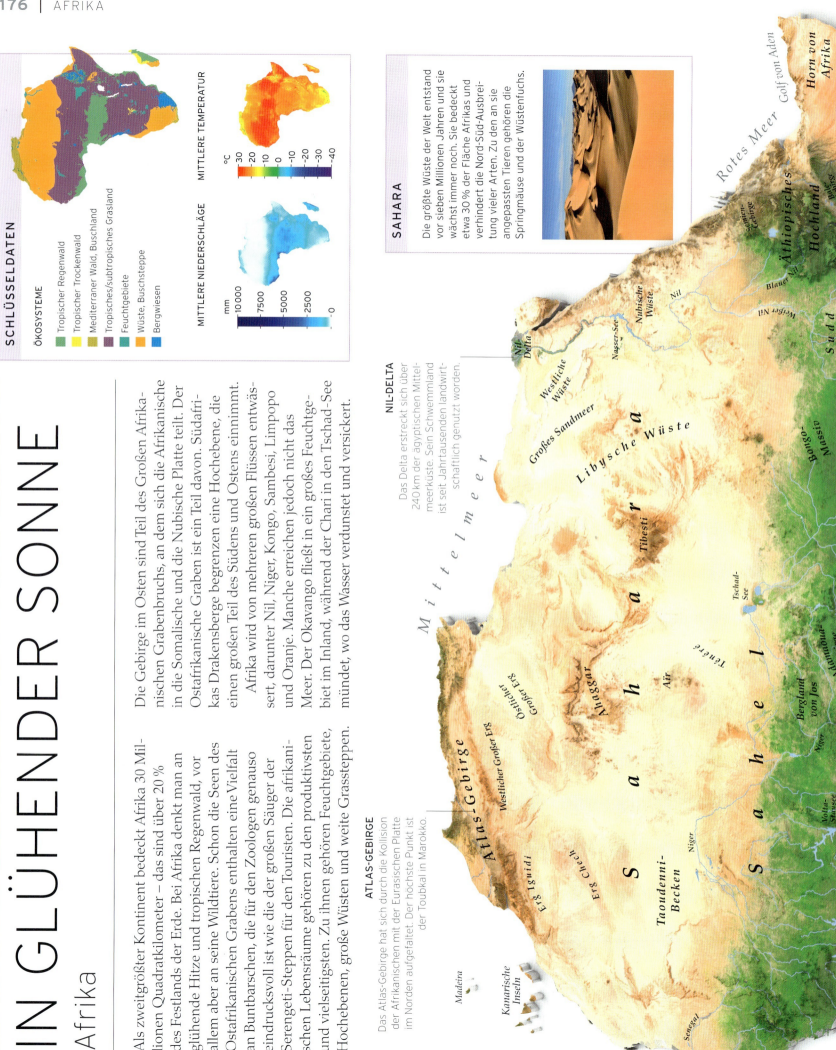

IN GLÜHENDER SONNE | 177

VICTORIA-SEE
Der Abfluss des größten tropischen Sees der Welt ist der Nil. Der See ermöglicht die größte Binnen-Fischindustrie Afrikas.

SAHEL-ZONE
Die semiaride Steppe der Sahel stellt den Übergang zwischen der Wüste und den weiter südlich gelegenen Savannen und Wäldern dar. Die Niederschläge der Regenzeit ermöglichen eine große Biodiversität und erlauben es Zugvögeln, eine Rast einzulegen.

GARTEN-ROTSCHWANZ

NAMIB-WÜSTE
Es regnet so unregelmäßig in der Namib, dass sich einige spezialisierte Tiere und Pflanzen auf den Küstennebel als Wasserquelle eingestellt haben.

SARDINENSCHWÄRME
In den meisten Wintern wandern Milliarden von Sardinen die südafrikanische Ostküste hinauf. Einzelne Schwärme können sich über mehrere Kilometer erstrecken. Sie sind das Ziel von Räubern wie Haien, Delfinen und Seevögeln.

FYNBOS
Dieser Streifen heideähnlicher Vegetation gedeiht im mediterranen Klima der westlichen Kapregion Südafrikas und ist ein wichtiger Bestandteil der Kapflora. Die winzige Ökoregion ist in Hinblick auf ihre Biodiversität und die Anzahl endemischer Arten pro Quadratkilometer unübertroffen. Von 9000 hier vorkommenden Pflanzenarten sind 6200 endemisch.

ÖKOREGIONEN

- Äthiopisches Hochland »**S.178-183**
  Bergwiesen, Wälder
- Afrikanische Große Seen »**S.184-191**
  Süßwasser- und Sodaseen
- Steppen der Serengeti »**S.192-207**
  Tropische Savanne
- Kongo-Becken »**S.208-217**
  Tropischer und subtropischer Regenwald
- Okavango-Delta »**S.218-227**
  Feuchtgebiete: Binnendelta
- Kalahari-Wüste »**S.228-235**
  Wüste, Buschland
- Trockenwald Madagaskars »**S.236-243**
  Tropischer Trockenwald

ÄTHIOPISCHES HOCHLAND
Einzigartige Arten auf dem Dach von Afrika

Das im Nordosten des Kontinents gelegene Äthiopische Hochland ist das größte Gebiet Afrikas, das über 1500 m Höhe erreicht. Einzelne Berge sind sogar fast 4550 m hoch. Zum Hochland gehören das Sämen-Gebirge im Nordwesten und das Bale-Gebirge im Südosten. Beide werden vom Ostafrikanischen Grabenbruch getrennt.

Verlust an Lebensräumen

Das Hochland umfasst drei verschiedene Regionen, die sich in ihrer Höhe unterscheiden. Bis in eine Höhe von 1800 m wächst dichter Bergwald, der vor allem aus immergrünen Gewächsen wie Myrrhe, Akazien, Wacholder und anderen Nadelhölzern sowie einem Unterholz aus wilden Kaffeepflanzen besteht. Zwischen 1800 m und 3000 m befindet sich montanes Gras- und Waldland, das aus einem Mosaik von Wald, Dickicht, Gras- und Buschsteppen besteht und die Heimat von Steinböcken und Dscheladas ist. Über der Baumgrenze in Höhen von über 3000 m findet sich ein von Buschwerk und Kräutern geprägter Lebensraum. Hier leben endemische Arten wie der Berg-Nyala und der Äthiopische Wolf, der seltenste Wildhund der Welt.

Alle drei Bereiche sind von der Zunahme der menschlichen Bevölkerung und ihrer Aktivitäten beeinflusst, vor allem der Landwirtschaft und der nicht nachhaltigen Nutzung natürlicher Ressourcen. Das Ergebnis ist, dass 97 % der ursprünglichen Lebensräume verlorengegangen sind. Viele der heute noch existierenden Pflanzen und Tiere werden daher gründlich untersucht und geschützt.

ALLE GLEICHZEITIG
Diese riesige Lobelie kann bis zu 9 m hoch werden, wenn sie blüht. Die Pflanzen blühen meist gleichzeitig nach mehreren Jahren des Wachstums. Sie verbreiten Millionen von Samen und sterben danach ab.

RIESEN-LOBELIE

VOGEL DER BERGWÄLDER
Dieser bunte Turako ernährt sich vor allem von Fliegen und Wacholderbeeren. Er ist im äthiopischen Hochland endemisch und von den fragmentierten Bergwäldern geringerer Höhen abhängig. Daher ist sein Bestand hochgradig gefährdet.

PRINZ-RUSPOLI-TURAKO

LIBELLE DES HOCHLANDS
Die Äthiopische Hochland-Libelle lebt ausschließlich an von Wald umgebenen klaren Bergbächen, doch geht ihr Bestand infolge von Entwaldung und Umweltverschmutzung zurück, sodass die Gefahr des Aussterbens besteht.

HOCHLAND-LIBELLE

Hier leben 20 Säugetier- und 30 Vogelarten endemisch › Nur 3 % der ursprünglichen

ÄTHIOPISCHES HOCHLAND

LAGE

Nordöstliches Afrika, äthiopische Provinzen Tigray, Amhara, und Oromia, im Norden bis nach Eritrea reichend.

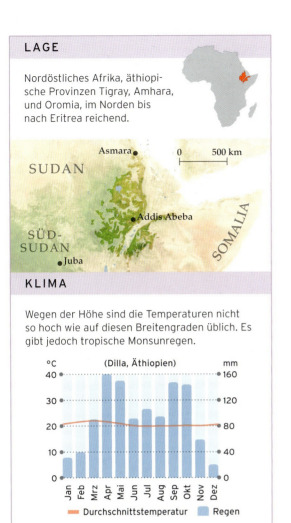

KLIMA

Wegen der Höhe sind die Temperaturen nicht so hoch wie auf diesen Breitengraden üblich. Es gibt jedoch tropische Monsunregen.

Äthiop. Klippspringer
Oreotragus saltatrixoides

Anders als bei vielen anderen Antilopen sind die Hörner des Äthiopischen Klippspringers bei beiden Geschlechtern gleich ausgebildet. Klippspringer leben nicht in Herden, sondern durchstreifen ihren steinigen Lebensraum in Paaren und markieren ihr Revier mit ihrem Kot. Die Jungtiere werden zwei Monate lang versteckt und folgen dann den Eltern auf der Nahrungssuche.

- ↔ 85 cm
- ⚖ 5–16 kg
- ⊗ Regional verbreitet
- 🍽 Blätter, Blüten

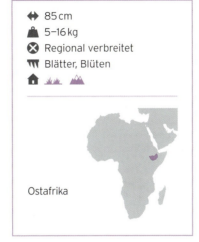

Ostafrika

Geflecktes Fell zur Tarnung

▷ **SEHR BEWEGLICH**
Die »hochhackigen« Hufe erlauben es dem Klippspringer, mit allen vier Füßen auf den kleinsten Felsen Halt zu finden.

Kurze Beine und schmale Hufe

RIESE IM UNTERGRUND
Die Riesen-Maulwurfsratte lebt allein, aber in einer Dichte von 6000 Exemplaren pro Quadratkilometer. Jeder Bau überlappt einen anderen. Die von den Nagern aufgescheuchten Insekten und Würmer werden von Vögeln verzehrt, die ihrerseits vor Äthiopischen Wölfen warnen.

MAULWURFSRATTE

Vegetation sind noch übrig

Berg-Nyala
Tragelaphus buxtoni

Gedrehte Hörner

Der Berg-Nyala ist näher mit dem Großen Kudu als mit dem Nyala verwandt. Zur Trockenzeit sucht er größere Höhen auf und steigt in der Regenzeit wieder herab. Die meisten Kälber werden nach dem Ende der Regenzeit geboren. Sie bleiben bis zum Alter von zwei Jahren bei ihrer Mutter. Nur die Männchen tragen Hörner.

- ↔ 1,9–2 m
- ⚖ 150–320 kg
- ⊗ Stark gefährdet
- 🍽 Blätter, Gras, Farne, Flechten

Ostafrika

◁ **VERWANDTE WEIBCHEN**
Berg-Nyalas leben in kleinen Herden, die aus Weibchen und ihren Jungen bestehen. Die erwachsenen Männchen kommen zur Paarungszeit hinzu.

Dschelada

Theropithecus gelada

Erwachsenes Männchen mit dichter Mähne

Der Dschelada oder Blutbrust-Pavian ist nah mit den eigentlichen Pavianen verwandt, die man in großen Teilen Afrikas findet. Der Dschelada war vor 50 000 Jahren weit verbreitet, doch sein Bestand ist durch die Konkurrenz der Paviane und menschliche Einflüsse immer weiter zurückgegangen. Heute findet man Dscheladas nur noch in abgelegenen Gebieten im Hochland. Sie können sich von Gräsern – einschließlich der Wurzeln – effizienter als die Paviane ernähren und leben daher fast ausschließlich von den Gräsern der hochgelegenen Grassteppen Äthiopiens. Zwiebeln, Samen, Früchte und Insekten vervollständigen den Speiseplan.

Signalflecken

Die meisten Paviane tragen bunte Flecken nackter Haut auf ihren Hinterteilen, mit denen sie Stimmung, Rang und Paarungsbereitschaft signalisieren. Dscheladas sitzen allerdings die meiste Zeit über und fressen das Gras in Reichweite ihrer Arme – der Steiß ist also nicht zu sehen. Vielleicht haben sie deshalb rote Flecken auf der Brust entwickelt. Der Fleck des Männchens ähnelt dem des Weibchens, der wiederum ein Abbild seiner Genitalien ist. Dieser farbige Bereich wird sowohl zur sexuellen als auch zur sozialen Interaktion benutzt. Die Präsentation des Hinterteils ist bei vielen Primaten eine Beschwichtigungsgeste und die Nachahmung durch Männchen und nicht empfängnisbereite Weibchen mag ähnlichen Zwecken dienen. Wenn man kein Dschelada ist, fällt es allerdings nicht leicht, die Signale zu interpretieren.

Junggesellen

Dscheladas bilden Herden aus Hunderten von Tieren. Viele Männchen leben in Junggesellengruppen an den Rändern der Herde, bis sie zum Kampf um die Dominanz bereit sind. Innerhalb der Herde gibt es Untergruppen aus einem Männchen und seinen Weibchen, die unauffällig über ihre Mimik und auffälliger über Drohgähnen (siehe rechts) kommunizieren.

Dscheladas nennt man wegen des **roten Flecks auf der Brust** auch **Blutbrust-Paviane.**

△ **MUTTER UND KIND**
Die anfangs unselbstständigen Jungen klammern sich einen Monat lang an ihre Mütter. Dscheladas verbringen viel Zeit mit der Fellpflege.

▷ **GANZ WEIT OBEN**
Dscheladas suchen ihre Nahrung auf über 1700 m hoch gelegenen äthiopischen Wiesen und schlafen auf den Klippen in der Nähe.

- 70–74 cm
- 19 kg
- Regional verbreitet
- Gräser, Wurzeln, Früchte

Ostafrika

△ DROHGÄHNEN
Beim Drohgähnen entblößt das Männchen sein Zahnfleisch und die eindrucksvollen Zähne. So warnt es Rivalen vor einer Auseinandersetzung.

◁ EINDRUCKSVOLLE MÄHNE
In Anpassung an die große Höhe sind Dscheladas dicht behaart, vor allem an Kopf und Oberkörper. Die Mähne lässt das angreifende Männchen außerdem größer erscheinen.

Äthiop. Wolf
Canis simensis

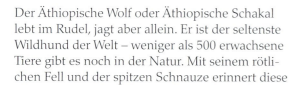
Lange, schlanke Beine

Der Äthiopische Wolf oder Äthiopische Schakal lebt im Rudel, jagt aber allein. Er ist der seltenste Wildhund der Welt – weniger als 500 erwachsene Tiere gibt es noch in der Natur. Mit seinem rötlichen Fell und der spitzen Schnauze erinnert diese Art an einen Fuchs. In seltenen Fällen schließt sich das Rudel zur Jagd auf einen Hasen zusammen, doch der Äthiopische Wolf ist auf Ratten spezialisiert. Bis zu 95 % seiner Nahrung bestehen aus den kleinen Ratten seiner Heimat.

- ↔ 84–100 cm
- ⚖ 14–30 kg
- ⊗ Stark gefährdet
- 🍴 Nagetiere

Ostafrika

◁ FÜTTERUNG
Die Jungtiere bedrängen die erwachsenen Wölfe, bis sie Nahrung für sie auswürgen. Alle Wölfe eines Rudels kümmern sich um die Jungen, obwohl nur das dominante Weibchen trächtig wird.

- ↔ 1–1,2 m
- ⚖ 4,5–7 kg
- ⊗ Potenziell gefährdet
- 🍴 Knochen, Aas, Schildkröten

Europa, Asien, Nord-, Ost- und Südafrika

▽ DOMINANZ
Der erwachsene Bartgeier (rechts) ist zwar in der Mauser, erinnert das Jungtier aber daran, wer der Chef ist. Der Jungvogel zeigt den typischen rautenförmigen Schwanz.

Rüsselspringer
Elephantulus rufescens

Bewegliche Nase

Der Rotbraune Rüsselspringer legt ein Netzwerk aus Pfaden an, auf denen er sein Territorium schnell durchquert. Der Stoffwechsel der Tiere ist so hoch, dass sie ständig auf der Nahrungssuche sind, und die bekannten Pfade erlauben eine effiziente Jagd. Sie dienen auch als Fluchtwege, um Fressfeinden wie Eulen, Greifvögeln und Echsen zu entkommen. Erwachsene Rüsselspringer achten darauf, dass sie Pfade wählen, die von ihrem einzigen Jungen wegführen. Das Junge verbringt die ersten Tage in einem Nest, das sich oft im verlassenen Bau eines anderen Tiers befindet. Die bewegliche Nase dient dem guten Geruchssinn und ist auch der Grund für den zweiten Namen – Elefantenspitzmaus.

- ↔ 12–12,5 cm
- ⚖ 50–60 g
- ⊗ Verbreitet
- 🍴 Insekten

Ostafrika

◁ GUTER LÄUFER
Die langen Hinterbeine verleihen dem Rüsselspringer die Kraft und Beweglichkeit, die er zur Flucht vor seinen Fressfeinden benötigt.

ÄTHIOPISCHES HOCHLAND | 183

Die schwarzen Borsten am Schnabel haben dem Geier seinen Namen gegeben.

Orange gefärbte Federn

Bartgeier
Gypaetus barbatus

Aischylos, ein Dichter der griechischen Antike, soll von einem Adler getötet worden sein, der seine Glatze für einen Stein hielt und eine Schildkröte darauf fallen ließ. Vielleicht war es aber auch ein Bart- oder Lämmergeier. Dieser riesige Vogel lässt Knochen und manchmal Schildkröten auf Felsen fallen, um an Mark oder Fleisch zu kommen. Bartgeier können sogar Knochenstücke verdauen, die von anderen Geiern verschmäht werden. Sie bevorzugen allerdings lebende Beute wie Schildkröten und Hasen. Mit ihren großen Flügeln und langen Schwänzen sind sie eindrucksvolle Vögel. Betont wird das durch die von Eisenoxid hervorgerufene Orangefärbung der Federn: Die Vögel nehmen Staubbäder in roter Erde und in Gesteinsstaub.

Hoch und tief

Bartgeier können die höchsten Berge erreichen und ihre Gipfel bewohnen, doch suchen sie regelmäßig die Müllhalden der Städte auf. Hier beweisen sie, dass sie auch in beengter Umgebung geschickt fliegen können.

△ **MÜHELOSES SEGELN**
Die große Spannweite erlaubt dem Bartgeier das fast endlose Segeln. Manchmal korrigiert er mit einem einzigen Flügelschlag den Kurs.

AFRIKANISCHE GROSSE SEEN
Ein Hotspot der Biodiversität im Süßwasser

Der Ostafrikanische Graben ist Teil des Großen Afrikanischen Grabenbruchs, an dem die Platten der Erdkruste mit einer Geschwindigkeit von 7 mm pro Jahr auseinanderdriften, sodass Afrika schließlich geteilt werden wird. Entstanden ist ein von Jordanien bis Mosambik reichender Graben, der von einigen der höchsten afrikanischen Berge flankiert wird. Das Land ist von Seen übersät, die zu den ältesten, größten und tiefsten Süßgewässern der Welt gehören. In Kenia und Tansania teilt sich der Graben in zwei Arme, zwischen denen der Victoria-See liegt – der größte afrikanische See und der zweitgrößte Süßwassersee der Welt.

renden wie dem Malawi-, Tanganjika- und Turkana-See bis zu den salzhaltigen, stark alkalischen Sodaseen. Jeder der seit Millionen von Jahren voneinander getrennten Seen hat seine eigene Wassertierfauna entwickelt. Das tiefe Wasser des Malawi-Sees bietet eine Vielzahl von Lebensräumen und beherbergt etwa 3000 Fischarten – mehr als jeder andere See der Welt. Im Ostafrikanischen Graben leben außerdem viele Landtiere und Vögel, etwa Pelikane und Watvögel. Die Sodaseen – Natron-, Bogoria-, Nakuru- und Elementeita-See – sind für ihre Zwergflamingoschwärme berühmt.

Süßwasser- und Sodaseen
Die Seen des Ostafrikanischen Grabens folgen in der Regel seinem Verlauf. Sie unterscheiden sich sehr in Größe, Tiefe und Wasserqualität, von den Süßwasser füh-

FLECKENHALS-OTTER

BEDROHT
In den Seen leben der Kap- und der kleinere Fleckenhals-Otter. Ihre Bestände gehen infolge der Jagd nach Bushmeat, der Umweltverschmutzung und der Einführung des Nilbarschs, der die kleineren Beutefische der Otter frisst, zurück.

BESUCHER AUS DER FERNE
Viele Zugvögel besuchen die Seen im Herbst, darunter bekannte europäische Arten wie die Schwalben und Pfeifenten. Manche bleiben bis März und suchen sich hier ihre Nahrung. Andere ziehen in weiter südlich gelegene Winterquartiere.

PFEIFENTE

KARPFEN

NEU EINGEFÜHRT
Der Karpfen ist im Jahr 2001 versehentlich im Naivasha-See eingeschleppt worden. Er vermehrte sich so schnell, dass er im Jahr 2010 90 % der dort gefangenen Fische stellte und den vorher eingeführten Roten Amerikanischen Sumpfkrebs verdrängte.

› Heimat von 10 % aller Fischarten – 3000 allein im Malawi-See

› Der Tanganjika-See ist der

Anubis-Pavian
Papio anubis

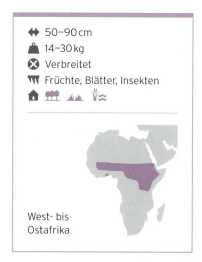
Hundeartige Schnauze

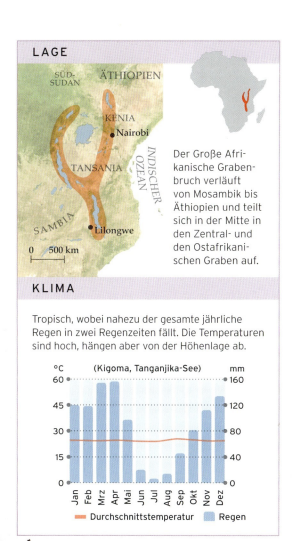

LAGE
Der Große Afrikanische Grabenbruch verläuft von Mosambik bis Äthiopien und teilt sich in der Mitte in den Zentral- und den Ostafrikanischen Graben auf.

KLIMA
Tropisch, wobei nahezu der gesamte jährliche Regen in zwei Regenzeiten fällt. Die Temperaturen sind hoch, hängen aber von der Höhenlage ab.

(Kigoma, Tanganjika-See)

— Durchschnittstemperatur ▮ Regen

Die opportunistischen, intelligenten und anpassungsfähigen Paviane fressen fast alles, was sie bekommen können, von kleinen Tieren bis zu menschlichen Abfällen. Sie nutzen die verschiedensten Lebensräume, auch wenn es nur wenige Bäume gibt, wie auf Felshügeln, in der Halbwüste und in der Grassteppe.

Gesellschaftsordnung
Anubis-Paviane leben in Gruppen von bis zu 120 Tieren und verbringen die meiste Zeit mit der Nahrungssuche auf dem Boden. Erwachsene Männchen wiegen doppelt so viel wie die Weibchen, haben eindrucksvolle Eckzähne und eine Mähne. Die Weibchen können das ganze Jahr über trächtig werden und gebären nach etwa sechs Monaten ein einzelnes Junges. Das wird von der Mutter am Bauch getragen, bis es etwa sechs Wochen alt ist und auf ihrem Rücken reiten kann. Die Jungen haben schwarzes Fell, das sich erst nach einigen Monaten graubraun färbt.

Wegen der regelmäßigen Plünderung von Feldern und Äckern werden Anubis-Paviane als Schädlinge angesehen und von den Landwirten verfolgt. Ihr wichtigster natürlicher Feind ist der Leopard.

- ↔ 50–90 cm
- ⚖ 14–30 kg
- ⊗ Verbreitet
- 🍴 Früchte, Blätter, Insekten
- 🏠 🌳 🌾 〰

West- bis Ostafrika

▽ **AFFENLEBEN**
Paviane sind sehr verspielte Tiere. Während ihrer langen Jugend lernen sie, was sie über die Regeln ihrer Gesellschaft wissen müssen.

Erwachsene Paviane sind **gute Jäger** – sie erbeuten Hasen, junge Antilopen und **sogar andere Affen**.

BUNTBARSCHE
Die ostafrikanischen Buntbarsche sind für ihre Vielfalt bekannt – allein der Malawisee enthält 800 Arten. Viele haben ein interessantes Reproduktionsverhalten. Sie bauen Nester für den Laich oder behalten ihn und die Larven als Maulbrüter im Maul.

Zweittiefste See der Welt

BUNTBARSCH

- ↔ 2,7 m
- ⚖ 1,4–1,5 t
- ⊗ Gefährdet
- 🌾 Gras, Wasserpflanzen

Afrika

△ GEMEINSCHAFTSBAD
Die sehr geselligen Flusspferde leben in Gruppen von 10 bis 100 Tieren, die meist von einem dominanten Bullen geführt werden. Andere Bullen werden toleriert, wenn sie sich unterordnen.

▷ KÜHL BLEIBEN
Das Wasser hilft bei der Regelung der Körpertemperatur in der Hitze und schützt die Haut davor auszutrocknen und rissig zu werden.

Lippen zum Abreißen von Gras

Die Haut kann schnell austrocknen.

Flusspferd

Hippopotamus amphibius

Trotz seines Namens erinnert das Flusspferd eher an ein Schwein. Beide haben eine ähnliche Zahnformel und gehören der Ordnung Cetartiodactyla an, die die Paarhufer sowie die Wale und Delfine zusammenfasst. Tatsächlich sind die nächsten Verwandten des Flusspferds keine Landsäugetiere, sondern die Wale, mit denen sie einen gemeinsamen Vorfahren teilen, der vor vielen Millionen Jahren gelebt hat.

Das Flusspferd ist nahezu haarlos und hat ein großes Maul mit beeindruckenden Zähnen. Der fassförmige Körper macht es nach den Elefanten und Nashörnern zum schwersten Landtier. Erwachsene Bullen können durchschnittlich 1500 kg wiegen, die Kühe immerhin noch 1300 kg. Trotz seines Gewichts und seiner kurzen Beine kann ein Flusspferd im Sprint 30 km/h erreichen. Die Geschwindigkeit, seine Aggressivität und die 40–50 cm langen, ständig nachwachsenden und sich schärfenden Schneide- und Eckzähne machen aus dem Flusspferd eine der unberechenbarsten und gefährlichsten afrikanischen Tierarten. Man sagt, dass sie in Afrika mehr Menschen töten als jedes andere Säugetier.

Im Wasser laufen

Als halbaquatisch lebendes Tier verbringt das Flusspferd seine Tage in Flüssen, Seen und Sümpfen, wo Wasser und Schlamm es kühlen und die Haut mit der nötigen Feuchtigkeit versorgen. Das Wasser trägt auch sein Gewicht und das Tier läuft oder springt sogar mit Geschwindigkeiten von bis zu 8 km/h über den Grund. Obwohl das Flusspferd Schwimmhäute besitzt, ist es ein schlechter Schwimmer. Es hat keinen Auftrieb, sodass es im Flachwasser bleibt, die Nasenlöcher beim Untertauchen schließt und alle 3–5 Minuten zum Atmen auftaucht.

Grasen bei Nacht

Flusspferde grasen in der Abenddämmerung und wandern auf der Suche nach dem bevorzugten kurzen Gras bis zu 10 km weit ins Inland. Die Tiere fressen bis zu 70 kg Gras pro Nacht, das sie mit den Lippen abreißen und mit den Backenzähnen zermahlen. Die großen Eck- und Schneidezähne dienen nur dem Kampf und der Verteidigung. Flusspferde »gähnen«, um diese Waffen zu präsentieren, wobei sie ihr Maul fast 180° weit öffnen können. Bullen verteidigen ihr Revier am Tag und man nimmt an, dass das Verteilen von Dung mit dem sich propellerartig drehenden Schwanz der Reviermarkierung dient.

Mutter und Kalb

Die Weibchen können zu jeder Jahreszeit trächtig werden, doch meistens findet die Paarung in der Trockenzeit statt. Die Tiere paaren sich im Wasser, wobei das Weibchen die meiste Zeit untergetaucht bleibt. Ein einziges, bis zu 50 kg schweres Kalb wird unter Wasser geboren und muss zum ersten Atemzug an die Wasseroberfläche gehoben werden. Ihr keimfreier Darm wird mit den zur Grasverdauung wichtigen Bakterien besiedelt, wenn sie den Kot ihrer Mutter fressen. Jungtiere können zur Beute von Krokodilien, Löwen und Tüpfelhyänen werden.

△ **JUNGTIER**
Die Jungen werden unter Wasser geboren und gesäugt. In tiefem Wasser klettern sie oft auf den Rücken ihrer Mutter.

Flusspferd-Rufe können eine Lautstärke von bis zu **115 Dezibel** erreichen – so laut wie ein **nahes Gewitter.**

Zwergflamingo
Phoenicopterus minor

Krummer Schnabel

Sehr lange Beine

Der Zwergflamingo ist ein typischer Vogel des Ostafrikanischen Grabens. Die Hunderttausende von Tieren zählenden Schwärme färben die Säume der unwirtlichen Sodaseen rosa. In Ostafrika leben etwa drei bis vier Millionen Zwergflamingos. Kleinere Populationen gibt es in Südafrika einschließlich der Etosha-Pfanne und in Indien.

Unbeschreibliche Kolonien
Die monogamen Vögel brüten in großen Kolonien auf abgelegenen alkalischen Schlammflächen, wo sie der sengenden Hitze ausgesetzt und für Säugetiere kaum erreichbar sind. Die Nester sind kleine Hügel aus Schlamm und Natriumsalzen, die ein einzelnes Ei enthalten. Das Junge schlüpft nach 28 Tagen und schließt sich im Alter von zwei Wochen einem als Crèche bezeichneten, aus Tausenden von Vögeln bestehenden »Kindergarten« an, der von nur ein oder zwei erwachsenen Flamingos beaufsichtigt wird. Die Jungvögel bilden 30 km lange Reihen und können bis zu 50 km weit getrieben werden, um flaches Süßwasser zu erreichen.

Obwohl eine Million oder mehr Flamingos zusammen sind, brütet nur ein kleiner Teil von ihnen. Von den 1,5 Millionen ostafrikanischer Paare brüten durchschnittlich 319 000, die wiederum 140 000 Junge bekommen. Da die Hälfte vor der Geschlechtsreife stirbt, müssen die Flamingos über 20 Jahre alt werden, um die Population zu erhalten. Von Adlern oder Marabus werden nur wenige Flamingos erbeutet, aber die Störungen durch Touristen einschließlich niedrig fliegender Flugzeuge sind neben der Umweltverschmutzung eine Bedrohung.

- ↔ 80–90 cm
- Bis zu 2 kg
- ⊗ Verbreitet
- Algen

West-, Ost- und Südafrika, Südasien

Rosapelikan
Pelecanus onocrotalus

△ ABHEBEN
Am Tag unternehmen die Flamingos nur kurze Ausflüge, um zu trinken, doch in der Nacht können sie zwischen den Sodaseen Hunderte von Kilometern zurücklegen.

▽ UNTERSCHIEDLICHE NAHRUNG
Das Betteln der Jungen regt die erwachsenen Flamingos zur Bildung einer Kropfmilch an, die zur Fütterung hervorgewürgt wird. Die rosa Färbung des Erwachsenengefieders stammt von den Farbstoffen der Algen.

Rosapelikane treiben die Fische im flachen Wasser zusammen, indem sie sie einkreisen. Dann werden die Fische mit dem Wasser in den Kehlsack geschöpft. Das Wasser fließt heraus, aber die Fische entkommen nur selten und werden ganz verschlungen. Die schweren Vögel fliegen erstaunlich elegant in Reihen, V-Formation oder großen Schwärmen. Rosapelikane können in Afrika zu jeder Jahreszeit brüten, wenn die Bedingungen es zulassen. Sie nisten in Kolonien.

△ REICHE BEUTE
Mit dem empfindlichen Schnabel kann der Pelikan Fische durch Berührung erkennen. Dann schöpft er über 10 l Wasser mit dem Fang in den Kehlsack.

↔ 1,4–1,8 m
⚖ 10–11 kg
✕ Verbreitet
🍴 Fische

Afrika südlich der Sahara, West- und Südasien

Grauhals-Kronenkranich
Balearica regulorum

Dieser auffällige Kranich ist auf der ostafrikanischen Steppe und auf Ackerland ein gewohnter Anblick. Er schreitet langsam voran und sucht nach Samen, Heuschrecken, Würmern, Fröschen und kleinen Echsen. Er balzt wie andere Kraniche mit von gespreizten Flügeln unterstützten rhythmischen Verbeugungen, die zu spektakulären, bis zu 2,5 m hohen Sprüngen führen können.

Die Paare der Grauhals-Kronenkraniche bleiben ihr Leben lang zusammen und besetzen große Brutreviere. Sie nisten in Feuchtgebieten und legen aus Pflanzenmaterial bestehende Nisthügel an, in die sie ein bis vier Eier legen. Die Jungen schlüpfen nach einem Monat und verlassen schon bald das Nest. Im Alter von drei Monaten haben sie die Hälfte des Gewichts der erwachsenen Vögel erreicht und können bereits fliegen.

◁ GOLDENE KRONE
Die Krone aus steifen goldenen Federn trägt auch der verwandte Kronenkranich (*Balearica pavonina*).

— Perlgraue Federn

↔ 1–1,1 m
⚖ 3–4 kg
✕ Stark gefährdet
🍴 Reptilien, Insekten, Würmer

Ost- bis Südafrika

- ↔ 3–6 m
- ⚖ 400–800 kg
- ⊗ Verbreitet
- 🍽 Fische, Säugetiere, Vögel
- 🏠 〰

Afrika, West-madagaskar

Nilkrokodile rollen oft ihre Eier im Maul hin und her, um die Jungen beim Schlupf zu unterstützen.

Von darunterliegenden Knochenplatten verstärkte Schuppen

◁ **RUHENDES KROKODIL**
Beim Sonnenbad öffnen Krokodile das Maul, um überschüssige Wärme über die Schleimhäute abzugeben.

Der lange, kräftige Schwanz dient dem Antrieb.

Schuhschnabel
Balaeniceps rex

Spitze, mit Haken versehene, gesägte und löffelförmige Schnäbel oder Kehlsäcke werden zum Fischfang eingesetzt. Aber nur der Kahnschnabel hat einen Schnabel, der mit dem des Schuhschnabels zu vergleichen wäre. Er fischt mit seinem kleineren Schnabel nachts mithilfe des Tastsinns, der Schuhschnabel tagsüber nach Sicht.

Der Schuhschnabel bewegt sich für einen Vogel seiner Größe sehr geschickt, wenn er auf der Suche nach Fischen durch die Uferpflanzen läuft. Mit dem Schnabel schützt er auch Eier und Jungvögel vor Überhitzung, indem er sie mit Wasser übergießt. Das Nest ist ein großer Hügel aus Pflanzenmaterial im Flachwasser zwischen dem Schilf. Meist werden zwei Eier gelegt. Die Jungen erhalten vorverdauten Fisch, der wegen des ungewöhnlichen Schnabels einfach ins Nest gewürgt wird.

Schuhförmiger Schnabel

▷ **HAKENSCHNABEL**
Der große Schnabel kann Fische, Wasserpflanzen und Schlamm auf einmal aufnehmen. Unerwünschte Dinge werden wieder abgegeben.

Lange nackte Beine

- ↔ 1,1–1,4 m
- ⚖ 4,5–6,5 kg
- ⊗ Gefährdet
- 🍽 Lungenfische, Frösche
- 🏠 〰

Zentralafrika

Nilkrokodil
Crocodylus niloticus

Unter den Panzerechsen übertrifft nur das Leistenkrokodil (*C. porosus*) das Nilkrokodil in der Größe, aber nicht unbedingt in der Aggressivität und der Größe der bewältigten Beute. Das Nilkrokodil kommt in den meisten Feuchtgebieten südlich der Sahara vor und hat angeblich schon Büffel, Giraffen, Flusspferde, Nashörner und Elefanten getötet. Es lässt sich wie ein Baumstamm im ufernahen Wasser treiben und schießt plötzlich vor, ergreift die Beute und versucht sie im Wasser zu ertränken. Es vermag sich im Wasser um seine Achse zu drehen, um Gliedmaßen größerer Tiere oder Kadaver abzutrennen. Aus dem Gebüsch heraus kann es hochbeinig laufen und dabei 15 km/h erreichen.

Nilkrokodile versammeln sich an zum Sonnen geeigneten Plätzen oder an Furten, die Beutetiere zur Flussüberquerung benutzen. Große Männchen sind dominant, während die Jungtiere ganz unten im Rang stehen.

Der vierte Unterkieferzahn ist auch bei geschlossenem Maul zu sehen.

Fünf Zehen (drei mit Krallen) am Vorderfuß

△ **GUT AUSGESTATTETER JÄGER**
Augen, Ohren und Nasenlöcher befinden sich oben auf dem Kopf, sodass das fast untergetauchte Tier sehen, hören und atmen kann.

Buntbarsch
Maylandia zebra

Dieser Blaue Malawi-Buntbarsch lebt zwischen den Algen in den flacheren Bereichen des Malawi-Sees. Er steht senkrecht über den Felsen und schabt mit den Zähnen die Algen mit den enthaltenen Kleinstlebewesen ab. Wie viele andere Buntbarsche ist der Blaue Malawi-Buntbarsch ein Maulbrüter. Das Weibchen trägt den Laich drei Wochen lang im Maul und frisst währenddessen nicht. Sind die Jungfische geschlüpft, werden sie ausgespien.

- ↔ 11 cm
- Unbekannt
- Regional verbreitet
- Algen, Zooplankton

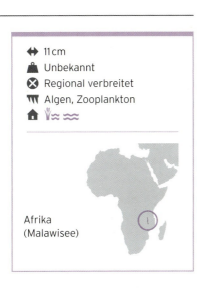

Afrika (Malawisee)

△ **VERSCHIEDENSTE FARBEN**
In verschiedenen Teilen des Sees findet man helle und dunkle Farbformen der Männchen dieses Fischs. Weibchen können von orange bis dunkelbraun gefärbt sein, was aber nicht vom Fundort abhängt.

STEPPEN DER SERENGETI
Die berühmteste Wanderung der Welt

Grassteppen gibt es dort, wo natürliche oder künstliche Faktoren die Sukzession zu Buschsteppen und Wäldern verhindern. In der Serengeti sind das die Brände und das Abweiden. Hier gibt es ausgeprägte Jahreszeiten, in denen der Regen Gräser wachsen lässt, die große Herden von Pflanzenfressern ernähren. Die Tiere wandern im Lauf des Jahres dahin, wo sie die beste Nahrung bekommen. Die Zahlen der wandernden Zebras, Gnus und Thomson-Gazellen sind gigantisch. Andere wichtige Tiere sind die Elefanten, Giraffen, Impalas und Kaffernbüffel. Den Pflanzenfressern folgen die Raubtiere und Aasfresser, beispielsweise Großkatzen, Hyänen, Wildhunde, Greifvögel und Geier.

Verändert, aber noch zu erkennen

Die heutigen Wildbestände stellen nur noch einen Bruchteil der vor 100 Jahren existierenden dar. Menschliche Einflüsse, vor allem der Ackerbau, haben die Größe des Lebensraums drastisch verringert und zusammen mit der Jagd zum Schrumpfen der Bestände geführt. Trotzdem hat sich der Charakter dieser Landschaft nur wenig geändert. Auch die Frühmenschen, deren Fossilien an Orten wie der heute im Serengeti-Nationalpark liegenden Olduvai-Schlucht entdeckt worden sind, hätten das Land noch wiedererkannt.

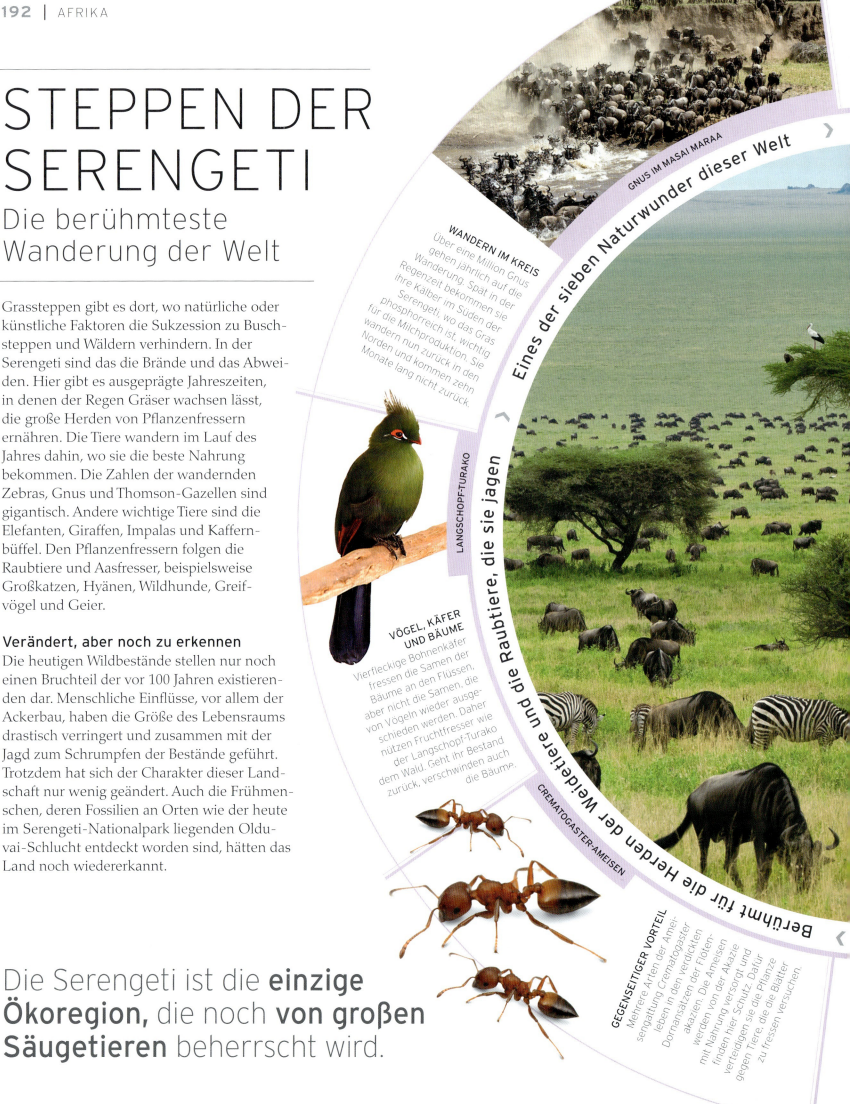

GNUS IM MASAI MARAA
Eines der sieben Naturwunder dieser Welt

WANDERN IM KREIS
Über eine Million Gnus gehen jährlich auf die Wanderung. Spät in der Regenzeit bekommen sie ihre Kälber im Süden der Serengeti, wo das Gras phosphorreich ist, wichtig für die Milchproduktion. Sie wandern nun zurück in den Norden und kommen zehn Monate lang nicht zurück.

LANGSCHOPF-TURAKO
Berühmt für die Herden der Weidetiere und die Raubtiere, die sie jagen

VÖGEL, KÄFER UND BÄUME
Vierfleckige Bohnenkäfer fressen die Samen der Bäume an den Flüssen, aber nicht die Samen, die von Vögeln wieder ausgeschieden werden. Daher nützen Fruchtfresser wie der Langschopf-Turako dem Wald. Geht ihr Bestand zurück, verschwinden auch die Bäume.

CREMATOGASTER-AMEISEN

GEGENSEITIGER VORTEIL
Mehrere Arten der Ameisengattung Crematogaster leben in den verdickten Dornansätzen der Flötenakazien. Die Ameisen werden hier von der Akazie mit Nahrung versorgt und finden hier Schutz. Dafür verteidigen sie die Pflanze gegen Tiere, die die Blätter zu fressen versuchen.

Die Serengeti ist die **einzige Ökoregion,** die noch **von großen Säugetieren** beherrscht wird.

STEPPEN DER SERENGETI | 193

DUNG ENTFERNEN
Mistkäfer sind für dieses Ökosystem von großer Bedeutung. Sie entfernen Kot, recyceln Nährstoffe und verbessern den Boden. Sie fressen nicht nur frischen Dung, sondern stellen Kugeln her, die sie vergraben.

MISTKÄFER BEI DER ARBEIT

> Heimat von 7500 Elefanten im Jahr 2014

VERSCHIEDENE NAHRUNG
Um die gegenseitige Konkurrenz zu verringern, spezialisieren sich Pflanzenfresser auf verschiedene Pflanzen oder ihre Teile. Zebras fressen älteres und gröberes Gras als Gnus, während Giraffen die Blätter der Akazien fressen, an die kein anderes Tier herankommt.

AN AKAZIENZWEIGEN FRESSENDE GIRAFFE

> Nimmt 14% der Fläche Tansanias ein

DIE ROLLE DES FEUERS
Ein Blitzeinschlag kann trockene Vegetation entzünden. Das vernichtet das Gras nicht, da sein Vegetationspunkt im Boden liegt, schädigt aber Bäume, sodass die Entstehung eines Walds verhindert wird. Störche fressen vor dem Feuer fliehende Insekten.

JAGENDER STORCH

> Eins der ältesten Landökosysteme

LAGE

Die Serengeti umfasst 31 000 km², die in Kenia und Tansania liegen. Der Name stammt aus der Sprache der Massai und bedeutet »endlose Ebene«.

KLIMA

Das Klima ist warm und trocken mit zwei Regenzeiten: einer kurzen in November und Dezember und einer langen von März bis Mai. Die höchsten Niederschläge fallen im Westen in der Nähe des Victoria-Sees, die geringsten im Regenschatten des Ngorongoro-Kraters im Südosten.

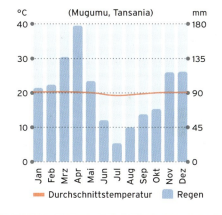

DIE GROSSEN FÜNF

Großwildjäger früherer Zeiten besuchten die Serengeti, um die »Big Five« zu schießen – Löwe, Leopard, Elefant, Nashorn und Kaffernbüffel. Heute möchten die meisten Touristen die Tiere sehen und fotografieren. Der Gepard hat den Kaffernbüffel in der Beliebtheit ersetzt.

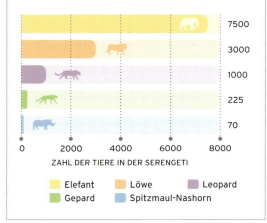

Löwe

Panthera leo

Erwachsenes Männchen mit langer Mähne

Das Weibchen hat einen kleineren Kopf und ist leichter.

Löwen sind die geselligsten Katzen. Sie bilden Rudel, die aus einer Gruppe erwachsener Weibchen bestehen, die ihr Revier mit ihren Jungen und bis zu drei Männchen teilen. Zum Rudel gehören nur vier oder fünf Tiere, wenn die Nahrung wie in der Namib-Wüste knapp ist, in der beutereichen Savanne aber mindestens ein Dutzend. Der Rekord liegt bei 39. Die Rudel können sich in Untergruppen aufteilen.

Jagen als Team
Löwen kooperieren als einzige Großkatzen bei der Jagd. Meistens töten die leichteren, schnelleren Weibchen die Beute. Sie schleichen sich im Team an grasende Tiere an, springen auf ihren Rücken oder packen sie an den Beinen und beißen sie in die Kehle, wenn sie am Boden liegen. Die Beute wird zwischen den Löwen eines Rudels geteilt und ein Tier kann 15–20 kg Fleisch bei einer Mahlzeit verzehren. Löwen jagen meist nachts und dösen am Tag. Sie fressen auch Aas.

Synchronisierte Geburt
Alle Löwinnen des Rudels sind zur gleichen Zeit empfängnisbereit, sodass die Jungen nach einer durchschnittlichen Trächtigkeit von 110 Tagen gleichzeitig

Löwen können am Muster ihrer Schnurrhaarwurzeln erkannt werden, wie Menschen an Fingerabdrücken.

geboren werden. Ein Wurf enthält bis zu sechs Junge, wobei zwei oder drei üblich sind. Männchen verlassen das Rudel im Alter von zwei bis drei Jahren und schließen sich mit anderen Männchen zusammen. Sie suchen nun nach Rudeln, die sie übernehmen können, was oft zu blutigen Auseinandersetzungen mit den dort lebenden Männchen führt. Nach der Übernahme töten die neuen Männchen die Jungen, damit die Weibchen bald wieder paarungsbereit sind.

Der Löwenbestand ist in Afrika in den letzten 50 Jahren von 100 000 auf 30 000 Tiere zurückgegangen. Das liegt an der Jagd, am Rückgang der Beute und der Verfolgung durch lokale Viehzüchter. In Nordafrika und im Nahen Osten gibt es schon lange keine Löwen mehr. In Asien haben sie nur im Bereich des Gir-Walds im Nordwesten Indiens überlebt.

▷ **KÖNIG DER STEPPE**
Erwachsene Männchen besitzen eine lange, zottige Mähne um Hals und Kopf. Ihr Brüllen kann man bis zu 5 km weit hören.

△ **LÖWIN MIT JUNGEN**
Die Jungen bleiben 20–30 Monate lang bei ihrer Mutter, werden jedoch auch von anderen Weibchen des Rudels gesäugt.

▷ **IMPALA-JAGD**
Bei der Verfolgung der Beute können Löwinnen auf bis zu 45 km/h beschleunigen.

- ↔ 1,6–2,5 m
- ▲ 150–250 kg
- ⊗ Gefährdet
- ᵾ Säugetiere, Aas

Afrika südl. der Sahara (ohne Kongo-Regenwald), NW-Indien

- Geringelter Schwanz
- Tränenstreifen im Gesicht
- Nicht einziehbare Krallen

Gepard
Acinonyx jubatus

Der Gepard ist auf Geschwindigkeit ausgelegt. Mit seinem schlanken Körper und der flexiblen Wirbelsäule kann er die Richtung wechseln, ohne die Balance zu verlieren. Mit den langen Beinen erreicht er Schrittlängen von 7 m. Der kleine Kopf trägt zur Aerodynamik bei und die weiten Nasenlöcher und großen Lungen verbessern die Atmung. Das große Herz sorgt für den entsprechenden Blutkreislauf. Doch der Gepard ist nicht der erfolgreichste Jäger unter den afrikanischen Katzen, weil die Anpassungen an die Geschwindigkeit auch Nachteile mit sich bringen. Die kurze Schnauze und der kleine Kopf verringern die Kraft der Kiefer. Hohe Geschwindigkeiten können nicht lang durchgehalten werden und führen zur Überhitzung. In den nötigen Ruhepausen kann die Beute dann von anderen Tieren gestohlen werden. Geparden jagen daher oft tagsüber, um stärkeren nächtlichen Räubern aus dem Weg zu gehen.

Zusammenschluss von Brüdern

Der leichte Körperbau des Geparden führt zur Gefährdung durch Löwen und Hyänen. Einzelne Weibchen mit Jungen müssen ständig auf der Hut sein. Verwandte Männchen schließen sich daher oftmals zu Gruppen von zwei bis fünf Tieren zusammen. Die einst in Afrika und Asien weit verbreitete Art ist heute weitgehend auf 25 afrikanische Staaten beschränkt. Eine vom Aussterben bedrohte asiatische Population lebt im Iran.

STEPPEN DER SERENGETI | 197

Impala
Aepyceros melampus

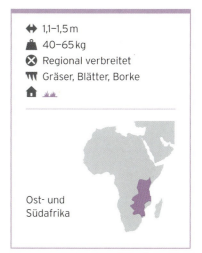
Nur Männchen tragen Hörner.
Rotbraunes Fell

Die mittelgroße Antilope ist an den schwarzen Ohrenspitzen, den Streifen auf Steiß und Schwanz sowie an den schwarzen Haarbüscheln über den hinteren Hufen zu erkennen. Männchen bekommen bis zu 90 cm lange, leierförmige Hörner. Die wendigen Tiere können die Richtung fast augenblicklich im Lauf ändern und hoch und weit über Büsche und sogar Artgenossen springen.

Impalas sind tag- und nachtaktiv. In der Regenzeit fressen sie Gras und in den trockeneren Zeiten Blätter, Früchte und Akazienschösslinge.

Paarungszeiten

Zur zweimal jährlich stattfindenden Paarungszeit kämpfen die Männchen um die Weibchen. Sie sind lauter als sonst und verteidigen ihre Reviere. Die erfolgreichen Männchen paaren sich im Frühjahr und Herbst mit mehreren Weibchen und die Jungen werden etwa sieben Monate danach geboren. Außerhalb der Paarungszeit trennen sich die Impalas in kleinere Junggesellengruppen und große aus Weibchen und Jungtieren bestehende Herden auf. Das bietet Schutz vor Raubtieren wie Löwen, Hyänen und Leoparden. Beunruhigte Impalas »bellen« eine Warnung, sodass die gesamte Herde flieht.

- 1,1–1,5 m
- 40–65 kg
- Regional verbreitet
- Gräser, Blätter, Borke

Ost- und Südafrika

- 1,2–1,5 m
- 21–72 kg
- Gefährdet
- Gazellen, Antilopen

Afrika und Südwestasien

Abgerundete Ohren

△ ZUM LAUFEN GEBOREN
Der Gepard ist das schnellste Landtier. Er kann innerhalb von 3 Sekunden auf über 115 km/h beschleunigen. Ein durchschnittlicher Sprint dauert etwa 20 Sekunden.

◁ TRÄNENSTREIFEN
Die charakteristischen schwarzen Linien schützen vielleicht die Augen vor der Sonne und helfen die Beute zu erkennen.

▽ SPRUNG IN SICHERHEIT
Impalas flüchten vor Verfolgern in die dichte Vegetation. Sie können 9 m weit und 2,5 m hoch springen.

Impalas geben beim Springen Geruchssignale ab, die wohl anderen Tieren der Herde den Weg weisen.

Spitze, gebogene Hörner

Langer weißer Bart

Weißbartgnu
Connochaetes mearnsi

▷ **STREIFENGNU**
Alle männlichen Gnus verteidigen ihre Rechte mit Brüllen und Schnauben, kämpfen bei Bedarf jedoch auch. Diese südafrikanischen Streifengnus (*C. taurinus*) sind mitten in der Auseinandersetzung.

Das Westliche oder Serengeti-Weißbartgnu ist bereits drei bis sieben Minuten nach der Geburt auf den Beinen. Das Gnu kann 65 km/h schnell laufen und legt bei der jährlichen Wanderung bis zu 1600 km zurück. Seine hohen Schultern, der starke Hals und der große Kopf verlagern den Schwerpunkt nach vorn, während der Körper zu den schmalen, muskulösen Hüften abfällt. Mit diesem Körper auf langen, schlanken Beinen erhält man eine bärtige, ausdauernde Antilope, die ihrem Hauptfeind, der Tüpfelhyäne, nicht unähnlich ist.

Riesige Herden
Das Westliche Weißbartgnu ernährt sich vom kurzen, phosphorreichen Gras der Serengeti. Das zwingt es dazu, dahin zu wandern, wo es frisches Gras gibt. Das hängt von den Niederschlägen ab, sodass die Gnus eine Wanderung über die Ebenen der Serengeti in Kenia und Tansania antreten. Sie mischen sich dabei mit anderen Weidetieren wie den Zebras zu artenübergreifenden Herden von bis zu 1,25 Millionen Tieren.

Am Ende der Regenzeit sind die Weibchen zwei oder drei Wochen lang empfängnisbereit, jedes allerdings nur an einem einzigen Tag. Die Männchen besetzen Paarungsreviere innerhalb der Herde. Die meisten Kälber werden nach acht Monaten innerhalb eines Zeitraums von zwei oder drei Wochen geboren und können binnen zwei Tagen an der Wanderung teilnehmen.

▽ **FLUSSÜBERQUERUNG**
5000 bis 10 000 Gnus können gleichzeitig die gefährliche Überquerung des Mara-Flusses in Kenia wagen, doch Hunderte von Nilkrokodilen liegen schon auf der Lauer.

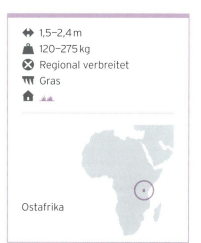

- 1,5–2,4 m
- 120–275 kg
- Regional verbreitet
- Gras

Ostafrika

Giraffe
Giraffa camelopardalis

Bewegliche Oberlippe

Giraffen sind die größten lebenden Tiere – Bullen erreichen 5–5,7 m und Weibchen 4,3–5 m Höhe. Sogar die Kälber sind bei der Geburt schon 1,5–1,8 m groß. Einen großen Teil ihrer Höhe haben die Giraffen ihrem Hals und ihren Beinen zu verdanken. Belastbare Blutgefäße müssen den hohen Blutdruck aushalten, mit dem das kräftige Herz das Blut zum Gehirn pumpt.

Trotz ihrer Größe fallen Giraffen auch Raubtieren zum Opfer. Ein Löwenrudel kann eine erwachsene Giraffe töten und die Kälber können Leoparden und Hyänen zum Opfer fallen. Bei Gefahr vermag eine Giraffe mit einer Geschwindigkeit von bis zu 55 km/h zu flüchten.

Individuelle Zeichnung

Die Massai-Giraffe (*G. c. tippelskirchi*) ist eine von neun Unterarten, die sich durch die unterschiedlichen Muster rotbrauner oder fast schwarzer Flecken mit glatten oder unregelmäßigen Rändern auf weißem oder gelbem Grund unterscheiden. Sie lebt in kleinen Herden in der Savanne der Serengeti und in Baumsteppen, wo sie Blätter frisst, die sich außerhalb der Reichweite anderer Pflanzenfresser befinden. Mit der beweglichen Oberlippe und der langen Zunge können Giraffen leicht die Blätter der dornigen Akazien abstreifen.

Beide Geschlechter besitzen ein Paar stumpfer, mit Haut überzogener Hörner, die bei den Bullen größer sind. Die Weibchen paaren sich mit dem dominanten Bullen ihres Aktionsraums und gebären 16 Monate später, meist in der Trockenzeit, ein einzelnes Kalb, das im Alter von 13 Monaten entwöhnt wird.

△ **RITUALISIERTER KAMPF**
Giraffenbullen werden im Alter von drei oder vier Jahren geschlechtsreif. Um ihre Rangfolge zu klären, kämpfen sie miteinander, indem sie die Hälse aneinanderschlagen.

Charakteristische Zeichnung einer Massai-Giraffe

Langer Schwanzwedel zum Verscheuchen von Fliegen

An den Beinen verblassende Zeichnung

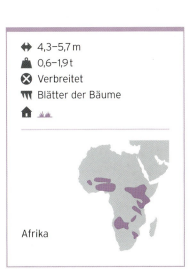

- ↔ 4,3–5,7 m
- ⚖ 0,6–1,9 t
- ⊗ Verbreitet
- 𝍿 Blätter der Bäume

Afrika

▷ **NICHT NUR GROSS**
Neben ihrer Größe zeichnen sich Giraffen durch die großen Augen und Ohren sowie den kurzen, von zum Steiß hin abfallenden Körper aus.

Individuelles Streifenmuster

Böhm-Zebra
Equus quagga boehmi

Das Böhm-Zebra legt auf der Suche nach dem von ihm bevorzugten groben, langen Gras bis zu 3000 km im Jahr zurück. Es ist die kleinste Unterart des Steppenzebras und sehr anpassungsfähig – es kann in der Steppe, im Wald auf Höhe des Meeresspiegels oder an den Hängen des Mount Kenia in Höhen von bis zu 4000 m leben.

Die leicht an ihrer schwarz-weißen Zeichnung (deren Funktion nicht sicher ist) zu erkennenden Zebras sind gesellige Tiere. Sie bilden Familienverbände, die sich großen Herden in Ost- und Südafrika anschließen. Oft gesellen sich Gnus, Giraffen und Thomson-Gazellen zu ihnen, die von dem bellenden Warnruf der Zebras profitieren. Zebras können Geschwindigkeiten von 55–65 km/h aufrechterhalten und damit Sprintern wie dem Löwen davonlaufen.

Ein Familienverband besteht aus einem dominanten Hengst, mehreren Stuten und ihren Fohlen. Junge Hengste verlassen die Familie im Alter von ein bis drei Jahren und schließen sich Junggesellenherden an. Der Versuch, die Stuten eines anderen Hengstes zu übernehmen, führt zu heftigen Kämpfen. Die meisten Fohlen werden nach einjähriger Tragzeit in der Regenzeit geboren.

△ **CHAPMAN-ZEBRA**
Die weniger verbreitete Steppenzebra-Unterart *Equus q. chapmani* weist schwächere Streifen zwischen den kräftig schwarzen auf.

- ↔ 2,2–2,5 m
- ⚖ 175–385 kg
- ✗ Verbreitet
- 🌾 Gras

Ostafrika

◁ **HEFTIGES DUELL**
Zum Kampf zwischen Hengsten gehören Bisse und kräftige Tritte, die ernsthafte Verletzungen hervorrufen oder sogar tödlich sein können.

◁ **SICHERHEIT IN DER HERDE**
Zebras können sehr gut sehen, hören und riechen, sodass sie Raubtiere schnell bemerken. Das Leben in der Herde bietet zusätzlichen Schutz, da mehrere Tiere mehr als eins bemerken.

Weißes Stirnband

Südl. Grüne Meerkatze
Chlorocebus pygerythrus

Die weit verbreiteten Arten der Grünen Meerkatzen besiedeln die verschiedensten Lebensräume. Sie bevorzugen an Flüsse grenzendes Buschland, können aber auch Halbwüsten und Sümpfe von der Höhe des Meeresspiegels bis in Höhen von 4500 m bewohnen. Die Meerkatzen fressen alle Pflanzenteile von der Wurzel bis zur Frucht, aber auch Insekten, Echsen, Eier und kleine Säugetiere. Ihre Vorliebe für Süßkartoffeln und Bananen macht sie bei Landwirten unbeliebt.

Gesellige Meerkatzen

Als sehr gesellige Tiere leben Grüne Meerkatzen in Gruppen von 7 bis 75 Tieren zusammen. Die erwachsenen Weibchen führen den Trupp, zu dem auch eine kleinere Zahl Männchen mit eigener Hierarchie und die Jungtiere gehören. Während die Weibchen in der Gruppe bleiben, verlassen die Männchen sie – oft zu zweit oder zu dritt – im Alter von fünf Jahren, um dem Angriff eines hochrangigen Weibchens zu entgehen. Das geschieht meist in der Paarungszeit (April bis Juni).

Meerkatzen haben spezielle Warnlaute für verschiedene Feinde.

- ↔ 35–66 cm
- ⚖ 3,2–7,7 kg
- ✖ Verbreitet
- 🍽 Pflanzen, Insekten, Echsen
- 🏠

Ost- und Südafrika

△ **MESSERSCHARF**
Die erwachsenen Männchen haben längere Eckzähne als die Weibchen. Sie entblößen sie zur Drohung und setzen sie als Waffe ein.

◁ **VERERBTER RANG**
Hochrangige Weibchen bekommen die beste Nahrung und die schönsten Schlafbäume. Ihre Nachkommen erben ihren Status.

STEPPEN DER SERENGETI | 203

Nach vorn gerichtete Stoßzähne

Rüsselende mit zwei Fingern

Afrikan. Steppenelefant

Loxodonta africana

Afrikanische Steppenelefanten können Pfade durch dichtes Unterholz bahnen, Flächen roden und Wasserlöcher graben. Sie sorgen auch für die Aufforstung, da sie die Samen der gefressenen Früchte wieder ausscheiden – viele Baumarten verdanken ihnen ihr Überleben.

Wegen der wachsenden menschlichen Bevölkerung geht der Lebensraum der Elefanten ständig zurück. Drei bis fünf Millionen Elefanten bevölkerten Afrika vor weniger als einem Jahrhundert, doch heute leben nur noch geschätzte 470 000 bis 690 000 Tiere in fragmentierten Gebieten südlich der Sahara. Durch die Jagd und die Wilderei sterben jährlich mehr Elefanten als geboren werden.

Infraschallkommunikation

Der Kopf des Steppenelefanten wiegt bis zu eine halbe Tonne und das Gehirn ist das größte unter den Landtieren – viermal so groß wie ein menschliches. Der aus Oberlippe und Nase entstandene Rüssel enthält 40 000 Muskeln. Mit ihm kann der Elefant eine weintraubengroße Frucht pflücken, ohne sie zu beschädigen, aber auch einen 30 cm dicken Baumstamm werfen. Außer zum Atmen benutzt er den Rüssel, um zu riechen, zu fühlen, zu fressen, zu trinken und seine Verwandten zu berühren. Die riesigen Ohren sind zur Abstrahlung

Elefanten **versorgen verletzte** Verwandte.

überschüssiger Wärme gut durchblutet, während die Stoßzähne dem Abreißen von Borke und der Verteidigung dienen. Beide Geschlechter haben Stoßzähne, doch die der Weibchen sind kürzer.

Die aus verwandten Kühen und ihren Kälbern bestehenden Herden werden von einer erfahrenen Elefantenkuh geführt. Die Kälber bleiben acht bis zehn Jahre lang von ihren Müttern abhängig und lernen, wie man sich verhält und wo man Nahrung und Wasser findet. Die jungen Kühe bleiben bei der Herde, während die Bullen sie im Alter von etwa 14 Jahren verlassen. Sie schließen sich Junggesellenherden an und kommen mit Weibchen nur zur Paarung in Kontakt.

Elefanten kommunizieren über Geräusche, von hohem Quieken bis zu Rumpeln im Infraschallbereich. Die tiefen Töne können sich in der Luft über 3 km und durch den Boden dreimal so weit fortsetzen und von den Tieren mit den Füßen und dem Rüssel wahrgenommen werden.

▷ **ERFRISCHENDE DUSCHE**
Das Bad nach dem Trinken ist eine gesellige Aktivität. Oft benutzen Elefanten den Rüssel, um sich und andere zu bespritzen.

◁ **STOSSZÄHNE**
Ein erwachsener Bulle ist mit seinen mächtigen Stoßzähnen ein ernst zu nehmender Gegner, der mit bis zu 40 km/h angreifen kann.

- 4–5 m
- 4–7 t
- ⊗ Gefährdet
- Gräser, Früchte, Blüten

Afrika südlich der Sahara

Schwarzkappen-Weber
Pseudonigrita cabanisi

Typischer weißer Schnabel

Schwarzer Schwanz

Die schwarze Kappe, das rote Auge und der weiße Schnabel verleihen dem Schwarzkappen-Weber ein unverwechselbares Aussehen. Der Nestbau entspricht dem anderer Webervögel, auch wenn das Nest im Vergleich einen unfertigen Eindruck macht als die kunstvollen Gebilde vieler anderer Arten. Wie andere Weber ist auch der Schwarzkappen-Weber sehr gesellig. Er lebt außerhalb der Brutzeit in nomadischen Schwärmen und nistet in Kolonien, die wenige, aber auch bis zu 60 Paare umfassen können. Der Bedarf an sozialer Stimulation ist bei den Vögeln groß. Sitzen sie nebeneinander, rücken sie zusammen und putzen sich gelegentlich sogar.

Beschränktes Verbreitungsgebiet
Der Schwarzkappen-Weber ist nur in einem kleinen Teil Ostafrikas zu finden, der fast vollständig auf Kenia und Tansania beschränkt ist. Hier bewohnt er trockene, im Tiefland liegende Buschsteppen. Innerhalb seines Verbreitungsgebiets kommt er in geeigneten Lebensräumen häufig vor. Auf dem Boden suchen Schwärme dieser Vögel nach Samen und ein paar Heuschrecken. Bei Störungen fliegen sie aber immer wieder auf und lassen sich in den Baumkronen nieder. Für Touristen sollten die Vögel ein vertrauter Anblick sein, doch werden sie oft übersehen, wenn Großtiere zu beobachten sind.

Baumeister
Die brütenden Männchen zwitschern unspektakulär und schlagen immer wieder mit den Flügeln. Auch die Balz ist nicht besonders auffällig. Die Nester hängen oft an den Spitzen langer, schwankender Akazienzweige. Die Paare fügen das ganze Jahr über Material hinzu und nutzen das Nest als Rastplatz, wenn sie nicht brüten. Ein neues Nest wird in Form eines Bogens auf einem schlanken Ast gebaut und zu einer Röhre verlängert. Der Eingang liegt an der Unterseite. Schließlich zieht das Gewicht des Nests den Ast nach unten und das obere Ende der Röhre wird verschlossen. Die Weibchen legen bis zu vier Eier, doch über die Entwicklung der Jungen ist nichts bekannt.

Große Nester enthalten über 9000 Grashalme.

▷ **ZU HAUSE**
Aus Gras baut der Schwarzkappen-Weber ein konisches Nest. Wenn es zur Rast dient, hat es zwei Eingänge. Zum Brüten wird einer von beiden verschlossen.

◁ **NESTBAUM**
Oft werden die größten Bäume eines Gebiets für die Brutkolonie ausgesucht, die bis zu 60 Nester enthalten kann.

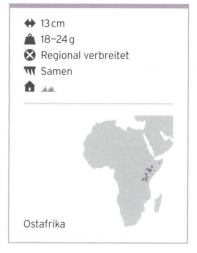

- 13 cm
- 18–24 g
- Regional verbreitet
- Samen

Ostafrika

Rotschnabel-Toko

Tockus erythrorhynchus

Roter Schnabel
Langer Schwanz

Rotschnabel-Toko-Gruppen, manchmal Hunderte von Vögeln groß, laufen auf der Suche nach Nahrung, die meist vom Boden aufgenommen wird, durch die Busch- und Grassteppe. Sie nisten in Baumhöhlen oder abgestorbenen Stämmen. Das Weibchen mauert sich schon bis zu 24 Tage vor der Eiablage mit Schlamm ein und wird vom Männchen gefüttert. Es verlässt die Höhle 21 Tage später, wenn das erste Junge flügge wird.

- ↔ 40–48 cm
- ⚖ 100–225 g
- ✗ Verbreitet
- Mistkäfer, Samen
- Afrika südlich der Sahara

◁ **FLATTERN UND SEGELN**
Tokos jagen ihre Beute tagsüber auf dem Boden, verbringen jedoch die Nacht in den Bäumen.

Helm-Perlhuhn

Numida meleagris

Kleiner Kopf
Großer, runder Körper

Das in den Buschsteppen weit verbreitete Helm-Perlhuhn trägt seinen Namen wegen seines hornigen Kopfaufsatzes. Die Tiere benötigen Trinkwasser, Dickicht, in das sie fliegen können, und Bäume, in die sie sich in der Nacht zurückziehen. Sie fressen Samen und Schösslinge, bevorzugen aber Heuschrecken und Termiten.

- ↔ 53–63 cm
- ⚖ 1–1,5 kg
- ✗ Verbreitet
- Samen, Triebe, Insekten
- Afrika südlich der Sahara

▷ **WEGLAUFEN**
Perlhühner leben in geschäftigen Gruppen auf dem Boden. Sie laufen nach Möglichkeit lieber davon, als dass sie fliegen.

Sekretär oder Kranichgeier

Sagittarius serpentarius

Der Sekretär läuft elegant auf seinen extrem langen Beinen durch das Gras, wobei sich sein Kopf vor- und zurückbewegt. Er frisst vor allem Heuschrecken, Mäuse und Wühlmäuse, aber auch alles andere, was er erbeuten kann. Die langen Beine schützen ihn vor Schlangen, auch vor giftigen, die er mit Tritten tötet.

Jedes Brutpaar beansprucht ein Territorium von etwa 50 km², um zu nisten. Aus diesem Bereich werden Eindringlinge mit Sprüngen und Tritten vertrieben.

- ↔ 1,3–1,5 m
- ⚖ 4 kg
- ✗ Gefährdet
- Heuschrecken, Mäuse

Afrika südlich der Sahara

Federn der Haube
Lange, kräftige Beine

△ **SCHLANGENFRASS**
Der Sekretär läuft auf der Nahrungssuche durch die offene Grassteppe und schreckt dabei auch vor Giftschlangen nicht zurück.

Gabelschwanz-Racke

Coracias caudatus

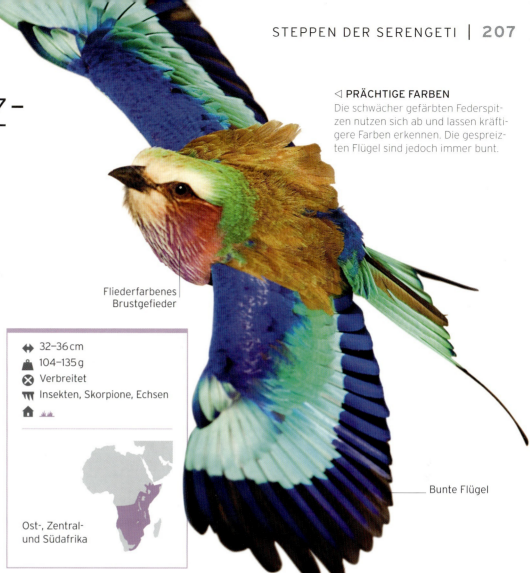

▷ **PRÄCHTIGE FARBEN**
Die schwächer gefärbten Federspitzen nutzen sich ab und lassen kräftigere Farben erkennen. Die gespreizten Flügel sind jedoch immer bunt.

Fliederfarbenes Brustgefieder

Bunte Flügel

Verschiedene Rackenarten, die man an der Schwanzform und geringen Farbunterschieden erkennen kann, besuchen Afrika zu unterschiedlichen Jahreszeiten. Das fliederfarbene Brustgefieder ist das wichtigste Kennzeichen der Gabelschwanz-Racke, doch die verlängerten Schwanzfedern teilt sie mit der Senegal-Racke. Sie bevorzugt Buschsteppen und trockene, offene Wälder. Die Vögel sind sehr territorial und aggressiv.

Revierbildung

Gabelschwanz-Racken bauen ihre Nester in einem verrottenden Baumstamm oder einem verlassenen Termitenhügel an. Die Eltern bebrüten die Eier 18 Tage lang und die Jungen werden im Alter von 35 Tagen flügge. Obwohl diese Racken keine Zugvögel sind, verstreuen sie sich nach der Brutzeit, um Reviere zu finden, die sie allein oder als Paar verteidigen. Sie sind opportunistische Allesfresser und fangen auf dem Boden große Insekten, Skorpione, Hundertfüßer, kleine Reptilien und gelegentlich einen kleineren Vogel.

- ↔ 32–36 cm
- ⚖ 104–135 g
- ⊗ Verbreitet
- 🍴 Insekten, Skorpione, Echsen

Ost-, Zentral- und Südafrika

Schwarze Mamba

Dendroaspis polylepis

Körper mit glatten Schuppen

Die starke, schnelle und tödliche Schwarze Mamba ist die größte afrikanische Giftschlange, nach der Königskobra die längste der Welt. Sie erreicht eine gemessene Geschwindigkeit von 14 km/h, vermutlich sogar 20 km/h, nutzt sie allerdings eher zur Flucht bei Gefahr als zur Verfolgung von Beute. Sie ist schmutzig oliv, grün oder grau gefärbt und zeigt kaum Zeichnung.

Afrikas tödlichste Schlange

Schwarze Mambas findet man in den verschiedensten Lebensräumen, vom felsigen Hügelland bis zum Buschland der Küste. Die Nacht verbringt sie in einem Termitenhügel, im Bau eines Kleinsäugers, unter einer hohlen Baumwurzel oder in einer Felsspalte. Tagsüber lauert sie in einer Deckung auf vorbeikommende Beute. Die beiden feststehenden Giftzähne im Oberkiefer injizieren ein tödliches Gift – es kann einen Menschen in 30 Minuten töten. Die Schlange hält kleinere Beutetiere fest, bis die Giftwirkung einsetzt, lässt größere aber laufen und verfolgt sie. Sie kann gut klettern und nistende Vögel und Eichhörnchen erbeuten. Bei Bedrohung richtet sie sich wie eine Kobra auf und zischt.

- ↔ 2,5–3,5 m
- ⚖ Bis zu 2 kg
- ⊗ Verbreitet
- 🍴 Kleine Säugetiere, Vögel

Ost- und Südafrika

◁ **SCHWARZES MAUL**
Zischend und mit aufgerichteter Zunge – es ist das dunkle Innere des Mauls, das der Schwarzen Mamba ihren Namen verliehen hat.

KONGO-BECKEN
Das dunkelgrüne Herz Afrikas

Das Kongo-Becken ist von Gletschern geschaffen worden und hat etwa die Größe Europas. Ein großer Teil der 2000 mm Regen, die hier jährlich fallen, fließt letztendlich in den Kongo, den zweitgrößten Fluss der Welt. Der Fluss prägt den Charakter der gesamten Region, dient aber auch als ökologische Barriere, da manche Arten nur auf einer Seite gefunden werden – so leben die Schimpansen nur nördlich des Flusses und die Bonobos oder Zwergschimpansen im Süden des Kongos.

Bedrohte Vielfalt

Bis zu 10 000 Pflanzenarten gedeihen im Kongo, von denen ein Drittel endemisch ist. Über 100 Vogelarten leben hier und 700 Arten von Süßwasserfischen sind bekannt. Sogar neue Säugetierspezies werden noch entdeckt, darunter auch große, bisher unbekannt gebliebene Tiere. Das Okapi ist im Jahr 1901 beschrieben worden, der Bonobo 1929 und der Waldelefant ist erst im Jahr 2001 als eigene Art anerkannt worden.

Das Kongo-Becken ist aber nicht nur von einer Vielzahl von Wildtieren, sondern seit mindestens 20 000 Jahren von Menschen bewohnt worden – heute leben hier über 75 Millionen. Da die menschliche Bevölkerung immer weiter wächst, ist es wahrscheinlich, dass viele der bis heute unbekannt gebliebenen Arten vor ihrer Entdeckung ausgerottet werden. Gründe sind die Ausbeutung des Lands durch Landwirtschaft, Bergbau, Ölförderung, Holzeinschlag und die Jagd auf Bushmeat.

SITATUNGA
ANPASSUNGSFÄHIG
Sitatungas kommen nachts aus dem Wald hervor, um in Feuchtwiesen und Sümpfen zu grasen. Ihre gespreizten Hufe und flexiblen Fußgelenke erlauben ihnen das Laufen auf dem wassergetränkten Boden. Sie können sehr gut schwimmen und so Fressfeinden entkommen.

BONOBO
DARMPASSAGE
Bonobos oder Zwergschimpansen sind sehr gesellige fruchtfressende Affen, die durch Lebensraumverlust und Jagd bedroht sind. Das hat Auswirkungen auf das gesamte Ökosystem: Die Samen vieler Bäume keimen erst nach der Passage durch den Darm der Affen.

AFRIKANISCHE KIRSCHE
MEDIZINBAUM
Die Afrikanische Kirsche wächst in den Bergwäldern des Kongo-Beckens. Ihre Borke wird in der afrikanischen Medizin benutzt, um alles von Brustschmerzen bis zu psychischen Störungen zu behandeln. Möglicherweise hilft sie gegen Krebs.

Enthält den zweitgrößten Regenwaldkomplex der Welt

Heimat von etwa der Hälfte der afrikanischen Elefanten

Der Wald im Kongo ist **so dicht,** dass **nur 1% des Sonnenlichts** den Boden erreicht.

KONGO-BECKEN | 209

GROSSE SPRÜNGE Stummelaffen leben im Kronendach, haben jedoch nur kleine Daumen, obwohl sie gut klettern können. Vermutlich reduzieren sie damit die Verletzungsgefahr beim Greifen im Sprung.

SCHWARZER STUMMELAFFE

Über 900 Schmetterlingsarten leben hier

SALZ DER ERDE Lichtungen im Regenwald beherbergen meist Feuchtwiesen und Sümpfe. Sie enthalten oft wichtige Mineralien, die verschiedene Wildtiere anlocken. Waldelefanten graben oder tauchen sogar nach den reichsten Vorkommen an Mineralien.

WALDELEFANT

Die Bäume speichern etwa 8 % des in Wäldern fixierten Kohlenstoffs

WASSER DES LEBENS Der Kongo ist mit ungefähr 700 bekannten Arten, von denen viele nur hier vorkommen, der fischreichste afrikanische Fluss. Unter ihnen befinden sich Tapirfische, die ihre Umgebung anhand der elektrischen Felder wahrnehmen, Riesen-Tigersalmler und die größten Süßwasser-Kugelfische der Welt.

SÜSSWASSER-KUGELFISCH

LAGE

Zentralafrika, zwischen dem Golf von Guinea und den Seen des Grabenbruchs. Großenteils auf dem Gebiet der Demokratischen Republik Kongo und benachbarter Staaten.

KLIMA

Das Kongo-Becken ist ständig warm und feucht. Die durchschnittlichen Tagestemperaturen liegen ganzjährig zwischen 21 und 27 °C. Die Luftfeuchtigkeit sinkt dank der Niederschläge, die im Frühjahr und besonders im Herbst am stärksten ausgeprägt sind, selten unter 80 %.

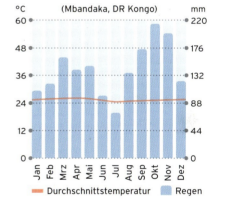

MENSCHEN IM KONGO

Im Kongo leben über 250 ethnische Gruppen. Die Lebensweise von Jägern und Sammlern wie die der halbnomadisch lebenden Bayaka und Bagyeli setzt eine kleine Gruppe von Menschen voraus, die nachhaltig auf dem Land leben. Sie tauschen Waldprodukte gegen Ackerfrüchte, die in sesshaften Gemeinschaften produziert werden.

Schimpanse
Pan troglodytes

Nackte, im Alter dunkler werdende Haut

Arme länger als Beine

Greiffüße und -hände

Als unsere nächsten lebenden Verwandten teilen die Schimpansen viele Eigenschaften mit den Menschen, darunter große Gehirne, eine ausgeprägte Mimik und geschickte Hände mit opponierbaren Daumen. Allerdings bekommen sie im Alter auch Arthrose, oftmals eine Glatze und zudem einen Teil der gleichen Krankheiten wie die Menschen. Sie verhalten sich aber auch ähnlich wie Menschen, können aufrecht gehen und spielen.

Werkzeuge anfertigen und gebrauchen

Schimpansen leben in Gruppen von etwa 35, manchmal auch bis zu 150 Tieren. Die tagaktiven Menschenaffen verbringen den halben Tag auf der Suche nach fressbaren Pflanzen und Tieren. Manche Gruppen verzehren insgesamt bis zu 200 verschiedene Nahrungstypen. Jeden Abend bauen sie Schlafnester in den Bäumen.

Die Primatologin Jane Goodall fand bei den Schimpansen am Gombe in Tansania heraus, dass sie andere Affen jagen, vor allem Stummelaffen. Die Männchen sind meistens die Jäger, teilen aber das Fleisch mit der Gruppe. Goodall entdeckte auch als Erste den Werkzeuggebrauch bei Schimpansen. Sie öffnen Nüsse mit Steinen, benutzen Blätter als Regenschirm und Stöcke, um Termiten und Honig zu erbeuten. Die Weibchen werden im Alter von sieben bis acht Jahren geschlechtsreif, bekommen ihr erstes Junges aber erst mit 13–14 Jahren nach einer Schwangerschaft von etwa acht Monaten. Die Jungen sind von der Mutter abhängig und werden erst im Alter von vier oder fünf Jahren entwöhnt. Sie lernen den Werkzeuggebrauch und andere Verhaltensweisen von älteren Verwandten. Bei ausreichender Nahrung können sich Schimpansen das ganze Jahr über vermehren.

Fragmentiertes Verbreitungsgebiet

Am Anfang des 20. Jahrhunderts kamen Schimpansen in allen tropischen Wäldern West- und Zentralafrikas vor. Heute ist ihr Verbreitungsgebiet durch Jahrzehnte der Entwaldung, des Fangs, der medizinischen Forschung und der Bushmeat-Jagd zerstückelt. Etwa 200 000–300 000 Tiere gibt es noch in der Natur, mit fallender Tendenz.

> Schimpansen stimmen in über **98,5 % ihrer DNA** mit der DNA des Menschen überein.

▷ **HOCHINTELLIGENT**
Nach dem Menschen sind die Schimpansen die intelligentesten Primaten. Sie können über Gesichtsausdrücke, Gesten und Laute miteinander kommunizieren. In der Natur werden sie oft über 50 Jahre alt.

△ **BONOBO**
Bonobos oder Zwergschimpansen (*P. paniscus*) sind lebhafter als Schimpansen und laufen öfter aufrecht. Sie sind seltener und kommen nur im Kongo-Becken vor, wo vielleicht noch 30 000 Tiere leben.

▷ **JUNGTIER**
Junge Schimpansen sind neugierig und verspielt. Sie spielen regelmäßig mit ihren Altersgenossen, wobei es oft etwas grob zugeht.

- 64–94 cm
- 30–60 kg
- Stark gefährdet
- Pflanzen, Tiere

West- und Zentralafrika

AFRIKA

Greifhand mit halb opponierbaren Daumen

Westlicher Gorilla

Gorilla gorilla

In der Vergangenheit sind Gorillas oft als brutal und gefährlich dargestellt worden, wozu sicher die frühen King-Kong-Filme beigetragen haben. Tatsächlich sind sie friedlich, hochintelligent und fast vollständige Vegetarier. Westliche Gorillas leben in den Wäldern und Sümpfen des zentralafrikanischen Tieflands und ernähren sich von reifen Früchten, Pflanzenteilen und Blättern. Die Backenzähne und die Kiefermuskulatur sind zum Verzehren von Pflanzen ideal. An Tieren fressen die Gorillas nur Ameisen und Termiten.

Nicht aggressiv

Obwohl der Westliche Gorilla der schwerste und kräftigste Menschenaffe ist, setzen die dominanten Männchen eher auf Drohgebärden als auf Angriffe. Sie erreichen ihre volle Größe erst nach 18 Jahren und werden nach dem hellen Haar auf ihrem Rücken als Silberrücken bezeichnet. Weibchen werden nur etwa halb so groß wie die Männchen. Eine typische Familie besteht aus einem Silberrücken und bis zu einem Dutzend Weibchen mit ihren verschieden alten Jungen. Viele Gruppenmitglieder bleiben ihr Leben lang zusammen.

Westliche Gorillas sind von der Entwaldung, der Wilderei für den Handel mit Bushmeat und dem Ebola-Virus bedroht, das sowohl Menschen als auch Menschenaffen infizieren kann.

△ **DROHGEBÄRDE**
Dominante Männchen verdeutlichen ihre Stellung, indem sie aufrecht stehen, die langen Eckzähne zeigen, Pflanzen ausreißen und mit den Händen auf ihrer Brust trommeln.

△ **ABHÄNGIGES JUNGTIER**
Junge Gorillas bleiben drei bis fünf Jahre von ihren Müttern abhängig und werden gesäugt – unter den Säugetieren eine der längsten Zeiten.

◁ **UNTERWEGS**
Gorillas laufen meist zu Fuß und legen auf der Nahrungssuche durchschnittlich 2 km am Tag zurück. Die Jungen reiten auf dem Rücken oder halten sich am Bauch ihrer Mütter fest.

KONGO-BECKEN | 213

- ↔ 1,3–1,7 m
- ⚖ 57–190 kg
- ⊗ Vom Aussterben bedroht
- 🍽 Früchte, Blätter, Termiten
- 🏠 🌳

Zentralafrika

Westliche **Gorillas** fressen die **Früchte** von über **100 Arten** von Pflanzen.

Rangniedriges Männchen mit blasser Schnauze

Mandrill
Mandrillus sphinx

Der Mandrill lebt in großen Gruppen in tropischen Wäldern und aus Wald und Steppen zusammengesetzten Lebensräumen. Die Tiere leben auf dem Boden und in den Bäumen. Sie ernähren sich von Früchten und Insekten, fressen aber auch kleine Wirbeltiere. Gruppen können aus mehreren Hundert, manchmal sogar über tausend Weibchen und ihren Jungen bestehen. Erwachsene Männchen leben außerhalb der Paarungszeit oft allein.

Groß und bunt

Die Geschlechtsunterschiede fallen beim Mandrill deutlich auf: Neben den bunten Gesichtern und gelben Bärten besitzen die Männchen eine Genitalregion, die ein Kaleidoskop aus Blau, Rot, Rosa und Purpur zeigt. Die dominanten Männchen sind auch etwa doppelt so groß wie die Weibchen, die verhältnismäßig unscheinbar aussehen. Sind sie paarungsbereit, schwillt die Haut um ihre Genitalien an und färbt sich rot.

- ↔ 55–110 cm
- ⚖ 11–33 kg
- ⊗ Gefährdet
- 🍽 Früchte, Eier, kleine Tiere
- 🏠 🌳

Westliches Zentralafrika

Dichtes oliv-graues Fell

▷ **BUNTES GESICHT**
Dominante Mandrill-Männchen sind die farbenprächtigsten Affen der Welt. Ein roter Streifen, der von blauen Wülsten flankiert wird, verläuft entlang der Nase. Manchmal drohen die Tiere mit den Eckzähnen.

AFRIKA

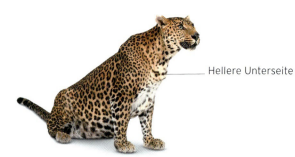

Hellere Unterseite

Leopard
Panthera pardus

- 0,9–1,9 m
- 37–90 kg
- Potenziell gefährdet
- Hirsche, Affen, Fische, Vögel

Afrika, Südasien

> Die Beute kann **zehnmal so schwer** wie der Leopard sein.

Der Leopard ist eine der kleineren Großkatzen und klettert gut. Seine typische Fellzeichnung sieht jedoch nicht bei allen Tieren gleich aus. Manche Rosetten sind gefüllt, andere haben ein helles Zentrum, doch alle tarnen sie diesen Jäger in Lebensräumen, die vom Regenwald bis zur Wüste und von Afrika bis zum Himalaya reichen.

Jagd in der Nacht

Die außerhalb der Paarungszeit einzeln lebenden Tiere jagen nachts. Wie alle Katzen besitzen sie ein sogenanntes Tapetum lucidum im Augenhintergrund, das das einfallende Licht reflektiert und ein zweites Mal durch die Netzhaut fallen lässt. So können die Tiere sehr gut bei Dunkelheit sehen. Sie fressen Fische, Vögel, Reptilien, Huftiere, Wildschweine, Paviane und Aas. Die gestreckt und kräftig gebauten Leoparden schleichen sich an die Beute an, springen und töten sie. Sie können 125 kg schwere Körper in einem Baum deponieren.

Jeder Leopard hat ein Territorium, dessen Grenzen sich mit denen anderer Leoparden überschneiden. Die Weibchen werfen ein oder zwei rauchgraue Junge, die sie durch Ortswechsel vor anderen Räubern schützen. Im Alter von sechs bis acht Wochen können die Jungen umherlaufen und feste Nahrung fressen. In den ersten beiden Jahren ihres Lebens bleiben sie bei ihrer Mutter.

△ **IM BAUM**
Leoparden fühlen sich in Bäumen wohl und verkeilen ihre Beute in den Ästen, um sie vor Löwen und Hyänen in Sicherheit zu bringen.

▷ **WEIT OFFEN**
Die langen Eckzähne dienen dem Zupacken und Töten. Mit der rauen Zunge kann der Leopard Fleisch von den Knochen schaben und sich putzen.

Pinselohr-Schwein
Potamochoerus porcus

Die Haarbüschel an den Ohren, das fuchsrote Fell und ein weißer Aalstrich machen das kleinste afrikanische Wildschwein zu einer auffälligen Erscheinung. Sein muskulöser, gedrungener Körper und der keilförmige Kopf ermöglichen es ihm, den härtesten Boden auf der Suche nach Wurzeln und Knollen aufzubrechen.

Nächtliche Nahrungssuche
Die überwiegend nachtaktiven Pinselohr-Schweine sind gute Schwimmer und können sowohl im Wasser als auch an Land nach Nahrung suchen. Leider gibt es wegen ihrer Vorliebe für Feldfrüchte immer wieder Konflikte mit Menschen, ihren wichtigsten Feinden.

- ↔ 1–1,5 m
- 46–130 kg
- Verbreitet
- Gras, Wurzeln, Schnecken

West- bis Zentralafrika

Spitze Ohren mit weißen Haarbüscheln

Bei Bedrohung steht das Haar im Gesicht ab, sodass das Schwein größer wirkt, als es tatsächlich ist.

▷ **DOMINANTER EBER**
Nur die Eber tragen weiße Warzen vor den Augen, doch beide Geschlechter haben lange Eckzähne.

Weißbauch-Schuppentier
Phataginus tricuspis

Schuppentiere sind mit sich überlappenden Schuppen bedeckt, die wie unsere Fingernägel aus Keratin bestehen. Bei Gefahr rollen sie sich zusammen, um ihren Bauch zu schützen, den einzigen nicht von den Schuppen geschützten Bereich.

Das Weißbauch-Schuppentier ernährt sich vor allem von Termiten und in geringerem Maße von Ameisen. Es erbeutet die Insekten mit der langen, klebrigen Zunge, wobei es die Nasenlöcher und Ohren zum Schutz verschließen kann. Das Schuppentier hat keine Zähne und behält die Insekten mit speziellen Muskeln in seinem Maul. Der muskulöse Magen enthält Keratinfortsätze und das Schuppentier schluckt auch Steine, um die Insekten zu zerdrücken.

- ↔ 25–43 cm
- 1,6–3 kg
- Gefährdet
- Termiten, Ameisen

West- bis Zentralafrika

◁ **FÜNFTES BEIN**
Das Schuppentier setzt seinen Greifschwanz beim Klettern in den Bäumen wie ein fünftes Bein ein.

Okapi
Okapia johnstoni

Diese mit der Giraffe verwandte Art ist ein Einzelgänger, der sich auf Pfaden durch den Regenwald bewegt. Wie die Giraffe benutzt das Okapi seine lange Zunge, um Blätter von den Zweigen zu streifen. Die Tiere paaren sich am Ende der Frühjahrsregenzeit. Obwohl sie sich meist still verhalten, versuchen sie dann, mit Rufen auf sich aufmerksam zu machen. Nach 14 Monaten wird ein einzelnes Kalb geboren.

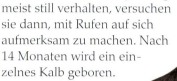
Männchen mit kleinen Hörnern

Kurzes, glattes Fell

↔ 2–2,1 m
⚖ 180–320 kg
✕ Stark gefährdet
🌿 Blätter
🏠 Zentralafrika

◁ **INDIVIDUELLE STREIFEN**
Die gestreiften Beine und Schenkel helfen dem Jungtier vielleicht, im Unterholz seiner Mutter zu folgen.

Wald-Nektarvogel
Hedydipna collaris

Nektarvögel fliegen zwischen den Blüten am Rand des Regenwalds umher. Zwischen Spinnweben, abgestorbenen Blättern und Laub suchen sie nach Fressbarem. In einem winzigen, aus Pflanzenfasern und Moos bestehenden Nest, das mit Spinnweben zusammengehalten wird, schlüpfen nach zwölf Tagen die Jugen aus zwei Eiern.

▷ **VERSCHIEDENE NAHRUNG**
Der kleine, spitze Schnabel eignet sich für die verschiedenste Nahrung. Obwohl er Blüten aufsucht, frisst der Vogel mehr Insekten, Spinnen und Schnecken als Nektar.

Schillernd grünes Gefieder

↔ 10 cm
⚖ 6–10 g
✕ Verbreitet
🌿 Insekten, Nektar
🏠 Afrika

Kaiser-skorpion
Pandinus imperator

Dieser passend benannte Gliederfüßer ist der größte Skorpion der Welt, obwohl es noch eine längere, aber schlankere Art gibt. Das Vorderende beeindruckt durch die riesigen Scheren der Pedipalpen und am Hinterende wird das Telson mit dem Giftstachel oft bedrohlich über den Hinterleib gekrümmt. Seine Größe macht den Skorpion allerdings nicht für Menschen gefährlich – sein Gift ist schwächer als das mancher kleinerer Skorpione. Der Stich ist schmerzhaft, bleibt aber meist ohne Folgen. Der Kaiserskorpion verwendet das Gift zur Verteidigung oder Lähmung der Beute, die er mit den kräftigen Scheren tötet.

Den Weg ertasten
Kaiserskorpione sind nachtaktiv und sehen nicht gut. Dafür besitzen sie an den Pedipalpen und den Beinen viele Tasthaare, die es zusammen mit den Kammorganen unter dem Körper ermöglichen, Erschütterungen zu erkennen.

Der Paarung geht ein komplizierter Tanz voraus, bei dem das Männchen das Weibchen an den Pedipalpen zu einer ebenen Fläche führt, auf der die Spermien in einer Spermatophore übergeben werden. Nach sieben bis neun Monaten werden 9–32 lebende Junge geboren, die anfangs weiß gefärbt sind.

Nur die untere Scherenhälfte ist beweglich.

↔ 20 cm
✕ Unbekannt
🌿 Gliederfüßer, Mäuse, kleine Echsen
🏠

West- bis Zentralafrika

KONGO-BECKEN | 217

◁ SICHERE REISE
Die Jungen reiten auf dem Rücken der Mutter und bleiben unter ihrem Schutz, bis sie nach der ersten Häutung ein dunkleres Außenskelett besitzen.

▽ FLÜSSIGNAHRUNG
Die Mundwerkzeuge sind nicht zum Kauen geeignet, sodass der Skorpion mit den Kieferklauen kleine Beutestücke abreißt. Verdauungsenzyme werden auf die Stücke erbrochen und der Nahrungsbrei dann aufgesaugt.

Hinteres Laufbein

Kieferklauen oder Cheliceren

Pedipalpen mit Scheren

Der **Paarungstanz** kann **mehrere Stunden** lang dauern.

OKAVANGO-DELTA
Binnendelta mitten im Süden Afrikas

Flussdeltas tragen ihren Namen wegen ihrer dreieckigen Form, die an den griechischen Buchstaben Δ (Delta) erinnert. Die meisten Deltas entstehen dort, wo die Flüsse in der Nähe ihrer Mündung ins Meer ihre Sedimente ablagern, doch der Okavango in Botswana gelangt nicht zur Küste. Stattdessen versickert sein Wasser in einem Becken der Kalahari-Wüste und bildet eine der größten afrikanischen Oasen – einen großen Komplex dauerhafter und temporärer Sümpfe, Schilfgürtel, Wälder und Grassteppen. Der Verlauf des Wassers ändert sich von Jahr zu Jahr, wenn Kanäle von Sand und Vegetation blockiert werden und das Wasser sich einen alternativen Weg suchen muss.

Luft atmende Fische

Ein großer Teil des in den permanenten Sümpfen enthaltenen Wassers ist sauerstoffarm, sodass die hier lebenden Fische und Wassertiere Sauerstoff aus der Luft gewinnen können. Hier leben geschätzte 35 Millionen Fische, die zu rund 80 Arten gehören. Die größte Vielfalt der an Land lebenden Tiere ist dagegen in den Randbereichen des Deltas zu finden, wo die mit Flusspferden und Krokodilen bevölkerten Sümpfe von Wäldern umgeben sind. Diese weichen wiederum der offenen Steppe, in der Herden von Weidetieren Prädatoren wie Geparden, Löwen, Hyänen, Leoparden und Wildhunde anziehen.

RIESIGER TERMITENHÜGEL

BAUMEISTER
In tief gelegenen Deltas können kleine Erhebungen von Pflanzen und Tieren besiedelt werden. Oft entstehen sie aus einem Termitenhügel, der manchmal mehrere Meter Höhe erreicht. Darauf keimende Pflanzen produzieren organisches Material, aus dem Erde entstehen kann.

Geschätzte 482 Vogelarten leben hier

WARZENSCHWEIN

SCHÖNER MATSCH
Warzenschweine wälzen sich im Schlamm, um sich abzukühlen und ihre Haut zu schützen. Ihre Suhlen können von Elefanten vergrößert werden, sich in der Regenzeit mit Wasser füllen und zu dauerhaften Wasserstellen werden.

Über 97 % des in das Delta fließenden Wassers verdunsten oder versickern

PAPYRUS

PAPYRUS IM WASSER
Papyrus wächst in überfluteten Bereichen, verstopft Kanäle, fixiert Kohlendioxid und verringert die Verdunstung. Die Stängel bieten im Wasser einen Lebensraum für Fischlarven, während Vögel auf den Blütenständen rasten können.

Als eines der **größten Binnendeltas vergrößert** das Delta **seine Fläche** im Winter **um das Dreifache.**

OKAVANGO-DELTA | 219

FISCHFÄNGER
Von Wald umgebene Sümpfe sind der ideale Lebensraum für die Binden-Fischeule, einen großen Vogel, der 1–2 kg schwere Fische mit seinen Krallen erbeuten kann.

BINDEN-FISCHEULE

Sümpfe machen 27 % des Deltas aus

FREUND ODER FEIND?
Die oft auf dem Rücken von Huftieren zu sehenden Madenhacker haben sich auf Zecken und andere Hautparasiten spezialisiert. Ihre Dienste sind für ihren Wirt jedoch nicht immer von Vorteil: Sie picken auch Wunden auf, um an Blut zu kommen.

ROTSCHNABEL-MADENHACKER

Spitz- und Breitmaulnashörner haben sich hier an Feuchtgebiete angepasst

ÜBERLEBENSKÜNSTLER
Lungenfische können im sauerstoffarmen Wasser leben, da sie eine Lunge besitzen, die sich aus einem Teil des Darms gebildet hat. In der Trockenzeit gräbt sich der Fisch im Schlamm ein und umgibt sich mit einem Kokon, sodass er nicht austrocknet.

WESTAFRIKANISCHER LUNGENFISCH

LAGE

Der Okavango entspringt in den Hochländern von Angola und fließt südöstlich nach Botswana, wo er sich ausbreitet und das riesige Binnendelta bildet.

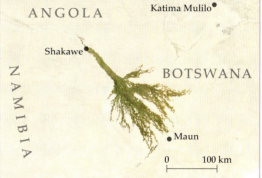

KLIMA

Der größte Teil der das Delta erreichenden Niederschläge fällt in den heißen Sommermonaten (Dezember–Februar) im in Angola liegenden Teil des Okavango-Einzugs. Die Winter sind trocken und überwiegend mild, obwohl die Nachttemperaturen nahe dem Gefrierpunkt liegen können.

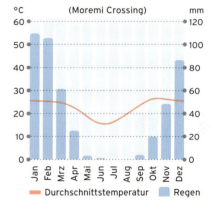

KEIN AUSGANG IN SICHT

Das Okavango-Delta ist ein endorheisches Becken – ein abgeschlossenes System, das nicht ins Meer entwässert. Der in solchen Gebieten fallende Regen wird von Flüssen zu einem tiefsten Punkt transportiert, wo sich ein See oder ein Sumpf bildet. Es gibt keinen Weg, auf dem das Wasser ins Meer gelangen könnte – es verdunstet oder versickert im Boden.

Kaffern-büffel
Syncerus caffer

Relativ kurze Beine

Der Kaffernbüffel ist ein kräftiges Wildrind und einer der größten afrikanischen Pflanzenfresser. Die Bullen werden im Alter von fünf Jahren geschlechtsreif und wiegen rund doppelt so viel wie die Kühe. Beide Geschlechter haben große Hörner, die sich bei den Bullen an der Basis fast treffen und bis zu 1,3 m Spannweite von Spitze zu Spitze erreichen. Die Bullen beschränken sich untereinander meist auf Drohgebärden.

Kaffernbüffel sehen nicht gut und verlassen sich meist auf ihr Gehör, um Löwen zu entdecken – ihre wichtigsten Feinde. Gemischte Herden bestehen aus Kühen, ihren Kälbern und Bullen verschiedenen Alters. In manchen Jahreszeiten können es Hunderte oder Tausende von Tieren sein. Junggesellenherden enthalten fünf bis zehn Bullen.

- ↔ 2,4–3,4 m
- ⚖ 500–900 kg
- ⊗ Verbreitet
- 🌿 Gras, Blätter

Ost- bis Südafrika

▽ **DEN DURST STILLEN**
Kaffernbüffel fressen sehr viel Gras. Das macht durstig und so legen sie lange Strecken zurück, um Wasserlöcher zu erreichen. Als Wiederkäuer ruhen sie auch viele Stunden.

- ↔ 1,3–1,8 m
- ⚖ 52–135 kg
- ⊗ Regional verbreitet
- 🌿 Wasserpflanzen, Gräser

Zentralafrika

△ **AUF DER FLUCHT**
Letschwes besitzen wasserabstoßende Haare im unteren Beinbereich, sodass sich das Fell nicht vollsaugen kann, wenn sie auf der Flucht vor Raubtieren in den Sumpf laufen.

▷ **KAMPF UM DIE VORHERRSCHAFT**
Zwei erwachsene Männchen kämpfen um ein Revier. Weitere Männchen beobachten den Kampf mit Interesse, während die Weibchen sich nicht beim Grasen stören lassen.

Männchen mit leierförmig geschwungenen Hörnern

Letschwe
Kobus leche

Diese mittelgroße Antilope entfernt sich nie weit vom Wasser. In der Regenzeit sucht der Letschwe oft seine Nahrung darin und frisst über den Wasserspiegel herauswachsende Pflanzen. Wenn der Lebensraum zu stark überflutet ist, zieht er sich auf höher gelegenes Gelände zurück. Wenn der Wasserspiegel jedoch in der Trockenzeit zu stark sinkt, ist der Letschwe dazu gezwungen, an Land zu grasen. Er muss allerdings regelmäßig trinken und bleibt immer in der Nähe des Wassers.

Flucht ins Wasser

Das Wasser ist das wichtigste Rückzugsgebiet des Letschwe. Mit seinen langen, flachen Hufen findet er auch auf wassergetränktem Untergrund Halt und seine besondere Art zu laufen trägt ihn gut durch flaches Wasser. An Land bewegt er sich dafür etwas schwerfälliger, doch flüchtet er bei einem Angriff von Löwen, Afrikanischen Wildhunden, Tüpfelhyänen und Leoparden sofort wieder ins Wasser. Die Weibchen und Jungen halten sich immer etwas näher am Wasser auf als die als Einzelgänger lebenden Männchen.

Letschwes paaren sich in der Regenzeit zwischen Dezember und Mai. In dieser Zeit besetzt jedes Männchen ein Revier. Die Männchen werden im Alter von fünf Jahren oder später geschlechtsreif, die Weibchen jedoch schon mit 18 Monaten. Sie sind von daher in der Überzahl. Im Inneren der von den Männchen gebildeten Reviere sind die Weibchen sicher, da eher die Männchen an der Reviergrenze angegriffen werden. Die Jungen werden etwa acht Monate später am Ende der Trockenzeit geboren.

85 % der Bestände in der Natur leben im Okavango-Delta.

Wachsendes Horn eines jüngeren Tiers

Dreizehiger Fuß

Breitmaul-Nashorn
Ceratotherium simum

- 3,7–4 m
- 2300 kg
- Potenziell gefährdet
- Gras

Ost- und Südafrika

Das Breitmaul-Nashorn ist eins der schwersten Säugetiere der Welt, nur übertroffen von den Elefanten und dem halb im Wasser lebenden Flusspferd. Es ist wohl ein Missverständnis, dass das Breitmaul-Nashorn auch als »Weißes Nashorn« bezeichnet wird. Dabei handelt es sich vermutlich um eine Fehlübersetzung des holländischen »wijd«, was »breit« heißt und sich auf das Maul bezieht, im Gegensatz zu den spitzen Lippen des Spitzmaul-Nashorns. Breitmaul-Nashörner grasen mit gesenktem Kopf, wohingegen Spitzmaul-Nashörner Blätter von Büschen pflücken. Die Größe der Breitmaul-Nashörner sowie die Fermentierung im Enddarm erlauben die Nutzung des voluminösen, aber nährstoffarmen Grases.

Die beiden afrikanischen Nashornarten tragen zwei Hörner. Das vordere Horn kann besonders bei Weibchen sehr lang werden. Die Hörner sind aus haarähnlichem Material, das in asiatischer traditioneller Medizin gefragt ist. Um die Tiere zu schützen, wird ihnen in manchen Reservaten das Horn entfernt, sodass Wilddiebe keinen Grund mehr haben, sie zu töten.

◁ **SPITZMAUL-NASHORN**
Das Spitzmaul-Nashorn (*Diceros bicornis*) ist etwas kleiner als das Breitmaul-Nashorn und hat spitz zulaufende Lippen.

Über **1000 Nashörner** sind 2014 in Südafrika von Wilddieben **getötet worden.**

Gruppendynamik

Das soziale Leben der Breitmaul-Nashörner ist kompliziert. Die Kühe und ihre Kälber leben in Gruppen von fünf oder sechs Tieren. Obwohl sich die Territorien dieser Gruppen überlappen, besteht zwischen ihnen kaum Kontakt. Nach 16 Monaten Tragzeit gebären die Kühe ein einzelnes Kalb, das zwei bis drei Jahre lang bei ihnen bleibt. Heranwachsende Tiere schließen sich zusammen oder begleiten Kühe, die keine Kälber führen. Erwachsene Bullen bleiben jedoch Einzelgänger, wenn sie sich nicht nach einer paarungsbereiten Kuh umschauen. Sie dulden ein oder zwei rangniedrigere Bullen in der Nähe, falls sie nicht zu einem Rivalen werden. Die Bullen markieren ihr Revier und stellen sich einem Herausforderer Horn an Horn gegenüber. Der Schwächere sollte sich rückwärts zurückziehen, da er sonst verfolgt wird und ernsthafte Verletzungen riskiert. Erwachsene Nashörner haben wegen ihrer Größe keine natürlichen Feinde (außer Menschen) und können etwa 45 Jahre alt werden, wenn sie gesund bleiben.

▽ **KLEIN UND GROSS**
Die Kühe verteidigen ihre schutzlosen Kälber vehement, vertreiben sie jedoch im Alter von zwei bis drei Jahren, wenn sie sich wieder paaren.

Individuell unterschiedliche Zeichnung

Afrikanischer Wildhund

Lycaon pictus

↔ 85–140 cm
⚖ 18–35 kg
⊗ Stark gefährdet
🍖 Impalas, Streifengnus

Afrika südlich der Sahara

Die sehr anpassungsfähigen Afrikanischen Wildhunde leben in verschiedenen südlich der Sahara gelegenen Lebensräumen. Wie viele andere Arten aus der Familie der Hunde leben sie in Rudeln und jagen gemeinsam. Ein Rudel besteht aus vier bis neun Erwachsenen einschließlich eines dominanten Paars und ihrer Welpen. Neue Rudel entstehen meist, wenn Geschwister eines Geschlechts das Rudel, in dem sie geboren wurden, verlassen und sich mit Tieren anderen Geschlechts aus einem fremden Rudel zusammenschließen – so wird Inzucht vermieden.

Wildhundrudel benötigen viel Platz – meist etwa 750 km². Die Beute besteht überwiegend aus mittelgroßen Antilopen wie Impalas und Thomson-Gazellen. Allerdings haben sich auch manche Rudel auf bestimmte Steppentiere wie Zebras oder Strauße spezialisiert. Afrikanische Wildhunde sind durch Lebensraumverlust, Verfolgung durch den Menschen, Straßenverkehr und Krankheiten wie Tollwut und Staupe bedroht. Die Staupe ist durch Haushunde eingeschleppt worden.

△ **VERTEIDIGUNG**
Die sehr robusten und aggressiven Honigdachse verteidigen sich trotz ihrer geringeren Größe erfolgreich gegen ein Rudel Wildhunde.

▷ **SELTENE AGGRESSION**
Es ist selten, dass im Rudel Kämpfe um die Rangfolge oder um Nahrung ausbrechen. Afrikanische Wildhunde setzen eher auf Kooperation.

Blatthühnchen

Actophilornis africanus

↔ 30 cm
⚖ 150–250 g
⊗ Verbreitet
🍖 Insekten, Weichtiere
📍 Afrika südl. der Sahara

Zwerg- oder Blaustirn-Blatthühnchen können mit ihren langen Zehen elegant über Seerosenblätter laufen, setzen sich aber auch auf ein schwimmendes Flusspferd. Sie fressen, was sie im Wasser oder auf Schwimmpflanzen finden, sogar Bienen, die sie vor dem Verschlucken ins Wasser tauchen. Mehrere Blaustirn-Blatthühnchen können sich in einem Gebiet aufhalten, sie bewahren aber einen gewissen Abstand.

Die Weibchen paaren sich mit mehreren Männchen und legen etwa vier Eier in jedes von ihren Nestern. Die Männchen bebrüten sie 21–26 Tage lang. Sie kümmern sich auch um die Jungen und tragen sie unter den Flügeln, die dafür eingerichtet sind, umher.

◁ **ÜBER BLÄTTER LAUFEN**
Wenn ein Blatt langsam absinkt, tritt das Blaustirn-Blatthühnchen auf das nächste. Dabei untersucht es die Ränder auf Schnecken und Käfer.

Blutschnabel-Weber
Quelea quelea

Der Blutschnabel-Weber ist vielleicht der häufigste Vogel der Welt. Er ist ein Nomade, der sich in Gegenden mit hohen samentragenden Gräsern oder notfalls auch in Getreidefeldern niederlässt. Obwohl ein einzelner Vogel nur etwa 18 g Samen pro Tag frisst, vertilgt ein zwei Millionen starker Schwarm rund 36 t. Daher werden allein in Südafrika über 180 Millionen Blutschnabel-Weber pro Jahr in Schädlingsbekämpfungsprogrammen getötet.

Schwärme, die Millionen von Blutschnabel-Webern stark sind, wirken wie wogende Rauchschwaden. Die hinteren Vögel drängen ständig nach vorn, während sich der Schwarm fortbewegt. Brütende Vögel bauen ein kugelförmiges Grasnest, wenn die Regenzeit beginnt.

- ↔ 12 cm
- ⚖ 15–30 g
- ✖ Verbreitet
- 🍽 Samen, Insekten
- 🏠
- 📍 Afrika südl. der Sahara

Roter Schnabel eines brütenden Männchens

▷ **SAMENKNACKER**
Der dicke Schnabel ist ideal, um Samen zu knacken und mithilfe der Zunge zu schälen. Die rote Farbe soll die Partnerin beeindrucken.

Scherenschnabel
Rynchops flavirostris

Obwohl er abgebrochen wirkt, ist der Schnabel des Braunmantel-Scherenschnabels ein auf das Fischen an einer ruhigen Wasseroberfläche spezialisiertes Werkzeug. Feine parallele Rillen auf beiden Seiten verringern die Reibung, sodass der Vogel mit dem ins Wasser eingetauchten Unterschnabel fliegen kann, ohne nach vorn zu kippen. Genistet wird auf offenen Sandbänken, oft bei über 35 °C.

- ↔ 36–42 cm
- ⚖ 100–200 g
- ⊗ Potenziell gefährdet
- 🍽 Fische
- 🏠 🌾〰
- 📍 Afrika südl. der Sahara

▽ FISCHFANG
Wenn die untere Schnabelhälfte einen Fisch berührt, wird ein Reflex ausgelöst und die Beute ergriffen.

Pantherschildkröte
Stigmochelys pardalis

Diese große Schildkröte bevorzugt trockenere Lebensräume, in denen sie Gras, Kräuter, Blüten, Samen und Beeren frisst. Die Männchen kämpfen um die Weibchen, indem sie sich rammen, bis eins auf dem Rücken liegt. Weibchen legen sechs Gelege von 5–25 Eiern pro Saison, die sie jeweils vergraben. Abhängig von Temperatur, Niederschlägen und Ort schlüpfen die Jungen nach 9–14 Monaten. Sie werden nach fünf bis sechs Jahren geschlechtsreif und können über 100 Jahre alt werden.

- ↔ 30–70 cm
- ⚖ 20 kg
- ⊗ Unbekannt
- 🍽 Gräser, Früchte, Samen
- 🏠 🌵🌾
- 📍 Ost- bis Südafrika

Kuppelförmiger Panzer

▷ LEOPARDENMUSTER
Die Schilde des Panzers erinnern mit ihrer Zeichnung an die Rosetten eines Leoparden.

Zum Graben geeignete Vorderfüße

Peitschenartiger Schwanz zum Schwimmen und zur Verteidigung

Nilwaran
Varanus niloticus

Der Nilwaran ist kräftig genug, um seine Beute gegen Krokodile und Großkatzen zu verteidigen. Er frisst fast alles von Insekten, Schnecken und Krebsen bis zu Fischen, Amphibien, Schildkröten und kleinen Säugetieren, verschmäht aber auch Vogel- und Reptilieneier oder Aas nicht. Diese größte afrikanische Echse schleicht sich an und schlägt dann plötzlich zu.

Der meist in oder an langsam fließenden Flüssen und Seen zu findende semiaquatisch lebende Nilwaran kann so schnell und gut schwimmen, wie er läuft oder klettert. Er sonnt sich an offenen Stellen des Flussufers oder auf einem Felsen oder Baumstumpf in der Nähe. In den kühleren Gegenden ihres Verbreitungsgebiets überwintern Nilwarane gemeinsam in Bauen.

Versiegelt in Sicherheit
Nach der Regenzeit in August und September kämpfen die Männchen um das Recht zur Paarung. Die Weibchen graben ein Loch in einen feuchten Termitenhügel und legen bis zu 60 Eier hinein – die höchste Anzahl bei einem einzelnen Echsengelege. Die Termiten reparieren den Hügel, sodass sich die Eier unter gleichmäßigen Bedingungen entwickeln können. Nach sechs bis neun Monaten schlüpfen die etwa 30 cm langen Jungen. Verlassen können sie den Hügel jedoch erst, wenn er von neuem Regen aufgeweicht wird.

Ein **bedrohtes** Tier gibt **übel riechende** Stoffe aus seiner **Kloake** ab.

- ↔ 1,8–2,3 m
- ⚖ Bis zu 15 kg
- ✕ Verbreitet
- 🍴 Amphibien, Vögel, Säuger
- 🏠 🌾 ≈≈

Afrika südlich der Sahara

△ GEGABELTE ZUNGE
Nilwarane haben eine gegabelte Zunge, die im Zusammenhang mit dem Jacobsonschen Organ der Wahrnehmung von Gerüchen dient.

◁ IM WASSER ZU HAUSE
Nilwarane verbringen viel Zeit im Wasser. Sie sollen es bis zu eine Stunde lang unter Wasser aushalten können.

KALAHARI-WÜSTE
Ein durstiges Land mit angepasstem Leben

Die etwa 900 000 km² große südafrikanische Kalahari stellt eine Mischung aus trockener Steppe und ausgedehnten Sanddünen dar. Im Sommer können die Tagestemperaturen 40 °C übersteigen, doch die Hitze wird durch die Lage gemildert – die Region liegt größtenteils über 800 m Höhe. Der Name der Wüste stammt aus der Setswana-Sprache: *Kgalagadi* bedeutet »Ort ohne Wasser«. Obwohl man die Kalahari wegen ihrer Trockenheit als Wüste bezeichnet, leben hier viel mehr Tier- und Pflanzenarten als in einer echten Wüste.

Zeitweilig grün

Im Sommer gibt es in der Kalahari eine Regenzeit, in der 100–500 mm an Niederschlägen fallen können und Teile des Gebiets relativ grün werden. Allerdings geschieht es, dass die Regenfälle in manchen Jahren auch ausbleiben, sodass die Pflanzen und Tiere sich an Perioden der Dürre angepasst haben. So verhindern die Pflanzen den Wasserverlust durch sukkulente oder nadelartige Blätter und speichern das Regenwasser in Wurzeln, Knollen, Stängeln oder wasserreichen Früchten wie etwa Melonen.

In der Kalahari leben verschiedenste Tierarten, darunter große Pflanzenfresser wie die Antilopen und Elefanten, aber auch Prädatoren wie Löwen, Geparden, Leoparden, Hyänen, Wildhunde und Greifvögel. Andere bemerkenswerte Tiere sind Erdferkel, Strauße und Erdmännchen. In den vergangenen Jahren ist die Wanderung der großen Pflanzenfresser immer weiter durch die für Rinder errichteten Zäune begrenzt worden und die Raubtiere werden von den Viehzüchtern verfolgt.

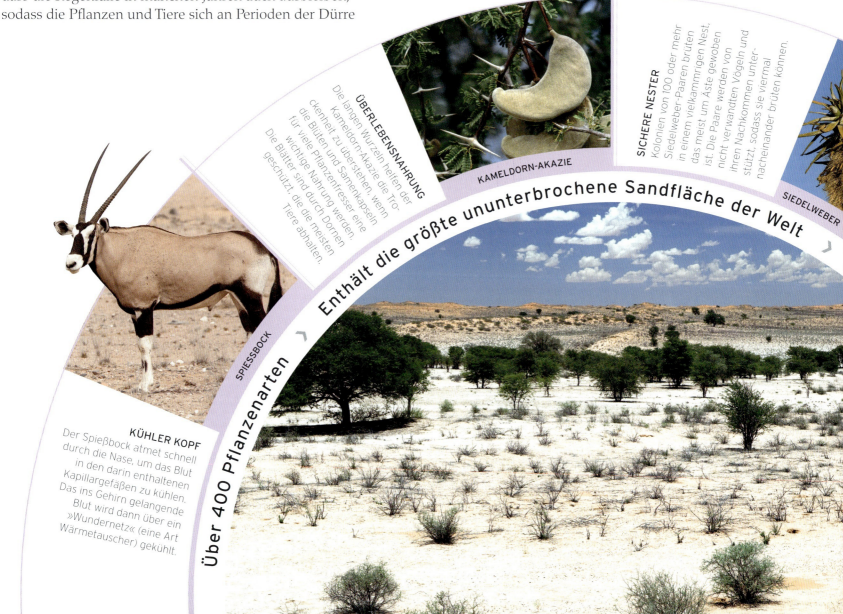

ÜBERLEBENSNAHRUNG
Die langen Wurzeln helfen der Kameldorn-Akazie die Trockenheit zu überstehen, wenn die Blüten und Samenkapseln für viele Pflanzenfresser eine wichtige Nahrung werden. Die Blätter sind durch Dornen geschützt, die die meisten Tiere abhalten.

KAMELDORN-AKAZIE

SICHERE NESTER
Kolonien von 100 oder mehr Siedelweber-Paaren brüten in einem vielkammrigen Nest, das meist um Äste gewoben ist. Die Paare werden von ihren verwandten Vögeln nicht unterstützt, sodass sie viermal nacheinander brüten können.

SIEDELWEBER

SPIESSBOCK

Enthält die größte ununterbrochene Sandfläche der Welt

Über 400 Pflanzenarten

KÜHLER KOPF
Der Spießbock atmet schnell durch die Nase, um das Blut in den darin enthaltenen Kapillargefäßen zu kühlen. Das ins Gehirn gelangende Blut wird dann über ein »Wundernetz« (eine Art Wärmetauscher) gekühlt.

LAGE

Die Halbwüste der Kalahari ist Teil des Kalahari-Beckens und erstreckt sich über Teile von Namibia, Botswana und Südafrika.

KLIMA

Meist extrem trocken, Niederschläge im Sommer, aber manchmal auch gar nicht. Regelmäßige Nachtfröste im Winter.

TROCKENSCHLÄFER
Afrikanische Ochsenfrösche überleben die Trockenheit in einem Zustand, den man als Ästivation bezeichnet. Sie graben sich ein und umgeben sich mit einem Kokon aus abgestoßener Haut. So können sie zehn Monate bis zum nächsten Regen überstehen.

OCHSENFROSCH

nass für eine echte Wüste

Karakal
Caracal caracal

Kurze Vorderbeine

Der Karakal ist die zweitgrößte Kleinkatze Afrikas. Er kann Beute bewältigen, die dreimal so groß ist wie er. Seine Geschwindigkeit lässt ihn Hasen und kleine Antilopen erbeuten. Da er mit den kräftigen Muskeln seiner langen Hinterbeine 3 m hoch in die Luft springen kann, erhascht er mit den großen Vorderpfoten sogar Vögel im Flug. Persische und indische Adlige waren von ihm so beeindruckt, dass sie Karakale zur Jagd auf Hühnervögel abgerichtet haben.

- ↔ 0,6–1,1 m
- ⚖ 6–20 kg
- ✕ Verbreitet
- 🍴 Vögel, Säugetiere

Afrika, Südwestasien

◁ **PINSELOHREN**
Die langen Haarbüschel auf den Ohren mögen ein Schutz gegen Fliegen, eine Tarnung im Gras oder ein Mittel zur Kommunikation sein.

Erdferkel
Orycteropus afer

Die kurzen Beine und die schweinerüsselähnliche Schnauze haben dazu geführt, dass dieses Säugetier den Namen »Erdferkel« bekommen hat. Der nachtaktive Einzelgänger ist jedoch nicht mit den Schweinen, aber auch nicht mit den Ameisenbären verwandt, obwohl er sich hauptsächlich von Ameisen ernährt und ihre Baue mit den starken Krallen aufreißt. Erdferkel erbeuten bis zu 50 000 Ameisen pro Nacht mit ihrer rund 30 cm langen, klebrigen Zunge und zerkleinern sie mit dem muskulösen Magen.

- ↔ 0,9–1,4 m
- ⚖ 40–65 kg
- ✕ Verbreitet
- 🍴 Ameisen und Termiten

Afrika südlich der Sahara

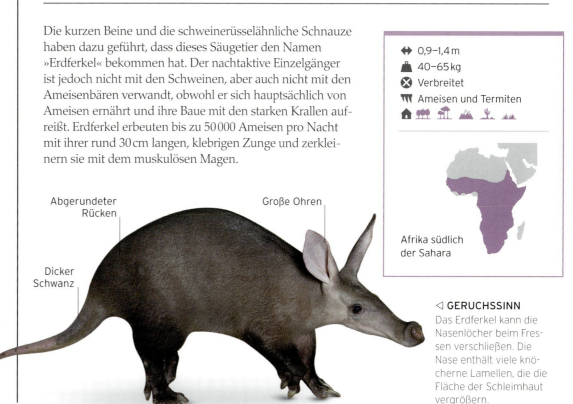

Abgerundeter Rücken — Große Ohren — Dicker Schwanz

◁ **GERUCHSSINN**
Das Erdferkel kann die Nasenlöcher beim Fressen verschließen. Die Nase enthält viele knöcherne Lamellen, die die Fläche der Schleimhaut vergrößern.

Warzenschwein
Phacochoerus africanus

Warzen auf den Wangen

Trotz seines ungemütlichen Aussehens flieht ein Warzenschwein bei Gefahr lieber, als dass es kämpft. Dabei erreicht es bis zu 55 km/h. Wird es allerdings in die Enge getrieben, kämpft es mit seinen eindrucksvollen Hauern. Warzenschweine haben gute Gründe zu fliehen – neben dem Menschen, der Bushmeat erbeuten will, gehören zu ihren Fressfeinden Löwen, Leoparden, Hyänen und Krokodile. Das Warzenschwein ist das einzige Schwein, das an das Grasen angepasst ist. Beim Fressen von Gras oder beim Ausgraben von Wurzeln »kniet« es auf den Schwielen seiner Fußgelenke.

Gesichtsschutz
Die »Warzen« des Warzenschweins bestehen aus Gewebeansammlungen, die das Gesicht bei Kämpfen schützen sollen. Daher sind sie bei den Ebern größer, die miteinander um das Recht zur Paarung kämpfen. Die Weibchen leben in Familiengruppen mit einem oder mehreren Würfen von Ferkeln und die Tiere kommunizieren mit Grunzen und Quieken.

- 1–1,5 m
- 50–150 kg
- Verbreitet
- Gras, Wurzeln, Kleintiere

Afrika südlich der Sahara

◁ **EINSAMER EBER**
Eber verlassen die Gruppe ihrer Geburt nach etwa zwei Jahren und schließen sich einer Junggesellengruppe an. Erwachsene Eber sind dagegen Einzelgänger.

Kalahari-Springbock
Antidorcas hofmeyri

Der Name »Springbock« bezieht sich auf die hohen, steifbeinigen Sprünge, die die Tiere bei Erregung oder Bedrohung durch Raubtiere, zu denen Leoparden, Geparden, Hyänen und Löwen gehören, ausführen. Springböcke können 4 m hoch springen und auf der Flucht Geschwindigkeiten von 100 km/h erreichen. Der Kalahari-Springbock ähnelt dem im Osten und Süden lebenden Kap-Springbock im Aussehen und in der Lebensweise. Allerdings ist er im Vergleich zu ihm etwas größer und hell- statt kastanienbraun gefärbt. Auch ist der Seitenstreifen fast schwarz. Vermutlich sind das Anpassungen, die ihn im Sand und der spärlichen Vegetation der Kalahari besser tarnen.

Der Kalahari-Springbock ist an keine Paarungszeit gebunden. Die Weibchen verlassen die Herde, bevor sie meist ein einzelnes Junges gebären. Sie verstecken es unter einem Busch, wenn sie Nahrung suchen, und kehren nach drei bis vier Wochen mit ihm zur Herde zurück. Im Alter von fünf oder sechs Monaten werden die Jungen entwöhnt, bleiben aber meist bis zur nächsten Geburt bei ihrer Mutter.

- 1,4–1,6 m
- 30,5–47,5 kg
- Verbreitet
- Gras, Wurzeln, Knollen

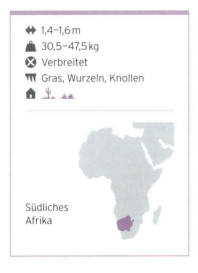

Südliches Afrika

▷ **HERDENTIERE**
Springböcke leben die meiste Zeit in Herden, die aus Tieren eines Geschlechts bestehen. Diese Männchen-Herde ist gerade unterwegs.

KALAHARI-WÜSTE | 231

Südafrik. Stachelschwein
Hystrix africaeaustralis

Mit aufgestellten Stacheln wirkt das Tier größer.

Dieses eindrucksvolle Nagetier hat die Selbstverteidigung auf die Spitze getrieben. Auf seinem Rücken befinden sich spitze, bis zu 30 cm lange Stacheln, die aus modifizierten Haaren entstanden sind. Bei Bedrohung stellt das Stachelschwein sie auf, schüttelt sie, dass sie rasseln, und stampft mit den Füßen auf. Das reicht, um die meisten Fressfeinde abzuschrecken. Stachelschweine werden mit weichen Stacheln geboren und bleiben etwa zwei Monate lang bis zu deren Aushärtung im Familienbau. Erwachsene Tiere bleiben als Paare zusammen.

- ↔ 63–80 cm
- ⚖ 10–24 kg
- ✕ Verbreitet
- 🍽 Wurzeln, Knollen, Früchte

Zentral- bis Südafrika

◁ **VORSICHT!**
Ein unerfahrenes Raubtier wie dieser halbwüchsige Löwe riskiert eine Pfote oder ein Gesicht voller Stacheln. Infiziert sich die Wunde, kann sie sogar tödlich sein.

Erdmännchen
Suricata suricatta

Dunkle Rückenstreifen

Erdmännchen sind klein genug, um auf eine menschliche Handfläche zu passen. Diese revierbildenden Mangusten leben in Kolonien von bis zu 50 Tieren. Jede Kolonie besteht aus einem dominanten Paar und Helfern beiderlei Geschlechts. In kleineren Kolonien werden die meisten Jungen vom Alpha-Weibchen geboren, während das dominante Männchen andere Männchen an der Paarung hindert. Das dominante Weibchen gibt auch Pheromone ab, die andere Weibchen daran hindern, paarungsbereit zu werden. Misslingt das, greift es sie an und tötet oft ihre Jungen. Um seine eigenen Jungen zu schützen, vertreibt es andere Weibchen, die später zurückkehren dürfen.

Leben in der Gemeinschaft
Die Gesellschaft der Erdmännchen beruht auf der Kooperation und Helfer spielen bei der Aufzucht der Jungen eine wichtige Rolle. Einige junge Weibchen produzieren Milch, um die Jungen des dominanten Weibchens zu ernähren, während Helfer beiderlei Geschlechts sie vor Fressfeinden warnen, sie bei der Entwöhnung füttern und sie die Nahrungssuche lehren.

Erdmännchen sind in vielerlei Hinsicht von ihrer Kolonie abhängig. Die Tiere legen einen Bau mit mehreren Ebenen und vielen Eingängen an, in den sie sich nachts und während der heißesten Tageszeit zurückziehen. Morgens wärmen sie sich in der Sonne auf und verbringen dann den Tag mit der Nahrungssuche. Während die Erdmännchen nach Käfern, Eidechsen und Skorpionen suchen oder wasserhaltige Wurzeln und Knollen ausgraben, achtet ein Wächter auf Fressfeinde wie Schakale, Schlangen und insbesondere Greifvögel. Werden sie alarmiert, verschwinden die Erdmännchen im nächsten Loch oder rotten sich zusammen und versuchen den Eindringling zu verscheuchen.

Eine Erdmännchen-Kolonie kann bis zu **1000 Eingänge** in ihren Bau anlegen.

△ **GEMEINSAMER ANGRIFF**
Erdmännchen greifen gemeinsam einen Fressfeind an. Alle krümmen den Rücken, stellen den Schwanz auf und knurren und fauchen.

▷ **ALT UND JUNG**
Erdmännchen sind sehr gesellig und auch die Väter kümmern sich um die Jungen. Die nicht dominanten Tiere nehmen eine Helferrolle ein.

- 19–29 cm
- 620–800 g
- Verbreitet
- Insekten, Eier, Pflanzen

Südliches Afrika

◁ **WACHPOSTEN**
Während die Tiere der Kolonie nach Nahrung suchen, hält ein Wächter oft stundenlang nach Raubtieren Ausschau und warnt die Gruppe, wenn nötig, mit einem Alarmruf.

Strauß
Struthio camelus

Lange Beine mit zweizehigen Füßen

Der flugunfähige Strauß ist der größte lebende Vogel. Mit über 2 m Höhe ist er nach der Giraffe das größte Steppentier. Ein fliehender Strauß erreicht 70 km/h und alarmiert alle übrigen Steppenbewohner.

Die Hähne setzen ihre Stimme ein, um Weibchen zu beeindrucken und Rivalen abzuschrecken. Das dem Brüllen des Löwens ähnliche »bu bu buuu huu« kann noch in 3 km Entfernung gehört werden.

- ↔ 1,7–2,7 m
- ⚖ 100–160 kg
- ✗ Verbreitet
- 🍴 Pflanzen, Insekten

West-, Ost- und Südafrika

△ DAMENWAHL
In der Brutzeit beugt die Straußenhenne den Hals nach vorn, schlägt die Flügel nach hinten und erzeugt klatschende Geräusche, wenn sie einen Hahn wählt.

▽ STACHELN UND KRALLEN
Mit zusammengerolltem Körper, den Schwanz im trotzdem zum Zubeißen bereiten Maul, stachligen Schuppen und Krallen an den Füßen ist der Gürtelschweif keine leichte Beute.

Mit dem Schwanz im Maul bildet das Tier einen Ring zur Verteidigung.

Kap-Kobra
Naja nivea

Die Kap-Kobra bevorzugt trockene Buschsteppen, wo sie die Eier der Siedelweber oder ihre Nestlinge erbeuten kann. Wie die anderen Kobras besitzt sie feststehende Giftzähne im Oberkiefer, die ein Nervengift injizieren. Nach der Paarung Anfang des Frühlings legt das Weibchen in der Mitte des Sommers 10–20 Eier, meist in einen Nagetierbau oder einen Termitenhügel. Die Jungtiere tragen einen dunklen Kehlfleck.

◁ SICH VERTEIDIGEN
Eine bedrohte Kap-Kobra richtet sich auf, spreizt ihren Schild und zischt. Zu ihren Feinden gehören Erdmännchen, Schlangenadler und Sekretäre.

- ↔ 1,2–1,4 m
- ⚖ 2–3 kg
- ✗ Unbekannt
- 🍴 Nagetiere, Reptilien, Vögel
- 📍 Südliches Afrika

KALAHARI-WÜSTE | 235

Dreieckiger Kopf

Harter Schild

Schützende Dornen

Panzer-Gürtelschweif

Ouroborus cataphractus

Große, scharfkantige Schuppen und die Angewohnheit, zur Verteidigung den Körper zu einem Ring zu formen, zeichnen den Panzer-Gürtelschweif aus. Wie bei allen Gürtelschweifen bilden die mit Knochenplatten verstärkten Schuppen Ringe um den Körper. Mit diesen Verteidigungsmaßnahmen kann der Panzer-Gürtelschweif ein geruhsames Leben führen. Er sonnt sich oder sucht in seinem trockenen Lebensraum nach kleiner Beute, besonders Termiten, und ruht nachts in Felsspalten, leeren Säugetierbauen oder zwischen Wurzeln.

Familienleben

Familiengruppen von 3, 4 oder sogar über 50 Panzer-Gürtelschweifen aller Größen und Geschlechter können gemeinsam in einem Unterschlupf ruhen. Die Männchen sind bei der Verteidigung ihres Reviers innerhalb ihrer Gruppe meist friedlich, werden aber gegenüber fremden Männchen sehr aggressiv. Ungewöhnlich ist auch, dass die Weibchen nur ein oder zwei lebende Junge zur Welt bringen. Die Tiere paaren sich Anfang des Frühjahrs und die Jungen werden sechs oder sieben Monate später geboren.

- ↔ 16–21 cm
- ⚖ 70–100 g
- ⊗ Gefährdet
- 🍴 Gliederfüßer, Pflanzen

Südliches Afrika

TROCKENWALD MADAGASKARS
Evolution in der Isolation

Madagaskar ist die viertgrößte Insel der Welt. In den seit der Trennung von Afrika vergangenen 135 Millionen Jahren haben die Pflanzen und Tiere eine einzigartige Artenvielfalt gebildet. Die Vegetation im trockeneren Westen der Insel besteht überwiegend aus von einzelnen Feuchtgebieten unterbrochenem Trockenwald. Der Untergrund ist aus Kalkgestein, sodass das Oberflächenwasser schnell versickert und unterirdische Flüsse bilden kann.

Affenbrotbäume, Lemuren und Chamäleons

Zu den Bäumen Madagaskars gehören die gigantischen Affenbrotbäume, von denen hier sechs Arten endemisch vorkommen, und die stachligen Madagaskarpalmen. Der Trockenwald erstreckte sich früher von der Küste bis in 800 m Höhe, ist jedoch weitgehend durch Weiden ersetzt worden. Heute existieren nur noch 3% des ursprünglichen Walds, die aber von einem hohen ökologischen Wert sind, da sie Hunderte von endemischen Pflanzen und Tieren beherbergen. Dazu gehören die Lemuren, eine nur auf Madagaskar zu findende Primatengruppe. Die Wälder sind die Heimat spezialisierter Insektenfresser und Raubtiere. Hier leben auch die Madagassische Schnabelbrustschildkröte, eine der gefährdetsten Schildkröten der Welt, und zwei Drittel aller Chamäleon-Arten.

Einige der ungewöhnlicheren Arten werden durch ein »Fady«, eine Art religiöses Verbot, geschützt. Allerdings bewahrt sie das nicht vor den Auswirkungen der Rodung des Walds für die Feuerholz- und Holzkohlenproduktion. Manche Arten werden auch illegal als Haustiere gehandelt.

BEDROHTE SCHILDKRÖTE
Die Population der vom Aussterben bedrohten Madagassischen Schnabelbrustschildkröte zählt nur noch rund 250 erwachsene Tiere, die in steinigem Buschland leben. Eier und Jungtiere werden von eingeschleppten Schweinen und der Wilderei bedroht.

SCHNABELBRUSTSCHILDKRÖTE

KLEINES WUNDER
Mit Größen von wenigen Zentimetern sind viele Zwerg- oder Stummelschwanzchamäleons erst gegen Ende des 20. Jahrhunderts beschrieben worden. Sie jagen nachts im Falllaub Insekten und ruhen tagsüber zwischen den Blättern niedriger Äste.

ZWERGCHAMÄLE[ON]

Affenbrotbäume können 100 000 l Wasser im Stamm speichern › 95 % der hier lebenden

AFFENBROTBÄUME

DIE GROSSEN SIEBEN
Die sieben Arten der Affenbrot- oder Baobab-Bäume sind ein Wahrzeichen Madagaskars. Während der Regenzeit schwillt das Holz des Stamms durch das aufgenommene Wasser an. In der Trockenzeit werfen die Bäume ihre Blätter ab.

LAGE

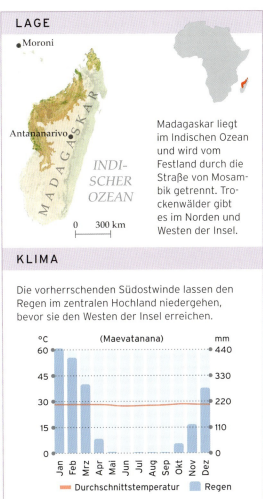

Madagaskar liegt im Indischen Ozean und wird vom Festland durch die Straße von Mosambik getrennt. Trockenwälder gibt es im Norden und Westen der Insel.

KLIMA

Die vorherrschenden Südostwinde lassen den Regen im zentralen Hochland niedergehen, bevor sie den Westen der Insel erreichen.

Fossa
Cryptoprocta ferox

Obwohl sie Katzen ähneln, gehören Fossas zur Gruppe der Madagassischen Raubtiere, die näher mit den Mangusten verwandt ist. Die Fossa ist das größte Raubtier der Insel und jagt in den Bäumen und am Boden sowohl am Tag als auch in der Nacht kleine Säugetiere, Vögel und Reptilien. Da sich Fossas manchmal an Nutztieren vergreifen, werden sie von Viehzüchtern als Schädlinge angesehen.

- ↔ 70–80 cm
- ⚖ 5,5–8,5 kg
- ⊗ Gefährdet
- 🍴 Lemuren, Tanreks, Vögel

Madagaskar

▷ **GUT GEMISCHT**
Der Katzenkopf endet in einer Hundeschnauze und bei langsamem Gehen wirkt die Fossa wie ein Bär.

Halb einziehbare Krallen verschaffen beim Klettern Halt.

Berthes Mausmaki
Microcebus berthae

Dieser kleinste Primat ist ein nachtaktiver Einzelgänger. Er lebt in den Bäumen und sucht seine Nahrung in 10 m Höhe. Berthes Mausmaki kann tagsüber in einen Torpor (Starrezustand) verfallen, währenddessen er Stoffwechsel und Temperatur zum Energiesparen herunterfährt.

▽ **WINZIGER PRIMAT**
Auf allen vier Beinen laufen die Mausmakis schnell über die Äste, um Fressfeinden wie Eulen oder der Fossa zu entkommen.

- ↔ 9–9,5 cm
- ⚖ 30 g
- ⊗ Stark gefährdet
- 🍴 Früchte, Baumsäfte, Honigtau

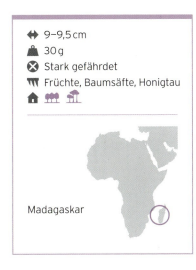

Madagaskar

GRABENDE RATTE
Das Votsotsa oder die Madagassische Riesenratte besetzt die ökologische Nische der auf Madagaskar fehlenden Kaninchen. Die endemische Art ist wichtig, da sie Samen verbreitet und den Boden belüftet.

VOTSOTSA

Reptilien sind endemisch

238 | AFRIKA

- ↔ 39–46 cm
- ⚖ 2,5–3,5 kg
- ⊗ Stark gefährdet
- 🌿 Blätter, Früchte, Blüten

Süd- und Südwestmadagaskar

▷ **UNTERWEGS**
Gruppen von Kattas legen auf der Nahrungssuche pro Tag 6 km zurück. Dabei heben sie die gut sichtbaren Schwänze, damit kein Tier aus der Gruppe verlorengeht.

Katta
Lemur catta

Dunkle Augenmaske

Geringelter Schwanz

Mit ihren schwarz-weißen Gesichtern und den langen gestreiften Schwänzen sind Kattas die am leichtesten zu erkennenden Lemuren. Die Tiere bewegen sich sowohl auf dem Boden als auch in den Bäumen so geschickt, dass sie wie eine Kreuzung aus einer Katze und einem Waschbären wirken. Tatsächlich gehören die Kattas aber zu den Primaten – wie die übrigen Lemuren, die Affen und die Menschen. Kattas orientieren sich hauptsächlich optisch, doch der Geruchssinn ist für sie auch sehr wichtig.

Dominante Weibchen
Die nur auf Madagaskar vorkommenden geselligen Kattas leben in Gruppen von mehreren Männchen und Weibchen hauptsächlich in Buschland und Trockenwäldern. Die Weibchen sind hier dominant – sie bekommen die beste Nahrung und entscheiden auch, mit welchem Männchen sie sich paaren. Während der Paarungszeit legen auch die Männchen eine Rangordnung fest – sie reiben ihre Schwänze über ihre Armdrüsen und wedeln dann mit ihnen in Richtung des Rivalen. Die Paarungszeit findet zwischen Mitte April und Juni statt. Im August oder September bekommen die Weibchen ein oder zwei Junge, die weniger als 100 g wiegen. Die Weibchen ziehen die Jungen oft gemeinsam auf, kümmern sich um Gruppen von Jungen oder tragen fremde Jungtiere.

Sonnenschein und Gesellschaft
Im Gegensatz zu den meisten anderen Lemuren nehmen Kattas morgens ein Sonnenbad und kommunizieren mit Rufen und Gesichtsausdrücken. Sie fressen überwiegend Pflanzen, darunter Blüten, Borke und Säfte, doch am liebsten sind ihnen Tamarinden. Manchmal fressen sie auch Insekten oder kleine Wirbeltiere wie Eidechsen und selten Vögel.

Ihre wichtigsten Fressfeinde sind Fossas und große Greifvögel, doch die größte Bedrohung für Kattas und alle Lemuren ist die Vernichtung ihres Lebensraums durch den Menschen. Im Durchschnitt werden Kattas in der Natur 16–19 Jahre alt, doch in menschlicher Obhut haben sie schon ein Alter von 27 Jahren erreicht.

△ **SCHWARZ-WEISSER VARI**
Anders als die sich oft auf dem Boden aufhaltenden Kattas bevorzugen Schwarz-weiße Varis (*Varecia variegata*) das Leben in den Baumkronen.

◁ **MORGENRITUAL**
Kattas sitzen morgens aufrecht und wärmen sich die Bäuche, bevor sie aufbrechen und sich nach einem Frühstück umsehen.

Beim Sprung dient der Schwanz der Balance.

Larven-Sifaka

Propithecus verreauxi

Der Larven-Sifaka ist einer der größten Lemuren und lebt in den Trockenwäldern im Süden und Südwesten Madagaskars. Sifakas sind tagaktiv und fressen vor allem Blätter, Blüten und Früchte in den Bäumen. Sie beziehen Feuchtigkeit aus den Blättern der Sukkulenten oder lecken Wasser aus ihrem Fell, das sich dort niedergeschlagen hat.

Weite Sprünge

Offene Flächen überqueren Sifakas auf dem Boden, wobei sie auf den Hinterbeinen hüpfend laufen. In den Bäumen können sie klettern oder mit den Hinterbeinen springen und so bis zu 10 m große Lücken überwinden. Obwohl sie mit Händen und Füßen greifen können, setzen sie sie selten beim Fressen ein. Stattdessen lehnen sie sich nach vorn und nehmen die Nahrung direkt mit dem Maul auf. Die Weibchen sind in Sifaka-Gruppen die dominanten Tiere. Die Tiere verstreuen sich beim Umherwandern oder bei der Nahrungssuche, treffen sich aber wieder im zur Rast bevorzugten Baum.

Sifakas leben in kleinen Gruppen, zu denen einige Weibchen und zwei oder drei Männchen gehören, von denen eins Geruchsstoffe aus einer Drüse an der Halsvorderseite abgeben kann, wie man an dem Sekret auf seiner Brust sieht. Alle Sifakas markieren ihr Territorium mit Urin und nutzen ihn als Signal für andere Tiere der Gruppe. Sie kommunizieren auch durch Rufe, darunter ein bellendes »Si-fak«, nach dem sie benannt worden sind.

Wie die meisten Lemuren ist der Larven-Sifaka durch die Zerstörung seines Lebensraums bedroht, vor allem durch die Land- und Holzwirtschaft.

Etwa **30 %** aller Larven-Sifakas werden im **ersten Lebensjahr** von **Fossas getötet.**

Fingertier
Daubentonia madagascariensis

Das Fingertier oder Aye-Aye ist der größte nachtaktive Primat und darauf spezialisiert, Insektenlarven unter der Borke der Bäume aufzuspüren. Es klopft mit dem verlängerten Mittelfinger auf das Holz und horcht, ob es den Gang einer Larve erkennt. Dann nagt es mit den Schneidezähnen ein Loch in die Borke und holt die Larve mit dem Mittelfinger heraus. Mit den Zähnen und Fingern kann das Fingertier auch Nüsse und hartschalige Früchte öffnen. Der Einzelgänger baut sich ein Nest in den Bäumen.

- ↔ 30–37 cm
- ⚖ 2,4–2,6 kg
- ⊗ Stark gefährdet
- 🍴 Larven, Früchte, Nüsse, Pilze
- 📍 NW- und O-Madagaskar

▷ **NACHTAKTIV**
Mit den großen Augen und Ohren sehen und hören die Tiere auch bei Nacht, was vor sich geht.

- ↔ 40–48 cm
- ⚖ 3–5 kg
- ⊗ Stark gefährdet
- 🍴 Blätter, Früchte, Blüten, Borke

Südwest- und Südmadagaskar

△ **COQUEREL-SIFAKA**
Wie alle Sifakas bekommt der Coquerel-Sifaka (*P. coquereli*) nur ein Junges. Es klammert sich am Bauch der Mutter fest und reitet später auf ihrem Rücken.

◁ **TANZENDE MÄNNCHEN**
Beim Überqueren offener Flächen »tanzen« die Sifakas, indem sie auf den Hinterbeinen hüpfen und mit den Armen balancieren. Der Schwanz ist fast so lang wie der Körper.

Großer Igel-Tanrek
Setifer setosus

Dieser Tanrek verlässt sich auf seine langen Vibrissen (Schnurrhaare), seinen Geruchssinn und sein Gehör, um seine Nahrung bei Nacht zu finden. Am Tag und zu kühleren Zeiten kann er die Körpertemperatur senken, um Energie zu sparen.

- ↔ 15–22 cm
- ⚖ 180–270 g
- ⊗ Regional verbreitet
- 🍴 Würmer, Insekten, Früchte
- 📍 Madagaskar

▽ **STACHELKLEID**
Wie ein Igel kann sich auch ein Igel-Tanrek bei Bedrohung zu einer Kugel zusammenrollen.

Opponierbare Zehen zum sicheren Greifen

Panther-Chamäleon
Furcifer pardalis

Die unabhängig beweglichen Augen decken fast 360° ab.

△ **LEUCHTEND BUNT**
Die Männchen sind bunter als die Weibchen. Die Farbe leuchtet beim Imponieren oder bei der Balz am stärksten, am schwächsten ist sie dagegen bei der Jagd ausgeprägt.

Die eindrucksvollen Farbveränderungen des Panther-Chamäleons werden durch seine Stimmung beeinflusst, ob es nun sein Revier verteidigt, sich bedroht fühlt oder um eine Partnerin wirbt. Temperatur, Feuchtigkeit, Helligkeit und – in geringerem Maße als meist angenommen – die Farben der Umgebung üben ebenfalls einen Einfluss aus.

Beim Erkennen der Farbänderungen von Artgenossen hilft dem Chamäleon sein guter Gesichtssinn, der auch für den Beutefang wichtig ist. Die beiden Augen können unabhängig voneinander in verschiedene Richtungen blicken oder beide auf die Beute gerichtet sein, um Entfernung und Bewegung abzuschätzen. Nun schnellt die Zunge heraus, die länger als der Körper des Tiers ist. Dieser Vorgang dauert mit der Beförderung der Beute ins Maul nur 0,007 Sekunden. Panther-Chamäleons fressen überwiegend Insekten und Spinnen, aber auch kleine Wirbeltiere wie Frösche, junge Echsen (einschließlich anderer Chamäleons) und Nagetiere. Sie sind tagaktiv und lauern dann in niedrigen Bäumen oder Büschen auf Beute. Nachts schlafen sie mit dem um einen Zweig gewickelten Schwanz.

Nickende Balz
Panther-Chamäleons leben meist allein und die Männchen drohen Eindringlingen oder bekämpfen sie sogar. Während der Paarungszeit von Januar bis Mai balzen die Männchen, die doppelt so groß wie die Weibchen sind, mit nickenden Bewegungen vor ihren potenziellen Partnerinnen. Die Weibchen legen bis zu sechs Gelege von 10–50 Eiern in feuchte Erde und die Jungen schlüpfen sechs bis zwölf Monate später.

TROCKENWALD MADAGASKARS | 243

△ TREFFER
Das Chamäleon schleudert seine Zunge in Richtung der Beute, die am klebrigen Ende haften bleibt und ins Maul gezogen wird.

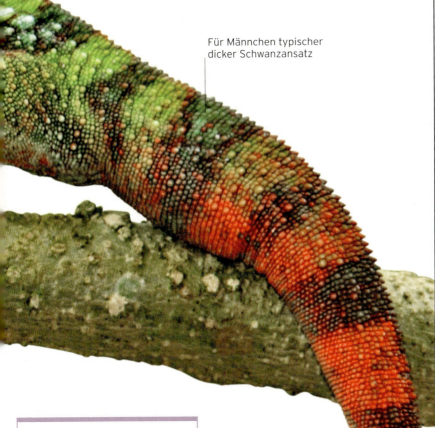

Für Männchen typischer dicker Schwanzansatz

↔ 40–52 cm
⚖ 140–220 g
❌ Regional verbreitet
🍴 Insekten, kleine Wirbeltiere

Der Greifschwanz dient beim Klettern als fünftes Bein.

Nord- und Ostmadagaskar, Réunion

Henkels Blattschwanzgecko
Uroplatus henkeli

Dreieckiger Kopf

Henkels Blattschwanzgecko ist durch Säume am Kopf – er wirkt dadurch bärtig – und an Teilen des Körpers besonders gut getarnt. Wenn er tagsüber flach auf einem mit Moos oder Flechten bewachsenen Stein oder Baumstumpf liegt, lösen diese Säume seine sonst zu erkennenden Echsenumrisse auf. Der Gecko jagt überwiegend nachts Insekten, meist nur wenige Meter über dem Boden.

↔ 27 cm
⚖ 40–50 g
❌ Gefährdet
🍴 Insekten, Schnecken
📍 N- und W-Madagaskar

△ HAFTZEHEN
Die großen Zehen der Geckos besitzen Haftpolster, die ihnen sowohl auf glatten Blättern als auch auf rauer Borke Halt verschaffen können.

Tomatenfrosch
Dyscophus antongilii

Die orangerote Haut des Tomatenfroschs soll Fressfeinde wie etwa Schlangen warnen. Bei Gefahr bläst sich der Frosch auf, um größer zu wirken und sich schwerer schlucken zu lassen. Nimmt ihn ein Räuber ins Maul, gibt er ein Sekret ab, das das Maul verklebt und Hautentzündungen hervorruft. Auch bei Menschen führt es zu Schwellungen und Ekzemen.

↔ 6–10,5 cm
☁ Regenzeit
❌ Potenziell gefährdet
🍴 Insekten
📍 N- und O-Madagaskar

Plumper Körper

▷ ROTER ALARM
Die Weibchen sind wie das hier abgebildete größer und leuchtender gefärbt als die Männchen.

Nordthailand
Zwei Asiatische Elefanten wandern bei Sonnenaufgang in eine Lichtung. Elefanten weisen eine hoch entwickelte Gesellschaftsstruktur auf. Die Kühe bleiben ein Leben lang bei ihrer Herde.

Asien

LAND DER EXTREME
Asien

Asien ist der größte Kontinent der Welt und nimmt etwa 30 % des Festlands ein. Es erstreckt sich über fast 6500 km von den Polarregionen im Norden Sibiriens über die Subtropen und Tropen bis zu den südostasiatischen Inseln, die auf dem oder südlich des Äquators liegen. Wegen seiner Größe herrscht in manchen Teilen Asiens ein Kontinentalklima mit sehr warmen Sommern und kalten Wintern vor.

Im Süden des Mittelsibirischen Berglands liegt eine dünn besiedelte Landschaft, die aus Bergen, Hochebenen, Wüsten und Steppen besteht. Der Süden Asiens ist in geologischer Hinsicht viel jünger. Vulkanische Aktivität hat im Osten und Südosten viele Inseln geschaffen, die den westlichen Teil des Pazifischen Feuerrings bilden. Der Himalaya trennt den indischen Subkontinent vom Rest Asiens und beeinflusst das Klima des gesamten Kontinents. Über 100 Berge sind höher als 7200 m und lassen im Sommer nur wenig Regen nach Zentralasien gelangen.

SIBIRISCHE TUNDRA
Die entlang der Küste des nordöstlichen Russlands verlaufende Tundra bietet Brutplätze für Zugvögel und saisonabhängige Weidegebiete für Rentiere.

ARABISCHE HALBINSEL
Die Arabische Halbinsel besteht überwiegend aus Wüste, doch die Gebirge der Ränder sind bewaldet. Hier leben einzigartige Pflanzen und Vögel.

MONSUN-KLIMA
In Indien und Südostasien bestimmt der Monsun das Klima. Im Sommer ist das Land wärmer als das Meer. Die warme Luft erzeugt Tiefdruck-Systeme, die kühle, feuchte Luft vom Meer anziehen, was strömenden Regen verursacht. Im Winter kehrt sich die Luftbewegung um, sodass eine Trockenzeit folgt.

ÖKOREGIONEN

- **Arabischer Schild** ›› S. 248-253
  Bergwälder, Wüste, Buschland
- **Terai-Duar-Savanne** ›› S. 254-265
  Subtropische Grassteppe
- **Östlicher Himalaya** ›› S. 266-271
  Gemäßigter Laubwald, Mischwald
- **Oberer Jangtsekiang** ›› S. 272-277
  Gemäßigter Laubwald, Mischwald
- **Gobi-Wüste** ›› S. 278-283
  Wüste, Buschland
- **Nihonkai-Bergwald** ›› S. 284-291
  Gemäßigter Laubwald, Mischwald
- **Regenwald auf Borneo** ›› S. 292-301
  Tropischer und subtropischer Regenwald
- **Sulu- und Celebes-See** ›› S. 302-309
  Meer und Korallenriffe

LAND DER EXTREME | 247

SCHLÜSSELDATEN

ÖKOSYSTEME

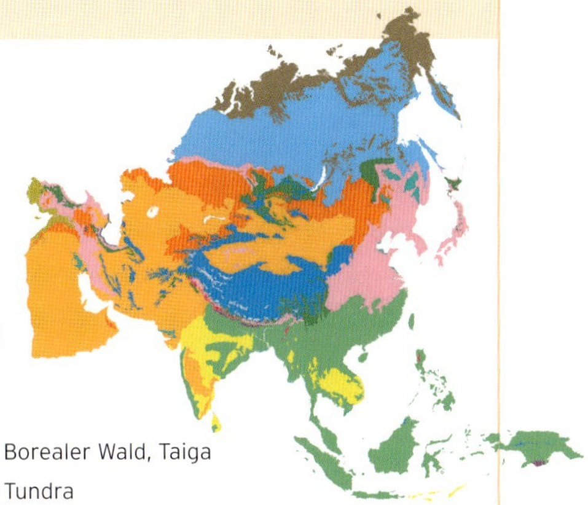

- Tropischer Regenwald
- Tropischer Trockenwald
- Tropischer Nadelwald
- Gemäßigter Laubwald
- Gemäßigter Nadelwald
- Tropisches/subtrop. Grasland
- Wüste, Buschsteppe
- Gemäßigte Grassteppen
- Feuchtgebiete
- Bergwiesen
- Borealer Wald, Taiga
- Tundra

MITTLERE NIEDERSCHLÄGE

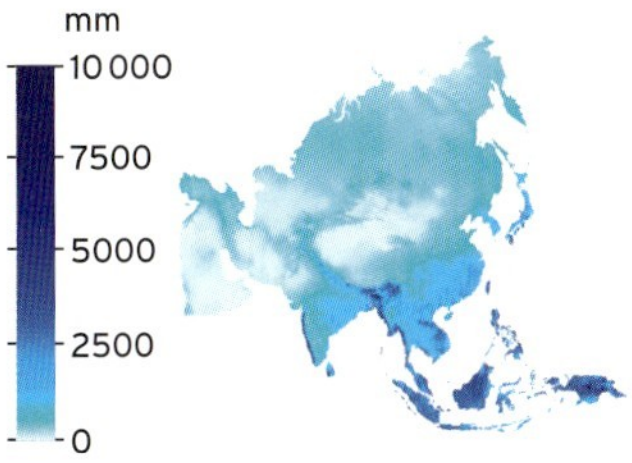

mm
- 10 000
- 7500
- 5000
- 2500
- 0

MITTLERE TEMPERATUR

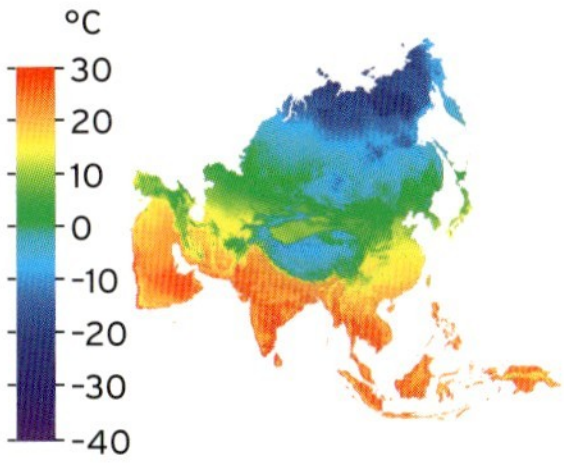

°C
- 30
- 20
- 10
- 0
- -10
- -20
- -30
- -40

VULKANISCHE INSELN

Archipele vulkanischer Inseln entstehen, wenn sich die ozeanischen Platten übereinanderschieben. Dabei schmilzt der obere Erdmantel an der Basis der oberen Platte. Der hier abgebildete, mit einem See gefüllte Vulkankrater ist Teil der Inselgruppe, zu der Japan gehört. Die Inseln entstanden, als sich die Pazifische Platte unter eine der Platten schob, auf denen sich Japan befindet.

WALLACE-LINIE

Unterschiedliche Tiergruppen bevölkern die Inseln im Westen und Osten der Wallace-Linie. Tiefe Gräben zwischen Borneo und Sulawesi sowie zwischen Bali und Lombok konnten von den Tieren nicht überwunden werden.

PAZIFISCHER OZEAN

ARABISCHER SCHILD
Ein Rückzugsgebiet für Pflanzen- und Tierarten

Der Arabische Schild setzt sich aus Gebirgszügen und Plateaus am Rand der Arabischen Halbinsel zusammen. Sie steigen von der »Nebelwüste« an der Küste auf und umgeben das aus Wüsten bestehende Innere der Halbinsel. Wegen seiner Höhe ist der Arabische Schild kühler und feuchter als die ihn umgebenden Wüsten. Er kann daher eine größere Vielfalt an pflanzlichem und tierischem Leben beherbergen. Mit Wasser beladene, vom Meer kommende Winde werden über die Berge gedrückt und sorgen für saisonale Niederschläge. Niedrige Nachttemperaturen erzeugen Nebel und Tau.

Wacholderwälder
Ungewöhnlich ist, dass die höchsten Bereiche dieser Ökoregion mit Wäldern bedeckt sind. Wacholder ist hier häufig und verschafft vielen Vogelarten Deckung und Nahrung. Auf trockeneren, nach Süden gerichteten Hängen wachsen Sukkulenten wie Aloe und Euphorbien, während der Fuß der Berge mit Busch- und Grassteppen bedeckt ist. Viele der hier lebenden Tier- und Pflanzenarten leben sonst nirgends auf der Welt, doch die Arabische Halbinsel ist auch für Zugvögel eine wichtige Landbrücke zwischen Afrika und Eurasien. Viele folgen dem Asir-Gebirge, das parallel zur Küste des Roten Meers verläuft. An Säugetieren leben auf dem Arabischen Schild verschiedene Raubtiere, wie der Karakal, der seltene Arabische Wolf und die Streifenhyäne. Hier ist auch eins der letzten Rückzugsgebiete des vom Aussterben bedrohten Arabischen Leopards.

STACHLIGE SUKKULENTE
Die bis zu 10 m hohe *Euphorbia ammak* erinnert an einen Kaktus, ist aber tatsächlich eine baumgroße Sukkulente. Der dicke, stachlige Stamm enthält einen schlecht schmeckenden Saft, der Pflanzenfresser vom Fressen der Euphorbie abhält.

EUPHORBIA AMMAK

AKAZIENFRESSER
Die schlanke Edmi-Gazelle lebt auf dem gesamten Arabischen Schild, besonders da, wo es Akazien gibt. Neben deren Blättern und Samen frisst sie Sukkulenten und gräbt Zwiebeln und Knollen aus, besonders bei Wassermangel.

EDMI-GAZELLE

KLETTERNDE SCHLANGE
Die Arabische Katzenschlange klettert auf der Suche nach Beute wie Nagetieren, Echsen, Nestlingen und Fledermäusen in Bäume und auf Felsen. Diese giftige Schlange ist nachtaktiv und auf der Arabischen Halbinsel weit verbreitet.

KATZENNATTER

Heimat von über 2000 Pflanzenarten und 41 Reptilienarten

Arabische Oryx im Jahr

Mantelpavian

Papio hamadryas

Hundeartige Schnauze

LAGE

Am südlichen Rand der Arabischen Halbinsel, mit den Vereinigten Arabischen Emiraten, Oman, Jemen, Saudi-Arabien.

KLIMA

Das Hochland ist im Sommer warm und im Winter kalt. Die höchsten Bereiche können im Nebel liegen und es kann saisonale Niederschläge geben.

(Sana'a, Jemen)

— Durschnittstemperatur   ■ Regen

Ausgewachsene männliche Mantelpaviane gehören mit ihrem muskulösen Körper, den gewaltigen Eckzähnen und dem silbrigen Mantel, der im Kontrast zu ihren rosafarbenen Gesichtern steht, zu den eindrucksvollsten Affen. Beide Geschlechter haben Flecken rötlicher nackter Haut auf ihrem Hinterteil, die bei paarungsbereiten Weibchen anschwellen.

Riesige Gruppen

Bereits die alten Ägypter kannten die Mantelpaviane gut, sodass sie in vielen Schriften und Zeichnungen auftauchen – sie galten nämlich als heilig. Wie andere Paviane verbringen auch die Mantelpaviane die meiste Zeit auf dem Boden, wo sie Gras, Feldfrüchte und nahezu jedes kleine Tier fressen. Bei Nacht schließen sich die Gruppen zusammen und erklettern zur Sicherheit Felsen – in manchen Gegenden kommen so einige Hundert Paviane zusammen.

Die großen dominanten Männchen bewachen ihre Weibchen eifersüchtig und drohen Rivalen, indem sie ihnen beim Gähnen die langen Eckzähne zeigen und Nackenbisse versetzen.

- 50–95 cm
- 9–21,5 kg
- Verbreitet
- Gräser, Früchte, Insekten

Ostafrika, Südwestasien

Dominante Männchen schmatzen, um ihre Weibchen zu beruhigen.

▽ **FELLPFLEGE**
Zwei Weibchen pflegen das Fell eines Männchens, um ihre Loyalität auszudrücken. Jedes erwachsene Männchen besitzt einen Harem mehrerer kleinerer olivbrauner Weibchen.

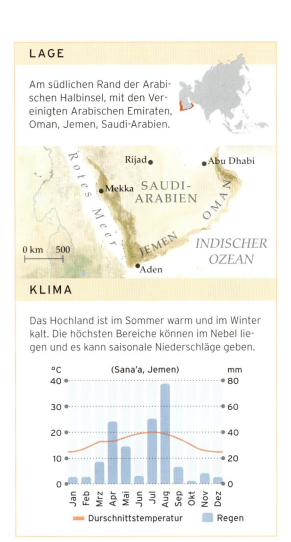

COOL BLEIBEN
Obwohl er im Verhältnis zu anderen Unterarten des Wolfs recht klein ist, hat der Arabische Wolf im Verhältnis größere Ohren, über die er überschüssige Wärme abgeben kann. Im Winter schützt ihn ein dickeres Fell vor Kälte.

1980 wieder ausgewildert

ARABISCHER WOLF

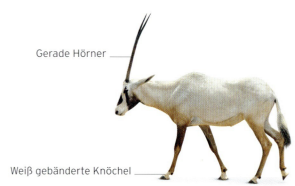

Gerade Hörner

Weiß gebänderte Knöchel

Arabische Oryx

Oryx leucoryx

Wenige Säugetiere sind so gut an die extreme Hitze und Trockenheit der Wüste angepasst wie die Arabische Oryx. Mit ihren breiten, schaufelförmigen Hufen kann sie große Strecken im losen Sand zurücklegen. Sie ist kein überaus schneller Läufer – ihre einzigen natürlichen Feinde, Wölfe und Streifenhyänen, sind nicht häufig.

Das fast weiße Fell ist ideal, um die Sonnenhitze zu reflektieren, sorgt jedoch auch dafür, dass die Oryx selbst im Dunkeln vor dem Hintergrund der Landschaft gut zu sehen ist. Der Vorteil, die anderen Mitglieder der Herde zu sehen, überwiegt jedoch das Risiko der Entdeckung durch Fressfeinde. Erscheint ein Raubtier am Horizont, kann sich die Oryx nirgendwo verstecken. Sie zeigt sich in voller Größe, um den Angreifer abzuschrecken.

Leben in der Herde

Die Herde wird von einem älteren Weibchen angeführt. Zu ihr gehören einige Weibchen mit ihren Jungen, ein dominantes und mehrere rangniedrigere Männchen. Wenn es nach dem Regen genug Nahrung gibt, kann sich die Herde auf Hunderte von Tieren vergrößern. Die Männchen verteidigen nun kleine Reviere und paaren sich mit den sie aufsuchenden Weibchen. Unter guten Bedingungen gebären die Weibchen nach jeweils 34 Wochen Tragzeit ein Junges pro Jahr. Außerhalb der Paarungszeit bestimmt die Hornlänge bei beiden Geschlechtern den Rang. Durch die geringen Rivalitäten kann sich eine kleine Herde während der wärmsten Tageszeit im Schatten eines Baums versammeln. Wird es kühler, verteilen sich die Tiere zum Grasen, doch sie bleiben immer in Sichtweite. Das dominante Weibchen führt die Herde und vergewissert sich, dass kein Tier zurückbleibt.

Noch in 80 km Entfernung fallenden Regen können die Oryx riechen. Sie folgen dem Geruch und legen in einer Etappe 30 km zurück, meist in der Nacht. Sie fressen die frisch austreibenden Pflanzen und graben mit den schaufelförmigen Hufen auch Wurzeln und Knollen aus. Da sie die in der Nahrung enthaltene Feuchtigkeit nutzen, können sie wochenlang ohne Wasser auskommen.

Operation Oryx

Die Arabische Oryx ist eine der ersten Erfolgsgeschichten des internationalen Artenschutzes. 1972 hatten Trophäenjäger die Art in der Natur ausgerottet. Im folgenden Jahrzehnt wurde eine im Zoo geborene Herde in einem Schutzgebiet im Oman ausgewildert, die sich schließlich auch vermehrte. Heute gibt es wieder über 1000 in der Natur lebende Tiere.

Die Arabische Oryx kann **Regen riechen,** der über **zwei Tagesmärsche entfernt** fällt.

- ↔ 1,55–2,35 m
- 55–75 kg
- ⊗ Gefährdet
- Gras, Blätter, Knospen

Westasien

▷ **REVIERSTREIT**
Oft reicht es zur Festlegung des Rangs, wenn die Männche ihre Hörner präsentieren. Bei der Festlegung der Reviere kommt es aber auch zu ernsthaften Auseinandersetzungen.

◁ **KÜHLER SAND**
Jungtiere ruhen oft neben einem Busch. Dazu scharren sie eine Kuhle in den Sand, sodass sie in der kühlen tieferen Schicht liegen.

ASIEN

Dunkelbrauner oder schwarzer Kehlfleck

Streifenhyäne
Hyaena hyaena

▷ **TÜPFELHYÄNEN**
Tüpfelhyänen (*Crocuta crocuta*) sind die größten und stärksten Mitglieder der Hyänenfamilie. Sie leben in Afrika südlich der Sahara.

Die von Afrika bis Zentralasien und Indien vorkommende Streifenhyäne hat das größte Verbreitungsgebiet der vier Hyänenarten und bewohnt die unterschiedlichsten Lebensräume. An manchen Orten ist sie allerdings ausgestorben und insgesamt geht ihr Bestand zurück. Wie alle Hyänen erinnert die Streifenhyäne an einen Hund. Die Vorderbeine sind länger als die Hinterbeine, sodass der Rücken nach hinten abfällt.

Knochenbrecher

Die Streifenhyäne ernährt sich überwiegend von Aas und nutzt ihre kräftigen Kiefermuskeln, um Kadaver aufzureißen und Knochen zu zermalmen. Sie jagt aber auch kleine Tiere und frisst Datteln, Melonen und andere Früchte. Die meist allein oder in kleinen Gruppen lebenden Streifenhyänen sind nachtaktiv und legen auf der Nahrungssuche weite Strecken zurück.

Die Weibchen gebären in einer Höhle oder einem Bau ein bis vier Junge, die im Alter von etwa 30 Tagen beginnen Fleisch zu fressen. Sie werden allerdings noch bis zu ein Jahr lang gesäugt, während sie die Nahrungssuche von ihrer Mutter lernen. Die meisten Streifenhyänen fallen Löwen oder Menschen zum Opfer.

Längere Vorder- als Hinterbeine

- ↔ 1–1,2 m
- ⚖ 26–41 kg
- ⊗ Potenziell gefährdet
- ♨ Aas, Hasen, Insekten, Früchte
- ⌂

W-, N- und Ostafrika, W- bis S-Asien

▷ **VERTEIDIGUNGSHALTUNG**
Das zottige Fell bildet eine Mähne auf dem Rücken der Streifenhyäne. Bei Auseinandersetzungen mit anderen Hyänen oder mit Löwen stellt sie die Mähne auf.

Klippschliefer
Procavia capensis

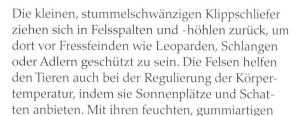
Dichtes Fell

Die kleinen, stummelschwänzigen Klippschliefer ziehen sich in Felsspalten und -höhlen zurück, um dort vor Fressfeinden wie Leoparden, Schlangen oder Adlern geschützt zu sein. Die Felsen helfen den Tieren auch bei der Regulierung der Körpertemperatur, indem sie Sonnenplätze und Schatten anbieten. Mit ihren feuchten, gummiartigen Fußsohlen fällt den Tieren das Klettern leicht. Trotz ihres dichten Fells reagieren Klippschliefer empfindlich auf extreme Temperaturen und meiden kalte Winde, Regen und die Mittagshitze.

Ein typischer Tag beginnt mit einem Sonnenbad, darauf folgt eine Stunde Nahrungssuche, dann eine Rast und wieder Nahrungssuche.

- 30–58 cm
- 3–5 kg
- Verbreitet
- Eine Vielzahl an Pflanzen

West-, Süd- und Ostafrika, Westasien

◁ **KLEINE FAMILIE**
Jungtiere bleiben in der Nähe ihrer Mutter. Nach einer Ruhepause in der Sonne ist die Familie zur Nahrungssuche bereit.

Schwarzkopf-Steinhuhn
Alectoris melanocephala

Weißer Streifen über dem Auge

Dunkel gebänderte Flanken

Dieser Vogel bewohnt bewachsene Wadis, Täler, Hänge, Kulturland am Wüstenrand und vor allem Wacholderwälder. Das heute noch verbreitete Steinhuhn ist jedoch durch Dürren sowie durch Ackerbau und Überweidung bedingte Landschaftsveränderungen bedroht. Auf der Flucht läuft es lieber, als dass es fliegt. Meistens sucht es am kühleren Morgen und Abend nach Nahrung. Das Nest mit fünf bis acht Eiern wird zwischen niedrigen Pflanzen versteckt.

- 39–43 cm
- 500–550 g
- Verbreitet
- Samen, Gras, kleine Insekten
- Südwestliches Asien

▷ **TYPISCHE KENNZEICHEN**
Dieser helle, rotbeinige, in trockenen Gebieten lebende Vogel zeichnet sich durch die typische Zeichnung von Kopf und Hals aus.

Hellbraunes Fell mit dunkel gestreiften Flanken

TERAI-DUAR-SAVANNE

Feuchtgebiete und hohes Gras

Die schmale Region am Fuß des Himalayas ist ein Mosaik aus an Flüssen gelegenem Grasland, Savannen und Wäldern. Viele der Gräser sind ungewöhnlich hoch und bieten sowohl Räubern aus auch Beute eine hervorragende Deckung. Die Terai-Duar-Savanne ist der Lebensraum zahlreicher Huftiere, darunter mindestens fünf verschiedener Hirscharten, des gefährdeten Wasserbüffels und des Panzernashorns. An der Spitze der Nahrungskette steht der Tiger, dessen Bestände hier vor allem in den Chitwan- und Bardia-Nationalparks in Nepal zunehmen. Auch der Leopard und der seltene Nebelparder leben hier. Das Verbreitungsgebiet von drei Vogelarten – dem Igel-Drossling, der Graukopf-Prinie und der Manipur-Wachtel – ist auf die Terai-Duar-Savanne und angrenzende Gebiete beschränkt.

Fruchtbares Schwemmland

Das Grasland wird während des Monsuns überschwemmt, sodass sich fruchtbare Sedimente ablagern und nach dem Rückgang des Wassers für ein schnelles Graswachstum sorgen. Das feuchte, nährstoffreiche Land ist sehr fruchtbar, sodass ein großer Teil landwirtschaftlich genutzt wird. Das Überleben der Wildtiere hängt daher davon ab, dass ein mit Korridoren verbundenes Netzwerk aus Schutzgebieten bestehen bleibt, sodass Tiger, Elefanten und Nashörner sich ohne Störung durch den Menschen frei bewegen können.

Die Terai-Duar-Savanne ist einer der **biologisch herausragendsten Lebensräume.**

SCHMUTZGEIER

VERGIFTETE GEIER
Die indischen Geierpopulationen brachen in den 1990ern zusammen, da bei Rindern eingesetzte Medikamente von an toten Tieren fressenden Geiern aufgenommen worden waren. Obwohl eins der Medikamente nun verboten ist, werden sich die Geier nur langsam erholen.

Asiens größte Tiger- und Nashornpopulation

BARASINGHA

GEFÄHRDETER HIRSCH
Das Grasland ist die Heimat des Barasingha, der mit seinen breiten Hufen gut durch sumpfiges Gelände laufen kann. Die Hirsche stehen auf der Speisekarte der Tiger und Leoparden, sind aber eher durch den Lebensraumverlust und die Jagd gefährdet.

Die Manipur-Wachtel galt bis zur Neuentdeckung 2006 als ausgestorben

SUMPFKROKODIL

GEFÄHRDETES REPTIL
Der Bestand der Sumpfkrokodile ging in den 1950er- und 1960er-Jahren durch die Jagd stark zurück. Trotz stärkeren Schutzes und der Einrichtung von Zuchtprogrammen leiden die Krokodile noch unter Lebensraumverlust.

TERAI-DUAR-SAVANNE | 255

KLEIN UND SELTEN

Das vom Aussterben bedrohte Zwerg-Wildschwein ist mit nur 25 cm Schulterhöhe das kleinste Schwein der Welt. Es kommt lediglich in einem Nationalpark im Nordwesten Assams vor, wo es nur noch etwa 150 Tiere gibt.

ZWERG-WILDSCHWEIN

Heimat von Sumpfkrokodilen und Gavialen

TYPISCHE GRÄSER

Die dominanten Gräser sind Verwandte des Zuckerrohrs. Das Kans-Gras wird bis zu 3 m hoch, das Baruwa-Gras bleibt jedoch als Nahrung für sind jedoch etwas kleiner. Beide Tiere wie das Panzernashorn und das Zwerg-Wildschwein wichtig. Nach den Regenfällen des Monsuns wachsen die Gräser sehr schnell.

KANS-GRAS

In der Terai-Duar-Savanne leben sechs der neun indischen Geierarten

REGENERATIONSFÄHIGKEIT

Der Geknöpfte Birma-Krokodilmolch bewohnt Bäche und Reisfelder. Bemerkenswert ist seine Regenerationsfähigkeit. Seine Wunden heilen dank eines in seiner Haut enthaltenen, als Tylotoin bezeichneten Peptids sehr schnell. Möglicherweise lässt sich diese Substanz in Zukunft auch beim Menschen einsetzen.

GEKNÖPFTER BIRMA-KROKODILMOLCH

LAGE

Die Terai-Duar-Savanne liegt in einem schmalen Tiefland-Gürtel am Fuß des Himalayas, wo Indien an Nepal, Bhutan und Bangladesch grenzt.

KLIMA

Es herrscht ein feuchtwarmes, subtropisches Klima. Die Temperaturen liegen das ganze Jahr über im Durchschnitt bei 22 °C. Der meiste Regen fällt während des Monsuns zwischen Juni und September.

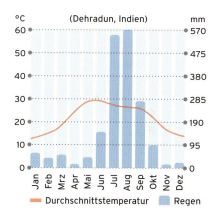

KULTIVIERTER KLIMAWANDEL

In überfluteten Feldern wird Reis angebaut, wobei die Bodenorganismen eine bedeutende Quelle des Treibhausgases Methan darstellen. Da die Methankonzentration mit der Kohlendioxidkonzentration und höheren Temperaturen ansteigt, fördert der Reisanbau vermutlich die globale Erwärmung. Das regelmäßige Trockenlegen der Felder reduziert die Methanproduktion.

Bei beiden Geschlechtern einzelnes, etwa 25 cm langes Horn

Panzernashorn
Rhinoceros unicornis

Unter den fünf Nashornarten steht das Panzernashorn in der Größe nur dem Breitmaul-Nashorn nach. Es ist auch die Art, die am häufigsten ins Wasser geht. Seine Haut ist 4 cm dick und weist tiefe Falten auf, sodass ein an Panzerplatten erinnernder Eindruck entsteht. Panzernashörner können gut schwimmen und suhlen sich gern. An Land sind sie überraschend beweglich – sie können sich schnell umdrehen und mit hoher Geschwindigkeit angreifen. Da sie jedoch schlecht sehen, verlassen sie sich eher auf das Gehör und den Geruchssinn, um sich zu orientieren. Mit ihrer beweglichen Oberlippe können sie sehr gut Grashalme ergreifen.

Immer noch gefährdet

Dank verbesserter Schutzmaßnahmen ist der Bestand der Panzernashörner in der Natur von 200 zu Anfang des 20. Jahrhunderts auf über 3000 Tiere angestiegen. Obwohl das eher bei der Nahrungssuche verwendete Nasenhorn relativ klein ist, fallen immer noch viele Tiere Wilddieben zum Opfer.

- ↔ 3,4–3,5 m
- 2000 kg
- Gefährdet
- Gräser, Buschwerk, Früchte

Südasien (Terai- und Brahmaputra-Becken)

△ FRIEDLICH
Obwohl sie Einzelgänger sind, suhlen sich die Tiere ohne Streitigkeiten nebeneinander, wenn genug Platz vorhanden ist.

▽ IN DER NÄHE BLEIBEN
Das Kalb kann leicht von Raubtieren wie etwa Tigern erbeutet werden. Es bleibt bis zu zwei Jahre lang bei seiner Mutter.

Haare nur an den Ohrrändern, an der Schwanzspitze und als Wimpern

Schutz durch dicke Hautfalten

Hirschziegenantilope
Antilope cervicapra

Diese Antilope war das häufigste Huftier Indiens, doch heute ist sie regional durch Lebensraumverlust und Jagd ausgestorben. In Schutzgebieten erholen sich die Bestände und in Argentinien und Texas sind Tiere eingeführt worden. Männchen sind dunkler und haben spiralige Hörner. Herden können beide Geschlechter, Weibchen mit Jungen oder nur Junggesellen enthalten.

- ↔ 1,2–1,3 m
- ⚖ 25–35 kg
- ⊗ Potenziell gefährdet
- 🌾 Gras, Samen
- 🏠
- 📍 Südasien

▽ WARNSPRUNG
Hohe Sprünge sind eine Warnung. Kleinere folgen, bevor die Herde mit bis zu 80 km/h davonläuft.

Gaur
Bos gaurus

Bis zu den Vorderbeinen reichende Wamme

Der Gaur ist eins der größten Wildrinder und lebt in Herden von fünf bis zwölf Tieren, die von einem Bullen angeführt werden. Die normalerweise tagaktiven Tiere werden nachtaktiv, wenn Menschen in der Nähe wohnen und sie jagen.

- ↔ 2,5–3,3 m
- ⚖ 650–1000 kg
- ⊗ Gefährdet
- 🌾 Gräser, Früchte, Zweige, Borke
- 🏠
- 📍 Süd- und Südostasien

◁ GEFÄHRLICHE HÖRNER
Beide Geschlechter tragen bis zu 60 cm lange Hörner. Leider sind sie bei Jägern als Trophäen geschätzt.

Ind. Muntjak
Muntiacus muntjak

↔ 0,9–1,2 m
⚖ 20–28 kg
✕ Verbreitet
🍴 Blätter, Früchte, Eier, Aas
🏠 🌿 🌳 ⛰ 🏔

Süd- bis Südostasien

Der Indische Muntjak ist einer der wenigen Hirsche, die Allesfresser sind. Die Einzelgänger ergänzen die aus Schösslingen, Samen und Früchten bestehende Nahrung mit Vogeleiern, einem Nagetier oder Aas.

Die Paarungszeit findet einmal im Jahr statt. Die Männchen markieren mit ihren Drüsen ein Revier und versammeln paarungsbereite Weibchen um sich. Kämpfe werden vor allem durch Beißen ausgetragen, wobei es immer wieder zu Verletzungen kommt. Die Tragzeit dauert sieben Monate und das einzige Junge wird schon nach zehn Wochen entwöhnt. Mit zwei Jahren ist es geschlechtsreif.

▷ **EINFACHES GEWEIH**
Nur Männchen tragen das einfache Geweih. Sie besitzen auch verlängerte obere Eckzähne und eine Drüse zur Reviermarkierung unter dem Auge.

Asiatischer Elefant
Elephas maximus

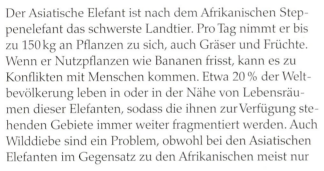
Langer, biegsamer Rüssel

Der Asiatische Elefant ist nach dem Afrikanischen Steppenelefant das schwerste Landtier. Pro Tag nimmt er bis zu 150 kg an Pflanzen zu sich, auch Gräser und Früchte. Wenn er Nutzpflanzen wie Bananen frisst, kann es zu Konflikten mit Menschen kommen. Etwa 20 % der Weltbevölkerung leben in oder in der Nähe von Lebensräumen dieser Elefanten, sodass die ihnen zur Verfügung stehenden Gebiete immer weiter fragmentiert werden. Auch Wilddiebe sind ein Problem, obwohl bei den Asiatischen Elefanten im Gegensatz zu den Afrikanischen meist nur die Bullen sichtbare Stoßzähne tragen – und noch nicht einmal alle. Auch durch die einfingrige Rüsselspitze, den zweihöckrigen Kopf und die kleineren Ohren unterscheiden sich Asiatische von Afrikanischen Elefanten.

Die Bullen verlassen im Alter von sechs oder sieben Jahren die Herde ihrer Geburt und leben nun allein oder in Junggesellengruppen. Die Herde der Weibchen wird von einer erfahrenen Kuh geleitet und zu Nahrung und Wasser geführt. Die Kühe bleiben ein Leben lang zusammen und begrüßen sich mit ihrem Rüssel.

◁ **VIELTRINKER**
Ein erwachsener Asiatischer Elefant benötigt täglich 70–90 l Wasser, die er sich mit dem Rüssel ins Maus spritzt.

▷ **SPIELERISCH**
Junge Elefanten, insbesondere Bullen, verbringen viel Zeit mit Spielen. Sie greifen sich an oder ringen mithilfe des Rüssels miteinander.

- ↔ 2–3,6 m
- ⚖ 2–5 t
- ⊗ Stark gefährdet
- 🌿 Gras, Früchte, Borke, Wurzeln

Süd- und Südostasien

Terai-Hanuman-Langur
Semnopithecus hector

Lange, schlanke Beine

Wie die meisten anderen Arten der Schlankaffen, zu denen die Languren gehören, ernährt sich auch der Terai-Hanuman-Langur überwiegend von Blättern. Der große Magen ist in eine obere Kammer, in der die Blätter von Bakterien fermentiert werden, und in eine untere saure Kammer geteilt. Dieses System ähnelt dem der Wiederkäuer und ermöglicht die Verdauung der in den Blättern vorhandenen Zellulose. Da Blätter nährstoffarm sind, verbringen die Languren viel Zeit mit der Nahrungsaufnahme. Sie vertragen viele Blätter und Früchte, die für andere Tiere giftig wären.

▷ **SCHWARZGESICHT**
Nach der Hindu-Mythologie ist das schwarze Gesicht die Strafe für den Diebstahl einer Mango.

- ↔ 58–76 cm
- ⚖ 17–17,5 kg
- ⊗ Potenziell gefährdet
- 🌿 Blätter, Blüten, Früchte, Triebe

Südasien

260 | ASIEN

- ↔ 1,4–2,8 m
- ⚖ 125–240 kg
- ⊗ Stark gefährdet
- 🍴 Hirsche, Schweine, Vögel

Süd- und Ostasien

▷ **STREIT IM WASSER**
Tiger sind meist Einzelgänger. Ignoriert einer die Geruchsmarken und dringt in das Revier eines anderen Tigers ein, kann es zu heftigen Auseinandersetzungen kommen.

Königstiger

Panthera tigris tigris

Individuell unterschiedliche Zeichnung

Der Schwanz dient der Balance bei der Jagd oder beim Klettern.

Kräftige Beine, große Füße und Krallen zum Ergreifen der Beute

Der Tiger ist die größte Großkatze. Heute gibt es wohl nur noch fünf Unterarten, von denen der Königs- oder Bengal-Tiger die am weitesten verbreitete ist. Er lebt in Wald- und Mangroven-Lebensräumen in Indien und Bangladesch. Er ist orange gefärbt und weist eine weiße Unterseite und ein weißes Gesicht sowie schwarze Streifen auf. Der Sibirische Tiger (*P. t. altaica*), der im Norden in den Nadelwäldern von Sibirien lebt, ist die größte Unterart. Sie hat in Anpassung an ihren Lebensraum das hellste und dickste Fell. Die südlichste und kleinste Unterart ist der Sumatra-Tiger (*P. t. sumatrae*). Er ist rund 30 % kleiner als sein nördlicher Verwandter und wiegt nur etwa die Hälfte.

Plötzlicher Überfall

Tiger sind überwiegend nachtaktiv und jagen nur dort am Tag, wo sie von Menschen ungestört sind. Bei der Jagd setzen die Tiere vor allem ihren Geruchssinn und ihr Gehör ein. Seine große Stärke und seine Geschwindigkeit ermöglichen es dem Tiger, Tiere seines eigenen Gewichts – manchmal sogar noch größere – zu erlegen. Der Königstiger jagt überwiegend Huftiere, zum Beispiel Gaur, Sambar, Axishirsch und Wildschwein, an die er sich im dichten Unterholz anschleicht. Ist er nah genug, springt er die Beute blitzschnell an und wirft sie mit seinem Körpergewicht zu Boden. Dann beißt er dem Beutetier in die Kehle, sodass es mit zerquetschter Luftröhre erstickt, oder bricht ihm das Genick. Kleinere Tiere werden oft mit einem Biss ins Genick getötet. Dann zieht der Tiger die Beute ins Unterholz, um zu fressen. Trotz des großen Geschicks des Tigers ist nur einer von 20 Angriffen ein Erfolg.

Einzelgänger

Ein erwachsener Tiger lebt allein. Er hinterlässt mit seinen Krallen Kratzmarken an Bäumen und Steinen sowie Kot an auffälligen Stellen. Er markiert sein Revier auch mit Urin, dem das Sekret einer unter dem Schwanz befindlichen Drüse beigemischt ist. Sein Brüllen ist noch in 2 km Entfernung zu hören.

Die Weibchen werden alle zwei bis drei Jahre paarungsbereit, was die Männchen an der Veränderung ihres Geruchs bemerken. Das Paar signalisiert mit Brüllen die Annäherung und bleibt dann einige Tage lang zusammen, wobei sich die Tiere etwa 20-mal paaren, bevor sie wieder getrennter Wege gehen. Ein Wurf besteht aus bis zu sechs Jungen, doch die Hälfte von ihnen wird keine zwei Jahre alt. Bis zu diesem Alter bleiben die Jungen bei der Mutter und lernen ab einem Alter von sechs Monaten zu jagen. Mit vier oder fünf Jahren werden sie geschlechtsreif.

△ **SUMATRA-TIGER MIT JUNGEM**
In Anpassung an das Leben in der dichteren Vegetation der Sumpfwälder auf Sumatra ist der Sumatra-Tiger (*P. t. sumatrae*) eine kleinere Unterart.

> Die **Jungen kämpfen oft spielerisch** und erwerben so das **Geschick**, das sie als **erwachsene Tiere** benötigen.

Indischer Mungo
Herpestes edwardsii

Runde, kurze, verschließbare Ohren

Der Indische Mungo ist nicht wählerisch – er frisst Eidechsen, Eier und Früchte ebenso wie Säugetiere oder giftige Kobras. Mungos sind so geschickt im Fressen von Nagetieren und Schlangen, dass sie in manchen Gegenden zur Schädlingsbekämpfung eingesetzt werden.

Kopfbiss
Während die Backenzähne sich gut zum Kauen von Insekten eignen, bewähren sich die starken Kiefer mit ihren Eckzähnen beim Erlegen von Schlangen. Mit ihnen hält der Mungo ihren Kopf fest und durchbohrt den Schädel. Mungos sind nicht immun gegen Schlangengift, können aber Bissen mit ihren guten Reflexen ausweichen. Sie sind außerhalb der Paarungszeit Einzelgänger. Bis zu dreimal pro Jahr werden zwei bis fünf Junge geboren.

Mungos **öffnen große Eier,** indem sie sie **zwischen den Hinterbeinen hindurch** an eine **harte Fläche werfen.**

TERAI-DUAR-SAVANNE | 263

- ↔ 35,5–45 cm
- ⚖ 0,5–4 kg
- ✖ Verbreitet
- 🍴 Nager, Schlangen, Früchte

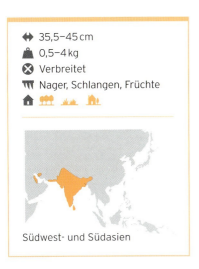

Südwest- und Südasien

▽ **STRATEGISCHES VORGEHEN**
Mungos besiegen Kobras durch ihr Geschick und ihre Ausdauer. Sie weichen den Bissen der Schlange immer wieder aus und beißen sie in den Kopf, wenn sie ermüdet ist.

Lippenbär
Melursus ursinus

Langes, zottiges Fell

Der Lippenbär ist ein Einzelgänger, der zurückgezogen in den Wäldern lebt, doch das schlürfende Geräusch, das er beim Fressen erzeugt, kann man noch aus 200 m Entfernung hören. Mit ihren langen, gebogenen Krallen graben die Bären Ameisen, Termiten und andere Insekten aus und saugen sie mit den beweglichen Lippen durch eine Lücke zwischen den Zähnen auf. Dabei können sie die Nasenlöcher zum Schutz verschließen. Sie brechen auch Bienenstöcke auf und fressen den Honig.

Lippenbären paaren sich im Sommer. Ein oder zwei Junge werden geboren und bleiben bis zu viereinhalb Jahre lang bei der Mutter. Lippenbären tragen als einzige Bären Junge auf dem Rücken.

- ↔ 1,4–1,9 m
- ⚖ 50–145 kg
- ✖ Gefährdet
- 🍴 Ameisen, Termiten, Früchte

Südasien

▷ **BEWEGLICHE SCHNAUZE**
Lippenbären blasen mit der Nase Staub und Erde weg, bevor sie ihre Insektennahrung aufsaugen.

Sarus-Kranich
Grus antigone

Bei erwachsenen Tieren graues Gefieder

Lange Beine

Mit 1,8 m Höhe ist der Sarus-Kranich der größte flugfähige Vogel. Seine Balz ist sehenswert: rhythmische Verbeugungen, Sprünge mit gestrecktem Hals und halb offenen Flügeln und trompetenartige Rufe.

Der Sarus-Kranich geht im Bestand zurück, da seine Lebensräume trockengelegt oder durch Intensivierung des Reisanbaus verändert werden. Brutpaare besetzen Reviere und fressen Wasserpflanzen, Insekten und Frösche, meist in natürlicher Umgebung, aber auch auf landwirtschaftlich genutzten Flächen.

- ↔ 1,5 m
- ⚖ 6,5 kg
- ✖ Gefährdet
- 🍴 Wurzeln, Insekten, Frösche

S- und SO-Asien, N-Australien

△ **ABHEBEN**
Das Abheben geht nur mit Unterstützung der Beine, doch in der Luft arbeiten die Flügel gleichmäßig und effizient.

Doppelhornvogel
Buceros bicornis

Dieser Nashornvogel ernährt sich hauptsächlich von Früchten und bezieht aus ihnen genug Feuchtigkeit. Die Samen der Früchte verteilt er mit seinem Kot, was wiederum den Bäumen nützt. Die Funktion des Hornaufsatzes ist unklar, doch der Schnabel enthält Hohlräume und wird von Knochenbälkchen gestützt, sodass er leicht und stabil ist.

Hohler Schnabel

Horn

▷ LICHT UND SCHATTEN
Die schwarz-weiße Zeichnung ist im Licht und Schatten der Baumkronen eine effektive Tarnung.

- ↔ 95–120 cm
- ⚖ 3 kg
- ✕ Potenziell gefährdet
- 🍴 Feigen, Echsen, Frösche
- 🏠
- ◉ Süd- und Südostasien

Brillenschlange
Naja naja

Diese Kobra findet man überall, im abgelegenen Hochland und in den Städten. Sie frisst kleine Wirbeltiere von Fröschen bis zu Ratten. Die Weibchen legen 12–20 Eier in einen hohlen Baum, einen Nagetier-Bau oder einen Termitenhügel und bewachen sie. Die Jungen sind bereits giftig.

- ↔ 1,8–2,2 m
- ⚖ 2–3 kg
- ✕ Unbekannt
- 🍴 Frösche, Ratten, Echsen, Vögel
- 🏠
- ◉ Südasien

◁ SCHILD MIT BRILLE
Diese typische »Schlangenbeschwörer-Art« trägt ihren Namen wegen der Zeichnung auf der Rück- und oft auch der Vorderseite des Schilds.

△ SICHERE INSEL
Während der ersten Wochen kümmern sich die Eltern um die Jungen und begleiten sie beim Schwimmen. Viele andere Panzerechsen betreiben allerdings länger Brutpflege.

▷ FISCHFALLE
Die 100–110 Zähne des Gavials sind klein und spitz – ideal, um Fische zu fangen, die mehrfach gebissen und dann mit dem Kopf voran im Ganzen verschlungen werden.

Gavial
Gavialis gangeticus

Männchen mit knollenförmig verdickter Schnauzenspitze

- ↔ 3,5–7 m
- 160–180 kg
- Vom Aussterben bedroht
- Fische, Wasservögel

Südasien

Die einzigartige schmale Schnauze des Ganges- oder echten Gavials dient dazu, nach vorbeischwimmenden Fischen zu schnappen. Er ist stärker als die anderen Panzerechsen an das Wasser angepasst. Die Hinterfüße tragen Schwimmhäute und der flossenartige Schwanzkiel verbessert den Antrieb. An Land sind die Beine nicht stark genug, um hochbeinig zu laufen, sodass sich der Gavial auf dem Bauch vorwärtsschiebt.

Weibchen werden im Alter von acht bis zehn Jahren geschlechtsreif und sind dann 3,5 m lang. Männchen brauchen dazu drei bis fünf weitere Jahre und werden länger. Zur Paarungszeit sind sie sehr laut, um Rivalen zu verscheuchen und Weibchen zu beeindrucken. Die nach dem indischen Wort für Topf »Ghara« genannte Schnauzenverdickung spielt bei der Lauterzeugung eine Rolle.

Immer noch auf der Kippe
Durch Lebensraumverlust, Wilderei und zurückgehende Fischbestände war der Gavial in den 1970ern fast ausgestorben. Durch Zuchtprogramme konnten seit 1981 über 3000 Tiere ausgewildert werden, doch die Art ist immer noch vom Aussterben bedroht.

ÖSTLICHER HIMALAYA
Seltene Arten in den höchsten Bergen der Welt

Die Gipfel und steilwandigen Täler des höchsten Gebirges der Welt sind der Lebensraum verschiedenster, aber gefährdeter Tier- und Pflanzenarten. Die tieferen und mittleren Bereiche des östlichen Himalayas sind von Wäldern bedeckt, die abhängig von der Höhe und dem Breitengrad subtropisch oder gemäßigt und immergrün oder laubabwerfend sein können. Die überwiegend aus Eichen und Rhododendren bestehenden Wälder bieten vielen Tieren Lebensraum. Auch oberhalb der Baumgrenze leben an den scheinbar unwirtlichen Hängen Arten wie der Schneeleopard und das Blauschaf.

Wasserversorgung

Die Berge und ihre Wälder sind auch für die Wasserversorgung der Region wichtig. Sie fangen Regenwasser auf und geben es langsam in die Nebenflüsse bekannter Flüsse wie Ganges und Brahmaputra ab. Die Pflanzen und Tiere größerer Höhen sind den Herausforderungen des Klimawandels ausgesetzt, da die Gletscher immer schneller schmelzen und sie sich – wenn möglich – an höhere Temperaturen anpassen müssen.

Im östlichen Himalaya leben 163 bedrohte Arten und ein Viertel ihrer Lebensräume ist noch intakt. Die Herausforderung besteht darin, genügend große Gebiete und sie verbindende Korridore zu schützen. Die hauptsächliche Bedrohung stellen Wilddiebe, das Sammeln von Holz als Feuerholz und zur Holzkohleproduktion und der Verlust oder die Schädigung der Lebensräume durch die Landwirtschaft dar.

NATÜRLICHE TARNUNG
Das graublaue Fell des Blauschafs oder Bharals bietet vor den Felsen eine hervorragende Tarnung. Das flinke Tier klettert die steilsten Hänge hinauf, wenn es vor einem Fressfeind wie dem Schneeleoparden flüchtet.

BLAUSCHAF

BLÜHENDE VIELFALT
In den höheren Lagen des Himalaya wächst eine Vielfalt von Rhododendren. Über 50 Arten kommen im indischen Staat Sikkim und 60 in Bhutan vor. Die hier lebenden Insekten und Vögel fressen vom Nektar der Rhododendren und bestäuben sie.

RHODODENDRO...

YAK

AN DIE KÄLTE ANGEPASST
Der im kalten Gebirge lebende Yak gibt wenig Körperwärme an seine Umgebung ab. Dazu besitzt er eine Fettschicht unter der Haut und sein dunkles Fell besteht aus isolierender Feinwolle, groben Wollhaaren und festem Deckhaar.

› Neun der zehn höchsten Gipfel der Welt

› Es gibt 10 000 Pflanzen- und fast 1000 Vogel-

ÖSTLICHER HIMALAYA | 267

LAGE

Nimmt 83 000 km² des Himalayas ein, vom östlichen Nepal über Bhutan bis zum nordöstlichen Indien und nördlichen Myanmar.

KLIMA

Gemäßigt mit kühlen Sommern und kälteren Wintern. Regen vor allem im Sommer (Monsun), Schnee im Winter auf größeren Höhen.

Goldlangur
Trachypithecus geei

Im Sommer ist das Fell des Goldlangurs cremefarben, im Winter eher goldbraun. Dieser langschwänzige Affe ist erst in den 1950er-Jahren als Art erkannt worden und auch heute weiß man nicht viel über ihn. Er lebt in Gruppen von 3–40 Tieren und sucht nur selten den Boden auf. Durch diese Strategie ist er durch Raubtiere wie Tiger weniger gefährdet. Der Lebensraumverlust ist dagegen ein Problem.

- ↔ 49–72 cm
- ⚖ 9,5–12 kg
- ⊗ Stark gefährdet
- 🍴 Blätter, Knospen, Früchte

Südasien

◁ **BEWOHNER DER BAUMKRONEN**
Der Goldlangur verbringt die meiste Zeit hoch oben in den Baumkronen und steigt nur selten herab, um zu trinken oder Minerale aufzunehmen.

Bhutan-Takin
Budorcas whitei

Tonnenförmiger, mit zottigem Fell bedeckter Körper

Im Frühjahr versammeln sich große gemischte Herden des Takins – eines Verwandten der Ziegen – in hoch gelegenen Bambuswäldern. Zum Winter hin suchen sie in Gruppen von vier oder fünf Tieren tiefer gelegene Gebiete auf. Bei Gefahr legen sie sich in Bambusdickichten auf den Boden.

- ↔ 1,7–2,2 m
- ⚖ 150–350 kg
- ⊗ Gefährdet
- 🍴 Kräuter, Sträucher, Bäume

Südasien

Kräftige Hörner bei beiden Geschlechtern

▷ **UNTYPISCHER KÖRPER**
Die Körperform wirkt im Vergleich zu der anderer Huftiere etwas primitiv. Der Takin hat relativ kurze Beine und eine runde Schnauze.

und 300 Säugetierarten

VERSCHIEDENE HÖHEN
Viele Tierarten wechseln die Höhen, um dem schlimmsten Winterwetter zu entgehen und die sommerlichen Futterquellen zu nutzen. Der Satyr-Tragopan, ein Fasanenvogel, sucht im Winter tiefer gelegene Wälder und im Sommer höhere Lagen auf.

SATYR-TRAGOPAN

268 | ASIEN

- ↔ 0,9–1,2 m
- ⚖ 25–75 kg
- ⊗ Stark gefährdet
- 🍴 Wildschafe und -ziegen
- 🏠 ⛰

Zentralasien

▷ **BERGGEIST**
Schneeleoparden sind Nomaden und ständig auf der Suche nach Beute unterwegs. In Gebieten mit wenig Nahrung patrouilliert der Leopard auf einer Fläche von bis zu 1000 km².

Dichter Pelz

Schneeleopard
Panthera uncia

Die im Himalaya lebenden Menschen bezeichnen den Schneeleoparden als »Berggeist«, weil die gut getarnten Katzen sogar aus der Nähe kaum zu erkennen sind. Sie sind die kleinsten Großkatzen und die einzigen, die nicht brüllen können. Schneeleoparden gehören zu den am stärksten gefährdeten Arten der Welt. Geschätzte 4000–7000 Tiere leben noch in der Natur, hauptsächlich in Höhen von 3000–5000 m in den Gebirgen Zentralasiens. Sie werden immer noch illegal gejagt, weil sie gelegentlich Vieh reißen, wegen ihres Fells und wegen einiger ihrer Körperteile, die in der traditionellen Medizin verwendet werden.

Gegen Kälte gewappnet
Das dicke graugelbe Fell mit den braunen oder schwarzgrauen Flecken ist vor Felsen und Geröll kaum zu erkennen und das weiße Fell des Bauchs geht in den Schnee über. Auch die Fußsohlen sind behaart, ebenso der lange Schwanz, der als Schal dient, wenn er in der Ruhe über Körper und Gesicht gelegt wird. Die kleinen, ebenfalls mit Haaren bedeckten Ohren verringern den Wärmeverlust und eine außergewöhnlich große Nasenhöhle erwärmt die eingeatmete Luft, bevor sie in die Lungen gelangt. Die kurzen Vorderbeine und die großen,

Als einzige Großkatze kann der Schneeleopard nicht brüllen.

als Schneeschuhe dienenden Vorderfüße verleihen der Katze zusätzlichen Halt. Die längeren, kräftigen Hinterbeine erlauben bis zu 15 m weite Sprünge, wenn der Schneeleopard Wildschafe wie Blauschaf und Argali oder Wildziegen wie den Steinbock verfolgt.

Einsame Jäger
Wenn man von der Paarungszeit und Weibchen mit Jungen absieht, leben und jagen Schneeleoparden allein, wobei sie weit umherziehen. Wegen des kargen Lebensraums, der sich über den Himalaya bis zum Hindukusch erstreckt, benötigt der Schneeleopard ein durchschnittliches Jagdrevier von 250 km², das er mit Urin und Kot markiert, um Artgenossen fernzuhalten. Die Weibchen bekommen Würfe von zwei oder drei Jungen, die bei ihrer Mutter bleiben, bis sie 18–22 Monate alt sind.

△ **PARTNERSUCHE**
Ein paarungsbereites Weibchen kann auf einen Grat oder einen Gipfel klettern und klagende Laute ausstoßen, um Männchen anzulocken.

◁ **VERPASSTE GELEGENHEIT**
Obwohl Wildschafe und -ziegen die bevorzugte Beute sind, fressen Schneeleoparden auch Lemminge und Hasen – oder einen Vogel, wenn sie ihn erwischen können.

Kleiner Panda
Ailurus fulgens

Dichtes Fell · Helle und dunkle Schwanzringe

Man nahm früher an, dass der Kleine oder Rote Panda mit dem Großen Panda verwandt sei, doch steht er den Mardern und Kleinbären näher. Das sich langsam bewegende Tier lebt in den Bäumen asiatischer Bergwälder, in denen sein rotbraunes Fell zwischen den moosbedeckten Ästen nicht auffällt.

Kleine Pandas bewegen sich langsam, um Energie zu sparen, da die von ihnen überwiegend gefressenen Bambusschösslinge und -blätter schlecht zu verdauen sind. Daher fressen sie täglich bis zu 30 % ihres Körpergewichts, nutzen aber nur ein Viertel der enthaltenen Nährstoffe. Trotzdem ist der Bambus für sie lebenswichtig, wenn alles andere knapp wird. Im Winter können Kleine Pandas bis zu 15 % ihres Körpergewichts durch Nahrungsmangel verlieren. Sie verlangsamen dann ihren Stoffwechsel.

Die Pandas paaren sich auf dem Boden. Das Weibchen kehrt danach in sein Nest zurück, um ein bis vier Junge zu werfen, die mindestens ein Jahr lang bei ihm bleiben.

- ↔ 51–73 cm
- ⚖ 3–6 kg
- ⊗ Gefährdet
- 🍽 Bambus, Früchte, Insekten
- 🏠 🌳 🌲 ⛰

Süd- bis Südostasien

◁ **ANSTARREN**
Obwohl sie Geruchsmarkierungen benutzen, kommunizieren sie auch durch Anstarren, das sie mit Kopfnicken oder Lauten kombinieren können.

Rot-weiße tarnende Zeichnung

△ **UMZUG**
Die Weibchen wechseln mit ihren Jungen oft das Nest, um Fressfeinde wie Marder oder Schneeleoparden zu verwirren.

Federkrone
Augenflecken

Blauer Pfau

Pavo cristatus

Pfauen werden schon seit über 3000 Jahren als Ziervögel gehalten. Da sie in viele Länder auf der ganzen Welt eingeführt worden sind, kennen viele Menschen diese Tiere, obwohl sie die nie ihre Herkunftsländer besucht haben. Der Blaue Pfau lebt in offenen oder an Flüssen gelegenen Wäldern, in der Nähe von menschlichen Ansiedlungen, in Obstgärten oder auf Kulturland. Er fällt mit seinem disharmonischen Schrei auf und kann in der Abenddämmerung beobachtet werden, wie er zum Schlafen in einen Baum fliegt.

Nester am Boden

Tagsüber suchen Pfauen auf dem Boden nach Nahrung. Die Hennen suchen die an einem Balzplatz versammelten Hähne auf und bevorzugen einen mit vielen Augenflecken. Die Hähne betreiben keine Brutpflege. Die Nester werden auf dem Boden zwischen dichten Pflanzen gebaut. Aus bis zu sechs Eiern schlüpfen nach vier Wochen die Jungen, die schon bald selbstständig sind.

Das Blau des Pfaus ist einer der intensivsten Blautöne der Welt.

↔ 1,8–2,3 m
⚖ 4–6 kg
✕ Verbreitet
🍽 Samen, Früchte, Insekten

Südasien

▷ **SCHLEPPE**
Die Schleppe des Pfaus besteht aus verlängerten Deckfedern, die von einem kurzen, darunterliegenden Schwanz getragen werden.

OBERER JANGTSEKIANG
Heimat des Naturschutzsymbols, des Großen Pandas

Die Ökoregion des oberen Jangtsekiang setzt sich aus drei Gebieten zusammen: dem Qin-Ling-Gebirge, dem Daba-Shan-Gebirge und dem Roten oder Sichuan-Becken. Alle drei bilden eine Wasserscheide zwischen dem Einzugsgebiet des Gelben Flusses im Norden und des Jangtsekiang im Süden. Das Klima ist im Norden der Region, wo Laubwälder vorherrschen, kühler und eher gemäßigt. Im Süden gedeihen subtropische immergrüne Wälder bei höheren Temperaturen und reichlichem Regen.

Seltene Baumriesen

Das Tiefland des Roten Beckens ist besonders dicht besiedelt. Hier wird der Boden größtenteils landwirtschaftlich genutzt, doch Reste der Wälder sind noch übrig, vor allem an den steilen Hängen und den als heilig geltenden Bergen. Hier wächst auch der Urwelt-Mammutbaum, ein sommergrüner Nadelbaum, der nur als Fossil bekannt war, bis Gruppen dieser Bäume in den 1940er-Jahren in der Provinz Sichuan entdeckt worden sind.

Der bekannteste Bewohner der Wälder des oberen Jangtsekiang ist der Große Panda – das Wolong-Naturreservat in der Nähe von Chengdu dient dem Schutz dieses schwarz-weißen Bären. In den mittleren Höhen des Qin-Ling-Gebirges in der Provinz Shaanxi besteht das Unterholz der Wälder aus dichten Bambusbeständen, in denen ein bestimmter Panda-Typ lebt, der sich durch dunkel- und hellbraunes Fell auszeichnet. Auch der baumbewohnende Kleine Panda kommt in den Wäldern des oberen Jangtsekiang vor.

GUT VERSTECKT
Das verbreitete aber scheue Chinesische Bambushuhn lebt auf bewaldeten Hügeln, wo es sich von Samen, Trieben, Blättern und Insekten ernährt. Wenn es entdeckt wird, flieht es den Hügel hinauf, doch meistens hört man es, sieht es aber nicht.

CHINESISCHES BAMBUSHUHN

GESCHLECHTSUNTERSCHIED
Die Chinesische Bambusotter ist eine in Asien endemische Giftschlange. Männchen und Weibchen können an einem Streifen an der Körperseite unterschieden werden. Bei Männchen ist er orange oder braun und weiß, bei Weibchen nur weiß gefärbt.

BAMBUSOTTER

BUNTMARDER

IN DER GRUPPE STARK
Der große Buntmarder frisst sowohl Eier und Früchte als auch kleine Tiere wie Nager, Reptilien und am Boden brütende Vögel. Manchmal jagt er in kleinen Gruppen und tötet Rehkitze, Frischlinge oder sogar Junge des Großen Pandas.

Heimat des größten Amphibiums, des Chinesischen Riesensalamanders, und eines Fünftels de

LAGE

Ein 390 000 km² großes Gebiet in den Provinzen Shaanxi und Sichuan im mittleren Süden Chinas.

KLIMA

Am oberen Jangtsekiang herrscht ein warmgemäßigtes Klima, wobei die meisten Niederschläge in den Sommermonaten auftreten.

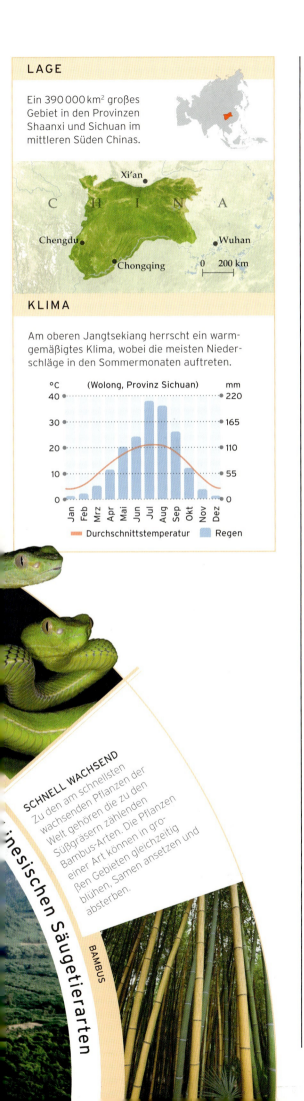

SCHNELL WACHSEND
Zu den am schnellsten wachsenden Pflanzen der Welt gehören die zu den Süßgräsern zählenden Bambus-Arten. Die Pflanzen einer Art können in großen Gebieten gleichzeitig blühen, Samen ansetzen und absterben.

Chinesischen Säugetierarten — BAMBUS

Gold-Stumpfnase
Rhinopithecus roxellana

Kurze Stupsnase

Dieser chinesische Affe verbringt sein ganzes Leben in verschiedenen Gruppen, deren Größe abhängig von der Jahreszeit zu- und abnimmt. In den wärmeren Monaten kann eine Gruppe 200 oder sogar 600 Tiere umfassen. Im Winter zerfallen diese Horden in Gruppen von 60–70 Tieren, die sich weiter in Familiengruppen von einem Männchen, mehreren Weibchen und ihren Jungen oder in Männchengruppen aufteilen können.

- 47–83 cm
- 6–19 kg
- Stark gefährdet
- Flechten, Blätter, Früchte

Südostasien

Auffälliges Aussehen

Mit ihren senkrechten Nasenschlitzen und den dunklen mandelförmigen Augen, die in einem von rotgoldenem Fell umrahmten blauen Gesicht sitzen, wirken die Gold-Stumpfnasen eher wie Elfen von einem anderen Stern. Da sie jedoch in hoch gelegenen Bergwäldern leben und über 95 % ihrer Zeit in den Bäumen verbringen, hört man sie eher, als dass man sie sieht. Ihre Rufe klingen seltsam menschenähnlich, oft wie das Schreien eines Kleinkinds oder Babys. Das von Jägern sehr geschätzte Fell ist auf dem Rücken und an den Schultern so lang, dass es wie ein Paar Flügel wirkt, wenn die Gold-Stumpfnasen von Ast zu Ast springen.

▽ **FELLPFLEGE**
Gold-Stumpfnasen suchen untereinander regelmäßig nach Parasiten, was für gewöhnlich von Kreischen und Quietschen begleitet wird.

Die Tiere können Laute hervorbringen, ohne Gesicht oder Körper zu bewegen.

274 | ASIEN

- ↔ 1,6–1,9 m
- ⚖ 70–125 kg
- ⊗ Stark gefährdet
- 🌿 Bambus
- 🏠 🌳 🌲 ⛰

Ostasien

△ JUNGE PANDAS
Junge Pandas beginnen sich erst im Alter von drei Monaten zu bewegen. Zwei bis drei Monate später können sie auf Bäume klettern und dort stundenlang sitzen.

▷ MAHLZEIT
Große Backenzähne und eine starke Kiefermuskulatur lassen die Pandas den zähesten Bambus bewältigen. Gelegentlich fressen sie auch Nagetiere, Eier und Vögel.

Typisches rundes Gesicht

Zum Klettern sind die Vorderbeine kräftiger als die Hinterbeine.

Großer Panda
Ailuropoda melanoleuca

Der Große Panda oder Bambusbär ist eins der am stärksten bedrohten Säugetiere und kommt nur in sechs kleinen, dicht bewaldeten Gebieten in Zentralchina vor. Der Bestand in der Natur zählt 1000–2500 Tiere. Durch menschliche Besiedlung wurde der Lebensraum der einst im Tiefland verbreiteten Tiere fragmentiert, sodass sie in größere Höhen verdrängt worden sind.

Der Große Panda trägt das auffälligste Fell aller Bärenarten, doch wegen seiner schwarz-weißen Zeichnung und seiner überwiegend vegetarischen Ernährung haben manche Wissenschaftler angenommen, dass er überhaupt nicht zu den Bären gehöre. Durch genetische Untersuchungen ist dies jedoch bestätigt worden.

Langsamer als die meisten Bären

Die Ernährung des Großen Pandas ist immer noch ein Rätsel. Er besitzt die Eckzähne und den kurzen Darm eines Fleischfressers, doch seine Nahrung besteht zu 99 % aus nährstoffarmem Bambus. Fleischfressern wie den Pandas fehlen aber die Darmbakterien, die den Pflanzenfressern die Verdauung von Gräsern wie dem Bambus ermöglichen. Das bedeutet, dass der Große Panda nur 20 % der Energie einer Mahlzeit nutzen kann. Fräße er Fleisch, läge diese Rate bei 60–90 %. Es überrascht daher nicht, dass sich der Große Panda langsam bewegt, bis zu 18 kg Bambus pro Tag frisst und acht bis zwölf Stunden lang schläft. Er kann auch keine Winterruhe halten, da die Ernährung die Bildung von Fettreserven nicht zulässt. Trotzdem sind die Tiere gute Kletterer und Schwimmer.

Große Pandas fressen bis zu **16 Stunden** lang jeden Tag **Bambus.**

Milch für zwei?

Große Pandas werden im Alter von fünf bis sechs Jahren geschlechtsreif. In der Paarungszeit von März bis Mai verbringen die normalerweise solitären Partner zwei bis vier Tage zusammen. Etwa fünf Monate später werden ein oder zwei winzige Junge geboren, von denen die Mutter allerdings nur eins annimmt, wenn sie nicht genug Milch für beide hat. In den ersten Monaten ist ein Junges vollkommen von der Mutter abhängig. Es bleibt bis zu drei Jahre lang bei ihr.

◁ **MUTTER UND JUNGES**
Das nackt und blind geborene Junge wiegt nur wenige Gramm. Mit neuen Schutzgebieten und der Nachzucht in menschlicher Obhut versucht man den Bestand zu vergrößern.

△ **PSEUDO-DAUMEN**
Ein vergrößerter Handwurzelknochen in der Vorderpfote funktioniert wie ein menschlicher Daumen und hilft dem Panda, Bambusstängel zu handhaben.

Langer Schwanz zur Balance

Im Vergleich zu kleineren Katzen langes Gesicht

Indochina-Nebelparder

Neofelis nebulosa nebulosa

Trotz der Fleckenzeichnung ist der Nebelparder nicht nah mit den Leoparden verwandt. Der Indochina-Nebelparder ist eine seiner Unterarten. Im Verhältnis zu seiner Größe hat der Nebelparder mit 4 cm Länge die längsten oberen Eckzähne unter den heutigen Katzen. Er kann außerdem das Maul in einem Winkel von fast 100° öffnen, während zum Beispiel ein Löwe nur einen Winkel von etwa 65° erreicht.

Die kurzen, kräftigen Beine, die breiten Pfoten und der oft körperlange, dicke Schwanz machen aus dem Nebelparder einen geschickten Kletterer. Er kann sich an der Unterseite von Ästen fortbewegen, mit dem Kopf nach unten an Baumstämmen herabsteigen und an seinen Hinterpfoten hängen, die sich wegen ihrer beweglichen Gelenke nach hinten drehen lassen. Nebelparder können außerdem hervorragend schwimmen.

Versteckt lebende Katze

Da sich der Nebelparder in seinem Waldlebensraum so gut verstecken kann, weiß man wenig über sein Verhalten. Im Zoo zeigen Männchen jedoch gegenüber den Weibchen ein sehr aggressives Verhalten. Nebelparder galten als nachtaktiv, doch heute nimmt man an, dass sie auch tagsüber jagen. Obwohl sie so gut klettern können, jagen sie vermutlich auf dem Boden.

- ↔ 70–110 cm
- 11–23 kg
- Gefährdet
- Säugetiere

Süd- und Südostasien

Zwei typische schwarze Nackenstreifen

◁ **GROSSE FLECKEN**
Die Flecken tarnen das Tier zwischen den Sonnenflecken im Wald. Anders als bei den Borneo- und Sumatra-Tieren sind die Flecken der Indochina-Nebelparder nur hinten schwarz gerandet.

Rothund
Cuon alpinus

In größeren Höhen lebende Rothunde haben ein dickeres Fell.

Da vermutlich keine 2500 Rothunde mehr in der Natur leben, handelt es sich hier um einen der seltensten Hunde. Die auch als Asiatische Wildhunde bezeichneten Tiere unterscheiden sich von anderen Hunden darin, dass sie eine kürzere Schnauze und zwei Backenzähne weniger haben. Wie die Wölfe und Füchse ist der Rothund als Schädling verfolgt worden und kommt nur noch in 40 % seines früheren Verbreitungsgebiets vor.

Im Rudel stark

Rothunde leben in territorialen tagaktiven Rudeln von fünf bis zehn (manchmal bis zu 30) Tieren, unter denen sich meist nur ein fruchtbares Weibchen befindet. Das Rudel arbeitet bei der Jagd zusammen und traut sich sogar an Hirsche, die zehnmal so viel wie die Hunde selbst wiegen, oder an aggressive Wildschweine heran. Als gute Schwimmer treiben Rothunde Hirsche auch ins Wasser, um im Vorteil zu sein. Sie fressen oft an Kadavern von Asiatischen Elefanten oder Wildrindern.

Neben hochfrequenten Pfiffen, mit denen die Rudelmitglieder gerufen werden, kennt der Rothund noch viele andere Laute zur Kommunikation.

Rothunde verständigen sich oft durch Pfiffe.

- 90 cm
- 15–20 kg
- Stark gefährdet
- Hirsche, Insekten, Echsen

Ost-, Südost- und Südasien

◁ **SPIELERISCHER KAMPF**
Die soziale Stellung in einem Rudel wird nicht aggressiv erkämpft, sondern durch Wegdrücken oder Zurückhalten eines Rudelmitglieds.

Goldfasan
Chrysolophus pictus

- 60–110 cm
- 550–700 g
- Verbreitet
- Frische Triebe, Insekten

Süd- bis Südostasien

Wenige Vögel sind so auffällig gefärbt wie die Hähne des Goldfasans, doch als diese Tiere in Europa eingeführt wurden, stellte sich heraus, dass sie im dichten Nadelwald kaum zu erkennen waren.

Goldfasane suchen ihre Nahrung auf dem Boden und picken dort ähnlich wie ein Haushuhn. Obwohl sie lieber davonlaufen als -fliegen, suchen sie nachts die Sicherheit der Baumkronen auf. Die Hähne versuchen die unscheinbar braunen Hennen mit lauten, zischenden Rufen und ihrem Balzen zu beeindrucken. Sie bedrängen die Hennen und spreizen ihren bunten Kragen, sodass ein orangefarbener Halbkreis mit schwarzblauen Ringen zu sehen ist.

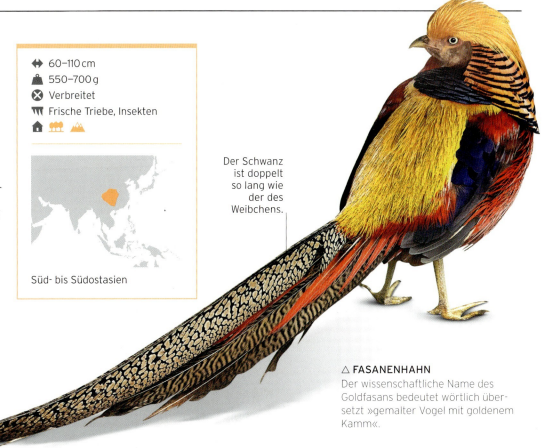

Der Schwanz ist doppelt so lang wie der des Weibchens.

△ **FASANENHAHN**
Der wissenschaftliche Name des Goldfasans bedeutet wörtlich übersetzt »gemalter Vogel mit goldenem Kamm«.

GOBI-WÜSTE
Die größte, überwiegend felsige asiatische Wüste

Die sich über Teile des nördlichen China und der südlichen Mongolei erstreckende Gobi ist mit einer Fläche von 1,3 Millionen Quadratkilometern die größte asiatische Wüste und die fünftgrößte der Welt. Sie liegt auf einer Hochebene, sodass sich die Temperaturen stark verändern können. Im Sommer können sie 50 °C erreichen, im Winter dagegen auf −40 °C fallen. Es regnet überwiegend im Sommer, doch der Jahresdurchschnitt nimmt von etwa 250 mm im Osten bis auf 10 mm im Westen ab.

Felsig und rau

Die Landschaft ist insgesamt eher felsig als sandig. Daher wächst hier nur eine spärliche Vegetation in Form von an Trockenheit angepassten Büschen und Gräsern. Trotz der wenigen Pflanzen und des rauen Klimas ist die Wüste die Heimat vieler Tiere. Kleinere Säugetiere wie der Zwerghamster und die Mittags-Rennmaus graben sich Baue im Sand, um der an Sommertagen herrschenden Hitze zu entgehen und um zu überwintern. Damit verbessern sie den Boden, indem sie ihn belüften und Pflanzennährstoffe aufbereiten. Größere Tiere wie das Trampeltier, die Saiga-Antilope und das Przewalski-Pferd unternehmen lange Wanderungen, um Nahrung und Wasser zu finden.

Die Gobi-Wüste dehnt sich um etwa 3600 km² pro Jahr aus, sodass verheerende Sandstürme immer häufiger auftreten. Diese Entwicklung wird durch anthropogene Probleme wie Entwaldung und Überweidung noch beschleunigt.

STABILISIERENDER BAUM
Der Saxaul ist einer der wenigen Bäume der Gobi-Wüste und kann in seiner dicken Borke Wasser speichern. Mit seinem Netzwerk flacher Wurzeln stabilisiert er den Sandboden, sodass er zur Festigung von Dünen angepflanzt wird.

SAXAUL

WICHTIGE ART
Das Sibirische Murmeltier ist eine wichtige Art der Gobi-Wüste. Es ist nicht nur eine Futterquelle für Raubtiere – seine alten Baue werden auch von Steppenfüchsen genutzt. Geht die Zahl der Murmeltiere zurück, wirkt sich das auch auf die Füchse aus.

SIBIRISCHES MURMELTIER

GEFÄHRDETE HERDEN
Herden des Kulan, einer Unterart des Asiatischen Esels, leben im südmongolischen Teil der Wüste. Die Tiere werden oft gewildert und ihr Lebensraum wird durch die Viehhaltung zerstört. Der Kulan gräbt in trockenen Flussbetten nach Wasser.

KULAN

Die Temperatur kann am Tag um über 35 Grad schwanken > Erste Dinosaurier-Ei-Funde

LAGE

Die Gobi-Wüste liegt im nördlichen China und der südlichen Mongolei. Sie grenzt an das Hochland von Tibet.

KLIMA

Die Gobi ist eine kalte, trockene Wüste und die Temperaturen schwanken sowohl im Tages- als auch im Jahresverlauf stark.

Gobi-Bär
Ursus arctos gobiensis

Die Beine sind länger als die des Grizzlys.

Der Gobi-Bär ist kleiner und leichter als die anderen Braunbär-Unterarten und hat ein goldbraunes Fell sowie im Verhältnis längere Beine. Er frisst überwiegend Pflanzen wie wilden Rhabarber, Wurzeln und Beeren. Die Unterart ist durch Dürre, Klimawandel und Lebensraumzerstörung bedroht. Heute gibt es vermutlich weniger als 30 Exemplare.

▽ **GENETISCHE UNTERSUCHUNG**
DNA-Untersuchungen haben ergeben, dass sich der Gobi-Bär stark von anderen Braunbären unterscheidet. Vermutlich stellt er eine Reliktpopulation des Isabell- oder Himalaya-Bären dar.

↔ 1,5–2,2 m
⚖ 50–160 kg
⊗ Vom Aussterben bedroht
🍴 Pflanzen, Nagetiere, Insekten

Zentralasien

Jarkand-Kropfgazelle
Gazella subgutturosa yarkandensis

Dies ist eine der Unterarten der Kropfgazelle, die nach dem verdickten Kehlkopf der Männchen benannt ist, der die Lautstärke der Brunftrufe erhöht. Die Weibchen tragen nur winzige oder überhaupt keine Hörner.

▽ **SCHNELLER LAUF**
Anders als andere Gazellen zeigt die Kropfgazelle nicht den hüpfenden Laufstil zur Verwirrung von Fressfeinden, sondern sprintet geradeaus.

↔ 0,9–1,1 m
⚖ 20–30 kg
⊗ Gefährdet
🍴 Gräser, Blätter, Kräuter

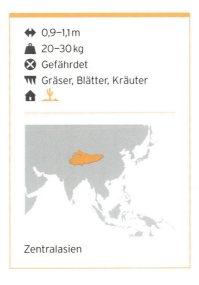
Zentralasien

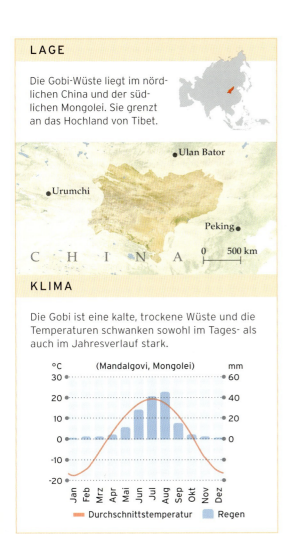

GROSSE OHREN
Diese kleine Riesenohr-Springmaus gehört zu den Säugetieren mit dem größten Ohr-Körper-Verhältnis. Sie verbringt den Tag in den Gängen ihres Baus und jagt nachts Insekten, wobei sie wie ein Känguru hüpft.

RIESENOHR-SPRINGMAUS

95% der Wüste sind felsig

Saiga-Antilope
Saiga tatarica mongolica

Im Winter dickeres und helleres Fell

Diese mongolische Unterart der Saiga hat wie die westliche kurze, durchscheinende Hörner und eine rüsselartige Nase, deren Öffnungen dicht mit Haaren und Schleimdrüsen besetzt sind. So wird im Sommer der Staub aus der Atemluft gefiltert und im Winter wird die Luft angewärmt, bevor sie die Lungen erreicht.

Saiga-Antilopen bilden zum Winter, in den auch die Paarungszeit fällt, große Herden und wandern nach Süden, um dem schlechtesten Wetter zu entgehen.

- ↔ 1–1,4 m
- ⚖ 26–69 kg
- ✖ Vom Aussterben bedroht
- 🍴 Gräser, Kräuter, Buschwerk

Zentralasien

Durch **menschlichen Einfluss** gibt es nur noch 750 Mongolische Saigas.

▷ **MÄNNCHEN**
Saiga-Antilopen grasen morgens und nachmittags, wobei sie bis zu 80 km am Tag zurücklegen. Den Mittag verbringen sie mit der Verdauung und abends scharren sie sich zum Schlafen eine Mulde.

◁ **SPITZE HÖCKER**
Die wild lebenden Trampeltiere haben oft spitzere Höcker als ihre domestizierten Verwandten.

▽ **WÜSTENTRANSPORT**
Domestizierte Trampeltiere werden zum Transport von Gütern in kalten Regionen von Nordchina bis in die Türkei eingesetzt. Sie sind kürzer und untersetzter als ihre wilden Artgenossen.

Trampeltier
Camelus ferus

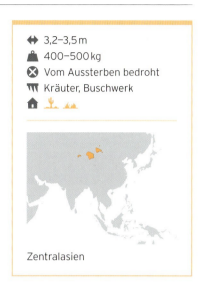

Zwei Zehen pro Fuß mit dicken Polstern

Das Trampeltier, auch Zweihöckriges oder Baktrisches Kamel genannt, lebt in den trockenen, steinigen Ebenen und Hügeln Zentralasiens, vor allem in der Gobi-Wüste. Die beiden Höcker sind Fettspeicher, die als Reserven für Zeiten der Nahrungsknappheit dienen. Wird Fett verbraucht, schrumpfen die Höcker.

Über das Leben der wilden Tiere weiß man wegen ihrer nomadischen Lebensweise und ihres abgelegenen Lebensraums wenig. Die Tiere besetzen kein Revier, sondern legen auf der Suche nach Nahrung weite Strecken zurück. Kamelhengste bespucken, beißen und treten Rivalen in der Paarungszeit. Die stärksten von ihnen versammeln einen Harem von Stuten um sich.

Das Wasser bezieht das Trampeltier überwiegend aus gefressenen Blättern. Es schwitzt selten, um nicht wertvolles Wasser zu verlieren. Allerdings kann ein durstiges Trampeltier bis zu 135 l Wasser in nur 15 Minuten trinken. Es verträgt auch Wasser mit einem relativ hohen Salzgehalt. Da die Winter in der Wüste sehr kalt werden, bekommt das Trampeltier dann ein langes, dichtes, wolliges Fell. Die beiden breiten Zehen an den Füßen werden gespreizt, um das Einsinken im Sand zu verhindern.

Haustiere

Heute gibt es keine 1400 wilden Trampeltiere mehr und der Bestand geht immer weiter zurück. Allerdings existieren viele domestizierte, als Transporttiere verwendete Tiere. Das verwandte einhöckrige Dromedar gibt es nur noch als Haustier. Man findet es in Nordafrika, dem Nahen Osten und Zentralasien. Es ist sogar in Australien eingeführt worden.

- 3,2–3,5 m
- 400–500 kg
- Vom Aussterben bedroht
- Kräuter, Buschwerk

Zentralasien

ASIEN

Aufrecht stehende, einmal im Jahr gewechselte Mähne

Weiße Schnauze

Przewalski-Pferd

Equus ferus przewalskii

Jahrhundertelang grasten diese Wildpferde von Deutschland bis nach China oder der Mongolei, doch durch den Verlust ihres Lebensraums und übermäßige Bejagung ging ihr Bestand im 18. Jahrhundert zurück. Im Jahr 1969 ist dieses Wildpferd als in der Natur ausgestorben erklärt worden. Dank koordinierter Zuchtprogramme in Europa, den USA und Australien sind seit 1985 wieder kleine Herden in China, der Mongolei, Kasachstan und der Ukraine ausgewildert worden. Heute leben über 300 Tiere in ihrer ursprünglichen Heimat in der Mongolei.

Durch Vermischung gefährdet

Obwohl sie nah miteinander verwandt sind, unterscheidet sich das Przewalski-Pferd vom Hauspferd in genetischer Hinsicht. Es hat 66 Chromosomen in den Körperzellen, das Hauspferd nur 64. Trotzdem können beide fruchtbare Nachkommen zeugen, sodass diese Vermischung den Wildpferdbestand bedroht. Von Hauspferden unterscheiden sich die Wildpferde durch den kompakteren Körper, den kräftigeren Hals, eine kurze, aufrecht stehende Mähne und die bei allen Tieren gleiche Farbe.

In der Natur sind die Pferde ständig auf der Suche nach Wasser und den kurzen Gräsern, die den größten Teil ihrer Nahrung ausmachen. Herden bestehen aus einem Hengst, einem Harem von bis zu drei Stuten und ihren Fohlen, die zwei bis drei Jahre lang bei der Gruppe bleiben.

> Alle heutigen **reinrassigen Przewalski-Pferde** stammen von nur **zwölf Tieren ab.**

△ KAMPF UM DEN HAREM
Wenn sich der Herausforderer nicht durch ritualisierte Kommentkämpfe abschrecken lässt, verteidigt der Hengst seinen Harem im Beschädigungskampf, der oft zu ernsten Verletzungen führt.

▷ STUTE MIT FOHLEN
Die Fohlen bleiben bei der Mutter, da sie hier Nahrung und Schutz vor Raubtieren erhalten. Auch zur Nahrungssuche schließen sich Tiere zusammen.

GOBI-WÜSTE | 283

Przewalskis Wundergecko
Teratoscincus przewalskii

Dieser nachtaktive Gecko verkriecht sich tagüber in einem Bau. Seine Zehen haben keine Haftlamellen wie die anderer Geckos, sondern spezielle Schuppen, die das Einsinken im lockeren Sand verhindern.

- ↔ 10–15 cm
- ⚖ 15–30 g
- ⊗ Verbreitet
- 🐛 Insekten, Spinnen, Würmer

Lidlose Augen

▽ TIER DER NACHT
Die großen Augen verraten, dass dieser Gecko nachtaktiv ist.

Schilde auf dem Schwanz

Zentralasien

Großtrappe
Otis tarda

- ↔ 75–100 cm
- ⚖ 3,3–18 kg
- ⊗ Gefährdet
- 🐛 Samen, Insekten, Frösche

Da die schwersten Hähne bis zu 21 kg wiegen können, kann man die Großtrappe als schwersten flugfähigen Vogel bezeichnen. Die meisten Hähne und alle Hennen sind jedoch leichter. Sie alle sind groß, doch das kann in ihrem offenen Lebensraum täuschen. Großtrappen laufen bei Störungen meist weg und fliegen nicht auf, können aber sehr gut fliegen. Obwohl sie heute meist in Getreidefeldern angetroffen werden, fühlen sie sich vom Menschen und den Fortschritten in der Landwirtschaft gestört. Die asiatischen Populationen weichen harten Wintern nach Süden und Westen aus.

Männchen werben an einem Balzplatz um die Weibchen. Dominante Hähne paaren sich mit mehreren Hennen, die jeweils zwei Eier in eine Bodenmulde legen.

Europa, Asien

▽ HAHNENKAMPF
Die Hähne heben die Schwänze und Flügel, um ihren Gegner zu beeindrucken und den Kampf zu gewinnen.

- ↔ 2,2–2,8 m
- ⚖ 200–300 kg
- ⊗ Stark gefährdet
- 🐛 Gräser, Blätter, Knospen

Zentralasien

NIHONKAI-BERGWALD
Eine bergige Ökoregion mit harten Wintern

Der Nihonkai-Bergwald bedeckt 82 300 km² des zentralen Berglands der Hauptinsel Honshu und einen kleinen Teil der weiter nördlich gelegenen Insel Hokkaido. Zwei Drittel Japans sind mit Wald bedeckt. Davon ist allerdings nur ein Viertel ursprünglicher Primärwald. Der Rest besteht aus Sekundärwald und Aufforstungen. Insgesamt gibt es in Japan sieben verschiedene Wald-Ökoregionen, darunter Nadel- und Laubwälder sowie subtropischen Regenwald.

Nasse Sommer, verschneite Winter

Der Nihonkai-Bergwald wird durch Bäume, Büsche und Gräser charakterisiert, die in warmen, nassen Sommern wachsen und in den folgenden kalten, verschneiten Wintern ihr Laub abwerfen. Der am häufigsten vorkommende Baum ist die Japanische Kirsche, die heute als Zierbaum auf der ganzen Welt in Parks und Gärten zu finden ist.

Andere typische Bäume sind der Kuchenbaum und die Japanische Hainbuche. Viele Tiere nutzen die von den Bäumen produzierten Nüsse und Früchte als Nahrung. Sie tragen wesentlich zu ihrer Verbreitung bei.

Zusätzlich zu dem von den großen Bäumen gebildeten Kronendach gibt es ein unteres Stockwerk noch wachsender Bäume, das Buschwerk des Unterholzes und die auf dem Boden wachsenden Gräser und Kräuter. Die Biodiversität ist in Bodennähe am größten, ganz anders als in Regenwäldern, wo man die meisten Arten im Kronendach findet. Eine für den Nihonkai-Bergwald charakteristische Art ist der Japan-Makak.

BEVÖLKERUNGSEXPLOSION Man schätzt, dass in Japan über 100 000 Sika-Hirsche leben. Ihre Zahl ist seit der Ausrottung des Wolfs vor etwa 100 Jahren sprunghaft angestiegen. Die Hirsche werden heute in den Wäldern und in der Landwirtschaft als Schädlinge betrachtet.

SIKA-HIRSCH

VERGÄNGLICHE SCHÖNHEIT Die Japanische Kirsche oder Sakura zeigt im Frühjahr nur für kurze Zeit ihre schönen weißen oder rosa Blüten. Für den Japaner symbolisiert sie die Schönheit und Vergänglichkeit des Lebens. Das wird mit dem Hanami oder Kirschblütenfest gefeiert.

KIRSCHBLÜTEN

VIELSEITIGE NAHRUNG Der Japan-Brillenvogel ist einer der häufigsten japanischen Vögel. Man sieht ihn selten am Boden. In Büschen und Bäumen sucht er im Sommer nach Insekten und im Winter nach Beeren. Im Frühjahr frisst er auch Nektar, vor allem den der Kirsche.

JAPAN-BRILLENVOGEL

Eine der sieben japanischen Wald-Ökoregionen › Die Japanische Kirsche ist der wichtigste

LAGE

Der Wald erstreckt sich von Hiroshima im Westen von Honshu nach Osten und im Norden bis zur Südspitze von Hokkaido.

KLIMA

Das gemäßigte Klima hat ausgeprägte Jahreszeiten. Im Winter kann es frieren, im Sommer über 30 °C warm werden.

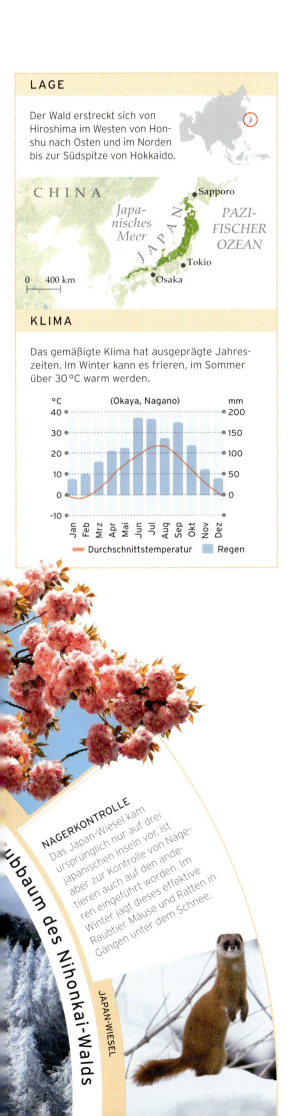

NAGERKONTROLLE

Das Japan-Wiesel kam ursprünglich nur auf drei japanischen Inseln vor, ist aber zur Kontrolle von Nagetieren auch auf den anderen eingeführt worden. Im Winter jagt dieses effektive Raubtier Mäuse und Ratten in Gängen unter dem Schnee.

JAPAN-WIESEL

ubbaum des Nihonkai-Walds

Europäisches Gleithörnchen
Pteromys volans

Flughaut zwischen Vorder- und Hinterbeinen

Trotz seines Namens kommt dieses Gleithörnchen vor allem in Asien vor. Mithilfe der Flughaut kann es über 75 m zurücklegen. Der Schwanz dient dabei als Steuer. Alte Wälder sind der bevorzugte Lebensraum, da die Bäume sowohl Nahrung als auch Spechthöhlen zum Nisten bieten.

- ↔ 12–23 cm
- ⚖ 90–170 g
- ✖ Verbreitet
- 🍴 Nüsse, Knospen, Blätter

Osteuropa bis Ostasien

◁ **BLÄTTER IM SOMMER**
Im Sommer ernährt sich das Gleithörnchen vor allem von Espen-, Birken- und Erlenblättern.

Japanischer Serau
Capricornis crispus

Weißer Kragen

Bei diesen Verwandten der Ziegen tragen beide Geschlechter kurze Hörner und ein dichtes Fell, um kalte Winter zu überstehen. Die tagaktiven Tiere ziehen sich nachts oft in eine Höhle zurück. Sie markieren ihr Revier mit einem Sekret der vor den Augen gelegenen Duftdrüsen.

- ↔ 1,3 m
- ⚖ 31–48 kg
- ✖ Regional verbreitet
- 🍴 Gräser, Blätter, Eicheln

Ostasien (Japan)

◁ **IM WINTER ALLEIN**
Im Winter werden die Seraus zu Einzelgängern, da ihr Lebensraum dann nur noch wenig Nahrung bietet.

△ IM SCHNEE
Wie menschliche Kinder spielen auch junge Makaken mit Schneebällen, rollen sie oft vor sich her und tragen sie mit sich herum.

◁ **AUFWÄRMEN**
Japan-Makaken suchen regelmäßig heiße Quellen auf, um sich aufzuwärmen und Parasiten loszuwerden. Tiere, die in der Gruppe einen hohen Rang haben, genießen hier größere Privilegien.

Japan-Makak
Macaca fuscata

Während der Paarungszeit kräftig rotes Gesicht

Diese auf den japanischen Inseln heimischen kurzschwänzigen Makaken werden auch als Schneeaffen bezeichnet – mit gutem Grund. Die Tiere leben weiter im Norden als jeder andere nichtmenschliche Primat auf diesem Planeten. Insbesondere der Norden von Honshu kann für ein Drittel des Jahres schneebedeckt sein und das Fell der Tiere, das außer Gesicht und Steiß den gesamten Körper bedeckt, wird mit fallenden Temperaturen dicker. So können die Makaken Temperaturen von −20 °C überstehen.

Der Lebensraum reicht von den subtropischen Wäldern im Süden bis zu den subarktischen im Norden. Die Weibchen halten sich mehr in den Bäumen auf, die Männchen auf dem Boden. Sie schlafen allerdings alle in den Bäumen, um zum Beispiel verwilderten Hunden zu entgehen. Die Makaken sind Allesfresser, nehmen allerdings mehr Pflanzen als Tiere zu sich. Am liebsten fressen sie Früchte, Nüsse, Samen und Blätter, aber auch Insekten, Muscheln, Fische, Wurzeln und sogar Erde, wenn Bedarf an Mineralen entsteht.

Vererbter Rang

Die Männchen sind etwas größer und schwerer als die Weibchen und bilden mit ihnen gemischte Gruppen. Allerdings wird der Rang innerhalb dieser Gruppen von der Mutter auf die Tochter vererbt. In einer Gruppe können daher mehrere weibliche Linien unterschiedlichen Rangs leben. Auch die Männchen haben eine Rangordnung, an deren Spitze ein Alpha-Männchen steht. Die Weibchen bleiben ein Leben lang in ihrer Gruppe, doch die Männchen wechseln in eine andere, sobald sie geschlechtsreif werden.

Die Weibchen entscheiden, mit welchen Männchen sie sich paaren wollen – das muss nicht unbedingt das Alpha-Tier sein. Die Paarung findet auf dem Boden oder in den Bäumen statt und ein einzelnes Junges (selten Zwillinge) wird fünf bis sechs Monate später geboren. Bereits im Alter von sieben Monaten suchen die Jungen selbst nach Nahrung, bleiben aber 18 Monate lang von ihren Müttern abhängig. Manchmal ziehen Großmütter verlassene Junge auf – einzigartig unter nichtmenschlichen Primaten.

Vielseitige Kommunikation

Japan-Makaken benutzen zur Kommunikation und zur Warnung vor Gefahren verschiedene Rufe. Sie lernen auch Verhalten wie das Bad in heißen Quellen, das Rollen von Schneebällen und das Waschen der Nahrung in Süßwasser, bevor sie sie in Salzwasser tauchen, um den Geschmack zu verbessern.

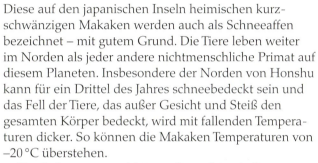

Japan-Makaken **in unterschiedlichen Gegenden benutzen** wie Menschen **verschiedene Akzente.**

- ↔ 47–72 cm
- 8–11 kg
- ✗ Verbreitet
- Pflanzen, Insekten, Muscheln

Japan

◁ **NAHRUNG IM WINTER**
Die Nahrung verändert sich mit den Jahreszeiten. Im Winter fressen die Makaken vor allem die Borke und die Knospen der Bäume.

△ **UNTERSCHLUPF**
Hohle Bäume oder unterirdische Baue bieten den überwiegend nachtaktiven Japanischen Mardern einen Unterschlupf und Schutz vor Fressfeinden wie verwilderten Hunden.

▷ **TRITTSTEINE**
Mit den kräftigen Hinterbeinen kann der Marder im Sprung seine mehrfache Körperlänge überwinden, wobei ihm die spitzen Krallen Halt verleihen. So vermag er ohne Problem auftauende Bäche zu überqueren.

NIHONKAI-BERGWALD | 289

Cremefarbener Fleck

Schwarze Maske wie bei einem Waschbären

Japanischer Marder
Martes melampus

Obwohl die meisten Marder sich auf kleine Säugetiere spezialisiert haben, sind Japanische Marder Opportunisten, die ihre Ernährungsgewohnheiten an die Jahreszeiten und das regionale Nahrungsangebot anpassen. So gehören im Frühjahr Vögel zur Beute mancher Populationen, während Insekten im Sommer zur Nahrung zählen.

Verteilung von Samen
Die Marder fressen kleine Säugetiere wie Mäuse, aber auch Vögel, Eier, Fische, Frösche und Krebstiere. Ihr Kot enthält jedoch eine größere Vielfalt an Pflanzensamen als der anderer Raubtiere, sodass die Marder eine wichtige Rolle bei der Verteilung von Samen spielen.

Japanische Marder sind früher wegen ihres Pelzes gezüchtet worden, der bei den drei Unterarten gelblich bis dunkelbraun gefärbt sein kann, doch über ihr Leben in der Natur ist wenig bekannt. Sie markieren ihr Revier mit Kot, sind also wohl sehr territorial, und bevorzugen Laubwälder gegenüber Nadelwäldern wegen des größeren Nahrungsangebots.

Die Männchen sind größer als die Weibchen, die pro Wurf ein bis fünf Junge bekommen können. Mit Ausnahme der Weibchen mit ihren Jungen leben und jagen Japanische Marder allein. Sie werden von der zunehmenden Anpflanzung von Nadelwäldern, dem Einsatz von Chemikalien in der Landwirtschaft und der Jagd wegen ihrer Pelze bedroht.

In **japanischen Sagen** haben die **Marder** die Fähigkeit, **ihre Gestalt zu verändern.**

- ↔ 47–55 cm
- ⚖ 1–1,5 kg
- ⊗ Regional verbreitet
- ▥ Säugetiere, Vögel, Pflanzen

Ostasien

Marderhund
Nyctereutes procyonoides

Der aus Ostasien stammende Marderhund ist so anpassungsfähig, dass er sich in Ost- und Nordeuropa weit verbreitet hat. Ursprünglich ist er durch Pelztierfarmen eingeführt worden. Er gehört zur Familie der Hunde, weist aber einige ungewöhnliche Eigenschaften auf. Der Marderhund ist der einzige Hund, der eine Winterruhe halten kann, bei der der Energiebedarf herabgesetzt wird, bis die Reserven zu gering werden. Er bellt nicht, winselt aber oder knurrt. Marderhunde besitzen kleinere Zähne und längere Därme als andere Hunde, ähnlich wie Pflanzenfresser. Im Herbst besteht in ihrer Heimat die Nahrung zum großen Teil aus Früchten und Beeren.

- ↔ 50–71 cm
- ⚖ 3–12,5 kg
- ⊗ Verbreitet
- ▥ Vögel, Nagetiere, Früchte

Langes Winterfell mit dichter Unterwolle

Ostasien

◁ **WINTERFEST**
Wegen ihrer relativ schlechten Augen suchen Marderhunde die Nahrung mit dem Geruchssinn, um für den Winter Fett anzusetzen.

Mandarinente
Aix galericulata

Wie viele andere bunt gefärbte Vögel wirken Mandarinenten in der Natur recht unscheinbar. Sie verstecken sich oft in der Ufervegetation oder sitzen hoch oben in Bäumen. Im Frühjahr nisten sie in hohlen Bäumen. Die Erpel verteidigen die Nester zwar anfangs, beteiligen sich aber nicht am Brüten und verlassen das Nest vor dem Schlupf der Jungen. Mandarinenten fressen kleine Wirbellose, Samen, Eicheln und anderes pflanzliches Material, das sie im flachen Wasser oder kurzen Gras finden. Sie fliegen mit schrillem Quaken durch Bäume und über Wasserflächen.

Faunenverfälschung
Der Verlust des Lebensraums hat zu einem starken Rückgang der natürlichen Bestände geführt, doch als Ziervogel ist die Mandarinente auch in Europa eingeführt worden. Es sind zudem Tiere aus nordamerikanischen Sammlungen entkommen. Meistens schädigt eine derartige Faunenverfälschung die Bestände anderer Tiere, doch in diesem Fall könnten diese neuen Populationen auf lange Sicht die Rettung der Art sein.

- 41–49 cm
- 625 g
- Verbreitet
- Samen, Insekten, Schnecken

Ostasien

- Männchen mit Kragen
- Segelartige Flügelfedern
- Unscheinbareres Weibchen
- Weiße Überaugenstreifen

◁ **PRÄCHTIGER ERPEL**
Wenige Vögel sehen so einzigartig wie die männliche Mandarinente aus. Die Weibchen sind dagegen wie die der meisten Enten recht unscheinbar.

Mandarinenten **stehen** in der chinesischen Kultur für **Treue und Zuneigung.**

Tigernatter
Rhabdophis tigrinus

Die Tigernatter (in Japan »Yamakagashi« genannt) besitzt neben hinten im Kiefer sitzenden Giftzähnen auch eine Giftdrüse im Nacken. Hier speichert sie das Gift, das sie mit gefressenen giftigen Kröten aufgenommen hat. Bei Gefahr beugt sie den Nacken und gibt das Gift zur Abschreckung ab. Das Weibchen legt 2–40 Eier (meist 10–14), aus denen nach 30–45 Tagen die Jungen schlüpfen.

- ↔ 0,7–1,2 m
- ⚖ 60–800 g
- ⊗ Unbekannt
- 🍴 Amphibien
- Ost- und Südostasien

▽ **GIFTÜBERTRAGUNG**
Die Schlange kann die von Kröten gewonnenen Gifte über den Eidotter an ihre Nachkommen weitergeben.

Schwalbenschwanz
Papilio maackii

Irisierende Schuppen

Diese große Schwalbenschwanz-Art lebt an Waldrändern oder auf mit Büschen bestandenem Grasland. Die erwachsenen Falter leben zwei Wochen lang, in denen sie sich von Nektar ernähren und in Mengen zur Paarung versammeln. Die Eier werden auf Stacheleschen- oder Korkeichenblättern abgelegt – der bevorzugten Nahrung der Raupen.

- ↔ 12–14 cm
- ⊗ Unbekannt
- 🍴 Blätter; Nektar
- Ostasien

△ **WEIBCHEN**
Die Weibchen dieser Art sind mit roten und blauen Flecken hinter dem über die Flügel verlaufenden blauen Band viel bunter als die Männchen.

Rote, nur bei Weibchen zu findende Zeichnung

Japan. Riesensalamander
Andrias japonicus

Nach dem Chinesischen Riesensalamander ist dieser Salamander das größte Amphibium der Welt. Er atmet nur über die Haut und muss daher in kalten, sauerstoffreichen Flüssen leben. Zwischen August und September legen die Weibchen ihren Laich in Nester am Flussufer. Hier wird er von den Männchen besamt und bis zum Schlupf der Larven bewacht. Erst nach vier oder fünf Jahren verlieren sie die Larvenmerkmale und werden nach weiteren zehn Jahren geschlechtsreif.

- ↔ 1–1,4 m
- ☁ Spätsommer
- ⊗ Potenziell gefährdet
- 🍴 Fische, Insekten, Krebstiere

Ostasien (Japan)

Großer Kopf

Die faltige Haut gibt bei Bedrohung eine milchige Flüssigkeit ab.

Die Vorder- und Hinterbeine sind gleich lang.

△ **JAGDTAKTIK**
Statt auf die winzigen Augen verlässt sich der Salamander auf seinen Geruchssinn und Sensoren in der Haut, die von der Beute verursachte Wasserbewegungen wahrnehmen können.

REGENWALD AUF BORNEO
Südostasiens Schatztruhe an seltenen Arten

Mit einem Alter von 140 Millionen Jahren ist der Tieflandregenwald Borneos einer der ältesten der Welt. Seine hohe Biodiversität macht ihn aber auch zum Ziel kommerzieller Ausbeutung. Die Wälder des Tieflands bestehen aus 267 Arten von Hartholz-Bäumen, von denen 60 % für Borneo endemisch sind. Man schätzt, dass seit 1970 etwa 30 % des Walds verlorengegangen sind, teils durch Abholzung für den Holzexport und teils durch landwirtschaftliche Nutzung. Die zunehmende Fragmentierung bereitet gefährdeten, weit umherziehenden Arten wie den Orang-Utans zunehmende Probleme. Vergleicht man eine Anpflanzung mit dem ursprünglichen Regenwald, lässt sich eine erschreckende Abnahme der Biodiversität um 99 % feststellen.

Grünes Herz der Insel

Im Moment ist noch über die Hälfte der Insel von Wäldern bedeckt, wobei der Tieflandregenwald unterhalb von 1000 m Höhe den größten Teil ausmacht. Im kühleren, höher gelegenen Zentrum der Insel findet man noch zusammenhängenden Bergregenwald, der unter Holzeinschlag und Landwirtschaft bisher nicht so sehr zu leiden hatte, weil die Gegend dafür weniger geeignet ist. Andere wichtige Lebensräume auf Borneo sind die Sumpfwälder und die Mangrovengürtel.

BUSCHFROSCHSCH

NICHT IN GEFAHR
Kannenpflanzen locken mit bunten Farben und süßen Gerüchen Insekten in ihre mit Flüssigkeit gefüllten Kannen, die darin ertrinken und von der Pflanze verdaut werden. Buschfrösche stört die Flüssigkeit nicht, sodass sie in den Kannen ablaichen, wo sich die Eier gut geschützt entwickeln.

MALAIENBÄR

HONIGJÄGER
Der Malaienbär kommt nur in den Regenwäldern der Insel vor. Mit seinen starken Krallen bricht er Bienenstöcke und Termitenhügel auf, um den Honig und die Insekten zu fressen. Er vertilgt auch die Früchte verschiedener Bäume und trägt so zu ihrer Verbreitung bei.

FRAUENSCHUH

PRÄCHTIGE ORCHIDEEN
2500–3000 Orchideenarten gibt es auf Borneo, von denen 51 erst zwischen 2007 und 2010 entdeckt worden sind. Viele von ihnen sind wunderschön, aber sehr selten, etwa Rothschilds Frauenschuh.

Die drittgrößte Insel der Welt

221 Säugetierarten leben auf Borneo, von denen 44 sonst nirgendwo vorkommen

18 der Säugetierarten gibt es nur in den Bergwäldern Borneos und **sonst nirgendwo**.

REGENWALD AUF BORNEO

SCHUPPENEXPORT Durch Wilddiebe ist der Bestand dieses Schuppentiers in den letzten 15 Jahren um mehr als die Hälfte zurückgegangen. Ihre Schuppen werden in China zu wirkungslosen Medikamenten verarbeitet.

Borneo wird in Indonesien »Kalimantan« genannt

MALAIISCHES SCHUPPENTIER

RIESE DES WALDS Der 3 m hohe Blütenstand der Titanwurz besteht aus einzelnen kleineren Blüten auf einem Stängel, die von einem einzelnen großen Hochblatt (Spatha) umhüllt werden. Die Blüten riechen nach Aas und locken zur Bestäubung Fliegen an.

TITANWURZ

Die Insel ist die Heimat von über 15 000 Blütenpflanzenarten

SAMENVERBREITUNG Auf Borneo leben acht Arten der Nashornvögel. Wie der Malaienbär tragen diese Arten, zu denen auch der Rhinozerosvogel gehört, zur Verteilung der Samen bei. Sie werden nicht nur durch den Lebensraumverlust bedroht, sondern auch gejagt.

RHINOZEROSVOGEL

LAGE

Borneo liegt in Südostasien, südwestlich der Philippinen und nördlich von Java. Die Insel gehört zu den Staaten Indonesien, Malaysia und Brunei.

KLIMA

Der Tieflandregenwald hat ein heißes, tropisches Klima mit ganzjährig hohen Niederschlägen. Die durchschnittlichen jährlichen Niederschläge der Insel betragen 2992 mm und die Durchschnittstemperatur 26,7 °C.

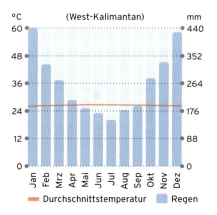

DAS PROBLEM MIT DEM PALMÖL

Riesige Waldflächen sind zerstört worden, um Platz für Ölpalmen-Plantagen zu schaffen. Das aus den Früchten und Samen stammende Öl wird auf der ganzen Welt zur Produktion von Nahrungsmitteln und Kosmetika benutzt. Die Nachfrage nach billigem Pflanzenöl wird noch steigen, wenn die Menschheit weiter wächst.

Kalong-Flughund
Pteropus vampyrus

Anders als die meisten Fledermäuse können die Flughunde sich nicht mithilfe von Echoortung zurechtfinden. Stattdessen setzen sie ihre großen Augen und die empfindliche Nase ein, um fressbare Früchte und Blüten im Regenwald zu finden. Den Tag verbringen sie in großen, lauten Gruppen mit dem Kopf nach unten in Bäumen hängend. Sie können ihre Daumen wie Haken über die Äste hängen und so auch klettern. Nachts fliegen sie zum Fressen zu den Früchte tragenden Bäumen, die manchmal viele Kilometer von den Schlafplätzen entfernt sind.

- ↔ 42 cm
- ⚖ 0,6–1,1 kg
- ⊗ Potenziell gefährdet
- 🝮 Früchte, Blüten, Nektar

Südostasien

▷ **ABHÄNGEN**
Mit einer Flügelspannweite von durchschnittlich 1,5 m ist der Kalong eins der größten Fledertiere der Welt.

Der Daumen kann als Haken eingesetzt werden.

Hundeähnliches Gesicht

Sunda-Koboldmaki
Cephalopachus bancanus

Im Verhältnis zur Körpergröße haben die Koboldmakis die größten Augen aller Säugetiere – jedes einzelne ist ein wenig schwerer als das Gehirn. Die Augen sind nicht beweglich, aber der nachtaktive Primat kann seinen Kopf weit nach hinten drehen. Er vermag seine Beute auch mit dem Gehör zu finden und dann im Sprung zu erbeuten.

Im Sprung können die Tiere Distanzen zurücklegen, die dem 40-Fachen ihrer Körperlänge entsprechen. Mit Fingerballen, Nägeln und Krallen finden die Baumbewohner an den Ästen guten Halt.

Die Weibchen bekommen ein Junges, das anfangs getragen wird, bis es sich selbst am Fell festhalten kann.

- ↔ 11,5–13 cm
- ⚖ 100–140 g
- ⊗ Gefährdet
- 🝮 Insekten, Schlangen, Vögel

Südostasien

▷ **FESTER HALT**
Koboldmakis können sich an senkrechten Stämmen festhalten und mit dem Schwanz abstützen.

- ↔ 61–76 cm
- ⚖ 10–24 kg
- ⊗ Stark gefährdet
- 🝮 Blätter, unreife Früchte, Samen

Südostasien

Nasenaffe

Nasalis larvatus

Erwachsenes Männchen mit orangefarbenem Gesicht und riesiger Nase

Nasenaffen sind ungewöhnliche Tiere, nicht nur wegen ihrer auffälligen Nasen, die beide Geschlechter tragen. Die der Weibchen und Jungtiere sind Himmelfahrtsnasen, die für Primaten schon recht groß sind, aber die riesigen Zinken der Männchen haben der Art ihren Namen gegeben. Die Funktion der großen Nasen ist nicht ganz klar, doch möglicherweise dienen sie als Resonanzkörper.

Dicke Bäuche

Die Männchen sind viel größer als die Weibchen. Wegen der Menge der verzehrten Blätter und ihrer langsamen Verdauung weisen jedoch beide Geschlechter so dicke Bäuche auf, dass sie ständig schwanger wirken.

Ein erwachsenes Männchen führt einen Harem von mehreren Weibchen und ihren Jungen. Ungewöhnlich für Primaten ist, dass die Weibchen untereinander um das Recht zur Paarung konkurrieren und im Verlauf ihres Lebens mehreren Harems angehören. Obwohl die Männchen lautstark miteinander konkurrieren, sind sie nicht übermäßig territorial. Oft treffen sich mehrere Gruppen in der Abenddämmerung, um die Nacht in der Sicherheit der Baumkronen zu verbringen.

Nasenaffen halten sich meist in Wassernähe auf und können sehr gut schwimmen – ihre Füße sind sogar zum Teil mit Schwimmhäuten ausgestattet!

Die Nasen alter Männchen sind oft so lang, dass sie beim Fressen zur Seite geschoben werden müssen.

△ **JUGENDLICHE**
Beziehungen werden geknüpft und wieder gelöst, wenn die Tiere wachsen und kräftiger werden.

△ **AB INS WASSER**
Von den Bäumen ins Wasser zu springen ist eine beliebte Aktivität. Wenn sie sich bedroht fühlen, können die Tiere bis zu 20 m weit unter Wasser schwimmen.

◁ **STUPSNASE**
Beide Geschlechter werden mit einer normalen Nase, schwarzem Fell und blauem Gesicht geboren. Nase und Färbung verändern sich mit dem Alter.

Borneo-Orang-Utan
Pongo pygmaeus

Arme doppelt so lang wie die Beine

Der Orang-Utan ist der einzige heute in Asien lebende Menschenaffe. Der Name ist malaiisch und bedeutet »Mensch des Waldes«. Orang-Utans leben in den Wäldern Borneos und Sumatras, wobei man die Populationen der beiden Inseln heute als eigene Arten betrachtet. Es gibt etwa zehnmal mehr Borneo-Orang-Utans als Sumatra-Orang-Utans (*P. abelii*). Doch auch Borneo-Orang-Utans sind mit einem Bestand von 55 000 Tieren stark gefährdet.

Leben in den Bäumen
Orang-Utans suchen in den Bäumen nach Nahrung und übernachten dort. Die Spannweite ihrer Arme übertrifft ihre Größe deutlich – ein erwachsenes Männchen kann 2,2 m Spannweite erreichen –, sodass sie mühelos von Ast zu Ast hangeln können. Orang-Utans erreichen das gleiche Gewicht wie ein Mensch, sind aber sechsmal so stark. Die dünnen Äste der Baumkronen tragen sie nicht, sodass sie sich vor allem in den unteren 40 m aufhalten. Die schweren alten Männchen kommen noch nicht einmal so hoch und verbringen viel Zeit auf dem Boden, vor allem auf Borneo, wo es keine nennenswerten Fressfeinde gibt. Weibchen und jüngere Tiere steigen dagegen oft wochenlang nicht auf den Boden herab.

Orang-Utans fressen vor allem Früchte, die sie geschickt schälen, aber auch Blätter, Borke und Blüten sowie Honig, Vogeleier, Insekten und Fisch.

Einzelgänger
Erwachsene Männchen gehen sich aus dem Weg und kündigen ihre Gegenwart den Nachbarn durch verschiedene Rufe an. Manche der Borneo-Orang-Utan-Männchen bekommen als erwachsene Tiere keine Backenwülste. Sie verhalten sich ruhiger und versuchen sich heimlich mit Weibchen zu paaren, während sich die anderen Männchen um die Paarungsrechte streiten. Weibchen suchen manchmal in Gruppen nach Nahrung und lassen ihre Jungen zusammen spielen. Sie kümmern sich etwa sieben Jahre lang um ein Junges und werden erst wieder trächtig, wenn es selbstständig geworden ist.

- 1,1–1,4 m
- 40–80 kg
- Stark gefährdet
- Pflanzen, Eier, Insekten

Südostasien (Borneo)

◁ **MÄNNCHEN**
Erwachsene Männchen und Weibchen unterscheiden sich deutlich. Die meisten Männchen bekommen im Alter von 14 Jahren Backenwülste sowie einen Bart und dünnen Schnurrbart.

△ **SCHLAFNEST**
Orang-Utans schlafen in Nestern aus Zweigen. Sie bauen jeden Tag ein neues.

◁ **REGENWASSER**
Ein junger Orang-Utan trinkt von Blättern tropfendes Wasser. Bei starkem Regen benutzen sie auch ein großes Blatt als Regenschirm.

Grauer Gibbon
Hylobates muelleri

Die Arme sind anderthalbmal so lang wie die Beine.

Gibbons bezeichnet man auch als Kleine Menschenaffen, da sie mit den übrigen Menschenaffen und dem Menschen verwandt sind. Als Akrobaten unter den Primaten können sie beim Schwinghangeln leicht 10 m große Entfernungen überwinden. Der Graue Gibbon ist eine von vier auf Borneo lebenden Gibbon-Arten und bewohnt die Baumkronen der Regenwälder. Da er den Boden selten aufsucht, ist er durch Abholzung besonders gefährdet.

Während andere Affen ihre sozialen Kontakte oft über die Fellpflege verstärken, »singen« die Gibbons, wobei jede Art ihre eigenen »Lieder« vorträgt. Erwachsene Tiere bleiben eine gewisse Zeit als Paare zusammen und verteidigen ihr Revier dann mit Morgenduetten. Das Männchen beginnt vor der Morgendämmerung und das Weibchen setzt nach Sonnenaufgang etwa 15 Minuten lang ein, bevor die Nahrungssuche beginnt.

Gibbons benutzen die gleichen Techniken wie Opernsänger.

- 41–64 cm
- 4,6–7 kg
- Stark gefährdet
- Reife Früchte, Blätter, Blüten

Südostasien (Borneo)

◁ **SCHWINGHANGELN**
Gibbons bewegen sich durch Schwinghangeln oder Brachiation vorwärts, wobei sie Geschwindigkeiten von 55 km/h erreichen können.

Gemeiner Flugdrache
Draco volans

▷ **GLEITFLUG**
Die von den verlängerten Rippen aufgespannte Flankenhaut dient als Flügel und ermöglicht den Gleitflug. Als Steuer dienen Schwanz und Füße.

Der Flugdrache kann nicht wie sein mythischer Namensvetter aktiv fliegen, doch er gleitet von Baumstamm zu Baumstamm, um Nahrung oder Partner zu finden oder um Rivalen und Fressfeinden zu entgehen. Man hat schon Flugstrecken von 10 m Länge gemessen und angeblich sollen die Tiere über 50 m weit fliegen können. Wenn sie nicht benutzt werden, legt der Flugdrache die Flughäute an den Körper an. Sie dienen auch der Tarnung, einerseits durch ihre Farbe und andererseits, indem sie die typische Echsenform auflösen. Am liebsten frisst der Flugdrache Ameisen und Termiten.

Paarungszeit
Zur Paarungszeit nickt das Männchen mit dem Kopf, spreizt seine Flughäute sowie seine leuchtend gelbe Kehlwamme, um Rivalen abzuschrecken und Weibchen anzulocken. Die Weibchen legen die Eier in eine flache Grube, die sie mit der Schnauze ausgehoben haben.

- 15–20 cm
- 5–10 g
- Verbreitet
- Ameisen, Termiten und andere kleine Insekten

Südostasien

Kellenschnabel-Breitrachen

Cymbirhynchus macrorhynchos

Die nach ihrem breiten Schnabel benannten Vögel sind leuchtend bunt, fallen aber im dichten Gebüsch kaum auf. Kellenschnabel-Breitrachen ernähren sich von Insekten, die sie auch im Flug fangen. Sie verhalten sich meist ruhig, verfügen aber über einen charakteristischen tiefen Gesang. Das aufrecht sitzende Männchen schaut sich um, dreht seinen großen Kopf, öffnet seinen Schnabel halb und singt eine kurze Phrase.

- 25 cm
- 50–76 g
- Verbreitet
- Insekten, Früchte, Krebse
- Südostasien

△ **BUNTES PÄRCHEN**
Der Kellenschnabel-Breitrachen nistet in Baumstümpfen in Wassernähe. Beide Geschlechter brüten und füttern die Jungen.

Storchschnabel-Liest

Pelargopsis capensis

Obwohl er auch nach Fischen taucht, jagt dieser Eisvogel außerdem in dichter bewaldeten Gebieten. Man kann ihn an seinem Alarmruf und an einer regelmäßig wiederholten, aus drei Tönen bestehenden Phrase erkennen. Die sehr territorialen Vögel verjagen sogar Greifvögel aus ihrem Revier.

▷ **KOPFLASTIG**
Mit dem größten Schnabel aller Eisvögel kann der Vogel Beute bewältigen, die so groß wie er selbst ist.

Im Verhältnis zum Körper großer Kopf

- 35 cm
- 150–200 g
- Verbreitet
- Fische, Wassertiere, Nager
- Süd- bis Südostasien

Wallace-Flugfrosch
Rhacophorus nigropalmatus

▷ **JUNGFROSCH AM BODEN**
Jungfrösche besitzen eine braune, körnige Haut, die im Schlamm auf dem Boden weniger als die leuchtend grüne Haut der erwachsenen Frösche auffällt.

Dieser Frosch ist nach Alfred Russel Wallace benannt worden, der erst unabhängig von Darwin und später mit ihm gemeinsam an der Evolutionstheorie gearbeitet hatte. Der Flugfrosch ist ein perfektes Beispiel der Anpassung. Die Schwimmhäute sind zu Tragflächen geworden, mit denen der Frosch große Entfernungen zurücklegen kann. Die erwachsenen Tiere steigen niemals auf den Boden herab, da sie im Sprung flüchten oder neue Nahrungsquellen erschließen können. In der Regenzeit legen die Frösche den Laich in ein Schaumnest, das das Weibchen mit den Beinen aus Sekreten schlägt. Die schlüpfenden Kaulquappen fallen in ein Wasserloch darunter.

- ↔ 7–10 cm
- Regenzeit
- Regional verbreitet
- Insekten, Spinnen

Südostasien

◁ **SEGELNDER ERWACHSENER**
Die ausgebreiteten Schwimmhäute erlauben dem Frosch Sprünge von bis zu 15 m Weite. Die Haftscheiben der Zehen verleihen ihm nach der Landung Halt.

Atlasspinner
Attacus atlas

Gefiederte Antenne des Männchens

Der nach dem griechischen Titan, der die Welt auf den Schultern getragen haben soll, benannte Falter galt einst als größter Schmetterling. Der auf Neuguinea und in Australien vorkommende Herkulesspinner übertrifft ihn wohl noch in Bezug auf die Flügelfläche.

Erwachsene Atlasspinner fressen nichts und leben höchstens eine Woche lang, sodass sie sich schnell vermehren müssen. Mit ihren gefiederten Antennen nehmen die Männchen den Geruch eines mehrere Kilometer weit entfernten Weibchens wahr. Das Weibchen legt etwa 250 Eier an die Unterseite eines Blatts, am liebsten eines Zitrus- oder eines anderen Obstbaums.

- ↔ 16–30 cm
- Unbekannt
- Blätter

△ **FALSCHE SCHLANGE**
Die Chinesen nennen diesen Spinner »Schlangenkopf-Falter«, da die Flügelspitzen an den Kopf einer aufgerichteten Kobra erinnern.

Süd-, Südost- und Ostasien

REGENWALD AUF BORNEO | 301

Orchideen-Mantis

Hymenopus coronatus

Diese creme- und rosafarbene Gottesanbeterin ist hervorragend getarnt. Sie imitiert eine Orchidee, wobei die Hinterbeine wie Blütenblätter und der Hinterleib wie eine Knospe wirken. Die Gottesanbeterin täuscht damit nicht nur ihre Fressfeinde, sondern auch ihre Beutetiere, die direkt zu ihr fliegen, weil sie sie für eine nektargefüllte Blüte halten.

Tödliche Imitation

Die Strategie der Gottesanbeterin bezeichnet man als Peckhamsche oder aggressive Mimikry. Die Orchideen-Mantis sucht eine Blütengruppe auf und passt dann ihre Färbung der Umgebung an, sodass sie sogar für im ultravioletten Spektrum sehende Tiere nicht zu erkennen ist. Die Gottesanbeterin ahmt sogar die Windbewegungen der Blüten nach, sodass sie noch schwerer zu erkennen ist. Bestäubende Insekten nähern sich der Mantis ebenso oft wie einer echten Blüte – und werden blitzschnell erbeutet.

↔ 3–6 cm
✗ Unbekannt
🍴 Insekten
🏠 🌳

Südostasien

▷ **RAUBBEINE**
Die Mantis ergreift die Beute mit den Raubbeinen (Vorderbeinen), manchmal sogar aus der Luft. Die Beine sind mit Dornen besetzt, um die Beute besser halten zu können.

Knospenähnlicher Hinterleib

Hornartige Augen

Die Orchideen-Mantis kann die Farben von **13 Blüten** in ihrem Lebensraum imitieren.

SULU- UND CELEBES-SEE
Die Ökoregion mit der höchsten Biodiversität

Die marine Sulu-Sulawesi-Ökoregion bedeckt etwa 900 000 km² der Sulu- und Celebes-See sowie die Binnenseen der Philippinen. Sie liegt an der Spitze des südostasiatischen Korallendreiecks. Die Region stellt eine komplizierte Mischung mariner Lebensräume dar, darunter Seegraswiesen, Korallenriffe, Tiefseegräben und -berge, Vulkaninseln und Mangrovengürtel. So ist eine erstaunliche Biodiversität mit über 2000 Arten von Meeresfischen und 400 Korallenarten möglich. Hier leben auch fünf der sieben Meeresschildkröten-Arten der Welt sowie der Dugong und der Irawadi-Delfin – beides gefährdete Arten.

Bedrohtes Paradies

Dank des tropischen Klimas ist das Wasser überwiegend warm und klar. Diese Gewässer locken Scharen von Touristen an, die die Korallenriffe und Inseln besuchen möchten. Fischer fangen hier viele kommerziell wertvolle Fische wie etwa Thunfische. Manche der Riffe sind beliebte Tauchplätze und das Tubbataha-Riff in der Sulu-See ist im Jahr 1993 zum UNESCO-Weltnaturerbe erklärt worden.

Durch die Bebauung der Küsten und die Entnahme von Korallen als Baumaterial üben die wachsende Bevölkerung und der zunehmende Tourismus einen großen Druck auf die marinen Lebensräume aus. Hinzu kommt die Belastung durch ungeklärte Abwässer aus Hotels, Haushalten, Industrie und Landwirtschaft. Man versucht Fischfangtechniken wie die Verwendung von Dynamit und Zyankali zu unterbinden, da sie einen unverhältnismäßig großen Schaden an den Korallenriffen und anderem marinen Leben verursachen.

GIFTIGE NACKTSCHNECKE
Lochs Prachtsternschnecke ist eine auf Korallenriffen lebende Nacktschnecke. Sie frisst Schwämme und ist in der Lage, ihre Giftstoffe in ihrem eigenen Körper einzulagern, sodass er ungenießbar ist. Ihre bunte Färbung dient der Warnung.

ÜBERFISCHUNG
Fischfang wird heute in industriellen Maßstäben betrieben. Daneben sind die Fänge lokaler Fischer meist zu den Eigenbedarf zu vernachlässigen. Die Sardinenschwärme werden durch Überfischung irgendwann nicht mehr existieren.

LEBENDES FOSSIL
Der im Jahr 1997 entdeckte Manado-Quastenflosser ist eine von zwei Quastenflosser-Arten, die beide für ausgestorben gehalten worden waren. Sie ist das Aushängeschild für den Schutz des Bunaken-Nationalparks, in dem sie gefunden worden ist.

> Über 400 verschiedene Korallenarten
> Ungefähr 2000 Fischarten
> Hier leben fünf

SULU- UND CELEBES-SEE | 303

LAGE

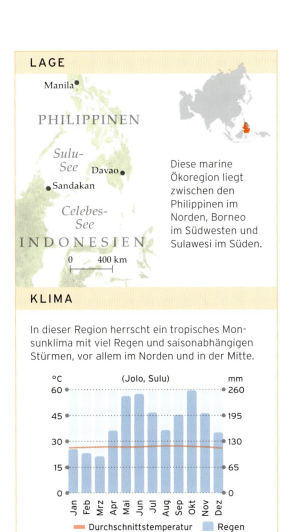

Diese marine Ökoregion liegt zwischen den Philippinen im Norden, Borneo im Südwesten und Sulawesi im Süden.

KLIMA

In dieser Region herrscht ein tropisches Monsunklima mit viel Regen und saisonabhängigen Stürmen, vor allem im Norden und in der Mitte.

Spinner-Delfin
Stenella longirostris

Die auch als Ostpazifische Delfine bezeichneten Spinner-Delfine haben ihren Namen bekommen, da sie sich beim Springen häufig um die eigene Achse drehen (engl. to spin = rotieren). Die geselligen Tiere versammeln sich häufig in Schulen von 200–1000 Tieren. Sie schwimmen oft gemeinsam mit anderen Delfinen und Walen sowie mit Gelbflossen-Thunen oder Echten Bonitos, sodass die Spinner-Delfine immer wieder als Beifang im Thunfischnetz landen.

Flach schlafen, tief fressen

Obwohl sie zum Fressen tief hinabtauchen, ziehen sich Spinner-Delfine tagsüber zum Ausruhen gern zur Sicherheit vor Raubfischen ins Flachwasser zurück. Oft versammeln sie sich in einer Bucht oder an einer Flussmündung. Sie jagen meist nachts und springen dann auch überwiegend. Untereinander bleiben sie über Berührungen, Pfiffe oder Echoortung in Kontakt. Sie können sich zu jeder Jahreszeit paaren. Die Weibchen bekommen ein einzelnes Junges, das rund sieben Jahre bei seiner Mutter bleibt.

↔ 1,3–2,8 m
⚖ 45–80 kg
✖ Unbekannt
🍴 Fische, Kalmare, Krebstiere

Tropische Gewässer, weltweit

Manche Spinner-Delfine springen bis zu 14-mal hintereinander.

▽ MEERESAKROBAT
Die Drehungen beim Sprung versucht man als Kommunikation, Parasitenentfernung oder einfach Freude am Springen zu erklären.

VIELSEITIGES GRAS
Seegraswiesen sind für marine Ökosysteme ausgesprochen wichtig. Seekühen und Meeresschildkröten bieten sie Nahrung und Fischlarven einen Lebensraum. Sie reinigen das Wasser von Chemikalien und stabilisieren den sandigen Meeresboden.

Dugong
Dugong dugon

Dicke Borsten zum Finden von Nahrung

Der Dugong wird auch als Gabelschwanz-Seekuh bezeichnet und ist wie alle Seekühe mit den Elefanten und Schliefern verwandt. Er frisst fast ausschließlich Seegras in tropischen Küstengewässern. Dugongs haben einen walzenförmigen Körper, breite Köpfe, kurze Flossen und fleischige, mit Borsten besetzte Lippen.

Beim Tauchen vermögen die Tiere ihre Nasenlöcher zu verschließen. Allerdings können Dugongs nur etwa drei Minuten unter Wasser bleiben. Wegen ihrer Größe haben erwachsene Tiere kaum Feinde, doch Krokodilen, Haien und Schwertwalen können Jungtiere zum Opfer fallen.

Dugongs paaren sich erst im Alter von mindestens sechs Jahren und nur alle drei bis sieben Jahre wird ein Kalb geboren. Die Jungen kommen nach 14-monatiger Trächtigkeit im flachen Wasser zur Welt und werden von ihrer Mutter zum ersten Atemzug an die Oberfläche gebracht.

Dugongs können bis zu 70 Jahre alt werden. Durch ihre geringe Reproduktionsrate, den durch Menschen verursachten Rückgang des Seegrases, die Kollision mit Booten, die Fischernetze und die Jagd sinkt jedoch der Bestand dieser Tiere. Die meisten Dugongs leben heute im Bereich des australischen Great Barrier Reef.

- ↔ 2–3,3 m
- ⚖ 250–570 kg
- ⊗ Gefährdet
- 🍴 Seegras, Algen

Ostafrika, West-, Süd- und Südostasien, Australien, Pazifikinseln

◁ **BEGLEITUNG**
Dugongs werden oft von jungen Goldmakrelen begleitet. Sie ernähren sich von den Organismen, die der Dugong beim Grasen aufscheucht.

▷ **MUTTER MIT KALB**
Dugongs kommunizieren mit Pfiffen, Trillern, Zwitschern und Bellen in verschiedenen Frequenzen und Lautstärken.

Blaupunkt-Rochen
Taeniura lymma

Von unten betrachtet verschwimmt die helle Unterseite des Rochens im sonnendurchfluteten Wasser. Von oben ist die gefleckte Oberfläche im Korallenriff kaum zu entdecken. Bei Ebbe verstecken sich die Tiere im Riff und bei Flut kommen sie wieder zum Fressen ins Flachwasser.

Das Maul dieser Rochen enthält Reihen plattenähnlicher Zähne, die ideal zum Zerdrücken von Krebstieren sind. Rochen können ihre Beutetiere an deren schwachen elektromagnetischen Feldern erkennen. Blaupunkt-Rochen haben kaum natürliche Feinde – bekannt ist nur der Hammerhai. Die Rochen paaren sich im späten Frühjahr und Sommer. Ein Weibchen kann bis zu sieben lebende Junge gebären.

▽ **BLAUE FLECKEN**
Die Intensität der Flecken kann zur Tarnung reguliert werden.

Giftiger Stachel

- ↔ Bis zu 70 cm
- ⚖ Unbekannt
- ⊗ Potenziell gefährdet
- 🍴 Fische, Krebstiere

Indopazifik

Mandarinfisch
Synchiropus splendidus

- ↔ 6 cm
- Unbekannt
- Unbekannt
- Krebstiere, Würmer

Westpazifik

Die kleinen, bunten Mandarinfische leben in flachen Lagunen und küstennahen Riffen. Tagsüber verstecken sie sich in den Korallen und suchen nachts in kleinen Gruppen nach Nahrung. Sie schwimmen nicht gut und »laufen« eher auf den Bauchflossen über den Boden. Mit dem kleinen Maul erbeuten sie winzige Krebstiere.

Die Haut des Mandarinfischs enthält ein blaues Pigment. Vermutlich sind nur dieser Fisch und seine Verwandten in der Lage, diesen Farbstoff zu erzeugen. Die bunten Farben warnen Fressfeinde vor dem Fisch, denn seine Hautzellen geben einen Schleim ab, der äußerst unangenehm riecht und schmeckt. Der Schleim wirkt auch gegen Außenparasiten, die ansonsten schlafende Fische befallen können.

▷ ABLAICHEN
Die Fische bleiben in Kontakt, wenn sie vom Riff aus aufschwimmen und Eier und Spermien ins Wasser abgeben.

Helle Flecken auf dunkler Haut

Walhai

Rhincodon typus

Der Walhai ist kein Wal, sondern ein Fisch, auch wenn er die Größe eines Wals erreichen kann. Er gehört wie die übrigen Haie und die Rochen zu den Knorpelfischen. Das Wort »Hai« weckt Assoziationen an ein zähnestarrendes, für Menschen bedrohliches Tier, doch der Walhai ist ein sanfter Riese. Der langsam schwimmende Filtrierer erlaubt es Tauchern sogar, seine lange Rückenflosse zu ergreifen und sich von ihm durchs Wasser ziehen zu lassen. Dieser größte Fisch der Welt lebt von zum Teil winzigen Organismen. Er ernährt sich von den kleinen Tieren und Algen, die man als Zoo- und Phytoplankton bezeichnet.

Filtrierer

Über die Lebensweise und das Verhalten des Walhais ist wenig bekannt. Ein ausgewachsenes Tier ist bis zu 12 m lang – es gibt auch unbestätigte Berichte von 23 m langen Exemplaren – und wiegt etwa 10 t. Der große flache Kopf endet in einem Maul, das fast so breit wie der Körper ist und Hunderte winziger Zähnchen enthält, deren Funktion unbekannt ist. Spezielle Kiemenrechen filtern die Nahrung aus dem Wasser, das durch die Kiemen strömt. Ungewöhnlich für einen Hai ist, dass das Maul end- und nicht unterständig ist. Neben sich nicht oder langsam bewegenden Kleinstorganismen frisst der Walhai auch kleine Fische und Kalmare, Fischlaich und -larven – also alles, was ins Maul strömt und an den Kiemenrechen hängen bleibt. Die meistens als Einzelgänger lebenden Walhaie schließen sich gelegentlich zu locker organisierten Schulen von bis zu 100 Tieren zusammen, wenn es genug Nahrung gibt.

Walhaie unternehmen in den Weltmeeren Migrationen von Tausenden von Kilometern. Einzeltiere können mit Sendern markiert oder an dem Fleckenmuster auf ihrem Körper erkannt werden – wie bei menschlichen Fingerabdrücken gibt es auch hier keine zwei gleichen Muster. Die Männchen können von den Weibchen anhand ihrer Klasper unterschieden werden. Das sind umgewandelte Bauchflossen, die die Funktion haben, bei der Begattung Sperma in den Körper des Weibchens zu übertragen. Man weiß wenig über die Vermehrung der Walhaie, doch die Weibchen halten bis zu 300 Eier bis zum Schlupf in ihrem Körper zurück und gebären die lebenden Jungen – ein Phänomen, das man als Ovoviviparie bezeichnet. Vermutlich werden aber nicht alle Jungtiere zur gleichen Zeit geboren.

Unsichere Zukunft

Hat ein Walhai einmal die Geschlechtsreife erreicht, was vermutlich im Alter von 30 Jahren der Fall ist, wird sein gefährlichster Feind der Mensch. Walhaie werden gejagt, weil ihr Lebertran als Nahrungsergänzungsmittel, die Flossen als Suppenbestandteil, das Fleisch zum Verzehr und die Haut als Leder Verwendung finden. Viele Walhaie tragen jedoch auch Narben, die darauf schließen lassen, dass sie schon einmal von Schwertwalen oder anderen Haien angegriffen worden sind. Man vermutet, dass Walhaie in der Natur 70–100 Jahre alt werden.

△ **SPEZIELLE KIEMEN**
Mit den knorpeligen Kiemenrechen kann der Walhai Plankton sowie kleine Fische und Kalmare aus dem Wasser filtern.

△ **GELEITSCHUTZ**
Kleine Fische begleiten den Walhai, vermutlich, weil sie hier vor Feinden geschützt sind.

◁ **EINSAUGEN**
Walhaie öffnen das Maul beim Fressen oft in Nähe der Wasseroberfläche und saugen sowohl Wasser als auch Nahrung hinein.

↔ 12 m
⚖ Über 12 t
✖ Gefährdet
🍽 Phytoplankton, Zooplankton

Tropische und gemäßigte Gewässer auf der ganzen Welt

Beim Fressen **pumpt der Walhai** alle 100 Minuten **genug Wasser** durch seine Kiemen, um ein **olympisches Schwimmbecken** damit zu füllen.

Großer Barrakuda
Sphyraena barracuda

Erwachsene Tiere mit steifer Flosse
Flacher, langgestreckter Schädel

Die langen, torpedoförmigen Fische jagen allein oder in Gruppen. Tagsüber versammeln sie sich in großen Schulen, die an den Rändern der Korallenriffe patrouillieren und eher auf Sicherheit als auf einen Jagderfolg setzen. In der Nacht teilt sich die Schule auf und die einzelnen erwachsenen Tiere gleiten durch das Riff, um Fische aus der Nähe anzugreifen, während die jüngeren Barrakudas in kleinen Gruppen Fischschwärme verfolgen.

Lange Zähne
Der stromlinienförmige Körper sorgt mit den kurzen, steifen Flossen im Wasser für Stabilität, sodass vom ruhigen Schwimmen bis zum schnellen Zustoßen alles möglich ist – angetrieben durch die große Schwanzflosse. Die Kiefer zeigen einen Unterbiss, sodass der Unterkiefer länger als der Oberkiefer ist. So kann der Barrakuda das Maul weit öffnen und nadelspitze Zähne zeigen, die nicht nur in den Kieferknochen, sondern auch im Gaumendach sitzen. Mit ihnen kann der Fisch zappelnde Beute festhalten, aber auch größere Fische mit einem kräftigen Biss zerteilen. Manchmal beißt ein Barrakuda auch einen Taucher, wenn er dessen glitzernde Uhr mit einem Fisch verwechselt.

Große Barrakudas laichen in offenem Wasser und die Eier treiben mit der Strömung davon. Die Jungfische bleiben bis zu einer Größe von 8 cm in Flussmündungen und schwimmen dann aufs Meer hinaus.

Das **Fleisch großer Barrakudas** kann **tödlich giftig** sein.

- Bis zu 2 m
- Bis zu 50 kg
- Unbekannt
- Fische

Tropische und subtropische Gewässer weltweit

Boxerkrabbe
Lybia tessellata

Mit kurzen Haaren bedeckte Beine

Die kleinen Scheren der Boxerkrabbe taugen weder zum Angriff noch zur Verteidigung. Stattdessen benutzt sie Seeanemonen als Leibwächter. Sie ergreift die Nesseltiere mit den Scheren und hält sie jedem potenziellen Angreifer entgegen. Auch die Seeanemonen profitieren davon, weil sie durch das Wasser getragen werden und dabei Nahrungspartikel aufnehmen können. Da die Krabbe keine Nahrung erbeuten kann, stiehlt sie einen Teil der von den Anemonen gesammelten Brocken.

- 1–2,5 cm
- Unbekannt
- Plankton

Westlicher Indischer Ozean, westlicher und südlicher Pazifik

△ BOXHANDSCHUHE
Ohne die Seeanemonen ist die Krabbe mehr oder weniger wehrlos und besitzt nur ein paar stachlige Fortsätze am Panzerrand.

Büffelkopf-Papageifisch
Bolbometopon muricatum

Dieser größte Papageifisch ist auch der geselligste – er frisst, schläft und laicht in großen Gruppen. So wird er zum leichten Opfer für Harpunenfischer und die Überfischung hat zum Rückgang seines Bestands geführt. Wie alle Papageifische frisst auch der Büffelkopf-Papageifisch lebende Korallen. Mit dem großen Kopf rammt er das Riff, bricht Korallen ab und zerbeißt sie mit den starken Zähnen.

- Bis zu 1,3 m
- Bis zu 46 kg
- Gefährdet
- Korallen, Algen

▷ KORALLENFRESSER
Ein erwachsener Büffelkopf-Papageifisch vertilgt in jedem Jahr 5–6 t Korallen. Das Kalkskelett der Korallen wird als Korallensand wieder ausgeschieden und gelangt so ins Riff zurück.

Indischer Ozean, südl. Pazifik

△ HEIMLICHER JÄGER
Die Reflexionen der silbrigen Schuppen lassen den Barrakuda vor dem Hintergrund verschwimmen und der schmale Kopf wird kaum wahrgenommen.

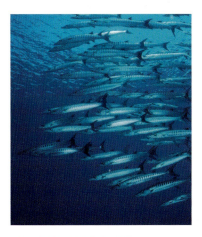

△ BARRAKUDA-SCHULE
Gruppen von jüngeren Barrakudas treiben Fischschwärme in flacheres Wasser, wo die Beute leichter zu erwischen ist.

Vatuira, Fidschi-Inseln
Das warme, klare Wasser der Korallenriffe ermöglicht eine unglaubliche Lebensvielfalt. Die bunten Farben der hier lebenden Fische erlauben ihnen das Erkennen ihrer Artgenossen.

Australasien

AUSTRALASIEN

ÖKOREGIONEN

- Bergwälder Neuguineas ›› S.314-319
  Tropischer Regenwald, Mischwald
- Nordaustralische Savanne ›› S.320-327
  Tropische Gras- und Buschsteppen
- Nordaustralische Wüsten ›› S.328-333
  Wüsten, Buschland
- Wälder Ostaustraliens ›› S.334-343
  Gemäßigte Laubwälder, Mischwald
- Great Barrier Reef ›› S.344-353
  Meer, Korallenriffe
- Mischwälder Neuseelands ›› S.354-359
  Gemäßigter Laubwald, Mischwald

ARNHEMLAND

Diese etwa 1500 km vom Äquator entfernte Region weist ein jahreszeitlich unterschiedliches tropisches Klima auf. Die Mischung von Küstenlandschaften und Hügeln bietet Arten wie Dickschwanzratten und Schlangen einen Lebensraum. Hier finden auch Dugongs, Meeresschildkröten und Zugvögel ein Rückzugsgebiet.

Timor-See — *Arafura-See* — Melville-Insel — Arnhemland — Barkly Tafelland — Kimberley-Plateau — Tanami-Wüste — Große Sandwüste — Macdonnell-Kette — Hamersley-Kette — AUSTR — Gibson-Wüste — Uluru (Ayers Rock) 867m — Simpson-Wüste — Große Victoria-Wüste — Nullarbor-Ebene — Darling-Kette — Känguru-Insel

INDISCHER OZEAN

WÜSTEN DER WESTKÜSTE
In der durch kalte Meeresströmungen und ablandige Winde ausgetrockneten Region gibt es nur spärliche Küstenvegetation.

NULLARBOR-EBENE
In dieser weiten, felsigen Ebene gibt es kein permanentes Wasser. Das Leben beschränkt sich auf einen Küstenstreifen.

SCHLÜSSELDATEN

ÖKOSYSTEME
- Tropischer Regenwald
- Gemäßigter Laubwald
- Mediterrane Vegetation
- Tropisches/subtrop. Grasland
- Gemäßigte Grassteppen
- Wüste, Buschsteppe
- Bergwiesen

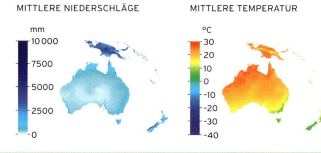

MITTLERE NIEDERSCHLÄGE (mm: 0–10000)
MITTLERE TEMPERATUR (°C: -40 bis 30)

SHARK BAY

Die Bedingungen der flachen, geschützten Shark Bay begünstigen die Bildung seltsamer Strukturen, die man als Stromatolithen bezeichnet. Sie bestehen aus Sedimentschichten und von Cyanobakterien erzeugten Biofilmen und sind nahezu identisch mit 3 Milliarden Jahre alten Fossilien. Cyanobakterien zählen zu den ersten bekannten Lebewesen.

DER ROTE KONTINENT
Australasien

Australasien besteht aus dem australischen Festland sowie Tasmanien, Neuseeland, Neuguinea und einigen anderen Inseln. Mit Ausnahme von Neuseeland gehören sie alle zum Kontinent Australien. Er ist der kleinste und im Durchschnitt auch der trockenste Kontinent: Etwa ein Drittel besteht aus Wüste und ein weiteres Drittel ist semiarid. Nennenswerter Regen fällt auf dem Festland nur am Ostrand, wohingegen das auch als »Outback« bezeichnete Innere oft ausgetrocknet ist.

In Bezug auf die Evolution hat Australien eine einzigartige Geschichte. Es hat sich vor über 80 Millionen Jahren vom südlichen Superkontinent Gondwana getrennt und dabei die zu der Zeit lebenden Pflanzen und Tiere – vor allem Beuteltiere – mitgenommen. Bis vor 6000 Jahren, als der Meeresspiegel nach der letzten Eiszeit stieg, waren Australien und Neuguinea durch eine Landbrücke verbunden. Daher stimmen sie in ihrer Tierwelt, die zum großen Teil aus endemischen Arten besteht, zum großen Teil überein. Die meisten australischen Pflanzen und Säugetiere sowie einen großen Teil der Vögel findet man nirgendwo sonst.

Neuseeland liegt im Südosten Australiens, über 2100 km vom Festland entfernt, und ist stärker isoliert. Auch hier gibt es viele einzigartige Tiere und Pflanzen, darunter Kiwis und andere flugunfähige Vögel.

GONDWANA-REGENWALD
Nur Reste der Wälder des Superkontinents Gondwana haben mit prähistorischen Farnen und Nadelbäumen sowie ursprünglichen Bedecktsamern überlebt. Auch Leierschwänze und Laubenvögel sind vor über 60 Millionen Jahren entstanden.

AUSTRALISCHES BERGLAND
Die einzige größere Gebirgskette Australiens ist über 3500 km lang. Sie sorgt im Osten für feuchteres Klima, während es im Westen trockener wird.

MURRAY-DARLING-BECKEN
Die Feuchtgebiete des nach den beiden Flüssen genannten Gebiets sind sehr kurzlebig.

TASMANIEN
Auf dieser Insel gibt es dichte Regenwälder und kühle Laubwälder in den Bergen. Hier leben noch einst auf dem Festland verbreitete Tierarten wie der Beutelteufel.

NEUSEELÄNDISCHE ALPEN

Das auch als Südalpen bezeichnete Gebirge bildet das Rückgrat der neuseeländischen Südinsel und ist das höchste Australasiens. Hier gibt es Gletscher, tiefe Täler, Wälder und Klippen. Sie sind der Lebensraum für Tiere wie den Felsschlüpfer, den Kea und den Haast-Kiwi.

BERGWÄLDER NEUGUINEAS
Tropisches Hochland als Zentrum der Biodiversität

Neuguinea liegt fast auf dem Äquator und ist die zweitgrößte Insel der Welt. Politisch ist es in zwei Teile gespalten: Indonesien im Westen und Papua-Neuguinea im Osten. Die Tier- und Pflanzenwelt ist eine Mischung aus australischen und asiatischen Elementen, die sich hier schon vor Hunderttausenden von Jahren etablierten.

Durch Unzugänglichkeit geschützt

Trotz zweier Jahrhunderte der Abholzung, der Landwirtschaft, der Viehzucht und des Bergbaus, der immer noch zunimmt, sind zwei Drittel Neuguineas noch von Wäldern bedeckt, vor allem in den unzugänglichen Bergen. Diese Wälder kann man grob in die Bergregenwälder im Nordwesten der Vogelkop-Halbinsel, die Regenwälder im Zentrum der Insel und die Regenwälder der im Nordwesten gelegenen Huon-Halbinsel einteilen. Das feuchte tropische Klima regt ein explosives Wachstum an.

Die Pflanzen- und Tierpopulationen, die in abgelegenen Tälern oder auf verstreuten Bergen isoliert worden sind, haben sich zu Tausenden von Arten entwickelt, die man sonst nirgendwo auf der Welt findet.

Aktive Vulkane und Erdbeben schaffen immer wieder neue Landschaften und erhöhen die Biodiversität noch weiter. Die Höhenunterschiede wirken sich ähnlich aus. Die niedrigeren Hügel sind heiß und feucht, während die von Wolken umgebenen hohen Gipfel kühler sind. Die Wälder beherbergen über 6000 Pflanzenarten und Dutzende einzigartiger Vögel und Säugetiere, darunter die eierlegenden Ameisenigel und Beuteltiere wie die Baumkängurus.

LAUBENBAU Der Hüttengärtner ist ein Laubenvogel, der aus Zweigen ein Laube genanntes Gebilde anlegt und es mit Blüten, Muscheln und glitzernden Dingen dekoriert. All das zeit darauf ab, ein Weibchen zur Paarung zu bewegen.

HÜTTENGÄRTNER

KLEINER RÄUBER Der Spitzhörnchenbeutler gehört wie die Beutelmarder und der Beutelteufel zu den fleischfressenden Raubbeutlern, ist aber eine der kleinsten Arten. Er lebt in den zentralen Gebirgen Neuguineas und jagt Insekten, Würmer und Larven.

SPITZHÖRNCHENBEUTLER

GIFTIGER VOGEL Tests in den späten 1980er-Jahren haben ergeben, dass die Haut und die Federn des Zweifarben-Pitohui das Nervengift Homobatrachotoxin enthalten, das bei Menschen Kribbeln und Taubheit hervorruft. Auch verwandte Arten verfügen über das Gift.

ZWEIFARBEN-PITOHUI

> Dutzende neuer Arten in jedem Jahr entdeckt
> Heimat aller vier Ameisenigel-Arten

BERGWÄLDER NEUGUINEAS | 315

LAGE

Die Bergwälder Neuguineas verlaufen in Höhen von 1000–3000 m von Westen nach Osten, vor allem entlang der zentralen Gebirgsketten.

KLIMA

Jeden Monat fällt nennenswerter Regen und die Temperaturen sind weniger von den Jahreszeiten als von der Höhe abhängig.

Eigentlicher Tüpfelkuskus
Spilocuscus maculatus

Das Fell des Männchens ist stärker als das des Weibchens gefleckt.

Das wollige Fell, aber auch das Fleisch dieses überwiegend nachtaktiven, baumbewohnenden Beuteltiers wird von Jägern sehr geschätzt. Der Kuskus schläft mit zwischen die Beine geklemmtem Kopf auf Ästen und zieht oft große Blätter heran, um sich hinter ihnen zu verstecken.

▷ **GREIFSCHWANZ**
Der Schwanz ist zum Klettern genauso wichtig wie die fünfzehigen Füße. Die hintere Hälfte ist auf der Unterseite zur besseren Haftung unbehaart.

- 35–44 cm
- 1,5–3,5 kg
- Verbreitet
- Früchte, Blüten, Blätter

Papua-Neuguinea, Nordaustralien

Östl. Langschnabeligel
Zaglossus bartoni

Weiße Stacheln schützen den Kopf, den Rücken und die Seiten des Östlichen oder Barton-Langschnabeligels, doch sie verschwinden fast im groben Fell. Dies ist die größte Art der Kloakentiere, der Gruppe eierlegender Säugetiere, zu der auch das Schnabeltier gehört. Die Männchen tragen Sporen an den Hinterbeinen und beide Geschlechter besitzen Elektrorezeptoren in ihrer Schnauze, mit denen sie die von ihrer Beute erzeugten elektrischen Felder wahrnehmen können.

▽ **WURMJÄGER**
Bei der Suche nach Regenwürmern stochern die Schnabeligel mit den langen Schnauzen im Boden herum. Sie ergreifen die Beute mit der Zunge, die mit kleinen Stacheln besetzt ist.

- 60–100 cm
- 5–10 kg
- Vom Aussterben bedroht
- Regenwürmer

Neuguinea

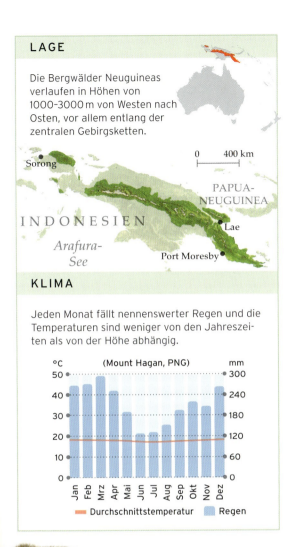

SELTENER SCHMETTERLING
Auf Neuguinea leben viele große Vogelfalter, darunter auch der seltene Rothschild-Vogelfalter. Er hat eine Spannweite von 15–18 cm und lebt nur in einer Höhe von 2500 m auf der Vogelkop-Halbinsel.

Höchste Insel der Welt — VOGELFALTER

Gleitbeutler
Petaurus breviceps

Bewegliche Ohren zur Beutesuche

Große Augen zum Sehen bei Nacht

Behaarte Flugmembran, im Flug weit gespreizt

Der lange Schwanz dient beim Gleitflug als Steuerung.

Dieser Kurzkopf-Gleitbeutler ist die am weitesten verbreitete Art aller Gleitbeutler. Die auffälligste Eigenschaft dieser geselligen Tiere ist ihre Flugfähigkeit. Dank zweier behaarter Flugmembranen kann er die Distanz zwischen zwei Bäumen in einem langen, kontrollierten Gleitflug überwinden. Kurz vor der Landung steuert er nach oben und findet dann mit seinen Krallen auf der Borke Halt. Kurzkopf-Gleitbeutler suchen nur selten den Boden auf.

Die Bedeutung des Geruchs

Der Geruch ist bei diesen nachtaktiven Beuteltieren ein wichtiges Hilfsmittel zur Kommunikation. Dominante Männchen benutzen die Drüsen an der Stirn, der Kehle, der Brust und der Schwanzregion zur Markierung des Reviers, das sie energisch verteidigen, sowie zur Kennzeichnung von Gruppenmitgliedern. Bis zu sieben erwachsene Tiere sowie die Jungtiere des Jahres schlafen tagsüber in mit Blättern ausgekleideten Baumhöhlen. Bei Kälte, Nässe oder Dürre können sie in einen bis zu 13-stündigen Torpor verfallen, um Energie zu sparen.

Der **wissenschaftliche Name** bedeutet **Kurzkopf-Seiltänzer.**

◁ **AUSFLUG**
Junge Gleitbeutler reiten oft auf dem Rücken der Mutter, wenn sie auf Nahrungssuche ist.

△ **SAFT AUFLECKEN**
Kurzkopf-Gleitbeutler nagen mit ihren langen Schneidezähnen Löcher in die Borke und lecken den austretenden Saft auf.

Goodfellow-Baumkänguru

Dendrolagus goodfellowi

Mit seinem breiten Gesicht, der kurzen Schnauze und den runden Ohren erinnert der Kopf dieses Baumkängurus eher an den eines Bären als an den seiner auf dem Boden lebenden Verwandten. Kürzere, unabhängig bewegliche Hinter- und kräftigere Vorderbeine sind weitere Unterschiede – und natürlich das Leben in den Bäumen und die Ernährung von Blättern, Früchten und Blüten. Die Tiere sind nachtaktiv und Einzelgänger. Es gibt keine bestimmte Paarungszeit.

Großes Gehirn

Baumkängurus klettern, indem sie einen Ast oder Stamm mit den kräftigen Vorderbeinen ergreifen und dann mit den Hinterbeinen an ihm »hinauflaufen«. Bewegliche Fußgelenke erlauben die leichte Fortbewegung in den Bäumen und das Gehirn ist im Verhältnis zum Körper größer als bei vielen anderen Beuteltieren. Steigt das Tier auf den Boden herab, läuft und hüpft es. Wie die meisten Baumkängurus ist auch dieses durch den Verlust des Lebensraums durch Abholzung bedroht. Es wird zudem wegen seines Fleisches gejagt.

▷ **BALANCEAKT**
Mit den breiten Hinterfüßen können sich die Tiere gut festhalten und mit dem Schwanz balancieren.

- ↔ 52–80 cm
- ⚖ 6,5–14,5 kg
- ⊗ Stark gefährdet
- 🍽 Blätter, Früchte, Blüten, Gras

Neuguinea

◁ **GLEITFLUG**
Die zwischen den Vorder- und den Hinterbeinen aufgespannte Flugmembran erlaubt dem Gleitbeutler bis zu 90 m weite Gleitflüge zwischen zwei Bäumen.

- ↔ 15–21 cm
- ⚖ 80–160 g
- ⊗ Verbreitet
- 🍽 Baumsäfte, Gliederfüßer

Südostasien, Neuguinea, Nord- bis Westaustralien

Schopf-Beerenfresser

Paramythia montium

Wie auch bei anderen in verschiedenen Höhen lebenden Tieren fällt es auf, dass die Schopf-Beerenfresser der Bergwälder größer als die der tiefer gelegenen Gebiete sind. Gruppen dieser Vögel schließen sich gemischten Schwärmen an.

Die monogamen Vögel bauen aus Moos und Pflanzen napfförmige Nester. Nur das Weibchen brütet, doch beide Geschlechter kümmern sich um die Jungen, die nach 15 Tagen flügge werden.

▷ **BALZVERHALTEN**
Das Männchen der normalerweise schlanken Vögel plustert sich auf und drückt die Brust heraus, um bei der Balz einen guten Eindruck zu machen.

- ↔ 22 cm
- ⚖ 36–61 g
- ⊗ Regional verbreitet
- 🍽 Früchte, Beeren, Insekten

Neuguinea

Großer Paradiesvogel
Paradisaea apoda

Gespreizte gelbe Federn

Schwarzgelber Kopf

Heute gibt es über 40 Paradiesvogel-Arten, die fast alle in den dichten Wäldern Neuguineas leben. Nur wenige kommen in Indonesien oder Nordaustralien vor. Der Große Paradiesvogel ist der größte seiner Familie. Er hat in etwa die Größe und Gestalt einer Krähe und besitzt kräftige, schuppige Beine und einen spitzen Schnabel. Er ernährt sich von Früchten und Samen, verschmäht aber auch kleine Insekten nicht.

Manche Arten der Paradiesvögel sind eher unscheinbar und gehen feste Paarbindungen ein. Andere sind polygyn – die auffälligeren Männchen paaren sich mit mehreren Weibchen. Die Männchen dieser Arten besitzen ein spektakuläres Gefieder mit verschieden geformten Federn, die Bögen, Spiralen und schillernde Schulterbedeckungen bilden. Das Gefieder der Flanken des Großen Paradiesvogels kann aufgestellt und gespreizt werden, sodass der Eindruck entsteht, dass der ganze Körper mit kastanienbraunen, weißen und goldgelben Bögen geschmückt ist. Die Weibchen sind dunkler braun und verzichten auf diesen Schmuck.

Balzplätze
Die Männchen der polygynen Arten balzen gemeinsam an Balzplätzen, sogenannten Leks, wo die Weibchen sich den schönsten und kräftigsten Bewerber aussuchen. Der Lek des Großen Paradiesvogels besteht aus großen horizontalen Ästen knapp unterhalb der Baumkrone eines oder mehrerer größerer Bäume. Die Männchen entfernen die Blätter in der unmittelbaren Umgebung. Der Platz kann mehrere Jahre lang genutzt werden. 8–20 Männchen können den gleichen Lek benutzen, der manchmal auch mit dem ähnlichen Raggi-Paradiesvogel (*P. raggiana*) geteilt wird.

Lebhafter Auftritt
Die Männchen des Großen Paradiesvogels schlagen auf dem Lek mit den Flügeln und heben ihre langen Federn, posieren dann wieder mit gespreiztem Gefieder und halb geöffneten Flügeln. Die Rivalen umkreisen sich, hüpfen auf den Ästen, schlagen mit den Flügeln und spreizen ihr Gefieder. Dann beugen sie sich herab und hängen mit dem Kopf nach unten an den Ästen, sodass man manchmal kaum erkennen kann, wo der Kopf und wo der Schwanz ist. Währenddessen rufen sie ununterbrochen laut, wohingegen die Weibchen still zusehen und sich ein Männchen zur Paarung aussuchen.

Wie bei allen polygynen Arten spielt das Männchen beim Nestbau und der Betreuung der Jungen keine Rolle. Das Weibchen baut ein schüsselförmiges Nest aus Blättern und Ranken, in das es ein oder zwei Eier legt.

> Gerüchte über die »Besucher aus dem Paradies« erreichten Europa vor der ersten **wissenschaftlichen Beschreibung.**

- ↔ 42–45 cm
- 170 g
- Regional verbreitet
- Früchte, Samen, Insekten

Südostasien, Neuguinea

◁ **BALZ IM MORGENGRAUEN**
Während der Balz spreizt das Männchen die gelben Federn der Flanken über den herabhängenden Flügeln und schüttelt sich, um die Gunst eines Weibchens zu gewinnen.

NORDAUSTRALISCHE SAVANNE
Tropische, von Insekten beherrschte Grassteppen

In den meisten Regionen wachsen auf Grassteppen nur wenige Grasarten und große, grasende Säugetiere erhalten die Landschaft. Im tropischen Norden Australiens erstrecken sich diese Savannen über rund 1,5 Millionen Quadratkilometer. Hier findet man ein stärkeres Gemisch von Pflanzen- und Tierarten sowie unterschiedlichere Landschaften, von den typischen Ebenen bis zu felsigen Schluchten, in denen sich fast regenwaldähnliche Dickichte verbergen.

Nass und trocken

Die über die Savanne verteilten Bäume, die ab und zu kleine Wäldchen bilden, sind meist Eukalyptus. Durch die zuverlässig wiederkehrende Regenzeit wachsen immergrüne Bäume und Büsche, wo es gelegentliche Überflutungen und temporäre Seen gibt, Akazien dagegen im trockeneren Süden. Während der sechs bis acht Monate der trockeneren Zeit verfärben sich viele Gräser graubraun und manche Bäume werfen die Blätter ab.

Diese Saisonabhängigkeit führt zusammen mit den eher kargen Böden und der langen Isolation des Kontinents dazu, dass es relativ wenige große Grasfresser gibt, zumeist Kängurus. Stattdessen werden die Pflanzen überwiegend von Insekten – vor allem Termiten – gefressen und recycelt. Ihre bis zu 5 m hohen Hügel sind in der Landschaft zu Tausenden zu finden. Durch die unterirdische Lebensweise und das Sammeln von Holz- und Pflanzenmaterial können die Termiten auch die trockene Zeit überstehen. Außerdem leben in der Steppe die verschiedensten Reptilien wie die Kragenechse sowie kleine Beuteltiere.

LEBEN NACH DEM FEUER
Wie viele andere lokale Bäume hat sich der Jarrah (ein Eukalyptus) an gelegentliche Brände durch Blitzschlag angepasst, da er wieder neu austreiben kann. Gezielt durch Viehzüchter gelegte Brände bedrohen ihn und andere Pflanzen jedoch.

JARRAH

NACH NORDEN ZEIGEN
Kompasstermiten errichten ihre 2 m hohen Hügel in Nord-Süd-Richtung, um die Temperatur in ihnen zu regulieren. Die breiteren Ost- und Westseiten werden morgens und abends erwärmt, während die Mittagssonne nur eine schmale Fläche trifft.

TERMITENHÜGEL

NAHRUNGSKONKURRENZ
Da in der Savanne viele kleine Beuteltiere leben, stellt sie für verwilderte Katzen ein gutes Jagdgebiet dar. Damit konkurrieren die Katzen mit einheimischen Raubtieren wie dem Zwerg-Beutelmarder, dessen Bestände infolgedessen abnehmen.

BEUTELMARDER

Über viermal so groß wie Deutschland › Temperaturen oft über 50 °C › Hier leben

NORDAUSTRALISCHE SAVANNE | 321

LAGE

Die Steppen bedecken ein Fünftel des Kontinents und gehen im Westen in Wüsten und im Osten in Wälder über.

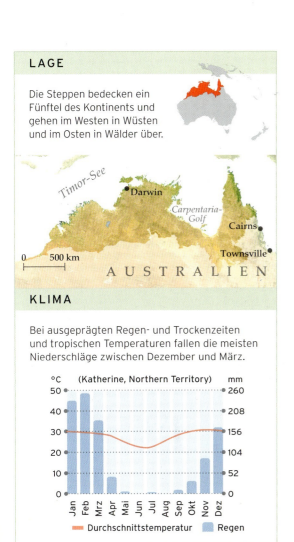

KLIMA

Bei ausgeprägten Regen- und Trockenzeiten und tropischen Temperaturen fallen die meisten Niederschläge zwischen Dezember und März.

Dingo
Canis lupus dingo

Unregelmäßige weiße Flecken

Dingos sind Haushunde, die schon vor Tausenden von Jahren verwildert sind und sich auch heute noch mit Haushunden kreuzen. Es gibt auch eine thailändische Population. Die als Schädling verfolgten Dingos sind für die Biodiversität Australiens wichtig, da sie die eingeschleppten Kaninchen, Katzen und Füchse kontrollieren, die eine Bedrohung für die einheimischen Arten darstellen.

- ↔ 0,9–1 m
- ⚖ 9,5–19,5 kg
- ⊗ Gefährdet
- 🍖 Kaninchen, Kängurus, Vögel

Südostasien, Australien

◁ **DIE WELPEN BEAUFSICHTIGEN**
Nur das dominante Weibchen eines Dingo-Rudels bekommt Nachwuchs, um den sich dann das gesamte Rudel kümmert.

Brillen-Hasenkänguru
Lagorchestes conspicillatus

SAMENFRESSER
Mehr als die Hälfte der über 90 samenfressenden australischen Vogelarten wie die Gould-Amadine halten sich häufig in der Savanne auf und legen auf der Nahrungssuche große Entfernungen zurück. Wie auch andere Wildtiere sind sie durch Brände bedroht.

über 500 Vogelarten

GOULD-AMADINE

Das Brillen-Hasenkänguru ist auf das Wassersparen eingerichtet. Es besitzt die effektivsten Nieren aller Säugetiere, sodass dieses nachtaktive Beuteltier mit dem in der Nahrung enthaltenen Wasser auskommen und konzentrierten Urin produzieren kann. Es leitet sogar die eigene Atemfeuchtigkeit in den Magen. Tagsüber versteckt es sich vor der Hitze unter Grashorsten, die es auch vor Räubern wie den eingeschleppten Katzen und Füchsen schützen.

- ↔ 40–48 cm
- ⚖ 1,5–4,5 kg
- ⊗ Verbreitet
- 🍖 Gräser, Kräuter, Früchte

Nördliches Australien

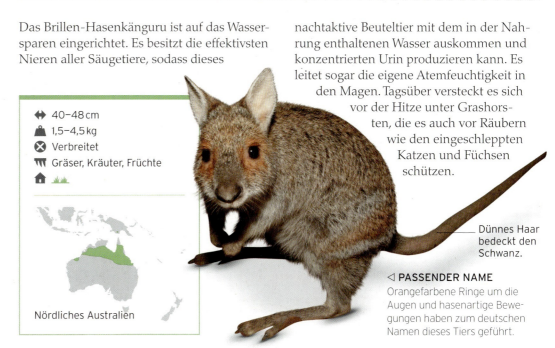

Dünnes Haar bedeckt den Schwanz.

◁ **PASSENDER NAME**
Orangefarbene Ringe um die Augen und hasenartige Bewegungen haben zum deutschen Namen dieses Tiers geführt.

Emu
Dromaius novaehollandiae

Der Emu ist der größte australische Vogel und hat wie seine ebenfalls flugunfähigen Verwandten, die Kasuare, Federn mit zwei gleich ausgeprägten Federkielen. Anders als die Federn des Straußes und der Nandus wirkt das Gefieder des Emus eher wie grobes Haar mit einem Scheitel auf dem Rücken.

Große Herden bilden Emus nur, wenn sie nach Nahrung oder Wasser suchen müssen. Die Hennen regen die Paarbildung an, indem sie einen Hahn umkreisen und tiefe, trommelnde Töne von sich geben. Die später mithilfe des Halsluftsacks erzeugten dröhnenden Rufe können 2 km weit gehört werden. Die Weibchen liefern sich Kämpfe um die Männchen. Paare schließen sich schon mehrere Monate vor der Eiablage zusammen. Brütende Hähne fressen oder trinken acht Wochen lang nichts, doch die Hennen kümmern sich nicht um den Nachwuchs und paaren sich oft mit anderen Hähnen.

Probleme und Lösungen

Im Jahr 1932 baten Landwirte in Western Australia die Armee darum, die Emus in ihrem Bundesstaat auszurotten, doch die Initiative schlug fehl. Heute werden viele Emus in eingezäunte Gebiete gesperrt, finden dort aber nicht immer genug Wasser und verdursten. Zu den natürlichen Feinden der Emus gehören Dingos und Keilschwanz-Adler. Reptilien können die Eier fressen.

Hähne mit hellem und Hennen mit schwarzem Hals

Kräftige Gelenke

▷ **IDEAL ZUM RENNEN**
Die Beinmuskulatur und die dreizehigen Füße sind wie zum Rennen gemacht. Lange Strecken können Emus mit durchschnittlichen 7 km/h zurücklegen. Sie vermögen aber auch mit 2,7 m langen Schritten auf 48 km/h zu beschleunigen.

◁ **WACHSAMER VATER**
Der Hahn brütet und zieht die Jungen auf, auch wenn er dazu manchmal die Henne verscheuchen muss.

- ↔ 1,7–2,1 m
- ⚖ 30–60 kg
- ⊗ Verbreitet
- 🍽 Samen, Beeren

Australien

Blauflügel-Liest
Dacelo leachii

Die auch als Kookaburras bezeichneten Vögel gehören zur Familie der Eisvögel und sind für ihre an Lachen erinnernden Rufe bekannt. Sie halten sich meist gut sichtbar in den Bäumen auf, schauen sich um und fliegen zu Boden, um ihre Beute zu ergreifen. Dazu gehören große Insekten, kleine Reptilien und Frösche, wobei der kräftige Schnabel auch kleine Vögel und Nagetiere bewältigt. Der Blauflügel-Liest ist ein wenig kleiner als der mit ihm verwandte Jägerliest, der wegen seines auffälligen Rufs auch »Lachender Hans« genannt wird.

Hilfreicher großer Bruder
Paare dieser Vögel bleiben ihr Leben lang zusammen und werden bei der Verteidigung ihres Nests und der Aufzucht der Jungen von ein oder zwei Helfern aus früheren Bruten unterstützt. Das Weibchen bebrütet seine Eier in einer Baumhöhle, wo die Jungen durch Schlangen gefährdet sind. Meist überleben zwei oder drei Jungtiere und können nach 36 Tagen fliegen, sind aber erst nach zehn Wochen vollständig selbstständig.

- 38–42 cm
- 310 g
- Verbreitet
- Insekten, Reptilien, Fische

Südliches Papua-Neuguinea, nördliches Australien

◁ **UM FUTTER BETTELN**
Die Jungen verdrängen sich gegenseitig bei der Fütterung und die zwei oder drei ältesten können das jüngste und schwächste Tier töten.

Sichel-Pfeifgans
Dendrocygna eytoni

Obwohl Pfeifgänse auf dem Trockenen grasen, benötigen sie Zugang zum Wasser. Sie suchen meist nachts nach Nahrung und fliegen dazu bis zu 30 km weit. Das Nest wird mit weichem Gras gepolstert und nicht mit den Daunen des Weibchens.

Langer Hals

- 40–60 cm
- 0,5–1,5 kg
- Verbreitet
- Gräser
- N- und O-Australien

▷ **SICHELFÖRMIGE FEDERN**
Pfeifgänse sind an den kleinen Köpfen und am Sozialverhalten zu erkennen. Diese Art fällt durch helle, sichelförmige Federn an ihrer Seite auf.

Purpurkopf-Staffelschwanz
Malurus coronatus

Der Purpurkopf-Staffelschwanz bevorzugt wie die anderen Arten seiner Gattung dichte Vegetation. Er lebt im dichten Gras in der Nähe von Flüssen. Die Männchen zeigen leuchtende Farben. Männchen und Weibchen ziehen die Jungen gemeinsam auf, paaren sich aber auch mit anderen Partnern, sodass komplexe soziale Strukturen entstehen.

- 14 cm
- 9–13 g
- Verbreitet
- Insekten
- Nordaustralien

◁ **SCHWANZFEDERN**
Der steil nach oben zeigende Schwanz kommt Europäern bekannt vor, doch ist der Staffelschwanz nicht mit den Zaunkönigen verwandt.

324 | AUSTRALASIEN

Mit den beiden **langen Zähnen in ihrem Unterkiefer** kann die **Kragenechse** kräftig **zubeißen.**

△ **AUF DER FLUCHT**
Auf der Flucht läuft die Kragenechse auf zwei Beinen davon. Mit zunehmender Geschwindigkeit hebt ihr Vorderteil vom Boden ab.

Offenes Maul und geöffneter Kragen zur Abschreckung

Kragenechse

Chlamydosaurus kingii

Bei Bedrohung erhobener Schwanz

Diese Art aus der Familie der Agamen, zu der auch der australische Dornteufel zählt, ist für ihr auffälliges Drohverhalten bekannt. Die Kragenechse richtet sich dazu auf und spreizt mithilfe der Zungenbeinmuskulatur einen von Knorpelstäben gestützten bunten Kragen ab. Dann öffnet sie das mit heller Schleimhaut ausgekleidete Maul, hebt den Schwanz oder peitscht mit ihm den Boden und faucht laut. Die Echse kann sich auch auf den Hinterbeinen aufrichten oder von einem Bein auf das andere hüpfen, während sie mit den Vorderbeinen Fressfeinde wie Schlangen, Echsen, Greifvögel, verwilderte Katzen und Beutelmarder abschreckt.

Überraschungseffekt

Das plötzliche Drohverhalten lässt viele Fressfeinde zögern, sodass die Kragenechse Zeit bekommt, um davonzulaufen. Meist flüchtet sie auf einen Baum – Bäume sind ohnehin ihr bevorzugter Aufenthaltsort – oder zwischen Felsen. Dabei wird der Kragen angelegt, sodass er flach auf den Schultern und dem vorderen Rücken aufliegt.

Die Kragenechse setzt ihren Kragen allerdings auch für andere Zwecke ein. So versuchen Männchen Eindringlinge in ihr Revier damit zu verscheuchen und Rivalen zur Paarungszeit abzuschrecken. Beide Geschlechter benutzen den Kragen, um potenzielle Partner mit ihm zu beeindrucken. Außerdem dient der Kragen der Kontrolle der Körpertemperatur.

Temperaturabhängig

Die Tiere paaren sich zwischen September und November, da dann der Regen für genug Nahrung sorgt – vor allem Ameisen, Termiten, Zikaden und Raupen. Nach der Paarung gräbt das Weibchen ein Nest in den lockeren Boden und legt 5–20 weichschalige Eier hinein – Brutpflege gibt es nicht. Nach etwa zehn Wochen schlüpfen die Jungen, deren Geschlecht von der Temperatur abhängig ist. Beide Geschlechter entwickeln sich bei Inkubationstemperaturen von 29–35 °C, doch darüber und darunter entstehen nur Weibchen. Schon die gerade geschlüpften Kragenechsen können ihren Kragen aufstellen, nachdem sie sich aus ihrem Nest herausgegraben haben.

◁ **ABSCHRECKUNG**
Bei Gefahr kann die Echse ihren Kragen spreizen und auf der Stelle verharren oder sogar einen Scheinangriff mit aufgerissenem Maul und zum Kratzen bereiten Krallen beginnen.

▷ **LEBEN IN DEN BÄUMEN**
Kragenechsen verbringen bis zu 90 % ihrer Zeit in den Bäumen. Wenn sie sich nicht rühren, sind sie auf der Borke sehr gut getarnt. Auf der Suche nach Ameisen und Käfern sind die Echsen allerdings sehr beweglich.

- ↔ 70–90 cm
- 500–800 g
- Verbreitet
- Insekten, Spinnen, Amphibien

Südliches Neuguinea, Nordaustralien

Korallenfinger
Litoria caerulea

Der große Korallenfinger-Laubfrosch ist im tropischen Australien nicht selten. Er versteckt sich tagsüber in feuchten Spalten und geht nachts auf die Jagd. Korallenfinger rufen das ganze Jahr über, aber nur während der Laichzeit im Spätsommer vom Boden aus. Die Eier werden an Wasserpflanzen geklebt und die Kaulquappen verwandeln sich nach sechs Wochen in Frösche.

- 5–10 cm
- Frühjahr und Sommer
- Verbreitet
- Insekten, Mäuse
- Südliches Neuguinea, Nord- und Ostaustralien

◁ **BAUMBEWOHNER**
Der natürliche Lebensraum sind Bäume in Gewässernähe, doch man findet den Frosch auch oft in Außentoiletten.

Rotrücken-Spinne
Latrodectus hasseltii

Die in Australien als »Redback« bezeichnete hochgiftige Spinne gehört zu den Echten Witwen, die so heißen, weil die Weibchen die Männchen oft nach der Paarung fressen. Das Männchen erreicht nur ein Drittel der Weibchengröße und lauert oft am Rand des vom Weibchen errichteten Netzes, um Nahrungsreste abzubekommen.

- 0,3–1 cm
- Verbreitet
- Insekten
- Australien

▽ **TÖDLICHER BISS**
Das Gift des Weibchens kann sogar einen Menschen gefährden, wenn kein Antiserum verabreicht wird.

Vorderbeine länger als die übrigen Paare

Die Zeichnung des Rückens der Weibchen hat zum Namen geführt.

Grüne Springspinne
Mopsus mormon

Weibchen mit rot-weißer Gesichtsmaske

Dies ist die größte australische Springspinne. Die Kieferklauen der meisten Springspinnen können die menschliche Haut nicht durchdringen, doch diese Art vermag einen schmerzhaften, aber letztlich harmlosen Biss anzubringen. Die Grüne Springspinne jagt auf Pflanzen nach Insekten und erbeutet sie mit einem Sprung, dessen Weite das Mehrfache ihrer eigenen Länge betragen kann. Die Spinne zieht immer einen Faden aus Spinnenseide hinter sich her, um sich abzusichern. Allerdings sind Fehlsprünge selten, da die Spinne ihr Ziel mit den beiden nach vorn gerichteten großen Augen, die von sechs kleineren unterstützt werden, gut anvisieren kann.

Lange Werbung
Springspinnen gehen miteinander vorsichtig um und die Männchen erwerben das Vertrauen der Weibchen erst nach einiger Zeit. Sie zupfen dazu am Netz des Weibchens und berühren seinen Hinterleib mit den Beinen. Meist findet diese Werbung statt, wenn das Weibchen noch nicht ganz erwachsen ist. Das Männchen wartet, bis sich das Weibchen zur geschlechtsreifen Form häutet, und ist dann zur Paarung bereit. Der Kokon besteht aus grob gewobener Seide und wird an der konkaven Seite langer, schmaler Blätter erstellt. Das Weibchen sitzt an einer Seite und bewacht den mittleren Bereich mit den Eiern, während das Männchen sich am anderen Ende befindet.

- 1,2–1,8 cm
- Verbreitet
- Insekten

▷ **SCHNELLER BISS**
Eine große Libelle ist der Grünen Springspinne zum Opfer gefallen, die sich auf einem grünen Blatt verborgen hat.

Nordaustralien

△ BACKENBART
Männchen haben im Gegensatz zu den Weibchen einen Backenbart und einen Haarschopf. Sie können sich leicht erkennen.

◁ BEREIT ZUM KAMPF
Zwei junge Spinnen schätzen vor der Auseinandersetzung ihre Größe ab. Zwischen Spinnen dieser Art kommt es immer wieder zu Aggressionen.

NORDAUSTRALISCHE WÜSTEN
Große Wüsten, die reich an Tierarten sind

Zur Großen Sand- und zur Tanami-Wüste gehören viele aride und semiaride Lebensräume, von Wanderdünen über nackte Felsen bis zu Ebenen, auf denen die endemischen *Spinifex*-Gräser wachsen. In verschiedenen Formen bedecken diese Gräser fast ein Fünftel des Kontinents. Im Südosten dieser Ökoregion befindet sich der Sandsteinblock des Uluru, der auch als Ayers Rock bekannt geworden ist.

Auf Gras basierende Nahrungskette

Die scharfkantigen, an Silikaten reichen Halme des *Spinifex*-Grases schrecken viele Tiere ab, doch das neu ausgetriebene Gras und die Samen sind die Nahrung von vielen kleinen Tieren. Darunter befinden sich Ameisen, Termiten, Käfer, Zikaden und Vögel wie der Wellensittich, der Gemalte Astrild oder der Zimt-Grasschlüpfer. Kleine Mäuse wie die Australische Hüpfmaus und die Hermannsburg-Zwergmaus hängen auch vom *Spinifex*-Gras ab. Von im Gras lebenden Insekten ernähren sich Reptilien wie der Dornteufel und die Knopfschwanz-Geckos sowie eins der kleinsten Beuteltiere: die Nördliche Flachkopf-Beutelmaus. Weiter oben in der Nahrungskette finden sich die Wüsten-Todesotter, der Silberfalke und der größte australische Greifvogel, der Keilschwanz-Adler.

Dieses Netzwerk des Lebens ist vielseitig und lebt nach dem Regen auf, kann aber auch bei monate- oder sogar – beim Ausfall der Sommerregen – jahrelanger Dürre um seine Existenz kämpfen. Durch eingeführte Tiere wie Dromedare und Esel, die sich vom *Spinifex*-Gras ernähren können, ist die Ökologie des Lebensraums in den letzten Jahrzehnten aus dem Gleichgewicht gebracht worden.

RÜCKGANG DER KÄNGURUS
Das Schwarzpfoten-Felskänguru ist aktiv, wenn es dunkler und kühler ist. Seinen Flüssigkeitsbedarf deckt es aus der Nahrung. Die zunehmende Zahl eingeführter grasfressender Tiere führt allerdings zu einer Fragmentierung der Känguru-Populationen.

SCHWARZPFOTEN-FELSKÄNGURU

UNBEKANNTER JÄGER
Der Silberfalke jagt kleine Vögel und manchmal Säugetiere. Weil er ein großes Verbreitungsgebiet hat und in der Natur schlecht zu erkennen ist, ist es schwer, seinen Bestand zu schätzen. Vermutlich sinkt er durch den Verlust des Lebensraums.

SILBERFALKE

NOMADEN DER LUFT
Die als Ziervögel bekannten Wellensittiche sind Bewohner der australischen Wüsten. Die lauten und bunten Schwärme fliegen zwischen von Sämereien reichen Gegenden und Oasen hin und her. Die Tränken des Viehs haben ihren Lebensraum erweitert.

WELLENSITTICHE

Eine der am wenigsten besiedelten Gegenden Australiens › Bis zu 50 km lange Dünen

NORDAUSTRALISCHE WÜSTEN | 329

LAGE

Die Große Sandwüste liegt nördlich der Gibson-Wüste. Die Tanami grenzt im Osten an die Davenport-Murchison-Kette.

KLIMA

Im Osten 350 mm an Niederschlägen pro Jahr, nach Westen hin weniger. Mittlere Höchsttemperaturen bei 30 °C, Tiefsttemperaturen bei 16 °C.

(Yuendumu, Northern Territory)

— Durchschnittstemperatur   ▪ Regen

Schmalfuß-Beutelmaus
Sminthopsis crassicaudata

Trotz ihres Aussehens ist die Dickschwänzige Schmalfuß-Beutelmaus ein Beuteltier. Sie ernährt sich von Insekten, aber auch von kleinen Echsen. Ihre Lebensräume reichen vom offenen Wald über Steppen bis zu Wüsten. Die nachtaktiven Beutelmäuse sparen Energie, indem sie sich bei Kälte in Gemeinschaftsnestern unter Steinen oder Holzstämmen wärmen, können aber auch bei Nahrungsmangel in einen Torpor verfallen.

↔ 6–9 cm
⚖ 10–20 g
⊗ Verbreitet
🜊 Nachtfalter, Käfer, Echsen

Australien

◁ FETTSPEICHER
Im Schwanz wird überschüssiges Fett gespeichert, das bei Nahrungsmangel genutzt werden kann.

Spitze Schnauze

Großer Beutelmull
Notoryctes typhlops

Gelbliches bis goldfarbenes, weiches Fell

Beutelmulle erinnern an Goldmulle, gehören aber zu einer völlig anderen Tierordnung. Diese überwiegend unterirdisch lebenden Tiere sind mit ihren zurückgebildeten Augen praktisch blind und haben keine Ohrmuscheln. Sie legen keine Tunnel an, sondern »schwimmen« durch den Sand.

↔ 12–18 cm
⚖ 40–70 g
⊗ Unbekannt
🜊 Reptilien, Insekten, Maden

Australien

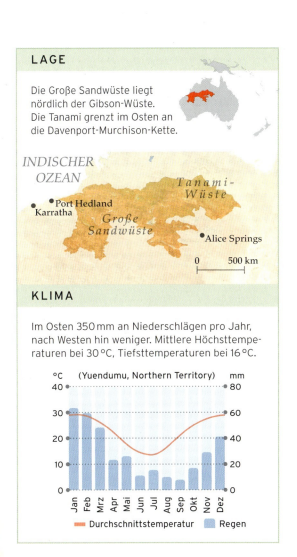

STACHLIGER SCHUTZ
Gräser der Gattung *Spinifex* sind für viele trockene Lebensräume wichtig, da ihre Wurzeln über 2 m tief reichen können, um an Wasser zu kommen. Dadurch stabilisieren sie den Sand und bieten vielen kleinen Tieren Schutz und Nahrung.

Ein Paradies für Echsen

SPINIFEX-GRAS

◁ NACH DEM ESSEN GRABEN
Der hornige Nasenschild, der steife Hals und die spatenartigen Vorderfüße ermöglichen dem Beutelmull, sich durch den Sand zu schieben.

Rotes Riesenkänguru
Macropus rufus

Mit bis zu 2 m Höhe ist das Rote Riesenkänguru nicht nur das größte Beuteltier der Welt, sondern auch das größte Landtier Australiens. Es kann sich einige Minuten lang mit Geschwindigkeiten von bis zu 60 km/h fortbewegen. Dabei legt es mehrere Meter pro Sprung zurück und hält mit dem Schwanz die Balance.

Die sandigen Ebenen, die Halbwüsten, die Gras- und Buschsteppen sind raue Lebensräume, doch das Rote Riesenkänguru ist sehr gut an diese kargen Landschaften angepasst. Es ist hauptsächlich in der Morgen- und Abenddämmerung aktiv. Zur heißesten Tageszeit zieht es sich in den Schatten von Bäumen oder Felsen zurück. Zur Regulierung der Körpertemperatur leckt es sich immer wieder die Vorderbeine – durch die Verdunstungskälte wird das Blut unter der Haut gekühlt.

Nomadenleben
Als nomadische Art besetzt das Känguru kein Revier. Auf der Suche nach frischen Gräsern und Blättern legt es große Strecken zurück. Die Tiere leben in kleinen Gruppen von bis zu zehn Tieren, die meist aus einem erwachsenen Männchen und mehreren kleineren, nur halb so schweren Weibchen mit ihren Jungen bestehen. Mehrere Gruppen können sich zusammenschließen, wenn genügend Nahrung vorhanden ist.

Unterbrochene Entwicklung
Die Vermehrung hängt von der Verfügbarkeit von Nahrung ab. In Dürrezeiten vermehren sich Rote Riesenkängurus überhaupt nicht. Allerdings können die Weibchen gleichzeitig drei Junge in verschiedenen Entwicklungsstadien besitzen, sodass sie sich zu guten Zeiten schnell vermehren können. Nach einer kurzen Trächtigkeit von 32 bis 34 Tagen wird ein einzelnes Junges geboren. Es kriecht in den Beutel, hängt sich an eine Zitze und wächst heran. Das Weibchen paart sich wieder, doch der neue Embryo entwickelt sich erst weiter, wenn das Junge den Beutel im Alter von etwa acht Wochen verlassen hat. Dieses Junge wird noch gesäugt, wenn das nächste geboren wird. Die Zitzen sind in ihrer Milchproduktion voneinander unabhängig, sodass jedes Junge die passende Zusammensetzung der Milch erhält.

> Über **11,5 Millionen Roter Riesenkängurus leben** in den **heißen, trockenen Gebieten.**

◁ **SCHNELLER HÜPFER**
Bei höheren Geschwindigkeiten ist das Hüpfen eine effektive Fortbewegungsart. Die Hinterbeine wirken wie Sprungfedern, sodass der eigentliche Sprung wenig Energie kostet.

▷ **BLICK AUS DEM BEUTEL**
Erst im Alter von fünf Monaten schaut das Junge zum ersten Mal aus dem Beutel. Im Alter von acht Monaten verlässt es ihn, wird aber noch weitere vier Monate gesäugt.

- ↔ 1–1,6 m
- ⚖ 25–90 kg
- ✖ Verbreitet
- 🍽 Gräser, Blätter

Australien

Dornteufel
Moloch horridus

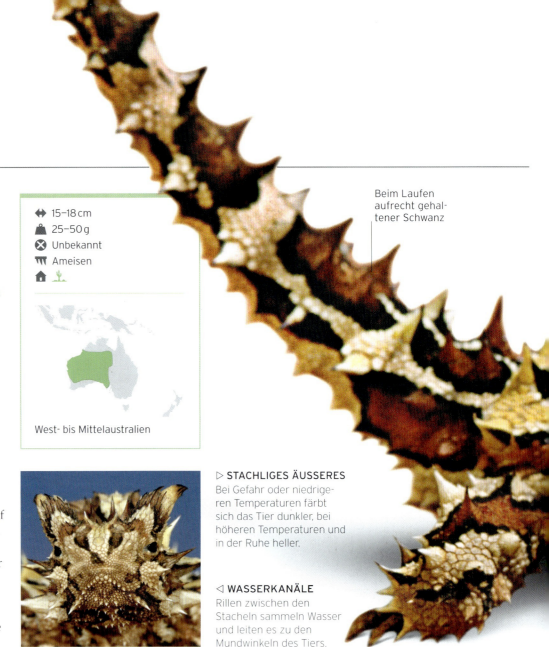

Der in seinem Stachelkleid geschützte Dornteufel bewegt sich mit einem langsamen, steifbeinigen Gang. Bei Gefahr verharrt er bewegungslos und verlässt sich auf seine gute Tarnung. Begegnet er einem Greifvogel oder einem Riesenwaran, bläst er sich auf, um größer zu wirken – und damit er noch schlechter zu schlucken ist. Bei einem Angriff verbirgt er den Kopf zwischen den Vorderpfoten und präsentiert den »falschen Kopf« in seinem Nacken. Dieser fettgefüllte Höcker regeneriert sich nach kleineren Verletzungen schnell.

Fressen am laufenden Band
Der Dornteufel frisst fast ausschließlich Ameisen, die er tagsüber erbeutet, wenn sie unterwegs sind. Gern stellt er sich neben eine Straße Nahrung sammelnder Arbeiterinnen, die er nacheinander aufleckt und mit seinen scherenartigen hinteren Zähnen zerkaut. Dornteufel sind Einzelgänger und verbringen die Nacht sowie einige Wochen in der Mitte des Sommers und des Winters in einem Bau oder an einer geschützten Stelle. Die Wüstenbewohner nutzen das Wasser des Nebels, der auf ihren Schuppen kondensiert, wenn sie ihren Bau in den frühen Morgenstunden verlassen.

Dornteufel paaren sich in der Zeit vom späten Winter bis zum frühen Sommer. Die Weibchen graben einen bis zu 20 cm tiefen Bau, legen fünf bis zehn Eier und verfüllen ihn mit Sand. Die Jungen schlüpfen drei bis vier Monate später und erreichen ihre endgültige Größe im Alter von fünf Jahren.

↔ 15–18 cm
⚖ 25–50 g
⊗ Unbekannt
🍴 Ameisen

West- bis Mittelaustralien

Beim Laufen aufrecht gehaltener Schwanz

▷ **STACHLIGES ÄUSSERES**
Bei Gefahr oder niedrigeren Temperaturen färbt sich das Tier dunkler, bei höheren Temperaturen und in der Ruhe heller.

◁ **WASSERKANÄLE**
Rillen zwischen den Stacheln sammeln Wasser und leiten es zu den Mundwinkeln des Tiers.

Nasenbeutler
Macrotis lagotis

Dieser Große Kaninchen-Nasenbeutler bildet zusammen mit seinem kleineren Verwandten eine eigene Familie in der Ordnung der Nasenbeutler und bewohnte vor der Ankunft der europäischen Siedler etwa 70 % der Fläche Australiens. Heute kommt er wegen des Lebensraumverlusts und der Verfolgung durch eingeführte Tiere wie die Hauskatze nur noch in 20 % seines ursprünglichen Verbreitungsgebiets vor.

Das nachtaktive Beuteltier gräbt mit seinen kräftigen, dreizehigen Pfoten spiralförmige Gänge in den Boden. In diesen Bauen schläft es am Tag und zieht sich bei Sandstürmen in sie zurück. Mit den großen Ohren entdeckt der Große Kaninchen-Nasenbeutler Fressfeinde und Beute wie Termiten und Ameisen, die er mit den Krallen ausgräbt. Gern frisst er auch die Knollen eines Zyperngrases, das Yalka genannt wird und nach Bränden wieder ausschlägt.

↔ 30–55 cm
⚖ 0,6–2,5 kg
⊗ Gefährdet
🍴 Samen, Insekten, Früchte

West- bis Zentralaustralien

◁ **IST DIE LUFT REIN?**
Die lange Schnauze mit der empfindlichen Nase gleichen die schlechten Augen des Tiers aus und die langen Schnurrhaare dienen der Orientierung.

NORDAUSTRALISCHE WÜSTEN | 333

Ein hungriger Dornteufel kann **über 1000 Ameisen** hintereinander **auflecken.**

Falscher Kopf

Stachelhörner über den Augen

Die Färbung dient im Sand der Tarnung.

Woma
Aspidites ramsayi

Der Woma ist ein nachtaktiver Python, der vor allem andere Reptilien frisst, aber auch Nagetiere tötet, indem er sie gegen die Wände ihres Baus drückt. Nach der Paarung im Winter legt sich das Weibchen wie bei den meisten Pythons üblich um die Eier und erhöht durch Muskelzittern seine Körpertemperatur, um sie auszubrüten.

- ↔ 1,5 m
- ⚖ 3–5 kg
- ⊗ Stark gefährdet
- 🍴 Reptilien, Vögel, Säugetiere
- 🏠 🌵 🌿
- 📍 Australien

Starke Muskeln

▷ **TYPISCHE BÄNDERUNG**
Der Woma hat einen schmalen Kopf, eine typische Zeichnung sowie einen kurzen, dünnen Schwanz.

Kegelkopf-Schrecke
Monistria pustulifera

Diese flugunfähigen Kurzfühler-Schrecken haben sich auf die Blätter der stark riechenden Emu-, Armuts- und Truthahnbüsche spezialisiert. Wie ihr Name schon sagt, ist der Kopf der Heuschrecken kegelförmig und die Antennen sind kurz. Die Weibchen sind doppelt so groß wie die Männchen und legen die Eier in den Boden, wo die Larven nach einem Kälteeinbruch schlüpfen.

- ↔ Bis zu 6,5 cm
- ⊗ Unbekannt
- 🍴 Blätter, Triebe
- 🏠 🌿
- 📍 Australien

▷ **WARNZEICHNUNG**
Die gelben Punkte warnen Fressfeinde davor, dass diese Heuschrecke schlecht schmeckt.

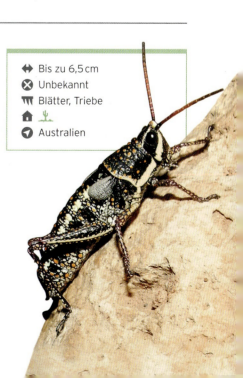

WÄLDER OSTAUSTRALIENS
Feuchte Ecke eines trockenen Kontinents

Wenn die vom Pazifik kommenden Winde über die Südost- und Ostküste wehen und auf das Australische Bergland treffen, kondensiert die in ihnen enthaltene Feuchtigkeit zu Regen. Das trifft besonders auf die Australischen Alpen (zum Teil über 2300 mm pro Jahr) und die Blue Mountains in der Nähe von Sydney zu. Auf Tasmaniens Hügeln liegt im Winter meist Schnee, während das Klima im 2000 km weiter nördlich gelegenen südlichen Queensland schon subtropisch ist.

Eukalyptus-Flickwerk

Innerhalb dieses feuchten, warmen Mosaiks gibt es Flecken gemäßigter Wälder, in denen über 120 Eukalyptus-Arten gedeihen. Hochlandarten, besonders der große Riesen-Eukalyptus, bedecken Felsenklippen und tiefe Schluchten. Weitere Eukalyptus-Bäume und Akazien, darunter die Gold-Akazie, wachsen zusammen mit Farnen, Banksien und Grevilleen auf tiefer gelegenen Hängen. Die Region ist auch die Heimat einiger der berühmtesten australischen Tiere, darunter der Beutelteufel, der Koala, das Schnabeltier, der Kurzschnabel-Ameisenigel, der Lachende Hans und der Braunrücken-Leierschwanz. Allerdings ist ein großer Teil des Walds in Ackerland verwandelt worden und eingeschleppte Kaninchen, Füchse und Katzen bedrohen die einheimischen Tiere.

Über **ein Fünftel des australischen Eukalyptus** wächst hier, bedroht vom **Klimawandel**.

KLEINER ROTER FLUGHUND

BESTÄUBER
Der Kleine Rote Flughund sucht Eukalyptus-Blüten auf, um Nektar und Pollen zu fressen. Den Pollen transportiert er dabei auch zu anderen Bäumen. Das gleicht vielleicht die Schäden aus, die die Flughunde anrichten, wenn zu viele von ihnen an nur wenigen Ästen ruhen.

Flüchtige Eukalyptus-Öle verleihen den Blue Mountains ihren farbigen Dunst

WOLLEMIE

LEBENDES FOSSIL
Die Wollemie war eine Sensation, als sie im Jahr 1994 entdeckt wurde. Sie ist die einzige rezente Art einer Pflanzengruppe, die bereits zur Zeit der Dinosaurier existierte. Heute findet man sie nur noch an wenigen Orten.

Gesamtfläche von über 500 000 km^2

EUKALYPTUS

BEDROHTE BÄUME
Eukalyptus-Bäume gibt es vom winterharten Schnee-Eukalyptus bis zum empfindlichen Tallowwood. Die Wälder, Lebensraum der Koalas und anderer Beuteltiere, werden großflächig abgeholzt und können sich nicht wieder regenerieren.

WÄLDER OSTAUSTRALIENS

Hier wächst der zweitgrößte Baum der Welt, der Riesen-Eukalyptus – **Heimat des gefährdeten Hörnchenbeutlers**

NEKTARFABRIKEN
Viele Banksien besitzen große Blütenstände mit Hunderten von nektarproduzierenden Einzelblüten. Der Nektar ist die Nahrungsgrundlage für Honig- und Bilchbeutler, Gleit- und Gleithörnchenbeutler sowie Flughunde.

HONIGBEUTLER

KONKURRENZ VERMEIDEN
Über 20 Honigfresser-Arten leben in den Blue Mountains und nehmen Nektar mit ihren pinselartigen Zungen auf. Sie vermeiden Nahrungskonkurrenz, indem sie auf verschiedenen Höhen vorkommen und zu verschiedenen Jahreszeiten brüten. Der Warzen-Honigfresser bevorzugt feuchteres Tiefland.

WARZEN-HONIGFRESSER

SYMBIOTISCHE PILZE
Das Langschnauzen-Kaninchenkänguru ist eins der ersten der von Europäern beschriebenen Beuteltiere. Es ernährt sich von Mykorrhiza-Pilzen an den Pflanzenwurzeln, die mit den Pflanzen in Symbiose leben. Das Kaninchenkänguru scheidet die Sporen der Pilze mit seinem Kot wieder aus und verbreitet sie.

LANGSCHNAUZEN-KANINCHENKÄNGURU

LAGE

Die südöstlichen und östlichen Küstenhänge mit den Blue Mountains und den Australischen Alpen, zusätzlich die Ostküste Tasmaniens.

KLIMA

Das südöstliche Australien ist allgemein warm und gemäßigt, wobei im ganzen Jahr viel Regen fällt. Die Temperaturen reichen von subtropisch im südlichen Queensland bis niedrig genug für Schnee in den tasmanischen Bergen. In größeren Höhen fallen die meisten Niederschläge.

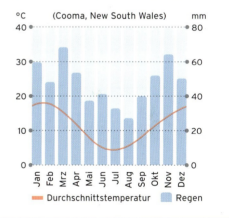

(Cooma, New South Wales)
— Durchschnittstemperatur ▮ Regen

KANINCHENPLAGE

Die wohl schädlichste eingeschleppte Art ist das Wildkaninchen, das riesige Landschaften vernichtet, Bäume durch den Fraß der Borke abgetötet und viele Pflanzenfresser verdrängt hat. Auch wenn 90 % der Kaninchen in einer Region getötet werden, ist der Bestand in 12–18 Monaten wieder so groß wie vorher.

Schnabeltier
Ornithorhynchus anatinus

Mit seinem Entenschnabel, dem dicken Fell und den Schwimmhäuten ist das Schnabeltier recht ungewöhnlich, doch es hat noch weitere besondere Eigenschaften. Neben den Ameisenigeln gehört nur das Schnabeltier zu den Kloaken- oder eierlegenden Säugetieren. Mit 32 °C liegt seine Körpertemperatur unter der der meisten Säugetiere und seine Beine zeigen wie bei Reptilien zur Seite, nicht nach unten. Die Männchen tragen einen giftigen Sporn am Knöchel eines jeden Hinterbeins, mit dem sie sich vermutlich überwiegend gegen Rivalen verteidigen. Der Stich ist für Menschen extrem schmerzhaft und Hunde sollen schon daran gestorben sein.

Spezielle Sinne

Das Schnabeltier verbringt den größten Teil des Tags in seinem Bau, den es mit seinen kräftigen Vorderfüßen in ein Flussufer gegraben hat. An Land kann es seine Schwimmhäute zusammenlegen und laufen. In der Nacht verlässt es den Bau zur Nahrungssuche am schlammigen Grund seichter Seen, wo es seine Beute mit den Elektrorezeptoren seines Schnabels entdecken kann. Mit ihnen kann es die Bewegung eines Krebses aus 15–20 cm Entfernung wahrnehmen. Seine Beute verstaut es in seinen Backentaschen. Wenn es zum Atmen an die Oberfläche kommt, zerkleinert es die Nahrung mit den Hornplatten in seinem Schnabel, bevor es sie verschluckt.

Schnabeltiere paaren sich im Frühjahr und das Weibchen legt etwa drei Wochen später bis zu drei Eier in ein Nest in seinem Bau. Es bebrütet sie bis zum Schlupf und füttert die Jungen mit Milch. Allerdings besitzen die Tiere keine Zitzen, sondern die Milch wird direkt durch die Haut auf beiden Seiten des Bauchs abgegeben und dort von den Jungen aufgeleckt.

- ↔ 40–55 cm
- ⚖ 0,7–2,2 kg
- ⊗ Verbreitet
- 🍴 Insektenlarven, Krebse

Ostaustralien, Tasmanien

▽ EINE FÄLSCHUNG?
Nach einer Legende der Aborigines entstammt das Schnabeltier der Paarung einer Schwimmratte mit einer Ente. Als die erste Haut 1799 in England ankam, hielt man sie für das Werk eines Fälschers.

Glattes, wildlederartiges Fell

Wasserdichtes Fell mit dichter Unterwolle

Der Schnabel ist **weich** und **gummiartig,** nicht hart wie der einer Ente.

WÄLDER OSTAUSTRALIENS | 337

△ ELEGANTER SCHWIMMER
Mit den Schwimmhäuten seiner Vorderfüße schwimmt das Schnabeltier sehr gut. Die Hinterfüße und der Schwanz dienen als Steuer.

△ GIFTSPORN
Unter allen Säugetieren können nur männliche Schnabeltiere giftige Stiche anbringen. Schnabeligel-Männchen haben auch Sporne, doch fehlt ihnen die Giftdrüse.

Breiter Schwanz zur Steuerung beim Schwimmen

Nacktnasen-Wombat
Vombatus ursinus

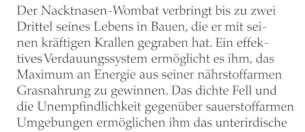

Der Nacktnasen-Wombat verbringt bis zu zwei Drittel seines Lebens in Bauen, die er mit seinen kräftigen Krallen gegraben hat. Ein effektives Verdauungssystem ermöglicht es ihm, das Maximum an Energie aus seiner nährstoffarmen Grasnahrung zu gewinnen. Das dichte Fell und die Unempfindlichkeit gegenüber sauerstoffarmen Umgebungen ermöglichen ihm das unterirdische Leben, sodass er weniger Kontakt zu Räubern wie Dingos, Füchsen und Beutelteufeln hat. Trotz ihres niedlichen Aussehens können sich Wombats heftig um Nahrungsquellen oder Baue streiten.

Abends gehen sie auf die Nahrungssuche, wobei sie dank ihrer gespaltenen Oberlippe kurze Gräser und andere Pflanzen abweiden können. Ihre wurzellosen Zähne wachsen ständig nach.

- ↔ 70–120 cm
- ⚖ 25–40 kg
- ⊗ Verbreitet
- 🍴 Gräser, Wurzeln, Knollen

Ostaustralien, Tasmanien

◁ MUTTER MIT NACHWUCHS
Der bohnengroß geborene Nacktnasen-Wombat bleibt bis zum Alter von 17 bis 20 Monaten bei seiner Mutter.

Parma-Wallaby
Macropus parma

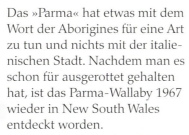

Schmale Vorderbeine

Das »Parma« hat etwas mit dem Wort der Aborigines für eine Art zu tun und nichts mit der italienischen Stadt. Nachdem man es schon für ausgerottet gehalten hat, ist das Parma-Wallaby 1967 wieder in New South Wales entdeckt worden.

Die überwiegend nachtaktiven Tiere bevorzugen Wälder mit dichtem Gras am Boden, das sie vor Fressfeinden wie Dingos, Rotfüchsen und einigen Greifvögeln schützt. Neben Gräsern und Kräutern, die seine wichtigste Nahrung darstellen, frisst das Parma-Wallaby auch trüffelähnliche Pilze, deren Sporen es mit seinem Kot verbreitet und düngt.

- ↔ 45–53 cm
- ⚖ 3,2–6 kg
- ⊗ Potenziell gefährdet
- 🍴 Gräser, Kräuter, Blätter, Borke

Ostaustralien

◁ GEWICHTIG
Das Junge verlässt den Beutel der Mutter erst im Alter von sieben Monaten dauerhaft.

▷ **SICHER IM BEUTEL**
Das Junge verbringt sechs bis sieben Monate im Beutel der Mutter, der an der Öffnung einen starken Muskel besitzt, damit der Nachwuchs nicht herausfällt.

Koala
Phascolarctos cinereus

- Runde, pelzige Ohren
- Kurze, kräftige Beine

Koalas haben die Fähigkeit, Pflanzen zu vertragen, die andere Tiere vergiften würden. Sie ernähren sich fast ausschließlich von Eukalyptus-Blättern, doch nicht von jeder Art. Sie sind wählerisch und fressen nur wenige der insgesamt über 600 australischen Eukalyptus-Arten. Sie meiden auch zu junge Blätter, da sie die meisten giftigen Stoffe enthalten.

Spezielle Anpassungen
Zur Verdauung der an Fasern reichen Nahrung ist der Blinddarm besonders ausgeprägt. Während er beim Menschen nur knapp über 6 cm lang ist, kann er beim Koala eine Länge von 2 m erreichen. Der Blinddarm enthält Millionen von Bakterien, die die Fasern und die giftigen Bestandteile zerlegen. Der langsame Stoffwechsel sorgt dafür, dass der Nahrungsbrei lange im Verdauungssystem verbleibt. Trotzdem kann der Koala nur etwa ein Viertel der aufgenommenen Nahrung verwerten. Daher muss er pro Tag etwa 200–500 g an Eukalyptus-Blättern fressen, um zu überleben.

Glücklicherweise hat der Koala gute Zähne. Die scharfen Schneidezähne trennen die Blätter von den Stängeln, während die Backenzähne die Nahrung für die Weiterverarbeitung im Darm zerschneiden und zerdrücken. Beim Kauen bleibt der Koala sicher im Baum sitzen, um am Boden lebenden Fressfeinden wie verwilderten Hunden zu entgehen. Seine Pfoten haben nicht nur spitze, gebogene Krallen, sondern die Ballen sind auch rau, um an Borke und Ästen Halt zu finden. An den Vorderpfoten stehen zwei Zehen den drei übrigen gegenüber, sodass das Tier gut zugreifen kann. Das dichte, dicke Fell des Koalas variiert von hellgrauer Färbung bei Tieren aus dem Norden bis zu dunkelbrauner bei südlichen Populationen. Es schützt den Koala sowohl vor extremen Temperaturen wie auch vor Regen.

Die vorwiegend nachtaktiven Tiere sind sehr territorial. Jedes erwachsene Tier markiert die von ihm regelmäßig besuchten Bäume mit Kratzern. Die Männchen markieren die Bäume auch mit dem Sekret einer braunen Brustdrüse.

Jungtier im Beutel
Die Paarungszeit dauert von August bis Februar. Die Männchen geben dann ein grunzendes Bellen von sich. Die Weibchen gebären ein einzelnes haarloses Junges, etwa 2 cm groß und weniger als 1 g schwer. Das Junge klettert in den Beutel der Mutter und saugt sich an einer der beiden Zitzen fest. Etwa 22–30 Wochen ernährt es sich von Milch und nimmt dann zusätzlich einen besonderen Kot der Mutter zu sich, der ihm die Umstellung auf Blätter erleichtert, da er die zur Verdauung nötigen Bakterien enthält. Wenn es groß genug ist, um den Beutel zu verlassen, reitet das Jungtier auf dem Rücken der Mutter und bleibt bis zur nächsten Geburt bei ihr.

Koalas sind vor allem vom Verlust und der Fragmentierung ihres Lebensraums durch Abholzung und Ausdehnung der Städte bedroht. Etwa 4000 Koalas werden jährlich durch Hunde und im Straßenverkehr getötet.

△ **ZEIT FÜR EINE PAUSE**
Eukalyptus-Blätter sind nährstoffarm, sodass Koalas beim Fressen immer wieder Ruhepausen einlegen, wenn sie nicht zu ihrem 18-stündigen Schlaf gekommen sind.

◁ **LIEBLINGSNAHRUNG**
Ihre Nahrung besteht fast vollständig aus Eukalyptus-Blättern, doch gelegentlich fressen sie auch Teebaum- oder Akazienblätter.

- ↔ 65–82 cm
- 4–15 kg
- ✗ Verbreitet
- Eukalyptus-Blätter

Ostaustralien

Koalas fressen so große Mengen an Eukalyptus-Blättern, dass sie nach Hustenbonbons riechen.

Weiße Flecken auf Brust, Seiten und Steiß

Beutelteufel

Sarcophilus harrisii

Das größte fleischfressende Beuteltier der Welt hat seinen Namen nicht nur wegen seines Aussehens, sondern auch wegen seines lauten Kreischens. Beutelteufel sind überwiegend Aasfresser, die mit ihren starken Kiefern das Fleisch, die Haut und die Knochen eines Kadavers zerlegen können. Sie fressen aber alles Verfügbare von Insekten bis zu Säugetieren, darunter auch Jungtiere der eigenen Art. Beutelteufel stellen keine Ansprüche an ihren Lebensraum, wenn sie nur tagsüber einen Unterschlupf und in der Nacht etwas Fressbares finden.

Unsichere Zukunft

Die früher in ganz Australien verbreitete Art lebt heute nur noch in Tasmanien, wo sie durch eine ansteckende Krebserkrankung bedroht ist, die man als »Devil Facial Tumour Disease« (DFTD) bezeichnet. Sie wird durch Bisse übertragen, was leider beim Aufeinandertreffen von Beutelteufeln regelmäßig geschieht. Um die Art zu erhalten, sind Zuchtprogramme mit nicht von der Krankheit betroffenen Tieren ins Leben gerufen worden.

△ **VERSTECKEN**
Junge Beutelteufel verstecken sich in Höhlen, hohlen Baumstämmen oder Bauen, um Feinden wie Artgenossen oder Greifvögeln zu entgehen.

Kraftvollster Biss aller Tiere im Verhältnis zur Körpergröße

Beutelteufel können 40 % ihres Körpergewichts in einer halben Stunde fressen.

Beutelmarder

Dasyurus maculatus

- 52–80 cm
- 4–12 kg
- Stark gefährdet
- Aas, Reptilien, Säugetiere

Tasmanien

Weiße Flecken

Der hier vorgestellte Riesen-Beutelmarder ist die größte der sechs Beutelmarder-Arten. Er ist ein geschickter Jäger, sowohl in den Bäumen als auch auf dem Boden. Der Fleischfresser bevorzugt Wälder, sucht aber auch Weideland auf. Er stellt verschiedenen kleinen Beuteltieren nach, die er mit einem Biss in den Hals oder Kopf tötet. Er ist vor allem durch Abholzung bedroht.

△ **HOHE AGGRESSIVITÄT**
Die Weibchen sind viel kleiner als die Männchen, aber genauso aggressiv. Man hat schon beobachtet, wie sie Beutelteufel vom Aas verscheucht haben.

- 40–76 cm
- 1,8–3,5 kg
- Potenziell gefährdet
- Kleine Säuger, Reptilien

Ostaustralien, Tasmanien

Gelbhauben-Kakadu

Cacatua galerita

- 50 cm
- 950 g
- Verbreitet
- Samen, Nüsse, Früchte

Neuguinea, Australien, Tasmanien

Gelbhauben-Kakadus können Füße, Augen und Schnabel beim Fressen hervorragend koordinieren. In Teilen Australiens bilden sie große Schwärme und werden von Getreidefarmern oft als Schädlinge angesehen. Die Haube auf dem Kopf wird meist angelegt, doch wird sie aufgestellt, wenn der Vogel aufgeregt ist, zum Beispiel bei der Paarung.

◁ **GROSSES MAUL**
Es sieht beängstigend aus, wenn der Beutelteufel sein Maul aufreißt, doch ist es oft eher eine Reaktion auf Stress.

Lange Schnurrhaare

▷ **HOCH OBEN**
Kakadus sind als Ziervögel so bekannt, dass man völlig überrascht ist, wenn einer von ihnen über einem bewaldeten Hang fliegt.

Gelbe Federn

342 | AUSTRALASIEN

Lange Beine und Krallen zum Klettern

Langer Schwanz zum Schwimmen

Australische Wasseragame
Intellagama lesueurii

Diese große Echse ist in vielen Süßwasser-Lebensräumen zu finden, von kühlen Bächen des Hochlands bis zu Flussabschnitten in Städten und Flussmündungen. Sie kann genauso gut schwimmen wie klettern.

Jagd nach dem Sonnenbad
Die Wasseragame sonnt sich auf Felsen (oder auch einer Straße), bis sie sich für die Jagd in Bäumen, auf dem Boden oder am Ufer aufgewärmt hat. Sie frisst sowohl Schnecken und Krebse als auch Frösche und Jungvögel. In manchen Lebensräumen besteht auch die Hälfte der Nahrung aus Früchten und Pflanzen. Bei Gefahr läuft die Wasseragame einen Baum hinauf oder sie taucht, wobei sie über eine Stunde lang unter Wasser bleiben kann. Im Winter verstecken sich die Tiere im Süden ihres Verbreitungsgebiets in einem Bau oder zwischen Wurzeln und Felsen, wo sie in Kältestarre verfallen. Im Frühjahr versuchen die territorialen Männchen mit Kopfnicken, Schwanzschlagen und Beinschwingen Rivalen zu verscheuchen und Weibchen zu beeindrucken. Die Jungen ernähren sich von Insekten, bis sie halbwüchsig sind.

↔ 1 m
⚖ 1–1,3 kg
⊗ Unbekannt
🍽 Kleine Tiere, Früchte, Pflanzen

Ostaustralien

Großes Trommelfell

◁ **SCHUPPENKAMM**
Die kurze Schnauze und der kantige Kopf werden von einem Schuppenkamm betont, der vom Kopf zum Schwanz verläuft und dessen Schuppen vom Hals an größer werden.

Sydney-Trichternetzspinne
Atrax robustus

Diese Spinne gehört zu den Vogelspinnenartigen, deren parallele Kieferklauen senkrecht nach unten zeigen. Sie errichtet an kühlen, feuchten Orten ein röhrenförmiges Netz – unter einem Stein oder Holzstück, aber auch in einer Außentoilette. Wiederholte Bisse lähmen kleine Tiere und können unbehandelt sogar für Menschen tödlich sein.

Im Spätsommer paaren sich die kleineren, weiter umherziehenden Männchen mit den sesshafteren Weibchen, die 100–150 Eier in einem Kokon in ihrem Bau aufbewahren. Die Jungen schlüpfen nach drei oder vier Wochen und bleiben noch einige Monate bei der Mutter.

▷ **VIBRATIONSALARM**
Seidene Fäden verlaufen fächerförmig in die Umgebung, um die Spinne auf Beute aufmerksam zu machen.

- 2,5–4 cm
- Unbekannt
- Insekten, Schnecken, Frösche, Mäuse

Südostaustralien

Austr. Gespenstschrecke
Extatosoma tiaratum

Dornen zur Verteidigung

Diese Gespenstschrecke ist zwischen den Zweigen der Eukalyptus-Bäume, ihrer Hauptnahrungsquelle, gut getarnt. Die Weibchen sind größer, doppelt so schwer und borniger als die Männchen. Außerdem sind sie flugunfähig. Die Männchen fliegen dagegen, insbesondere um eine Partnerin zu finden. Weibchen schleudern ihre Eier mit dem beweglichen Hinterleib von sich, sodass sie auf dem Waldboden verteilt werden. Dort werden sie von Ameisen der Gattung *Leptomyrmex* aufgesammelt und in ihr Nest gebracht, wo die Ameisen einen als Köder dienenden Anhang fressen, aber das Ei nicht knacken können. Die Larven ahmen ihre Wirte nach und werden von ihnen geschützt, bis sie das Nest verlassen.

◁ **GRÜNE FORM**
Die grüne Variante dieser Art ist früher als Unterart betrachtet worden und zwischen Blättern, Flechten und Moosen nur schwer zu entdecken.

Vorderbeine zur Verteidigung erhoben

Weibchen mit winzigen Flügelanlagen

Die Beine imitieren Blätter.

◁ **VERTEIDIGUNGSHALTUNG**
Bei Gefahr richtet sich das Tier auf, gibt ein übel riechendes Sekret ab und biegt den Hinterleib nach oben.

- 7,5–16 cm
- Unbekannt
- Blätter, vor allem Eukalyptus

Ostaustralien

GREAT BARRIER REEF
Das berühmteste Riff der Welt

Das Great Barrier Reef ist möglicherweise die größte zusammenhängende Ökoregion der Welt. 3000 miteinander verbundene Riffe erstrecken sich über 2300 km Länge und teilweise über 100 km Breite, insgesamt 345 000 km². Über 400 Steinkorallenarten haben das Riff um 900 Inseln herum erbaut. Das Wasser ist warm, sonnendurchflutet und wird von sanften Strömungen bewegt. Fische, Krebstiere, Seesterne, Nacktschnecken und andere Tierarten leben, fressen und verstecken sich hier, während über 100 Hai- und Rochenarten auf der Jagd sind. Etwa 200 Vogelarten leben hier das ganze Jahr über.

Komplexes Ökosystem

Entlang des Riffs steigen die Temperaturen vom Süden zum Norden um einige Grad und das Profil des Meeresgrunds ändert sich ständig. Neben dem Riff selbst gibt es durchschnittlich 35 m tiefe Küstengewässer, sandige Buchten, Seegraswiesen, Schwammgärten und Mangrovengürtel sowie den alles beendenden 2000 m hinabreichenden Kontinentalhang. Als eins der Ökosysteme mit der höchsten Biodiversität wird das Great Barrier Reef geschützt, doch seine Verschmutzung durch die Industrie und die Landwirtschaft stellt ein großes Problem dar. Eine weitere, mit dem Klimawandel zusammenhängende Bedrohung besteht aus steigenden Temperaturen und dem saurer werdenden Wasser.

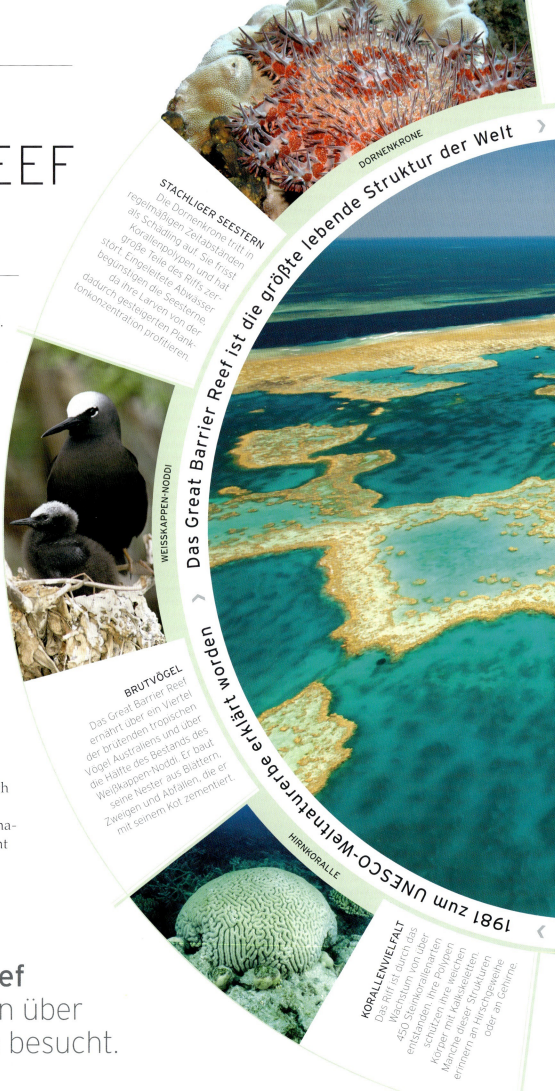

DORNENKRONE

STACHLIGER SEESTERN
Die Dornenkrone tritt in regelmäßigen Zeitabständen als Schädling auf. Sie frisst Korallenpolypen und hat große Teile des Riffs zerstört. Eingeleitete Abwässer begünstigen die Seesterne, da ihre Larven von der dadurch gesteigerten Planktonkonzentration profitieren.

WEISSKAPPEN-NODDI

BRUTVÖGEL
Das Great Barrier Reef ernährt über ein Viertel der brütenden tropischen Vögel Australiens und über die Hälfte des Bestands des Weißkappen-Noddi. Er baut seine Nester aus Blättern, Zweigen und Abfällen, die er mit seinem Kot zementiert.

HIRNKORALLE

KORALLENVIELFALT
Das Riff ist durch das Wachstum von über 450 Steinkorallenarten entstanden. Ihre Polypen schützen ihre weichen Körper mit Kalkskeletten. Manche dieser Strukturen erinnern an Hirschgeweihe oder an Gehirne.

Das Great Barrier Reef ist die größte lebende Struktur der Welt

Das Great Barrier Reef ist 1981 zum UNESCO-Weltnaturerbe erklärt worden

Das Great Barrier Reef wird in jedem Jahr von über 2 Millionen Touristen besucht.

GREAT BARRIER REEF | 345

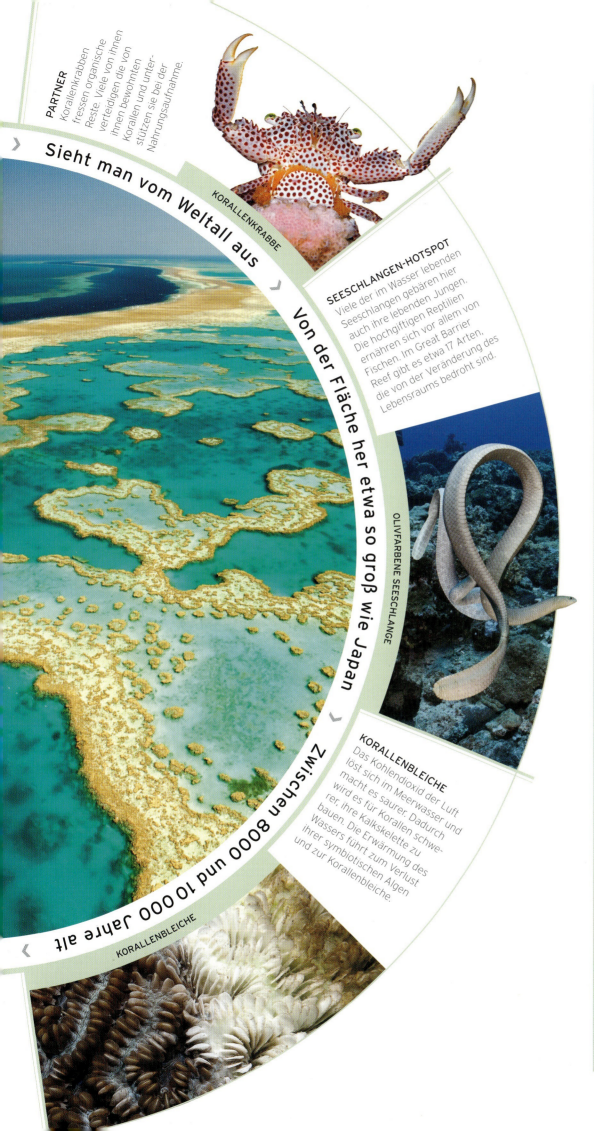

PARTNER
Korallenkrabben fressen organische Reste. Viele von ihnen verteidigen die von ihnen bewohnten Korallen und unterstützen sie bei der Nahrungsaufnahme.

KORALLENKRABBE

SEESCHLANGEN-HOTSPOT
Viele der im Wasser lebenden Seeschlangen gebären hier auch ihre lebenden Jungen. Die hochgiftigen Reptilien ernähren sich vor allem von Fischen. Im Great Barrier Reef gibt es etwa 17 Arten, die von der Veränderung des Lebensraums bedroht sind.

OLIVFARBENE SEESCHLANGE

KORALLENBLEICHE
Das Kohlendioxid der Luft löst sich im Meerwasser und macht es saurer. Dadurch wird es für Korallen schwerer, ihre Kalkskelette zu bauen. Die Erwärmung des Wassers führt zum Verlust ihrer symbiotischen Algen und zur Korallenbleiche.

KORALLENBLEICHE

Sieht man vom Weltall aus · Von der Fläche her etwa so groß wie Japan · Zwischen 8000 und 10 000 Jahre alt

LAGE

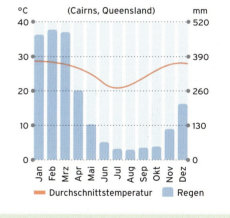

Nahezu parallel zur australischen Nordostküste, vom Kap York nach Süden bis zur Fraser-Insel. Die Riffkante verläuft in einem Abstand von 30–250 km vom Festland.

KLIMA

Da das Riff nahezu vollständig in den Tropen liegt, ist es überwiegend feucht und warm bis heiß, durchschnittlich 23–26 °C warm, selten unter 17 °C oder über 32 °C. In den feuchtesten Monaten von Dezember bis April verringert der Regen die Salinität stärker isolierter Lagunen.

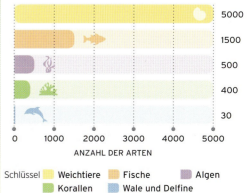

(Cairns, Queensland)

— Durchschnittstemperatur   ▮ Regen

LEBEN IM RIFF

Tausende von Arten leben ständig im Riff, ergänzt durch Besucher wie den Buckel- und den südlichen Zwergwal. Die kleinsten im Riff lebenden Fische sind die Zwerg-Seepferdchen und die Grundeln, der größte dagegen ein das Riff besuchender Walhai.

	Anzahl
Weichtiere	5000
Fische	1500
Algen	500
Korallen	400
Wale und Delfine	30

ANZAHL DER ARTEN

Schlüssel: Weichtiere · Fische · Algen · Korallen · Wale und Delfine

Suppenschildkröte
Chelonia mydas

Zu Flossen umgebildete Vorderbeine

Diese nach der Lederschildkröte größte Schildkröte der Welt ist meist als Einzelgänger zwischen an Nahrung reichen Gebieten unterwegs. Erwachsene Suppenschildkröten grasen mit ihren im Unterkiefer gesägten, zahnlosen Hornschnäbeln die Vegetation der Küstengewässer ab. Jüngere Tiere sind zum Teil Fleischfresser und verzehren auch Quallen, Krebse, Würmer und Schwämme.

Der Rückenpanzer der Suppenschildkröte ist tränen- und stromlinienförmig. Zwischen dem Panzer und den Organen befindet sich eine Schicht grünlichen Fetts. Zum Schwimmen setzt die Schildkröte die Vorderbeine ein und die hinteren dienen der Steuerung. So bewegt sie sich normalerweise mit etwa 2–3 km/h vorwärts, schafft auf der Wanderung auch 80 km pro Tag und kann bei Gefahr auf 30 km/h beschleunigen. Wenn sie ruhen, können Suppenschildkröten über fünf Stunden unter Wasser bleiben und unter einem Riffvorsprung schlafen, doch beim Fressen und auf der Wanderung atmen sie drei- bis fünfmal pro Stunde.

Getrennte Populationen

Zwei verschiedene Populationen der Suppenschildkröte leben im Atlantik und Pazifik. Die einzelnen Tiere legen auf ihren Wanderungen zwischen den nahrungsreichen Revieren und den Eiablageplätzen manchmal über 8000 km pro Jahr zurück. Als erwachsene Tiere kehren sie zu dem Platz zurück, an dem sie geschlüpft sind. Viele Männchen tun das in jedem Jahr, die Weibchen nur alle zwei bis drei Jahre. Zur Paarung treffen sich Hunderte von Tieren 1–2 km vor der Küste. Das Weibchen vergräbt dann 100–200 Eier an sandigen Stränden, aus denen je nach Temperatur 45–70 Tage später die Jungen schlüpfen.

- ↔ 1–1,2 m
- 65–130 kg
- Stark gefährdet
- Seegras, Algen

Gemäßigte und tropische Gewässer auf der ganzen Welt

△ BALZ IM RIFF
Die Männchen sind nicht größer als die Weibchen, haben aber längere Schwänze. Rivalen beißen sich und schlagen sich mit den Flossen. Der Gewinner klammert sich zur Paarung am Rückenpanzer der Weibchens fest.

◁ UMS LEBEN RENNEN
Die zum Wasser laufenden Jungen werden von Krabben, Echsen, Schlangen, Möwen und anderen Fressfeinden verfolgt, doch auch im Meer lauern schon Haie, Makrelen und Delfine.

Eierfressende Seeschlange
Emydocephalus annulatus

Die scharfkantigen Schuppen am Maul dieser vollständig im Wasser lebenden Schlange ermöglichen es ihr, Fischlaich – ihre Lieblingsnahrung – vom Substrat zu kratzen. Da sie ihre Beute nicht lähmen muss, sind ihre Giftdrüsen zurückgebildet und die Giftzähne weniger als 1 mm lang. Jede Schlange bewohnt einen relativ kleinen Bereich, in dem sie sich zu merken scheint, welche Fische wo und zu welcher Zeit ablaichen.

- ↔ 60–120 cm
- ⚖ Bis zu 1,5 kg
- ⊗ Verbreitet
- 🍴 Fischlaich
- 🏠 🌿
- ⊙ Philippinen, Timor-See, Korallenmeer

▽ LANGE LUNGE
Die einzige, fast über die ganze Körperlänge reichende Lunge lässt Tauchzeiten von bis zu zwei Stunden zu.

Mondfisch
Mola mola

Nachdem er zum Fressen auf größere Tiefen abgetaucht ist, wärmt sich der Mondfisch auf der Seite liegend an der Wasseroberfläche auf. Seine miteinander verschmolzenen Zähne bilden einen Schnabel, mit dem er Quallen ergreift. Mit über 300 Millionen abgegebenen Eiern ist das Weibchen rekordverdächtig.

- ↔ Bis zu 4 m
- ⚖ Bis zu 2 t
- ⊗ Unbekannt
- 🍴 Quallen
- 🏠 〰
- ⊙ Philippinen, Timor-See, Korallenmeer

△ FLOSSEN ALS PADDEL
Der Schwanz des Mondfischs ist zu einem Saum reduziert. Er schwimmt, indem er die Rücken- und Afterflossen von einer Seite auf die andere schlägt.

▷ **TAGESSCHULE**
Die Weibchen verbringen den Tag in großen Schulen an den Rändern der Korallenriffe. In der Nacht gehen die Haie allein auf die Jagd.

▽ **MUSCHELFORM**
Der Bogenstirn-Hammerhai trägt seinen Namen wegen der abgerundeten Abschnitte der Vorderkante seines »Hammers«. Mit den an der Unterseite verlaufenden Furchen erinnert der Kopf an eine Muschel.

Augen auf der Seite des »Hammers«

Spitzer oberer Flossenlappen

Bogenstirn-Hammerhai

Sphyrna lewini

Wenige Haie sind so auffällig wie die Hammerhaie und der Bogenstirn-Hammerhai ist unter ihnen der am weitesten verbreitete. Im Gegensatz zu ihrem Ruf als Killer sind diese Haie sehr gesellig – zumindest die Weibchen. Die Gruppen sammeln sich um ältere, dominante Weibchen, wobei die Tiere mit dem niedrigsten Rang am weitesten außen schwimmen. Die Haie zeigen ihre Dominanz, indem sie in einer Spirale schwimmen oder sich rammen. Schwächere Tiere zeigen ihre Unterlegenheit mit einem Kopfschütteln.

Liebesbiss

Die Männchen werden im Alter von sechs Jahren geschlechtsreif, zehn Jahre vor den Weibchen, die meist erst eine Länge von 2 m erreichen müssen. Männchen schwimmen in eine Weibchen-Schule hinein, auf s-förmigem Weg in die Mitte. Wenn sie eine potenzielle Partnerin treffen, beißen sie sich an einer ihrer Brustflossen fest. Bogenstirn-Hammerhaie bekommen nach einer acht bis zwölf Monate dauernden Trächtigkeit rund 25 lebende Junge.

Bei der Geburt sind die Jungen 40 cm lang, haben aber bereits die typische Kopfform. Es gibt keine Brutpflege, sodass sie sofort selbstständig sein müssen. Meistens jagen die Haie in der Nacht, wobei die Reviere der jüngeren Tiere näher an der Küste liegen. Der »Hammer« ist in beiden Lebensräumen von Vorteil. Er verschafft beim Schwimmen durch seine Form Auftrieb, verstärkt aber auch die Funktion der im Kopf liegenden Sinnesorgane.

Beutedetektor

Wie alle anderen Haie haben auch Bogenstirn-Hammerhaie einen sehr guten Geruchssinn. Sie können geringe Mengen chemischer Substanzen mit den als Narinen bezeichneten Nasenlöchern entdecken, die sich am Ende des »Hammers« vor den Augen befinden. Durch den großen Abstand der Öffnungen erreicht ein Stoff die Narinen zu unterschiedlichen Zeiten, sodass der Hammerhai die Richtung erkennen kann, aus der der Geruch kommt.

In winzigen Gruben auf dem Kopf und insbesondere auf dem »Hammer« des Hais befinden sich Sensoren für elektrische Felder, die man als Lorenzinische Ampullen bezeichnet. Die große zur Verfügung stehende Oberfläche sorgt für die Effektivität dieser Sensoren, mit denen der Hai die von den Muskeln und Nerven seiner Beute ausgehenden Impulse wahrnehmen kann. Indem er den Kopf wie einen Metalldetektor über den Boden schwenkt, kann er im Sand vergrabene Tiere entdecken und sie erbeuten, manchmal, indem er sie mit dem Kopf in den Untergrund drückt.

Die **Zähne** dieses Hammerhais sind **eher zum Ergreifen** als zum Zerreißen **der Beute** geeignet.

- ↔ 1,4–2,1 m
- ⚖ 29–80 kg
- ⊗ Stark gefährdet
- 🍴 Fische, Kalmare, Krebse

Tropische und gemäßigte Gewässer weltweit

Zwerg-Seepferdchen

Hippocampus bargibanti

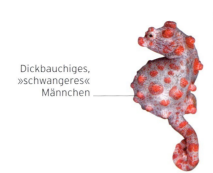

Dickbauchiges, »schwangeres« Männchen

Das in Korallenriffen in Tiefen von 16 bis 40 m lebende Zwerg-Seepferdchen ist so gut getarnt, dass es gegen Ende der 1960er-Jahre nur durch Zufall bei der Untersuchung einer Gorgonie – eine fächerförmige Koralle – entdeckt worden ist. Zwerg-Seepferdchen unterscheiden sich von ihren größeren Gattungsgenossen nicht nur durch die kürzeren Schnauzen, sondern auch durch die zusammengewachsenen Kiemenöffnungen – das Wasser strömt nur durch eine Öffnung am Hinterkopf aus. Auffällig sind die Tuberkel auf der Haut, die in Farbe und Aussehen den Polypen der Wirtsanemone entsprechen, einer Gorgonie aus der Gattung *Muricella*.

Über das Verhalten des Zwerg-Seepferdchens ist nur wenig bekannt, doch verankert es sich wie viele andere Seepferdchen an seiner Koralle und ernährt sich von den winzigen Krebstieren, die vorübergetrieben werden.

- ↔ 2,5 cm
- Unbekannt
- Unbekannt
- Winzige Krebstiere

Indopazifik

△ **DENISE-SEEPFERDCHEN**
Tiere dieser Art wurden anfangs für Jungtiere des Zwerg-Seepferdchens gehalten, doch das Denise-Seepferdchen (*H. denise*) ist mit einer Größe von nur 1,6 cm die kleinste bekannte Seepferdchen-Art.

▷ **MEISTER DER TARNUNG**
Das Zwerg-Seepferdchen ist durch die Farbe und Form der warzenartigen Tuberkel auf seiner Haut, die wie die Polypen seiner Wirts-Gorgonie aussehen, hervorragend getarnt.

Barriereriff-Anemonenfisch

Amphiprion akindynos

Zwei schwarz gerandete weiße Binden

Dieser mit den beiden als Clownfische bezeichneten Arten verwandte Anemonenfisch lebt in Anemonen, die sich in bis zu 25 m Tiefe befinden. Alle Anemonenfische schlüpfen als Männchen, doch der größte Fische einer Gruppe wird zum Weibchen und der zweitgrößte sein Partner. Stirbt das Weibchen, übernimmt das dominante Männchen seinen Platz und verändert sein Geschlecht.

- ↔ 4,5–13 cm
- ⚖ 28 g
- ✕ Unbekannt
- 🍴 Algen, Zooplankton

Südwestlicher Pazifik (Korallenmeer)

◁ **GUT GESCHÜTZT**
Durch die Vermischung des Schleims der Anemone mit dem eigenen werden Anemonenfische nicht genesselt.

Clown-Fangschreckenkrebs

Odontodactylus scyllarus

- ↔ 3–18 cm
- ✕ Unbekannt
- 🍴 Krebse, Schnecken, Fische

Indopazifik

Die Komplexaugen der Fangschreckenkrebse enthalten zwölf verschiedene Arten von Farbrezeptoren (Menschen haben nur drei), sodass sie auch infrarotes, ultraviolettes und polarisiertes Licht erkennen können. Man unterscheidet nach der Form des zweiten Beinpaars, das der Jagd dient, zwischen »Schmetterern« und »Speerern«.

An den Körper gezogene Keule

◁ **TÖDLICHER SCHLAG**
Der Clown-Fangschreckenkrebs gehört zu den »Schmetterern« und zertrümmert seine Beute mit Keulen an seinen Maxillipeden. Er kann damit sogar Aquarienscheiben zerschlagen.

Großer Blau-ring-Oktopus

Hapalochlaena lunulata

Schwimmen durch Rückstoß

Obwohl er so klein ist, dass er in eine Teetasse passen könnte, stellt dieser Oktopus eine große Gefahr dar. Er ruht bei Tage in Spalten in Küstennähe und schützt sich mit einer Wand aus Steinchen. Wird er gestört, kann er jedoch zubeißen. Todesfälle sind zwar selten, doch der Speichel enthält Tetrodotoxin, das 10 000-mal giftiger als Zyankali ist. Der Oktopus jagt auf dem Meeresgrund, fängt seine Beute mit dem Schnabel oder betäubt sie mit seinem Gift.

- ↔ 15–20 cm
- ✕ Unbekannt
- 🍴 Fische, Krebstiere
- 🏠
- 📍 Indopazifik, südaustralische Küsten

▷ **BLAUER ALARM**
Fühlt sich das Tier bedroht, färben sich die Ringe leuchtend blau und warnen vor dem möglichen Biss.

Riesenmuschel

Tridacna gigas

Die Große Riesenmuschel ist das größte lebende Weichtier der Welt. Die riesige Schale kann mit einem starken Muskel blitzschnell geschlossen werden. Die Muschel filtert Nahrung aus dem Meerwasser, lebt aber auch von den durch symbiotische, in ihrem Gewebe lebende Algen erzeugten Nährstoffen. Diese Algen benötigen Licht für die Fotosynthese, sodass die Große Riesenmuschel nur im flacheren, sonnendurchfluteten Wasser zu finden ist.

△ **LAICHWOLKEN**
Riesenmuscheln sind zu Anfang ihres Lebens männlich und werden später zu Zwittern. Um Selbstbefruchtung zu vermeiden, geben sie Eier und Spermien aber nie gleichzeitig ab.

- ↔ 1–1,4 m
- ✕ Gefährdet
- 🍴 Algen, Plankton
- 🏠
- 📍 Pazifik und Indopazifik

Portugiesische Galeere

Physalia physalis

Die Portugiesische Galeere treibt an der Meeresoberfläche und schleppt 10–50 m lange Nesselfäden hinter sich her, mit denen sie Fische fängt. Ihren Namen trägt sie wegen ihrer Gasblase, die an das Segel eines Schiffs des 18. Jahrhunderts erinnert. Die Portugiesische Galeere kann sich nicht selbstständig fortbewegen, sondern ist mit ihrem Segel vom Wind abhängig.

Tierkolonie

Die Portugiesische Galeere wirkt wie eine einzelne Qualle, doch tatsächlich handelt es sich um eine Kolonie von einzelnen Polypen. Von ihnen gibt es verschiedene Typen mit unterschiedlichen Aufgaben. Die Dactylozooide bilden die langen Tentakel, die mit Nesselzellen ausgestattet sind und alles vernesseln, was sie berühren. Sie werden zur Verteidigung, aber auch zum Erlegen der Beute eingesetzt, die dann langsam zu den Gastrozooiden transportiert wird, die für ihre Verdauung zuständig sind. Sie nehmen Nahrung jeder Größe auf und geben Verdauungsenzyme ab.

Ein weiterer Polypentyp, die Gonozooide, sind für die Vermehrung zuständig. Es gibt männliche und weibliche Teile, aus denen Larven entstehen können, die neue Tierkolonien gründen.

- ↔ 10–50 m
- ✕ Unbekannt
- 🍴 Kleine Fische, Plankton
- 🏠

Tropische und gemäßigte Meere

▷ **TREIBENDE GEFAHR**
Das Segel enthält vor allem Luft und ein wenig Kohlenmonoxid. Wenn sie an der Wasseroberfläche angegriffen wird, kann die Portugiesische Galeere das Gas ablassen und versinken.

MISCHWÄLDER NEUSEELANDS
Die Reste großer Wälder sorgen für immergrüne Oasen

Da Neuseeland fast in Nord-Süd-Richtung ausgerichtet ist und mit 1600 km Länge einige Breitengrade überschreitet, deckt es einen großen klimatischen Bereich ab. Weit im Süden liegt der Jahresdurchschnitt unter 10 °C, an der Nordspitze jedoch fast doppelt so hoch. Da die Breite Neuseelands nirgendwo mehr als 400 km beträgt, ist der Pazifik immer in der Nähe. Das Ergebnis ist ein von kühl bis warm reichendes, feuchtes Klima, in dem gemäßigte Wälder gedeihen.

Bewaldete Gebiete
Die gemäßigten Wälder von Richmond bedecken den Nordosten der Südinsel. Der feuchtere Westen wird nach Süden hin von den gemäßigten Wäldern des Westland-Distrikts bis zur alpinen Region des Fjordland-Nationalparks immer zerklüfteter. Im Norden der Nordinsel gedeihen im milden Klima Northlands gemäßigte Kauri-Wälder. In diesen Mischwäldern findet man viele endemische Nadelbäume wie die Totara-Steineibe, die Rimu-Harzeibe und die riesigen Kauri-Bäume, außerdem Silberne, Rote, Schwarze und Harte Scheinbuchen. Die meisten Bäume sind immergrün, sodass auf dem im Schatten liegenden Boden Moose und Farne gedeihen.

In diesen Wäldern leben viele Arten der einzigartigen neuseeländischen Tierwelt, von heuschreckenähnlichen Wetas über neugierige Keas und flugunfähige Kakapos bis zu den am Boden lebenden Kiwis. Vor der Ankunft des Menschen bedeckten die Wälder über drei Viertel der Fläche Neuseelands. Heute existiert nur noch ein Viertel.

SAMENVERBREITUNG
Bestimmte Bäume wie die Rimu-Harzeibe benötigen einheimische Tiere wie die Maori-Fruchttaube, um ihre Samen zu verbreiten. Sie müssen den Verdauungsapparat eines Vogels passiert haben, bevor sie keimen können.

MAORI-FRUCHTTAUBE

SCHNECKEN IN GEFAHR
Die faustgroßen, auf Neuseeland endemischen Schnecken der Gattung Powelliphanta sind Fleischfresser und ernähren sich von Regenwürmern. Eingeführte Ratten, Igel und andere Tiere haben ihren Bestand jedoch stark reduziert.

POWELLIPHANTA

KUSU-PLAGE
Für den Pelzhandel wurden in den 1830er-Jahren Fuchs-Kusus aus Australien eingeführt. Diese Beuteltiere haben sich als Katastrophe herausgestellt, da sie Bäume beschädigen sowie Eier, Insekten, Schnecken und sogar Fledermäuse fressen.

FUCHS-KUSU

Kauri-Bäume können über 1500 Jahre alt werden

Auf Neuseeland leben die meisten

MISCHWÄLDER NEUSEELANDS | 355

LAGE

Mit Ausnahme des trockeneren Ostens finden sich die meisten Mischwälder auf der Südinsel sowie im Norden der Nordinsel.

KLIMA

Das milde maritime Klima sorgt jeden Monat für genügend Niederschläge, sogar im Hochsommer. Im Winter sinken die Temperaturen.

Neuseeland-Fledermaus
Mystacina tuberculata

Die Kleine Neuseeland-Fledermaus verbringt etwa 30 % der für die Nahrungssuche aufgewandten Zeit im Falllaub auf dem Waldboden. Die Krallen der Daumen und Füße erleichtern dabei die Fortbewegung.

▽ BEWEGUNG AM BODEN
Die Finger werden durch einen hüllenähnlichen Teil der Flughaut geschützt, wenn sich die Fledermaus auf dem Boden bewegt.

- 6–8 cm
- 24 g
- Gefährdet
- Früchte, Nektar, Insekten

Neuseeland

Kralle für besseren Halt

Röhrenförmige Nasenlöcher

Glücksschwalbe
Hirundo neoxena

Diese bekannte australische Schwalbe bleibt den meisten Standorten das Jahr über treu. Sie kann sich auf nackten Ästen und Drähten niederlassen und jagt in der Luft Insekten, zum Beispiel Fliegen in Bodennähe, um bei feuchten Bedingungen weiter aufzusteigen.

- 15 cm
- 12–17 g
- Gefährdet
- Insekten

Australien, Neuseeland

◁ FÜTTERUNGSZEIT
Die Jungen aus den Nestern in Schuppen und Garagen reihen sich auf dem Draht zur Fütterung auf.

KAURI-BÄUME
In Northland erreichen riesige Kauri-Bäume, Relikte aus dem Jura, Höhen von 50 m und Kronendurchmesser von 20 m. Durch Abholzung sind so viele von ihnen vernichtet worden, dass nur noch 5 % übrig blieben.

flugunfähigen Vögel der Welt

KAURI-ZAPFEN

Kea
Nestor notabilis

Schuppig aussehende Federn

Der Kea ist der einzige alpine Papagei und eine Touristenattraktion. Mit seinem Hakenschnabel untersucht er Autos, Taschen und Kleidung, doch die meisten Einheimischen betrachten ihn als Schädling. Keas fressen Wurzeln, Beeren und Insekten, kamen aber in den 1860er-Jahren in den Verdacht, Schafe anzugreifen. Belohnungen wurden ausgesetzt und von 1870 bis 1970 sind über 150 000 Keas getötet worden. Heute gibt es nur noch 5000 Tiere und der Bestand hat sich trotz Schutzmaßnahmen noch nicht wieder erholt.

- 48 cm
- 825 g
- Gefährdet
- Früchte, Insekten, Aas
- Neuseeland

◁ **ALPINER PAPAGEI**
Keas sind außergewöhnlich intelligent, was in der unwirtlichen Bergwelt für sie von Vorteil ist.

Kakapo
Strigops habroptila

Eulenartiger, runder Kopf

Der größte, schwerste und einzige flugunfähige Papagei ist auch einer der langlebigsten Vögel – Kakapos werden oft 95 und sogar bis zu 120 Jahre alt. Männchen balzen in Leks und graben flache Mulden, vielleicht zur Verstärkung ihrer Rufe, die mehrere Monate lang bis zu acht Stunden pro Nacht andauern.

- 64 cm
- 2 kg
- Vom Aussterben bedroht
- Pflanzen
- Neuseeland

◁ **SELTENER VOGEL**
Nur 126 Kakapos waren im Jahr 2014 bekannt und seit 2011 sind nur sechs Jungvögel geschlüpft. Die besten Chancen haben die Kakapos, die auf von Fressfeinden freie Inseln vor der Küste Neuseelands umgesiedelt worden sind.

Kiwis sind die **einzigen Vögel**, bei denen **die Nasenlöcher** an der **Schnabelspitze** sitzen.

Nördlicher Streifenkiwi
Apteryx mantelli

Weiche, haarähnliche Federn

ZWERGKIWI
Der Zwergkiwi (*A. owenii*) legt oft in einem Abstand von drei Wochen zwei Eier auf Moos. Jedes Ei entspricht vom Gewicht her einem Viertel des Weibchens.

Kein anderer Vogel sieht wie ein Kiwi aus, doch Emus und Kasuare sind ihre nächsten Verwandten. Kiwis bevorzugen den Regenwald, doch der Verlust ihres Lebensraums hat sie in Busch- und Nadelholzwälder verdrängt. Sie benötigen einen feuchten Boden, in den sie Nester und einen Tagesunterschlupf graben können, und eine Falllaubschicht, in der sie nachts Würmer und Maden suchen. Sie finden die Beute mit dem Gehör und dem Geruchs- und Tastsinn. Wo sie nach Nahrung gesucht haben, hinterlassen sie eine Reihe von Löchern.

Außergewöhnliche Eier
Kiwi-Paare bleiben ihr Leben lang in ihrem Revier zusammen. Ihre Baue graben sie Monate oder Jahre vor der Eiablage, sodass die Eingänge zugewachsen sind. Die Weibchen sind größer als die Männchen und produzieren Eier, die viermal größer sind, als man es erwarten würde. Die Eier des Nördlichen Streifenkiwis können 20 % seines Körpergewichts wiegen und der Dotter kann 60 % des Eivolumens einnehmen. Die Entwicklungszeit des Eies im Körper beträgt einen Monat und in dieser Zeit frisst das aufgeblähte Weibchen nicht. Das Männchen brütet mithilfe eines nackten Brutflecks am Bauch bis zu 90 Tage lang.

Langer, schmaler Schnabel

Große Füße mit langen, spitzen Krallen

WAHRZEICHEN
Der Kiwi ist der Nationalvogel Neuseelands und wird mit dem runden Körper und dem langen Schnabel auf der ganzen Welt erkannt.

- 50–65 cm
- 2,8–3,5 kg
- Stark gefährdet
- Insekten, Würmer

Nördliches Neuseeland

Tuatara
Sphenodon punctatus

Die Tuatara oder Brückenechse sieht wie eine gewöhnliche Echse aus, gehört aber zu einer ausgestorbenen Reptilienordnung, deren einziger Überlebender sie ist. Besonderheiten bei den Zähnen, den Schädelknochen und andere seit rund 200 Millionen Jahren nicht veränderte Eigenschaften unterscheiden sie von den Echsen.

Rückzug auf die Inseln
Tuataras bewohnen etwa 30 vor der neuseeländischen Küste gelegene Inseln, vor allem die nicht von Ratten besiedelten. Ausgewilderte, sich vermehrende Tiere sind in einem Gebiet des Festlands beobachtet worden, in dem sie von einem Zaun geschützt werden.

Brückenechsen sind besser als alle anderen Reptilien an ein feuchtes, kühles Klima angepasst. Sie sind noch bei 5 °C aktiv und zeigen bereits über 25 °C Hitzestress. Im Winter verfallen sie in ihrem Bau manchmal mehrere Wochen lang in Kältestarre. Tuataras werden erst im Alter von 10–20 Jahren geschlechtsreif. Weibchen legen nur alle drei bis vier Jahre Eier, aus denen erst nach einem Jahr Junge schlüpfen, die manchmal von erwachsenen Tieren gefressen werden. Ansonsten können Tuataras über 100 Jahre alt werden.

Ein lichtempfindliches »drittes Auge« wird von den Schuppen verborgen.

△ KRÄFTIG GEBAUT
Die Krallen an den kräftigen Beinen und der kraftvolle Kiefer machen die Brückenechse zu einem ernst zu nehmenden Gegner.

Auckland-Baumweta
Hemideina thoracica

Diese gedrungene Heuschrecke ist in Gärten und im Buschland ein gewohnter Anblick. Sie verbringt den Tag in Bauen im Inneren von Ästen und Stämmen. In jedem leben bis zu zehn Wetas, ein Männchen mit mehreren Weibchen und Jungtieren. Die Insekten vergrößern dazu natürliche Hohlräume oder die Gänge einer Käferlarve mit ihren kräftigen Mundwerkzeugen. Baumwetas sind meist flügellos, besitzen manchmal aber nicht funktionsfähige Flügelanlagen. Das Weibchen trägt einen stachelartigen Ovipositor an seinem Hinterleib, mit dem es die Eier in verrottendes Holz oder in die Erde legt. Beide Geschlechter fauchen und beißen bei Bedrohung und lassen oft die dornenbewehrten Hinterbeine nach vorn schnellen, um Angreifer zu kratzen.

↔ 4 cm
⊗ Unbekannt
▥ Blätter, Samen, Insekten
⌂ 🌳

Nördliches Neuseeland

Dornen zur Verteidigung

Kopf doppelt so lang wie der des Weibchens

Lange Fühler oben auf dem Kopf

◁ MÄNNLICHER BAUMWETA
Der Kopf und die Mundwerkzeuge sind beim Männchen viel größer als beim Weibchen, da es seinen Harem und seinen Bau gegen Rivalen verteidigen muss.

Der gezackte Rückenkamm ist bei den Männchen größer.

Kräftige Beine und Zehen mit spitzen Krallen zum Graben

↔ 50–60 cm
⚖ 0,4–1 kg
⊗ Regional verbreitet
🍴 Spinnen, Insekten, Würmer

Neuseeland (Küsteninseln)

Ihre nächsten **Verwandten** sind bereits vor **über 60 Millionen Jahren ausgestorben.**

△ **WURZELLOSE ZÄHNE**
Die wurzellosen Zähne sind mit dem Kieferknochen verschmolzen und können daher nicht gewechselt werden.

Blaue Libelle
Austrolestes colensonis

In der Ruhe zusammengelegte Flügel

Diese Libelle ist die größte auf Neuseeland und sie kann regelmäßig in der Nähe von Teichen und Seen beobachtet werden. Sie gehört zu den Kleinlibellen, legt also in der Ruhe die Flügel an. Im Gegensatz dazu stehen sie bei Großlibellen vom Körper ab. Die Blaue Libelle vermag ihre Färbung zur Temperaturregelung zu verändern. Die blauen Männchen und die eher grünen Weibchen werden bei Kälte dunkler und können so mehr Wärme aus der Umgebung aufnehmen.

Jäger der Luft

Erwachsene Blaue Libellen leben nur wenige Wochen lang. Sie verfolgen mithilfe ihrer riesigen Augen andere Insekten, die sie im Flug fangen. Sich paarende Libellen können als Tandem über dem Wasser beobachtet werden. Das Männchen bewacht das Weibchen bei der Eiablage, um die Kopulation mit einem Rivalen zu verhindern. Die Larven verbringen den Winter im Wasser und atmen über Kiemen an ihrem Hinterleib. Mit ihren speziellen Mundwerkzeugen jagen sie auf dem Grund des Gewässers. Im Frühjahr klettern sie aus dem Wasser und häuten sich zur erwachsenen Libelle.

↔ 4–4,8 cm
⊗ Verbreitet
🍴 Insekten

Neuseeland

◁ **TANDEM**
Während der Paarung hält das Männchen das Weibchen hinter dem Kopf fest. Das Weibchen biegt seinen Hinterleib dann nach vorn und empfängt das Sperma des Männchens.

Südpolarmeer
Zügelpinguine verbringen den Winter auf dem Meer, wo sie Krill, Fische und Kalmare jagen. Ihr gefährlichster Fressfeind ist der Seeleopard, vor dem sie auf hohe Eisberge flüchten.

Antarktika

ALGEN IM SCHNEE

Einige Arten einzelliger Algen können im Schnee und Eis überleben. Ihre roten Pigmente überdecken das grüne Chlorophyll und sorgen dafür, dass sie Frost und ultraviolette Strahlung überleben können. Die im Winter kaum sichtbaren Algen steigen im Sommer zur Oberfläche hinauf und färben den Schnee rot, rosa, orange, grün oder grau.

ANTARKTISCHE PFLANZEN

Die Küste der Antarktischen Halbinsel ist die einzige nicht ständig vereiste Zone. Hier gedeihen Moose und Flechten. Die Antarktische Schmiele und die Antarktische Perlwurz sind die einzigen hier lebenden Samenpflanzen.

STARKE WINDE

Die Westwinde wehen ungehindert über das Südpolarmeer. Als »Roaring Forties« bezeichnet man den Bereich zwischen 40° und 50° südlicher Breite. Durch den Klimawandel scheinen sich diese Winde nun weiter nach Süden zu richten, stärker zu werden und sich mit den »Furious Fifties« zu vermischen.

KREISBEWEGUNG

Die Winde treiben den Antarktischen Zirkumpolarstrom an, der das Südpolarmeer abschließt und den heftigsten Seegang der Welt erzeugt.

ÖKOREGIONEN

- Inseln des Südpolarmeers S. 364–369
  Tundra, Eis
- Antarktische Halbinsel S. 370–375
  Tundra, Eis

ROSS-MEER UND -SCHELFEIS

Die Weite des Schelfeises schützt die unter ihm lebenden Wirbellosen. Wenn der Wind das daran grenzende Meereis wegtreibt, entstehen als Polynjas bezeichnete Wasserflächen. Die Sommersonne lässt das Phytoplankton erblühen und das Ross-Meer wird zum Lebensraum für Wale, Robben, Pinguine, Röhrennasen, Fische und über 1000 Arten von Wirbellosen.

LAND AUS EIS UND SCHNEE
Antarktika

TRANSANTARKTISCHES GEBIRGE
Diese Gebirgskette trennt West- und Ostantarktika.

SEEN UNTER DEM EIS
Tiefe Seen unter dem Eis, die seit Tausenden von Jahren von der Atmosphäre abgeschlossen sind, enthalten komplexe Gemeinschaften unzähliger Mikroben.

Der antarktische Eisschild, der den größten Teil des Kontinents Antarktika bedeckt, ist die größte Eismasse der Erde. An manchen Stellen ist er 4,5 km dick und sein Volumen beträgt über 30 Millionen Kubikkilometer. Hier lagern über 70 % des Süßwassers der Erde. Der Eisschild wird durch das Transantarktische Gebirge in zwei Teile geteilt. Der größere Teil dieses Gebirges liegt unter dem Eis, doch einige über 4000 m hohe Gipfel ragen heraus. Man weiß nicht genau, wie das Gebirge entstanden ist, doch ein Grabenbruch auf seiner westlichen Seite hat dabei wohl eine Rolle gespielt. Möglicherweise schiebt sich hier eine Platte unter Ostantarktika. Westantarktika liegt tiefer, wohingegen Ostantarktika höhere Gebiete alter Gebirge umfasst, die aus Sandstein, Schiefer, Kalkstein und Kohle bestehen, die sich zu wärmeren Zeiten abgelagert haben.

Fossilien von Pflanzen, Dinosauriern und Beuteltieren sind weitere Belege für die warme Vergangenheit vor dem Auseinanderbrechen von Gondwana, nach dem Antarktika nach Süden gedriftet ist. Heute friert es das ganze Jahr über mit Temperaturen von bis zu −89 °C. Es ist kein Wunder, dass sich außer einigen Wissenschaftlern niemand länger in der Antarktis aufhält.

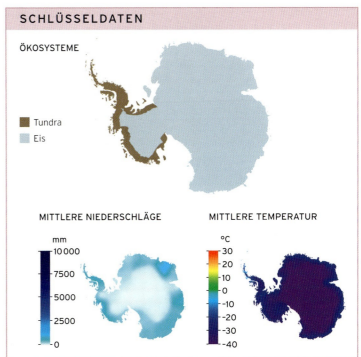

SCHLÜSSELDATEN

ÖKOSYSTEME
- Tundra
- Eis

MITTLERE NIEDERSCHLÄGE (mm)

MITTLERE TEMPERATUR (°C)

INSELN DES SÜDPOLARMEERS
Für Menschen unwirtliche Rückzugsgebiete bedrohter Arten

Einige abgelegene, weitgehend unbewohnte vulkanische Inseln, die oft ganzjährig mit Eis und Schnee bedeckt sind, liegen nördlich der Grenze des Südpolarmeers (60° südlicher Breite). Zu ihnen gehören Südgeorgien, die Süd-Sandwich-Inseln, die Bouvet-Insel, die Prinz-Eduard-Inseln, die Kerguelen und die Heard-Insel. Sie liegen in der Nähe der Antarktischen Konvergenz, an der kaltes antarktisches Wasser unter wärmeres Oberflächenwasser absinkt, und sind die Heimat einer großen Vielfalt von Fischen, Vögeln und Säugetieren.

Basis der Nahrungskette

Die Basis der Nahrungskette, in die all diese Tiere eingebunden sind, besteht aus winzigen Planktonorganismen und dem Antarktischen Krill. Der Krill ist das Grundnahrungsmittel der Sturmvögel und Albatrosse, der Krabbenfresser, der Buckel-, Blau-, Sei-, Zwerg- und Finnwale sowie des Südkapers, die aus tropischen Meeren in den antarktischen Sommer ziehen. Allerdings wurden die Wale von diesen Inseln aus gejagt, bis sie hier 1965 nicht mehr in nennenswerter Zahl vorkamen. So kam es zu einem Krillüberschuss, von dem andere Arten profitierten. So gibt es heute wieder Millionen der fast ausgerotteten Seebären. Doch auch der Krillüberschuss hilft den sich langsam vermehrenden Walen wenig. Der Mensch beutet nun den Krill selbst aus und bedroht damit das Leben in der Antarktis.

EINGESCHLEPPTE RATTEN
Die Südgeorgien-Spitzschwanzente lebt nur auf Südgeorgien und den Süd-Sandwich-Inseln. Sie bevorzugt Süßwasser mit Grashorsten und Feuchtgebieten, sucht aber auch Nahrung auf dem Meer. Ihr Bestand ist von Ratten bedroht.

SÜDGEORGIEN-SPITZSCHWANZENTE

KRILL AUSSIEBEN
Der Krabbenfresser ist die häufigste Robbenart der Welt. Die Tiere nehmen Meerwasser ins Maul und sieben den darin enthaltenen Krill mit ihren Zähnen aus. Wenn sie nicht gerade fressen, ruhen sie sich auf dem Meereis aus.

KRABBENFRESSER

Das Gesamtgewicht des Krills übersteigt

POTTWAL

Heimat von Millionen von Krabbenfressern

TAUCHEN NACH NAHRUNG
Der Pottwal ist das am tiefsten tauchende Säugetier. Auf der Jagd nach Kalmaren, seiner wichtigsten Beute, kann er die Luft über eine Stunde lang anhalten. Seine Lungen werden unter dem Druck des Wassers in bis zu 3000 m Tiefe zusammengepresst.

INSELN DES SÜDPOLARMEERS | 365

LAGE

Die Inselgruppen liegen zwischen Antarktika im Süden und Neuseeland, Südafrika und Südamerika im Norden.

KLIMA

Bei starken Winden und Temperaturen, die nur knapp über dem Gefrierpunkt liegen, gibt es hier keinen richtigen Sommer.

Südlicher See-Elefant

Mirounga leonina

Rüssel zur Verstärkung des Brüllens

Der Südliche See-Elefant ist nicht nur die größte Robbe – bei dieser Art ist auch der Größenunterschied der Geschlechter am stärksten ausgeprägt. Die Bullen wiegen bis zu zehnmal so viel wie die Weibchen und nur ausgewachsene Bullen besitzen den aufblasbaren Rüssel, der dieser Art ihren Namen gegeben hat.

Gefährliche Kämpfe

Südliche See-Elefanten können auf der Nahrungssuche mithilfe ihrer besonderen roten Blutkörperchen Tiefen von bis zu 2000 m erreichen. Sie verbringen bis zu 90 % ihres Lebens auf dem Meer und schlafen sogar im Wasser, doch müssen sie wie alle Robben zum Fellwechsel, zur Paarung und Vermehrung an Land gehen. Von den Bullen, die um die Weibchen kämpfen, sind nur 3 % erfolgreich. Die größten Harems werden von einem einzigen dominanten Bullen kontrolliert. Weibchen und Jungtiere können bei den Kämpfen zwischen den Bullen ums Leben kommen, doch auch für die Bullen ist die Paarungszeit hart: Sie verlieren durchschnittlich 12 kg an Gewicht pro Tag, insgesamt über 40 % ihres Körpergewichts.

- ↔ 3–5 m
- ⚖ 0,6–3 t
- ⊗ Verbreitet
- 🍴 Fische und Kalmare

Südpolarmeer und Umgebung

Südliche See-Elefanten können **bis zu zwei Stunden** lang **unter Wasser** bleiben.

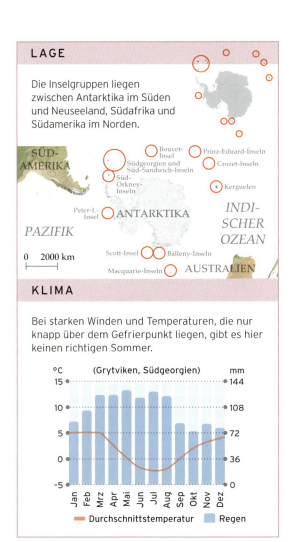

FARBIGER SCHWARM
Das Meer wird im Sommer oft von riesigen Schwärmen antarktischen Krills orangerot gefärbt. Die nur 5 cm langen Krebstiere ernähren sich von Phytoplankton (im Wasser treibende Algen), können jedoch auch bis zu 200 Tage ohne Nahrung auskommen.

KRILL

das aller Menschen der Welt

▽ **KAMPF UM DIE DOMINANZ**
Die Bullen kämpfen zu Beginn der Paarungszeit um das Recht zur Paarung. Sie richten sich auf und verwunden den Rivalen mit den Zähnen am Hals und im Gesicht.

Wander-Albatros
Diomedea exulans

Große Füße mit Schwimmhäuten

Mit einer Spannweite von bis zu 3,5 m ist der Wander-Albatros der größte flugfähige Vogel der Welt. Alte Männchen können schneeweiß werden. Der wissenschaftliche Name bedeutet »im Exil lebend« und bezieht sich darauf, dass dieser Albatros Monate in der Luft über den südlichen Meeren der Welt verbringen kann.

Die Männchen sind etwa 20 % schwerer als die Weibchen, haben aber kaum größere Flügel. Sie suchen sich ihre Nahrung weiter im Süden und ihre um 12 % höhere Belastung der Flügel scheint ihnen bei der Bewältigung der stärkeren Winde zu helfen. Jüngere Vögel durchstreifen die südliche Hemisphäre, bevor sie im Alter von etwa zehn Jahren geschlechtsreif werden. Wander-Albatrosse finden sich zu großen Brutkolonien auf abgelegenen Inseln zusammen, wo sie Nesthügel aus Schlamm und Pflanzenteilen errichten. Die Paare bleiben ein Leben lang zusammen und vermehren sich alle zwei Jahre. Das einzige Ei wird von beiden Partnern etwa 80 Tage lang bebrütet.

Bedrohung durch Langleinen
Die Nasenlöcher der Albatrosse sind röhrenartig verlängert und sie verfügen über einen guten Geruchssinn. Sie fressen vor allem Fische und Kalmare, die sie am oder knapp unter dem Wasserspiegel erbeuten. Sie folgen auch gern Fischern, um Abfälle und unerwünschte Beifänge zu fressen, doch das ist mit einem Risiko verbunden. So kommt es oft vor, dass die Albatrosse nach den bei der Langleinenfischerei verwendeten mit Haken versehenen Ködern schnappen und ertrinken. Mit nur 8000 nistenden Brutpaaren pro Jahr und einer sehr langsamen Reproduktionsrate ist der Bestand sehr anfällig.

- ↔ 1,1 m
- 8–11,5 kg
- ⊗ Gefährdet
- Kalmare, Fische, Abfälle

Subantarktische Meere

△ AUFWIND
Statt mit den Flügeln zu schlagen, nutzen Albatrosse die über dem Wasser aufsteigenden Aufwinde und segeln ruhig dahin. Um in die Luft zu kommen, benötigen sie allerdings Gegenwind.

△ UNREGELMÄSSIGE MAHLZEITEN
Die Jungen werden anfangs alle zwei bis vier Tage gefüttert und später seltener. Sie bleiben neun bis elf Monate lang im Nest.

◁ BALZRITUAL
Zur Balz gehören das Spreizen der Flügel, das Klappern mit dem Schnabel und entsprechende Rufe wie bei allen Albatrossen.

Felsenpinguin
Eudyptes chrysocome

Füße mit Schwimmhäuten und kräftigen Krallen

Nach sechs Monaten auf dem Meer, wo sie Krill und Fische gejagt haben, müssen die Felsenpinguine mit dem Nestbau beginnen, sobald das schmelzende Meereis den Zugang zum festen Land erlaubt. Von etwa 3,5 Millionen Paaren brüten 2,5 Millionen auf den Falkland-Inseln. Die Männchen kehren zuerst zurück, um ein Nest aus Steinen, Gras und Gräten zu bauen. Die Balz ist kurz, festigt jedoch alte Partnerschaften und schafft neue, denn die Eltern ziehen den Nachwuchs gemeinsam auf.

Ein Elternteil bebrütet die beiden Eier, während das andere Tier 7–17 Tage lang zur Nahrungssuche auf dem Meer ist und sich dabei bis zu 250 km weit entfernt. Bei so langen Pausen zwischen den Mahlzeiten überlebt nur das kräftigere Jungtier. Das zweite Ei, das einige Tage nach dem ersten gelegt wird, kann um 70 % schwerer sein und das Jungtier kann zuerst schlüpfen, was ungewöhnlich ist. Nach drei Wochen kommt das Junge in eine Crèche, eine Art Kindergarten, in dem »Tanten« den Nachwuchs vor Riesen-Sturmvögeln und Raubmöwen beschützen. Nur die eigenen Eltern füttern ihr Junges, das in den ersten Tagen zwischen der Bewachung durch die Eltern und der Aufnahme in die Crèche am meisten gefährdet ist.

Schwarz-gelber Schopf und gelbe »Augenbrauen«

- ↔ 50 cm
- ⚖ 2,5 kg
- ⊗ Gefährdet
- 🍴 Fische, Krebstiere, Kalmare

Südl. Südamerika, Südl. Pazifischer, Atlantischer und Indischer Ozean, Südpolarmeer

▷ **SCHNELL NACH HAUSE**
Diese Pinguine haben es geschafft, den in Küstennähe lauernden Seeleoparden zu entgehen, und sind auf dem Weg zurück zu ihrer Kolonie.

INSELN DES SÜDPOLARMEERS | 369

△ FISCHEN GEHEN
Die kleinen Pinguine hüpfen beidbeinig wie ein Känguru über die Felsen, wenn sie zum Meer gehen oder von dort zurückkehren.

Blauaugen-Scharbe
Phalacrocorax atriceps

Dunkle Federn

Dieser Kormoran nistet auf Felsen und Inseln und sucht seine Nahrung in der Nähe der Küste. Er besitzt relativ schwere Knochen und wenig Körperfett, sodass er nur geringen Auftrieb hat und besser tauchen kann. Anders als Seeschwalben und Tölpel, die Fische bereits im Flug auswählen, taucht die Blauaugen-Scharbe tief und wählt dabei systematisch ihre Beute aus.

↔ 68–76 cm
⚖ 2,5–3,5 kg
✗ Verbreitet
🍴 Fische

Südl. Südamerika, Südpolarmeer, Antarktische Halbinsel

△ EIERBECHER
Jedes Nest besteht aus Algen, Gräsern und Schlamm, der mit Exkrementen vermischt ist. In der flachen Mulde liegen zwei bis drei Eier.

Antipoden-Seeschwalbe
Sterna vittata

Die Antipoden-Seeschwalbe ist das südliche Gegenstück der Küsten-Seeschwalbe, doch sie unternimmt keine langen Migrationen von Norden nach Süden. Sie brütet im November und Dezember, wenn die nördliche Art auf dem Meer »überwintert«. Manche Antipoden-Seeschwalben bleiben in der Nähe der Kolonien, während andere zur Jagd die Ränder des Packeises aufsuchen.

↔ 35–40 cm
⚖ 150–175 g
✗ Verbreitet
🍴 Fische

Südöstl. Südamerika, Südafrika, Inseln des Südpolarmeers, Antarktische Halbinsel

◁ SOMMERKLEID
Im Sommerkleid sieht die Antipoden-Seeschwalbe fast wie ihre arktische Verwandte aus. Sie brütet auf felsigen Inseln im Südpolarmeer.

ANTARKTISCHE HALBINSEL
Leben unter extremen Bedingungen, abhängig vom Eis

Über 99 % von Antarktika, dem trockensten, kältesten und windigsten Kontinent der Welt, sind von Eis bedeckt. Nur die 2000 km lange Antarktische Halbinsel reicht über den Antarktischen Polarkreis hinaus und zeigt im Norden auf Kap Hoorn. Ihr Inneres ist hoch gelegen, sodass die Luft kein Wasser enthalten kann, doch an der Küste ist es feucht. Kalte Luft aus dem Landesinneren fällt in Stürmen herab. Regen, Neben und Schneestürme wechseln sich mit sonnigen Tagen ab, an denen die Temperatur auf 5 °C steigt. Monate der Dunkelheit gehen im Sommer in 24-stündiges Tageslicht über, doch auch jetzt sind die Bedingungen hart.

Leben zwischen dem Eis
Die Zu- und Abnahme des Meereises ist die treibende Kraft des größten Teils des antarktischen Lebens. Das Eis dehnt sich bis zu 4 km pro Tag aus und erreicht eine Dicke von bis zu 2 m. In einem großen Teil des Jahres versperrt das Eis vielen Arten den Zugang zu Nahrung und Brutmöglichkeiten. Die meisten Robben, Pinguine und anderen Vögel vermehren sich dann, wenn das Eis schmilzt und den Felsen freigibt. Wenn das Eis sich ausdehnt, entfernen sie sich vom Land. Die Kaiserpinguine wandern allerdings nach Süden, wo die brütenden Männchen die schlimmsten Winterbedingungen ertragen, während die Weibchen zum Meer zurückkehren. Die Weddell-Robben können dank ihrer Atemlöcher den ganzen Winter unter dem Eis verbringen.

Während es hier etwa 300 Algen-, 200 Flechten- und 110 Moosarten gibt, kennt man nur zwei in der Antarktis heimische Samenpflanzen.

LEBENSLANGE PARTNER
Schnee-Sturmvögel nisten weiter im Süden als andere Vögel oft auf der Antarktischen Halbinsel. Die Paare bleiben ein Leben lang zusammen und legen pro Jahr ein Ei in eine Felsspalte. Das weiße Gefieder tarnt sie in Schnee und Eis.

SCHNEE-STURMVOGEL

WEISSBLÜTIGER FISCH
Eisfische überleben bei Temperaturen, bei denen andere Fische gefrieren würden. Glykoproteine verhindern die Eisbildung und die roten Blutkörperchen fehlen, da sich bei diesen Temperaturen genug Sauerstoff im Blutplasma löst.

SCOTIA-SEE-EISFISCH

SAMENPFLANZE
Die Antarktische Perlwurz ist eine von zwei Samenpflanzen des Kontinents und bildet grüne Polster, die man gelegentlich in den Außenbereichen der Antarktis sieht. Die weiß blühende Pflanze verbreitet sich wegen der Klimaerwärmung immer weiter.

ANTARKTISCHE PERLWURZ

> So trocken, dass es eine Kältewüste ist   Auf Antarktika liegen 90 % des Eises und über

ANTARKTISCHE HALBINSEL | 371

LAGE

Die Antarktische Halbinsel ist der nördlichste Teil Antarktikas. Sie wird durch die Drake-Straße von Kap Hoorn getrennt.

KLIMA

Die durchschnittlichen Sommertemperaturen erreichen kaum 1°C. Im Winter können sie auf -15°C bis -20°C sinken, weiter südlich noch tiefer.

Seeleopard
Hydrurga leptonyx

Keine deutliche Stirn

Dank seines stromlinienförmigen Kopfs, seiner kräftigen Kiefer und der langen Eckzähne ist der Seeleopard ein hervorragender Jäger. Obwohl er sich als einzige Ohrenrobbe auch von anderen Robben ernährt, besteht die Hälfte seiner Nahrung aus dem kleinen, garnelenartigen Krill. Er besitzt spezielle Backenzähne, mit denen er den Krill aus dem Wasser filtern kann.

- ↔ 2,5–3,5 m
- ⚖ 200–455 kg
- ⊗ Verbreitet
- 🦷 Krill, Kalmare, Robben, Pinguine

Wendiger Schwimmer

Anders als andere Ohrenrobben schwimmt der Seeleopard nicht nur mithilfe seiner flossenartigen Hinterbeine, sondern rudert gleichzeitig mit den verlängerten Vorderflossen. Dadurch ist er im Wasser schneller und wendiger, kann sich an Land aber schlechter fortbewegen. Die Weibchen sind etwas größer als die Männchen, anders als bei den meisten Ohrenrobben. Sie gebären ein einzelnes Junges auf dem Packeis, das drei bis vier Wochen lang gesäugt wird.

Obwohl sie die wichtigsten Raubtiere ihres Lebensraums darstellen, werden Seeleoparden gelegentlich selbst von Schwertwalen gejagt. Die Seeleoparden sind vor der kommerziellen Jagd geschützt, doch die Jungtiere, deren Überleben vor allem vom Krillvorkommen abhängt, können gefährdet sein, wenn der Krillbestand durch Überfischung zurückgeht.

Südpolarmeer und subantarktische Gewässer

▽ **OPPORTUNISTISCHER RÄUBER**
Seeleoparden suchen Pinguinkolonien auf, um Jungtiere zu jagen, die noch nicht so erfahren und leichter zu erbeuten sind.

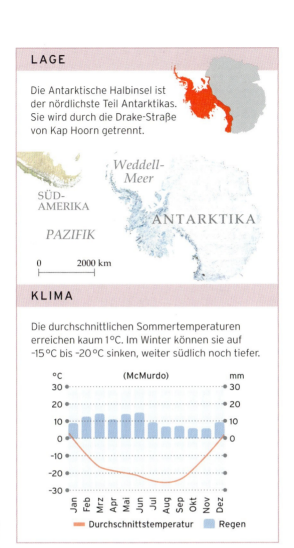

FLUGUNFÄHIGE MÜCKE
Die flugunfähige Zuckmücke *Belgica antarctica* ist das einzige Insekt der Antarktis. Sie entgeht den Winden, toleriert Frost, hohe Salzkonzentrationen sowie den Verlust von Körperflüssigkeit und ihre dunkle Färbung absorbiert Wärme.

70% des Süßwassers der Welt

BELGICA ANTARCTICA

Seeleoparden geben unter Wasser **lang anhaltende Rufe** von sich, die teils **durch das Eis** gefühlt werden können.

ANTARKTISCHE HALBINSEL | 373

55–68 Kehlfurchen

Blauwal
Balaenoptera musculus

Wenn man vom winzigen Krill absieht, den er frisst, ist alles am Blauwal übergroß. Dieses größte Tier der Welt hat in etwa die Dimensionen eines Jumbojets. Der Wal wiegt doppelt so viel wie die größten Dinosaurier und allein seine Zunge bringt 4 t auf die Waage. Ein Mensch könnte durch seine Blutgefäße schwimmen, die 10 t Blut mithilfe eines 900 kg schweren Herzens transportieren.

Trotz ihrer gewaltigen Größe sind Blauwale perfekt stromlinienförmig und gleiten – von dem starken Schwanz angetrieben – mit minimaler Reibung durch das Meer. Sie sind allein oder in kleinen Gruppen unterwegs, doch es können auch 60 Tiere an einer Nahrungsquelle zusammenkommen. Blauwale sind mit einer Lautstärke von bis zu 188 dB die lautesten Tiere der Welt. Von ihnen produzierte tieffrequente Töne können im Wasser Hunderte von Kilometern weit gehört werden.

Schon fast zu spät

Bis zur Mitte des 19. Jahrhunderts waren Blauwale aufgrund ihrer Größe vor menschlicher Verfolgung sicher, doch dann führte die Erfindung der mit einer Explosivladung bestückten Harpune zur industriellen Ausbeutung der Tiere. Trotz eines 1966 verhängten Fangverbots ist die ursprüngliche Blauwalpopulation um mindestens 70 %, möglicherweise sogar 90 % geschrumpft. Es gibt allerdings in den letzten Jahren Anzeichen einer sehr langsamen Erholung der Bestände. Man nimmt an, dass es heute etwa 10 000–25 000 Blauwale gibt.

◁ **HÖCHSTER BLAS**
Mit 9–12 m Höhe weisen Blauwale den höchsten »Blas« (die mit Feuchtigkeit gesättigte, durch die beiden Blaslöcher ausgeatmete Luft) aller Wale auf.

- ↔ 32–33 m
- ⚖ 113–150 t
- ✗ Stark gefährdet
- ⋔ Krill, Ruderfußkrebse, selten Fischschwärme

Weltweit mit Ausnahme der Arktis

Stundenglas-Delfin
Lagenorhynchus cruciger

Namengebende Zeichnung

Die meist auf dem offenen Meer zu beobachtenden Stundenglas-Delfine bevorzugen tiefere antarktische und subantarktische Gewässer. Meist bilden sie Schulen von 6 bis 8 Tieren, doch 60–100 Delfine sind auch schon zusammen beobachtet worden. Sie folgen oft Booten und schwimmen gern in der Bugwelle. Man weiß wenig über das Verhalten des Stundenglas-Delfins, doch man nimmt an, dass die Echoortung, mit der er seine Beute findet, doppelt so leistungsfähig ist wie die anderer Delfine.

- ↔ 1,4–1,9 m
- ⚖ Bis zu 94 kg
- ✗ Verbreitet
- ⋔ Fische, Kalmare, Krebstiere
- ⊙ Südl. Pazifik, Atlantik und Ind. Ozean, Südpolarmeer

▷ **IN DER BUGWELLE**
Stundenglas-Delfine schwimmen mit Geschwindigkeiten von bis zu 22 km/h und springen dabei aus dem Wasser.

Adelie-Pinguin
Pygoscelis adeliae

Weiße Ringe um die Augen

Adelie-Pinguine nisten in bis zu 280 000 Paaren starken Kolonien auf eisfreien Felsen, oft weit entfernt von der Küste. Obwohl Forschungsstationen und Touristen stören können, brüten in der Antarktis etwa zwei Millionen Paare. Ihr Körper ist so gut isoliert, dass Schnee auf ihnen nicht schmilzt, sondern sie bedeckt.

- ↔ 46–61 cm
- ⚖ 4–5,5 kg
- ✗ Potenziell gefährdet
- ⋔ Krill, kleine Fische
- ⊙ Zirkumpolar um die Antarktis

△ **FÜTTERN IN SCHICHTEN**
Die Eltern wechseln sich in einem Rhythmus von 16 bis 19 Tagen ab, bis die Jungen in eine Crèche gelangen.

Kaiserpinguin
Aptenodytes forsteri

Goldgelbe Wange

Der weiße Bauch und der dunkle Rücken tarnen die Pinguine beim Schwimmen.

Der Kaiserpinguin ist der einzige Vogel, der während des harten antarktischen Winters brütet. Er ist der größte Pinguin, hat aber die gleiche Haltung, die kurzen Beine, den watschelnden Gang und die an die Seiten angelegten flossenartigen Flügel wie andere Pinguine.

Zum Überleben ausgestattet

Wenn die Pinguine in die Sonne kommen, können sie überschüssige Wärme durch Flügelschlagen oder Hecheln abgeben. In der Kälte neigen sie sich nach hinten und sitzen auf den Fersen und dem Schwanz, um den Kontakt von Füßen und Boden zu verringern. Das dunkle Gefieder nimmt Sonnenwärme auf und die dichten Federn darunter verhindern den Verlust der warmen Luft, die den Körper umgibt. Unter der Haut haben die Pinguine eine dicke Fettschicht, die eine Voraussetzung für das Überleben bei Temperaturen von weniger als −60 °C ist.

Kaiserpinguine leben in einem schmalen, aus Eisschollen und zugefrorenen Buchten bestehenden Bereich um Antarktika. Je mehr Eis sich bildet, desto weiter liegen die Brutkolonien im Inland, sodass die Vögel einen langen Marsch vor sich haben, wenn sie sie im März oder April erreichen wollen. Die Entfernungen, die später zur Fütterung des Jungen zurückgelegt werden müssen, sind mit 60 km pro Weg noch größer.

Teamwork

Das Weibchen legt ein einzelnes Ei, das es dem Männchen übergibt, bevor es zu seiner etwa zweimonatigen Nahrungssuche auf dem offenen Meer aufbricht. Das Männchen bebrütet das Ei unter einer Hautfalte an seinem Bauch. Die Kolonien der Kaiserpinguine können mehrere Tausend Tiere umfassen und die brütenden Männchen drängen sich alle zusammen. Tagelang stehen sie fast bewegungslos bei tobenden Schneestürmen in der Kälte. Wenn das Weibchen zurückkehrt, übernimmt es die Pflege des frisch geschlüpften Jungen und das fast verhungerte Männchen geht auf Nahrungssuche.

Nach 45 Tagen werden die Jungen in eine Crèche (eine Art Kindergarten) aufgenommen, aber immer noch von den Eltern gefüttert. Die Crèche löst sich nach fünf Monaten auf. Nun verlassen die Eltern den Nachwuchs und suchen das Wasser auf. Haben die Jungen ihr Erwachsenengefieder bekommen, folgen sie den Eltern ins Meer.

Kaiserpinguine **tauchen** auf der Nahrungssuche **tiefer** als jeder andere Vogel.

◁ **LUFTBLASEN**
Das Pinguingefieder gibt beim Auftauchen einen Strom von Luftblasen ab, da die Luft auf größeren Tiefen komprimiert war. Die Tiere sind schnell genug, um das Wasser zu verlassen und auf dem Eis zu landen.

▷ **WARM BLEIBEN**
Das einzige Junge ist nach dem Schlupf fast nackt. Es wird von den Eltern gewärmt, bis es von Daunen bedeckt ist und von einer Crèche aufgenommen werden kann.

- ↔ 1,1 m
- ⚖ 30–40 kg
- ⊗ Potenziell gefährdet
- 🍴 Krill, Fische, Kalmare

Zirkumpolar um die Antarktis

Yellowstone-Nationalpark
Ein einsamer Bison durchquert das Becken der Grand Prismatic Spring im Yellowstone-Park. Dieser Nationalpark war der erste der Welt und er ist eines der letzten Rückzugsgebiete der Bisons.

Glossar und Register

GLOSSAR

A

AAS Ein totes, verwesendes Tier.

ALGE Ein fotosynthetisch aktiver Organismus, der noch nicht die Entwicklungsstufe der Pflanzen erreicht hat. Zu den Algen gehören einzellige, aber auch mehrzellige Organismen wie die Tange.

ALTIPLANO Die Hochebene in der Mitte der südamerikanischen Anden.

AMPULLE Die Erweiterung eines röhrenförmigen Hohlorgans.

ANPASSUNG Eine Eigenschaft eines Organismus, die ihm das Überleben in einem bestimmten Lebensraum ermöglicht, oder der Erwerb dieser Eigenschaft.

ANTENNE Die paarigen, auch als Fühler bezeichneten Sinnesorgane der Insekten, Krebs- und anderer Tiere.

ARCHIPEL Eine Gruppe von Inseln.

ART Eine Art ist die Grundeinheit der zoologischen Systematik. Sie besteht aus einer Gruppe einzelner Tiere, die sich im Aussehen und Verhalten gleichen, sich meist nur untereinander paaren und sich von den Tieren anderer Arten unterscheiden.

ARTBILDUNG Die Entstehung neuer Arten, zum Beispiel durch die Trennung von Populationen und ihre unabhängige Weiterentwicklung.

ÄSTIVATION Eine Sommerruhe, mit der eine heiße, trockene Saison überbrückt wird.

B

BAUMRIESE In den tropischen Regenwäldern sind das die einzelnen großen Bäume, die über das Kronendach hinausragen. Siehe auch *Kronendach*.

BERGWIESEN In größeren Höhen wachsendes Grasland, sowohl in tropischen als auch in gemäßigten Bereichen.

BEUTE Ein Tier, das von einem anderen Tier gejagt oder von einer fleischfressenden Pflanze gefangen wird.

BEUTELTIERE Eine Gruppe von Säugetieren, zu der zum Beispiel die Kängurus und Wombats gehören. Anders als bei den meisten Säugetieren einschließlich des Menschen werden bei ihnen die Jungen in einem wenig entwickelten Zustand geboren. Sie vervollständigen ihre Entwicklung in einer Tasche am Bauch der Mutter.

BINOKULARES SEHEN Die Fähigkeit, mit beiden Augen das gleiche Objekt zu sehen und so Entfernungen abschätzen zu können.

BIODIVERSITÄT Ein Maß für die Vielfalt lebender Organismen, entweder auf der Erde insgesamt oder in einer bestimmten Region. Der Begriff kann sich auf die Anzahl der Arten, aber auch auf die genetische oder ökologische Variabilität beziehen.

BIOM Ein großes Ökosystem oder eine Gruppe von Ökosystemen, die sich durch bestimmte Eigenschaften auszeichnen, etwa klimatische und geografische. Beispiele sind die Wüste oder der tropische Regenwald.

BIOMASSE Die Gesamtmasse der lebenden Organismen in einem bestimmten Bereich.

BLASLÖCHER Die oben auf dem Kopf gelegenen Nasenlöcher von Walen und Delfinen.

BLINDDARM Ein blind endender Teil des Dickdarms am Übergang von Dünn- und Dickdarm. Siehe auch *Enddarm-Fermentierung*.

BOREAL Der Begriff bezieht sich auf die kühleren Bereiche der nördlichen Hemisphäre zwischen den arktischen und den gemäßigten Bereichen.

BOREALER WALD Der große Waldgürtel, der von Nadelbäumen beherrscht wird und in den kühleren Bereichen zwischen der Tundra im Norden und den gemäßigten Laubwäldern im Süden gedeiht. Siehe auch *Taiga*.

BOVISTE Pilze verschiedener Gattungen, die sich durch einen kugelförmigen Fruchtkörper auszeichnen, in dem ihre Sporen enthalten sind.

BROMELIE Zu den Bromelien zählen viele Pflanzenarten, die überwiegend in Regenwäldern vorkommen und auf Bäumen oder Büschen wachsen. Meist bestehen sie aus Rosetten derber Blätter, in denen sich das Regenwasser sammelt. Siehe auch *Epiphyten*.

BRUNFTZEIT Die Paarungszeit der Hirsche. In dieser Zeit stehen die Männchen in starker Konkurrenz zueinander und versuchen sich durch Röhren (»Brunft« ist mittelhochdeutsch und leitet sich vom althochdeutschen Wort für »brüllen« ab) und Imponierverhalten zu beeindrucken. Reicht das nicht aus, kommt es auch zu Kämpfen.

BRUSTFLOSSEN Paarig angelegte Flossen, die sich vorn am Körper eines Fischs befinden, oft unmittelbar hinter dem Kopf. Die Brustflossen sind meist sehr beweglich und werden überwiegend zum Bremsen oder Manövrieren benutzt.

BRUSTMUSKELN Große, paarig angelegte Muskeln, die die vorderen Gliedmaßen an den Körper ziehen. Bei Vögeln sind sie die wichtigsten Muskeln der Flugmuskulatur.

BRUTPARASIT Ein Tier wie der Kuckuck, das andere (Vogel-)Arten zur Aufzucht seiner Jungen benutzt.

C

CANIDAE Die Familie der Hunde, zu der die Füchse, die Wölfe, die Hunde und ihre Verwandten gehören.

CARNIVOR Tiere, die sich von Fleisch ernähren, bezeichnet man als carnivor.

CETACEA Die Tiergruppe, zu der Wale und Delfine gerechnet werden. Sie wird heute mit den Paarhufern als Ordnung Cetartiodactyla zusammengefasst.

CHORDA DORSALIS Ein den Körper stabilisierender Stab, der das Kennzeichen der Chordatiere ist. Er ist bei Wirbeltier-Embryonen noch vorhanden, wird dann aber durch die Wirbelsäule ersetzt. Siehe auch *Chordatiere*.

CHORDATIERE Tiere, die zumindest in einem frühen Lebensabschnitt eine Chorda dorsalis besitzen (eine stabförmige Stütze des Körpers). Siehe auch *Chorda dorsalis*.

D

DELTA Eine oft fächerförmige Flussmündung, die aus vom Fluss abgelagerten Sedimenten besteht.

E

ECHOORTUNG Die von Delfinen, Fledermäusen und anderen Tieren benutzte Methode, Objekte und Beute anhand der Reflexionen ausgestoßener hochfrequenter Töne wahrzunehmen.

ECKZAHN Bei Säugetieren der Zahn, der sich rechts und links in Ober- und Unterkiefer neben den Schneidezähnen befindet. Vor allen Dingen bei Raubtieren, aber auch bei vielen Primaten ist er stark vergrößert.

EINGEFÜHRTE ARTEN Ursprünglich in einem Gebiet nicht heimische Arten, die von Menschen eingeführt worden sind. Siehe auch *Faunenverfälschung*.

EL NIÑO Ein Phänomen, das sich darin äußert, dass die ostpazifischen Gewässer vor der südamerikanischen Küste alle paar Jahre wärmer als üblich werden. Es gehört zu einem größeren klimatischen Zyklus, der das Leben in den Meeren und globale Wettermuster stark beeinflusst.

ENDDARM-FERMENTIERUNG Eine Art der Verdauung, die bei Elefanten und Unpaarhufern üblich ist. Die Nahrung wird im hinteren Darmbereich, oft in einem vergrößerten Blinddarm, aufgeschlossen. Siehe auch *Blinddarm*.

ENDEMISCH Eine Art, die in einer bestimmten Region lebt und an keiner anderen Stelle vorkommt.

ENDOSKELETT Ein Skelett, das sich im Inneren des Körpers befindet, zum Beispiel das der Wirbeltiere.

ENTWÖHNUNG Der Abschnitt im Leben eines jungen Säugetiers, in dem es immer weniger Milch zu sich nimmt und an feste Nahrung gewöhnt wird.

EPIPHYTEN Aufsitzerpflanzen, die auf anderen Pflanzen wachsen.

ERDMANTEL In der Geologie stellt der Erdmantel die Schicht zwischen dem Erdkern und der Erdkruste dar. Hier herrschen hohe Temperaturen und Drücke. Das Material des Erdmantels kann sich langsam bewegen.

EROSION Der Prozess, bei dem Gestein und Böden zum Beispiel durch Wind und Wasser abgetragen und an anderer Stelle abgelagert werden.

GLOSSAR

EVOLUTION Die Veränderungen, die eine Art im Verlauf vieler Generationen in Wechselwirkung mit ihrer Umwelt erfährt. Vorteilhafte Veränderungen haben eine größere Chance, an die Nachkommen vererbt und innerhalb einer Population verbreitet zu werden. Siehe auch *Anpassung*.

EXOSKELETT Ein das Tier umgebendes äußeres Skelett, wie man es von Insekten und anderen Gliederfüßern kennt. Siehe auch *Gliederfüßer*.

F

FAUNENVERFÄLSCHUNG Die Einführung einer Art in ein Gebiet, in dem sie nicht vorkommt. Oft kommt es zu negativen Auswirkungen, wenn sich die eingeführte Art durch Fehlen von Fressfeinden ungehindert vermehrt und einheimische Arten verdrängt.

FELLPFLEGE Ein Verhalten, das dazu dient, das Fell in gutem Zustand zu halten. Oft dient die gegenseitige Fellpflege der Festigung sozialer Bindungen.

FJORD Eine einst von einem Gletscher ausgefüllte tiefe, steilwandige Meeresbucht, die nicht durch einen Fluss zustande gekommen ist.

FLAGGSCHIFF-ART Eine Art, die vielleicht für ein bestimmtes Ökosystem nicht besonders wichtig ist, mit deren Popularität man aber den Schutz des Gebiets und anderer darin lebender Arten erreichen kann.

FOTOSYNTHESE Der Prozess, bei dem Algen und Pflanzen Kohlendioxid aufnehmen und daraus mithilfe von Sonnenenergie und Wasser energiereiche Zucker herstellen. Dabei wird Sauerstoff freigesetzt.

FUMAROLE Eine kleine Öffnung im Boden, aus der in vulkanisch aktiven Gebieten Wasserdampf und heiße Gase austreten.

G

GASTROPODEN Die Gruppe der Weichtiere, die von den Schnecken gebildet wird.

GATTUNG Die nächste Stufe in der biologischen Systematik oberhalb der Art. Zu einer Gattung können eine oder mehrere Arten gehören. Der Löwe gehört zum Beispiel zur Gattung *Panthera*.

GEFÄSSPFLANZE Pflanzen, die über Leitbündel verfügen, mit denen sie Wasser und Nährstoffe transportieren können. Die meisten Landpflanzen mit Ausnahme der Moose sind Gefäßpflanzen.

GEMÄSSIGT Der Begriff bezieht sich auf die Regionen der Welt, die zwischen den Tropen und den Polarregionen liegen.

GEMÄSSIGTER LAUBWALD Wälder in gemäßigten Regionen, in denen die Laubbäume dominieren.

GEMÄSSIGTER NADELWALD Immergrüne Wälder, in denen die Nadelgehölze dominieren. Es gibt sie in Bereichen mit warmen Sommern, kalten Wintern und viel Regen.

GESCHLECHTSDIMORPHISMUS Der Zustand, dass Männchen und Weibchen einer Art sich deutlich unterscheiden (zum Beispiel in der Färbung, der Zeichnung oder der Größe).

GEWEIH Die meist verzweigten Knochengebilde auf dem Kopf der meisten Hirscharten. Außer beim Rentier tragen nur die Männchen Geweihe. Sie werden jährlich abgeworfen und wieder neu gebildet. Siehe auch *Hörner*.

GEYSIR Eine Quelle, die regelmäßig eine aus heißem Wasser und Dampf bestehende Fontäne ausstößt. Ein Geysir entsteht, wenn das heiße Gestein Grundwasser erhitzt.

GIFT Eine für einen Organismus schädliche Substanz. Giftige Tiere übertragen ihr Gift mit Zähnen, Stacheln oder Nesselzellen auf andere Tiere, um sie zu erbeuten oder sich gegen sie zu verteidigen.

GLIEDERFÜSSER Eine große Gruppe von Tieren mit gegliederten Beinen und einem Exoskelett. Zu ihr gehören die Insekten, die Krebs- und die Spinnentiere. Siehe auch *Exoskelett*.

GREIFSCHWANZ Manche Baumbewohner, zum Beispiel viele südamerikanische Affen, besitzen einen Greifschwanz, der sie beim Klettern unterstützt.

H

HALBINSEL Ein Bereich des Festlands, der in ein Meer oder einen See hinausragt.

HELIKONIEN Pflanzen einer überwiegend in den amerikanischen Tropen verbreiteten Gattung, deren Gesamtblütenstände oft von Kolibris besucht werden.

HERBIVOR Tiere, die sich von Pflanzen ernähren, bezeichnet man als herbivor.

HÖRNER Paarige, dauerhafte Gebilde, die aus einem Knochenkern und einer Keratinscheide bestehen und auf dem Kopf mancher Paarhufer wie der Rinder und der Antilopen zu finden sind. Die Hörner der Nashörner bestehen dagegen nur aus Keratin und sind auch nicht unmittelbar mit dem Schädelknochen verbunden. Je nach Art können Nashörner ein oder zwei Hörner tragen. Siehe auch *Geweih*, *Keratine*.

HOTSPOT (1) In der Ökologie bezeichnet ein Hotspot eine Zone sehr hoher Biodiversität, oft mit vielen endemischen Arten. (2) In der Geologie ist ein Hotspot eine Stelle, an der geschmolzenes Gestein aus dem Erdinneren aufsteigt. Hotspots sind Bereiche erhöhter vulkanischer Aktivität, zum Beispiel Hawaii oder die Galápagos-Inseln.

HYBRIDISIERUNG Die Kreuzung verschiedener Arten oder Zuchtlinien von Organismen.

I

IMMERGRÜN Eine Pflanze, die das ganze Jahr über Blätter trägt.

INDIKATOR-ART Eine Art, deren Gegenwart oder Abwesenheit eine Ökoregion definieren oder Hinweise auf Eigenschaften wie zum Beispiel die Verschmutzung der Umwelt liefern kann.

INSEKTIVOR Insektivore Tiere ernähren sich überwiegend von Insekten.

J

JETSTREAM Starkwindbänder in großer Höhe, die auf einen bestimmten Bereich der Atmosphäre beschränkt sind. Sie beeinflussen das Wetter in den darunter gelegenen Schichten.

JUNGGESELLENGRUPPE Eine Gruppe oder Herde, die aus nicht geschlechtsreifen Männchen oder erwachsenen, partnerlosen Männchen besteht.

K

KARST Ein Landschaftstyp, der sich dort entwickelt, wo das Gestein (meist Kalkstein) wasserlöslich ist. Die Landschaft ist von tiefen Löchern, unterirdischen Flüssen und Höhlen geprägt.

KERATINE Stabile Faserproteine, die in Haaren, Krallen, Federn und Hörnern vorkommen.

KIEFERKLAUEN Als Kieferklauen oder Cheliceren bezeichnet man die Mundwerkzeuge der Spinnentiere, zum Beispiel der Spinnen und Skorpione. Siehe auch *Mandibel*.

KLASPER Bei lebendgebärenden Haien und ihren Verwandten sind die Klasper zu Begattungsorganen umgewandelte Bauchflossen der Männchen.

KLOAKENTIERE Zu den Kloakentieren gehören die eierlegenden Säugetiere, beispielsweise das Schnabeltier und die Ameisenigel.

KOBEL Das Nest eines Eichhörnchens.

KOLONIE In der Zoologie bezeichnet man eine eng zusammenlebende Gruppe von Tieren der gleichen Art als Kolonie, insbesondere die Brutkolonien verschiedener Vögel.

KONIFEREN Überwiegend immergrüne Bäume oder Sträucher, die meist nadelförmige Blätter und in Zapfen verborgene Samen besitzen. Zu ihnen gehören Tannen, Kiefern und Fichten.

KORALLEN Einfache Nesseltiere, die sessil sind und Kolonien bilden. Die Gruppe der Steinkorallen bildet Kalkskelette, die die Grundlage tropischer Korallenriffe sind.

KRAUTIGE PFLANZEN Nicht verholzende Pflanzen mit Ausnahme von Gras, die aber auch in Grassteppen vorkommen.

KREBSTIERE Die dominante Gruppe der Gliederfüßer in den Meeren, doch gibt es auch im Süßwasser und an Land lebende Arten. Zu ihnen gehören Krabben, Hummer, Garnelen und Krill. Siehe auch *Gliederfüßer*, *Zooplankton*.

KRONENDACH Der Teil des Walds, der aus den Baumkronen besteht. Das Kronendach ist auch ein Teil des Wald-Ökosystems.

KROPFMILCH Eine von manchen Vögeln im Kropf oder anderen Teilen des Verdauungstrakts gebildete, nährstoffreiche Flüssigkeit, mit der die Jungen gefüttert werden.

L

LAICH Die Eier von Fischen, Amphibien oder manchen Wirbellosen, insbesondere, wenn sie in großen Mengen abgegeben werden. Die Eiabgabe bezeichnet man mit dem Begriff »Laichen«.

LARVE Ein Jungtier einer Art, das sich völlig vom erwachsenen Tier unterscheidet. Beispiele sind Kaulquappen oder Raupen.

LAUBABWERFEND Laubabwerfende Bäume und Sträucher verlieren ihre Blätter zu bestimmten Zeiten, etwa im Winter oder zur Trockenzeit.

LAUERJÄGER Ein Prädator, dessen Strategie es ist, an einer Stelle zu bleiben und auf seine Beute zu warten.

LEBENDGEBÄREND Bei lebendgebärenden Tierarten gebären die Weibchen lebende Junge, anstatt Eier zu legen.

LEBENSRAUM Ein Gebiet, das einer Art oder einer Gruppe von Arten das Überleben ermöglicht.

LEK Ein Balzplatz, an dem sich die Männchen bestimmter Arten versammeln und ritualisiert um die Weibchen werben. Die Wahl des Männchens bleibt dabei dem Weibchen überlassen.

LIGNOTUBER Verholzte Verdickung an der Basis mancher Pflanzenstämme oder -stängel (etwa bei manchen Eukalyptus-Arten), aus denen die Pflanze wieder austreiben kann, zum Beispiel nach einem Waldbrand.

LITHOPHYT Eine Pflanze, die an das Wachsen auf felsigen Oberflächen angepasst ist.

M

MANDIBEL Als Mandibeln bezeichnet man die Mundwerkzeuge eines Teils der Gliederfüßer, etwa der Krebstiere und Insekten. Siehe auch *Kieferklauen*.

MAUSER Die Erneuerung des Gefieders bei Vögeln. Manchmal verändert sich das Aussehen mit der Mauser, wenn die Vögel zum Beispiel ein spezielles Brutkleid aufweisen.

MEDITERRANES WALD- UND BUSCHLAND Ein Lebensraumtyp, den man in warmgemäßigten Gebieten mit heißen, trockenen Sommern und kühlen, nassen Wintern findet. Nicht nur im Mittelmeerraum, sondern auch in Kalifornien, Teilen von Australien und anderen Gegenden der Welt gibt es diesen Lebensraum.

METAMORPHOSE Der Vorgang, bei dem der Körper eines Tiers eine massive Umstrukturierung zwischen dem Larven- und dem Erwachsenenzustand erfährt. Beispiele sind die Umwandlung von Raupen in Schmetterlinge oder von Kaulquappen in Frösche.

MIGRATION Wanderungen, die von Tierarten in jährlichem oder täglichem Rhythmus vorgenommen werden. Manchmal werden dabei große Entfernungen zurückgelegt.

MIMIKRY Ein Phänomen, bei dem eine Tierart das Aussehen einer anderen, nicht mit ihr verwandten Art annimmt.

MISCHWALD Ein gemäßigter Wald, in dem sowohl Laub- als auch Nadelbäume gedeihen.

MITTELOZEANISCHER RÜCKEN Eine auf dem Grund eines Meers verlaufende Gebirgskette. Sie entsteht, wenn sich tektonische Platten voneinander entfernen und sich eine neue Kruste aus dem geschmolzenen Material des Erdmantels bildet. Siehe auch *Erdmantel*.

MONOGAM Bei monogamen Arten paaren sich die Partner nur miteinander und nicht mit anderen Artangehörigen. Die Paarbindung kann ein Leben, aber auch nur eine Saison lang andauern.

MONTAN Etwas, das sich auf Berge und Gebirge bezieht.

MORPHE Eine Variante einer Art, die sich in Farbe oder Zeichnungsmuster unterscheiden kann. Bei manchen Arten finden sich mehrere klar zu unterscheidende Morphen, die sich aber paaren und Junge bekommen können.

MUTUALISMUS Eine Form der Symbiose, die für beide Partner nützlich, aber nicht lebensnotwendig ist. Siehe auch *Symbiose*.

N

NACHTAKTIV Tiere, deren Aktivitätsschwerpunkt in der Nacht liegt.

NAHRUNGSKETTE Eine Kette von Organismen, in der ein Organismus die Beute der darüber befindlichen Art darstellt. An der Basis der Kette stehen meist Pflanzen, an der Spitze ein Top-Prädator. Siehe auch *Top-Prädator*.

NYMPHE Eine Jugendform eines Insekts oder Spinnentiers, die im Gegensatz zur Larve bereits weitgehend dem erwachsenen Tier ähnelt. Sie hat allerdings noch keine Flügel oder Geschlechtsorgane. Siehe auch *Larve*.

O

ÖKOLOGISCHE NISCHE Der Bereich in einem Ökosystem, der von einer Art durch ihre Spezialisierung ausgefüllt wird. Auf Dauer kann es keine zwei Arten geben, die exakt die gleiche Nische besetzen, da sie dann in Konkurrenz zueinander stehen und die eine die andere verdrängen wird.

ÖKOREGION Ein durch ein bestimmtes Ökosystem mit seiner Tier- und Pflanzenwelt definiertes Gebiet.

ÖKOSYSTEM Eine Gemeinschaft von Organismen, die zusammen mit ihren Interaktionen untereinander und den Wechselwirkungen mit ihrer Umgebung betrachtet wird.

OMNIVOR Ein omnivores Tier nimmt sowohl tierische als auch pflanzliche Kost zu sich.

OPERCULUM Ein Deckel oder eine Abdeckung bei Organismen. Bei Gehäuseschnecken bezeichnet der Begriff den Deckel, mit dem sie ihre Gehäuse verschließen können. Auch der Kiemendeckel der Fische wird Operculum genannt.

P

PAARHUFER Bei Paarhufern besteht der Fuß aus zwei Hälften, die jeweils einem Zeh entsprechen. Zu ihnen gehören Rinder und Schweine.

PARASIT Ein Organismus, der auf oder in einem anderen Organismus lebt und sich von ihm ernährt. Dabei wird der Wirt meist geschädigt, jedoch nicht getötet, da dies nicht im Interesse des Parasiten ist.

PEDIPALPEN Ein Paar von gelenkigen Gliedmaßen in der Nähe des Kopfs der Spinnentiere. Sie können als Taster dienen oder eine Rolle bei der Paarung spielen. Die großen Scheren der Skorpione werden ebenfalls von den Pedipalpen getragen.

PERMAFROST Mindestens zwei Jahr lang dauerhaft gefrorenen Boden bezeichnet man als Permafrost-Boden. Siehe auch *Tundra*.

PHYTOPLANKTON Der Anteil der Algen am Plankton. Siehe auch *Algen, Plankton, Zooplankton*.

PLANKTON Großenteils kleine, im Wasser lebende Organismen, die nur begrenzt oder gar nicht zielgerichtet schwimmen können und von daher von der Strömung verdriftet werden.

PLATTENTEKTONIK Eine Theorie, die beschreibt, wie sich die Platten der Erdkruste bewegen. Sie entstehen an den Mittelozeanischen Rücken und werden zerstört, wenn sie sich untereinanderschieben. Siehe auch *Mittelozeanischer Rücken*.

POLYGAMIE Die Situation, in der sich die Männchen, die Weibchen oder beide Geschlechter einer Art mit mehreren Partnern paaren.

PRÄDATOR Ein Tier, das andere Tiere jagt und frisst.

PRIMÄRWALD Ein ursprünglicher Wald, der noch nicht durch menschliche Eingriffe verändert worden ist und sehr alt sein kann.

PUNA Eine aus montanem Grasland bestehende Ökoregion in den Anden Nordamerikas.

PUPPE Bei Insekten wie zum Beispiel Fliegen, Käfern oder Schmetterlingen das Stadium, in dem die Larve (Made, Engerling, Raupe) sich in das erwachsene Tier umwandelt. Siehe auch *Larve*.

R

RAUBTIER (1) Eine Art der Ordnung Carnivora (Raubtiere), etwa ein Hund, eine Katze, ein Bär, ein Marder oder eine Robbe. (2) Ein Tier, das andere Tiere tötet und sich von ihnen ernährt.

REICH Die zweithöchste Klassifikationskategorie in der Biologie. Früher hat man nur Tier- und Pflanzenreich unterschieden, doch heute berücksichtigt man auch die Pilze und verschiedene Gruppen von Mikroorganismen.

REVIER Das Gebiet, das von territorialen Tieren besetzt wird und aus dem sie potenzielle Rivalen vertreiben. Reviere können der Nahrungssuche dienen, aber auch nur zur Paarungszeit aufrechterhalten werden.

RÜSSEL Bei Säugetieren eine verlängerte, zum Fressen oder Greifen benutzte Nase oder Schnauze, etwa beim Tapir oder beim Elefanten. Auch Schmetterlinge verfügen über einen Rüssel, mit dem sie Nektar aus Blütenkelchen trinken können.

S

SALINITÄT Ein Wert, mit dem die Konzentration von Salzen im Wasser angegeben wird.

SAURER REGEN Wegen des aus der Luft aufgenommenen Kohlendioxids reagieren Regen und Schnee meistens leicht sauer. Durch industrielle Luftverschmutzung und manchmal durch Vulkanausbrüche können die Niederschläge stark sauer werden.

GLOSSAR

SAVANNE Eine Bezeichnung für tropische Grassteppen, über die in den meisten Fällen auch Bäume und Büsche verstreut sind.

SCHILD (1) In der Biologie eine große, widerstandsfähige Schuppe, die oft den Kopf oder andere Körperteile eines Reptils schützt. (2) In der Geologie ein tektonisch stabiles Gebiet, in dem das Grundgebirge nicht von jüngeren Sedimenten abgedeckt ist. Schilde bilden die zentralen Teile der meisten Kontinente.

SCHLÜSSELART Jede in einem bestimmten Ökosystem vorkommende Art, deren Gegenwart oder Fehlen dieses System entscheidend beeinflusst.

SCHNABEL Die Kiefer eines Vogels, die aus einem knöchernen Kern und einer Hornscheide bestehen. Auch beim Schnabeltier spricht man von einem Schnabel.

SEAMOUNT Ein unterhalb des Wasserspiegels im Meer befindlicher Berg, der meist vulkanischen Ursprungs ist.

SPERMATOPHORE Ein Spermienpaket, das entweder direkt dem Weibchen vom Männchen übergeben wird oder indirekt zum Weibchen gelangt – beispielsweise, indem es auf dem Boden hinterlassen wird. Spermatophoren werden von verschiedenen Tieren produziert, darunter Kalmare, Salamander und manche Insekten.

SPINNENTIERE Eine Gruppe der Gliederfüßer, zu der die Spinnen, Skorpione, Milben und weitere Tiere gehören. Siehe auch *Gliederfüßer*.

STOFFWECHSEL Die Gesamtheit der biochemischen Prozesse, die in einem lebenden Organismus stattfinden.

STOSSZAHN Bei Säugetieren ein verlängerter Zahn, der oft aus dem Maul herausragt.

STRIDULATION Bei Insekten wie etwa Zikaden ist die Stridulation die Erzeugung schriller Geräusche, die durch Reiben von Körperteilen aneinander entstehen. Auch bei manchen Spinnen werden Geräusche durch Stridulation erzeugt.

STROBILURINE Eine Klasse von Chemikalien, die zur Bekämpfung von Pilzen eingesetzt wird.

STRÖMUNG Der gerichtete Fluss von Wasser. In den Meeren gibt es sowohl an der Oberfläche als auch in der Tiefe großräumige Strömungen, die vom Wind oder von Temperatur- und Salinitätsunterschieden angetrieben werden.

SUBDUKTION Das Absinken einer tektonischen Platte unter die andere, wenn die Platten kollidieren. Siehe *Plattentektonik* und *Mittelozeanischer Rücken*.

SUBTROPISCHER TROCKENWALD Ein Wald in einer warmen subtropischen Region, in der Fröste möglich sind und in der es eine lange Trockenzeit gibt, in der die Bäume ihre Blätter abwerfen können.

SYMBIOSE Eine Beziehung zweier Arten zueinander, die zum gegenseitigen Nutzen ist. Siehe auch *Mutualismus, Parasit*.

T

TAGAKTIV Mit Aktivitätsschwerpunkt am am Tag.

TAIFUN Ein tropischer Wirbelsturm, insbesondere im Pazifik (die Entsprechung des atlantischen Hurrikans).

TAIGA Die Taiga entspricht dem borealen Wald, obwohl manchmal nur sein nördlicher Bereich gemeint ist, der an die Tundra grenzt.

TARNUNG Maßnahme der Prädatoren, der Beute und der Pflanzen, um unbemerkt zu bleiben. Das kann über die Farbe, die Form oder sogar eine Verkleidung geschehen. Siehe auch *Mimikry*.

TEKTONISCHE PLATTE Einer der großen Teile, aus denen die Erdkruste besteht, zum Beispiel die Pazifische Platte.

TOP-PRÄDATOR Ein Prädator an der Spitze der Nahrungskette, der von keinem anderen Tier mit Ausnahme des Menschen erbeutet wird.

TORFMOOR Ein mit niedrigen Pflanzen bewachsener, nasser Lebensraum kühlerer Länder. Der unvollständige Abbau der Pflanzen führt zur Ablagerung von Torf. Siehe auch *Torfsumpf*.

TORFSUMPF Torfsümpfe sind charakteristische tropische Lebensräume, die oft als Torfsumpfwald ausgeprägt und der Lebensraum vieler angepasster Wassertiere sind. Siehe auch *Torfmoor*.

TRÄCHTIGKEIT Bei Tieren, die lebende Junge gebären, ist das der Zeitraum zwischen der Befruchtung und der Geburt.

TROCKENWALD Der in Gebieten mit langer Trockenzeit wachsende Wald.

TROPISCH Bezieht sich auf die warmen Gebiete der Erde, die sich zwischen dem Äquator und dem Wendekreis des Krebses im Norden und dem Wendekreis des Steinbocks im Süden befinden.

TROPISCHER REGENWALD Tropische Regenwälder bestehen aus Laubbäumen und sind durch starke Regenfälle und kurze Trockenzeiten charakterisiert.

TROPISCHER TROCKENWALD Der tropische Trockenwald gedeiht in Gebieten mit einer lang anhaltenden Trockenzeit.

TUNDRA Ein baumloser Lebensraum, der von niedrigen, kälteresistenten Pflanzen bewachsen ist und sich über den hohen Norden Nordamerikas, Russlands und der Antarktischen Halbinsel erstreckt. Ein vergleichbarer Lebensraum befindet sich in den Bergen oberhalb der Baumgrenze.

U

ULTRAVIOLETTE STRAHLUNG Eine elektromagnetische Strahlung, die kurzwelliger als das für Menschen sichtbare Licht ist. Von manchen Tieren kann sie allerdings wahrgenommen werden.

UNPAARHUFER Ein Huftier mit unpaarigen Hufen, zum Beispiel ein Pferd oder ein Nashorn.

V

VERBREITUNGSGEBIET Das Gebiet, in dem eine Art in den Natur vorkommt.

VERSAUERUNG Der Vorgang, bei dem eine Substanz stärker sauer wird. Der Begriff bezieht sich meistens auf die Meere und Süßgewässer der Erde.

VERWILDERT Als verwilderte Tiere bezeichnet man Haustiere, die sich wieder in der Natur etabliert und dort stabile Populationen entwickelt haben.

W

WARNZEICHNUNG Gefährliche oder giftige Tiere wie manche Schlangen oder Bienen tragen oft eine auffällige Zeichnung, um potenzielle Fressfeinde zu warnen.

WELPE Name für die Jungtiere verschiedener Tierarten, vor allem aus der Familie der Hunde.

WELTNATURERBE Ein von der Organisation der Vereinten Nationen für Erziehung, Wissenschaft und Kultur (UNESCO) wegen der Bedeutung, der natürlichen Schönheit und der Einzigartigkeit eines Gebiets vergebener Titel.

WIEDERKÄUER Paarhufer wie Rinder, Antilopen oder Schafe besitzen einen mehrteiligen Magen. Der erste Teil ist der Pansen, in dem die Nahrung mit bakterieller Hilfe vorverdaut wird. Der entstandene Nahrungsbrei wird dann hochgewürgt und noch einmal zerkaut, daher die Bezeichnung »Wiederkäuer«.

WINTERSCHLAF Ein Zustand, in dem gleichwarme Tiere zum Winter hin Stoffwechsel und Körpertemperatur senken, um Energie zu sparen. Bei der Winterruhe wird die Temperatur dagegen nicht so deutlich herabgesetzt und die Tiere wachen immer wieder auf, um nach Nahrung zu suchen. Siehe auch *Ästivation, Winterstarre*.

WINTERSTARRE Ein bei Reptilien und anderen wechselwarmen Tieren bei Kälte eintretender Zustand, der dem Winterschlaf der gleichwarmen Tiere ähnelt, aber ausschließlich von der Temperatur abhängt.

WIRBELLOSER Jedes Tier, das keine Wirbelsäule besitzt. Von den über 30 bekannten Tierstämmen bilden die Wirbeltiere nur einen Teil eines einzigen (siehe *Chordatiere*). Alle anderen Tiere sind Wirbellose.

WIRBELTIER Ein Tier, das über eine Wirbelsäule verfügt (Fische, Amphibien, Reptilien, Vögel und Säugetiere). Siehe auch *Chordatiere, Wirbellose*.

Y

YUNGAS Die verschiedenen warmen, überwiegend von Laubbäumen gebildeten Wälder auf der Ostseite der Anden.

Z

ZOOPLANKTON Tiere, die mit der Strömung verdriftet werden und nicht selbst gezielt größere Strecken zurücklegen, wie beispielsweise der Krill. Siehe auch *Plankton*.

ZWITTER Ein Tier, das im gleichen Lebensabschnitt sowohl männlich als auch weiblich ist, ist ein Zwitter. Bei manchen Arten tritt auch im Verlauf des Lebens eine Geschlechtsumwandlung ein.

Die IUCN (International Union for the Conservation of Nature) ist die führende Quelle für Informationen über den Bestand einer Tier- oder Pflanzenart. Wissenschaftler und Organisationen sammeln Daten im Verbreitungsgebiet und beurteilen die Fragmentation oder den Rückgang des Lebensraums. Die IUCN schätzt aufgrund dieser Informationen die Gefährdung einer jeden Art ein.

Register

Halbfette Seitenzahlen beziehen sich auf die Haupteinträge.

A

Aal, Europäischer 147
Aasfresser
  Bartgeier 183
  Beutelteufel 340
  Rotfuchs 168
  Streifenhyäne 252
  Truthahngeier 56–57
  Waschbär 69
Acinonyx jubatus **196–197**
Actophilornis africanus **224**
Adelie-Pinguin **373**
Adler 188
  Fisch- 43
  Harpyie 76, 78, 86, 93
  Keilschwanz- 322, 328
  Riesen-See- 43
  Schrei-See- 43
  Spanischer Kaiser- 152–153
  Stein- **162–163**
  Weißkopf-See- **42–43**, 52
  Zwerg- 152
Aepyceros melampus **197**
Affen 78
  Anubis-Pavian **185**
  Azara-Kapuzineraffe 77, **102**
  Blutbrust-Pavian 180
  Dschelada 178, **180–181**
  Gold-Stumpfnase **273**
  Goldlangur **267**
  Japan-Makak **286–287**
  Kaiserschnurrbart-Tamarin **92**
  Klammeraffe 13
  Mandrill **213**
  Mantelpavian **249**
  Nasenaffe **294–295**
  Roter Brüllaffe **92–93**
  Schlankaffen 259
  Schwarzer Stummelaffe 20, 209
  Südliche Grüne Meerkatze **201**
  Terai-Hanuman-Langur **259**
  Zwerg-Seidenäffchen **92**
Affenbrotbaum 236
Affen-Orchidee 84–85
Afrika 14, **174–243**
  Afrikanische Große Seen **184–191**
  Äthiopisches Hochland **178–183**
  Kalahari-Wüste **228–235**
  Kongo-Becken **208–217**
  Madagaskar-Trockenwald **236–243**
  Okavango-Delta **218–227**
  Serengeti-Steppen **192–207**
Afrikanische Kirsche 208
Afrikanische Platte 176
Afrikanischer Ochsenfrosch 229
Afrikanischer Schlangenhalsvogel 70
Afrikanischer Steppenelefant 15, **202–203**
Afrikanischer Wildhund 192, **224–225**
Aga-Kröte 91
Agalychnis callidryas **82–83**
Aggressive Mimikry 301
Aguti 90
Ailuropoda melanoleuca **274–275**
Ailurus fulgens **270**
Aix galericulata **290**
Akazie 178, 193, 320, 334
  Gold- 334
  Kameldorn- 228
Alaska 76
  Grizzly-Bär 36
  Polarfuchs 27
  Weißkopf-Seeadler 43
Albatros 364
  Galápagos- **125**
  Wander- **366–367**
Alberta 72
Alces alces **38–39**
Alectoris melanocephala **253**
Aleuten 22
Algen 19
  Antarktika 362, 370
  Meerechse 129
Alladale Wilderness Reserve 140
Alligator mississippiensis **72–73**
Alligator, Mississippi- 66, **72–73**, 107
Alouatta arctoidea 92
Alouatta seniculus **92–93**
Alpen, Australische 334
Alpenbock 158
Alpendohle **161**
Alpen, Europäische 10, 11, 132, 133, **158–163**
Alpen-Gämse **159**
Alpen-Murmeltier **160**
Alpen, Neuseeländische 313
Alpensegler 146
Alphatiere
  Japan-Makak 287
  Wolf 37
Altiplano-Hochebene **108–113**
Alytes obstetricans **162**
Amazonas-Delfin 76, 91
Amazonas-Regenwald 76, 84, **90–99**, 102
Amazonas-Sotalia 91
Amblyrhynchus cristatus **128–129**
Ameisen 229, 263, 328, 332
  Blattschneider- **98**
  Crematogaster 192
  Feuer- 90
  Holz- 140
  Leptomyrmex 343
Ameisenbär
  Großer **116–117**
  Zwerg- **86**
Amerikanischer Pfeifhase **40**, 52
Amerikanischer Schlangenhalsvogel **70–71**
Amerikanischer Schwarzbär 34, 52, **54–55**
Amerikanischer Sumpfkrebs, Roter 184
Amphibium *siehe* Frosch; Kröte; Molch; Salamander
Amphiprion akindynos **351**
Anakonda, Große **105**
Anden 76, 87, 110
  Altiplano-Hochebene **108–113**
  Yungas **84–89**
Andenflamingo 77, 108
Andenkondor **112–113**
Andenschakal **109**
Andenspecht **111**
Andrias japonicus **291**
Anemonenfisch, Barriereriff- **351**
Anhinga anhinga **70–71**
Antarktika 10, 18, **360–375**
  Antarktische Inseln 363, **370–375**
  Südpolarmeer, Inseln **364–369**
Antarktische Konvergenz 364
Antarktische Perlwurz 362, 370
Antarktischer Eisschild 363
Antarktischer Zirkumpolarstrom 362
Antarktische Schmiele 362, 371
Antarktische Zuckmücke 371
Anthodiaeta collaris **216**
Antidorcas hofmeyri **230–231**
Antilocapra americana **45**
Antilope cervicapra **257**
Antilope, Saiga- 278, **280**
Antilopen
  Arabische Oryx **250–251**
  Äthiopischer Klippspringer **179**
  Gabelbock 44, **45**
  Hirschziegenantilope **257**
  Impala **197**
  Jarkand-Kropfgazelle **279**
  Kalahari-Springbock **230–231**
  Kap-Springbock 230
  Letschwe **220–221**
  Sitatunga 208
Antipoden-Seeschwalbe 24, 369
Anubis-Pavian **185**
Apfelschnecke 107
Aphonopelma chalcodes **65**
Apis mellifera **170–171**
Apollofalter 163
Appalachen 23
Aptenodytes forsteri **374–375**
Apteryx mantelli **356**
Apteryx owenii **356**
Aquatische Lebensräume **18–19**
  Afrikanische Große Seen **184–185**
  Antarktische Halbinsel **370–371**
  Camargue **146–147**
  Everglades **66–67**
  Galápagos-Inseln **122–123**
  Great Barrier Reef **344–345**
  Kanadische Arktis **24–25**
  Norwegische Fjorde **134–135**
  Okavango-Delta **218–219**
  Pantanal **100–101**
  Südpolarmeer-Inseln **364–365**
  Sulu- und Celebes-See **302–303**
Aquila chrysaetos **162–163**
Ara
  Hellroter 13, **97**
  Hyazinth- **100–101**
  siehe auch Papageien
Ara macao **97**
Arabische Halbinsel 246
Arabische Katzenschlange **248–249**
Arabische Oryx **250–251**
Arabischer Leopard 248
Arabischer Schild **248–253**
Arabischer Wolf 248, 249
Araguaia 77
Ardea herodias **71**
Ardea herodias occidentalis 71
Argentinien 257
  Pampa **114–121**
Arktis 10, 18, 22, **24–33**, 38, 137
Arktische Tundra 17
  Kanadische Arktis **24–25**
Arnhem-Land 312
Asiatischer Elefant **258–259**
Asiatischer Esel **278–279**
Asien 14, **244–309**
  Arabischer Schild **248–253**
  Borneo-Regenwald **292–301**
  Gobi-Wüste **278–283**
  Nihonkai-Bergwald **284–291**
  Oberer Jangtsekiang **272–277**
  Östlicher Himalaya **266–271**
  Sulu- und Celebes-See **302–309**
  Terai-Duar-Savanne **254–265**
Asir-Gebirge 248
Aspidites ramsayi **333**
Astrild, Gemalter 328
Atacama-Wüste 17, 77
Athene cunicularia **121**
Äthiopien 180
Äthiopische Hochland-Libelle 178–179
Äthiopischer Klippspringer **179**
Äthiopischer Wolf 178, **182**
Äthiopisches Hochland **178–183**
Atlantischer Hering 134
Atlantischer Lachs **137**
Atlantischer Ozean 22, 25, 77, 124, 346
Atlas-Gebirge 176
Atlasspinner **300**
Atmen
  Alpen-Murmeltier 160
  Eschholtz-Salamander 59
  Japanischer Riesensalamander 291
  Suppenschildkröte 346
Atrax robustus **343**
Atta cephalotes **98**
Attacus atlas **300**
Auckland-Baumweta **358–359**
Auerhuhn **145**, 164
Augen
  Bogenstirn-Hammerhai 349
  Brillenkaiman 106
  Clown-Fangschreckenkrebs 351
  Großer Beutelmull 329
  Grüne Springspinne 326
  Jaguar 95
  Leopard 214
  Panther-Chamäleon 242
  Rotaugen-Laubfrosch 82
  Steinadler 162
  Sunda-Koboldmaki 294

Australasien 263, 281, 300, 304–305, **310–359**
   Great Barrier Reef **344–353**
   Neuguinea-Bergwald **314–319**
   Neuseeländischer Mischwald **354–359**
   Nordaustralische Steppen **320–327**
   Nordaustralische Wüsten **328–333**
   Ostaustralische Wälder **334–343**
Australien 13, 14
Australische Alpen 334
Australische Gespenstschrecke **343**
Australische Hüpfmaus 328
Australisches Bergland 334
Australische Wasseragame **342**
Aye-Aye **241**
Azara-Kapuzineraffe 77, **102**

B

Bachschildkröte, Maurische 152
Backenwülste, Borneo-Orang-Utan 297
Badwater Basin 60
Badwater-Schnecke 60
Bagyeli 209
Bahamas 23
Balaeniceps rex **190**
Balaenoptera musculus **372–373**
Bale-Gebirge 178
Balearica pavonia 189
Balearica regulorum **189**
Bali 247
Balkan 133, 161
Balz
   Amerikanischer Schlangenhalsvogel 70
   Auerhuhn 145
   Australische Wasseragame 342
   Beifußhuhn 50
   Binden-Fregattvogel 124
   Blauer Pfau 271
   Blaufuß-Tölpel 125
   Fabians Leguan 113
   Felsenpinguin 368
   Galápagos-Albatros 125
   Gavial 265
   Gemeiner Flugdrache 298
   Goldfasan 277
   Grauhals-Kronenkranich 189
   Großer Paradiesvogel 319
   Großtrappe 283
   Grüne Springspinne 326
   Grünscheitel-Flaggensylphe 88
   Haubentaucher 157
   Jabiru 103
   Kaiserskorpion 216, 217
   Kragenechse 324–325
   Mississippi-Alligator 72
   Nördlicher Kammmolch 170
   Panther-Chamäleon 242
   Pracht-Eiderente 137
   Rosalöffler 104
   Rotaugen-Laubfrosch 82
   Roter Felsenhahn 89
   Rotfuß-Seriema 120
   Sarus-Kranich 263
   Schottischer Kreuzschnabel 143
   Schwarzkappen-Weber 204–205
   Steinadler 162
   Strauß 234
   Wander-Albatros 367

Bambi 153
Bambus 15, 272, 273, 275
Bambushuhn, Chinesisches 272
Bambusotter, Chinesische 272–273
Bangladesch 261
Banksie 334, 335
Bär
   Amerikanischer Schwarz- 34, 52, **54–55**
   Braun- 29, 36, 52, 158, 279
   Brillen- **87**
   Eis- 24, 25, 27, **28–29**, 31
   Gobi- **279**
   Grizzly- 34, **36**
   Kermode- 55
   Lippen- **263**
   Louisiana-Schwarz- 55
   Malaien- 292
Barasingha 254
Bardia-Nationalpark 254
Bärenspinner, Isabella- 25
Baribal 34, 52, **54–55**
Barrakuda, Großer **308–309**
Barriereriff *siehe* Great Barrier Reef
Barriereriff-Anemonenfisch **351**
Barsch, Nil- 184
Bartgeier **182–183**
Bartkauz **58**
Baruwa-Gras 255
Baue und Tunnel
   Alpen-Murmeltier 160
   Andenspecht 111
   Auckland-Baumweta 358
   Dornteufel 332
   Erdmännchen 232
   Europäischer Dachs 165
   Gelbe Wüstenvogelspinne 65
   Großer Kaninchen-Nasenbeutler 332
   Großer Mara 117
   Kaninchenkauz 121
   Kitfuchs 61
   Nacktnasen-Wombat 337
   Nördlicher Streifenkiwi 356
   Polarfuchs 27
   Schnabeltier 336
   Schwarzfuß-Iltis 48
   Schwarzschwanz-Präriehund 48
   Sechsbinden-Gürteltier 117
   Südlicher Schaufelfuß 64
   Tuatara 358
Baumbewohner
   Amerikanischer Schwarzbär 54, 55
   Baummarder 165
   Borneo-Orang-Utan 297
   Brillenbär 87
   Fingertier 241
   Gold-Stumpfnase 273
   Goldlangur 267
   Goodfellow-Baumkänguru 317
   Grauer Gibbon 298
   Hoffmann-Zweifingerfaultier 79
   Kaiserschnurrbart-Tamarin 92
   Larven-Sifaka 240
   Sunda-Koboldmaki 294
   Südamerikanischer Nasenbär 86
   Terai-Hanuman-Langur 259
   Zwerg-Ameisenbär 86
   Zwerg-Seidenäffchen 92

Bäume
   Affenbrotbaum 236
   Afrikanische Kirsche 208
   Akazien 178, 193, 320, 334
   Amazonas-Regenwald 90–91
   Äthiopisches Hochland 178
   Eiche 52, 66, 266
   Eukalyptus 152, 306, 320, 334, 339
   Japanische Kirsche 284–285
   Jarrah 320
   Jeffreys Kiefer 52
   Josua-Palmlilie 60
   Kapokbaum 78
   Kauri-Baum 354, 355
   Korkeiche 13, 153
   Küstenkiefer 34, 35, 52
   Laubbäume 11, 284
   Madagaskar-Trockenwald **236–237**
   Mahagonie 66
   Nadelbäume 11
   Ombubaum 115
   Prachttanne 52
   Riesenmammutbaum 52, 53
   Rimu-Harzeibe 354
   Saxaul 278
   Schottische Highlands 140
   Wacholder 52, 140, 146, 178, 248
   Waldkiefer 52
   Weißstämmige Kiefer 52
   Wollemie 334
   Wälder 12–13
   Zitterpappel 35
   siehe auch Regenwald; Wälder
Baumkänguru 314
   Goodfellow- **317**
Baummarder **165**
Bayaka 209
Bayerischer Wald **164–173**
Beerenfresser, Schopf- **317**
Beifuß 51
Beifußhuhn **50**
Belgica antarctica 371
Ben Nevis 140–141
Berg-Nyala 178, **179**
Berge 11
   Alpen 133, **158–159**, 176
   Anden 76, 363
   Arabischer Schild **248–249**
   Äthiopisches Hochland **178–179**
   Atlas-Gebirge 176
   Australien 313
   Himalaya 176, 246, **266–267**
   Oberer Jangtsekiang **272–273**
   Schottische Highlands **140–141**
   Sierra Nevada **52–53**
Bergland, Australisches 334
Berglöwe **62**
Bergtapir **85**
Bergtundra 17
Bergwald 11, 13
   Äthiopisches Hochland 178
   Neuguinea **314–315**
   Nihonkai **284–285**
Bergwiesen 11, 14
   Alpen **158–159**
   Östlicher Himalaya **266–267**
   Yellowstone **34–35**
Bergwiesen 14, 178
Beringmeer 29
Berthes Mausmaki **237**

Bestäubung 17
   Westliche Honigbiene 171
Beutelmarder 314, 325
   Zwerg-**320–321**
   Riesen- 341
Beutelmarder **341**
Beutelmaus, Schmalfuß- **329**
Beutelmull, Großer **329**
Beutelteufel 314, 334, 337, **340–341**
Beuteltiere 313, 314–315, 363
   Beutelmarder **341**
   Beutelteufel **340–341**
   Brillen-Hasenkänguru **321**
   Eigentlicher Tüpfelkuskus **315**
   Goodfellow-Baumkänguru **317**
   Großer Beutelmull **329**
   Großer Kaninchen-Nasenbeutler **332**
   Koala **338–339**
   Kurzkopf-Gleitbeutler **316–317**
   Kusu 354
   Langschnauzen-Kaninchenkänguru 335
   Nacktnasen-Wombat **337**
   Parma-Wallaby **337**
   Rotes Riesenkänguru **330–331**
   Schmalfuß-Beutelmaus **329**
Bhutan 266
Bhutan-Takin **267**
Białowieża-Nationalpark 47
Biber
   Amerikanischer 34, **41**, 52
   Europäischer 140
Biene, Westliche Honig- **170–171**
Bienenfresser **150–151**
Binden-Fischeule 219
Binden-Fregattvogel **124**
Biodiversität
   Australien 321
   Borneo-Regenwald 292
   Costa-Rica-Regenwald 78
   Great Barrier Reef 344
   Neuguinea 314
   Nihonkai-Bergwald 284
   Sulu- und Celebes-See 302
Birke 140
Bison 34, 44, **46–47**
Bison bison **46–47**
Bison bison athabascae 47
Bison bonasus 47
Blatthühnchen
   Blaustirn- **224**
   Zwerg- **224**
Blattschneider-Ameisen **98**
Blauaugen-Scharbe **369**
Blaue Libelle **359**
Blauer Malawi-Buntbarsch **191**
Blauer Pfau **271**
Blauflügel-Liest **323**
Blaufuß-Tölpel **125**
Blaupunkt-Rochen **304**
Blauring-Oktopus, Großer **352**
Blauschaf 266
Blaustirn-Blatthühnchen **224**
Blauwal 19, 364, **372–373**
Blinddarm, Koala 339
Blubber
   Kegelrobbe 135
   Walross 32
   Weißwal 31
Blue Mountains 334
Blutgefäße, Blauwal 372

Blutsauger, Gemeiner Vampir 115
Blutschnabel-Weber **225**
Boas
    Große Anakonda **105**
    Grüne Hundskopf- **97**
Bogenstirn-Hammerhai **348–349**
Bogoria-See 184
Böhm-Zebra **200**
Böhmischer Wald 164
Bolbometopon muricatum **309**
Bonito, Echter 303
Bonobo 208, 210
Borealer Wald 12, 16
    Nordamerika 22
Borneo 247, 298
Borneo-Orang-Utan **296–297**
Borneo-Regenwald **292–301**
Bos gaurus **257**
Botswana
    Okavango-Delta **218–227**
Bouvet-Insel 364
Boxerkrabbe **309**
Brachsenkraut 164
Brahmaputra 266
Brasilien
    Pantanal **100–107**
Braunbär 29, 36, 52, 158, 279
Braunbrust-Igel **156**
Braunmantel-Scherenschnabel **226**
Braunrücken-Leierschwanz 334
Breitmaul-Nashorn **222–223**, 256
Breitrachen, Kellenschnabel- **299**
Bretagne 133
Brillenbär **87**
Brillen-Hasenkänguru **321**
Brillenkaiman **106–107**
Brillenschlange **264**
Brillenvogel, Japanischer 284
British Columbia 37
Brunftzeit
    Elch 39
    Europäisches Reh 153
    Impala 197
    Indischer Muntjak 258
    Rothirsch 141
Brutzeit
    Blauflügel-Liest **323**
    Blaustirn-Blatthühnchen **224**
    Brillenkaiman 107
    Schopf-Beerenfresser 317
Buceros bicornis **264**
Buche 354
Buchen-Schleimrübling 164
Buchen-Streckfuß **170**
Buckelwal 345, 364
Budorcas whitei **267**
Büffel
    Kaffern- 192, 193, **220**
    Wasser- 254
Büffelkopf-Papageifisch **309**
Bullenhai 66
Bunaken-Nationalpark 302
Buntbarsch 176, 185
    Blauer Malawi-**191**
Buntmarder 272
Burg, Kanadischer Biber 41
Buschfrosch 292
Buschland 15
Buschmeister, Schwarzkopf- 79

C

Cacatua galerita **341**
Caiman crocodilus 107
Caiman yacare **106–107**
Cairngorms 140
Calliteara pudibunda **170**
Camargue **146–151**
Camargue-Pferd 147
Camarhynchus pallidus **125**
Camelus ferus **280–281**
Canis latrans **49**
Canis lupus **37**
Canis lupus dingo **321**
Canis lupus irremotus 37
Canis simensis **182**
Capra pyrenaica **153**
Capreolus capreolus **153**
Capricornis crispus **285**
Capybara **101**
Caracal caracal **229**
Cariama cristata **120**
Castor canadensis **41**
Cathartes aura **56–57**
Cebuella pygmaea **92**
Central Great Plains **44–51**
Centrocercus urophasianus **50**
Centruroides vittatus **50**
Cephalopachus bancanus **294**
Ceratophrys ornata **121**
Ceratotherium simum **222–223**
Cervus elaphus **141**
Chamäleon 236
    Panther- **242–243**
    Zwerg 236–237
Chaparral 15
Chapman-Zebra 200
Chelonia mydas **346–347**
Chelonoidis nigra **126–127**
Chelydra serpentina **72**
Chen caerulescens **33**
Chile 113
Chileflamingo 108
China 247
    Gobi-Wüste **272–283**
    Oberer Jangtsekiang **272–277**
Chinesische Bambusotter **272–273**
Chinesischer Riesensalamander 291
Chinesisches Bambushuhn 272
Chipmunk, Gebirgs- 52, **56**
Chitwan-Nationalpark 254
Chlamydosaurus kingii **324–325**
Chlorocebus pygerythrus **201**
Choloepus hoffmanni **79**
Chrysocyon brachyurus **118–119**
Chrysolophus pictus **277**
Churchill, Kanada 29
Clown-Fangschreckenkrebs **351**
Clownfisch 351
Coca-Strauch 84
Colaptes rupicola **111**
Connochaetes mearnsi **198**
Coquerel-Sifaka 241
Corallus caninus **97**
Costa-Rica-Regenwald 76, **78–83**
Crèche
    Felsenpinguin 368
    Kaiserpinguin 375
    Zwergflamingo 188

Crematogaster-Ameisen 192
Crocodylus niloticus **190–191**
Crocodylus porosus 191
Crocuta crocuta 253
Cromwell-Strömung 124
Crotalus scutulatus **64**
Cryptoprocta ferox **237**
Cuon alpinus **277**
Cutthroat-Forelle, Yellowstone- 35
Cyanobakterien 312
Cyclopes didactylus **86**
Cygnus olor **148–149**
Cymbirhynchus macrorhynchos **299**
Cynomys ludovicianus **48**

D

Daba-Gebirge 272
Dacelo leachii **323**
Dachs
    Europäischer **165**
    Honig- 224
Dämme, Kanadischer Biber 41
Danaus plexippus **51**
Darwin, Charles 122, 300
Dasyurus maculatus **341**
Daubentonia madagascariensis **241**
Daumen, Pseudo- 275
DDT 144
Deans Blue Hole 23
Death Valley 60
Delfin 187
    Amazonas- 91
    Amazonas-Sotalia 91
    Irawadi- 302
    Schwertwal **136–137**, 372
    Spinner- **303**
    Stundenglas- **373**
Delphinapterus leucas **31**
Delta
    Camargue **146–147**
    Nil- 176
    Okavango- **218–219**
Dendroaspis polylepis **207**
Dendrobates tinctorius **98**
Dendrocygna eytoni **323**
Dendrolagus goodfellowi **317**
Denise-Seepferdchen 350
Desmodus rotundus **115**
Deutschland
    Bayerischer Wald **164–173**
Diceros bicornis 223
Dickhorn-Schaf **53**
Dingo **321**, 322, 337
Diomedea exulans **366–367**
Disney, Walt 153
Dolichotis patagonum **117**
Domestizierung, Bison 47
Donau 164
Doppelhornvogel **264**
Dornenkrone 344
Dornteufel 325, 328, **332–333**
Dorsch, Polar- 24, 25, 30
Dosenschildkröte, Schmuck- 44
Douglas-Hörnchen 53
Douglasie, Gewöhnliche 140
Draco volans **298–299**
Drakensberge 176

Dreizehenspecht 164
Dromaius novaehollandiae **322**
Dromedar 281
Drossling, Igel- 254
Dryocopus martius **169**
Dschelada 178, **180–181**
Dschungel *siehe* Regenwald
Dugong 302, 303, **304–305**, 312
Dugong dugon **304–305**
Dunkler Tigerpython 67
Dünnschlange **105**
Dürre
    Gobi-Wüste 278
    Kalahari-Wüste 228
    Mojave-Wüste 60
    Nordaustralische Wüsten 328
Dust Bowl, Nordamerika 44
Dyscophus antongilii **243**

E

Echoortung
    Fledertiere 294
    Spinner-Delfin 303
    Stundenglas-Delfin 373
Echsen
    Australische Wasseragame 342
    Dornteufel **332–333**
    Fabians Leguan 113
    Gemeiner Flugdrache **298–299**
    Gila-Krustenechse **64–65**
    Goldteju **105**
    Kragenechse 320, **324–325**
    Lavaechse 123
    Nilwaran **226–227**
    Panzer-Gürtelschweif **234–235**
    Perleidechse **157**
Echte Witwen, Rotrücken-Spinne **326**
Echter Bonito 303
Ectophylla alba **79**
Ecuador 125
Edelweiß 11, 158
Edmi-Gazelle 248
Eiche 52, 66, 266
    Kork- 153
Eiderente
    Gemeine 24
    Pracht- **137**
Eier
    Amerikanischer Schlangenhalsvogel 70
    Andenkondor 112
    Australische Gespenstschrecke 343
    Bienenfresser 150
    Blauer Malawi-Buntbarsch 191
    Blaustirn-Blatthühnchen 224
    Brillenkaiman 107
    Brillenschlange 264
    Eschholtz-Salamander 59
    Felsenpinguin 368
    Färberfrosch 98
    Galápagos-Pinguin 124
    Galápagos-Riesenschildkröte 127
    Gelbe Wüstenvogelspinne 65
    Gemeine Geburtshelferkröte 162
    Gila-Krustenechse 65
    Goldteju 105
    Großer Nandu 121
    Japanischer Riesensalamander 291
    Kaiserpinguin 375

Eier (Fortsetzung)
　Kragenechse 325
　Mondfisch 347
　Nilwaran 226
　Nördlicher Streifenkiwi 356
　Pantherchamäleon 242
　Pantherschildkröte 226
　Papageitaucher 139
　Quetzal 81
　Rotaugen-Laubfrosch 83
　Schnabeltier 336
　Suppenschildkröte 346
　Sydney-Trichternetzspinne 343
　Südlicher Schaufelfuß 64
　Tuatara 358
　Walhai 306
　Zwergflamingo 188
Eierfressende Seeschlange 347
Einhorn 30
Eisbär 24, 25, 27, **28–29**, 31
Eisfisch, Scotia-See- 370–371
Eizahn, Bartkauz 58
El Niño 122, 123, 124, 129
Elbe 164
Elch **38–39**
Elefant 67, 192, 193, 304
　Afrikanischer Steppen- 15, **202–203**
　Afrikanischer Wald- 208, 209
　Asiatischer **258–259**
Elefantengras 15
Elektrorezeptoren
　Blaupunkt-Rochen 304
　Bogenstirn-Hammerhai 349
　Östlicher Langschnabeligel 315
　Schnabeltier 336
Elementeita-See 184
Elephantulus rufescens **182**
Elephas maximus **258–259**
Elfenbeinmöwe 24
Emu **322**, 356
Emydocephalus annulatus **347**
Endangered Species Act (USA) 55
Ensatina eschscholtzii **59**
Ente
　Mandarin- **290**
　Pracht-Eider- **137**
Equus ferus **147**
Equus ferus przewalskii **282–283**
Equus quagga boehmi **200**
Equus quagga chapmani 200
Erdbeben, Neuguinea 314
Erdferkel 228, **229**
Erdmännchen 228, **232–233**
Erinaceus europaeus **156**
Eschholtz-Salamander **59**
Esel, Asiatischer 278–279
Esel, wilder 328
Eselhase, Kalifornischer **63**
Etoscha-Pfanne 188
Eudyptes chrysocome **368–369**
Eukalyptus 13, 152, 306, 320, 334, 339
　Schnee- 334
Eulen
　Bartkauz 58
　Binden-Fischeule 219
　Kaninchenkauz **121**
　Peruanerkauz 84
　Raufußkauz 164
　Schnee-Eule **33**
　Uhu 11, 58, 152, 164

Eunectes murinus **105**
Euphorbia ammak 248
Euphractus sexcinctus **117**
Eurasien 43, 114
Eurasische Platte 176, 247
Eurasischer Luchs 158, 164–165
Europa 10, 14, **130–173**
　Alpen **158–163**
　Bayerischer Wald **164–173**
　Camargue **146–151**
　Norwegische Fjorde **134–139**
　Schottische Highlands **140–145**
　Tajo-Tal **152–157**
Europäischer Aal 147
Europäischer Biber 140
Europäischer Dachs **165**
Europäischer Laubfrosch 152
Europäisches Eichhörnchen 142
Europäisches Gleithörnchen **285**
Europäisches Reh 153
Euxoa auxiliaris 34
Everglades **66–73**
Evolutionstheorie 122
Extatosoma tiaratum **343**
Extreme Lebensräume **16–17**
　Altiplano-Hochebene **108–109**
　Antarktische Halbinsel **370–371**
　Gobi-Wüste **378–379**
　Kalahari-Wüste **228–229**
　Kanadische Arktis **24–25**
　Mojave-Wüste **60–61**
　Nordaustralische Wüsten **328–329**

F

Fabians Leguan **113**
Falco peregrinus **144**
Falke
　Silber- 328
　Wander- **144**
Falkland-Inseln 368
Familien, Erdmännchen 232
Fangschreckenkrebs, Clown-
　351
Farbe
　Blaue Libelle 359
　Blauer Morphofalter 81
　Korallen-Königsnatter 59
　Meerechse 129
　Streifenskunk 54
　Zwergflamingo 188
Färberfrosch **98**
Farne 165
Fasan, Gold- **277**
Faultier 76
　Hoffmann-Zweifinger- **79**
Federn
　Bartkauz 58
　Blauer Pfau 271
　Emu 322
　Gabelschwanz-Racke 207
　Goldfasan 277
　Grauhals-Kronenkranich 189
　Großer Paradiesvogel 319
　Grünscheitel-Flaggensylphe 88
　Kaiserpinguin 375
　Quetzal 81
　Schnee-Eule 33
　Schneehuhn 161

Felis silvestris **143**
Felis silvestris lybica 143
Fell
　Alpen-Gämse 159
　Anubis-Pavian 185
　Bergtapir 85
　Bison 47
　Eigentlicher Tüpfelkuskus 315
　Eisbär 29
　Europäisches Eichhörnchen 142
　Faultiere 79
　Fischotter 167
　Giraffe 199
　Goldlangur 267
　Gold-Stumpfnase 273
　Grizzly-Bär 36
　Großer Panda 275
　Indochina-Nebelparder 276
　Jaguar 95
　Japanischer Marder 289
　Japanischer Serau 285
　Japan-Makak 287
　Kaiserschnurrbart-Tamarin 92
　Kitfuchs 61
　Kleiner Panda 270
　Koala 339
　Königstiger 261
　Leopard 214
　Mantelpavian 249
　Moschusochse 26
　Ozelot 80
　Pardelluchs 155
　Peru-Hasenmaus 109
　Polarfuchs 27
　Polarhase 25
　Puma 62
　Rothirsch 141
　Schneeleopard 269
　Sibirischer Tiger 261
　Streifenhyäne 252
　Trampeltier 281
　Vielfraß 38
　Vikunja 110
　Yak 266
Fellpflege
　Gemeiner Vampir 115
　Gold-Stumpfnase 273
　Mantelpavian 249
Felsenhahn, Roter **89**
Felsenpinguin **368–369**
Felskänguru, Schwarzfuß-
　328
Fernandina (Insel) 124
Festland-Graufuchs **67**
Feuchtgebiete 10, 15
　Camargue **146–147**
　Everglades **66–67**
　Murray-Darling-Becken 313
　Nordamerika 22
　Okavango-Delta **218–219**
　Pantanal 76, **100–101**
　Tajo-Tal 152
Feuer 35
　Central Great Plains 44
　Everglades 66
　Serengeti-Steppen 192, 193
Feuerameisen 90
Feuerland 77
Feuerring, Pazifischer
　246

Fichten
　Gemeine 140
　Sitka 140
Fichten-Kreuzschnabel 143
Filtrierer, Walhai 306
Fingertier **241**
Fink
　Galápagos- 123
　Grund- 128
　Kaktus- 122
　Specht- **125**
Finnwal 364, 372
Fischadler 43
Fische
　Afrikanische Große Seen 184
　Atlantischer Lachs **137**
　Barriereriff-Anemonenfisch **351**
　Blauer Malawi-Buntbarsch **191**
　Blaupunkt-Rochen **304**
　Büffelkopf-Papageifisch **309**
　Everglades 66
　Great Barrier Reef 344
　Großer Barrakuda **308–309**
　Kongo-Becken 208
　Mandarinfisch **305**
　Mondfisch **347**
　Okavango-Delta 218
　Sardinen 177, 302
　Seesaibling 33
　Walhai **306–307**
　Zitteraal **98**
　siehe auch Haie
Fischermarder 52
Fischeule, Binden- 219
Fischotter **166–167**
Fjorde, Norwegische 132, **134–139**
Fjordland-Nationalpark, Neuseeland 354
Flachkopf-Beutelmaus, Nördliche 328
Flachland-Tapir 100
Flamingo
　Anden- 108
　Chile- 108
　James- 108
　Rosa 146, **149**, 152
　Zwerg- 184, **188–189**
Flechten 24, 362, 370
Fleckenhals-Otter 184
Fledermaus
　Neuseeland- **355**
　Gemeiner Vampir **115**
　Weiße 79
Fleischfressende Pflanzen 292
Florida 33, 43, 55, 71
Florida-Bai 66
Florida-Panther 66
Flossen
　Galápagos-Seelöwe 123
　Sattelrobbe 31
　Seeleopard 371
Flötenakazie 192
Flug
　Andenkondor 112
　Bartgeier 183
　Binden-Fregattvogel 124
　Großtrappe 283
　Hellroter Ara 97
　Hirschkäfer 172
　Höckerschwan 149
　Jabiru 103
　Kolibri 88

Flug (Fortsetzung)
  Monarchfalter 51
  Pracht-Eiderente 137
  Rosapelikan 189
  Rotfuß-Seriema 120
  Steinadler 162
  Wander-Albatros 366, 367
  Wanderfalke 144
  Zwergflamingo 189
Flugdrache, Gemeiner **298–299**
Flügel
  Andenkondor 112
  Bartgeier 183
  Binden-Fregattvogel 124
  Blauer Morphofalter 81
  Gemeiner Flugdrache 298–299
  Höckerschwan 148
  Truthahngeier 56, 57
  Wander-Albatros 366
Flughund
  Kalong- **294**
  Kleiner Roter 334
Flugunfähiger Kormoran 122
Flussdeltas
  Camargue **146–147**
  Nil 176
  Okavango **218–219**
Flusskrebs, Louisiana- 146
Flusspferd 19, **186–187**, 224
Forelle, Yellowstone-Cutthroat 35
Fossa **237**, 239, 240
Frankreich 10, 31, 154
  Camargue **146–151**
Fratercula arctica **138–139**
Frauenschuh, Rothschilds 292
Fregata minor **124**
Fregattvogel, Binden- **124**
Frosch
  Afrikanischer Ochsen- 229
  Busch- 292
  Europäischer Laub- 152
  Färber- **98**
  Gelbbein- **59**
  Korallenfinger-Laub- **326**
  Rotaugen-Laub- **82–83**
  Schmuck-Horn- **121**
  Titicaca-See- 108
  Tomaten- **243**
  Truebs Glas- **89**
  Wald- 24
  Wallace-Flug- **300**
Fruchttaube, Maori- 354
Fuchs
  Festland-Grau- **67**
  Kit- **61**
  Polar- 24, **27**
  Rot- 119, 163, **168**, 321, 337
  Swift- 45
Furcifer pardalis **242–243**
Furnace Creek 60
Füße
  Baummarder 165
  Bergtapir 85
  Blaufuß-Tölpel 125
  Großer Beutelmull 329
  Großer Panda 275
  Kitfuchs 61
  Koala 339
  Riesenotter 103
  Trampeltier 281

Füße (Fortsetzung)
  Waschbär 69
  Wasserschwein 101
  siehe auch Hufe
Fynbos, Südafrika 177

G

Gabelbock 44, **45**
Gabelschwanz-Racke **207**
Galápagos-Albatros **125**
Galápagos-Finken 122, 123
Galápagos-Inseln 76, **122–129**
Galápagos-Pinguin **124**
Galápagos-Riesenschildkröte **126–127**
Galápagos-Seelöwe **123**
Galeere, Portugiesische **352–353**
Gambelmeise **56**
Gämse, Alpen- **159**
Ganges 266
Gans-, Schnee- **33**
Gänsegeier 152
Garten-Rotschwanz 177
Gaur **257**, 261
Gavial **264–265**
Gavialis gangeticus **264–265**
Gazella yarkandensis **279**
Gazelle
  Edmi- 248
  Jarkand-Kropf- **279**
  Thomson- 192, 200, 224
Gebirgs-Chipmunk 52, **56**
Gebirgs-Grashüpfer **163**
Geburtshelferkröte, Gemeine **162**
Gecko
  Henkels Blattschwanz- **243**
  Knopfschwanz- 328
  Przewalskis Wunder- **283**
Gefährdete Arten
  Arabische Oryx 250
  Barasingha 254
  Bergtapir 85
  Borneo-Orang-Utan 297
  Europäischer Biber 140
  Fischermarder 52
  Gavial 265
  Gobi-Bär 279
  Goldlangur 267
  Grauhals-Kronenkranich 189
  Großer Panda 275
  Koala 339
  Louisiana-Schwarzbär 55
  Malaiisches Schuppentier 293
  Pampashirsch 114
  Panzernashorn 256
  Pardelluchs 154
  Przewalski-Pferd 282
Gefieder *siehe* Federn
Geier 192
  Bart- **182–183**
  Gänse- 152
  Mönchs- 152
  Schmutz- 254
  Truthahn- **56–57**
Geisterbär 55
Geknöpfter Birma-Krokodilmolch 254, 255
Gelbbeinfrosch **59**
Gelber Fluss 272
Gelbe Wüstenvogelspinne **65**

Gelbflossen-Thun 303
Gelbhauben-Kakadu **341**
Gelbkiefer 52
Gemalter Astrild 328
Gemäßigter Laubwald 12, 13
  Bayerischer Wald **164–165**
  Neuseeland-Mischwald **354–355**
  Nihonkai-Bergwald **284–285**
Gemäßigter Nadelwald 12
  Alpen **158–159**
  Nihonkai-Bergwald **284–285**
  Schottische Highlands **140–141**
  Sierra Nevada **52–53**
  Yellowstone **34–35**
Gemäßigter Wald
  Neuseeland-Mischwald **354–355**
  Nordamerika 22
  Ostaustralische Wälder **334–335**
Gemäßigtes Grasland 14
  Argentinische Pampa **114–115**
  Central Great Plains **44–45**
Gemeine Geburtshelferkröte **162**
Gemeiner Vampir **115**
Geococcyx californianus 63
Geothermalquellen 34
Gepard 193, **196–197**
Geruchsdrüsen
  Gelbbein-Frosch 59
  Streifenskunk 54
Geruchsmarkierung
  Amerikanischer Pfeifhase 40
  Indischer Muntjak 258
  Japanischer Marder 289
  Japanischer Serau 285
  Koala 339
  Kurzkopf-Gleitbeutler 316
  Larven-Sifaka 240
  Riesenotter 102
  Schneeleopard 269
  Sechsbinden-Gürteltier 117
  Weißbart-Pekari 101
Geruchssinn 15
  Amerikanischer Schwarzbär 55
  Arabische Oryx 250
  Bogenstirn-Hammerhai 349
  Eisbär 29
  Erdferkel 229
  Großer Ameisenbär 116
  Marderhund 289
  Rüsselspringer 182
  Truthahngeier 56
  Wander-Albatros 366
Geschicklichkeit
  Borneo-Orang-Utan 297
  Waschbär 69
  siehe auch Werkzeuggebrauch
Geschwindigkeit
  Alpen-Gämse 159
  Bison 46, 47
  Böhm-Zebra 200
  Emu 322
  Flusspferd 187
  Gabelbock 45
  Gepard 196, 197
  Giraffe 199
  Großer Mara 117
  Kalahari-Springbock 230
  Karakal 229
  Kragenechse 324
  Löwe 194

Geschwindigkeit (Fortsetzung)
  Mississippi-Alligator 72
  Nilkrokodil 191
  Papageitaucher 139
  Rentier 26
  Rotes Riesenkänguru 331
  Rotfuß-Seriema 120
  Rüsselspringer 182
  Schwarze Mamba 207
  Strauß 234
  Suppenschildkröte 346
  Wanderfalke 144
  Warzenschwein 230
  Waschbär 69
  Weißbartgnu 198
  Wolf 37
Gespenstschrecke, Australische 343
Geweih
  Elch 38, 39
  Europäisches Reh 153
  Indischer Muntjak 258
  Rentier 26
  Rothirsch 141
  Weißwedelhirsch 40
  siehe auch Hörner
Gewöhnlicher Schweinswal 135
Geysire 34, 132
Gibbon, Grauer **298**
Gifte
  Blaupunkt-Rochen 304
  Brillenschlange 264
  Eschholtz-Salamander 59
  Gelbe Wüstenvogelspinne 65
  Gila-Krustenechse 64
  Großer Barrakuda 308
  Großer Blauring-Oktopus 352
  Kaiserskorpion 216
  Kap-Kobra 234
  Kreuzotter 145
  Mojave-Klapperschlange 64
  Monarchfalter 51
  Portugiesische Galeere 352
  Rotrücken-Spinne 326
  Schnabeltier 336
  Schwarze Mamba 207
  Sydney-Trichternetzspinne 343
  Tigernatter 291
  Tomatenfrosch 243
  Zweifarben-Pitohui 314
Giftzähne
  Schwarze Mamba 207
  Kap-Kobra 234
  Kreuzotter 145
  Eierfressende Seeschlange 347
  siehe auch Zähne
Gila-Krustenechse **64–65**
Gir-Wald 194
Giraffa camelopardalis **199**
Giraffa camelopardalis tippelskirchii 199
Giraffen 192, 193, **199**, 200, 216
  Massai- 199
Glasfrosch 89
Gleitbeutler, Kurzkopf-**316–317**, 335
Gleithörnchen, Europäisches **285**
Gleithörnchenbeutler 335
Glücksschwalbe **355**
Gobi-Bär **279**
Gobi-Wüste **278–283**
Gold-Akazie 334
Goldene Seidenspinne **73**

Goldfasan **277**
Goldlangur **267**
Gold-Stumpfnase **273**
Goldteju **105**
Golfstrom 132, 134
Goliath-Vogelspinne **99**
Gombe, Tansania 210
Gondwana 313, 363
Gondwana-Regenwald 313
Goodall, Jane 210
Goodfellow-Baumkänguru **317**
Gopherschildkröte 60
Gorilla gorilla **212–213**
Gorilla, Westlicher **212–213**
Göttervogel **81**
Gould-Amadine **321**
Grand Canyon 23
Grashüpfer
  Gebirgs- **163**
  Kegelkopf-Schrecke **333**
Grasschlüpfer, Zimt- **328**
Grassteppen 10, **14–15**
  Arabischer Schild 248
  Argentinische Pampa 114
  Bergwiesen 15, 178
  Central Great Plains **44–45**
  Gemäßigtes Grasland 15
  Kalahari-Wüste 228
  Nordaustralische Steppen **320–327**
  Serengeti-Steppen **192–207**
  Sierra Nevada 52
  Spinifex- 328, 329
  Terai-Duar-Savanne **254–255**
  Tiefland-Grasebenen 11
  Tropische Savanne 15
Grauer Gibbon **298**
Graufuchs, Festland- **67**
Grauhals-Kronenkranich **189**
Grauhörnchen 13
Graukopf-Prinie 254
Great Barrier Reef 304, **344–353**
Great Plains **44–51**
Grizzly-Bär 34, **36**
Grönland 22
Grönlandwal **24**
Großbritannien 133
  Schottische Highlands **140–145**
Große Anakonda **105**
Großer Ameisenbär **116–117**
Großer Barrakuda **308–309**
Großer Beutelmull **329**
Großer Blauring-Oktopus **352**
Große Riesenmuschel **352**
Großer Igel-Tanrek **241**
Großer Kaninchen-Nasenbeutler **332**
Großer Kudu **179**
Großer Mara **117**
Großer Nandu **121**
Großer Panda 272, **274–275**
Großer Paradiesvogel **318–319**
Großer Rennkuckuck **63**
Großes-Becken-Wüste **60**
Großes Präriehuhn **44–45**
Großtrappe **283**
Grottenolm 133
Grubenottern
  Mojave-Klapperschlange **64**
Grundel 345
Grundfink, Klein- **128**
Grüne Hundskopfboa **97**

Grüne Meerkatze, Südliche **201**
Grüne Springspinne **326–327**
Grüner Leguan **80**
Grünscheitel-Flaggensylphe **88**
Gruppen
  Asiatischer Elefant 259
  Barriereriff-Anemonenfisch 351
  Blauwal 372
  Breitmaul-Nashorn 223
  Erdmännchen 232
  Gepard 196
  Gold-Stumpfnase 273
  Japan-Makak 287
  Katta 239
  Larven-Sifaka 240
  Mandrill 213
  Narwal 30
  Nasenaffe 295
  Nilkrokodil 191
  Panzer-Gürtelschweif 235
  Riesenotter 102
  Roter Brüllaffe 93
  Schmalfuß-Beutelmaus 329
  Südamerikanischer Nasenbär 86
  Südliche Grüne Meerkatze 201
  Vikunja 110
  Warzenschwein 230
  Westlicher Gorilla 212
  Zwerg-Seidenäffchen 92
  siehe auch Harems; Herden; Kolonien; Rudel; Schulen; Schwärme
Grus antigone **263**
Gulo gulo **38**
Gürteltier, Sechsbinden- **117**
Gypaetus barbatus **182–183**

H

Häher, Kiefern- 34
Hai 344
  Bogenstirn-Hammer- **348–349**
  Bullen- 66
  Hammer- 304
  Wal- **306–307**, 345
Halbinseln, Europa 133
Haliaeetus leucocephalus **42–43**
Halichoerus grypus **135**
Hals
  Giraffe 199
  Weißwal 31
Hammerhai 304
  Bogenstirn- **348–349**
Hamster, Zwerg- **278**
Hanami 284
Hanuman-Langur, Terai- **259**
Hapalochlaena lunulata **352**
Harems
  Auckland-Baumweta 358
  Indischer Muntjak 258
  Mantelpavian 249
  Meerechse 129
  Nasenaffe 295
  Przewalski-Pferd 282
  Rothirsch 141
  Südlicher See-Elefant 365
Harpyie 76, 78, 86, 93
Hase
  Kalifornischer Esel- **63**
  Polar- 25

Haselmaus 164
Hasenkänguru, Brillen- **321**
Hasenmaus 121
  Peru- **109**
Haubentaucher **157**
Haut
  Mandarinfisch 305
  Panzernashorn 256
  Truebs Glasfrosch 89
  Wallace-Flugfrosch 300
Heard-Insel 364
Hebriden 140
Heide 15
  Fynbos 177
Heilbutt 30
Heiße Bedingungen
  Kalifornischer Eselhase 63
  Rotes Riesenkänguru 331
  siehe auch Wüsten
Heiße Quellen 34
Heliconius erato **89**
Heliconius melpomene 89
Helikonien 78–79
Hellroter Ara **97**
Helm-Perlhuhn **206**
Heloderma suspectum **64–65**
Henkels Blattschwanzgecko **243**
Herden
  Afrikanischer Steppenelefant 203
  Arabische Oryx 250
  Berg-Nyala 179
  Bhutan-Takin 267
  Bison 46, 47
  Böhm-Zebra 200
  Camargue-Pferd 147
  Dickhorn-Schaf 53
  Dschelada 180
  Gabelbock 45
  Gaur 257
  Impala 197
  Kaffernbüffel 220
  Kalahari-Springbock 230–231
  Massai-Giraffe 199
  Moschusochse 26
  Przewalski-Pferd 282
  Rentier 26
  Rothirsch 141
  Saiga-Antilope 280
  Serengeti-Steppen 192
  Trampeltier 281
  Walross 32
  Weißbartgnu 198
  Weißbart-Pekari 101
  Wildschwein 169
  siehe auch Harems; Junggesellen-Gruppen; Rudel; Schwärme
Hering, Atlantischer 134
Herkulesspinner 300
Hermannsburg-Zwergmaus 328
Herpestes edwardsii **262–263**
Herz
  Blauwal 372
  Giraffe 199
  Herzglykoside 51
Heulen
  Kojote 49
  Wolf 37
Himalaya 176, 246, 254
  Östlicher Himalaya **266–271**
Hindu-Mythologie 259

Hindukusch 269
Hippocampus bargibanti **350–351**
Hippocampus denise 350
Hippopotamus amphibius **186–87**
Hirnkoralle 344
Hirsche 145, 254
  Barasingha 254
  Elch **38–39**
  Europäisches Reh **153**, 164
  Indischer Muntjak **258**
  Nord-Pudu 85
  Pampas- 114
  Rot- **141**
  Sika- 284
  Weißwedel- **40**, 153
Hirschkäfer **172–173**
Hirschziegenantilope **257**
Hirundo neoxena **355**
Hitzewüste 19
  Arabischer Schild **248–249**
  Kalahari-Wüste **228–229**
  Mojave-Wüste **60–61**
  Nordaustralische Wüsten **328–329**
Hoatzin **91**
Hochländer
  Arabischer Schild **248–249**
  Äthiopisches Hochland **178–183**
  Schottische Highlands **140–145**
Hochmoor 140
Höckerschwan **148–149**
Hoffmann-Zweifingerfaultier **79**
Höhe 11, 14, 18
  Altiplano-Hochebene 108
  Arabischer Schild 248
  Äthiopisches Hochland 178
  Borneo-Regenwald 292
  Kalahari-Wüste 228
  Neuguinea-Bergwald 314
  Sierra Nevada 52
  Yungas der Anden 84
Hokkaido, Nihonkai-Bergwald **284–291**
Holzameise 140
Honigbeutler **335**
Honigbiene, Westliche **170–171**
Honigdachs 224
Honigfresser 335
  Warzen- 335
Honigwabe 171
Honshu
  Nihonkai-Bergwald **284–291**
Hören *siehe* Ohren und Gehör
Hörnchen
  Europäisches Eich- **142**
  Grau- 12
Hörner
  Alpen-Gämse 159
  Arabische Oryx 250
  Äthiopischer Klippspringer 179
  Berg-Nyala 179
  Bison 47
  Breitmaul-Nashorn 222
  Dickhorn-Schaf 53
  Gabelbock 45
  Gaur 257
  Giraffe 199
  Hirschziegenantilope 257
  Impala 197
  Japanischer Serau 285
  Jarkand-Kropfgazelle 279
  Kaffernbüffel 220

Hörner (Fortsetzung)
  Moschusochse 26
  Panzernashorn 256
  Saiga-Antilope 280
  siehe auch Geweih
Hornvögel
  Doppelhornvogel **264**
  Rhinozerosvogel 293
  Rotschnabel-Toko **206**
Hudson-Bai 29
Hufe
  Alpen-Gämse 159
  Arabische Oryx 250
  Äthiopischer Klippspringer 179
  Dickhorn-Schaf 53
  Elch 39
  Iberien-Steinbock 153
  Letschwe 221
  Rentier 26
Hügel, Termiten- 320
Huhn 140
  Auer- **145**
  Beifuß- **50**
  Großes Prärie- 44–45
Huon-Halbinsel 314
Hüttengärtner 314
Hyaena hyaena **252–253**
Hyäne 192, 199
  Streifen- 248, 250, **252–253**
  Tüpfel- 198, 253
Hyazinth-Ara 100–101
Hydrochoerus hydrochaeris **101**
Hydrurga leptonyx **371**
Hylobates muelleri **298**
Hymenopus coronatus **301**
Hystrix africaeaustralis **231**

I

Iberien-Steinbock **153**
Iberische Halbinsel 133
Idaho 36
Igel, Braunbrust- **156**
Igel-Drossling 254
Igel-Tanrek, Großer **241**
Iltis, Schwarzfuß- **48**
Immergrüner Laubwald 12, 13
  Oberer Jangtsekiang **272–273**
Impala 192, **197**, 224
Indien 246
  Hirschziegenantilope 257
  Königstiger 261
  Löwe 194
  Zwergflamingo 188
Indischer Mungo **262–263**
Indischer Muntjak 258
Indischer Ozean 12
Indochina-Nebelparder 254, **276**
Indonesien 314, 318–319
Insekten
  Auckland-Baumweta **358**
  Australische Gespenstschrecke **343**
  Blaue Libelle **359**
  Libelle 146
  Mücken 146
  Orchideen-Mantis **301**
  Westliche Honigbiene **170–171**
  siehe auch Grashüpfer; Käfer; Schmetterlinge

Inseln
  Europa 133
  Galápagos **122–123**
  Kanadische Arktis 24
  Karibik 76
  Südpolarmeer **364–365**
Intellagama lesuerii **342**
Intelligenz
  Afrikanischer Steppenelefant 203
  Japan-Makak 287
  Schimpanse 210
  Schwertwal 137
  siehe auch Werkzeuggebrauch
Iran 196
Irawadi-Delfin 302
Irland 133
Isabela (Insel) 124
Isabella-Bärenspinner 25
Island 132, 133, 161
Italien 10, 133

J

Jabiru **103**
Jabiru mycteria **103**
Jagen
  Amerikan. Schlangenhalsvogel 70, 71
  Anubis-Pavian 185
  Bartkauz 58
  Blaue Libelle 359
  Brillenkaiman 107
  Fossa 237
  Gepard 196
  Grizzly-Bär 36
  Großer Barrakuda 308
  Jaguar 95
  Kanadareiher 71
  Karakal 229
  Kojote 49
  Königstiger 261
  Leopard 214
  Löwe 194
  Mähnenwolf 119
  Nilkrokodil 191
  Ozelot 80
  Pardelluchs 154
  Polarfuchs 27
  Puma 62
  Rotfuchs 168
  Rothund 277
  Rotluchs 37
  Sattelrobbe 31
  Schimpanse 210
  Schwertwal 137
  Seeleopard 371
  Texas-Skorpion 50
  Wanderfalke 144
  Wildkatze 143
  Wolf 37
  siehe auch Wilderei
Jaguar 76, 87, **94–95**, 107
James-Flamingo 108
Jangtsekiang 272
Japan
  Nihonkai-Bergwald **284–291**
  Vulkanische Inseln 247
Japan-Brillenvogel 284
Japanische Hainbuche 284
Japanische Kirsche 284–285

Japanischer Marder **288–289**
Japanischer Riesensalamander **291**
Japanischer Serau **285**
Japan-Makak 284, **286–287**
Japan-Wiesel 285
Jarkand-Kropfgazelle **279**
Jarrah 320
Jeffreys Kiefer 52
Josua-Palmlilie 60
Junggesellen-Gruppen
  Böhm-Zebra 200
  Dschelada 180
  Impala 197
  Kaffernbüffel 220
  Moschusochse 26
Jungtiere
  Amerikanischer Schwarzbär 55
  Anubis-Pavian 185
  Bogenstirn-Hammerhai 349
  Borneo-Orang-Utan 297
  Braunbrust-Igel 156
  Brillenbär 87
  Brillenkaiman 107
  Eisbär 29
  Eschholtz-Salamander 59
  Europäisches Reh 153
  Grizzly-Bär 36
  Großer Ameisenbär 116
  Großer Panda 275
  Grüne Hundskopfboa 97
  Jaguar 95
  Japan-Makak 287
  Kaiserskorpion 216
  Kalifornischer Eselhase 63
  Katta 239
  Koala 339
  Königstiger 261
  Kreuzotter 145
  Leopard 214
  Lippenbär 263
  Mississippi-Alligator 72
  Ozelot 80
  Panzer-Gürtelschweif 235
  Pardelluchs 154
  Roter Brüllaffe 93
  Rotes Riesenkänguru 331
  Rotluchs 37
  Rotfuchs 168
  Schnabeltier 336
  Streifenhyäne 252
  Streifenskunk 54
  Texas-Skorpion 50
  Waschbär 69
  Wildschwein 169
  siehe auch Jungtiere; Kälber; Kaulquappen
Jungvögel
  Amerikanischer Schlangenhalsvogel 70
  Andenkondor 112
  Beifußhuhn 50
  Bienenfresser 150
  Blauflügel-Liest 323
  Blaufuß-Tölpel 125
  Blaustirn-Blatthühnchen 224
  Felsenpinguin 368
  Grauhals-Kronenkranich 189
  Kaiserpinguin 375
  Kanadareiher 71
  Papageitaucher 139

Jungvögel (Fortsetzung)
  Riesentukan 96
  Rosalöffler 104
  Schopf-Beerenfresser 317
  Schottischer Kreuzschnabel 143
  Steinadler 162
  Truthahngeier 56
  Weißkopf-Seeadler 42
  Zwergflamingo 188
  Zwerg-Sultanshuhn 71
Jütland 133

K

Käfer 100, 328
  Alpenbock- 158
  Hirsch- **172–173**
  Mist- 193
Kaffernbüffel 192, 193, **220**
Kaiman
  Krokodil- 107
  Brillen- **106–107**
Kaiseradler, Spanischer 152–153
Kaiserpinguin 370, **374–375**
Kaiserschnurrbart-Tamarin 92
Kaiserskorpion **216–217**
Kakadu, Gelbhauben- **341**
Kakapo 354, **356**
Kaktus
  Feigen- 44
  Lava- 122–123
Kalahari-Springbock **230–231**
Kalahari-Wüste 218, **228–235**
Kälber
  Arabische Oryx 250
  Elch 39
  Giraffe 199
  Kalahari-Springbock 230
  Letschwe 221
  Weißbartgnu 198
Kalifornien 13, 15, 22, 51
  Mojave-Wüste **60–65**
  Sierra Nevada **52–59**
Kalifornischer Eselhase **63**
Kalifornischer Mohn 60
Kalkgestein 236
Kalksteinhöhlen 133
Kalmar 30
Kalong-Flughund **294**
Kalte Bedingungen
  Kaiserpinguin 375
  Polarfuchs 27
  Sibirischer Tiger 261
  siehe auch Antarktika; Arktis
Kältewüste 17
  Gobi-Wüste **278–279**
Kamel 328
  Dromedar 281
  Trampeltier 278, **280–281**
Kameldorn-Akazie 228
Kammmolch, Nördlicher **170**
Kämpfe
  Afrikanischer Wildhund 225
  Alpen-Gämse 159
  Anubis-Pavian 185
  Böhm-Zebra 200
  Dickhorn-Schaf 53
  Eisbär 28
  Elch 39

Kämpfe (Fortsetzung)
  Emu 322
  Großtrappe 283
  Hirschkäfer 172–173
  Indischer Muntjak 258
  Kreuzotter 145
  Letschwe 220
  Moschusochse 26
  Przewalski-Pferd 282
  Rentier 26
  Rothirsch 141
  Südlicher See-Elefant 365
  Vikunja 111
  Warzenschwein 230
Kanada, Kanadische Arktis **24–33**
Kanadareiher **71**
Kanadischer Biber 34, **41**, 52
Kanadischer Schild 22
Kanarien des Meeres 31
Känguru 320
  Goodfellow-Baum- **317**
  Parma-Wallaby **337**
  Rotes Riesen- **330–331**
  Schwarzpfoten-Felskänguru 328
Kängururatte 60
Kaninchen 14, 146–147, 154, 321, 335
Kaninchenkänguru, Langschnauzen- 335
Kaninchenkauz **121**
Kaninchen-Nasenbeutler, Großer **332**
Kannenpflanze 292
Kannibalismus, Tuatara 358
Kans-Gras 255
Kap-Kobra **234**
Kapok 78
Kapuzineraffe, Azara- 77, **102**
Karakal **229**, 248
Karibik 13, 22, 76
Karibik-Manati **67**
Karpfen 184
Karstlandschaft 133, 236
Kasachstan 282
Kaspisches Meer 133
Kasuar 322, 356
Katta **238–239**
Katzen
  Gepard 193, **196–197**
  Indochina-Nebelparder 254, **276**
  Jaguar 87, **94–95**, 107
  Karakal **229**
  Königstiger **260–261**
  Leopard 95, 193, 199, **214**, 254
  Löwe 15, 193, **194–195**, 199
  Ozelot **80–81**
  Pardelluchs **154–155**
  Puma **62**, 66, 69, 87
  Schneeleopard 266, **268–269**
  Schwarze Jaguare 95
  Verwilderte 320
  Wildkatze **143**, 164
Katzenschlange, Arabische 248–249
Kaukasus 133
Kaulquappen
  Färberfrosch 98
  Gelbbeinfrosch 59
  Korallenfinger-Laubfrosch 326
  Südlicher Schaufelfuß 64
  Truebs Glasfrosch 89
  Wallace-Flugfrosch 300

Kauri-Baum 354, 355
Kautschukbaum 90
Kauz, Bart- **58**
Kea 354, **356**
Kegelkopf-Schrecke **333**
Kegelrobbe **135**
Keilschwanz-Adler 322, 328
Kellenschnabel-Breitrachen **299**
Kenia
  Afrikanische Große Seen 184
  Böhm-Zebra 200
  Schwarzkappen-Weber 204–205
  Weißbartgnu 198
Kenia, Mount 200
Kerguelen 364
Kermode-Bär 55
Kernknacker, Schwarzkopf 51
Kiefer (anatomisch)
  Fabians Leguan 113
  Gavial 265
  Goldteju 105
  Großer Barrakuda 308
  Jaguar 95
  Vielfraß 38
  siehe auch Zähne
Kiefer (Baum) 13
  Douglasie 140
  Gelbkiefer 52
  Jeffreys Kiefer 52
  Küstenkiefer 34, 35, 52
  Neuseeländischer Mischwald 354
  Waldkiefer 140
  Weißstämmige Kiefer 34, 52
Kiefernhäher 34
Kiemen, Walhai 306
Kings-Canyon-Nationalpark 52
Kirschblütenfest 284
Kirsche
  Afrikanische 208
  Japanische 284–285
Kitfuchs **61**
Kiwi 313, 354
  Nördlicher Streifen- **356**
  Zwerg- 356
Klapperschlange
  Mojave- 60, **64**
  Texas- 64
Klappmütze 24
Klein-Grundfink 128
Kleiner Panda **270**, 272
Kleiner Postbote **89**
Kleiner Roter Flughund 334
Klettern
  Amerikanischer Schwarzbär 55
  Borneo-Orang-Utan 297
  Goodfellow-Baumkänguru 317
  Iberien-Steinbock 153
  Indochina-Nebelparder 276
  Ozelot 80
  Südamerikanischer Nasenbär 86
  Zwerg-Ameisenbär 86
Klima 10, 14
  Afrikanische Große Seen 185
  Alpen 159
  Altiplano-Hochebene 109
  Amazonas-Regenwald 91
  Antarktika 363, 370, 371
  Arabischer Schild 248, 249

Klima (Fortsetzung)
  Argentinische Pampa 115
  Asien 246
  Äthiopisches Hochland 179
  Australasien 313
  Bayerischer Wald 164, 165
  Borneo-Regenwald 293
  Camargue 147
  Central Great Plains 45
  Europa 133
  Everglades 67
  Galápagos-Inseln 123
  Gobi-Wüste 278, 279
  Great Barrier Reef 345
  Kalahari-Wüste 228, 229
  Kanadische Arktis 25
  Kongo-Becken 209
  Madagassischer Trockenwald 237
  Mojave-Wüste 60
  Monsun 246
  Neuguinea-Bergwald 314, 315
  Neuseeland-Mischwald 354, 355
  Nihonkai-Bergwald 285
  Nordamerika 22
  Nordaustralische Steppen 321
  Nordaustralische Wüsten 329
  Norwegische Fjorde 135
  Oberer Jangtsekiang 272
  Okavango-Delta 219
  Ostaustralische Wälder 334, 335
  Pantanal 101
  Serengeti-Steppen 193
  Sierra Nevada 52, 53
  Sulu- und Celebes-See 302, 303
  Südpolarmeer-Inseln 365
  Tajo-Tal 153
  Terai-Duar-Savanne 254
  Wälder 12–13
  Yellowstone 35
  Yungas der Anden 84, 85
Klimawandel
  Arktis 25
  Great Barrier Reef 344, 345
  Östlicher Himalaya 266
  Reisfelder 255
Klippschliefer 67, **253**
Klippspringer, Äthiopischer **179**
Kloakentiere
  Östlicher Langschnabeligel 315
  Schnabeltier **336–337**
Knopfschwanz-Gecko 328
Koala 334, **338–339**
Kobel, Europäisches Eichhörnchen 142
Koboldmaki, Sunda- **294**
Kobras 206, 262–263
  Brillenschlange **264**
  Kap- **234**
  Königs- 207
Kobus leche **220–221**
Kojote 40, **49**, 69
Kolibris 78–79
  Grünscheitel-Flaggensylphe 88
Kolonien
  Amerikanischer Schlangenhalsvogel 70
  Bienenfresser 150
  Galápagos-Seelöwe 123
  Kaiserpinguin 375
  Kanadareiher 71
  Kegelrobbe 135

Kolonien (Fortsetzung)
  Meerechse 128–129
  Papageitaucher 139
  Rosalöffler 104
  Rosapelikan 189
  Säbelschnäbler 149
  Schwarzkappen-Weber 204–205
  Wander-Albatros 366
  Zwergflamingo 188
Kommunikation
  Afrikanischer Steppenelefant 203
  Amerikanischer Pfeifhase 40
  Azara-Kapuzineraffe 102
  Bergtapir 85
  Bienenfresser 150
  Blauflügel-Liest 323
  Blauwal 372
  Clown-Fangschreckenkrebs 351
  Dschelada 180, 181
  Emu 322
  Festland-Graufuchs 67
  Flusspferd 187
  Gebirgs-Grashüpfer 163
  Gold-Stumpfnase 273
  Grauer Gibbon 298
  Hellroter Ara 97
  Impala 197
  Jaguar 95
  Japan-Makak 287
  Kakapo 356
  Kleiner Panda 270
  Kojote 49
  Larven-Sifaka 240
  Marderhund 289
  Mähnenwolf 119
  Narwal 30
  Okapi 216
  Riesenotter 102
  Roter Brüllaffe 93
  Rotfuß-Seriema 120
  Rothund 277
  Schwarzspecht 169
  Schwertwal 137
  Seeleopard 371
  Spinner-Delfin 303
  Storchschnabel-Liest 299
  Strauß 234
  Südliche Grüne Meerkatze 201
  Walross 32
  Weißwal 31
Kondor, Anden- **112–113**
Kongo 176, 208, 209
Kongo-Becken **208–217**
Königin
  Blattschneiderameise 98
  Westliche Honigbiene 171
Königskobra 207
Königslachs 52–53
Königsnatter, Korallen- **59**
Königstiger **260–261**
Kookaburras
  Blauflügel-Liest **323**
  Jägerliest 323
  Lachender Hans 323, 334
Koralle, Hirn- **344**
Korallendreieck 302
Korallenfinger-Laubfrosch **326**
Korallen-Königsnatter **59**
Korallenkrabbe 345
Korallenmeer 347, 351

Korallenriffe 19, 309, 350
    Great Barrier Reef **344–353**
    Norwegische Fjorde 134, 135
    Sulu- und Celebes-See 302
Korkeiche 13, 153
Kormoran 70, 125, 369
    Flugunfähiger 122
Krabbe
    Boxer- **309**
    Korallen- 345
    Rote Klippen- 122
Krabbenfresser 364–365
Kragenechse 320, **324–325**
Krallen
    Großer Ameisenbär 116
    Zwerg-Ameisenbär 86
Kranich
    Grauhals-Kronen- **189**
    Kronen- 189
    Sarus- **263**
Krebs, Clown-Fangschrecken **351**
Kreuzschnabel
    Fichten- 143
    Schottischer **143**
Krill 364, 365, 371
Krokodil
    Leisten- 191
    Nil- **190–191**, 198
    Spitz- 66
Krokodilmolch, Geknöpfter Birma- 254, 255
Kropfmilch, Zwergflamingo 188
Kröte
    Aga- 91
    Gemeine Geburtshelfer- **162**
    Rhinella yunga 84
    Rotpunkt- 60–61
    Südlicher Schaufelfuß **64**
Kuchenbaum 284
Kuckucke
    Großer Rennkuckuck **63**
Kudu, Großer 179
Kugelfisch-, Süßwasser 209
Kulan 278–279
Kurzkopf-Gleitbeutler **316–317**, 335
Kurzschnabeligel 334
Kuskus, Eigentlicher Tüpfel- **315**
Küstenkiefer 34, 35, 52
Küstenwüste 17
Kusu 354

L

Lachender Hans 334
Lachs
    Atlantischer **137**
    Königs- 52–53
Lagenorhynchus cruciger **372**
Lagidium peruanum **109**
Lagopus muta **161**
Lagorchestes conspicillatus **321**
Lampropeltis zonata **59**
Lampropeltis zonata multicincta 59
Landbrücke, Mittelamerikanische 76
Langschnauzen-Kaninchenkänguru 335
Langschopf-Turako 192
Langur
    Gold- **267**
    Terai-Hanuman- **259**

Larven
    Hirschkäfer 172
    Japanischer Riesensalamander 291
Larven, Blaue Libelle 359
Larven-Sifaka **240–241**
Latrodectus hasseltii **326**
Laubbäume 133, 284
Laubenvogel 313
    Hüttengärtner 314
Laubfrosch
    Europäischer 152
    Korallenfinger- **326**
    Rotaugen- 82–83
Laubwald 12
    Bayerischer Wald **164–165**
    Nihonkai-Bergwald **284–285**
Lavaechse 123
Lavakaktus 122–123
Lebensdauer
    Afrikanischer Steppenelefant 203
    Andenkondor 112
    Blaue Libelle 359
    Dugong 304
    Goliath-Vogelspinne 99
    Hellroter Ara 97
    Jabiru 103
    Katta 239
    Pantherschildkröte 226
    Papageitaucher 139
    Schnappschildkröte 72
    Schneeleopard 269
    Steinadler 162
    Walhai 306
    Walross 32
    Weißkopf-Seeadler 43
    Zwergflamingo 188
Lebermoose 370
Lederschildkröte 346
Leguan
    Fabians 113
    Grüner 80
    Meerechse 113, 122, **128–129**
Leierschwanz 313
    Braunrücken- 334
Leistenkrokodil 191
Lek
    Auerhuhn 145
    Beifußhuhn 50
    Blauer Pfau 271
    Großer Paradiesvogel 319
    Großtrappe 283
    Kakapo 356
    Letschwe 221
Lemming 24, 27, 33
    Norwegischer 134–135
Lemur catta **238–239**
Lemuren 236
    Berthes Mausmaki **237**
    Coquerel-Sifaka 241
    Katta **238–239**
    Larven-Sifaka **240–241**
    Schwarz-weißer Vari 239
Leopard 95, 193, 199, **214**, 254
    Arabischer 248
    Schnee- 266, **268–269**
Leopardus pardalis **80–81**
Leptomyrmex 343
Leptophis ahaetulla **105**
Lepus californicus **63**
Letoptilus crumenifer **207**

Letschwe **220–221**
Libelle 19, 146
    Äthiopische Hochland- 178–179
    Blaue **359**
Liest, Storchschnabel- **299**
Limpopo 176
Liolaemus fabiani **113**
Lippenbär **263**
Litoria caerulea **326**
Lobelie, Riesen 178
Lochs Prachtsternschnecke 302
Löffler, Rosa- **104**
Lombok 247
Lophelia pertusa 134, 135
Louisiana-Flusskrebs 146
Louisiana-Schwarzbär 55
Löwe 193, **194–195**, 199
Loxia scotica **143**
Loxodonta africana **202–203**
Lucanus cervus **172–173**
Luchs
    Eurasischer 158, 164–165
    Pardel- **154–155**
    Rot- **37**
Luftblasen, Weißwal 31
Lungenfisch 219
Lutra lutra **166–167**
Lybia tessellata **309**
Lycaon pictus **224–225**
Lynx pardinus **154–155**
Lynx rufus **37**

M

Macaca fuscata **286–287**
Macropus parma **337**
Macropus rufus **330–331**
Macrotis lagotis **332**
Madagaskar 13
    Madagassischer Trockenwald **236–243**
Madagaskarpalme 236
Madagassische Riesenratte **237**
Madenhacker 219
Magellan-Straße 77
Magen
    Bison 47
    Terai-Hanuman-Langur 259
Mahagoni 66
Mähnen
    Dschelada 181
    Löwe 194–195
Mähnenwolf **118–119**
Makak, Japan- 284, **286–287**
Malaienbär 292
Malaiisches Schuppentier 293
Malawi-See 184, 185, 191
Malurus coronatus **323**
Mamba, Schwarze **207**
Mammutbaum, Urwelt- 272
Manado-Quastenflosser 302–303
Mandarinente 290
Mandarinfisch 305
Mandibeln, Hirschkäfer 172
Mandrill **213**
Mandrillus sphinx **213**
Mangrovensümpfe 19
    Borneo-Regenwald 292
    Costa-Rica-Regenwald 78
    Everglades 66

Mangusten
    Erdmännchen **232–233**
    Indischer Mungo **262–263**
Manipur-Wachtel 254
Manis tricuspis **215**
Mantelpavian **249**
Mantis, Orchideen- **301**
Maori-Fruchttaube 354
Mara (Fluss) 198
Mara, Großer **117**
Marabu 188
Marder
    Baummarder **165**
    Buntmarder 272
    Fischotter **166–167**
    Japanischer Marder **288–289**
    Japan-Wiesel 285
    Riesenotter **102–103**
    Vielfraß 38
Marderhund 284, **289**
Marine Ökosysteme *siehe* Meere
Marmota marmota **160**
Martes martes **165**
Martes melampus **288–289**
Massai-Giraffe 199
Maulbrüter, Blauer Malawi-Buntbarsch 191
Mäuler
    Blaupunkt-Rochen 304
    Indochina-Nebelparder 276
    Löwe 276
    Walhai 306, 307
    siehe auch Kiefer; Zähne
Maulwurfsratte, Riesen- 179
Maurische Bachschildkröte 152
Maus
    Australische Hüpfmaus 328
    Hermannsburg-Zwergmaus 328
Mauser, Schneehuhn 161
Mausmaki, Berthes **237**
Maylandia zebra **191**
Mediterrane Buschlandschaft 10
Mediterrane Wälder 10, 13
    Tajo-Tal **152–153**
Meere
    Polynja 24
    Sulu- und Celebes-See **302–309**
Meerechse 113, 122, **128–129**
Meereis 24
Meeresschildkröten 302
Meerschweinchen 101, 117
Meise, Gambel- **56**
Meisen 56
Meles meles **165**
Melursus ursinus **263**
Menschen
    Ethnische Gruppen 209
    Frühe 192, 208
Mephitis mephitis **54**
Merian, Maria Sibylla 99
Merops apiaster **150–151**
Mesquite-Strauch 44
Methan, Klimawandel 255
Mexiko 22
    Amerikanischer Schwarzbär 55
    Korallen-Königsnatter 59
    Monarchfalter 51
    Weißkopf-Seeadler 43
    Wüsten 23
Microcebus berthae **237**

Migration 16
  Asien 246
  Berg-Nyala 179
  Bienenfresser 150
  Bison 47
  Böhm-Zebra 200
  Galápagos-Riesenschildkröte 127
  Großtrappe 283
  Küsten-Seeschwalbe 24
  Monarchfalter 51
  Narwal 30
  Rentier 26
  Sattelrobbe 31
  Schnee-Eule 33
  Schneegans 33
  Seesaibling 33
  Serengeti-Steppen 192
  Suppenschildkröte 346
  Truthahngeier 56
  Vögel 76, 152, 248, 312
  Walhai 306
  Weißbartgnu 198
Mihoacán, Mexiko 51
Milben 24
Milch
  Klappmütze 24
  Koala 339
  Rotes Riesenkänguru 331
  Schnabeltier 336
Mimikry
  Dschelada 180
  Kleiner Postbote 89
  Korallen-Königsnatter 59
  Orchideen-Mantis 301
  Zwerg-Seepferdchen 350
Mirounga leonina **365**
Mississippi-Alligator 66, **72–73**, 107
Missouri 44
Mistkäfer 100, 193
Mittags-Rennmaus 278
Mittel- und Südamerika **74–129**
  Altiplano-Hochebene **108–113**
  Amazonas-Regenwald **90–99**
  Argentinische Pampa **114–121**
  Costa-Rica-Regenwald **78–83**
  Galápagos-Inseln **122–129**
  Pantanal **100–107**
  Yungas der Anden **84–89**
Mittelmeer 10, 13, 15, 132
Mohn, Kalifornischer 60–61
Mojave-Klapperschlange 60, **64**
Mojave-Wüste 16, **60–65**
Mojave-Ziesel 60
Mola mola **347**
Molch
  Geknöpfter Birma-Krokodil- 254, 255
  Nördlicher Kamm- **170**
Moldau 164
Moloch horridus **332–333**
Monarch Butterfly Biosphere Reserve, Mihoacán 51
Monarchfalter **51**
Mönchsgeier 152
Mondfisch **347**
Monfragüe-Nationalpark 152
Mongolei **278–283**
Monistria pustulifera **333**
Monodon monoceros **30–31**
Monsun 246
Montana 36

Moose 24, 362
  Antarktische Halbinsel 370
  Torfmoos 140–141
  Widertonmoos 165
Mopsus mormon **326–327**
Morpho peleides **81**
Morphofalter, Blauer **81**
Moschusochse 24, **26**
Möwe, Elfenbein 24
Mücken 146
Mungo, Indischer **262–263**
Muntiacus muntjak **258**
Muntjak, Indischer **258**
Murmeltier
  Alpen- 11, **160**
  Sibirisches 278
Murray-Darling-Becken 313
Mustela nigripes **48**
Myrmecophaga tridactyla **116–117**
Myrrhe 178
Mystacina tuberculata **355**

N

Nachtaktive Tiere
  Auckland-Baumweta 358
  Berthes Mausmaki 237
  Beutelmarder 341
  Braunbrust-Igel 156
  Brillen-Hasenkänguru 321
  Erdferkel 229
  Europäisches Gleithörnchen 285
  Festland-Graufuchs 67
  Fingertier 241
  Gelbe Wüstenvogelspinne 65
  Großer Ameisenbär 116
  Großer Kaninchen-Nasenbeutler 332
  Kaiserskorpion 216
  Kalifornischer Eselhase 63
  Kitfuchs 61
  Koala 339
  Königstiger 261
  Leopard 214
  Mähnenwolf 119
  Ozelot **80–81**
  Parma-Wallaby 337
  Pinselohr-Schwein 215
  Rotaugen-Laubfrosch 82–83
  Schmalfuß-Beutelmaus 329
  Schnabeltier 336
  Streifenhyäne 252
  Sunda-Koboldmaki 294
  Truebs Glasfrosch 89
  Woma 333
  Zwerg-Ameisenbär 86
Nachtschatten, Stachel- 44
Nacktschnecken, Lochs Prachtsternschnecke 302
Nadelwälder 12
  Europa 133
  Neuseeländischer Mischwald 354
  Sierra Nevada 52
  Yellowstone 34
Nagetiere
  Europäisches Eichhörnchen **142**
  Peru-Hasenmaus **109**
  Südafrikanisches Stachelschwein **231**
  Wasserschwein 101

Naher Osten
  Dromedar 281
  Löwe 194
Naivasha-See 184
Naja naja **264**
Naja nivea **234**
Nakuru-See 184
Namibia 194
Namib-Wüste 177
Nandu 120, 322
  Großer **121**
Narwal 29, **30–31**
Nasalis larvatus **294–295**
Nasen
  Brillenkaiman 106
  Nasenaffe 295
  Saiga-Antilope 280
  Südlicher See-Elefant 365
Nasenaffe **294–295**
Nasenbär, Südamerikanischer 86
Nasenbeutler, Großer Kaninchen- 332
Nashorn
  Breitmaul- **222–223**, 256
  Panzer- 254, 255, **256–257**
  Spitzmaul- 193, 222, 223
Nashornvögel
  Doppelhornvogel **264**
  Rhinozerosvogel 293
  Rotschnabel-Toko **206**
Nasua nasua **86**
Natron-See 184
Natter, Tiger- **291**
Naturpark Alto Tajo 152
Nebelparder, Indochina- 254, **276**
Nebelwald 13
  Costa-Rica-Regenwald 78
  Yungas der Anden **84–85**
Neofelis nebulosa **276**
Nepal 254, 255
Nephila clavipes **73**
Nerz, Amerikanischer 141
Nester 15
  Amerikanischer Schlangenhalsvogel 70
  Bienenfresser 150, 151
  Binden-Fregattvogel 124
  Blauaugen-Scharbe 369
  Blauer Pfau 271
  Blaustirn-Blatthühnchen 224
  Borneo-Orang-Utan 297
  Braunmantel-Scherenschnabel 226
  Gabelschwanz-Racke 207
  Grauhals-Kronenkranich 189
  Großer Nandu 121
  Großer Paradiesvogel 319
  Grüne Springspinne 326
  Grünscheitel-Flaggensylphe 88
  Haubentaucher 157
  Höckerschwan 148
  Jabiru 103
  Kanadareiher 71
  Kragenechse 325
  Mandarinente 290
  Papageitaucher 139
  Quetzal 81
  Riesentukan 96
  Roter Felsenhahn 89
  Rotschnabel-Toko 206
  Säbelschnäbler 149
  Schimpanse 210
  Schmalfuß-Beutelmaus 329

Nester (Fortsetzung)
  Schopf-Beerenfresser 317
  Schuhschnabel 190
  Schwarzkappen-Weber 204–205
  Sichel-Pfeifgans 323
  Steinadler 162
  Termiten 218
  Wald-Nektarvogel 216
  Wanderfalke 144
  Weißkopf-Seeadler 43
  Westliche Honigbiene 171
  Zwerg-Sultanshuhn 71
  Zwergflamingo 188
Nestor notabilis **356**
Neufundland 25
Neuguinea 300, 313, 323, 325–326, 341
  Bergwald **314–319**
Neuseeland 313
  Mischwald **354–359**
Neuseeland-Fledermaus 355
Neuseeländische Alpen 313
New South Wales 337
Niederschläge
  Altiplano-Hochebene 108
  Antarktika 363
  Arabisches Schild 248
  Australasien 313
  Europa 133
  Gobi-Wüste 278
  Kalahari-Wüste 228
  Kongo-Becken 208
  Monsun 246
  Ostaustralische Wälder 334
Niger (Fluss) 176
Nihonkai-Bergwald **284–291**
Nil 176
Nil-Delta 176
Nilbarsch 184
Nilkrokodil **190–191**, 198
Nilwaran **226–227**
Noddi, Weißkappen- 344
Neofelis nebulosa 276
Nord-Pudu 85
Nordafrika
  Dromedar 281
  Löwe 194
Nordamerika **22–73**
  Central Great Plains **44–51**
  Everglades **66–73**
  Kanadische Arktis **24–33**
  Mojave-Wüste **60–65**
  Sierra Nevada **52–59**
  Yellowstone **34–43**
Nordamerikanische Platte 22
Nordaustralische Steppen **320–27**
Nordaustralische Wüsten **328–333**
Nördliche Flachkopf-Beutelmaus 328
Nördlicher Kammmolch **170**
Nördlicher Streifenkiwi **356**
Nordpolarmeer 16
Nordwest-Passage 25
Northlands gemäßigte Wälder, Neuseeland 354
Norwegische Fjorde 132, **134–139**
Norwegischer Lemming 134–135
Norwegische Wolfsspinne 164
Notoryctes typhlops **329**
Nubische Platte 176
Nullarbor-Ebene 312
Numida meleagris **206**
Nyala, Berg- 178, **179**

Nyctea scandiaca **33**
Nyctereutes procyonoides **289**
Nymphargus truebae **89**

O

Oasen, Okavango-Delta **218–219**
Oberer Jangtsekiang **272–277**
Ochotona princeps **40**
Ochsenfrosch, Afrikanischer 229
Ocreatus underwoodii **88**
Odobenus rosmarus **32**
Odocoileus virginianus **40**
Odontodactylus scyllarus **351**
Ohren und Gehör 15
　Afrikanischer Steppenelefant 203
　Bartkauz 58
　Galápagos-Seelöwe 123
　Großer Kaninchen-Nasenbeutler 332
　Kalifornischer Eselhase 63
　Karakal 229
　Kitfuchs 61
　Pardelluchs 154
Ohrenrobben 123
Okapi 208, **216**
Okapia johnstoni **216**
Okavango (Fluss) 176
Okavango-Delta **218–227**
Okeechobee-See 66
Oklahoma 44, 51
Ökoregionen
　Afrikanische Große Seen **184–185**
　Alpen **158–159**
　Altiplano-Hochebene **108–109**
　Amazonas-Regenwald **90–91**
　Antarktika **362–363**
　Antarktische Halbinsel **370–371**
　Aquatische **18–19**
　Arabischer Schild **248–249**
　Argentinische Pampa **114–115**
　Äthiopisches Hochland **178–179**
　Bayerischer Wald **164–165**
　Borneo-Regenwald **292–293**
　Camargue **146–147**
　Central Great Plains **44–45**
　Costa-Rica-Regenwald **78–79**
　Everglades **66–67**
　Galápagos-Inseln **122–123**
　Gobi-Wüste **278–279**
　Great Barrier Reef **344–345**
　Kalahari-Wüste **228–229**
　Kanadische Arktis **24–25**
　Kongo-Becken **208–209**
　Madagassischer Trockenwald **236–237**
　Mojave-Wüste **60–61**
　Neuguinea-Bergwald **314–315**
　Neuseeland-Mischwald **354–355**
　Nihonkai-Bergwald **284–285**
　Nordaustralische Steppen **320–321**
　Nordaustralische Wüsten **328–329**
　Norwegische Fjorde **134–135**
　Oberer Jangtsekiang **272–273**
　Okavango-Delta **218–219**
　Ostaustralische Wälder **334–335**
　Östlicher Himalaya **266–267**
　Pantanal **100–101**
　Schottische Highlands **140–141**
　Serengeti-Steppen **192–193**
　Sierra Nevada **52–53**

Ökoregionen (Fortsetzung)
　Sulu- und Celebes-See **302–303**
　Südpolarmeer-Inseln **364–365**
　Tajo-Tal **152–153**
　Terai-Duar-Savanne **254–255**
　Yellowstone **34–35**
　Yungas der Anden **84–85**
Oktopus, Großer Blauring- **352**
Old-Faithful-Geysir 34
Olduvai-Schlucht 192
Olivfarbene Seeschlange 345
Olm, Grotten- 133
Ölpalme 293
Ombu-Baum 115
Orang-Utan 292
　Borneo- **296–297**
　Sumatra- 297
Oranje (Fluss) 176
Orca (Schwertwal) **136–137**, 306
Orchideen 78
　Affen-Orchidee 84–85
　Rothschilds Frauenschuh 292
Orchideen-Mantis **301**
Orcinus orca **136–137**
Oreotragus saltatrixoides **179**
Ornithorhynchus anatinus **336–337**
Orycteropus afer **229**
Oryx leucoryx **250–251**
Oryx, Arabische **250–251**
Ostafrikanischer Graben 176, 178, 188
　Seen **184–191**
Ostaustralische Wälder **334–343**
Osteoderme, Brillenkaiman 107
Österreich 10
Östlicher Himalaya **266–271**
Östlicher Langschnabeligel **315**
Ost-Schermaus 141
Otis tarda **283**
Otter (Säugetier)
　Fisch- **166–167**
　Fleckenhals- 184
　Riesen- **102–103**
　See- 43
Otter (Schlange)
　Chinesische Bambus- 272–273
　Kreuz- **145**
　Schwarzkopf-Buschmeister 79
　Wüsten-Todes- 328
Ouroborus cataphractus **234–235**
Ovibos moschatus **26**
Ovipositor, Auckland-Baumweta 358
Ovis canadensis **53**
Ozeane *siehe* Meere
Ozelot **80–81**

P

Paarung
　Arabische Oryx 250
　Beifußhuhn 50
　Bison 47
　Blaue Libelle 359
　Bogenstirn-Hammerhai 349
　Borneo-Orang-Utan 297
　Braunbrust-Igel 156
　Elch 39
　Erdmännchen 232
　Flusspferd 187
　Färberfrosch 98

Paarung (Fortsetzung)
　Grüne Hundskopfboa 97
　Impala 197
　Japan-Makak 287
　Kaiserskorpion 216
　Katta 239
　Kojote 49
　Königstiger 261
　Kreuzotter 145
　Pardelluchs 154
　Rotaugen-Laubfrosch 82, 83
　Roter Brüllaffe 93
　Rotes Riesenkänguru 331
　Rotfuchs 168
　Rotluchs 37
　Seeleopard 371
　Südlicher See-Elefant 365
　Walhai 306
　Weißbartgnu 198
　Wolf 37
Pagophilus groenlandicus **31**
Palmlilie, Josua- 60
Palmöl 293
Pampa, Argentinische 77, **114–121**
Pampasgras 114–115
Pampashirsch 114
Pan paniscus 210
Pan troglodytes **210–211**
Panda
　Großer 272, **274–275**
　Kleiner **270**, 272
Pandinus imperator **216–217**
Pantanal 76, **100–107**
Panther 95
　Florida- 66
Panther-Chamäleon **242–243**
Panthera leo **194–195**
Panthera onca **94–95**
Panthera pardus **214**
Panthera tigris altaica 261
Panthera tigris sumatra 261
Panthera tigris tigris **260–261**
Panthera uncia **268–269**
Pantherschildkröte **226**
Panzer
　Galápagos-Riesenschildkröte 127
　Pantherschildkröte 226
　Schnappschildkröte 72
　Suppenschildkröte 346
Panzer-Gürtelschweif **234–235**
Panzernashorn 254, 255, **256–257**
Papageien
　Hellroter Ara **97**
　Kakapo 354, **356**
　Kea **356**
　Wellensittich 328–329
Papageifisch, Büffelkopf- **309**
Papageitaucher **138–139**
Papilio maackii **291**
Papio anubis **185**
Papio hamadryas **249**
Pappel 140
　Zitter- 35
Papua-Neuguinea 314
Papyrus 218
Paradiesvogel
　Großer **318–319**
　Raggi- 319
Paradisaea apoda **318–319**
Paradisaea raggiana 319

Paraguay 100, 101
Paramythia montium **317**
Parana (Fluss) 77
Paranüsse 90
Pardelluchs **154–155**
Parma-Wallaby **337**
Parnassius apollo **163**
Patagonien 76
Pavian
　Anubis- **185**
　Dschelada 178, **180–181**
　Mantel- **249**
Pavo cristatus **271**
Pazifische Platte 22, 247
Pazifischer Feuerring 246
Pazifischer Ozean 22, 25, 77, 334, 354
　El Niño 122, 123, 124, 129
　Galápagos-Inseln **122–123**
Peary-Karibu 26
Peckhamsche Mimikry 301
Pekari, Weißbart- **101**
Pelargopsis capensis **299**
Pelecanus onocrotalus **189**
Pelikan 125
　Rosa- **189**
Perleidechse **157**
Perlhuhn, Helm- **206**
Perlwurz, Antarktische 362, 370
Permafrost 24
Peru 89, 125
Peru-Hasenmaus **109**
Peruanerkauz 84
Pestizide 51, 144
Petaurus breviceps **316–317**
Pfau, Blauer **271**
Pfeifente 184
Pfeifgans, Sichel- **323**
Pfeifhase, Amerikanischer **40**, 52
Pferd
　Camargue- **147**
　halbwildes 146
　Haus- 282
　Przewalski- 278, **282–283**
Pflanzen
　Alpen 158
　Altiplano-Hochebene 108
　Amazonas-Regenwald 90
　Antarktika 362, 370
　Arabischer Schild 248
　Argentinische Pampa 114
　Äthiopisches Hochland 178
　Australasien 313
　Bayerischer Wald 164
　Camargue 146
　Costa-Rica-Regenwald 78
　Everglades 66
　Fleischfressende 292
　Galápagos-Inseln 122–123
　Kalahari-Wüste 228
　Kanadische Arktis 24
　Kongo-Becken 208
　Madagaskar-Trockenwald 236
　Mojave-Wüste 60–61
　Neuguinea-Bergwald 314
　Nihonkai-Bergwald 284–285
　Nordaustralische Steppen 320
　Norwegische Fjorde 134
　Oberer Jangtsekiang 272
　Ostaustralische Wälder 334–335
　Östlicher Himalaya 266–267

Pflanzen (Fortsetzung)
 Pantanal 100–101
 Schottische Highlands 140
 Serengeti-Steppen 192
 Wälder 12–13
 Yellowstone 34
 Yungas der Anden 84
Pfoten *siehe* Füße
Phacochoerus africanus **230**
Phalacrocorax atriceps **369**
Pharomachrus mocinno **81**
Phascolarctos cinereous **338–339**
Pheromone 232
Philippinen
 Sulu- und Celebes-See **302–309**
Philippinische Platte 247
Phocoena phocoena **135**
Phoebastria irrorata **125**
Phoenicopterus minor **188–189**
Phoenicopterus roseus **149**
Physalia physalis **352–353**
Phytoplankton 306
Pinguin 370, 371
 Adelie- **373**
 Felsen- **368–369**
 Galápagos- **124**
 Kaiser- 370, **374–375**
Pinselohr-Schwein **215**
Piranha 107
Pitohui, Zweifarben- 314
Plankton 306, 364, 365
Plantagen, Palmöl 293
Platalea ajaja **104**
Podiceps cristatus **157**
Poecile gambeli **56**
Polardorsch 24, 25, 30
Polarfuchs 24, **27**
Polarhase 25
Polarregionen 17
 Antarktische Halbinsel **370–371**
 Kanadische Arktis **24–25**
Polen 47
Polynja 24
Polypen, Portugiesische Galeere 352
Pongo abelii **297**
Pongo pygmaeus **296–297**
Porphyrio martinica **71**
Portugal, Tajo-Tal **152–157**
Portugiesische Galeere **352–353**
Postbote, Kleiner **89**
Potamochoerus porcus **215**
Pottwal 364
Powelliphanta **354–355**
Pracht-Eiderente **137**
Prachtsternschnecke, Lochs 302
Präriehuhn, Großes **44–45**
Präriehund 44, 49, 61, 121
 Schwarzschwanz- **48**
Prärien 14, 114
 Central Great Plains **44–45**
 Everglades 66
 Nordamerika 22
Primaten
 Berthes Mausmaki **237**
 Bonobo 208, 210
 Borneo-Orang-Utan **296–297**
 Fingertier **241**
 Grauer Gibbon **298**
 Lemuren 236
 Schimpanse 208, **210–211**

Primaten (Fortsetzung)
 Sunda-Koboldmaki **294**
 Westlicher Gorilla **212–213**
 siehe auch Affen
Prince-Edward-Insel 364
Prinie, Graukopf- 254
Prinz-Ruspoli-Turako 178
Procavia capensis **253**
Procyon lotor **68–69**
Propithecus coquereli 241
Propithecus verreauxi **240–241**
Przewalski-Pferd 278, **282–283**
Przewalskis Wundergecko **283**
Pseudalopex culpaeus **109**
Pseudonigrita cabanisi **204–205**
Pteromys volans **285**
Pteronura brasiliensis **102–103**
Pteropus vampyrus **294**
Pudu, Nord- 85
Puma 62, 66, 69, 87
Puma concolor **62**
Puppe, Hirschkäfer 172
Purpurkopf-Staffelschwanz **323**
Purpurreiher 152
Pygoscelis adeliae **372**
Pyrrhocorax graculus **161**
Python
 Dunkler Tiger- 67
 Woma **333**

Q

Qin-Ling-Gebirge 272
Quastenflosser, Manado- 302–303
Queensland 334
Quelea quelea **225**
Queller 146
Quetzal **81**
Quinoa 108–109

R

Rabenvögel
 Alpendohle **161**
 Kiefernhäher 34
Racke
 Gabelschwanz- **207**
 Senegal- 207
Raggi-Paradiesvogel 319
Ramphastos toco **96–97**
Rana sierrae **59**
Rangifer tarandus **26**
Rangifer tarandus pearyi 26
Raubmöwe 370
Raufußkauz 164
Raupe
 Apollofalter 163
 Buchen-Streckfuß 170
 Monarchfalter 51
Recurvirostra avosetta **149**
Regenwald 13
 Amazonas 76, **90–91**
 Borneo **292–293**
 Costa Rica 76, **78–79**
 Gondwana 313
 Kongo-Becken **208–209**

Reiher 146
 Kanada- **71**
 Purpur- 152
 Seiden- 152
Reisanbau 255
Renke 159
Rennmaus, Mittags- 278
Rentier 16, 24, **26**, 38, 246
Reptilien
 Brillenkaiman **106–107**
 Kragenechse 325, 328, **332–333**
 Leistenkrokodil 191
 Mississippi-Alligator 66, **72–73**, 107
 Nilkrokodil **190–191**, 198
 Panther-Chamäleon **242–243**
 Przewalskis Wundergecko **283**
 Spitzkrokodil 66
 Tuatara **358–359**
 siehe auch Echsen; Leguane; Schildkröten; Schlangen
Réunion (Insel) 242–243
Revier
 Amerikanischer Pfeifhase 40
 Amerikanischer Schwarzbär 54
 Arabische Oryx 250
 Äthiopischer Klippspringer 179
 Breitmaul-Nashorn 223
 Eisbär 29
 Erdmännchen 232
 Fabians Leguan 113
 Fischotter 167
 Flusspferd 187
 Gabelschwanz-Racke 207
 Grünscheitel-Flaggensylphe 88
 Hirschkäfer 172
 Jaguar 95
 Japanischer Marder 289
 Japanischer Serau 285
 Koala 339
 Kojote 49
 Königstiger 261
 Kurzkopf-Gleitbeutler 316
 Larven-Sifaka 240
 Leopard 214
 Letschwe 220, 221
 Mähnenwolf 119
 Panzer-Gürtelschweif 235
 Pardelluchs 154
 Riesenotter 102
 Schneeleopard 269
 Schwarzspecht 169
 Sechsbinden-Gürteltier 117
 Sekretär 206
 Storchschnabel-Liest 299
 Vikunja 110
 Wildkatze 143
Reviermarkierung, Flusspferd 187
Rhabdophis tigrinus **291**
Rhacophorus nigropalmatus **300**
Rhea americana **121**
Rhincodon typhus **306–307**
Rhinella yunga 84
Rhinoceros unicornis **256–257**
Rhinopithecus roxellana **273**
Rhinozerosvogel 293
Rhododendron **266–267**
Rhone-Delta **146–147**
Richmonds gemäßigter Wald, Neuseeland 354

Riesenkänguru, Rotes **330–331**
Riesenlobelie 178
Riesenmammutbaum 52, 53
Riesen-Maulwurfsratte 179
Riesenmuschel, Große **352**
Riesenohr-Springmaus 279
Riesenotter **102–103**
Riesenratte, Madagassische **237**
Riesen-Tigersalmler 209
Riesentukan **96–97**
Riffe *siehe* Korallenriffe
Rimu-Harzeibe 354
Rinder
 Camargue 146, 147
 Gaur **257**
Robbe 24, 27, 29, 370
 Kegel- **135**
 Klappmütze 24
 Krabbenfresser **364–365**
 Ohren- 123
 Sattel- **31**
 Seeleopard **371**
 Südlicher See-Elefant **365**
 Weddell- **370**
Rochen 344
 Blaupunkt- **304**
Rocky Mountains 34, 44, 47, 51, 60, 72
Rocky-Mountains-Wolf 37
Rollandia microptera **111**
Rosaflamingo 146, **149**, 152
Rosalöffler **104**
Rosapelikan **189**
Ross-Schelfeis 362
Rotaugen-Laubfrosch **82–83**
Rote Klippenkrabbe 122
Roter Brüllaffe **92–93**
Roter Felsenhahn **89**
Rotes Becken 272
Rotes Meer 248
Rotes Riesenkänguru **330–331**
Rotfuchs 119, 163, **168**, 321, 337
Rotfuß-Seriema **120**
Rothirsch **141**
Rothschilds Frauenschuh 292
Rothschild-Vogelfalter 315
Rothund **277**
Rotluchs 37, 69
Rotpunkt-Kröte **60–61**
Rotrücken-Spinne **326**
Rotschnabel-Toko **206**
Rotschwanz, Garten- **177**
Rudel
 Afrikanischer Wildhund 224
 Äthiopischer Wolf 182
 Kojote 49
 Rothund **277**
 Wolf 37
Rudel, Löwe 194
Rufe *siehe* Kommunikation
Ruheplätze 15
 Andenkondor 112
 Gemeiner Vampir 115
 Kalong-Flughund 294
 Weiße Fledermaus 79
Rupicapra rupicapra **159**
Rupicola peruvianus **89**
Rüssel, Afrikanischer Steppenelefant 203

Rüsselspringer **182**
Russland 261
Rynchops flavirostris **226**

S

Säbelschnäbler **149**
Sagittarius serpentarius **206**
Saguinus imperator **92**
Sahara 17, 176
Sahel 176, 177
Saibling, See- **33**
Saiga mongolica **280**
Saiga-Antilope 278, **280**
Salamander
    Chinesischer Riesen- 291
    Eschholtz- **59**
    Grottenolm 133
    Japanischer Riesen- **291**
Salar de Atacama 113
Salar de Uyuni 108
Salmler 103
Salmo salar **137**
Salvelinus alpinus **33**
Salz
    Altiplano-Hochebene 108
    Fabians Leguan 113
    Kongo-Becken 209
Sambar 261
Sambesi (Fluss) 176
Sämen-Gebirge 178
San-Andreas-Verwerfung 22
Sand-Aal 138, 139
Sapajus cay **102**
Sarcophilus harrisii **340–341**
Sardinen 177, 302
Sarus-Kranich **263**
Sattelrobbe **31**
Satyr-Tragopan 267
Saxaul 278
Scaphiopus couchii **64**
Schaf
    Blau- 266
    Dickhorn- **53**
Schakal, Anden- 109
Scharbe, Blauaugen- **369**
Schaufelfuß, Südlicher **64**
Scheren
    Kaiserskorpion 216
Scherenschnabel, Braunmantel- **226**
Schermaus, Ost- 141
Schildkröte 183
    Leder- 346
    Galápagos-Riesen- **126–127**
    Gopher- 60
    Maurische Bach- 152
    Meeres- 302
    Panther- **226**
    Schmuck-Dosen- 44
    Schnabelbrust- 236
    Schnapp- **72**
    Suppen- **346–347**
Schimpanse 208, **210–211**
    Zwerg- 208, 210
Schlaf
    Japan-Makak 287
    Koala 339

Schlangen
    Arabische Katzenschlange 248–249
    Brillenschlange **264**
    Dunkler Tigerpython 67
    Dünnschlange **105**
    Eierfressende Seeschlange **347**
    Gewöhnliche Strumpfbandnatter **50**
    Große Anakonda **105**
    Grüne Hundskopfboa **97**
    Kap-Kobra **234**
    Königskobra **207**
    Korallen-Königsnatter **59**
    Kreuzotter **145**
    Mojave-Klapperschlange 60, **64**
    Olivfarbene Seeschlange **345**
    Schwarze Mamba **207**
    Schwarzkopf-Buschmeister **79**
    Seeschlangen **345**
    Texas-Klapperschlange 64
    Tigernatter **291**
    Woma **333**
Schlangenhalsvogel
    Afrikanischer 70
    Amerikanischer 70
Schlankaffen 259
Schmalfuß-Beutelmaus **329**
Schmetterlinge
    Apollofalter **163**
    Atlasspinner **300**
    Blauer Morphofalter **81**
    Buchen-Streckfuß **170**
    Herkulesspinner 300
    Isabella-Bärenspinner 25
    Kleiner Postbote **89**
    Monarchfalter **51**
    Schwalbenschwanz **291**
    Yucca-Motte 60
Schmiele, Antarktische 362
Schmuck-Dosenschildkröte 44
Schmuck-Hornfrosch **121**
Schmutzgeier 254
Schnäbel
    Blutschnabel-Weber 225
    Braunmantel-Scherenschnabel 226
    Doppelhornvogel 264
    Jabiru 103
    Kellenschnabel-Breitrachen 299
    Papageitaucher 139
    Riesentukan 96–97
    Rosaflamingo 149
    Rosalöffler 104
    Rosapelikan 189
    Rotfuß-Seriema 120
    Schnabeltier 336
    Schottischer Kreuzschnabel 143
    Schuhschnabel 190
    Schwarzspecht 169
    Säbelschnäbler 149
    Titicaca-Taucher 111
    Weißkopf-Seeadler 42
Schnabelbrust-Schildkröte 236
Schnabeligel 314, 336
    Kurz- 334
    Östlicher Lang- **315**
Schnabeltier 334, **336–337**
Schnauzen
    Bergtapir 85
    Erdferkel 229
    Östlicher Langschnabeligel 315

Schnecken
    Apfel- 107
    Badwater- 60
    Powelliphanta 354–355
Schnee 10, 11, 16
    Algen 362
    Japan-Makak 286, 287
    Wälder 12, 13
Schnee-Eukalyptus 334
Schnee-Eule 33
Schneegans 33
Schneehuhn **161**
Schneeleopard 266, **268–269**
Schnee-Sturmvogel 370
Schnurrhaare
    Großer Igel-Tanrek 241
    Kegelrobbe 135
Schopf-Beerenfresser **317**
Schottische Highlands **140–145**
Schottland **140–145**
Schuhschnabel **190**
Schulen
    Bogenstirn-Hammerhai 348, 349
    Großer Barrakuda 308
    Spinner-Delfin 303
    Stundenglas-Delfin 373
    Walhai 306
Schuppen
    Australische Wasseragame 342
    Fabians Leguan 113
    Gila-Krustenechse 64
    Panzer-Gürtelschweif 235
    Weißbauch-Schuppentier 215
Schuppentier
    Malaiisches 293
    Weißbauch- **215**
Schwalbe 146, 184
    Glücks- **355**
Schwalbenschwanz **291**
Schwan, Höcker- **148–149**
Schwangerschaft
    siehe Trächtigkeit
Schwärme
    Alpendohle 161
    Blutschnabel-Weber 225
    Emu 322
    Gambelmeise 56
    Gelbhauben-Kakadu 341
    Hellroter Ara 97
    Höckerschwan 148
    Rosapelikan 189
    Rotschnabel-Toko 206
    Säbelschnäbler 149
    Schneehuhn 161
    Schwarzkappen-Weber 204–205
    Zwergflamingo 188
    siehe auch Kolonien; Herden
Schwarz-weißer Vari 239
Schwarzbär
    Amerikanischer 34, 52, **54–55**
    Louisiana- 55
Schwarze Mamba **207**
Schwarzer Stummelaffe 209
Schwarzes Meer 135
Schwarzfuß-Iltis **48**
Schwarzkappen-Weber **204–205**
Schwarzkopf-Buschmeister 79
Schwarzkopf-Kernknacker 51
Schwarzkopf-Steinhuhn **253**

Schwarzpfoten-Felskänguru 328
Schwarzrückenspecht 52
Schwarzschwanz-Präriehund **48**
Schwarzspecht **169**
Schweben, Kolibris 88
Schwein 187
    Pinselohr- **215**
    Warzen- **230**
    Wild- 164, **169**, 261
    Zwerg-Wild- **255**
Schweinswal, Gewöhnlicher **135**
Schwertwal **136–137**, 306, 372
Schwimmen
    Eisbär 28
    Fischotter 167
    Galápagos-Seelöwe 123
    Grizzly-Bär 36
    Großer Barrakuda 308
    Jaguar 95
    Karibik-Manati 67
    Meerechse 129
    Nasenaffe 295
    Panzernashorn 256
    Rentier 26
    Sechsbinden-Gürteltier 117
    Seeleopard 371
    Stundenglas-Delfin 373
    Waschbär 69
Schwimmhäute, Wasserschwein 101
Sciurus vulgaris **142**
Scotia-See-Eisfisch 370–371
Sechsbinden-Gürteltier **117**
Seeadler 43
Seeanemone 309, 351
See-Elefant, Südlicher **365**
Seegras 303
Seekuh 67, 304–305
Seeleopard **371**
Seelöwe, Galápagos- **123**
Seen
    Alpen 159
    Ostafrikanischer Graben **184–191**
Seeotter 43
Seepferdchen 345
    Denise- 350
    Zwerg- **350–351**
Seerosen 100
Seesaibling **33**
Seeschlange 345
    Eierfressende **347**
Seeschwalbe
    Antipoden- **369**
    Küsten- 24, 369
Segelflug
    Europäisches Gleithörnchen 285
    Gemeiner Flugdrache 298–299
    Gleitbeutler 335
    Gleithörnchenbeutler 335
    Kurzkopf-Gleitbeutler **316–317**, 335
    Wallace-Flugfrosch 300
Seggen 24
Segler 184
    Alpen- 146
Seidenäffchen, Zwerg- **92**
Seidenreiher 152
Seidenspinne, Goldene **73**
Seiwal 364
Sekretär **206**

Semnopithecus hector **259**
Senegal-Racke 207
Sequoia-Nationalpark 52
Serau, Japanischer **285**
Serengeti-Steppen **192–207**
Seriema, Rotfuß- **120**
Setifer setosus **241**
Seychellen 12
Shark Bay 312
Sibirien 33, 246, 261
Sibirischer Tiger 261
Sibirisches Murmeltier 278
Sichel-Pfeifgans **323**
Siedelweber 228–229
Sierra Nevada **52–59**
Sifaka
    Coquerel- 241
    Larven- **240–241**
Sika-Hirsch 284
Sikkim 266
Silberfalke 328
Silhouette Island 12
Sitatunga 208
Sitka-Fichte 140
Skandinavien 133
    Norwegische Fjorde 132, **134–139**
Skorpion
    Kaiser- **216–217**
    Texas- **50**
Skunk, Streifen- **54**
Slowenien 133
Sminthopsis crassicaudata **329**
Soda-Seen 18
    Ostafrikanischer Graben 184
Solanum rostratum **44**
Somalische Platte 176
Somateria spectabilis **137**
Sonora-Wüste 60
Spanien
    Tajo-Tal **152–157**
Spanischer Kaiseradler 152–153
Specht
    Anden- **111**
    Dreizehen- 164
    Schwarz- **169**
    Schwarzrücken- 52
    Weißrücken- 134
Spechtfink **125**
Spheniscus mendiculus **124**
Sphenodon punctatus **358–359**
Sphyraena barracuda **308–309**
Sphyrna lewini **348–349**
Spießbock 228
Spilocuscus maculatus **315**
Spinifex 328, 329
Spinne
    Gelbe Wüstenvogel- **65**
    Goldene Seiden- **73**
    Goliath-Vogel- **99**
    Grüne Spring- **326–327**
    Norwegische Wolfs- 164
    Rotrücken- **326**
    Sydney-Trichternetz- **343**
Spinnennetze
    Goldene Seidenspinne 73
    Sydney-Trichternetzspinne 343
Spinner-Delfin **303**
Spitzhörnchenbeutler **314–315**
Spitzkrokodil 66
Spitzmaul-Nashorn 193, 222, 223

Spitzschwanzente, Südgeorgien- 364
Springbock
    Kap- 230
    Kalahari- **230–231**
Springmaus, Riesenohr- 279
Springschwänze 24
Springspinne, Grüne **326–327**
Spuren, Rüsselspringer 182
Stachel-Nachtschatten 44
Stacheln
    Braunbrust-Igel 156
    Großer Igel-Tanrek 241
    Südafrikanisches Stachelschwein 231
Stachelschwein, Südafrikanisches 231
Staffelschwanz, Purpurkopf- **323**
Stauroderus scalaris **163**
Steinadler **162–163**
Steinbock 178
    Iberien-**153**
Stenella longirostris **303**
Steppen 14, 114
Sterna vittata **369**
Stigmochelys pardalis **226**
Stoffwechsel
    Berthes Mausmaki 237
    Eisbär 29
    Faultiere 79
    Kleiner Panda 270
Storche
    Jabiru **103**
    Marabu 188
    Storch 193
Storchschnabel-Liest **299**
Stoßzähne
    Afrikanischer Steppenelefant 203
    Asiatischer Elefant 259
    Narwal 30
    Walross 32
Strahlung, ultraviolette 26
Strandflieder 146
Strauß 228, **234**, 322
Streckfuß, Buchen- **170**
Streifenhyäne 248, 250, **252–253**
Streifenskunk 54
Strigops habroptila **356**
Strix nebulosa **58**
Stromatolithen 312
Strumpfbandnatter, Gewöhnliche **50**
Struthio camelus **234**
Stummelaffe, Schwarzer 209
Stumpfnase, Gold- **273**
Stundenglas-Delfin **373**
Sturmvogel 364
    Schnee- **370**
Sturzflug 144
Süd-Sandwich-Insel 364
Südafrika 176, 177, 225
Südafrikanisches Stachelschwein **231**
Südamerika 14
    siehe Mittel- und Südamerika
Südamerikanischer Nasenbär **86**
Südgeorgien 364
Südgeorgien-Spitzschwanzente 364
Südkaper 364
Südliche Grüne Meerkatze **201**
Südlicher Schaufelfuß **64**
Südlicher See-Elefant **365**
Südlicher Zwergwal 345

Südpolarmeer 16, 362
    Südpolarmeer-Inseln **364–369**
Südpolarmeer-Winde 362
    Furious Fifties 362
    Roaring Fourties 362
    Screaming Sixties 362
Sukkulenten 66
Sula nebouxii **125**
Sulawesi 247
Sultanshuhn, Zwerg- **71**
Sulu- und Celebes-See **302–309**
Sumatra-Orang-Utan 297
Sumatra-Tiger 261
Sümpfe
    Everglades 66–67
    Okavango-Delta **218–219**
    Pantanal **100–101**
    Torfsümpfe 292
Sumpfkrebs, Amerikanischer Roter 184
Sumpfzypresse 66–67
Sunda-Koboldmaki **294**
Supervulkan 35
Suppenschildkröte **346–347**
Suricata suricatta **232–233**
Sus scrofa **169**
Süßwasser-Kugelfisch 209
Swiftfuchs 45
Sydney-Trichternetzspinne 343
Symbiose, Meerechse 128
Synceros caffer **220**
Synchiropus splendidus **305**

T

Taeniura lymma **304**
Tahoe-See 52
Tajo-Tal **152–157**
Takin, Bhutan- **267**
Tamarin
    Kaiserschnurrbart- **92**
Tamias alpinus **56**
Tanami-Wüste **328–333**
Tanganjika-See 184–185
Tanrek, Großer Igel- **241**
Tansania 184, 198, 204–205, 210
Tapir
    Berg- **85**
    Flachland- 100
Tapirfisch 209
Tapirus pinchaque **85**
Tarnung
    Australische Gespenstschrecke 343
    Bergtapir 85
    Blauschaf 266
    Denise-Seepferdchen 350
    Dornteufel 332
    Gemeiner Flugdrache 298
    Große Anakonda 105
    Grüne Hundskopfboa 97
    Henkels Blattschwanzgecko 243
    Jaguar 95
    Kragenechse 325
    Orchideen-Mantis 301
    Ozelot 80
    Panther-Chamäleon 242
    Rotaugen-Laubfrosch 82
    Rotluchs 37
    Schmuck-Hornfrosch 121

Tarnung (Fortsetzung)
    Schnappschildkröte 72
    Schneehuhn 161
    Schneeleopard 269
    Texas-Skorpion 50
    Zwerg-Seepferdchen 350
Tasmanien 313, 334, 336–337, 340–341
Tastsinn
    Spinner-Delfin 303
    Waschbär 69
Tauchen
    Blauaugen-Scharbe 369
    Dugong 304
    Fischotter 167
    Kaiserpinguin 375
    Kegelrobbe 135
    Meerechse 129
    Narwal 30
    Papageitaucher 139
    Pracht-Eiderente 137
    Südlicher See-Elefant 365
Taucher
    Hauben- **157**
    Titicaca- **111**
Tayassu pecari **101**
Teju, Gold- **104–105**
Tektonische Platten, Archipele 247
Temperaturen 10, 12, 14
    Antarktika 363
    Arabischer Schild 248
    Europa 133
    Gobi-Wüste 278
    Great Barrier Reef 344
    Kalahari-Wüste 228
    Mojave-Wüste 60
    Neuseeländischer Mischwald 354
Temperaturregulierung
    Amerikanischer Schlangenhalsvogel 70
    Galápagos-Pinguin 124
    Großer Igel-Tanrek 241
    Kalifornischer Eselhase 63
    Kitfuchs 61
    Klippschliefer 253
    Kragenechse 325
    Nilkrokodil 190
    Riesentukan 96
    Rotes Riesenkänguru 331
    Schuhschnabel 190
Tentakel, Portugiesische Galeere 352
Terai-Duar-Savanne **254–265**
Terai-Hanuman-Langur **259**
Teratoscincus przewalskii **283**
Termiten 114, 116, 218, 226, 263, 320, 328, 332
Tetrao urogallus **145**
Texas 47, 51, 257
Texas-Klapperschlange 64
Texas-Skorpion **50**
Thamnophis sirtalis **50**
Theraphosa blondii **99**
Theropithecus gelada **180–181**
Thomson-Gazelle 192, 200, 224
Thorshühnchen 24
Thunfisch
    Echter Bonito 303
    Gelbflossen- 303
Tiger 254
    Königs- **260–261**
    Sibirischer 261
    Sumatra- 261

Tigernatter **291**
Tigersalmler, Riesen- 209
Timor-See 347
Timon lepidus **157**
Titanwurz 293
Titicaca-Riesenfrosch 108
Titicaca-See 108, 111
Titicaca-Taucher **111**
Tockus erythrorhynchus **206**
Tölpel 124, 125, 369
　Blaufuß- **125**
Tomatenfrosch **243**
Torfmoos 140–141
Torfsümpfe 292
Tornados 23
Torpor
　Berthes Mausmaki 237
　Kurzkopf-Gleitbeutler 316
　Schmalfuß-Beutelmaus 329
　Tuatara 358
　siehe auch Überwinterung
Trächtigkeit
　Anubis-Pavian 185
　Arabische Oryx 250
　Bison 47
　Bogenstirn-Hammerhai 349
　Eisbär 29
　Indischer Muntjak 258
　Löwe 194
　Roter Brüllaffe 93
　Rotes Riesenkänguru 331
　Rotluchs 37
　Texas-Skorpion 50
Trachypithecus geei **267**
Tragelaphus buxtoni **179**
Tragopan, Satyr- 267
Trampeltier 278, **280–281**
Trappe, Groß- **283**
Tremarctos ornatus **87**
Trichechus manatus **67**
Trichternetzspinne, Sydney- **343**
Tridacna gigas **352**
Triturus cristatus **170**
Tropische Grassteppe 15
　Nordaustralische Savanne **320–321**
　Serengeti-Steppen **192–193**
　Terai-Duar-Savanne **254–255**
Tropischer Regenwald 90–91
　Amazonas-Regenwald **90–91**
　Borneo-Regenwald **292–293**
　Costa-Rica-Regenwald **80–81**
　Kongo-Becken **208–209**
　Neuguinea-Bergwald **314–315**
　Yungas der Anden **86–87**
Tropischer Trockenwald 13
　Madagassischer Trockenwald **236–237**
Truebs Glasfrosch **89**
Truthahngeier **56–57**
Tschad-See 176
Tschechische Republik 164
Tuatara **358–359**
Tukan, Riesen- **96–97**
Tundra
　Antarktische 362
　Arktische 22, 33
　Europäische 133
　Sibirische 246
Tüpfelhyäne 198, 253
Tüpfelkuskus, Eigentlicher **315**

Tupinambis teguixin **105**
Turako
　Langschopf- 192
　Prinz-Ruspoli-178
Turkana-See 184

U

Überflutung 10, 11
　Amazonas-Regenwald 90
　Terai-Duar-Savanne 255
Überwinterung
　Alpen-Murmeltier 160
　Amerikanischer Schwarzbär 55
　Braunbrust-Igel 156
　Eisbär 29
　Gebirgs-Chipmunk 56
　Gelbbeinfrosch 59
　Grizzly-Bär 36
　Kreuzotter 145
　Marderhund 289
　Nilwaran 226
　Nördlicher Kammmolch 170
　Perleidechse 157
Uhu 11, 58, 152, 164
Ukraine 282
Ultraviolette Strahlung 26
Unterirdische Lebensweise
　Europäischer Dachs 165
　Gewöhnliche Strumpfbandnatter 50
　Großer Beutelmull 329
　Hirschkäfer 172
　Kojote 49
　Polarfuchs 27
　Schwarzfuß-Iltis 48
　Schwarzschwanz-Präriehund 48
　Südlicher Schaufelfuß 64
　siehe auch Baue und Tunnel
Unterschlupf
　Eisbär 28, 29
　Gila-Krustenechse 64
　Grizzly-Bär 36
　Kojote 49
　Pardelluchs 154
　Waschbär 69
Upupa epops **157**
Ural-Gebirge 133
Urocyon cinereoargenteus **67**
Uroplatus henkeli **243**
Ursus americanus **54–55**
Ursus americanus kermodei 55
Ursus americanus luteolus 55
Ursus arctos gobiensis **279**
Ursus arctos horribilis **36**
Ursus maritimus **28–89**
Urwelt-Mammutbaum 272
USA
　Central Great Plains **44–51**
　Everglades **66–73**
　Mojave-Wüste **60–65**
　Sierra Nevada **52–59**
　Yellowstone **34–43**

V

Vampir, Gemeiner **115**
Varanus niloticus **226–227**
Varecia variegata 239

Verdauungssystem
　Bison 47
　Faultiere 79
　Großer Panda 275
　Koala 339
　Terai-Hanuman-Langur 259
Vermehrung *siehe* Balz; Eier; Paarung; Trächtigkeit; Zuchtprogramme
Verteidigung
　Australische Gespenstschrecke 343
　Boxerkrabbe 309
　Dornteufel 332
　Erdmännchen 232, 233
　Gelbbeinfrosch 59
　Goliath-Vogelspinne 99
　Kap-Kobra 234
　Mandarinfisch 305
　Monarchfalter 51
　Nilwaran 227
　Panzer-Gürtelschweif 234–235
　Perleidechse 157
　Portugiesische Galeere 352
　Streifenskunk 54
　Südafrikanisches Stachelschwein 231
　Tomatenfrosch 243
　Weißbauch-Schuppentier 215
Verwilderte Katzen 320
Vibrissen
　Großer Igel-Tanrek 241
　Kegelrobbe 135
Victoria-See 177, 184
Vicugna vicugna **110–111**
Vielfraß **38**
Vikunja **110–111**
Viper *siehe* Otter
Vipera berus **145**
Virginia 31
Vögel
　Adelie-Pinguin 373
　Alpendohle **161**
　Amerikanischer Schlangenhalsvogel **70–71**
　Andenkondor **112–113**
　Andenspecht **111**
　Antipoden-Seeschwalbe **369**
　Auerhuhn **145**
　Bartgeier **182–183**
　Bartkauz **58**
　Beifußhuhn **50**
　Bienenfresser **150–151**
　Binden-Fregattvogel **124**
　Blauaugen-Scharbe **369**
　Blauer Pfau **271**
　Blauflügel-Liest **323**
　Blaufuß-Tölpel **125**
　Blaustirn-Blatthühnchen **224**
　Blutschnabel-Weber **225**
　Braunmantel-Scherenschnabel **226**
　Doppelhornvogel **264**
　Emu **322**, 356
　Felsenpinguin **368–369**
　Gabelschwanz-Racke **207**
　Galápagos-Albatros **125**
　Galápagos-Pinguin **124**
　Gambelmeise **56**
　Gelbhauben-Kakadu **341**
　Glücksschwalbe **355**
　Goldfasan **277**
　Großer Nandu **121**
　Großer Paradiesvogel **318–319**

Vögel (Fortsetzung)
　Großer Rennkuckuck **63**
　Großtrappe **283**
　Grünscheitel-Flaggensylphe **88**
　Haubentaucher **157**
　Hellroter Ara **97**
　Helm-Perlhuhn **206**
　Höckerschwan **148–149**
　Jabiru **103**
　Kaiserpinguin 370, **374–375**
　Kakapo 354, **356**
　Kanadareiher **71**
　Kaninchenkauz **121**
　Kea 354, **356**
　Kellenschnabel-Breitrachen **299**
　Mandarinente **290**
　Migration 76, 152, 248
　Nördlicher Streifenkiwi **356**
　Papageitaucher **138–139**
　Pracht-Eiderente **137**
　Purpurkopf-Staffelschwanz **323**
　Quetzal **81**
　Riesentukan **96–97**
　Rosaflamingo **149**, 152
　Rosalöffler **104**
　Rosapelikan **189**
　Roter Felsenhahn **89**
　Rotfuß-Seriema **120**
　Rotschnabel-Toko **206**
　Säbelschnäbler **149**
　Sarus-Kranich **263**
　Schnee-Eule **33**
　Schneegans **33**
　Schneehuhn **161**
　Schopf-Beerenfresser **317**
　Schottischer Kreuzschnabel **143**
　Schuhschnabel **190**
　Schwarzkappen-Weber **204–205**
　Schwarzkopf-Steinhuhn **253**
　Schwarzspecht **169**
　Sekretär **206**
　Sichel-Pfeifgans **323**
　Spechtfink **125**
　Steinadler **162–163**
　Storchschnabel-Liest **299**
　Strauß **234**, 322
　Titicaca-Taucher **111**
　Truthahngeier **56–57**
　Wald-Nektarvogel **216**
　Wander-Albatros **366–367**
　Wanderfalke **144**
　Weißkopf-Seeadler **42–43**, 52
　Wiedehopf **157**
　Zwergflamingo 184, **188–189**
　Zwerg-Sultanshuhn **71**
Vogelbeere 140
Vogelfalter, Rothschild- 315
Vogelkop-Halbinsel, Regenwald 314
Vogelspinne
　Gelbe Wüsten- **65**
　Goliath-**99**
Vombatus ursinus **337**
Votsotsa 237
Vulkane
　Antarktika 363
　Galápagos-Inseln 122
　Island 132
　Neuguinea 314
　Pazifischer Feuerring 246
　Yellowstone-Caldera 35

Vulpes lagopus **27**
Vulpes macrotis **61**
Vulpes vulpes **168**
Vultur gryphus **112–113**

W

Wacholder 52, 140, 146, 178, 248
Wachtel, Manipur- 254
Wal 187
  Blau- 19, 364, **372–373**
  Buckel- 364, 345
  Finn- 364, 372
  Grönland- 24
  Nar- **30–31**
  Pott- 364
  Sei- 364
  Südkaper 364
  Südlicher Zwerg- 345
  Weiß- 24, **31**
  Zwerg- 364
Waldbison 47
Waldelefant 208, 209
Wälder 10, **12–13**
  Amazonas-Regenwald 76, **90–91**
  Äthiopisches Hochland 178
  Bayerischer Wald **164–165**
  Böhmerwald 164
  Boreale Wälder 12
  Borneo-Regenwald **292–293**
  Costa-Rica-Regenwald **78–79**
  Europa 133
  Gemäßigter Laubwald 12
  Gemäßigter Nadelwald 12
  Gondwana-Regenwald 313
  Immergrüner Laubwald 12, 13
  Kongo-Becken **208–209**
  Madagassischer Trockenwald **236–237**
  Mittelmeer 13
  Montane Wälder 11, 13
  Nebelwald 13
  Neuguinea-Bergwald **314–315**
  Neuseeland-Mischwald **354–355**
  Nihonkai-Bergwald **284–285**
  Nordamerika 22
  Oberer Jangtsekiang **272–273**
  Ostaustralische Wälder **334–335**
  Östlicher Himalaya 266
  Sierra Nevada 52
  Tropischer Regenwald 13
  Tropischer Trockenwald 13
  Yungas der Anden **84–85**
  Yellowstone 34
Waldfrosch 24
Waldkiefer 140
Wald-Nektarvogel **216**
Walhai **306–307**, 345
Wallace, A. R. 300
Wallace-Flugfrosch **300**
Wallace-Linie 247
Walross 32
Wander-Albatros **366–367**
Wanderfalke **144**
Waran, Nil- **226–227**
Wärmesinn, Große Anakonda 105
Warnsignale
  Korallen-Königsnatter 59
  Streifenskunk 54
Warzen-Honigfresser 335

Warzenschwein 218, **230**
Waschbär **68–69**
Washington (Staat) 36, 59
Wasser sparen, Brillen-Hasenkänguru 321
Wasseragame, Australische **342**
Wasserbüffel 254
Wasserhyazinthe 19, 101
Wasserkreislauf, Okavango-Delta 219
Wasserschnecken 107
Wasserschwein **101**
Weber
  Schwarzkappen- **204–205**
  Siedel- **228–229**
Weber, Blutschnabel- **225**
Weddell-Meer 363
Weibliche Linien, Japan-Makak 287
Weichtiere, Große Riesenmuschel **352**
Weiden 140
Weihe 146
  Wiesen- 152
Weißbart-Pekari **101**
Weißbartgnu 192, 193, **198**, 200
Weiße Fledermaus 79
Weißkappen-Noddi 344
Weißkopf-Seeadler **42–43**, 52
Weißrücken-Specht 134
Weißrussland 47
Weißstämmige Kiefer 34, 52
Weißwal 24, 29, **31**
Weißwedelhirsch **40**, 153
Wellensittiche **328–329**
Welpen
  Kojote 49
  Wolf 37
  Mähnenwolf 119
  siehe auch Jungtiere
Weltnaturerbe 51
Werkzeuggebrauch
  Azara-Kapuzineraffe 102
  Schimpanse 210
  Spechtfink 125
  siehe auch Intelligenz
Wespen 51
Westland-Distrikt, Neuseeland 354
Westliche Honigbiene **170–171**
Westliche Kordillere 22, 23
Westlicher Gorilla **212–213**
Weta 354
  Auckland-Baumweta **359**
Whitney, Mount 52
Wichita Mountains Wildlife Refuge 44
Widertonmoos 165
Wiedehopf **157**
Wiesen, Berg- 11, 14
  Alpen **158–159**
  Östlicher Himalaya **266–267**
  Yellowstone **34–35**
Wiesenweihe 152
Wilderei
  Afrikanischer Steppenelefant 203
  Arabische Oryx 250
  Asiatischer Elefant 259
  Breitmaul-Nashorn 222
  Panzernashorn 256
Wildesel, Asiatischer **278–279**
Wildhund
  Afrikanischer 192, **224–225**
  Kojote **49**

Wildkatze **143**, 164
Wildschwein 164, **169**, 261
Winde, Antarktika 362
Wirbel
  Amerikanischer Schlangenhalsvogel 70
  Weißwal 31
Wisent 47
Wolf 27, 38, 164
  Arabischer 248, 249
  Äthiopischer 178, **182**
  Mähnen- **118–119**
  Rocky-Mountain- 37
  Wolf 34, 35, **37**, 47, 158–159
Wolfsspinne, Norwegische 164
Wollemie 334
Wolong-Naurreservat 272
Woma **333**
Wombat, Nacktnasen- **337**
Wood-Buffalo-Nationalpark 47
World Wildlife Fund 114
Wühlmäuse 27, 58
Wundergecko, Przewalskis **283**
Würfe
  Amerikanischer Schwarzbär 55
  Braunbrust-Igel 156
  Eisbär 29
  Kitfuchs 61
  Königstiger 261
  Löwe 194
  Mähnenwolf 119
  Rotfuchs 168
  Rotluchs 37
  Waschbär 69
  Wildschwein 169
  Wolf 37
  siehe auch Jungtiere
Wüsten 10, 17
  Arabischer Schild **248–249**
  Australien 312
  Gobi-Wüste **278–279**
  Kalahari-Wüste **228–229**
  Mojave-Wüste **60–61**
  Nordamerika 22
  Nordaustralische Wüsten **328–333**
Wüsten-Todesotter 328
Wyoming 36

Y

Yak 266
Yalka 332
Yellowstone **34–43**
Yellowstone-Caldera 35
Yosemite-Nationalpark 52
Yucca 60
Yucca-Motte 60
Yungas der Anden **84–89**

Z

Zaglossus bartoni **315**
Zähne
  Afrikanischer Steppenelefant 203
  Brillenkaiman 107
  Eizahn 58
  Fingertier 241
  Flusspferd 187

Zähne (Fortsetzung)
  Gavial 264
  Gemeiner Vampir 115
  Großer Barrakuda 308
  Indischer Mungo 262
  Indochina-Nebelparder 276
  Kanadischer Biber 41
  Koala 339
  Leopard 214
  Mandrill 213
  Mantelpavian 249
  Mississippi-Alligator 72
  Mondfisch 347
  Nacktnasen-Wombat 337
  Nilkrokodil 190, 191
  Nilwaran 226
  Rothund 277
  Seeleopard 372
  Südliche Grüne Meerkatze 201
  Tuatara 359
  Vikunja 110
  Walhai 306
  siehe auch Giftzähne; Stoßzähne
Zalophus wollebaeki **123**
Zebra 192, 193, 198
  Böhm- **200**
  Chapman- 200
Ziegen
  Iberien-Steinbock **153**
Zikaden 328
Zimt-Grasschlüpfer 328
Zitterpappel 35
Zooplankton 306
Zuchtprogramme
  Arabische Oryx 250
  Gavial 265
  Pardelluchs 154
  Przewalski-Pferd 282
Zuckerrohr 255
Zuckmücke, Antarktische 371
Zungen
  Andenspecht 111
  Giraffe 199
  Großer Ameisenbär 116
  Nilwaran 227
  Okapi 216
  Östlicher Langschnabeligel 315
  Panther-Chamäleon 242, 243
Zweifarben-Pitohui 314
Zweifingerfaultier, Hoffmann- **79**
Zwergadler 152
Zwerg-Ameisenbär **86**
Zwerg-Beutelmarder **320–321**
Zwerg-Blatthühnchen **224**
Zwergchamäleon **236–237**
Zwergflamingo 184, **188–189**
Zwerghamster 278
Zwergkiwi 356
Zwerg-Seepferdchen **350–351**
Zwerg-Seidenäffchen **92**
Zwerg-Sultanshuhn **71**
Zwergwal 364
Zwerg-Wildschwein 255
Zypressensümpfe **66–67**

DANKSAGUNGEN

Dorling Kindersley dankt:

Robert Dinwiddie für die Beratung bei den Überblicksseiten der Kontinente; Christopher Bryan für die zusätzliche Recherche; Sanjay Chauhan, Parul Gambhir, Alison Gardner, Meenal Goel, Konica Juneja, Roshni Kapur, Alexander Lloyd, Upasana Sharma, Riti Sodhi und Priyansha Tuli für zusätzliche Herstellungsarbeiten; Suefa Lee, Vibha Malhotra und Ira Pundeer für Unterstützung beim Lektorat; Katie John für das Korrekturlesen; den folgenden Personen und Organisationen dafür, dass wir bei ihnen fotografieren durften:

British Wildlife Centre, Lingfield, Surrey, Großbritannien

Das British Wildlife Centre beherbergt über 40 britische Wildtierarten, deren Gehege entsprechend ihren natürlichen Lebensräumen gestaltet sind. Das Institut leitet verschiedene Schutzmaßnahmen oder ist an ihnen beteiligt und berücksichtigt in allen Teilbereichen seiner Arbeit den didaktischen Aspekt. Das British Wildlife Centre ist ein wunderbarer Ort, um die heimischen Arten aus der Nähe zu betrachten (Liza Lipscombe, Marketing und Information; Matt Binstead, Obertierpfleger; Izzy Coomber, Leitender Tierpfleger).

Liberty's Owl, Raptor and Reptile Centre, Hampshire, Großbritannien

Das Liberty's Owl, Raptor and Reptile Centre befindet sich in der Nähe von Hampshires New-Forest-Nationalpark. Es ist nach Liberty benannt, dem hier lebenden Weißkopf-Seeadler. Hier werden viele verschiedene Eulen und Greifvögel, zum Beispiel Habichte, Falken und Geier, aber auch verschiedene Reptilien und andere kleine Tiere gepflegt. Es werden auch Demonstrationen zur Falknerei und Workshops zur Fotografie der Tiere angeboten (Lynda Bridges und ihre Mitarbeiter).

Wildlife Heritage Foundation, Kent, Großbritannien

Die Wildlife Heritage Foundation (WHF) widmet sich der Nachzucht gefährdeter Großkatzen im Rahmen des Europäischen Erhaltungszuchtprogramms (EEP) mit dem möglichen Ziel der Auswilderung unter wissenschaftlicher Kontrolle. Hier bekommen auch ältere Katzen ihr Gnadenbrot (die Treuhänder, die Verwaltung, die Mitarbeiter und die Ehrenamtlichen).

Zoologischer Garten Blackpool

Der Zoo von Blackpool ist ein mittelgroßer zoologischer Garten mit über 1000 Tieren, der schon seit über 40 Jahren an seinem jetzigen Standort besteht. Hier werden bedrohte Arten wie Sibirische Tiger, Wildkamele, Borneo-Orang-Utans, Westliche Flachland-Gorillas, Asiatische Elefanten und viele andere gepflegt. Zur wachsenden Sammlung von Vögeln gehören die selten gehaltenen Magellan-Pinguine (Judith Rothwell, Marketing- und PR-Koordinatorin; Laura Stevenson, Digital-Marketing-Beauftragte; alle Tierpfleger).

Cotswolds Wildlife Park, Oxfordshire, Großbritannien

Der Cotswold Wildlife Park ist im Jahr 1970 eröffnet worden. Auf einer Fläche von 65 ha werden 254 Arten gepflegt, darunter eine Zuchtgruppe von Breitmaul-Nashörnern und verschiedene Lemuren. Die Gärten werden auch von Pflanzenfreunden sehr geschätzt. Der Park unterstützt Schutzmaßnahmen auf der ganzen Welt und leitet ein Projekt zum Schutz der Sifakas auf Madagaskar (Jamie Craig, Kurator; Hayley Rothwell, Koordinator der Maßnahmen).

Bildquellen

Der Verlag dankt den Folgenden für die freundliche Genehmigung, ihre Bilder verwenden zu dürfen:

(Schlüssel: ü-über; u-unter/unten; m-Mitte; w-weit; l-links; r-rechts; o-oben)

1 FLPA: Frans Lanting. **2–3 FLPA:** Minden Pictures / Tui De Roy. **4 Alamy Images:** Matthijs Kuijpers (ml); Life On White (wmr). **Corbis:** Joe McDonald (wml). **Dorling Kindersley:** Thomas Marent (m). **Getty Images:** Tim Flach (wwmr). **SuperStock:** Animals Animals (mr). **5 FLPA:** ImageBroker (wml); Minden Pictures / Chris van Rijswijk (wmr). **6 Corbis:** AlaskaPhotoGraphics / Patrick J. Endres (wml); AlaskaStock (mr). **FLPA:** Minden Pictures / Ingo Arndt (ml). **Getty Images:** Gail Shumway (m). **7 Corbis:** Anup Shah (ml); Staffan Widstrand (m). **Getty Images:** Digital Vision / David Tipling (wmr). **National Geographic Creative:** Tim Laman (mr). **8 Carl Chapman:** (ml). **FLPA:** Frans Lanting (mu); Albert Visage (ol); Ben Sadd (or); Minden Pictures / Thomas Marent (mlü). **Getty Images:** Grambo Grambo (ul); Gail Shumway (om). **naturepl.com:** Aflo (mlu). **stevebloom.com:** (ur). **9 Corbis:** Design Pics / Natural Selection William Banaszewski (ml); All Canada Photos / Wayne Lynch (mlü). **FLPA:** Frans Lanting (um); Minden Pictures / Steve Gettle (ol); Minden Pictures / Konrad Wothe (mlu). **Tom & Pat Leeson Photography:** Thomas Kitchin & Victoria Hurst (m). **SuperStock:** Mark Newman (mu). **10 Alamy Images:** Bernd Schmidt (mr). **Getty Images:** Stocktrek Images (m). **11 Corbis:** Tim Graham (ul). **Dreamstime.com:** Viophotography (ur). **FLPA:** Minden Pictures / Ingo Arndt (mrü). **Getty Images:** Ascent Xmedia (mü). **iStockphoto.com:** Anita Stizzoli (mr). **12 FLPA:** Minden Pictures / Tim Fitzharris (mr); Minden Pictures / Konrad Wothe (mlu). **12–13 Corbis:** Minden Pictures / Buiten-beeld / Wil Meinderts (u). **13 Alamy Images:** MShieldsPhotos (mru). **Dreamstime.com:** Isselee (mrü). **FLPA:** ImageBroker (m). **naturepl.com:** Nick Upton (ml). **14 Dreamstime.com:** Iakov Filimonov (mlü). **FLPA:** Imagebroker / Herbert Kratky (mru); Minden Pictures / Michael Durham (mü). **naturepl.com:** Onne van der Wal (mlu). **14–15 Alamy Images:** Blaine Harrington III (u). **15 123RF.com:** Tatiana Belova (mr). **FLPA:** Bob Gibbons (ml); Minden Pictures / Richard Du Toit (m). **16 Dorling Kindersley:** Liberty's Owl, Raptor and Reptile Centre, Hampshire, UK (mrü). **FLPA:** Dickie Duckett (m); Imagebroker / Peter Giovannini (mru). **Getty Images:** DC Productions (mlu). **16–17 FLPA:** ImageBroker (u). **17 Dreamstime.com:** Subhrajyoti Parida (mlü). **FLPA:** ImageBroker (mrü); Minden Pictures / Michael & Patricia Fogden (m). **Getty Images:** Imagemore Co., Ltd. (mru). **18 Dreamstime.com:** Fabio Lotti (mlu); Welcomia (m). **FLPA:** Minden Pictures / Kevin Schafer (mr). **18–19 Getty Images:** Design Pics / Vince Cavataio (um). **19 FLPA:** Imagebroker / Alfred & Annaliese T (ml); Minden Pictures / Konrad Wothe (mr). **OceanwideImages.com:** Gary Bell (m). **20–21 SuperStock:** age fotostock / Don Johnston.
22 Alamy Images: Charline Xia Ontario Canada Collection (mu). **23 123RF.com:** David Schliepp (um). **Ardea:** (mrü). **Getty Images:** Jad Davenport (or). **24 Alamy Images:** Gary Tack (or). **FLPA:** Biosphoto / Sylvain Cordier (m). **naturepl.com:** MYN / Carl Battreall (um). **24–25 FLPA:** Minden Pictures / Jim Brandenburg (m). **25 Alamy Images:** Wildscotphotos (mü). **Corbis:** Tim Davis (ur). **FLPA:** Minden Pictures / Jim Brandenburg (m). **Peter Leopold, University of Norway:** (ul). **naturepl.com:** MYN / Les Meade (ol). **26 Corbis:** All Canada Photos / Wayne Lynch (or). **FLPA:** Minden Pictures / Jim Brandenburg (u). **27 Corbis:** AlaskaStock (or); Tom Brakefield (ol). **Getty Images:** Photodisc / Paul Souders (u). **28 Corbis:** Cultura (or); Jenny E. Ross (om). **stevebloom.com:** (u). **30–31 National Geographic Creative:** Paul Nicklen (o). **30 FLPA:** Minden Pictures / Flip Nicklin (ol). **Getty Images:** National Geographic / Paul Nicklen (u). **31 Alamy Images:** Andrey Nekrasov (or). **Corbis:** All Canada Photos / Wayne Lynch (um). **Getty Images:** AFP / Kazuhiro Nogi (mü). **32 Corbis:** All Canada Photos / Wayne Lynch (u). **Dreamstime.com:** Vladimir Melnik (l). **FLPA:** Minden Pictures / Flip Nicklin (or). **33 123RF.com:** Vasiliy Vishnevskiy (mrü). **Alamy Images:** Blickwinkel (ur). **Dorling Kindersley:** Liberty's Owl, Raptor and Reptile Centre, Hampshire, UK (om). **Getty Images:** Universal Images Group (ul). **34 Margarethe Brummermann Ph.D.:** (m). **Corbis:** Joe McDonald (mu). **naturepl.com:** Ben Cranke (or). **34–35 Alamy Images:** Nature Picture Library (m). **35 Corbis:** Jeff Vanuga (ur). **FLPA:** Minden Pictures / Donald M. Jones (mü); Minden Pictures / Michael Quinton (ul); Fritz Polking (m). **36 FLPA:** Frans Lanting (u). **naturepl.com:** Andy Rouse (or). **37 Corbis:** Charles Krebs (um). **Dorling Kindersley:** Jerry Young (ol, or). **38–39 Alaskaphotographics.com:** Patrick J. Endres (Moose). **38 Alamy Images:** Danita Delimont (om). **Getty Images:** Robert Postma (ul). **39 Corbis:** Minden Pictures / Mark Raycroft (or). **40 FLPA:** Minden Pictures / Donald M. Jones (or). **naturepl.com:** Shattil & Rozinski (ul). **Robert Harding Picture Library:** James Hager (mr). **41 Ardea:** Tom & Pat Leeson (or, u). **Dreamstime.com:** Musat Christian (ol). **42 Alamy Images:** franzfoto.com (om). **Corbis:** Arthur Morris (u). **43 FLPA:** Frans Lanting (or). **Getty Images:** Tom Murphy / National Geographic (ol). **44 FLPA:** ImageBroker (m); Photo Researchers (ml). **Getty Images:** Jake Rajs (u). **45 Alamy Images:** (ul, ur). **Dreamstime.com:** Izanbar (or). **naturepl.com:** Gerrit Vyn (mlu). **46 FLPA:** Minden Pictures / Ingo Arndt (ul). **Ben Forbes:** (o). **National Geographic Creative:** Tom Murphy (ur). **48 FLPA:** Minden Pictures / Donald M. Jones (u). **48–49 FLPA:** Paul Sawer. **49 123RF.com:** Steve Byland (or). **50 123RF.com:** Melinda Fawver (mr); Benjamin King (ur). **FLPA:** Minden Pictures / Donald M. Jones (ul). **SuperStock:** Animals Animals (om). **51 Dreamstime.com:** Janice Mccafferty | (mr). **FLPA:** Minden Pictures / Ingo Arndt (u). **52 Corbis:** All Canada Photos / Glenn Bartley (mlu). **naturepl.com:** Tom Vezo (mu). **Photoshot:** NHPA (um). **53 123RF.com:** (or). **Corbis:** Imagebroker / Michael Rucker (ul). **FLPA:** Minden Pictures / Donald M. Jones (ur). **naturepl.com:** (mlu). **54 Corbis:** First Light / Thomas Kitchin & Victoria Hurst (u). **FLPA:** S & D & K Maslowski (om). **Getty Images:** Fuse (ol). **54–55 Alamy Images:** Melody Watson (o). **55 Ardea:** M. Watson (um). **FLPA:** Minden Pictures / Donald M. Jones (or); Minden Pictures / Konrad Wothe (ul). **56 Corbis:** 167 / Ralph Lee Hopkins / Ocean (ul). **FLPA:** Frans Lanting (ur). **Paul Whalen:** (ml). **57 Getty Images:** mallardg500. **58 FLPA:** Jules Cox (u); Minden Pictures / Michael Quinton (om). **Robert Royse:** (or). **59 123RF.com:** Tom Grundy (mru). **Alamy Images:** Design Pics Inc (or). **FLPA:** Minden Pictures / Sebastian Kennerknecht (ul). **60 Christopher Talbot Frank:** (um). **Robert A. Klips, Ph.D.:** (mlu). **Wikipedia:** Ryan Kaldari (mu). **61 FLPA:** Minden Pictures / Tim Fitzharris (mlu); Minden Pictures / Kevin Schafer (ur). **Getty Images:** Joel Sartore (or). **Warren E. Savary:** (um). **62 123RF.com:** Eric Isselee (l). **Corbis:** George H H Huey (ur). **63 Alamy Images:** Jaymi Heimbuch (om). **Corbis:** Minden Pictures / Alan Murphy / BIA (mr). **Getty Images:** Danita Delimont (or). **Rick Poley Photography:** (u). **64 Dorling Kindersley:** Jerry Young (om). **FLPA:** Photo Researchers (mru). **naturepl.com:** Daniel Heuclin (mlu). **64–65 Dorling Kindersley:** Jerry Young (m). **65 Corbis:** Visuals Unlimited / Jim Merli (or). **National Geographic Creative:** Joel Sartore (u). **66 4Corners:** Susanne Kremer (um). **Alamy Images:** WaterFrame (mu). **FLPA:** Frans Lanting (mlu). **67 Alamy Images:** F1online digitale Bildagentur GmbH (ul). **Corbis:** Design Pics / Natural Selection William Banaszewski (um). **FLPA:** Mark Newman (mlu). **Photoshot:** Franco Banfi (m). **68–69 Getty Images:** Life on White. **69 Alamy Images:** Arco Images GmbH (ur). **Getty Images:** Craftvision (or); Joe McDonald (ul). **70 123RF.com:** Tania and Jim Thomson (or). **FLPA:** Imagebroker / Christian Hutter (ol). **70–71 FLPA:** Minden Pictures / Donald M. Jones (u). **71 123RF.com:** John Bailey (or). **Alamy Images:** Blickwinkel (mr). **Getty Images:** Russell Burden (mlu). **naturepl.com:** George Sanker (um). **72–73 Alamy Images:** Jeff Mondragon (o). **72 Corbis:** Biosphoto / Michel Gunther (um). **Dorling Kindersley:** Jerry Young (ol, mru). **73 Science Photo Library:** MH Sharp (ur). **74–75 Corbis:** Jim Zuckerman. **76 Corbis:** Galen Rowell (mrü). **77 Corbis:** Novarc / Nico Stengert (um). **Oscar Fernandes Junior:** (or). **Getty Images:** Pasieka (om). **78–79 Photo Bee1, LLC / Myer Bornstein. Photo Bee1, LLC / Myer Bornstein:** (mu). **78 FLPA:** Minden Pictures / Michael & Patricia Fogden (um). **Paul Latham :** (mu). **naturepl.com:** Nick Garbutt (mlu). **79 Lucas M. Bustamante / Tropical Herping:** (ul). **FLPA:** Minden Pictures / Konrad Wothe (mü); Minden Pictures / Suzi Eszterhas (ur). **80 Corbis:** E & P Bauer (ul). **81 Corbis:** Minden Pictures / Stephen Dalton (ur). **FLPA:** Minden Pictures / Juan Carlos Vindas (or). **82–83 Dorling Kindersley:** Thomas Marent. **83 FLPA:** Minden Pictures / Michael & Patricia Fogden (ol); Minden Pictures / Ingo Arndt (or). **84 Alamy Images:** All Canada Photos (mlu). **Corbis:** Image Source / Gary Latham (um). **National Geographic Creative:** Christian Ziegler (mu). **85 Ardea:** Kenneth W. Fink (mu, or). **Flickr.com:** diabola62 / www.flickr.com / photos / bilder_heinzg / 11874681244 (mlu). **Getty Images:** Joel Sartore (ur). **Science Photo Library:** James H. Robinson (ul). **86 Corbis:** Kevin Schafer (mü). **FLPA:** Chris Brignell (u). **Photoshot:** Jany Sauvanet (or). **87 Robert Harding Picture Library:** C. Huetter (ur).

88 Dreamstime.com: Suebmtl (ol). **Getty Images:** Mark J Thomas (r). **89 Alamy Images:** Wildlife GmbH (mü). **FLPA:** Minden Pictures / James Christensen (mu). **Getty Images:** Kim Schandorff (ur). **90 Corbis:** JAI / Gavin Hellier (mu). **FLPA:** Robin Chittenden (m). **Keith Newton:** (or). **90–91 Getty Images:** Elena Kalistratova (m). **91 FLPA:** Minden Pictures / Flip de Nooyer (m); Minden Pictures / Kevin Schafer (ul); Silvestre Silva (ur). **92 Alamy Images:** Wildlife GmbH (mu). **Dorling Kindersley:** Gary Ombler, Courtesy of Cotswold Wildlife Park (om, mü). **92–93 Ardea:** Thomas Marent (m). **93 FLPA:** Minden Pictures / Piotr Naskrecki (um). **94 FLPA:** Frans Lanting. **95 123RF.com:** Anan Kaewkhammul (or). **Corbis:** Minden / Foto Natura / SA Team (mlu). **FLPA:** Frans Lanting (ur). **96–97 Alamy Images:** Steve Bloom Images (u). **97 Corbis:** Joe McDonald (mru). **FLPA:** Minden Pictures / Chris van Rijswijk (om). **98 Dorling Kindersley:** Thomas Marent (ml). **Getty Images:** Gail Shumway (u). **SuperStock:** Mark Newman (mrü). **99 123RF.com:** Mirosław Kijewski (ol). **Getty Images:** Tim Flach (m). **100 FLPA:** Mike Lane (mlu); Malcolm Schuyl (m); Minden Pictures / Luciano Candisani (um). **101 123RF.com:** Noppharat Manakul (ul). **Ardea:** François Grohier (or). **Dorling Kindersley:** Courtesy of Blackpool Zoo, Lancashire, UK (um). **FLPA:** Biosphoto / Sylvain Cordier (mlu); Minden Pictures / Pete Oxford (m). **102–103 FLPA:** Minden Pictures / Pete Oxford (o). **102 Alamy Images:** DPA Picture Alliance (um). **naturepl.com:** Angelo Gandolfi (mru). **103 Corbis:** Jami Tarris (mr). **FLPA:** ImageBroker (u); Frans Lanting (or). **104 FLPA:** Minden Pictures / Steve Gettle (um). **Getty Images:** Dickson Images / Photolibrary (r). **105 FLPA:** Minden Pictures / Pete Oxford (mrü). **Getty Images:** Suebg1 Photography (ur). **Andrew M. Snyder:** (mr). **John White:** (ml). **106–107 Corbis:** SuperStock / Nick Garbutt (u). **106 Corbis:** Minden Pictures / Tui De Roy (or). **107 Corbis:** SuperStock / Nick Garbutt (ol). **FLPA:** Minden Pictures / Luciano Candisani (or). **108 Ignacio De la Riva:** (mu). **FLPA:** Biosphoto / Denis Bringard (mr); Biosphoto / Alain Pons (mlu); Imagebroker / GTW (ml); ImageBroker (um). **109 Flickr.com:** Fernando Rosselot (ur). **FLPA:** Biosphoto / Antoni Agelet (mü). **Pablo Omar Palmeiro:** (or). **110–111 Getty Images:** Padmanaba01 (u). **111 Corbis:** All Canada Photos / Glenn Bartley (um). **FLPA:** Minden Pictures / Tui De Roy (ol). **Paul B Jones:** (mü). **112 Getty Images:** Joel Sartore (or). **naturepl.com:** Daniel Gomez (mü). **112–113 Alamy Images:** Blickwinkel. **113 Manuel Francisco Gana Eguiguren:** (m). **María de la Luz Vial Bascuñán www.fotonaturaleza.cl:** (ur/ FabianLizard). **114 FLPA:** Carr Clifton (um); Minden Pictures / Luciano Candisani (m). **naturepl.com:** Luiz Claudio Marigo (ml, mlu). **115 Dreamstime.com:** Lunamarina (mlu). **Flickr.com:** Yeagov C / www.flickr.com / photos / yeagovc / 15252486009 (ul). **FLPA:** Minden Pictures / Michael & Patricia Fogden (ur). **naturepl.com:** Barry Mansell (or). **116–117 Alamy Images:** Life On White. **117 Ardea:** (mü). **Corbis:** Tom Brakefield (ol). **Dreamstime.com:** Poeticpenguin (or). **119 Dorling Kindersley:** Jerry Young (or). **FLPA:** Minden Pictures / Tui De Roy (um); Minden Pictures / Pete Oxford (ur). **120 123RF.com:** Eric Isselee (ol). **FLPA:** Minden Pictures / Pete Oxford (or). **Photoshot:** Picture Alliance (ur). **121 FLPA:** Minden Pictures / Jim Brandenburg (ul). **Photoshot:** Juniors Tierbildarchiv (mrü). **122–123 FLPA:** Frans Lanting (mu). **122 FLPA:** Frans Lanting (um); Minden Pictures / Pete Oxford (mlu); Minden Pictures / Tui De Roy (m). **123 FLPA:** Minden Pictures / Tui De Roy (or, ur); Minden Pictures / Pete Oxford (ul). **124 Corbis:** Kevin Schafer (ol). **FLPA:** Frans Lanting (ur). **Dan Heller Photography:** (or). **125 123RF.com:** Keith Levit (or). **FLPA:** Minden Pictures / Tui De Roy (mrü, um). **126–127 SuperStock:** Mark Jones. **127 123RF.com:** Smileus (mrü). **FLPA:** Minden Pictures / Tui De Roy (um). **128–129 FLPA:** Frans Lanting (o). **128 FLPA:** Minden Pictures / Tui De Roy (ul, ur). **129 FLPA:** Imagebroker / Ingo Schultz (or). **130–131 naturepl.com:** Bruno D'Amicis. **132 FLPA:** Imagebroker / Hans Blossey (ml). **Getty Images:** Traumlichtfabrik (ol). **133 Corbis:** Imagebroker / Günter Lenz (ul). **FLPA:** Minden Pictures / Karl Van Ginderdeuren (um). **134 Corbis:** imagebroker / Olaf Krüger (um). **naturepl.com:** Espen Bergersen (mu). **Markus Varesvuo:** (ul). **135 Corbis:** Andrew Parkinson (mü). **FLPA:** Minden Pictures / Peter Verhoog (ur). **naturepl.com:** Geomar / Solvin Zankl (ul). **136–137 Corbis:** AlaskaStock. **137 FLPA:** Harri Taavetti (mr). **National Geographic Creative:** Paul Nicklen (um). **138 FLPA:** Minden Pictures / Luc Hoogenstein. **139 Fotolia:** Lux / Stefan Zeitz (or). **Tomi Muukkonen:** (um). **naturepl.com:** Asgeir Helgestad (ur). **140 Corbis:** Fortunato Gatto / PhotoFVG (um). **naturepl.com:** Arco / Meul (mlu); Paul Hobson (mu). **141 Alamy Images:** (mu). **Corbis:** Niall Benvie (mlu). **Dorling Kindersley:** British Wildlife Centre, Surrey, UK (or, ur). **FLPA:** Terry Whittaker (ul). **142 123RF.com:** Eric Isselee (or). **FLPA:** Albert Visage (ur). **Fotolia:** Eric Isselée (l). **143 Dorling Kindersley:** British Wildlife Centre, Surrey, UK (om, mrü). **FLPA:** Paul Hobson (mlu). **144 Photoshot:** Picture Alliance (mr); Dave Watts (um). **145 Alamy Images:** Christoph Bosch (om). **Matt Binstead, British Wildlife Centre:** (ur). **FLPA:** Desmond Dugan (or). **146 123RF.com:** Wouter Tolenaars (ul). **Alamy Images:** Tim Moore (mlu). **FLPA:** Fabio Pupin (mu). **147 Corbis:** JAI / Nadia Isakova (ur). **FLPA:** Minden Pictures / Wim Weenink (mlu); Minden Pictures / Wil Meinderts (ul). **148–149 naturepl.com:** 2020VISION / Fergus Gill (o). **148 FLPA:** Minden Pictures / Flip de Nooyer (u). **149 FLPA:** Imagebroker / Winfried Schäfer (or); Minden Pictures / Ramon Navarro (ur). **150 Dreamstime.com:** Geanina Bechea (ol). **150–151 FLPA:** Imagebroker / Franz Christoph Robi. **151 FLPA:** Rebecca Nason (ol). **Getty Images:** Joe Petersburger (om). **152 Corbis:** JAI / Mauricio Abreu (um). **Dorling Kindersley:** Thomas Marent (mu). **FLPA:** Minden Pictures / Lars Soerink (mlu). **153 123RF.com:** Eric Isselee (or). **Ardea:** Stefan Meyers (mru). **FLPA:** Bob Gibbons (ul); Minden Pictures / Willi Rolfes (mr). **naturepl.com:** Juan Carlos Munoz (mlu). **Wild-Wonders of Europe, Staffan Widstrand:** (ur). **154 FLPA:** Biosphoto / Jorge Sierra (or). **Iberian Lynx Ex-situ Conservation Programme. www.lynxexsitu.es:** (um). **naturepl.com:** Wild Wonders of Europe \ Pete Oxford (ul). **155 Marina Cano www.marinacano.com:** (r/ lynx). **156 FLPA:** Paul Hobson (or); Minden Pictures / Ingo Arndt (um). **157 Corbis:** Biosphoto / Michel Gunther (u). **FLPA:** Gianpiero Ferrari (ml); Imagebroker / Bernd Zoller (or). **158 FLPA:** Imagebroker / Bernd Zoller (mlu); ImageBroker (mu). **Getty Images:** Look-foto / Andreas Strauss (um). **159 FLPA:** Biosphoto / Remi Masson (ul); Imagebroker / Stefan Huwiler (or). **naturepl.com:** Angelo Gandolfi (mlu). **Wild-Wonders of Europe, Staffan Widstrand:** (um). **160 123RF.com:** Eric Isselee (ol). **FLPA:** Minden Pictures / Misja Smits, Buiten-beeld (or). **naturepl.com:** Alex Hyde (u). **161 Corbis:** Minden Pictures / BIA / Patrick Donini (mu). **FLPA:** Jurgen & Christine Sohns (ml). **naturepl.com:** Radomir Jakubowski (ur). **162 Dreamstime.com:** Outdoorsman (or). **FLPA:** Minden Pictures / Jelger Herder (um). **162–163 age fotostock:** Blickwinkel / P Cairns (m). **163 Ettore Balocchi:** (ur). **naturepl.com:** Stefan Huwiler (mr); Alex Hyde (mu). **164 Corbis:** Novarc / NA / Martin Apelt (um). **FLPA:** Imagebroker / Christian Hütter (mlu); Gerard Lacz (mu). **165 Alamy Images:** Blickwinkel (mü); imagebroker (ul). **Dorling Kindersley:** British Wildlife Centre, Surrey, UK (or). **FLPA:** ImageBroker (mlu). **166 FLPA:** Minden Pictures / Ernst Dirksen. **167 123RF.com:** Eric Isselee (or). **Alamy Images:** AGE Fotostock (um, or). **168 James Kruger:** (u). **169 Ardea:** Duncan Usher (mü). **Dreamstime.com:** Isselee (or). **FLPA:** Duncan Usher (ur). **Photoshot:** Niko Pekonen (mru). **170–171 Heidi & Hans-Jürgen Koch:** (o). **170 Dorling Kindersley:** Frank Greenaway / Courtesy of the Natural History Museum, London (mu). **FLPA:** Minden Pictures / Jelger Herder (mlü); Minden Pictures / Thomas Marent (um). **171 Getty Images:** Bill Beatty (ul); Oxford Scientific (OSF) (um). **172 Dom Greves:** (um). **172–173 FLPA:** Minden Pictures / Thomas Marent. **174–175 Corbis:** Minden Pictures / Tim Fitzharris. **176 FLPA:** Imagebroker / Egmont Strigl (or). **177 Alamy Images:** Steve Bloom Images (or). **naturepl.com:** Rhonda Klevansky (ul, mr); Poinsignon & Hackel (mlu). **178 Corbis:** Robert Harding World Imagery / Gavin Hellier (um). **FLPA:** Imagebroker / Stefan Auth (mlu). **Fran Trabalon:** (m). **179 Africa Image Library:** (mru). **Alamy Images:** Papillo (um). **© Dr Viola Clausnitzer. :** (mlu). **FLPA:** Ignacio Yufera (ul). **Rene Mantei www.zootierliste.de:** (mrü). **180 Dorling Kindersley:** Andy and Gill Swash (om). **FLPA:** Imagebroker / GTW (um). **Getty Images:** Anup Shah (ul). **180–181 FLPA:** Ignacio Yufera. **181 FLPA:** Imagebroker / Christian Hütter (mu). **182 Corbis:** Biosphoto / Michel Gunther (mü). **Dorling Kindersley:** Andy and Gill Swash (om). **FLPA:** Martin B Withers (mu). **Getty Images:** John Downer (um). **182–183 Mitchell Krog www.mitchellkrog.com:** (u). **183 Photoshot:** Jordi Bas Casas (ol, ur). **184 Ardea:** Ian Beames (m). **FLPA:** Frans Lanting (um); Jack Perks (mlu). **185 FLPA:** Dickie Duckett (mlu); ImageBroker (or); Frans Lanting (mru). **Magdalena Kwolek-Mirek. :** (ul). **186 FLPA:** Frans Lanting (o). **186–187 FLPA:** Frans Lanting (u). **187 Corbis:** Minden Pictures / ZSSD (um). **Fotolia:** Eric Isselée (or). **188–189 Corbis:** Anup Shah (u). **FLPA:** Elliott Neep (o). **189 Getty Images:** Grambo Grambo (mü). **190 Alamy Images:** Sue O'Connor (um). **FLPA:** Frans Lanting (ol). **191 Ardea:** Leesonphoto / Thomas Kitchin & Victoria Hurst (ur). **192 123RF.com:** Mike Price (m). **Getty Images:** Claudia Uribe (or). **naturepl.com:** Visuals Unlimited (um, mru, mu). **192–193 FLPA:** Frans Lanting (m). **193 Corbis:** (mu); Anup Shah (ul). **Getty Images:** Joel Sartore (m). **Kimball Stock:** HPH Image Library (om). **194 Ardea:** Chris Harvey (ur). **FLPA:** Frans Lanting (ul). **195 Alamy Images:** Chris Weston. **196 Dorling Kindersley:** Wildlife Heritage Foundation, Kent, UK (ol). **FLPA:** Frans Lanting (m). **197 Dorling Kindersley:** Greg & Yvonne Dean (or). **FLPA:** Minden Pictures / Stephen Belcher (ml); Minden Pictures / Richard Du Toit (mru). **198 123RF.com:** mhgallery (ul). **FLPA:** Minden Pictures / Tui De Roy (or). **Photoshot:** Andy Rouse (u). **199 123RF.com:** Fabio Lotti (m). **Corbis:** Hemis / Denis-Huot (or). **200 FLPA:** Biosphoto / Mathieu Pujol (ml). **Cain Maddern / wildfocusimages.com:** (or). **201 Getty Images:** Angelika Stern (um); Pal Teravagimov Photography (or). **202–203 stevebloom.com.** **203 FLPA:** Frans Lanting (or). **Getty Images:** Danita Delimont (um). **204–205 FLPA:** Bernd Rohrschneider. **205 FLPA:** Minden Pictures / Tui De Roy (mrü, um). **206 123RF.com:** Gerrit De Vries (mu). **Dorling Kindersley:** Frank Greenaway, Courtesy of the National Birds of Prey Centre, Gloucestershire (ur). **FLPA:** Frans Lanting (um). **naturepl.com:** Charlie Summers (mlü). **207 Corbis:** Richard du Toit (or). **naturepl.com:** Michael D. Kern (um). **SuperStock:** Animals Animals (mr). **208 Ardea:** Chris Harvey (or). **FLPA:** Frans Lanting (m). **Witbos Indigenous Nursery:** (ur). **208–209 Getty Images:** Cultura Travel / Philip Lee Harvey (m). **209 Alamy Images:** Blickwinkel (ul). **FLPA:** Phil Ward (ur). **naturepl.com:** Tim Laman (om); Mark MacEwen (m). **210 FLPA:** Frans Lanting (ul); Minden Pictures / Konrad Wothe (um). **211 FLPA:** Frans Lanting. **212–213 FLPA:** Minden Pictures / Cyril Ruoso (o). **212 Alamy Images:** Terry Whittaker (um). **OceanwideImages.com:** Mark Carwardine (ul). **Thinkstock:** Matt Gibson (ol). **214 Corbis:** Jami Tarris (ur). **Dorling Kindersley:** Jerry Young (ol). **naturepl.com:** TJ Rich (ul). **215 123RF.com:** Jatesada Natayo (or). **FLPA:** Frans Lanting (um). **216 FLPA:** Neil Bowman (um). **Getty Images:** Joel Sartore (mlü). **217 San Diego Zoo Global:** (ol/EmperorScorpion). **218 FLPA:** Biosphoto / Sergio Pitamitz (or); Biosphoto / David Santiago Garcia (m); David Hosking (ur). **218–219 FLPA:** Frans Lanting (m). **219 FLPA:** Wendy Dennis (om). **naturepl.com:** (m). **Science Photo Library:** Tom McHugh (ul); NASA (ur). **220 123RF.com:** Nico Smit (om). **Ardea:** Ferrero-Labat (ul). **220–221 FLPA:** Frans Lanting (o). **221 Alamy Images:** David Hosking (ul). **FLPA:** Imagebroker / Andreas Pollok (or). **222–223 FLPA:** Minden Pictures / Tui De Roy (u). **223 Kevin Linforth:** (om). **224 Corbis:** Minden Pictures / Suzi Eszterhas (m). **Dorling Kindersley:** Jerry Young (ol). **FLPA:** Minden Pictures / Martin Willis (um). **225 123RF.com:** Alta Oosthuizen (ur). **naturepl.com:** Tony Heald (o). **226 Dorling Kindersley:** Jerry Young (mrü). **FLPA:** Chris Mattison (um); Minden Pictures / Winfried Wisniewski (om). **Chris Van Rooyen:** (mlü). **227 naturepl.com:** Francois Savigny (u). **Shannon Wild:** (o). **228 FLPA:** Imagebroker / Winfried Schäfer (mlu); Minden Pictures / Vincent Grafhorst (um). **naturepl.com:** Philippe Clement (mu). **228–229 naturepl.com:** Ingo Arndt (m). **229 123RF.com:** Anan Kaewkhammul (or). **Dorling Kindersley:** Courtesy of Blackpool Zoo, Lancashire, UK (um). **Getty Images:** Heinrich van den Berg (mü). **Sharifa Jinnah:** (mlu). **Photoshot:** Karl Switak (ul). **230 Corbis:** Imagebroker / Erich Schmidt (om). **FLPA:** Frans Lanting (mü). **231 FLPA:** Minden Pictures / Richard Du Toit (u). **Getty Images:** Tim Jackson (mü). **232 FLPA:** Minden Pictures / Pete Oxford (om). **naturepl.com:** Will Burrard-Lucas (um); Charlie Summers (mlu). **233 FLPA:** Ben Sadd. **234 Corbis:** Nature Picture Library / Tony Heald (mü); Ocean / 2 / Martin Harvey (ul). **234–235 Alamy Images:** Matthijs Kuijpers. **235 Corbis:** Biosphoto / Michel Gunther (or). **236 FLPA:** Minden Pictures / Thomas Marent (mlu). **naturepl.com:** Brent Stephenson (mu). **Photoshot:** Nick Garbutt (um). **237 Dr. Melanie Dammhahn:** (ur). **Dr. Jörn Köhler:** (mlu). **naturepl.com:** Alex Hyde (or). **238 FLPA:** Minden Pictures / Cyril Ruoso. **239 Corbis:** Nature Picture Library / Inaki Relanzon (um). **Dorling Kindersley:** Courtesy of Blackpool Zoo, Lancashire, UK (or). **FLPA:** Minden Pictures / Konrad Wothe (mru). **240 FLPA:** Frans Lanting (ol). **240–241 naturepl.com:**

Nick Garbutt. **241 FLPA:** Frans Lanting (mu). **naturepl.com:** Nick Garbutt (mrü, ur). **242–243 FLPA:** Jurgen & Christine Sohns (m). **243 Corbis:** Biosphoto / Michel Gunther (or); Visuals Unlimited / Simone Sbaraglia (ol). **Dorling Kindersley:** Thomas Marent (ur). **Tom & Pat Leeson Photography:** Thomas Kitchin & Victoria Hurst (mrü). **244–245 4Corners:** Andy Callan. **246 Dreamstime.com:** Horia Vlad Bogdan (or). **FLPA:** Minden Pictures / Hiroya Minakuchi (um); Winfried Wisniewski (om). **247 Getty Images:** Datacraft Co Ltd (mr). **248 FLPA:** Imagebroker / Winfried Schäfer (um). **Svein Erik Larsen www.selarsen.no:** (mlu). **naturepl.com:** Hanne & Jens Eriksen (mu). **249 Dreamstime.com:** Lawrence Weslowski Jr (or). **FLPA:** Biosphoto / Xavier Eichaker (ul); ImageBroker (ur). **naturepl.com:** Michael D. Kern (mlu). **250 123RF.com:** Sirylok (om). **FLPA:** Biosphoto / Michel Gunther (um). **250–251 Corbis:** Staffan Widstrand. **252–253 Ardea:** Jean Michel Labat (o). **Dreamstime.com:** Isselee (u). **253 Alamy Images:** Blickwinkel (ul). **FLPA:** Minden Pictures / Ingo Arndt (or); Jurgen & Christine Sohns (m). **254 FLPA:** Bernd Rohrschneider (m). **naturepl.com:** Hanne & Jens Eriksen (or); Axel Gomille (mu). **254–255 iStockphoto.com:** Danielrao (m). **255 Christopher Casilli:** (m). **Getty Images:** EyeEm / Damara Dhanakrishna (ur). **naturepl.com:** Sandesh Kadur (om). **256 123RF.com:** Carlos Caetano (ol). **256–257 FLPA:** John Zimmermann (u). **257 Dreamstime.com:** Shailesh Nanal (mru). **FLPA:** Biosphoto / Patrice Correia (ol); Minden Pictures / ZSSD (um). **naturepl.com:** Bernard Castelein (mrü). **258–259 FLPA:** Biosphoto / Stéphanie Meng (o). **258 Alamy Images:** Blickwinkel (um). **259 Dreamstime.com:** (or, um). **FLPA:** Minden Pictures / Cyril Ruoso (m). **260–261 Dreamstime.com:** Happystock. **261 FLPA:** ImageBroker (um). **262 Alamy Images:** Papillo (or). **262–263 FLPA:** Biosphoto / Daniel Heuclin (u). **263 FLPA:** Harri Taavetti (ur). **Gunnar Pettersson:** (or). **Dyrk Daniels - Woodinville, WA:** (mrü). **264 Alamy Images:** Arco Images GmbH (mü). **Corbis:** Yannick Tylle (ur). **Photoshot:** Bruce Coleman (ul). **264–265 Udayan Rao Pawar:** (o). **265 Dreamstime.com:** Lukas Blazek (mu). **266 Corbis:** Radius Images (um). **naturepl.com:** Wim van den Heever (mu); Xi Zhinong (mlu). **267 Alamy Images:** Luis Dafos (mlu); Petra Wegner (ul); Kevin Schafer (or). **James Cargin:** (mru). **Scott Klender:** (ur). **naturepl.com:** Bernard Castelein (mü). **268–269 FLPA:** Paul Sawer. **269 Alamy Images:** Nature Picture Library (mru). **Dorling Kindersley:** Wildlife Heritage Foundation, Kent, UK (or). **naturepl.com:** Jeff Wilson (um). **270 Alamy Images:** Wildlife GmbH (ur). **Dorling Kindersley:** Gary Ombler, Courtesy of Cotswold Wildlife Park (or, u). **271 FLPA:** Frans Lanting (r). **272 Alamy Images:** Fuyu Liu (um). **FLPA:** F1online (mlu). **Natalia Paklina:** (mu). **273 FLPA:** Biosphoto / Emmanuel Lattes (ul); Minden Pictures / Cyril Ruoso (or); Minden Pictures / Thomas Marent (ur). **naturepl.com:** Michael D. Kern (mlu). **274 FLPA:** Biosphoto / Juan-Carlos Munoz (mlu). **274–275 FLPA:** Minden Pictures / Konrad Wothe. **275 FLPA:** Minden Pictures / Katherine Feng (um); Minden Pictures / Thomas Marent (ur). **Fotolia:** Eric Isselée (or). **276 Dorling Kindersley:** Gary Ombler / Wildlife Heritage Foundation, Kent, UK (o, u). **277 123RF.com:** Iakov Filimonov (or). **naturepl.com:** Mary McDonald (mü). **278 Alamy Images:** Cultura RM (mu). **FLPA:** Imagebroker / Stefan Auth (mlu). **Getty Images:** Wan Ru Chen (um). **279 FLPA:** Biosphoto / Eric Dragesco (mlu, or). **naturepl.com:** Eric Dragesco (or); Roland Seitre (ul). **Jenny E. Ross:** (mrü). **280 FLPA:** Biosphoto / Eric Dragesco (or). **naturepl.com:** Igor Shpilenok (um). **Science Photo Library:** Anthony Mercieca (om). **280–281 Corbis:** Yi Lu (u). **282 FLPA:** Imagebroker / Dieter Hopf (or); Minden Pictures / ZSSD (ur). **283 Alamy Images:** AGE Fotostock (ur). **Vladimír Motyˇcka. Vladimir Motycka:** (mü). **284 Ardea:** Chris Knights (mu). **Corbis:** Amanaimages / Satoru Imai (um). **FLPA:** Imagebroker / Klaus-Werner Friedri (mlu). **285 Alamy Images:** Yuriy Brykaylo (mlu); Interfoto (mru). **FLPA:** Imagebroker / Stefan Huwiler (um). **naturepl.com:** Jussi Murtosaari (mü); Nature Production (ul, or). **286 Corbis:** Nature Picture Library / Yukihiro Fukuda (u); T.Tak (or). **FLPA:** Minden Pictures / Hiroya Minakuchi (ol). **287 Dreamstime.com:** Mikelane45 (or). **288–289 naturepl.com:** Aflo (o). **288 naturepl.com:** Nature Production (u). **289 Alamy Images:** Prisma Bildagentur AG (ur). **Ardea:** Stefan Meyers (or). **Asian Nature Vision:** Masahiro Iijima (om). **290 Alamy Images:** Bildagentur-online / McPhoto-Rolfes (or). **FLPA:** ImageBroker (u). **291 Alamy Images:** Survivalphotos (mrü). **Dreamstime.com:** Valeriy Kirsanov | (or). **Getty Images:** Joel Sartore (u). **Kevin Messenger:** (mlü). **292 FLPA:** Biosphoto / Berndt Fischer (mru); Minden Pictures / Chien Lee (or). **naturepl.com:** Nick Garbutt (m). **292–293 FLPA:** Frans Lanting (m). **293 FLPA:** Biosphoto / Alain Compost (om); Minden Pictures / Sebastian Kennerknecht (ur). **naturepl.com:** Tim Laman (ul); Neil Lucas (m). **294 FLPA:** Frans Lanting (um). **Getty Images:** Lucia Terui (mü). **294–295 FLPA:** Minden Pictures / Suzi Eszterhas (o). **295 FLPA:** Minden Pictures / Sebastian Kennerknecht (or); Minden Pictures / Suzi Eszterhas (ul). **naturepl.com:** Anup Shah (um). **296 FLPA:** Frans Lanting. **297 FLPA:** Biosphoto / Theo Allofs (or); Frans Lanting (um); Minden Pictures / Konrad Wothe (ur). **298–299 FLPA:** Photo Researchers (u). **298 Johannes Pfleiderer www.zootierliste.de/en:** (or). **SuperStock:** age fotostock (mü). **299 123RF.com:** Kajornyot (mr). **Alamy Images:** Panu Ruangjan (mü). **300 Corbis:** Minden Pictures / Stephen Dalton (ml). **FLPA:** Minden Pictures / Thomas Marent (um). **Kurt (Hock Ping Guek) :** (or). **301 FLPA:** Minden Pictures / Thomas Marent. **302 Alamy Images:** Steve Bloom Images (mlu). **Didi Lotze, roundshot360.de:** Location: Wakatobi Dive Resort, Indonesia (um). **Kar Seng Sim:** (m). **303 Corbis:** Robert Harding World Imagery / Michael Nolan (ur). **Dreamstime.com:** Caan2gobelow (or). **naturepl.com:** Constantinos Petrinos (ul). **SeaPics.com:** Mark V. Erdmann (mlu). **304 FLPA:** Imagebroker / Fotoatelier, Berlin (om); Imagebroker / Norbert Probst (m). **304–305 naturepl.com:** Doug Perrine (o). **305 FLPA:** Colin Marshall (ur). **306 Dreamstime.com:** Torsten Velden (ol). **FLPA:** Reinhard Dirscherl (ur). **Science Photo Library:** Alexis Rosenfeld (ul). **306–307 National Geographic Creative:** Brian J. Skerry. **308 FLPA:** Biosphoto / Tobias Bernhard Raff (o). **naturepl.com:** Pascal Kobeh (mru). **309 Alamy Images:** Water-Frame (or). **Ardea:** Valerie Taylor (ul). **Dreamstime.com:** Teguh Tirtaputra (mrü). **Photoshot:** Linda Pitkin (um). **310–311 National Geographic Creative:** Tim Laman. **312 Corbis:** Nature Connect (om). **FLPA:** Minden Pictures / Mitsuaki Iwago (ur). **313 Alamy Images:** Clint Farlinger (m). **FLPA:** Imagebroker / FB-Fischer (um). **314 FLPA:** Biosphoto / Daniel Heuclin (mlu); Minden Pictures / Piotr Naskrecki (um). **naturepl.com:** Richard Kirby (mu). **315 Alamy Images:** AGE Fotostock (ul). **FLPA:** Minden Pictures / Gerry Ellis (or); Minden Pictures / Konrad Wothe (mü). **Markus Lilje:** (mlu). **National Geographic Creative:** Tim Laman (ur). **316 Corbis:** Nature Connect (ul). **Getty Images:** David Garry (um); Imagemore Co., Ltd. (ol). **316–317 Getty Images:** Joe McDonald. **317 FLPA:** Minden Pictures / Otto Plantema (um). **naturepl.com:** Roland Seitre (or). **318–319 National Geographic Creative:** Tim Laman. **319 FLPA:** Biosphoto / Alain Compost (or). **320 Dreamstime.com:** Metriognome | (mlu). **FLPA:** Minden Pictures / Ingo Arndt (mu). **Getty Images:** UIG / Auscape (um). **321 123RF.com:** Christian Musat (or). **Ardea:** Hans & Judy Beste (mlu). **Michael J Barritt:** (um). **Photoshot:** Picture Alliance / I. Bartussek (mü). **322 FLPA:** Biosphoto / Jami Tarris (ul). **323 FLPA:** Minden Pictures / Martin Willis (or). **Steve Murray:** (ur). **324 Ardea:** Auscape (ol). **FLPA:** Biosphoto / Sylvain Cordier (m). **325 FLPA:** Malcolm Schuyl (um). **326 123RF.com:** Christopher Ison (ml). **OceanwideImages.com:** Gary Bell (ul). **Steve and Alison Pearson Airlie Beach Queensland Australia:** (or). **327 Michael Doe:** (o). **FLPA:** Minden Pictures / Mark Moffett (ol, ur). **328 David Cook:** (mü). **Getty Images:** UIG / Auscape (um). **Nathan Litjens:** (mlu). **329 Alamy Images:** Auscape International Pty Ltd (um). **Ardea:** Jean Michel Labat (ml). **FLPA:** ImageBroker (ul); Jurgen & Christine Sohns (mlu). **OceanwideImages.com:** Gary Bell (mü). **Photoshot:** NHPA (mru). **330–331 Getty Images:** Tier Und Naturfotographie J & C Sohns. **331 Corbis:** Jami Tarris (um). **332 Getty Images:** Theo Allofs (mü). **naturepl.com:** Roland Seitre (um). **332–333 naturepl.com:** Steven David Miller (o). **333 Bill & Mark Bell. :** (ur). **Stephen Mahony:** (um). **334 Corbis:** Minden Pictures / Roland Seitre (or). **Dreamstime.com:** Jeremy Wee (m). **FLPA:** Keith Rushforth (um). **334–335 123RF.com:** Tim Hester. **335 Corbis:** Minden Pictures / BIA / Jan Wegener (m). **Dorling Kindersley:** Courtesy of Blackpool Zoo, Lancashire, UK (ul). **FLPA:** Martin B Withers (om). **Getty Images:** Mike Powles (ur). **338–339 FLPA:** Jurgen & Christine Sohns (o). **338 Alamy Images:** AGE Fotostock (ur). **FLPA:** Minden Pictures / Suzi Eszterhas (um). **339 Fotolia:** Eric Isselée (or). **340 Corbis:** Laurie Chamberlain (mlu). **National Geographic Creative:** Joel Sartore (ol). **Science Photo Library:** Gerry Pearce (r). **341 123RF.com:** Eric Isselee (mu). **Alamy Images:** Gerry Pearce (or); David Sewell (mü). **Photoshot:** NHPA (ur). **342 123RF.com:** Peter Zaharov (u). **343 Alamy Images:** Redbrick-stock.com (or). **Getty Images:** Oktay Ortakcioglu (mr). **Minibeast Wildlife:** Alan Henderson (mü). **naturepl.com:** Chris Mattison (u). **Koen van Dijken:** (mu). **344 Corbis:** Ocean / 167 / Jason Edwards (ur). **FLPA:** Imagebroker / Norbert Probst (or). **naturepl.com:** Dave Watts (m). **344–345 naturepl.com:** Inaki Relanzon (m). **345 naturepl.com:** Brandon Cole (m). **OceanwideImages.com:** Gary Bell (om). **346–347 naturepl.com:** David Fleetham (o). **346 FLPA:** Minden Pictures / Pete Oxford (mru). **347 FLPA:** Minden Pictures / Tui De Roy (ul); Minden Pictures / Richard Herrmann (ur). **SeaPics.com:** Gary Bell (mrü). **348 Alamy Images:** Martin Strmiska (o). **348–349 OceanwideImages.com:** David Fleetham (u). **349 Robert Harding Picture Library:** David Fleetham (or). **350 OceanwideImages.com:** Gary Bell (om, ml). **350–351 Vickie Coker. 351 Carl Chapman:** (mü). **Ecoscene:** Phillip Colla (or). **FLPA:** (ur). **352 Alamy Images:** Natural History Museum, London (om). **Ardea:** D. Parer & E. Parer-Cook (um). **353 Corbis:** Stephen Frink. **354 FLPA:** Minden Pictures / Sebastian Kennerknecht (mu). **Wim Kok, Vlaardingen:** (um). **Photoshot:** Dave Watts (mlu). **355 Tom Ballinger:** (ul). **FLPA:** Minden Pictures / Martin Willis (mru); Geoff Moon (mü). **naturepl.com:** Brent Stephenson (um). **www.rodmorris.co.nz:** (mlu). **356 123RF.com:** Eric Isselee (om). **Alamy Images:** Frans Lanting Studio (mu). **FLPA:** Minden Pictures / Tui De Roy (mlü). **Photoshot:** (ul). **356–357 123RF.com:** Eric Isselee. **357 Alamy Images:** Prisma Bildagentur AG (om). **358 Jérôme Albre:** (u). **359 Alamy Images:** Bruce Coleman (mrü). **Grahame Bell (www.grahamenz.com):** (um). **Alastair Stewart www.flickr.com/photos/alstewartnz:** (mru). **360–361 Corbis:** Maria Stenzel. **362 Corbis:** Wolfgang Kaehler (um). **Getty Images:** Ralph Lee Hopkins (mlü); Henryk Sadura (om). **364 Xavier Desmier:** (um). **Linda Martin Photography:** (m). **naturepl.com:** Doug Perrine (ul). **365 FLPA:** Minden Pictures / Konrad Wothe (mlu). **naturepl.com:** Charlie Summers (ur); David Tipling (ul). **Rex Features:** Gerard Lacz (or). **366–367 Corbis:** Ocean / 145 / Mike Hill (o). **366 FLPA:** Frans Lanting (mr). **367 Corbis:** National Geographic Creative / Paul Nicklen (mru). **FLPA:** Frans Lanting (ul). **368 FLPA:** Minden Pictures / Tui De Roy (or). **368–369 Corbis:** Minden Pictures / Otto Plantema / Buiten-beeld (u). **369 Alamy Images:** Cultura RM (ol). **FLPA:** Bill Coster (um); James Lowen (or); Malcolm Schuyl (mrü). **370 Corbis:** Ocean / 167 / Keenpress (um). **Getty Images:** Daisy Gilardini (m). **Dr Roger S. Key:** (mlu). **371 Corbis:** Momatiuk - Eastcott (or); Nature Picture Library / Doug Allan (mlu); Paul Souders (ur). **Richard E. Lee:** (ul). **372 Phillip Colla www.oceanlight.com**. **373 Dreamstime.com:** Freezingpictures / Jan Martin Will (mru). **Graham Ekins:** (mrü). **FLPA:** Minden Pictures / Hiroya Minakuchi (ur). **Robert Harding Picture Library:** Anthony Pierce (or). **374–375 National Geographic Creative:** Paul Nicklen. **375 FLPA:** Biosphoto / Samuel Blanc (um). **PunchStock:** Photodisc / Paul Souders (or). **376–377 Corbis:** Imagebroker / Christian Handl. **381 Dreamstime.com:** Farinoza (om)

Umschlagbilder: *vorn:* **Getty Images:** Paul Souders; *hinten:* **4Corners:** Reinhard Schmid mrü; **Alamy Images:** Chris Weston mlu; **Corbis:** Jon Hicks mu; **FLPA:** Frans Lanting mr; **Getty Images:** Tim Flach mü, Narvikk mlü, Alexander Safonov mru, Mark J Thomas ml; *Rücken:* **Getty Images:** Paul Souders o

Alle übrigen Abbildungen © Dorling Kindersley
Weitere Informationen unter:
www.dkimages.com